Linda Tschirhart Sanford und Mary Ellen Donovan
Frauen und Selbstachtung

Linda Tschirhart Sanford
Mary Ellen Donovan

Frauen und Selbstachtung

Aus dem Amerikanischen
von Dagmar Roth

Klein

Titel der amerikanischen Originalausgabe:
Women & Self-Esteem
Understanding and improving the way we think
and feel about ourselves

Für meine Tochter Grace.
L.T.S.

In Liebe und Bewunderung für meine Schwester Liz und in Erinnerung an meine Mutter Arline. Und in Liebe und besonderer Dankbarkeit für Ann Grobe und Nancy Wasserman.
M.E.D.

Umschlag: Peter Albers

Gesamtherstellung: Clausen & Bosse, Leck
ISBN: 3-89521-019-6
3 5 7 9 10 8 6 4 2

Satz aus der Candida (Linotronic 500)

Inhalt

Teil IV

Der hohe Preis geringer Selbstachtung

Anmerkung für die Leserinnen der deutschen Ausgabe

Seit *Frauen und Selbstachtung* in den Vereinigten Staaten veröffentlicht wurde, hatten Hunderttausende von Frauen mit unterschiedlichsten Lebenserfahrungen den Eindruck, Schilderungen ihres eigenen Lebens und ihrer ureigensten Sorgen wiederzufinden. Viele haben uns geschrieben und teilten uns mit, wie sich ihr Leben durch dieses Buch verändert hat – einige schrieben uns, das Buch habe ihnen im wahrsten Sinne des Wortes das Leben gerettet, weil es ihnen endlich geholfen habe zu verstehen, warum sie ständig an ihrem Selbstwert und ihren Fähigkeiten gezweifelt und sich häufig in selbstzerstörerisches Verhalten verstrickt hätten. Über diese Reaktionen freuten wir uns sehr, denn nach der Veröffentlichung von *Frauen und Selbstachtung* verlief alles zuerst etwas ungewöhnlich. Die meisten der heute veröffentlichten Bücher werden entweder sofort zu Hits oder zu Flops, doch entgegen diesem Trend kam für *Frauen und Selbstachtung* der Erfolg langsam, aber stetig. Durch Mund-zu-Mund-Propaganda von Frau zu Frau verbreitete sich der Ruf des Buches immer weiter, und die Zahl der Leserinnen nahm beständig zu. Wir freuen uns, daß mit dieser Ausgabe des Ingrid Klein Verlages *Frauen und Selbstachtung* nun auch in deutscher Sprache erhältlich ist; und wir hoffen, die Frauen in Deutschland, Österreich, der Schweiz und anderen deutschsprachigen Ländern profitieren davon ebenso wie viele amerikanische Frauen.

Wir möchten jedoch darauf hinweisen, daß *Frauen und Selbstachtung* ursprünglich für eine amerikanische Leserschaft geschrieben wurde. Mit der wichtigste Aspekt, den wir auf den folgenden Seiten ansprechen, ist, daß das Selbstwertgefühl und die Selbstachtung der Frauen sowohl von der familiären Umgebung wie auch von der Kultur, in der eine Frau aufwächst, geprägt werden. Wir gehen also über den üblichen Rahmen der meisten psychologischen Bücher, die sich allein auf die Privatsphäre konzentrieren, hinaus und schenken der Analyse besondere Aufmerksamkeit, auf welche Weise die einzelnen gesellschaftlichen Institutionen und kulturellen Einflüsse – Schulen, Politik, Religionen, Massenmedien etc. – die Ansichten und Gefühle von Mädchen und Frauen über sich selbst beeinflussen. Aber dabei haben wir uns natürlich auf das beschränkt, was wir am besten kennen. Wenn wir folglich auf den Einfluß der Schulen und der Politik eingehen, dann handelt es sich um die in den USA bestehenden Institutionen; sprechen wir über Religionen, dann über die in den USA bedeutendsten Glaubensrichtungen; bezüglich Themen wie Rassismus, Veränderungen demographischer Muster oder traditionelle Vorurteile der westlichen Kultur gegenüber Emotionalität, beziehen wir uns in erster Linie ebenfalls auf deren Erscheinungsformen in den USA. In anderen Ländern existieren entsprechende Institutionen und kulturelle Einflüsse, die sich auf das Selbstwertgefühl der Frauen auswirken – so zum Beispiel die Apartheid in Südafrika, der Islam in der arabischen Welt, das britische Klassensystem und die seit langer Zeit bestehende Feindschaft zwischen Protestanten und Katholiken in Teilen Großbritanniens –, die wir im Rahmen unserer auf die USA bezogenen Recherchen nicht berücksichtigt haben.

Hätten wir *Frauen und Selbstachtung* eigens für eine deutsche Leserschaft neu geschrieben, hätten wir nicht nur unsere ursprünglichen Fakten und Zahlen durch auf Deutschland bezogene Daten ersetzt, sondern vermutlich einige ganz neue Seiten verfaßt. Was wir sicher genauer betrachtet hätten, wäre die in Deutschland traditionell bestehende Betonung der drei »K« gewesen – Kinder, Küche, Kirche –, die als die drei wichtigsten Bereiche für Frauen betrachtet werden; auch hätten wir uns mit den deutschen Erfahrungen im Ersten und Zweiten Weltkrieg auseinandergesetzt sowie mit dem Erbe der Nazizeit, dem damit verbundenen Leid, der Scham und dem Schweigen, das es sogar heute noch vielen Deutschen schwermacht, offen und frei über die Hitler-Ära zu sprechen. Ein weiterer Aspekt, den wir hätten ansprechen müssen, wären die ökonomischen, sozialen und emotionalen Folgen der Teilung Deutschlands nach dem Krieg und der noch nicht lange zurückliegenden Wiedervereinigung gewesen – Ereignisse, die unserer Meinung nach Auswirkungen für die Frauen haben, die für den durchschnittlichen Journalisten nicht gleich ersichtlich werden. Jede neue, für eine deutschsprachige Zielgruppe geschriebene Ausgabe würde darüber hinaus spezielle Kapitel über die Situation der Frauen in der Schweiz, in Österreich und wohl auch in den Nachbarländern, darunter der Tschechischen und der Slowakischen Republik, erfordern. Zwar haben die Länder, in denen deutsch oder unter anderem auch deutsch gesprochen wird, vieles gemeinsam, aber jedes Land hat seine eigene Geschichte und sein eigenes kulturelles Erbe. Auch heute noch bestehen auffallende Unterschiede zwischen den deutschsprachigen Bevölkerungsgruppen, trotz des Zusammenwachsens seit dem Zusammenbruch des Kommunismus in Osteuropa und der ökonomischen Vereinheitlichung in der Europäischen Union.

Wir glauben, daß trotz der auf die USA ausgerichteten Tendenz sich auch die Frauen in anderen Ländern, besonders in Europa, von *Frauen und Selbstachtung* angesprochen fühlen. Leserinnen, die nicht in den USA aufgewachsen sind, berichteten uns, sie hätten beim Lesen das Gefühl gehabt, die wesentlichen Aspekte unserer Analysen träfen auch auf sie zu, obwohl sie in mancher Hinsicht andere Erfahrungen gemacht hätten als die von uns beschriebenen. Wir glauben, Leserinnen, die dieses Buch als Leitfaden zur Selbstprüfung betrachten, erhalten wertvolle Hilfe, auch wenn sie manchmal denken könnten, unsere Analysen hätten keinen direkten Bezug zu ihren Lebenserfahrungen. Denn eines haben wir während der Arbeit mit zahlreichen sehr unterschiedlichen Frauen im Laufe vieler Jahre gelernt, nämlich, daß die aufschlußreichsten Einsichten der Frauen über ihre individuelle Situation häufig nicht von Berichten ausgelöst werden, die eine unmittelbare Identifikation ermöglichen, sondern hauptsächlich von Aussagen, die zuerst den Protest herausfordern: »Also, so etwas ist *mir* nie passiert.«

Neben der Frage, ob *Frauen und Selbstachtung* für eine internationale Leserschaft umsetzbar ist, hat uns die Veröffentlichung des Buches in Deutschland auch gezwungen, darüber nachzudenken, ob das Buch noch zeitgemäß ist. Doch die übergeordneten Themen und die Aussagen insgesamt haben unserer Ansicht nach ihre volle Gültigkeit behalten. Unsere Überzeugung wird von der unveränderten Nachfrage nach diesem Buch gestützt. Interessant ist ferner, daß in den USA vor kurzem eine Reihe weiterer Bücher mit einer teilweise ähnlichen Thematik erschien, darunter *Die Männer schlagen zurück* von Susan Faludi, *Der Mythos Schönheit* von Naomi Wolf und gerade in letzter Zeit *Failing at Fairness: How America's Schools Cheat Girls* von Myra und Daird Sadker. Daran zeigt sich, daß die amerikanischen Mädchen und Frauen seit den achtziger Jahren zwar in bestimmten Bereichen weitergekommen sind, im wesentlichen aber nach wie vor mit den gleichen, die Gleichberechtigung und Selbstachtung behindernden Barrieren konfrontiert werden. Angesichts des in den USA rapide gewachsenen Interesses am Thema Selbstachtung und dem großen Erfolg von Gloria Steinems Bestseller *Was heißt schon emanzipiert* 1992 und 1993 kann man getrost behaupten, daß *Frauen und Selbstachtung* nicht nur aktuell geblieben ist, sondern seiner Zeit deutlich voraus war.

In den auf die erste Veröffentlichung folgenden Jahren hatte jede von uns Gelegenheit, durch die USA zu reisen und mit vielen Frauen, die das Buch gelesen haben, zusammenzutreffen. Für uns erwiesen sich die Gespräche mit unseren Leserinnen als ebenso lehrreich wie befriedigend, denn so konnten wir von ihnen selbst hören, was für sie am wichtigsten gewesen ist. Mit am meisten hat uns verblüfft, wie viele Frauen das Buch in Gruppen gelesen haben – in Studiengruppen zum Beispiel oder in eher zwanglosen Lese- und Diskussionsgruppen –, und wir gewannen den Eindruck, als hätten die Frauen, die das Buch zu mehreren gelesen haben, am stärksten davon profitiert. Selbstverständlich lasen Hunderttausende *Frauen und Selbstachtung* für sich allein, und auch diesen Frauen hat das Buch zu wichtigen Erkenntnissen verholfen. Doch die, die es gemeinsam mit anderen oder einer anderen Frau gelesen haben, scheinen die größte Selbsterkenntnis daraus gewonnen und die schnellste und merklichste Steigerung ihrer Selbstachtung erfahren zu haben. Das gemeinsame Lesen in einer Gruppe vermittelt den Frauen den lebendigen Beweis, keinesfalls mit ihren Problemen allein zu sein; ferner gibt ihnen die Gruppe direkte moralische Unterstützung und ein konkretes Feedback, das ihnen wiederum dabei hilft, ihre negative, unpräzise Vorstellung über sich selbst durch eine positivere und realistischere zu ersetzen. Ob Sie *Frauen und Selbstachtung* nun allein oder zusammen mit einer anderen Frau oder mehreren Frauen lesen, in jedem Fall glauben wir, daß das Buch Ihnen weiterhelfen wird, wenn Sie von der Lektüre ausgehend Ihre Erfahrungen in Ihrer eigenen Kultur einer Überprüfung unterziehen; und wir hoffen, Sie gewinnen beim Lesen das Gefühl, durch den Entschluß, in Eigeninitiative Ihre Selbstachtung zu steigern, an einem persönlichen und politischen Kampf teilzuhaben, der viele Frauen auf der ganzen Welt betrifft.

März 1994

Mary Ellen Donovan
Linda Tschirhart Sanford

Dank

Ohne die in der Schlesinger Library am Radcliffe College und der Baker Library am Dartmouth College zur Verfügung stehenden Quellen und die hilfsbereiten Mitarbeiterinnen und Mitarbeiter der Bibliotheken wäre dieses Buch nicht zustande gekommen. Wir danken Pat King und Ruth Hill von der Schlesinger Library, die uns großzügig ein Büro überließen und uns während einer kritischen Periode moralisch unterstützten. Ebenso gilt unser Dank auch der Baker Library für das bereitgestellte Büro und den besonders zuvorkommenden und kompetenten Angestellten der Bibliothek.

Dieses Buch hätte auch ohne die vielen Frauen, die an unseren Gruppen zur Steigerung der Selbstachtung teilnahmen oder uns Interviews gewährten, nicht geschrieben werden können. Ihnen allen unseren innigsten Dank.

Freunde und Kollegen haben das Manuskript während seiner Entstehung in Teilen gelesen und ihre Kritik eingebracht, die uns sehr geholfen hat. Ferner vermittelten sie uns neue Einsichten und neue Ideen, schlugen wertvolle Quellen vor und/oder gaben uns Feedback, während wir uns um eine Klärung und Umsetzung unserer Ideen bemühten. Wir danken besonders Robin Barnett, Claudia Black, Ellen Cole, Susan Dentzer, Terrence Des Pres, Beth Dingman, Roger Gottlieb, Ann Grobe, Marcia Germaine Hutchinson, N. P. Kannan, Beth Kindl, Claudia Lamperti, Leslie Madden, Linda Markin, Francine Rainone, Judy Rowan, Donna Sweaney, Carole Trickett und Nancy Wasserman. Ann Watson hat mehr geleistet als nur ihren Beitrag beim Lesen und ist eine »ganz ausgezeichnete« Freundin. David Coburn war uns mit seinen Ideen und bei der Organisation eine große Hilfe und fungierte gleichzeitig als Kurier und Koch. Dankbar sind wir ferner Margarita Ascencio, Mary Fitzgerald, Anne Slade Frey, Barbara Harrington, Sandra Lowe, Helen Boulware Moore, Valerie Mullen, Kesa Noda, Grace Paley, Barbara Palmer-Litchfeld, Holly Porter, Eleanor Swaim und Sheila Ward – sie alle verhalfen uns zu einem besseren Verständnis der Erfahrungen von Frauen aus verschiedenen Kulturen, aus allen sozialen Schichten, von Frauen jeden Alters und mit unterschiedlichem Lebenshintergrund.

Marcia Putnam schrieb in vielen langen Stunden über mehrere Jahre das Manuskript in seinen verschiedenen Stadien auf der Maschine. Wir danken ihr für ihre ausgezeichnete Arbeit, für ihre Fröhlichkeit und ihren nie nachlassenden Enthusiasmus für dieses Projekt. Hedy Anderegg und Jesse Piaia erledigten die Schreibarbeiten ebenfalls hervorragend und mit Begeisterung; auch ihnen danken wir, Hedy besonders auch für ihre Ideen und die von ihr hinzugefügten Anmerkungen. Unser Dank gilt ferner April Pinard, die das Abschreiben in letzter Minute übernahm und in Höchstgeschwindigkeit zu Ende brachte. Und wir danken den Angestellten von Gnomon Copy in Hanover, New Hampshire, die uns die ganzen Jahre einen raschen und freundlichen Service boten.

Unsere Agentin Frances Goldin hat sich in den über drei Jahren, die das Schreiben des Buches in Anspruch genommen hat, stets für uns und das Buch eingesetzt. Sie ist hartnäckig und sehr professionell, wir sind ihr dankbar, daß sie zu uns gehalten hat.

Schließlich gilt unser beider Dank Lindy Hess und Felecia Abbadessa, den Lektorinnen dieses Buches. Lindy ermutigte uns in einer wichtigen Phase des Schreibens, mit ihrer Intelligenz und ihrem beruflichen Können war sie uns eine große Hilfe. Felecia leistete ausgezeichnete Arbeit, achtete auf die Termine und viele wichtige Details; es war wirklich ein Vergnügen, mit ihr zu arbeiten.

Ferner möchte jede von uns gesondert noch den Menschen danken, denen wir uns speziell verpflichtet fühlen.

Lindas besonderer Dank gilt:

– Carl Cooley, Trudi Lanz, Linda Ross, Florence Rush, Rich Snowdon, Kathleen Vogel und Bill Young für ihre nachhaltige Unterstützung und Freundschaft während meiner Arbeit an diesem Buch.
– Joanne, Peter, Brian, Sara, Sheila, Michelle, Judith, Phil und Willa vom Upper Valley Youth Services in Lebanon, New Hampshire. Alle trugen während meiner Zeit als Pflegemutter zu meiner Selbsterkenntnis und Selbstachtung bei.
– Ruth, Anne, Jessa, Judith und Marge vom Black Women's Oral History Project an der Schlesinger-Radcliffe. Ihr habt nicht nur den Arbeitsplatz mit mir geteilt, sondern mir Unterstützung gewährt und mir das Zugehörigkeitsgefühl gegeben, das nur eine Arbeitsfamilie geben kann.
– Tom Davidow, dem ich meine besondere Zuneigung und meinen Respekt zum Ausdruck bringen möchte. Zweifellos wirst du auf diesen Seiten vieles von deiner Klugheit und deinem Geist wiederfinden. Du hast in hohem Maße zu meinem Wohlbefinden beigetragen, dafür werde ich dir immer dankbar sein.
– Janet LeBrun Cosby und Joe Cosby, die sich großzügig für mich einsetzten und mir die Unterstützung boten, die ich am meisten benötigte.
– Janice DeLange, Ph. D., meiner Professorin an der University of Washington Graduate School of Social Work, kommt besonderes Verdienst und besonderer Dank zu. 1977 machte sie mich mit der Theorie zur Entwicklung der Selbstachtung und diesbezüglich mit verschiedenen klinischen Methoden bekannt. Ihre Arbeit hat die meine inspiriert; sie ist eine große Gelehrte und Lehrerin.

Mary Ellens besonderer Dank gilt:

– Allen Freundinnen und Freunden, deren Liebe und Unterstützung mir während der drei Jahre, die ich an diesem Buch gearbeitet habe, geholfen haben. Zusätzlich zu den bereits erwähnten schließt dies ein: Linsey Abrams, Jeff und Sue Grobe, Roberta Hathorn, Helen Hertzog, Sandi Hulon, Mary Koen, Marie Lapre-Grabon, Heather Mates, Sean Mullen, Laurie Ridgeway, Amy Semmes, Amanda Smith, Diane Stevenson und Emily Quimby.

- Nancy Baker, die mir durch eine besonders schwere Zeit geholfen hat.
- Daniel Donovan, besonders für seine Hilfe bei Geldproblemen.
- Den Frauen, die in der Schlußphase des Schreibens mit mir während meiner Zeit als Kellnerin im Restaurant Owl's Nest zusammengearbeitet haben. Dank auch Bob an der Bar, der mich moralisch unterstützt hat.
- Esther und Mitch Lipson und Allan und Nenette Harvey, in deren Häusern ich einen Großteil der Arbeit an diesem Buch erledigt habe.
- Meiner Schwester Liz und meinem Bruder Pat, die mir zeigten, daß sie an dieses Projekt glaubten.
- Meinem lieben Freund David, der sich während meiner Arbeit an diesem Buch eine Menge gefallen lassen mußte, der aber trotzdem stets liebevoll, verständnisvoll und unterstützend blieb.

Vorwort

... Studien über Frauen weisen wiederkehrende beunruhigende Gesetzmäßigkeiten auf: Mangel an Selbstachtung, die Unfähigkeit, sich stark zu fühlen oder die Kontrolle über das eigene Leben auszuüben, Anfälligkeit für Depressionen, die Tendenz, sich selbst für weniger begabt, für weniger fähig zu halten, als es tatsächlich der Fall ist. Die zahlreichen im Laufe der Jahre durchgeführten Studien vermitteln zwingend den Eindruck des Eingeengtseins, des Gelähmtseins, des diffusen Gefühls, weniger gut, weniger fähig, weniger klug, weniger wert zu sein als Männer... Sicher gelingt es vielen Frauen, sich diesem Fluch zu entziehen und ein erfülltes, glückliches Leben zu führen, aber beim Durchblättern dieser Studien werden unterschwellig die gespenstischen Bilder uneingestandener Träume, unerfüllter Hoffnungen, unentdeckter Talente heraufbeschworen. Tragisch und besonders bitter sind die verpaßten Chancen, die Gedanken »was hätte sein können«.

Caryl Rivers, Rosalind Barnett und Grace Baruch,
Beyond Sugar and Spice

Dieses Buch ist den Millionen Frauen gewidmet, deren Leben und Glück durch mangelnde Selbstachtung eingeschränkt wird. Wie und warum konnte es dazu kommen, daß sich so viele Frauen für weniger fähig, weniger klug, weniger wertvoll halten, als sie es in Wirklichkeit sind? Wie wirkt sich die mangelnde Selbstachtung auf die psychische Gesundheit der einzelnen Frauen, auf die Beziehungen, die berufliche Situation, die Einstellung gegenüber anderen und dem Umfeld im weiteren Sinne aus? Welche Auswirkungen hat die geringe Selbstachtung vieler einzelner Frauen auf die Frauen als Gruppe im politischen, ökonomischen und sozialen Sinn? Diese Fragen versuchen wir in diesem Buch zu beantworten. Nicht weniger wichtig sind uns die praktischen Anregungen. Mit ihrer Hilfe können Frauen sofort damit beginnen, ihre Selbstachtung zu steigern und verstärkt Kontrolle über ihr Leben zu erlangen. Sie werden ein glücklicheres, erfüllteres Leben führen können und so dazu beitragen, die Geschichte der Frauen in einem strahlenderen Licht erscheinen zu lassen als bisher.

Dieses Buch haben zwei Frauen geschrieben: Linda ist Psychotherapeutin, sie arbeitete intensiv mit Opfern sexueller Gewalt und leitete seit 1978 Therapiegruppen für Frauen, die sich die Steigerung ihrer Selbstachtung zum Ziel gesetzt hatten. Mary Ellen ist Journalistin mit vorrangigem Interesse für Frauenthemen und hat Erfahrung mit politischer Arbeit. Lediglich aus Gründen der Vollständigkeit: Wir sind beide nach dem Zweiten Weltkrieg geboren, in katholischen Mittelstandsfamilien aufgewachsen und von weißer Hautfarbe; beide sind wir Feministinnen. Wir gelangten auf verschiedenen Wegen zu unserem gemeinsamen Interesse am Thema Frauen und Selbstachtung, und unsere unterschiedlichen Perspektiven prägen dieses Buch. Doch so verschieden unsere persönlichen und beruflichen Erfahrungen auch sein mögen, sie vermittelten uns beiden das Bewußtsein darüber, welche entscheidende und komplexe Rolle die Selbtachtung im Leben von Frauen spielt.

Bislang ist erstaunlich wenig Tiefergehendes zum Thema Frauen und Selbstachtung gesagt worden. Über das Selbstwertgefühl und die Erfahrung von Angehörigen religiöser und rassischer Minderheiten wurde des langen und breiten geschrieben. So haben zum Beispiel unter anderem Gunnar Myrdal, Gordon Allport und Kurt Lewin detailliert die Frage untersucht, ob der Status der Juden als verachtete und verfolgte Gruppe zu einem »Gruppen-Selbsthaß« geführt hat. Und Frantz Fanon widmete sich in *Black Skin, White Masks* mit großer Begeisterung den Selbstwertproblemen schwarzer Männer *(!)* als Folge von Rassismus, Kolonialismus und als Erbe der Sklaverei. Der Beziehung zwischen dem Selbstwertgefühl und der Lebenserfahrung der Frauen in einer Gesellschaft und Kultur, die uns auf den zweiten Rang verweist, wurde bis heute jedoch nur vereinzelt, oberflächlich und indirekt Aufmerksamkeit geschenkt. Zwar berühren viele der in den letzten Jahren veröffentlichten Bücher über Frauen auch deren Selbstwertprobleme, doch lediglich im Zusammnenhang mit der Untersuchung anderer Lebensaspekte. Und obwohl Autorinnen und Autoren einige der eher offensichtlichen Symptome der gering ausgeprägten Selbstachtung der Frauen untersuchten (z. B. Depression, fehlendes Selbstbewußtsein, negatives Körpergefühl), blieb die Ursache dieser symptomatischen Erscheinungen – nämlich mangelnde Selbstachtung – ungenügend erforscht.

Wir betrachten dieses Buch als eine Untersuchung über weibliche Selbstachtung und Erfahrung. Dabei bemühten wir uns um eine möglichst umfassende Betrachtungsweise, aber wir maßen uns nicht an, zu einer definitiven Darstellung gelangt zu sein. Im Gegenteil, wir hoffen, dies ist noch nicht das letzte Wort zu diesem Thema.

Unsere Untersuchung über den Zusammenhang von Selbstachtung und weiblicher Erfahrung basiert auf vier miteinander verwobenen Voraussetzungen. Erstens darauf, daß die geringe Selbstachtung der Frauen größtenteils von der Unterdrückung der Frauen in einer männerdominierten Kultur und Gesellschaft verursacht wird.* Es liegt in

* Die Wörter »Kultur« und »Gesellschaft« werden häufig in einem austauschbaren Sinne gebraucht, aber in diesem Buch meinen wir damit zwei verschiedene Dinge. Mit »Gesellschaft« meinen wir Strukturen, Regeln und formale Beziehungen, auf deren Grundlage Gruppen von Menschen zusammenleben;

der Natur der Sache, daß es sich dabei um eine besonders hinterhältige Form der Unterdrückung handelt. Eine Frau, deren berufliche Chancen beispielsweise durch offene Diskriminierung aufgrund ihres Geschlechts eingeschränkt werden, wird von außen unter Druck gesetzt. Aber eine Frau, deren berufliche Chancen eingeschränkt werden, weil ihr von Kindheit an vermittelt wurde, sich selbst als wenig fähig und wenig wert einzuschätzen, wird zusätzlich noch aus ihrem eigenen Inneren heraus unterdrückt.

Zweitens gehen wir davon aus, daß die geringe Selbstachtung vieler Frauen Auslöser für zahlreiche psychische Probleme ist. Die Anstrengungen, diese zu »heilen«, ohne das konkret dahintersteckende Problem anzupacken, schaffen wiederum häufig neue Probleme. So kann zum Beispiel eine an zwanghaften Eßstörungen leidende oder alkoholabhängige Frau ihr Verhalten in diesem speziellen Punkt zwar ändern, doch dann wird sich die dem ursprünglichen Problem zugrunde liegende geringe Selbstachtung vermutlich auf andere Weise zeigen.

Als dritte Prämisse kommt hinzu, daß eine geringe Selbstachtung und die daraus resultierenden psychischen Probleme dazu beitragen, die in einer männerdominierten Gesellschaft von außen kommende Unterdrückung festzuschreiben. Wird einer Frau zum Beispiel von Kindheit an vermittelt, sie sei weniger wert als Männer, ist sie irgendwann von der Richtigkeit dieser Behauptung überzeugt. Das fehlende Vertrauen in ihren eigenen Wert macht sie anfällig für Depression und verursacht Passivität, und dieses Verhalten wiederum macht es anderen leichter, sie untenzuhalten.

Die vierte Voraussetzung, von der wir ausgehen, ist, daß die Entwicklung einer ausgeprägten Selbstachtung jeder einzelnen Frau für das Weiterkommen der Frauen als Gruppe von Bedeutung ist. Eine männerdominierte Kultur und Gesellschaft kann ihren Fortbestand nur sichern, wenn die Frauen die Vorstellung, sie seien von Natur aus zweitrangig und verdienten deshalb ihre untergeordnete Stellung, akzeptieren und verinnerlichen. Denn eine Frau, die sich in einer Welt, in der Frauen gering geschätzt werden, eine hohe Wertschätzung entgegenbringt, stellt an sich eine Herausforderung für die herrschende soziale, politische und wirtschaftliche Ordnung dar.

Es liegt uns fern, zu behaupten oder beweisen zu wollen, alle Frauen hätten Probleme mit der Selbstachtung; zum Glück kennen wir etliche Frauen, die davon relativ frei sind. Wir wollen auch keineswegs andeuten, alle Männer strotzten nur so vor Selbstachtung und alle Frauen hätten im Vergleich dazu ein sehr gering ausgeprägtes Selbstwertgefühl; ebenso wie es Frauen mit hoher Selbstachtung gibt, gibt es Männer mit geringer Selbstachtung. Doch wir wollen darauf auf-

mit »Kultur« meinen wir Anschauungen, Wertvorstellungen und expressive Werke von Menschen, die in soziale Ordnungen eingebunden sind.

merksam machen, daß die für eine geringe Selbstachtung ausschlaggebenden Gründe bei Männern häufig anderen Ursprungs sind als bei Frauen und daß der Durchschnittsmann einen entscheidenden Vorteil bezüglich der Entwicklung und Beibehaltung von Selbstachtung gegenüber der Durchschnittsfrau hat. Männer und Frauen machen unterschiedliche Erfahrungen, und die Tatsache, daß in unserer Gesellschaft die Männer das Monopol auf Macht und Prestige besitzen, bietet dem einzelnen Mann enormen Schutz vor Gefühlen der Selbstabwertung. Wie sehr ein Mann auch mit Füßen getreten und gedemütigt wird, er kann allein aus der Tatsache, ein Mann zu sein, ein gewisses Maß an Selbstachtung entwickeln. Frauen dagegen haben keinen vergleichbaren Schutz; sie sind bereits per Definition als Frau abgewertet.

Die komplexe Beziehung zwischen dem niedrigen sozialen Status der Frauen und ihrem Selbstbild ist ein stetiger Kreislauf. Bei der Untersuchung dieser Wechselbeziehung hielten wir uns an folgendes Leitprinzip: Wir als Frauen können uns und unsere Einstellung uns selbst gegenüber nicht verstehen, wenn wir nicht die Dynamik der Familiensituation begreifen, in der wir aufgewachsen sind, und die Interaktion zwischen uns und der Kultur und Gesellschaft, in der wir leben; und wir können weder unsere individuelle Erziehung und Erfahrung noch die Kultur und Gesellschaft im weiteren Sinne verstehen, wenn wir nicht wenigstens einiges wissen über die Geschichte und deren konsequente Ignoranz gegenüber den Frauen.

Das Buch ist in vier Teile gegliedert. In Teil eins erläutern wir, warum eine ausgeprägte Selbstachtung so wichtig ist, und benennen die häufigsten Selbstwertprobleme. In Teil zwei betrachten wir, wie die Selbsteinschätzung der Frauen durch zwischenmenschliche Beziehungen zu Familienmitgliedern, Freunden, Liebhabern, Ehemännern und den Kindern zementiert wird. In Teil drei widmen wir uns der durch das gesellschaftliche und kulturelle Umfeld bedingten weiteren Formung und Verfestigung des Selbstbildes der Frauen; dabei werfen wir unter anderem einen Blick auf den Einfluß von Religion, Schule, Arbeitswelt und Politik. In Teil vier untersuchen wir, wie sich zu geringe Selbstachtung in der individuellen Psychologie der Frauen am häufigsten manifestiert; hier werden emotionale Unterdrückung und Depression, sich selbst erfüllende Prophezeiungen, ein negatives Körperbild und Haß auf andere näher betrachtet.

Am Ende des ersten Teils und jeweils am Ende zahlreicher Kapitel in den Teilen zwei bis vier findet die Leserin Vorschläge, wie die angesprochenen Probleme zu bewältigen sind. Wir bezeichneten diese Anregungen als »Vorschläge zur Veränderung«, hier werden Informationen gegeben, wie man beispielsweise mit Belästigungen auf der Straße umgeht, außerdem gibt es psychologische Übungen, die jahrelang mit Erfolg in den Therapiegruppen zur Steigerung der Selbstachtung angewandt wurden. Wir haben diese Abschnitte aufgenommen, um den Leserinnen praktische Hilfestellung zu geben und um unserem Gefühl für Verantwortung gerecht zu werden, denn wir fürchten, zu viele Bücher über Frauen konzentrieren sich ausschließlich darauf, wie schlecht Frauen behandelt werden. Es wird darin, abgesehen von umfassenden sozialen und politischen Revolutionen, nicht der Schimmer einer Hoffnung auf mögliche Veränderungen gelassen, was stark demoralisiert. Unserer Ansicht nach können Frauen unverzüglich etwas zur Verbesserung ihrer individuellen und kollektiven Situation beitragen, und dazu stellen wir die »Vorschläge zur Veränderung« als Hilfsmittel zur Verfügung.

Zu den in vielen dieser Vorschläge enthaltenen psychologischen Übungen noch ein Hinweis: Mit Hilfe dieser Übungen können Frauen ein besseres Selbstwertgefühl entwickeln, sie sind jedoch keine Garantie für eine ausgeprägte Selbstachtung, denn ganz sicher handelt es sich nicht um schnelle, einfache Formeln für ein glückliches, erfolgreiches Leben. Viele Autoren und Populär-Psychologen wollen uns glauben machen, ein »Geheimmittel« oder eine narrensichere Methode für sofort eintretende Selbstachtung und Glück zu besitzen. Wir verfügen weder über geheimnisvolle Mittel noch über Wunderlösungen, und wir mißtrauen denen, die das von sich behaupten. Für eine derart tief in sozialen und kulturellen Einflüssen verwurzelte Problematik gibt es keine individuellen, über Nacht wirkenden Allheilmittel.

Wir haben eingangs erklärt, dieses Buch hätten zwei Frauen geschrieben, aber im Grunde handelt es sich um ein gemeinsames Produkt vieler Frauen. Dazu zählen die 120 Frauen, die an unseren Gruppen zur Steigerung der Selbstachtung teilgenommen haben, und die weiteren, über 200 Frauen, die mit uns über die Bedeutung der Selbstachtung in ihrem Leben und im Leben ihnen bekannter Frauen sprachen. Alle diese Frauen sind an diesem Buch beteiligt, und mit Hilfe ihrer Äußerungen erläutern wir die theoretischen Aspekte oder klinischen Beobachtungen näher.

In den Gesprächen mit diesen Frauen entdeckten wir eine ungeheure Vielfalt an Erfahrungen und Ansichten. Wir haben versucht, uns dieser Vielfalt beim Schreiben stets bewußt zu bleiben. Zwar verfügen Frauen einfach aufgrund ihres Status als »andere« Gruppe in dieser Gesellschaft über allen gemeinsame Erfahrungen, dennoch gibt es so etwas wie *die* weibliche Erfahrung oder *die* frauliche Perspektive schlechthin nicht. Die Rasse, die soziale Schicht, der wirtschaftliche Status, die sexuelle Präferenz, das Ausbildungsniveau, die geographische Herkunft und der Wohnort, ethnische Zugehörigkeit, religiöser Hintergrund und Zugehörigkeit, Alter und unterschiedliche physische Veranlagungen – durch all diese und weitere Faktoren unterscheiden sich Frauen voneinander. Folglich wäre es absurd, so zu tun, als könnten die Erfahrungen aller Frauen in ein und denselben Topf geworfen werden.

Diese Verschiedenheiten wurden in unseren Interviews ebenso deutlich wie die Gemeinsamkeiten. Sogar Frauen, die sich im Grunde überhaupt nicht ähnlich sind, konstatierten oft allen offenkundig vorhandenen Unterschieden zum Trotz ähnliche Erfahrungen, Wahrnehmungen und Gefühle. Manche glaubten, ihre Selbstwertprobleme seien einzigartig, nur sie litten darunter. Als sie merkten, daß auch andere Frauen von diesen Problemen betroffen sind, reagierten sie erleichtert und fühlten sich getröstet. Die Entdeckung, gemeinsamen Zwängen ausgesetzt zu sein, erwies sich als ein Segen für die Selbstachtung vieler Frauen.

Während wir ohne Schwierigkeiten Frauen fanden, die uns bereitwillig über ihre Selbsteinschätzung und ihre Erfahrungen mit ihrem Selbstwertgefühl Auskunft gaben, hatten wir dagegen beträchtliche Probleme, wissenschaftliche, die Erfahrungen der Frauen untermauernde Beweise zu finden. Obwohl im Laufe der Jahre in unzähligen Studien die Ausprägung der Selbstachtung von Frauen untersucht wurde, beschäftigen sich die meisten ausschließlich mit weißen Frauen und können deshalb nicht als repräsentativ für alle Frauen angesehen werden. Ferner konstatiert der Großteil der bestehenden Studien schlicht ein geringes Selbstwertgefühl bei Frauen als Tatsache und versucht kaum, dessen Ursachen oder die dieser Entwicklung zugrunde liegende Dynamik zu analysieren. Außerdem basieren viele Studien auf Vergleichen zwischen den Geschlechtern: Anstatt den Grad der weiblichen Selbstachtung mit den Erfahrungen der Frauen in der Gesellschaft in Verbindung zu bringen, wird das Selbstwertgefühl der Frauen mit dem der Männer verglichen. Diese Vorgehensweise ist problematisch, denn sie verfestigt die Überzeugung, Männer seien die Norm, und ignoriert die in Wahrheit vom Zeitpunkt der Geburt an sehr unterschiedlichen Erfahrungen von Männern und Frauen.

Wissenschaftlich gesicherte Belege zur Bestätigung der Erfahrungen der Frauen oder »Beweise« für unsere klinischen Beobachtungen zu finden wurde darüber hinaus dadurch erschwert, daß die Forschung und Literatur zu diesem Thema sich eindeutig auf Männer konzentriert. Obwohl etliche hundert Studien mit Frauen durchgeführt wurden, bilden sie doch nur einen Bruchteil der gesamten Forschung zum Thema Selbstachtung. Bei näherer Betrachtung der klinischen Projekte stellten wir außerdem fest, daß sich nahezu alle der angeblich allgemeinen Studien an männlichen Personen orientieren. Aus diesen Beobachtungen, in denen es ausschließlich um Männer ging, wurden allgemeingültige Schlüsse über die *menschliche* Psychologie, das Verhalten und die Erfahrungen gezogen. Auch die umfangreiche theoretische und spekulative Literatur zu diesem Thema beschäftigt sich meist entweder explizit mit Männern oder in vagen Abstraktionen mit »Menschen« und »dem Individuum«. Meinen Autoren, die von »Menschen« und »dem Individuum« sprechen, damit auch Frauen? Beim Lesen dieser Literatur drängt sich diese Frage zwangsläufig auf, und in den meisten Fällen lautet die Antwort nein.

Auch in den meisten Studien von Stanley Coopersmith und Morris Rosenberg, zwei der führenden amerikanischen Autoritäten auf dem Gebiet des Selbstwertgefühls, kommt die männerbezogene Forschung deutlich zum Ausdruck, die als repräsentativ in die Allgemeinliteratur einging. In Coopersmiths *The Antecedents of Self-esteem* und Rosenbergs *The Adolescent Self-image* geben beide Männer verallgemeinernde Statements über »Studenten«, »Kinder« und »Jugendliche« ab, tatsächlich beschäftigen sich ihre Studien aber mit *männlichen* Studenten, *männlichen* Kindern, *männlichen* Jugendlichen. Der erstaunlich kurze Prozeß, der mit weiblichen Personen und weiblicher Erfahrung gemacht wird, setzt sich in Rosenbergs 1979 veröffentlichtem Buch *Conceiving the Self* fort. Dabei handelt es sich um eines der bis heute überzeugendsten Werke zum Thema Selbstwertgefühl. Rosenberg untersucht darin die Beziehung zwischen Selbstachtung und Faktoren wie sozialer Zugehörigkeit, Rasse und Religion. Aber während Rosenberg diesen Faktoren ganze Kapitel widmet, spricht er nur auf den Schlußseiten das Geschlecht an, und er kommt dabei mit nur fünf Absätzen aus. Nirgends untersucht Rosenberg die Bedeutung, die das Geschlecht für die Ausprägung der Selbstachtung hat, und nirgends sonst in diesem Buch erwähnt er speziell Studien über weibliche Personen.

Die geringe Zahl der Arbeiten über die Selbstachtung im Zusammenhang mit weiblicher Erfahrung macht uns befangen. Einerseits ist das Vordringen in größtenteils unerforschte Regionen sehr aufregend. Andererseits beinhaltet es auch ein Risiko, denn ein Aufbruch in unerforschtes Gebiet endet gewöhnlich mit dem Betreten schwankenden Bodens. Wir verweisen auf bestehende Forschungsarbeiten, einschließlich der Forschungsergebnisse mit männlichen Testpersonen, die uns anwendbar zu sein scheinen. Aber in vielen Bereichen existieren keine geeigneten Forschungsresultate, und darum verließen wir uns auf klinische Beobachtungen und die Aussagen von Frauen. Unsere Hoffnung ist, daß Forschung und Wissenschaft Studien zum Thema Selbstachtung mit einer großen und repräsentativen Auswahl von Frauen weiterführen. Der Zeitpunkt, an dem Frauen und ihrer Selbstachtung von der Wissenschaft endlich die dem Thema gebührende Aufmerksamkeit gewidmet wird, ist längst überfällig.

Teil I

Die Zusammenhänge

1. Die Zusammenhänge. Definition der Begriffe

Frauen und Selbstachtung? Glauben Sie, da gibt es einen Zusammenhang?

Achtundvierzigjährige Frau, als sie von diesem Buch hörte

Selbstachtung zu haben wünscht sich wahrscheinlich jede Frau, denn sie erhöht unsere Chance auf ein glückliches, erfülltes Leben und hilft, die im Laufe eines Lebens unvermeidlich eintretenden Enttäuschungen und Veränderungen meistern zu können. Der Grad unserer Selbstachtung ist das wichtigste Kriterium für unser psychisches Wohlbefinden und beeinflußt nachhaltig unser gesamtes Denken, Sprechen und Handeln. Unsere Selbstachtung prägt unsere Weltanschauung und ist ausschlaggebend dafür, welchen Platz man uns in dieser Welt zuweist. Sie wirkt ein auf die Meinung anderer über uns und auf deren Verhalten uns gegenüber. Sie ist ein wichtiger Faktor bei der Umsetzung unserer Wahlmöglichkeiten, dafür, was wir aus unserem Leben machen und mit wem wir Beziehungen eingehen. Auch übt sie einen starken Einfluß aus auf unsere Fähigkeit, Liebe zu geben und zu empfangen, sowie auf unsere Flexibilität, angesichts notwendiger Veränderungen entsprechend zu handeln. Mit einer zu gering ausgeprägten Selbstachtung wird eine Frau keine Initiative ergreifen und ihre eigenen Interessen nicht optimal vertreten können. Fehlt einer Frau jegliche Selbstachtung, wird sie von den Problemen überwältigt, starr und letztendlich sogar »aufgeben«.[1]

Leider verfügen viele Frauen nur über ein Minimum an Selbstachtung – sie reicht gerade aus, den Alltag zu bewältigen, ist aber zu wenig ausgeprägt, um ein erfülltes und glückliches Leben führen zu können. Obwohl jeder Mensch Selbstachtung braucht, wird das Bedürfnis der Frauen nach Selbstachtung als weniger stark und weniger unbedingt eingeschätzt als das der Männer. Nach der herrschenden Doppelmoral gilt ausgeprägte Selbstachtung als ausschließlich männliches Privileg. In bezug auf Männer wird hohe Selbstachtung als moralische Qualität bewertet. Ein Mann, der sich mag und wertschätzt und dies aller Welt zeigt, gilt als normal, eine Frau mit solchen Eigenschaften wird als eitel, arrogant und selbstgefällig verurteilt.[2]

Diese seit Jahrhunderten bestehende doppelte Moral prägt auch den größten Teil der hierzu verfaßten Literatur. Jean Jacques Rousseau beispielsweise behauptete vor über zweihundert Jahren, *amour de soi* – Selbstliebe – sei »die einzige natürliche Leidenschaft des

Mannes«. Der Mann, so Rousseau, wird von seinem Bedürfnis nach Selbstachtung getrieben und kann andere nicht lieben, ja nicht einmal weiterleben, wenn er sich nicht selbst liebt. Allerdings machte sich Rousseau keinerlei Gedanken, was Frauen antreibt oder was sie brauchen, um zu lieben und zu leben. Niemals kam ihm in den Sinn, Frauen könnten eine eigene Selbstachtung entwickeln wollen.[3]

Über zweihundert Jahre nach Rousseau schrieb der Pulitzerpreisträger Ernest Becker, »Selbstachtung ist das dominierende Motiv der Menschen«, aber auch er meinte damit nur die Männer. Becker gebraucht durchgängig Begriffe wie »Mensch«, »er« und »das Individuum«. Er benutzt diese Begriffe so, als meine er damit beide Geschlechter, Männer und Frauen. Aber wenn er von den »auserwählten Symbolen« zu sprechen beginnt, vom »Individuum« erdacht, um diesem »ein angenehmes Gefühl in bezug auf sich selbst« zu vermitteln, begreift man, daß Beckers scheinbar geschlechtsneutrales Individuum in Wahrheit stark männliche Züge aufweist. Denn zu Beckers »auserwählten Symbolen« zählen nicht nur »das Geld, das es [das Individuum] verdient, der Film, bei dem es Regie führt, das Buch, das es veröffentlicht«, sondern auch »*das Mädchen, das es verführt*«. Nirgendwo beleuchtet Becker auch nur kurz die Gedanken dieses »Mädchens« oder die Auswirkungen der Verführung auf deren Selbstachtung.[4]

Heute scheint der Kampf um Selbstachtung, den Frauen bereits seit Jahrhunderten ausfechten, von besonderer Dringlichkeit. Wenn Frauen des öffentlichen Lebens wie Joan Kennedy und Billie Jean King wichtige Entscheidungen treffen, die großen Einfluß auf ihr weiteres Leben haben, so stellen sie ihr Bedürfnis nach Selbstachtung als motivierenden Faktor dar. Andere Frauen nicken zu solchen Äußerungen wissend und verständnisvoll. Reden Frauen miteinander über ihre Erfahrungen im Berufsleben, kommen unvermeidlich Themen wie schlechte Bezahlung, diskriminierende Behandlung und sexuelle Belästigung zur Sprache. Aber unmittelbar darauf folgt ein anderes Thema: Selbstachtung. Bei unseren zahlreichen Gesprächen mit Frauen bekamen wir bei diesem Stichwort immer wieder zu hören: »Selbstachtung? Soll ich Ihnen etwas von einer Frau mit geringer Selbstachtung und einem lausigen Selbstbild erzählen? Meine Güte, da hätte ich eine tolle Geschichte für Sie.«

Aber sobald wir die Frauen baten, uns ihre Geschichte als Beitrag zu diesem Buch zu erzählen, zogen sie sich häufig mit dem Kommentar zurück: »Sie sollten sich nicht mit mir abgeben, das bin ich nicht wert.« Laut Alfred Adler sollte das »oberste Gebot« des Lebens lauten: »Das Selbstwertgefühl darf nicht verringert werden.«[5] Den Frauen jedoch scheint die Entwicklung des Selbstwertgefühls nur unzureichend erlaubt oder sogar vollkommen verwehrt zu sein. Angespornt von der Frauenbewegung stellen sich zwar viele Frauen heute in der Öffentlichkeit stolzer und selbstbewußter dar als früher, aber nur wenige scheinen von sich ein so positives Selbstbild und eine so hohe Meinung zu haben, daß sie sich als wirklich wertvoll betrachten können. Auch in einer Zeit des sogenannten erweiterten Bewußtseins stuften Frauen, mit denen wir sprachen, ihren eigenen Wert normalerweise zu niedrig ein. Wenn sie um die Nennung *eines Aspekts* gebeten wurden, den sie an sich mögen und schätzen, fiel ihnen die Antwort schwer:

»Was ich an mir mag? Gott, das ist schwer zu sagen. Meine Zähne vielleicht. Ich habe schöne Zähne.«

»Ich glaube, ich mag mich, weil ich nett zu Bedienungen und zu Verkäuferinnen bin. Ich bin nicht so grob zu ihnen wie viele andere Leute. Ehrlich gesagt, mir fällt sonst nichts ein.«

»Wenn Sie unbedingt eine Antwort haben wollen, dann würde ich sagen, mein Naturell. Ich gehöre zu den Leuten, die immer unbeschwert sind, sich nie beklagen. Nein, ein anderes Beispiel kann ich Ihnen nicht geben. Alles in allem mag ich mich nicht besonders.«

Anderen Frauen fiel überhaupt nichts zu dieser Frage ein. Als wir hartnäckig nachhakten und wissen wollten, welche Meinung sie von sich haben, antworteten viele Frauen mit Selbsthaß:

»In erster Linie ist da diese ständig bohrende Abscheu, so eine Art Ekel. Manchmal erscheint mir alles an mir, besonders mein Körper, einfach abscheulich.«

»Manchmal, wenn ich in den Spiegel schaue, würde ich ihn am liebsten zertrümmern. Ich halte mich für völlig nutzlos, mickrig und erbärmlich, im Grunde für ein Stück Dreck.«

Alle für dieses Buch interviewten Frauen sind funktionierende Mitglieder der Gesellschaft. Einige lernten wir in unseren Therapiegruppen zur Steigerung der Selbstachtung kennen; mit anderen trafen wir bei Versammlungen, in Geschäften, Bibliotheken, Krankenhäusern, an ihren Arbeitsplätzen und in Umkleideräumen von Fitneßcentern zusammen; wieder andere begegneten uns bei Demonstrationen und Workshops, in Flugzeugen und Bussen. Es sind Arbeiterinnen darunter, Studentinnen, Mütter, Geliebte, Ehefrauen, Freundinnen, alle sind Töchter, und die weitaus meisten führen ein Leben, das Außenstehenden mehr oder weniger »ausgefüllt« zu sein scheint. Nicht allen mangelt es in einem solchen Ausmaß an Selbstachtung wie den Frauen, die wir eben zitiert haben, aber die wenigsten haben keinerlei Probleme mit ihrer Selbstachtung.

Viele Frauen scheinen ihre geringe Selbstachtung als unabänderliches Schicksal hinzunehmen. Sie akzeptieren sie und glauben sogar, an ihrem Selbsthaß und ihrer Selbstverunglimpfung sei etwas Erhabenes und Tugendhaftes, etwas Sympathisches und Feminines. Überdies halten es viele für vollkommen unwesentlich, ob sie sich mögen oder schätzen. »Was soll's, wenn ich wenig Selbstachtung habe«, lautete ihre Kernaussage. »Wenigstens gehöre ich nicht zu diesen zornigen Frauen. Ich kann nur mich selbst nicht leiden.«

Ich kann nur mich selbst nicht leiden. Denken Sie einen Augenblick darüber nach, wie sich dieser Satz anhören würde, wenn man ihn nur ein wenig abänderte: Ich kann nur Juden nicht leiden... Ich kann nur Schwarze nicht leiden... Ich kann nur Homosexuelle nicht leiden... Ich kann nur Mexikaner nicht leiden... Ich kann nur Kinder nicht leiden... Ich kann nur Ausländer nicht leiden... Ich kann nur alte Leute nicht leiden... Ich kann nur Weiße nicht leiden... Stellen Sie sich vor, welchen Schock und welche Mißbilligung eine derartige Aussage bei anderen hervorrufen würde. Anschließend denken Sie einen Augenblick darüber nach, ob es nicht einen Zusammenhang zwischen der Abneigung gegen sich selbst und der Abneigung gegen Schwarze, Juden oder Homosexuelle geben könnte. Wie Rollo May sagte: »Es ist jeweils nur ein kleiner Schritt vom Gefühl der eigenen Wertlosigkeit zum Selbsthaß und weiter zum Haß auf andere.«[6]

Ich kann nur mich selbst nicht leiden. Nachdem Sie über ein paar äußere Zusammenhänge dieser Worte nachgedacht haben, wenden Sie nun Ihre Aufmerksamkeit auf die innere Traurigkeit, das Zerrinnen von Sehnsucht, Hoffnung, Energie, von Träumen, für die sie trauriges Zeugnis ablegen. Obwohl einige Frauen wohl kaum von den immensen Folgen ihres eigenen Unglücklichseins zu überzeugen sein werden, ist das Unglücklichsein an sich Grund genug, dem Thema Frauen und Selbstachtung Aufmerksamkeit zu schenken.

Des weiteren ist dieses Thema für Frauen deshalb so wichtig, weil unser individueller Grad an Selbstachtung auch politische Folgen hat. Er wirkt sich auf unser Handeln und unseren Status als Gruppe aus. Jeder Erfolg, den Frauen bei der Durchsetzung der Gleichberechtigung am Arbeitsplatz, vor dem Gesetz, in religiösen Institutionen, in den Medien, bei der Berufswahl und im zwischenmenschlichen Bereich für sich verbuchen konnten, wurde unter ungeheuren Anstrengungen und durch gemeinsames Kämpfen einzelner Frauen erzielt. Leidet eine einzelne Frau unter dem traurigen Gefühl, nicht viel wert und nicht besonders fähig zu sein, dann könnte man das unter Umständen als ihr individuelles Problem abtun. Leiden jedoch Tausende von uns an mangelnder Selbstachtung und trauen sich kaum etwas zu, müssen wir von einem Gruppenproblem von immensen politischen Auswirkungen sprechen.

Was genau verstehen wir unter dem Begriff Selbstachtung? Im täglichen Gespräch und in der Fachliteratur werden anstelle dieses Begriffs oft auch die Bezeichnungen Selbstliebe und Selbstwertgefühl genannt, häufig wird Selbstachtung allerdings auch mit »Selbstverständnis« verwechselt. Tatsächlich sind nicht alle diese Bezeichnungen beliebig austauschbar. Das Selbstverständnis oder Selbstbild setzt sich aus einer Vielzahl von Überzeugungen und Bildern zusammen, die wir in uns tragen und in bezug auf unsere Person für zutreffend halten. Im Gegensatz dazu ist der Grad unserer Selbstachtung (oder Selbstliebe oder Selbstwert) der Maßstab dafür, wie sehr wir uns auf der Basis unseres Selbstverständnisses mögen und anerkennen.[7] Oder kurz und knapp formuliert: »Selbstachtung ist der gute Ruf, den du bei dir selbst hast.«[8]

Die ungeheure Vielfalt an Bildern und Überzeugungen, aus denen sich das Selbstverständnis einer Frau zusammensetzt, beinhaltet teils einfache Aussagen, deren Richtigkeit leicht festzustellen ist: Ich bin eine Frau; ich bin groß; ich bin schwarz; ich bin Mutter; ich bin Studentin; ich bin lesbisch; ich bin Sekretärin; ich bin arm. Andere beziehen sich auf weniger greifbare Aspekte des Selbst, deren Richtigkeit nicht so leicht nachzuprüfen ist: Ich bin gescheit; ich bin häßlich; ich bin unfähig; ich bin sexy; ich bin nicht liebenswert; ich tauge nichts; ich bin nichts wert.

Allen Kriterien, aus denen sich unser Selbstverständnis zusammensetzt, ist eines gemeinsam: Keins bestand zum Zeitpunkt unserer Geburt. Jeder Mensch kommt mit charakteristischen körperlichen Merkmalen und noch verborgenen Fähigkeiten auf die Welt. Aber niemand wird mit dem Bewußtsein geboren, männlich oder weiblich, schwarz oder weiß, dumm oder klug, hübsch oder häßlich zu sein. Was die Ansicht über sich und die Einstellung sich selbst gegenüber betrifft, beginnt das neugeborene Mädchen ihr Leben als »unbeschriebenes Blatt«. Erst später, wenn sie vermittelt bekommt, daß sie ein Mädchen ist, schwarzhaarig ist, Susie Brown heißt und die Tochter von John und Mary Brown ist, dann kann sie sich Gedanken darüber machen und sich aufgrund der ihr übermittelten Signale für unzulänglich oder großartig halten.

Ein Großteil dieser Grundeinstellung uns selbst betreffend bekommen wir als Kinder vermittelt, und zwar im wesentlichen aus zwei Quellen: aus dem Verhalten anderer zu uns und deren Gesprächen über uns. In der frühen Kindheit spielt die nonverbale Kommunikation die entscheidende Rolle. Mit der Entwicklung unserer sprachlichen Fähigkeiten beginnen wir, die als Kleinkind gemachten Eindrücke mit Hilfe unseres Verstandes in bestimmte Worte zu kleiden. Morris Rosenberg meint dazu: »Als soziale Wesen werden Menschen stark beeinflußt von der Haltung anderer gegenüber ihrem Selbst.« Im Laufe der Zeit sehen wir uns im wesentlichen so, wie uns die anderen sehen.[9]

Unser Bild von der Realität prägt das Selbstverständnis, das »So-ist«-Selbst, während unsere Vorstellungen darüber, wer wir sein möchten, unser idealisiertes Selbst formen. Folglich vergleichen wir ständig unser wahrgenommenes Selbst mit unserem idealisierten Selbst, und je stärker diese beiden Selbst auseinanderdriften, um so geringer ist unsere Selbstachtung. Keine der Idealvorstellungen, nach denen wir uns beurteilen, ist uns angeboren. Es wurde uns beigebracht, wie wir zu sein haben, und die unserer Beurteilung zugrunde liegenden Ideale und Normen unterscheiden sich von Kultur zu Kultur, in derselben Kultur sogar von Individuum zu Individuum.

Nach und nach fließen Bilder und Überzeugungen in das Selbstverständnis einer Frau ein und tragen auch zu ihrer Selbstachtung bei. Das Selbstverständnis bildet sich jedoch nicht einfach aus der Summe der verschiedenen Bilder und Überzeugungen. Die für unsere Identität und unser Selbstwertgefühl wichtigsten Bilder und Überzeugungen (zum Beispiel: Ich bin eine Frau; ich bin Mutter; ich bin inkompetent/kompetent; ich bin hübsch/häßlich) bilden den Kern unseres Selbstverständnisses. Die Überzeugungen und Bilder, die für unsere Identität und unser Selbstwertgefühl weniger von Bedeutung sind (z. B.: Ich bin eine gute Köchin; ich bin Linkshänderin; ich bin unsportlich), werden außerhalb des Kerns des Selbstverständnisses angesiedelt.

Wir haben also die Möglichkeit, ein Selbstverständnis mit überwiegend positiven Überzeugungen aufzubauen. Aber auch bei einem positiven Selbstverständnis kann es zu einem Mangel an Selbstachtung kommen. Gleichgültig, wie viele positive Bilder und Überzeugungen eine Frau von sich hat, wenn sie diese am Rande ihres Selbstverständnisses plaziert, spielt sie damit ihre Bedeutung herunter, und eine geringe Selbstachtung ist die Folge.

Grundsätzlich unterscheiden wir zwei Arten der Selbstachtung – die globale und die spezifische Selbstachtung. Die globale Selbstachtung ergibt sich daraus, wie sehr wir unser wahrgenommenes Selbst insgesamt mögen und schätzen. Die spezifische Selbstachtung orientiert sich daran, wie sehr wir einen bestimmten Teil von uns mögen und schätzen. Legt eine Frau großen Wert auf einen bestimmten Aspekt (beispielsweise ihr Aussehen oder ihre Intelligenz), wird ihre globale Selbstachtung in diesem Punkt von ihrer spezifischen Selbstachtung stark beeinflußt. Nimmt aber eine Frau einen bestimmten Aspekt nicht so wichtig (zum Beispiel ihre Kochkünste), so wird dieser kaum Einfluß auf die globale Selbstachtung nehmen.

Viele Menschen verwechseln globale Selbstachtung mit Selbstvertrauen. Sie sehen eine beruflich erfolgreiche Frau und gehen automatisch davon aus, diese Frau wäre rundum mit sich zufrieden. Doch das muß nicht unbedingt der Fall sein. Sie kann eine hohe spezifische Selbstachtung haben, die auf ihrem Wissen basiert, eine gute und entscheidungsfreudige Vorgesetzte zu sein. Gleichzeitig aber schätzt sie möglicherweise ihre Arbeit weniger hoch ein als sexuelle Beziehungen, und da sie seit geraumer Zeit keine Beziehung hatte, kann ihre globale Selbstachtung gering sein. Zwar ist ein gesundes Selbstvertrauen häufig mit einer hohen globalen Selbstachtung verbunden, aber es gibt auch die andere Variante.

Manche Frauen fürchten, eine hohe globale Selbstachtung bedeute, arrogant, eitel, eingebildet, selbstgefällig, selbstsüchtig und unsensibel gegenüber anderen zu sein und sich über sie zu erheben. Das ist jedoch ein Irrtum. Diese Eigenschaften sind im Gegenteil bei Menschen mit *geringer* Selbstachtung weit verbreitet. Eine Frau mit hohen Selbstachtung betrachtet sich nicht hochmütig als Mittelpunkt der Welt oder hält sich für besser als die anderen. Aber sie sieht sich auch nicht als wertloses, belangloses Geschöpf. Sie kennt viele Aspekte von sich selbst, respektiert sich, ist sich ihres Werts bewußt. Sie weiß um ihre Fähigkeiten, doch sie macht sich nicht vor, perfekt zu sein. Wahrscheinlich ist sie sich sogar sehr genau ihrer Fehler bewußt. Anstatt aber diese als Indiz für ihre Wertlosigkeit als Mensch zu betrachten, hält sie Fehler und Schwächen für menschlich.

Frauen fürchten ferner, eine hohe globale Selbstachtung könne bedeuten, narzißtisch zu sein. Aber auch zum Narzißmus neigen eher Menschen mit *geringer* Selbstachtung. Sicherlich zeigen manche Frauen einige auf Narzißmus hinweisende Merkmale, doch könnte man darüber streiten, ob es sich dabei tatsächlich um Narzißmus handelt. Wir glauben, echter Narzißmus ist unter Männern weiter verbreitet als unter Frauen. Nach einer entsprechenden Definition charakterisiert sich Narzißmus durch ein ins Grandiose übersteigertes Gefühl der eigenen Wichtigkeit; durch ständig wiederkehrende Phantasien von grenzenlosem Erfolg, von Macht, Brillanz, Schönheit oder idealisierter Liebe; durch die Forderung nach ständiger Aufmerksamkeit und Bewunderung; durch Gefühle der Wut, der Erniedrigung oder überheblicher Gleichgültigkeit angesichts von Kritik oder einer Niederlage; und schließlich durch Anspruchsdenken; durch Rücksichtslosigkeit und die Tendenz, andere auszunutzen und sich über ihre Rechte hinwegzusetzen; durch Schwanken zwischen extremer Überidealisierung und Abwertung anderer und durch mangelndes Einfühlungsvermögen.[10] Auch wenn nicht alle Männer diese für Narzißmus charakteristischen Eigenschaften zeigen, so entsprechen sie doch exakt jenen, die für weiße Männer in der westlichen Kultur seit Jahrhunderten typisch sind. Traditionell sind diese Eigenschaften bei weißen Männern nicht nur über jede Kritik erhaben, sondern erscheinen sogar bewundernswert, wie John Russell ausführt:

»Männer waren groß im alten Ägypten, groß in Griechenland und Rom, groß im Mittelalter, groß in der Renaissance. Man muß nur einen Blick auf die Geschichte der Kunst werfen und erkennt, daß Männer einmal der Maßstab aller Dinge waren. Unsere Vorstellungen von Weisheit, Gerechtigkeit, Ordnung und Ausdauer basieren auf denen der Männer, orientieren sich an den Männern, sind auf Männer ausgerichtet... ›Mannsgroß‹ war ein Kompliment. ›Männlichkeit‹ war die systematische Sammlung aller Tugenden. Gott schuf den Mann nach seinem eigenen Bild, und er machte seine Arbeit gut.«[11]

Manche Frauen setzen eine hohe globale Selbstachtung mit völliger Selbstsicherheit gleich. Aber eine hohe globale Selbstachtung bedeutet nicht, von allen Selbstzweifeln frei zu sein. Trotz einer sehr hohen globalen Selbstachtung ist es wohl unmöglich, ein Leben lang nie am eigenen Selbstwert zu zweifeln. Fühlt sich eine Frau gelegentlich unzulänglich und ist verunsichert über ihren eigenen Wert, so kann dies schlicht an ihrer momentanen Verfassung liegen. Doch zwischen gelegentlichen Zweifeln und einer ständigen Unsicherheit besteht ein gravierender Unterschied. Hat eine Frau andauernd das Gefühl, »nichts wert« zu sein, ist das ungesund. Eine hohe Selbstachtung schützt uns nicht vor Selbstzweifeln, aber sie versetzt uns in die Lage, mit Selbstzweifeln umzugehen, ohne daran zu zerbrechen.

2. Frauen und Selbstachtung: Sechs grundlegende Probleme

Bei den von uns befragten Frauen stellten wir im Zusammenhang mit Selbstachtung sechs am häufigsten auftretende Probleme fest:

Das Selbst ist nicht sehr ausgeprägt: Manchen Frauen mangelt es an Selbstachtung, weil sie sich zuwenig kennen. Folglich haben sie das Gefühl, kein wahres liebens- und schätzenswertes Selbst zu besitzen. Ideal wäre es, wenn jede Frau bei Erreichen des mittleren Alters zu einer exakten Selbsterkenntnis gelangt wäre. Doch Frauen werden im Gegensatz zu den Männern traditionell nicht dazu ermutigt, »sich selbst zu erkennen«. Aus diesem Grund hatten zahlreiche Frauen große Schwierigkeiten, sich selbst zu beschreiben. »Ein durchlöchertes Sieb«, »voller Lücken« und »ein unbeschriebenes Blatt« bekamen wir zu hören. Lillian Rubin erhielt bei ihren Interviews mit 160 Frauen mittleren Alters ganz ähnliche Antworten. Die meisten Frauen hatten Mühe, eine Kurzbeschreibung von sich zu geben, »die in irgendeiner positiven Form vermittelt, ›wer und was sie sind‹«, und fast ein Viertel konnte dazu überhaupt nichts sagen. »Verlegen«, so erinnert sich Rubin, »antworten sie schließlich mit einem Satz, dessen zentrale Aussage in der einen oder anderen Form so lautete: *Ich bin leer. Vielleicht ist da gar nicht viel von einem Selbst.*«[1]

Eine Frau, die sich als unbeschriebenes Blatt bezeichnet, hat kaum die Möglichkeit, Selbstachtung zu erlangen.

Ich bin eine gute Frau – na und?: Manche Frauen verfügen über ein ausgeprägtes Selbstverständnis und leiden trotzdem unter geringer Selbstachtung, weil sie nicht genau wissen, wer sie sind. Wir stellten dieses Problem besonders bei den Frauen fest, die sich über die in unserer Kultur traditionelle Frauenrolle definieren und damit übereinstimmen. Sie erfüllen also all das, was unsere Gesellschaft von einer guten Frau verlangt. Trotzdem fühlen sie sich oft schlecht, denn Freundlichkeit, Fürsorglichkeit und all die anderen mit einer guten Frau assoziierten Eigenschaften erfahren in unserer Kultur keine große Wertschätzung. Oder wie es eine Frau ausdrückte: »Wenn man in dieser Gesellschaft eine gute Frau ist, betrachtet das kein Mensch als große Sache.«

Das offensichtliche Unglück der am »Ich bin eine gute Frau – na und?«-Syndrom leidenden Frauen unterstreicht, welch entscheidende Rolle die kulturelle Konditionierung im Hinblick auf unser Selbstbild und unsere Selbsteinschätzung spielt. Unser Selbstbild und unsere Selbsteinschätzung bilden sich im Kontext der Kultur, und diese drängt Frauen stets in eine bestimmte Richtung (emotional, unlogisch, technisch unbegabt, körperlich schwach etc.) und die Männer stets in eine andere Richtung (nüchtern, logisch, technisch begabt, körperlich stark etc.). Entsprechende Studien belegen, daß Kinder sich wahrscheinlich bereits mit einem Jahr, keinesfalls aber später als mit drei Jahren, nicht mehr nur als Person, sondern als männlich oder weiblich wahrnehmen, und daß von dieser Zeit an die Geschlechtsidentität *der* Grundstein des Selbstverständnisses ist.[2] Fay Fransella und Kay Frost bemerken dazu:

»Unsere Ansicht über uns selbst reflektiert nicht nur Selbstbeobachtungen. Wir handeln auf der Basis von Vorstellungen, die uns in bezug auf unsere Person bereits vermittelt wurden, ordnen diese ein, interpretieren sie und interpretieren sie noch einmal... In allen Gesellschaften besteht ein System mehr oder weniger akzeptierter Anschauungen über die Natur und das adäquate Verhalten von Männern und Frauen...«[3]

Die von der Gesellschaft vorgegebenen unterschiedlichen Verhaltensregeln und charakteristischen Eigenschaften für Männer und Frauen schränkt beide Geschlechter ein. Im großen und ganzen werden jedoch die Frauen von den Stereotypen ihrer Geschlechterrolle weit mehr eingeschränkt und geschwächt als die Männer, denn der geschlechtsspezifische Rahmen läßt den Frauen sehr viel weniger Spielraum. Betrachten wir zum Beispiel die Broverman-Studie, in der 79 Fachleute der Psychiatrie die charakteristischen Eigenschaften eines gesunden Erwachsenen, eines gesunden Mannes und einer gesunden Frau benennen sollten. Es ergaben sich 37 Merkmale für den gesunden Mann, aber nur elf für die gesunde Frau. Gleichzeitig zeigte sich, daß die für das eine Geschlecht als gesund betrachteten Charakteristika nicht für das andere gelten.[4] Hier eine typische Auswahl:

Merkmale des gesunden Mannes	*Merkmale der gesunden Frau*
Sehr unabhängig	Sehr starkes Sicherheitsbedürfnis
Keinesfalls emotional	Sich der Gefühle anderer sehr bewußt
Große Vorliebe für Mathematik und Naturwissenschaften	Liebt Kunst und Literatur sehr
Sehr weltlich	Sehr interessiert an der eigenen Erscheinung
	Zeigt sehr leicht liebevolle Gefühle

Verschärfend kommt hinzu, daß in unserer Kultur Männern eine natürliche Überlegenheit gegenüber den Frauen attestiert wird. Auch werden im allgemeinen die mit Männern assoziierten charakteristischen Eigenschaften (z. B. Rationalität, Unabhängigkeit, Führungseigenschaften) in unserer Kultur am höchsten bewertet, während die mit Frauen assoziierten charakteristischen Eigenschaften (z. B. Emotionalität, Sensibilität, Hilfsbereitschaft) am geringsten geschätzt werden. Es überrascht deshalb nicht, daß in der Broverman-Studie die Kennzeichen eines gesunden Erwachsenen und die eines gesunden

Mannes im wesentlichen übereinstimmten, während die gesunde Frau exakt gegensätzlich beschrieben wurde. Dies offenbart die ausweglose Situation der Frau in unserer Kultur: Entweder beschränkt sie ihr Selbstverständnis auf elf passive Eigenschaften und ist eine gesunde Frau, oder sie begeht Verrat an ihrer Weiblichkeit, indem sie den ihr vorgegebenen Rahmen sprengt und riskiert, als unweiblich und nicht angepaßt gebrandmarkt zu werden.

Angesichts dieser Situation ist es praktisch unvermeidlich, daß Frauen eine geringe Selbstachtung haben. Viele unserer Gesprächspartnerinnen arbeiteten hart daran, den Erwartungen unserer Gesellschaft gerecht zu werden. Dies führte häufig dazu, daß sie genau die von ihnen angestrebten Eigenschaften andererseits wieder selbst entwerteten. In der Folge sahen sie sogar ihre anerkannt positiven Eigenschaften in einem negativen Licht. Nur selten hörten wir in einem unserer Interviews von einer Frau die Worte: »Ich bin eine gute Mutter und Hausfrau; es ist zu schade, daß das in unserer Kultur in keiner Weise geschätzt wird.« Statt dessen tendierten die Frauen weit mehr zu Selbstmißbilligung: »Ich bin *nur* Mutter und Hausfrau.«

Die für die Frauen durch die Stereotypen der Geschlechterrollen entstehenden Probleme werden zusätzlich von weiteren, die Selbstentwicklung behindernden Barrieren verstärkt: Rassismus, Altersdiskriminierung, Klassendiskriminierung, Homophobie, konfessionelle Vorurteile und die in unserer Gesellschaft allgemein übliche ablehnende Haltung gegenüber Menschen mit Behinderungen. Viele Frauen sind sehr stolz darauf, farbig oder lesbisch oder jüdisch zu sein und der Arbeiterklasse anzugehören. Dennoch werden sie aufgrund der in unserer Kultur für die betreffende Gruppe bestehenden Klischees häufig in ihren Möglichkeiten zur Selbstbestimmung eingeschränkt.

Ich kann Ihnen sagen, was ich nicht bin...: Im Unterschied zu den Frauen, die sich zumindest in einigen Bereichen positiv beurteilen, betrachten sich andere unter jedem Aspekt als Versagerin. Bittet man diese Frauen um eine Selbstbeschreibung, zögern sie nicht, sofort eine Reihe negativer Äußerungen vom Stapel zu lassen. »Also«, sagt zum Beispiel solch eine Frau, »ich bin überhaupt nicht attraktiv, klug bin ich auch nicht, nicht so gut informiert wie mein Mann, nicht so umgänglich wie meine Freundin Anne, nicht so engagiert in sozialen Aktivitäten oder so belesen, wie ich es eigentlich sein sollte...«

Frauen mit dem »Ich kann Ihnen sagen, was ich nicht bin«-Syndrom tendieren dazu, derartig hohe Maßstäbe bei sich selbst anzulegen, daß sie diesen praktisch niemals gerecht werden können. Darüber hinaus tun sie dies gleichzeitig in verschiedenen, einander zuwiderlaufenden Bereichen; sie wollen nicht nur auf einigen Gebieten perfekt sein, sie wollen bei allem, was sie tun, perfekt sein. Für sie ist Selbstbewertung ein Spiel um alles oder nichts: Entweder bin ich perfekt, oder ich bin eine totale Niete.

Da ihr Denken keinerlei Mittelweg zwischen totalem Versagen und totalem Erfolg erlaubt, übertreiben diese Frauen ihre Mängel gewaltig. Immer wieder erzählten uns Frauen, die mäßiges oder nur ganz wenig Übergewicht hatten, sie seien ungeheuer dick; Frauen mit großen Nasen sprachen von der häßlichsten, längsten Nase der Welt; Frauen mit kräftigen Beinen behaupteten, sie hätten »Elefantenbeine«; temperamentvolle Frauen, denen ab und zu die Geduld reißt, betrachteten sich als fürchterliche Furien... die Liste könnte endlos fortgesetzt werden.

Wenn ich darin gut bin, kann das nichts Besonderes sein: Nicht alle Frauen sehen sich in einem völlig oder überwiegend negativen Licht – trotzdem mangelt es ihnen an Selbstachtung. Viele sind sich sehr wohl bewußt, daß sie in vieler Hinsicht den »Ansprüchen genügen«. Sie haben jedoch Schwierigkeiten, ihre guten Eigenschaften als ebenso wichtig zu bewerten wie ihre Fehler und Schwächen. »Oh, ich weiß, ich habe ein hübsches Gesicht, ich bin auch recht klug, eine gute Lehrerin, ein netter Mensch und all das«, sagt beispielsweise eine solche Frau. »Aber«, fügt sie rasch hinzu, »ich sollte unbedingt zehn Pfund abnehmen.« Im Selbstverständnis dieser Frau nehmen diese zehn Pfund Übergewicht eine übermächtige Stellung ein; dieser eine negative Aspekt überschattet alle positiven Bilder und Überzeugungen derart, daß diese verblassen.

Dem Selbstverständnis dieser Frauen mangelt es an einer ausgeglichenen Struktur. Obwohl sie sich normalerweise sowohl ihrer Mängel als auch ihrer positiven Eigenschaften genau bewußt sind, können sie diese nicht in das richtige Verhältnis zueinander bringen. Statt dessen schieben sie ihre positiven Eigenschaften an den Rand ihres Selbstbildes und konzentrieren sich auf ihre Fehler, seien sie auch noch so geringfügig, als handelte es sich dabei um das Hauptmerkmal ihrer Person.

Die Konzentration auf Fehler, ob nun tatsächlich vorhanden, übertrieben dargestellt oder vollkommen eingebildet, war unter den von uns befragten Frauen recht weit verbreitet. Manche konzentrieren sich in einem Ausmaß auf ihre Fehler, daß sie sich vollkommen damit identifizieren. Eine Frau drückte es folgendermaßen aus:

»Ich bin zu mager, ich kriege einen Pickel oder mache eine dumme Bemerkung. Das Gewicht, der Pickel, die Bemerkung – ich habe das Gefühl, sie werden ich.«

Diese Frau ist eine ausgesprochen attraktive, lebhafte, lustige und beruflich erfolgreiche Akademikerin. In ihrem Selbstverständnis dominieren die negativen Bilder und Überzeugungen nicht. Im Gegenteil, ihr Selbstverständnis enthält weitaus mehr Positives als Negatives. Dennoch mangelt es ihr an Selbstachtung, da die Struktur ihres Selbstverständnisses stark verzerrt ist.

Umfangreiche Forschungsarbeiten beschäftigen sich mit der Tendenz zur »Selbsterhöhung«, das bedeutet, den höchsten Wert jenen Bereichen zuzuordnen, in denen man sich am höchsten einschätzt. Bei

Männern war diese Tendenz besonders ausgeprägt. Wenn ein Mann auf einem bestimmten Gebiet – zum Beispiel dem Sport – besonders gute Leistungen erzielt, wird er sicher diesen Bereich besonders hoch einschätzen. Er räumt seinem sportlichen Selbst eine überragende Stellung in seinem Selbstverständnis ein und steigert dadurch seine Selbstachtung. Bei Frauen scheint genau das Gegenteil der Fall zu sein. »Wenn ich darin gut bin«, sagen viele, »dann kann das nichts Besonderes sein.« Was für zahlreiche Frauen am allermeisten zählt, ist genau jener Bereich – oder jene Bereiche –, in denen sie sich am geringsten einschätzen. Der niedrige Rang wird zum Maßstab.[5]

Ich bin nicht mehr der Mensch, der ich einmal war: Manche Frauen haben eine geringe Selbstachtung aufgrund einer sogenannten Verschiebung des Selbstverständnisses. Diese tritt dann ein, wenn jemand durch ein einschneidendes Erlebnis gezwungen wird, sein Selbstbild und seine Ansichten über sich nicht nur zu revidieren, sondern radikal zu ändern. Eine Frau etwa, die sich einer Brustamputation unterziehen mußte oder eine Scheidung hinter sich gebracht hat, wird darauf wahrscheinlich mit einer Verschiebung des Selbstverständnisses reagieren.

Dies kann aus zwei Gründen problematisch sein. Erstens kann es eine ganze Zeit dauern, bis die Frau die neuen Anschauungen über ihr Selbst in ihr Selbstverständnis integriert hat. Zweitens kann auch nach der Integration noch viel Zeit vergehen, bis die Frau das neue Selbstbild endlich akzeptiert.

Besitzt die Frau eine hohe globale Selbstachtung, wird die durch die Verschiebung des Selbstverständnisses entstandene geringe Selbstachtung nur vorübergehend sein. Die Frau mit geringer globaler Selbstachtung wird dagegen größere Schwierigkeiten haben. Allerdings gibt es Veränderungen, an die sich anzupassen ungewöhnlich schwerfällt, unabhängig vom jeweiligen Grad der Selbstachtung. Wir stellten fest, daß sich bei Frauen das Selbstverständnis besonders nach dem Verlust eines geliebten Menschen, sei es durch Tod oder das Ende einer Beziehung, verschiebt. Jedem Verlust folgen naturgemäß Gefühle der Trauer und Verzweiflung, doch da sich die meisten von uns nur ungern als traurig und verzweifelt sehen, kritisieren wir uns unnachsichtig, weil wir Zeiten des Leids nicht besser bewältigen können:

»Ich dachte immer, ich sei ganz schön flexibel und könnte mich auch an schwierige Umstände anpassen. Aber nach dem Tod meiner Mutter ging es mir sehr lange miserabel. Ich kam überhaupt nicht mehr auf die Beine und fühlte mich schrecklich, weil ich so trübsinnig und müde und eine solche Last für meine Mitmenschen war. Inzwischen habe ich etwas von meinem früheren Gleichgewicht wiedergefunden. Aber in meinem tiefsten Innern nehme ich eine Traurigkeit und Verletzlichkeit wahr, die es zuvor nicht gegeben hat. Ich glaube nicht, daß ich je wieder ganz die alte werde.«

Auch Erschöpfung kann eine Verschiebung des Selbstverständnisses auslösen und somit eine geringe Selbstachtung zur Folge haben. Es kann bereits ausreichen, sich müde und lustlos zu fühlen, um hart mit sich ins Gericht zu gehen. Erschöpfte Menschen sind außerdem sehr anfällig für Gefühle der Unsicherheit, Angst und Unzufriedenheit.

Eine Verschiebung des Selbstverständnisses muß nicht unbedingt auf traurigen Erfahrungen basieren. Bei jeder einschneidenden Veränderung im Leben einer Frau – sei es eine Heirat, die Rückkehr auf die Schulbank, ein Baby oder eine berufliche Veränderung – wird das Selbstverständnis zu einer Veränderung gezwungen, und es kann ihr schwerfallen, ihr neues Selbstbild zu akzeptieren. Die globale Selbstachtung einer Frau verlagert sich im allgemeinen im Laufe verschiedener Lebensphasen. In einer Kultur wie der unsrigen, die das Älterwerden so sehr fürchtet, kann allein das Altern zu einer Verschiebung des Selbstverständnisses führen.

Auch eine neue Selbsterkenntnis, und sei sie freudig begrüßt, kann eine Verschiebung des Selbstverständnisses bewirken. Eine Frau, die wie die meisten von uns mit heterosexuellen Wertmaßstäben erzogen wurde und die später feststellt, daß sie homosexuell ist, kann unter der daraus resultierenden Verschiebung des Selbstverständnisses leiden, auch wenn sie im Grunde froh über ihre Erkenntnis ist. Eine Frau erläutert:

»Für mich ist die Erkenntnis, Lesbe zu sein, weniger problematisch, als mit den daraus entstandenen Konsequenzen fertigzuwerden. Dreiunddreißig Jahre lang führte ich das Leben einer heterosexuellen Frau, ich habe geheiratet, drei Kinder bekommen, das ganze Programm absolviert. Die ganze Zeit wußte ich, daß etwas nicht stimmt, aber erst allmählich dämmerte mir: ›Wow, ich bin lesbisch – das ist es!‹. Aber mit den Folgen umzugehen fällt mir immer noch ganz schön schwer. Und plötzlich gehöre ich einer Minderheit an.«

Ich bin mir nicht sicher, wer ich eigentlich sein möchte: Ebenso wie eine notwendige Anpassung an ein verändertes Selbstverständnis eine Krise und in deren Folge eine Verringerung der Selbstachtung auslösen kann, kann auch eine Verschiebung des idealen Selbstbildes eine problematische Situation heraufbeschwören. Dies ist zum Beispiel der Fall bei einer Frau, die unter der strengen Prämisse erzogen wurde, ihren Wert durch eine Heirat und Kinder beweisen zu müssen, dieses ihr vermittelte Ideal jedoch anfänglich verwirft. Sie entscheidet sich statt dessen, Single zu bleiben und Karriere in der Werbung zu machen. Bis Anfang Dreißig ist sie mit ihrer Entscheidung absolut zufrieden, sie hat sich ihrem idealen Selbstbild weitgehend angenähert. Sie ist glücklich und fühlt sich im Einklang mit sich selbst.

Als sie jedoch auf Ende Dreißig zugeht, beginnt sie sich zu fragen, welchen Wert eine Karriere in der Werbebranche eigentlich hat. Mehr und mehr gelangt sie zu der Überzeugung, sie solle ihre Energie besser in eine der Gesellschaft nützlichere Arbeit investieren – Behinderte betreuen zum Beispiel oder sich für rassische und sexuelle Gleichberechtigung einsetzen –, aber sie kann sich nicht entscheiden. Gleichzeitig nähert sie sich dem Ende des gebärfähigen Alters und beginnt sich zu fragen, ob sie nicht doch noch ein Kind haben möchte. Der Tod ihres Vaters und eine schwere Erkrankung der Mutter, die jetzt umfangreiche Pflege benötigt, steigern ihre Verwirrung. Sie überlegt, ob sie nicht wieder nach Hause zurückgehen und ihre Mutter pflegen soll. Eine andere Stimme in ihrem Innern sagt ihr, sie solle den Beruf wechseln, und eine weitere, sie solle ein Baby bekommen, solange es noch geht.

Das ideale Selbstbild dieser eben beschriebenen Frau befindet sich in einer Zeit des Wandels. Wenn sie sich mit ihrem alten idealen Selbstbild vergleicht, hat sie keine Probleme. Aber wenn sie damit beginnt, ihr Selbstbild mit all den anderen Idealbildern zu vergleichen, fühlt sie sich miserabel. Bis sie sich für ein neues ideales Selbstbild entscheidet und bis sie entsprechend zu handeln beginnt, wird sie wohl weiterhin mit einer geringen globalen Selbstachtung leben müssen.

Wie auch immer wir unser Leben gestalten, wir werden stets Perioden durchmachen, in denen wir unsere Ideale in Frage stellen. In solchen Übergangsphasen wird unsere Selbstachtung rapide abnehmen oder zumindest erschüttert werden. Die Frau, die sich hingebungsvoll um ihren Mann und die Kinder kümmert, die Frau, die völlig in ihrem Beruf aufgeht, die Frau, die sich aufopfernd um die Eltern kümmert, die Frau, die sich für soziale oder politische Arbeit engagiert – sie alle scheinen völlig verschieden, trotzdem werden sich alle eines Tages fragen: »Ist das alles?« Da wir uns alle verändern, uns weiterentwikkeln und reifer werden, müssen wir zwangsläufig manchmal innehalten und uns fragen: »Welchen Sinn hat das Leben? Habe ich mein Leben sinnvoll verbracht, oder hätte ich etwas anderes tun sollen?« Sich diese Fragen zu stellen ist normal und gesund. Aber während der oft langwierigen und mühsamen Suche nach befriedigenden Antworten können wir große Schwierigkeiten bekommen, mit uns auszukommen und uns zu schätzen.

Vorschläge zur Veränderung

I. Uns selbst als Freundin betrachten

Diese Übung ist Celebrate Yourself[6] *von Dorothy Corkille Briggs entnommen. Wir machen diese Übung jeweils bei der ersten Zusammenkunft einer unserer Gruppen zur Steigerung der Selbstachtung.*

Setzen Sie sich gemütlich in einen Sessel. Schließen Sie die Augen. Stellen Sie sich vor, jemand den Sie lieben oder sehr gernhaben, sitzt Ihnen gegenüber. Sagen Sie dieser Person ein paar Dinge, die Sie an ihr besonders schätzen. Nennen Sie mindestens drei Punkte. Machen Sie weiter, wenn Ihnen weitere Punkte einfallen. Hören Sie auf, wenn Sie das Gefühl haben, es fällt Ihnen nichts mehr ein.

Ist Ihnen das schwergefallen? Konnten Sie die betreffende Person deutlich vor sich sehen? Wie viele Punkte sind Ihnen eingefallen?

Versuchen Sie anschließend, sich vorzustellen, Sie selbst säßen sich gegenüber. Sagen Sie mindestens drei Dinge, die Sie in bezug auf sich selbst schätzen. Wenn möglich, machen Sie weiter und nennen mehr als drei Punkte. Hören Sie auf, wenn Sie das Gefühl haben, es fällt Ihnen nichts mehr ein. Und nicht vergessen, mindestens drei Punkte anführen.

Fiel Ihnen diese Übung schwerer oder weniger schwer als die erste? Sahen Sie sich selbst deutlich vor sich? Fielen Ihnen zu Ihrer Person ebenso viele positive Punkte ein wie zu der anderen Person aus der vorigen Übung?

Nahezu allen Teilnehmerinnen unserer Gruppen fiel es leichter, sich die andere Person vorzustellen und für diese Person mehr positive Eigenschaften anzuführen als für sich selbst. Denken Sie nicht schlecht von sich, wenn dies auch bei Ihnen der Fall ist.

II. Collage des Selbstverständnisses

Oft erweist es sich als hilfreich, eine Collage Ihres Selbstverständnisses anzufertigen. Nehmen Sie ein Blatt Papier und legen Sie darauf Symbole (ausgeschnittene Wörter, Zeichnungen, Abbildungen aus Zeitschriften), die Sie repräsentativ für sich selbst halten. In die Mitte des Blattes legen Sie die Symbole, die für Ihre Identität und Ihren Selbstwert von größter Bedeutung sind; das ist der Kern Ihres Selbstverständnisses. Vom Kern ausgehend zu den Rändern hin legen Sie die für Ihre Identität und Ihren Selbstwert weniger wichtigen Symbole. Die Collage kann einfache Tatsachen enthalten (ich bin eine Frau, ich bin schwarz, ich bin groß, ich habe Akne), Rollenbilder (ich bin eine Tochter, ich bin eine Mutter, ich bin Lehrerin, ich bin eine Geliebte), Interessen (ich spiele Tennis, ich bin politisch aktiv, ich mag Katzen, ich studiere Spanisch) und Eigenschaften (ich bin klug, ich bin häßlich, ich bin launisch, ich bin vergnügt). Was immer Ihrem Empfinden nach wichtig ist in bezug auf Sie selbst – gleichgültig, ob Sie es für negativ, positiv oder neutral halten –, sollte einen Platz auf der Collage bekommen.

Mit Hilfe dieser Collage können Sie mehr über den Aufbau Ihres Selbstverständnisses erfahren. Haben Sie Ihre unrealistischen, negativen Ansichten über sich identifiziert, können Sie diese mittels Sym-

bolen durch realistische, positive Anschauungen ersetzen. Sie können auch Symbole vom Rand der Collage in den Kern verschieben oder umgekehrt.

III. Das ideale Selbstverständnis

Auch die Anfertigung einer Collage, die Ihr ideales Selbstbild darstellt – das Selbst, das Sie sein möchten und/oder Ihrem Empfinden nach sein sollten –, kann hilfreich sein. Vergleichen Sie diese Collage mit der vorigen, die Ihrer Meinung nach Ihrem tatsächlichen Selbst entspricht. Besteht zwischen den beiden Collagen eine unüberwindlich scheinende Kluft? Wenn ja, können Sie dann Ihre Vorstellungen davon, wer Sie sein möchten, so ändern, daß sie der Realität eher entsprechen?

IV. Sich selbst in die richtige Perspektive setzen

Diese meditative Übung kann dazu beitragen, uns in der richtigen Perspektive zu sehen, die verfälschte Art und Weise, in der wir uns oft betrachten, zu entzerren.[7] *Versuchen Sie zu jedem Rollenbild, jeder Eigenschaft, jeder Selbstbeschreibung etc., die Sie in die Ihr Selbstverständnis darstellende Collage aufgenommen haben, folgendes zu sagen:*

»Mein... ist ein Teil von mir; ich bin nicht mein...« Auf diese Weise wird uns begreiflich, daß kein Aspekt, wie sehr wir ihn auch schätzen oder ablehnen, unsere gesamte Person repräsentiert. Eine Frau, die diese Übung gemacht hat, meinte hinterher:

»Es ist für mich kein Problem zu sagen: ›Meine Launenhaftigkeit ist ein Teil von mir; ich bin nicht meine Launenhaftigkeit‹, oder ›Meine Empfindlichkeit ist ein Teil von mir; ich bin nicht meine Empfindlichkeit.‹ Aber bei Aspekten wie Intelligenz, Vollkommenheit oder emotionale Stärke dachte ich überrascht, ›Warte mal, das bin ich auch*‹. Ich habe mich hartnäckig gegen die Einsicht gewehrt, daß diese Aspekte nicht meine ganze Person repräsentieren. Endlich kam ich dahinter, daß es genau diese Art zu denken ist, die mich davon abhält, mich selbst zu akzeptieren.«*

Wenn Sie sich auf einen oder mehrere negative Aspekte von sich selbst konzentrieren und sich deshalb wertlos fühlen, sollten Sie diese Übung machen. Sie wird Ihnen dabei helfen, diesen Aspekt zu akzeptieren, ihn realistisch als einen Teil von sich und nicht als Ihre gesamte Person zu betrachten. Außerdem wird diese Übung Sie zu einer Veränderung befähigen, wenn Sie dies anstreben.

V. Illusionen prüfen

Dorothy Corkille Briggs hat einige der Illusionen benannt, auf die wir Menschen mit geringer Selbstachtung verzichten müssen, wenn wir uns in unserer Haut wohler fühlen wollen. Briggs sagt:

»Sie geben die Illusion auf, das Leid aus der Vergangenheit ist vertraut und deshalb einer Veränderung vorzuziehen.«

»Sie geben die Illusion auf, daß die Menschen, von denen Sie gleich zu Anfang abgelehnt werden, allwissend sind... daß diese Menschen Sie vollkommen richtig eingeschätzt haben.«

»Sie geben die Illusion auf, das Paket namens ›Ich‹ perfekt geschnürt zu haben.«

»Sie geben die Illusionen auf, die durch falsche Programmierung entstanden sind – Unwahrheiten, auf denen Sie Ihr Leben aufgebaut haben.«

»Sie geben die Illusion auf, daß Sie keine andere Wahl haben.«[8]

Haben auch Sie eine dieser Illusionen? Können Sie dieser Liste eine oder mehrere Illusionen hinzufügen?

VI. Prioritäten setzen

Die Selbstachtung zu steigern scheint manchmal eine nahezu unvorstellbare und kaum zu bewältigende Aufgabe zu sein, nämlich dann, wenn eine Frau glaubt, sie müsse ihr ganzes Selbst ändern, um an Wert zu gewinnen. Doch Selbstachtung aufzubauen bedeutet meist zu lernen, sein vorhandenes Ich zu akzeptieren, und nicht, ein neues Ich zu schaffen. Damit uns das gelingt, müssen wir eine Prioritätenliste aufstellen, denn über Nacht ist dieses Ziel nicht zu erreichen. Eine Teilnehmerin an unseren Gruppen erläuterte, wie sie jeweils ein spezielles Problem angeht:

»Ich betrachte die einzelnen Aspekte, die zur Erlangung meiner Selbstakzeptanz wichtig sind, wie Dias in einem dieser automatischen Diaprojektoren, die immer weiterlaufen. Ich drücke den Bedienungsknopf des Projektors, und das Dia, das erscheint, zeigt zum Beispiel GEWICHT. *Ich denke, ›nein, mit meinem Gewicht will ich mich heute nicht befassen – weiter zum nächsten‹. Das nächste Dia zeigt* MOM, *und wieder denke ich ›nein‹. Das nächste zeigt möglicherweise* GELD, *und ich sage mir, ›es wird Zeit, daß ich mich endlich mit all den Ängsten und Problemen beschäftige, die ich in bezug auf Geld habe.‹«*

VII. Ich mag mich, weil

In unseren Kursen zur Steigerung der Selbstachtung, die sich über sieben Wochen erstrecken, fertigt jede Teilnehmerin jede Woche drei Karten mit Begründungen an. Jede Karte beginnt mit »Ich mag mich, weil...« Die von ihnen angeführten Begründungen müssen nicht tiefgreifend sein; auch die kleinen Dinge zählen. Beim letzten Treffen der Gruppe legt jede Frau eine solche Karte für jede der anderen Teilnehmerinnen an, und auf dieser Karte steht »Ich mag dich, weil...« Jede Frau hat also schließlich achtundzwanzig Karten, auf denen jeweils Gründe angegeben sind, sich zu mögen. Solche Erinnerungshilfen tragen ausschließlich zur Selbstachtung einer Frau bei; sie können ganz sicher nicht verletzen.

Auch wenn es Ihnen zuerst ein wenig albern erscheinen mag, schlagen wir Ihnen vor, »Ich mag mich, weil«-Karten anzulegen und, wenn Sie wollen, diese Übung mit Freundinnen oder einer Freundin zusammen zu machen. Anfangs fällt diese Übung den meisten Frauen schwer, denn sie wollen sich nicht auf eine positive Äußerung festlegen, die weitreichende Folgen haben könnte. Aber solange die Äußerungen zutreffend, präzise und positiv sind, ist für Sie jeder angeführte Grund, sich selbst zu mögen, von Vorteil.

VIII. Bildhafte Vorstellung Ihrer Selbstachtung

Können Sie sich Ihre Selbstachtung als Gegenstand oder lebendiges Wesen bildhaft vorstellen? Eine Bekannte von uns stellt sich zum Beispiel ihre Selbstachtung als einen freundlichen, wuscheligen Bären vor, an dem sie sich festhalten kann, wenn sie sich vor etwas fürchtet. Ihr »Wuschelbär« schützt sie davor, ein unbedachtes Risiko einzugehen. Eine andere unserer Bekannten erzählt, sie »greife« morgens nach ihrer Selbstachtung wie andere Leute nach dem Aufwachen zuerst nach ihrer Brille tasten. Sie sagt, beim Aufwachen denke sie, »Also, was hasse ich wohl heute an mir?« und bleibt im Halbschlaf liegen, bis sie herausgefunden hat, worum es sich handelt. Wie würden Sie sich jegliche geringe Selbstachtung, die Sie haben, bildhaft vorstellen? Was bewirkt das für Sie? Wie würden Sie sich jegliche hohe Selbstachtung, die Sie haben, bildhaft vorstellen? Was bewirkt das für Sie?

Teil II

Nah am Zuhause, nah am Herzen: Enge Beziehungen und die Prägung des Selbst

1. Einleitung

Unser Selbstbild und unser Selbstwertgefühl entwickeln sich in erster Linie auf der Basis dessen, wie andere Menschen uns behandeln und was sie uns über uns mitteilen. Nicht jeder beeinflußt uns im gleichen Maß. Den größten Einfluß üben diejenigen Menschen aus, denen wir uns am engsten verbunden fühlen; je mehr wir von einer Person halten, um so wichtiger nehmen wir in der Regel deren Meinung über uns.

In unserer Kindheit standen uns die Familienmitglieder, besonders die Eltern oder Pflegeeltern, gefühlsmäßig am nächsten. Sie beeinflußten unsere Entwicklung am stärksten. Doch die meisten von uns knüpfen in der Kindheit bereits freundschaftliche Beziehungen außerhalb der Familie, und je älter wir wurden, um so stärker wurde auch der Einfluß dieser außerfamiliären Beziehungen zu Freunden, Geliebten und Ehepartnern. Darüber hinaus wirkt sich die Erfahrung, ob wir Kinder haben oder nicht, auf unsere Selbstachtung aus. Dieser Teil des Buches befaßt sich damit, *wie* die uns nahestehenden Menschen uns beeinflussen.

2. Eine andere Familie, ein anderes Schicksal

Zu den statistischen Bedingungen, die ihr Schicksal beeinflußt haben, zählen Faktoren wie das Geschlecht, das Alter, die Geburtsfolge und die Anzahl der Geschwister (und wie sich dieser Aspekt zum Alter, der Geburtsfolge und der Anzahl der Geschwister der Eltern in deren Familien verhält), die Ehesituation, in der sie geboren wurde, die wirtschaftliche Lage der Familie und so weiter. Ihr Schicksal hatte nicht das geringste damit zu tun, was für ein Kind sie wirklich war.

Sheldon B. Kopp
If You Meet the Buddha on the Road, Kill Him!

Fast alle von uns machten die ersten Lebenserfahrungen im Kreise einer Familie. Unsere ersten Erfahrungen mit Liebe und Auseinandersetzungen machten wir innerhalb der Familie. Und unsere Familie vermittelte uns unsere ersten Ansichten über uns selbst.

Viele Frauen glauben, es gebe so eine Art naturgegebener Gerechtigkeit, warum sie gerade in diese bestimmte Familie hineingeboren wurden. Hatte sie eine fürsorgliche Familie, geht sie folglich davon aus, diese verdient zu haben. War die Familie dagegen destruktiv und gleichgültig und brachte ihr keine Liebe entgegen, dann glaubt sie, diese verdient zu haben. Aber es gibt weder einen rationalen noch irgendeinen anderen Grund, warum eine Frau in eben ihre Familie geboren wurde, es ist reiner Zufall.

Stanley Coopersmith untersuchte Karen Horneys Werk im Hinblick auf selbsterniedrigende Empfindungen [1] und kam zu dem Schluß, daß Eltern die Selbstachtung ihrer Kinder untergraben und in ihnen »aufgrund von Dominanz, Gleichgültigkeit, Mangel an Respekt, durch Herabsetzung, Mangel an Bewunderung, Mangel an Wärme, durch Isolation und Diskriminierung« eine »Grundangst« etablieren. Dieses Verhalten erklärt er mit »elterlicher Egozentrik, das heißt, die Wünsche, Bedürfnisse und Überzeugungen der Eltern sind stets wichtiger als die der Kinder, und die Kinder werden nicht als *lernende* Wesen anerkannt. Die Eltern haben wenig Gespür dafür, daß ihre aktive oder passive Mißachtung dem Kind vermittelt, es sei nicht viel wert. Ein derartiges Verhalten löst entweder offenen Selbsthaß oder ein idealisiertes, defensives Selbstgefühl aus, das Frustration, Versagen und Traurigkeit im Kind verfestigt.«[2]

Coopersmiths Schlußfolgerungen treffen zwar ins Schwarze, scheinen aber leider den Eltern finstere Motive zu unterstellen. Eine geringe Selbstachtung bei Kindern beruht *nicht* auf bewußten oder absichtlichen Anstrengungen der Eltern. Die wenigsten Eltern werden ihr Neugeborenes nach Hause gebracht, sich über das Kinderbettchen gebeugt und gesagt haben: »Wenn ich es nur geschickt anstelle, wirst du dich bald selber hassen.« Anzunehmen ist vielmehr, daß die Eltern eines Kindes mit geringer Selbstachtung selbst eine geringe Selbstachtung besitzen. Vielleicht erkannten unsere Eltern gar nicht die ungeheure Macht, die sie auf die Entwicklung des Selbstwertgefühls ihres Kindes ausübten. Gesunde Kinder großzuziehen ist eine schwierige Aufgabe. Um verstehen zu können, was nach der Geburt mit uns geschah, müssen wir die Lebensumstände unserer Eltern vor unserer Geburt kennen. Die Beziehung der Eltern zueinander, unsere Geschwister, die Gründe, warum die Eltern uns wollten (oder nicht wollten), die wirtschaftlichen Verhältnisse, bereits bestehende Familienprobleme (z. B. Krankheit), die Zahl der Kinder ingesamt – diese und andere Faktoren trugen alle zu unserer Aufnahme in die Familie bei. Wir müssen uns aber stets darüber im klaren sein, daß wir für diese Gegebenheiten keinesfalls selbst verantwortlich sind.

Die wirtschaftliche Situation der Familie zur Zeit unserer Geburt und in unserer Kindheit hatte sicherlich großen Einfluß auf unser Selbstbild und unsere Selbstbewertung. Coopersmith stellte fest, daß die Unsicherheit der Eltern angesichts eines Lebens am Rande des Existenzminimums und angesichts von Arbeitslosigkeit mit einer geringen Selbstachtung der Kinder in Wechselbeziehung steht. Beansprucht das tägliche Überleben die meiste Zeit und Energie der Eltern, bleibt für das Kind wenig übrig. In diesem Fall kann es leicht passieren, daß ihm die Eltern das Gefühl vermitteln, lediglich eine Last zu sein.

Es ist jedoch nicht erwiesen, daß zwischen einer niedrigen sozioökonomischen Stellung und einer geringen Selbstachtung bei Kindern ein zwingender, ursächlicher Zusammenhang besteht. Auch gibt es keine Garantie dafür, daß ein in einer finanziell gutgestellten Familie aufwachsendes Kind eine hohe Selbstachtung entwickelt. Der entscheidende Faktor in bezug auf die Entwicklung der Selbstachtung ist die Eltern-Kind-Beziehung. Wir sprachen mit zahlreichen Frauen aus sehr wohlhabenden Familien, deren Eltern sie nicht beachtet oder sie mißhandelt hatten, deren Eltern Alkoholiker und/oder psychisch gestört waren; diese Frauen, mit dem sprichwörtlichen silbernen Löffel im Mund geboren, wuchsen dennoch mit einem geringen Selbstwertgefühl heran. Im Gegensatz dazu sorgten die Eltern etlicher Frauen aus ärmlichen Verhältnissen mit größter Hingabe für ihre Kinder, sie glichen den Geldmangel mit viel Liebe aus. Diese Frauen wuchsen in dem Wissen heran, liebenswert und wertvoll zu sein. Meist begannen sie früh zu arbeiten und übernahmen Verantwortung und entwickelten dadurch ein Gefühl der Kompetenz und Selbständigkeit. Vielen finanziell privilegierten Frauen gelang dies nicht.

Wenn auch die wirtschaftliche Situation nicht automatisch die Selbstachtung beeinflußt, so kann sich der Mangel an finanzieller Sicherheit doch zerstörerisch auf die Beziehungen innerhalb der Familie auswirken und dadurch für die Entwicklung der Selbstachtung der Kinder von Nachteil sein. Vielleicht waren Geldprobleme die Ursache für Streitereien oder letztlich sogar ausschlaggebend für eine Trennung der Eltern. Vielleicht sah sich der arbeitslose Vater gezwungen, Frau und Kinder zu verlassen, damit sich die Wohlfahrt ihrer annahm. Vielleicht konnte sich die Familie aus Geldmangel nicht ausreichend um die Gesundheit der Kinder kümmern... Diese Liste ließe sich endlos fortsetzen, aber der ausschlaggebende Punkt ist: Es gibt zwar keine Garantie dafür, daß finanzielle Sicherheit Kindern Selbstachtung verleiht, aber ein Kind, dessen Familie kaum den Mindestlebensstandard aufrechterhalten kann, sieht sich bezüglich der Entwicklung seiner Selbstachtung Hindernissen gegenüber, die Kinder aus finanziell gesicherten Familien nicht kennen. Besonders Kinder armer Familien in der Stadt – mittlerweile auch zunehmend auf dem Land – leiden unter dem gesellschaftlichen Stigma.

Es gab immer wieder Zeiten, in denen es nicht ganz so schwerfiel, arm zu sein. Ein Kind, das zum Beispiel während der Depression in den dreißiger Jahren aufwuchs, litt sicher weniger unter dem Stigma der Armut als ein Kind in den sechziger Jahren.

Die Berufstätigkeit der Mutter – ob nun aus wirtschaftlichen oder anderen Gründen – kann für die Selbstachtung des Kindes ebenfalls von Bedeutung sein. Vermittelte uns die Abwesenheit der berufstätigen Mutter das Gefühl, wir seien nicht liebenswert? Ein deutliches, lautes *Nein* ist darauf die Antwort, wenn die Mutter zufrieden und glücklich mit ihrer Arbeit war, wenn sie von anderen in ihrem Wunsch, berufstätig zu sein, unterstützt wurde und wenn eine gute Betreuung der Kinder gesichert war. Selbst heute, da die meisten Mütter von Kleinkindern berufstätig sind, kommt diesen Wenns nach wie vor große Bedeutung zu. Studien belegen, daß Kinder von Müttern, die mit ihrer Berufstätigkeit zufrieden waren, von dem Rollenvorbild einer im Haus wie außerhalb des Hauses kompetenten Mutter profitierten. Besonders Mädchen gewannen an Achtung vor dem eigenen Geschlecht. Kinder von Frauen, die unglücklich oder unzufrieden mit ihrem Beruf oder ihrem Leben als Hausfrau waren, hatten dagegen Probleme.

Besonders wichtig für die Entwicklung unserer Selbstachtung sind die Gründe, die dafür ausschlaggebend waren, daß unsere Eltern ein Kind wollten. Waren wir geplant? Wenn ja, warum? Was erwarteten unsere Eltern von uns? Diese Fragen müssen wir uns stellen, wenn wir begreifen wollen, wie wir zu unserer heutigen Selbsteinschätzung kamen.

Ein Wunschkind zu sein bedeutet nicht unbedingt, ein geplantes Kind zu sein. Zwar ist es heute üblich, daß Eltern miteinander über die

Entscheidung für oder gegen ein Kind sprechen, trotzdem sind die meisten Kinder nicht geplant oder erst für einen späteren Zeitpunkt. Den meisten Eltern fielen während der Schwangerschaft eine Menge rationaler Gründe für unsere bevorstehende Existenz ein, und sie machten Pläne. Damit legten sie sich auf an uns gerichtete Erwartungen fest, die wiederum dazu beitrugen, unser Selbstverständnis zu prägen. Kinder haben, selbst wenn die Eltern dies niemals laut aussprechen, ein geradezu unheimliches Gespür für deren Beurteilung. Sie verinnerlichen die Ansichten der Eltern über sich, als handele es sich um unumstößliche Tatsachen.

Die Forscher Martin und Lois Wladis Hoffman untersuchten, auf welchen Kriterien der Wunsch nach Kindern beruht. Die von ihnen befragten 1569 Frauen und 456 Männer hatten zwar die Kinder geplant, trotzdem werden die von ihnen genannten Gründe sicher auch von den Eltern nicht geplanter Kinder geteilt. Menschen möchten im allgemeinen ein Kind, weil:

Vater oder Mutter zu werden markiert den formellen Eintritt in die Welt der Erwachsenen.

Ein Kind wird als Erweiterung des eigenen Selbst gesehen, als eine Möglichkeit, das ungeborene Selbst zur Welt zu bringen.

Ein Kind wird als rechtmäßiger Erbe betrachtet, der die Familienlinie und -tradition fortsetzt und den sozialen Status sichert.

Ein Kind kann die Träume der Eltern realisieren und eine Kindheit voller Chancen und Liebe erfahren, die den Eltern selbst vorenthalten wurde. Besonders Frauen sehen in einem Kind die Möglichkeit, der eigenen Mutter den Spiegel vorzuhalten.

Kinder sind aus moralischen und gesellschaftlichen Gesichtspunkten heraus erwünscht, und der Druck aus dem Freundeskreis, von der Familie und der Gesellschaft weckt in den potentiellen Eltern das Gefühl, Kinder haben zu müssen, um akzeptiert zu werden.

Vater oder Mutter zu werden kann die Illusion der Kontrolle über das eigene Leben verleihen. Eltern können sich im Vergleich zu dem hilflosen, von ihnen abhängigen Kind mächtig fühlen. Vielleicht hoffen sie auch, das Kind könne ihre in eine Krise geratene Ehe retten.

Wirtschaftliche Vorteile: Kinder können im Familienunternehmen mitarbeiten, und die Eltern können damit rechnen, daß sie sich später im Alter um sie kümmern.

Ein Kind bietet den Eltern die Gelegenheit, ihre Liebe zu demonstrieren, und seine Erziehung wird als eine der größten Herausforderungen des Lebens betrachtet. Auf diesem Gebiet können leistungsbewußte Eltern sich selbst übertreffen und ihren Wert unter Beweis stellen.[3]

Diese Aufzählung soll keineswegs andeuten, alle Eltern seien bedürftige, berechnende Menschen, die sich Kinder aus allen möglichen, nur nicht aus selbstlosen Motiven wünschen. Keinesfalls bedeutet es, daß den Kindern ein hartes Los bevorsteht, weil sie ständig den Ansprüchen und Erwartungen ihrer Eltern gerecht zu werden versuchen. In der Hoffman-Studie kamen viele sehr gesunde Gründe für einen Kinderwunsch zur Sprache. Außerdem, und das erläutert Ellen Gallinsky in *Between Generations: The Stages of Parenthood* ausführlich, revidieren Eltern im Verlauf des langen Vater- und Mutterseins ihre auf die Kinder ausgerichteten Erwartungen häufig und ändern sie zuweilen sogar radikal.[4]

Trotzdem bleibt natürlich die Tatsache bestehen, daß Eltern auch nur Menschen sind, und Menschen werden häufig von persönlichen, sehr komplexen Bedürfnissen motiviert. Auch wenn die Erwartungen unserer Eltern jeweils unterschiedlicher Natur waren, so haben sie die neun Monate der Schwangerschaft wohl kaum ohne *irgendeine* Erwartung in bezug auf uns verbracht. Als erwachsene Frau müssen wir uns mit diesen an uns gestellten Erwartungen auseinandersetzen und anschließend unsere Ansicht, wir würden alles falsch machen, wir seien minderwertig und eine einzige Enttäuschung, ablegen.

Gibt eine Mutter ihr Kind zur Adoption frei, können, auch wenn es von der neuen Familie liebevoll aufgenommen wird, in der Kindheit Zweifel an seiner Identität und seinem Wert entstehen:

»Ich wuchs in einem wundervollen Zuhause auf, meine Adoptiveltern gaben mir alles, was ich mir nur wünschte. Alles, bis auf eines: Informationen über mich, darüber, wer ich wirklich bin. Ich habe mich oft gefragt, ob ich vielleicht von einem anderen Stern komme. Ich hatte Angst, meine richtigen Eltern hätten mich weggegeben, weil mit mir irgend etwas nicht stimmt.«

Auch ein Kind, das bei der leiblichen Mutter bleibt oder in einer äußerlich intakten, »glücklichen« Familie aufwächst, kann, wenn es ungewollt ist, unter einer schrecklichen Belastung leiden:

»Meine Mutter hat mir oft direkt ins Gesicht gesagt, daß sie mich nie gewollt hat und wie entsetzlich meine Geburt für sie gewesen ist. Häufig war sie betrunken, wenn sie mir das gesagt hat, und konnte sich später nicht mehr daran erinnern. Aber ich weiß es genau! Jeden Abend betete ich, daß Gott mich sterben läßt.«

Wenn ein Elternteil das Kind wollte und der andere nicht, kommt es vor, daß sich das Kind (zu Recht) als Ursache des Konflikts begreift.

Eltern, die beide ein Baby wollen, sind zuweilen auf ein *bestimmtes* Baby fixiert. Wie aus zahlreichen Studien hervorgeht, wollten die meisten Eltern früher traditionell lieber einen Jungen. Jungen konnten zur Mehrung des Familienvermögens beitragen, während Mädchen, die eine Mitgift brauchten, das Vermögen schmälerten; daraus ergab sich eine größere Häufigkeit der Kindstötung von Säuglingen weiblichen Geschlechts. Heutzutage sind derlei Erwägungen weniger relevant, dennoch werden Jungen immer noch den Mädchen vorgezogen. Die Demographin Nancy Williamson befragte 1500 verheiratete Frauen und 375 der Ehemänner und fand folgendes heraus: Die Zahl der Frauen, die einen Jungen einem Mädchen vorzogen, war doppelt so hoch wie die Zahl derer, denen das Geschlecht des Kindes gleichgültig war. Die Männer zogen Jungen den Mädchen sogar im Verhältnis vier zu eins vor.[5]

Maxine Hong Kingston berichtet, daß der höhere Wert der Jungen im Vergleich zu dem der Mädchen integraler Bestandteil der chinesischen Familientradition war. Als Kind hörte sie ihre Eltern und andere Erwachsene sagen: »Ein Mädchen durchfüttern ist das gleiche, wie einen Schmarotzer durchfüttern.«[6]

Bekommen die Eltern ein Mädchen und hatten sich sehnlichst einen Jungen gewünscht, sind sie sofort von ihrer Tochter enttäuscht, und diese Enttäuschung kann sich sogar in offener Verachtung ausdrükken:

»Schon von klein auf nahm mich mein Vater beiseite und zeigte mit dem Finger auf den ›Wahlspruch der Bowdin-Frauen‹ (Bowdin ist der Mädchenname meiner Mutter): ›Wir verehren unsere Söhne, erdulden unsere Ehemänner und hassen unsere Töchter.‹«

Der Aspekt Gesundheit hat ebenfalls großen Einfluß darauf, wie ein Kind aufgenommen wird. Praktisch alle Eltern träumen von einem gesunden Baby. Erfüllen sich ihre diesbezüglichen Erwartungen nicht, ergeben sich leicht Probleme:

»Als kleines Kind war ich sehr krank. Meine Mutter konnte mich nicht gleich mit nach Hause nehmen – ich mußte noch zwei Monate in der Klinik bleiben. Ich glaube, deshalb entwickelte meine Mutter eine gewisse Scheu mir gegenüber. Sie ist immer zaghafter mit mir umgegangen als mit meinen Geschwistern. Später, im schulpflichtigen Alter, war ich kerngesund, aber ich glaube, aufgrund dieser früheren Erfahrung meinte sie, mit mir sei ›schwer umzugehen‹, und sie hielt sich von mir fern. Ich dachte, sie mag mich nicht.«

Auch eine schwere Geburt kann sich auf das Verhältnis der Mutter zu ihrem Kind auswirken:

»Ich bin mit Horrorgeschichten über tagelange Wehen und eine mit dem Tode ringende Mutter aufgewachsen. Sie fing immer wieder damit an, wenn sie richtig sauer war. Sie sagte, ich hätte sie einmal schon fast umgebracht, ob das denn noch nicht genug sei? Ich fühlte mich schrecklich.«

Eine nach der Geburt auftretende Depression kann ebenfalls Einfluß auf die Eltern-Kind-Beziehung haben. Margaret Meads acht Jahre jüngere Schwester Elizabeth Mead Steig machte diese Erfahrung:

»Nach meiner Geburt hatte meine Mutter eine Neurose. Damals schickten einen die Ärzte in einem solchen Fall aufs Land. In den ersten sechs Monaten, sogar etwas länger, kümmerte sich eine Kinderschwester um mich. Meine Großmutter war auch da und Margaret. Ich kann mich nicht erinnern, daß es mir an Zärtlichkeit und Zuwendung gefehlt hätte. Aber ich habe vage Erinnerungen, und da höre ich Worte wie Taubengurren: ›Sie kommt, sie kommt.‹ Aber sie kam nicht. Endlich, an Weihnachten, ließen sie meine Mutter nach Hause.«[7]

Elizabeth Mead hatte ferner das Gefühl, nicht dieselben Eltern zu haben wie Margaret, denn Margaret war »das erste Kind, ein Wunschkind«. Der Tod einer anderen Schwester vor Elizabeths Geburt hatte die Eltern verändert und somit auch Auswirkungen auf Elizabeth:

»Ich habe sie nie gesehen, denn sie starb zwei Jahre vor meiner Geburt. Aber bis vor ein paar Jahren war mir nicht bewußt, daß es zwei Jahre vor meiner Geburt passiert ist, weil sich die Zeit für mich verkürzt darstellte. Ich hatte das Gefühl, daß sie eben erst gestorben ist und sie das nächste Baby nicht haben wollten, weil sie so sehr um das andere trauerten.«[8]

Elizabeth war Ende Sechzig, als sie endlich erfuhr, daß höchstwahrscheinlich der Tod der Schwester zur Depression der Mutter beigetragen hatte. Wäre Elizabeth also vor oder lange nach dem Tod der Schwester geboren worden und damit ohne die auf ihre Geburt folgende Depression der Mutter aufgewachsen, hätte sie sicher eher das Gefühl gehabt, von ihren Eltern erwünscht zu sein und auf dieser Basis ein anderes Selbstbild gewonnen.

Ob wir ältere und/oder jüngere Geschwister haben oder ein Einzelkind sind, scheint ebenfalls Einfluß auf unsere Persönlichkeitsentwicklung und unsere Selbstachtung zu haben; Studien darüber zeigen alllerdings widersprüchliche Tendenzen. Die klinische Psychologin Lucille Forer zählt zu den bedeutendsten Forscherinnen auf diesem Gebiet. Sie erläutert:

»... Erstgeborene (Jungen wie Mädchen), auf die jüngere Geschwister folgen, haben ein größeres Bedürfnis nach Anerkennung als das nach ihnen geborene Kind oder die jüngeren Kinder. Darum haben im allgemeinen Erstgeborene eine geringere Selbstachtung als die nach ihnen geborenen Kinder.

In einer Familie mit drei Kindern wird meist die Stellung des Zweitgeborenen als die schwierigste betrachtet. Das zweite von zwei Kindern konkurriert im allgemeinen nicht offen, aber die von zwei Seiten bedrängte Position des zweiten von drei Kindern weckt maximales konkurrierendes Potential.

Je nach der Situation der Familie wird [das jüngste Kind] entweder verwöhnt, in dem Sinne, daß es immer mehr fordert, oder es wächst mit Entbehrungen auf, das heißt, alles was [sie] bekommt, gehörte vor ihr bereits den Geschwistern.«[9]

Weitere Forschungen über die Abhängigkeit von Persönlichkeitsmerkmalen in bezug auf die Position innerhalb der Reihenfolge der Geschwister gelangen zu dem Ergebnis:

Erstgeborene sind verantwortungsbewußter, aggressiver, konkurrierender und weniger beeinflußbar durch andere.

Einzelkinder zeigen Tendenzen zu Karrieremenschen (was nicht unbedingt mit hoher Selbstachtung einhergeht).

Mittelkinder haben häufig weniger Ambitionen als ihre älteren Geschwister.

Die jüngsten Kinder identifizieren sich eher mit Gleichrangigen und weniger mit der Familie als die älteren Kinder.

Sportler sind höchstwahrscheinlich jüngere Geschwister.[10]

Obwohl der konkrete Einfluß der jeweiligen Position innerhalb der Geburtsfolge der Geschwister nicht untersucht wurde, ergaben die Studien dennoch eindeutig, daß wir, wären wir zu einem anderen Zeitpunkt in unsere Familie geboren worden, ein anderes Selbstbild erlangt hätten.

Zu Beginn dieses Kapitels sprachen wir über die Zufälligkeit, genau zu jenem Zeitpunkt in jene bestimmte Familie geboren worden zu sein. Das Leben beginnt tatsächlich mit vielen Zufällen. Wir haben keine Kontrolle darüber, in welche Familie wir kommen, ob wir erwünscht oder unerwünscht sind, als wievieltes Kind wir geboren werden, in welcher finanziellen Situation unsere Familie sich befindet etc. Aber mag auch das Leben auf vielen Zufallsfaktoren beruhen, als erwachsene Frau sind wir in einem gewissen Maß für unsere Situation selbst verantwortlich.

Vorschläge zur Veränderung

Wie war die Situation in Ihrer Familie zur Zeit Ihrer Geburt und in Ihrer frühen Kindheit? Vielleicht können Sie sich erinnern, was man Ihnen über diese Jahre erzählt hat, oder Sie fragen ein Familienmitglied danach. Am besten ist es, wenn Sie mehrere Aussagen aus verschiedenen Blickwinkeln bekommen.

Wie waren die wirtschaftlichen Verhältnisse Ihrer Eltern zur Zeit Ihrer Geburt? Wie wirkten sich diese auf Sie aus? Wurde die finanzielle Situation besser oder schlechter, oder blieb sie während Ihrer Kindheit unverändert? Wenn sie sich änderte, welchen Einfluß hatte das auf Sie?

Aus welchem Grund bekamen Ihre Eltern Kinder? Warum speziell in Ihrem Fall? Wie wirkte sich die Einstellung Ihrer Eltern zu Ihnen auf Sie und Ihr Selbstbild aus?

Welche Erwartungen hatten Ihre Eltern in bezug auf Sie?

Wie stand es um die Gesundheit Ihrer Eltern während Ihrer frühen Kindheit? Falls sie nicht gesund waren, wie wirkte sich das auf Sie aus?

Haben Sie ältere und/oder jüngere Geschwister oder sind Sie ein Einzelkind? Falls Sie Geschwister haben, gibt es erkennbare Unter-

schiede zwischen Ihnen und Ihren Geschwistern, die auf die jeweilige Position innerhalb der Geburtsfolge hinweisen?

Wünschten sich Ihre Eltern einen Jungen oder ein Mädchen? Freuten Sie sich darüber, ein Mädchen zu bekommen?

Wenn Sie alle diese Informationen zusammengetragen haben, können Sie beginnen, das »falsch Erlernte«, das auf diesen nicht zu ändernden Faktoren beruht, auszusortieren. Übrig bleiben dann die Dinge, die Ihrem Wissen nach die Wahrheit über Sie *aussagen. Eine letzte wichtige Frage: Gab es für Sie eine Möglichkeit, auf irgendeinen der wichtigen, oben angeführten Faktoren Einfluß zu nehmen? Die Antwort lautet klar und unmißverständlich nein; Sie sollten darum die auf die Lebensumstände zurückzuführenden Ansichten über sich selbst durch eine jeweils realistischere Vorstellung ersetzen.*

3. Die ersten Jahre: Wesentliche Grundlagen der Selbstachtung

Der Entwicklungsprozeß des Selbstbildes geht folgendermaßen vor sich: Ein neuer Gedanke, eine neue Erfahrung oder ein wenig mehr Reife führen zu Erfolg oder Mißerfolg, dieser wiederum hat eine neue oder veränderte Aussage über das Selbst *zur Folge. Auf diese Weise entwickelt sich das Selbstverständnis ein Leben lang.*

Dorothy Corkille Briggs
Your Child's Self-esteem

Unser Selbstverständnis entwickelt sich unser ganzes Leben lang, entsprechend ändert sich auch der Grad unserer Selbstachtung im Laufe der Zeit. Über ein solides Fundament an Selbstachtung verfügen wir, wenn wir in jungen Jahren die Gewißheit unserer Bedeutung, unserer Kompetenz, unserer Verbundenheit mit anderen in einem ausgeglichenen Verhältnis mit der Abtrennung von anderen sowie einen Sinn für die Realität, uns selbst und unsere Umwelt betreffend, und eine Reihe ethischer Grundsätze und Werte vermittelt bekommen haben.[1]

Bedeutung

Als Kind brauchten wir das Gefühl, von Bedeutung zu sein, und dieses Gefühl vermittelten uns unsere Eltern. Glaubten wir, von Natur aus nicht wichtig zu sein, dann war das eine schlechte Ausgangsbasis für die Entwicklung der Selbstachtung. Eine Frau, die niemals die ihr von Natur aus eigene Bedeutung empfunden hat, tendiert zu Schuldgefühlen. Sie fragt sich, warum sie überhaupt lebt, oder sie fühlt sich ihr Leben lang als Opfer des Schicksals, ausgeliefert und vollkommen unfähig zu einer Veränderung.

Erwachsene übermitteln dem Kind die »Rechtmäßigkeit« seiner Existenz lange, bevor auch nur ein Wort gesprochen wurde. Die Zärtlichkeit der Berührung eines Erwachsenen, die Art, das Kind zu halten, geben dem Mädchen erste Anhaltspunkte für seine Bedeutung. Das Mädchen erfährt, ob es Freude macht, wenn man es im Arm hält, oder es spürt Besorgnis, Spannung oder Kummer. Ohne die durch körperliche Zuwendung und Nahrungsaufnahme entstehende Wärme erlebt ein Kind große Angst. Noch bevor das Mädchen lernt, seine Sinneswahrnehmungen in Gedanken- und Sprachmuster einzufügen, fragt es sich auf die einem Kleinkind eigene, zugleich vage, aber doch konkrete Weise, ob es den Erwartungen gerecht wird oder wie es sich verhalten muß, um den Erwartungen gerecht zu werden.

Im allgemeinen wird angenommen, daß ein neugeborenes Kind nicht exakt zwischen sich, anderen Menschen und der Umgebung unterscheiden kann. Das neugeborene Mädchen ist sich keiner Grenzen bewußt und erlebt seine Mutter und andere Bezugspersonen eher als Erweiterung ihres Selbst und weniger als von ihr getrennte Wesen oder Dinge. Folglich sind Neugeborene egozentrisch, denn ihnen ist noch nicht bewußt, daß ihre Bedürfnisse ausschließlich *ihre* Bedürfnisse sind und daß andere (z. B. die Mutter, deren Brust das Baby als Teil von sich selbst begreift) eigene Bedürfnisse haben, die nicht mit den ihren übereinstimmen. Schließlich wird dem Neugeborenen jedoch die beunruhigende Tatsache bewußt, daß es ein unabhängiges Wesen ist, daß die Welt und die anderen getrennt von ihm existieren, und diese Erkenntnis kann ein Kind in Angst und Schrecken versetzen. Das ist verständlich, denn es muß die (unrealistische) Wahrnehmung von sich selbst, nämlich allmächtig zu sein, gegen die (realistische) Wahrnehmung von sich selbst ersetzen. Plötzlich fühlt es sich vollkommen machtlos, vollkommen abhängig von anderen (in unserer Kultur gewöhnlich von der Mutter), wenn es seine physischen und psychischen Bedürfnisse befriedigen möchte. Falls diese Bedürfnisse nicht befriedigt werden, sind die ersten und elementarsten Gefühle des Mädchens Angst, Bedeutungslosigkeit, Wertlosigkeit, vielleicht sogar grenzenloses Entsetzen.

Mit zunehmendem Alter des Mädchens gewinnt die Sprache mehr und mehr an Gewicht. Mit Hilfe der Sprache kann einem Mädchen über alle Zweifel hinaus deutlich gemacht werden, daß es eine eigene Bedeutung hat und »etwas Besonderes« ist. Eine Frau erinnert sich:

»Unsere Familie ist ganz groß in Neckereien und Hänseleien, aber wir sagen einander auch, was uns am anderen gefällt. Wenn wir Geburtstag hatten, sagte jedes Familienmitglied eine Eigenschaft, die ihm an dem Geburtstagskind besonders gefiel – es war toll, das war das ganze Jahr Warterei wert.«

Ein Mädchen ist sich seiner eigenen Bedeutung am sichersten, wenn es glaubt, bedingungslos geliebt zu werden. Das heranwachsende Mädchen lernt durch Ausprobieren und verhält sich zwangsläufig manchmal so, daß es seinen Eltern mißfällt. Es verletzt die Gefühle der Eltern, tut alberne Dinge oder ist einfach frech. Lieben Eltern ihre Tochter bedingungslos, so wird auch schlechtes Betragen ihrer Liebe keinen Abbruch tun. Obwohl es nicht ihre Billigung findet und sie das auch zum Ausdruck bringen, ändern sich ihre Gefühle für die Tochter nicht.

Ist die Liebe der Eltern abhängig von Bedingungen, lernt das Mädchen, daß es, wenn es sich gut benimmt, ein guter Mensch ist, und wenn es sich schlecht benimmt, ein schlechter Mensch. Es lernt, daß sein Wert von der Beurteilung anderer Menschen abhängt und daß sich diese Beurteilung als Reaktion auf ein anderes Verhalten radikal ändern kann. Sein Wert ist somit starken Schwankungen unterworfen.

Frauen, die in ihrer Kindheit bedingungslose Liebe in einem gewissen Ausmaß genießen konnten (wir lernten sehr wenige Frauen kennen, die ständig in diesen Genuß kamen), sind selbstsicherer. Kritik und Fehler sind für sie zwar Anlaß, nachzudenken und eventuell etwas zu ändern, doch sie fühlen sich deswegen nicht wertlos oder bedeutungslos.

Untersuchungen über die Art und Weise, in der Eltern Söhne und Töchter als Kleinkinder behandeln, lassen vermuten, daß Jungen und Mädchen schon bei der nonverbalen Kommunikation sehr verschiedene Botschaften über ihre Bedeutung vermittelt werden. Eine unbestreitbare *Tatsache* ist jedoch, daß einem Mädchen, hat es einmal die Fähigkeit zur Kommunikation mittels Sprache erlangt, eindeutig zu verstehen gegeben wird, weniger bedeutend zu sein als ein Junge. Dies kann schon dadurch geschehen, daß es im Laufe seiner Kindheit das Fehlen starker, autonomer und kompetenter weiblicher Persönlichkeiten in unserer Kultur und Gesellschaft wahrnimmt. In der Familie wird ihm seine Bedeutungslosigkeit unter anderem dadurch vermittelt, daß die Familie bei Tischgesprächen den Männern aufmerksamer zuhört als den Frauen oder daß seine Brüder in ihren Ideen und Berufsplänen ernsthaft unterstützt werden, während dem Mädchen gesagt wird, diese Dinge spielten für es im Grunde keine Rolle. Vielleicht wird ihm die eigene Bedeutungslosigkeit sogar in klaren Worten an den Kopf geworfen. Eine Frau erinnert sich:

»Mein Vater war immer gewaltig stolz auf meinen Bruder. Oft verglich er uns beide miteinander. Ich haßte das, weil ich natürlich bei diesen Vergleichen miserabel abschnitt und mich wie Dreck fühlte. Aber es brachte mich fast um, als ich dahinterkam, daß mein Vater eine Lebensversicherung für meinen Bruder abgeschlossen hat, aber nicht für mich. Ich fragte meinen Vater danach. Er sagte: ›Das Leben deines Bruders ist kostbarer als deines. Er ist ein Junge, und du bist ein Mädchen.‹ Für mich war es mit das einschneidendste Erlebnis meines Lebens.«

Kompetenz

Kompetenz bedeutet im Grunde nichts weiter, als davon überzeugt zu sein, daß wir etwas verändern können, daß wir unsere Umgebung beeinflussen können. Aber Kompetenz zu erlangen ist keine leichte Aufgabe, wenn man als weibliches Wesen geboren wurde.

Daß sie über Kompetenz verfügen, lernen Kinder in erster Linie, wenn sie die zu geringen oder begrenzten Erwartungen der Eltern übertreffen. Glauben Eltern zum Beispiel, ihre Tochter könne noch nicht ohne Stützräder radfahren, und ihr gelingt es, sie vom Gegenteil zu überzeugen, dann entfernen die Eltern die zusätzlichen Räder, und die Tochter fährt los – zuerst wacklig, aber sie schafft es. Die Tochter übertrifft in diesem Fall nicht nur die von den Eltern in sie gesetzten Erwartungen, sondern erlebt sich auch als kompetenten Menschen.

Dieses kleine Mädchen besaß zum Glück genügend Selbstsicherheit, um sich so zu verhalten. Es wäre aber bestimmt noch selbstsicherer gewesen, hätten seine Eltern mehr Vertrauen in es gesetzt. Sie legten ihm mit ihrer zu niedrigen Erwartungshaltung ein gewaltiges Hindernis in den Weg, das ein weniger selbstbewußtes Kind nicht hätte beiseite räumen können. Am meisten helfen Erwachsene Kindern bei der Entwicklung von Kompetenz, wenn sie an deren Fähigkeiten glauben, bevor sie ihnen demonstriert oder bewiesen wurden. Don Hamachek erklärt:

»Erwartungen innerhalb eines vernünftigen Rahmens sagen viel über vorhandenes Vertrauen aus. Selbstachtung entsteht aus der erfolgreichen Umsetzung von Handlungen, die wir uns ursprünglich nicht so ganz zutrauten. Glaubt jemand an uns, ›erwartet‹ jemand, daß wir das können, fällt der erste Schritt dazu zumindest ein wenig leichter.«[2]

Problematisch ist, daß die Eltern in Mädchen oft zu wenige Erwartungen setzen. Jungen und Mädchen wachsen in einer »unterschiedlichen Erwartungs-Atmosphäre«[3] auf, wie Tillie Olsen es ausdrückt. Besonders in weißen Familien ist diese Atmosphäre traditionell mit Bedacht festgelegt: Von Jungen wird eine Begabung für Mathematik und Technik erwartet, sowie die Fähigkeit, körperliche Stärke zu entwickeln; von Mädchen wird eine Begabung für Sprachen und für das Kochen erwartet, sowie die Fähigkeit, sich zu schmücken und hübsch zu machen. Die von Eltern und unserer Kultur traditionell an Jungen gestellten Erwartungen sorgen für die Entwicklung einer weit größeren Kompetenz als die traditionell an Mädchen gerichteten.

Verstärkend kommt bei einem Mädchen hinzu, daß sich die Bereiche, in denen von ihm Kompetenz erwartet wird, mit zunehmendem Alter verlagern. Dies trifft ebenfalls besonders auf weiße Familien zu. Viele der von uns befragten Frauen erinnerten sich, daß bis zur Adoleszenz von ihnen gute Noten in der Schule erwartet wurden. In der High School änderte sich das. Plötzlich ermunterte man sie zu weniger guten Leistungen. Die nun an sie gerichtete Erwartungshaltung verlangte von ihnen, sich mittels Verabredungen mit Jungen auf Ehe und Mutterschaft vorzubereiten.

Auch zu eng gezogene Grenzen und die daraus resultierende Isolation beeinträchtigen das Erlernen von Kompetenz. Es entsteht eine Überfürsorglichkeit, die auf der traditionellen Ansicht basiert, daß Mädchen behütet werden müssen. Anstatt zu lernen, selbst aktiv zu werden und eine eigene Kompetenz zu entwickeln, erlebt ein überfürsorglich behandeltes Mädchen lediglich die Kompetenz der *Eltern*. Coopersmith wies auf folgendes hin:

»Der Schutz durch die Eltern hüllt das Kind ein und übernimmt die Rolle des Kokons, der das Objekt der Verwöhnung mit einer auserlesenen, aufbauenden Nahrung versorgt, die nirgendwo sonst erhältlich ist.«[4]

Ist ein Mädchen behindert oder krank und Eltern und Gesellschaft trauen ihm deshalb keine Leistung oder nur wenig Leistungsfähigkeit zu, wird seine Kompetenz ebenfalls systematisch untergraben:

»Sowohl meine Familie als auch die Schule vermittelten mir das Gefühl, ich solle nicht versuchen, unbedingt ein Ziel erreichen zu wollen, da ich sonst doch nur enttäuscht würde. Weil ich im Rollstuhl saß und damit etliche Handicaps hatte, wiesen sie immer wieder betont auf meine stark eingeschränkten Wahlmöglichkeiten hin. Deshalb ging ich erst später aufs College. Ich kann ihre Sichtweise schon verstehen, aber sie war nicht realistisch. Ich war gar nicht so hilflos. Ich weiß, ich kann eine ganze Menge selber machen.«

Ein weiterer traditioneller Fehler besteht darin, dem Mädchen zuviel Spielraum zu lassen. Ohne Grenzen, an denen sich das Kind orientieren kann, verliert es die Kontrolle und wird alles, nur nicht kompetent. Theodore Isaac Rubin beschreibt den Zusammenhang zwischen dem Selbstgefühl des Kindes und den ihm von den Eltern gesetzten Grenzen:

»Sind die Eltern übertrieben großzügig und kümmern sich scheinbar zuwenig um das Kind, hat es das Gefühl, es sei nicht wert, daß man sich um es kümmert. Sind sie übertrieben fürsorglich und erstickend, betrachtet es sich eher als zerbrechliche, verletzliche, fragmentarische Person und nicht als unabhängigen, vollwertigen, fähigen Menschen. Sind sie übermäßig repressiv oder noch schlimmer – sadistisch, betrachtet es sich als eine monströse Person, die normalen menschlichen Eigenschaften und Regungen nicht trauen darf und die Finger von individuellen Unterschieden und der eigenen Beurteilung lassen muß.«[5]

Kinder mit hoher Selbstachtung sind anscheinend mit enger gezogenen Grenzen aufgewachsen als Kinder mit geringer Selbstachtung. Ein wichtiger Punkt dabei ist allerdings, daß Kinder mit hoher Selbstachtung je nach Alter und vorhandenen Fähigkeiten mitentscheiden, welche Grenzen und auf welchem Niveau diese gezogen werden. Sie verinnerlichen den Lernprozeß, faire und ihren Fähigkeiten entsprechende Grenzen zu setzen, und bringen sich denselben Respekt entgegen wie ihre Eltern ihnen. Coopersmith bat Eltern um eine Antwort auf die Behauptung »Kinder sollen die Meinung ihrer Eltern nicht in Frage stellen«. Achtzig Prozent der Eltern von Kindern mit hoher Selbstachtung stimmten dieser Behauptung nicht zu, bei den Eltern der Kinder mit geringer Selbstachtung waren es nur fünfzig Prozent. Coopersmith führt aus:

»Die Familie mit hoher Selbstachtung ist kein Musterbeispiel an Ruhe, Harmonie und Aufgeschlossenheit. Wir stellen vielmehr fest, daß jedes Familienmitglied ein auffallend hohes Maß an Aktivität zeigt. Willensstarke Eltern haben es mit unabhängigen, sich selbst behauptenden Kindern zu tun. Diese Familiensituation festigt Überzeugungen, läßt häufigen und teilweise harten Meinungsaustausch zu und bringt Menschen hervor, die fähig und bereit sind, Führung zu übernehmen, und die nicht gleichgültig oder respektlos behandelt werden.«[6]

Doch im Unterschied zu Coopersmiths Modellfamilie gibt es viele Mädchen und Frauen, die respektlos behandelt werden und nicht imstande zu sein scheinen, sich dagegen zu wehren. Diesen Frauen scheint das Leben einfach zuzustoßen. Natürlich geht dies nicht nur auf die jeweilige Familiensituation zurück. Den Beweis für den Glauben an die erklärte Inkompetenz der Frauen, der den meisten von uns bereits in der Schule eingeimpft wurde, erhalten wir überall in unserer Kultur. In ihrer vielbeachteten Untersuchung über die Lesebücher an den Grundschulen stellten die Forscherinnen Jacklin und Mischel fest:

»Widerfahren einer männlichen Hauptperson einer Geschichte positive Dinge, werden diese als Ergebnis eigener Handlungen dargestellt. Widerfahren einer weiblichen Person (davon gibt es beträchtlich weniger) positive Dinge, dann ergaben sich diese entweder aufgrund der Initiative anderer oder aus der Situation heraus, in der sich das Mädchen befand.«[7]

Um überhaupt Einfluß ausüben zu können, wird das Mädchen wahrscheinlich seine Kompetenz verlagern. Anstatt seine Macht auf direktem Wege zu erproben, hat es indirekte, manipulative Mittel erlernt, um sein Ziel zu erreichen:

»In meiner Familie galt es als ›unfein‹, laut einen Wunsch zu äußern. Ich beherrschte es mit der Zeit bestens, indirekte Andeutungen zu machen, zu schmollen und zu quengeln, um zu erreichen, daß man mir meinen Willen erfüllte, ohne daß ich direkt etwas sagen mußte. Als erwachsene Frau werde ich heute oft angefahren: ›Warum sagst du nicht einfach, was du willst?‹«

In unserer Kindheit legten die Eltern nicht nur die Grenzen fest, an denen wir uns erproben konnten, sondern sie halfen uns auch dabei, unsere daraus resultierenden Erfahrungen zu interpretieren. Für die Entwicklung unserer Kompetenz wäre zum Beispiel die Botschaft »Es spielt keine so große Rolle, ob du gewinnst oder verlierst, es kommt auf den Versuch an« wichtig gewesen. Aber vielen von uns wurde als Kind die Kompetenz genommen, weil das Ergebnis unserer Bemühungen höher bewertet wurde als der Lernprozeß, in dessen Verlauf wir etwas über unsere tatsächlichen Fähigkeiten erfahren konnten. Manchmal erklärte man uns, wir seien inkompetent, wenn wir in Wahrheit versuchten, einen Schritt in Richtung Kompetenz zu machen. Wie bereits angesprochen, beeinflußte die Erwartungshaltung unserer Eltern deren Interpretation unserer Bemühungen. Als erwachsene Frau müssen wir manchmal zurückblicken und uns an unsere frühen Versuche erinnern. Vielleicht waren wir doch nicht ganz so ungeschickte Tolpatsche, wie wir dachten. Vielleicht lag der Fehler gar nicht an uns, sondern an den zu engen Grenzen oder an der vorgefaßten Meinung unserer Eltern über uns (z. B. Mädchen können beim besten Willen nicht differenzieren).

Einige Eltern haben sicherlich versucht, gesunde, konstruktive Grenzen zu ziehen, und uns dazu angeleitet, eigenständig zu handeln und auf uns selbst aufzupassen. Machten wir auf dieser Grundlage Erfahrungen, mit denen wir überhaupt nicht umzugehen verstanden, war unsere Kompetenz in Gefahr. Trotzdem waren wir wahrscheinlich imstande, auch in einer vollkommen außerhalb unserer Kontrolle liegenden Situation sozusagen instinktiv richtig zu handeln, und fühlten in der Folge, wie unsere Kompetenz wuchs:

»Wir waren die einzige jüdische Familie in unserer Stadt. Ich wurde in der Schule ständig verspottet, besonders von diesem einen Mädchen, Pam. Sie und ihre Clique paßten mich tagtäglich an der Ecke ab und schubsten mich herum. Eines Tages stürzte sie sich regelrecht auf mich und warf mich zu Boden. Plötzlich wurde ich mir dieser Kinderhorde bewußt, die mich umringte und kreischte: ›Bring die Jüdin um, bring die Jüdin um!‹ Da spürte ich einen richtigen Energiestoß. Ich rollte mich auf Pam und hämmerte immer wieder ihren Kopf auf den Boden. Ich war wie besessen und hörte nicht mehr auf, bis die Stimme ihrer Schwester endlich zu mir durchdrang: ›Frances, bitte hör auf, sie hat ein Herzleiden, bitte, hör auf.‹ Ich hörte auf, und die Kinder wichen vor mir zurück.

Ich schleppte mich weinend nach Hause und sah meinen Vater auf der Veranda stehen – er hatte den ganzen Vorfall beobachtet. Ich habe geweint wie noch nie in meinem Leben. ›Warum hast du mir nicht geholfen?‹ Er nahm mich in die Arme und sagte: ›Das mußtest du selber tun – du wirst dich nie wieder schlagen müssen.‹ Das Erstaunliche daran ist, er hatte recht. Danach ließen sie mich in Ruhe – sie haben mich nie wieder belästigt.«

Die Botschaft des Vaters lautete: »Das Leben kann sehr unfair sein, aber was auch geschieht, du wirst damit fertig.« Leider bekommen die meisten Mädchen nur den ersten Teil dieser Botschaft zu hören.

Ein Gebiet, auf dem viele Frauen in der Kindheit keine ausreichende Kompetenz entwickeln, ist die Selbstverteidigung. Zwar sind Frauen und Mädchen in unserer Gesellschaft einem weitaus größeren Risiko körperlicher Gewalt ausgesetzt, trotzdem werden nicht die Mädchen, sondern die Jungen ermuntert, die Fähigkeit zum »Zurückschlagen« zu entwickeln. Auch der *Wille*, zurückzuschlagen, wird bezeichnenderweise bei den Jungen unterstützt, während bei den Mädchen der Wille, sich gegen Verletzungen des physischen Selbst zur

Wehr zu setzen, entweder nicht ausreichend gefördert oder sogar unterdrückt wird:

»Meine Eltern gehörten einer dieser kirchlichen Gruppen an, die jede Menge so tugendhafter Tanzveranstaltungen ausrichten, und als ich ungefähr acht war, schleppten sie mich dauernd mit dorthin. Ich haßte diese Tanzerei, aber alle diese Männer forderten das kleine Mädchen zum Tanzen auf, und alle dachten, ach wie niedlich... Einmal fragte mich so ein Mann, ob ich mit ihm tanzen wolle, und da ich schon mit ihm getanzt und mich dabei sehr unwohl gefühlt hatte, sagte ich nein. Meine Mutter war entsetzt. Sie zerrte mich in den Waschraum und sagte zu mir: ›Du darfst nie, nie die Aufforderung eines Mannes zum Tanzen ablehnen.‹«

Diese Episode mag vielleicht banal erscheinen, aber über diese eine Regel hinaus wurde der Tochter ein sehr viel weitergehendes, gefährliches Verhaltensmuster vermittelt: Als Frau hast du kein Recht, zu einem Mann nein zu sagen. Solche Erfahrungen behalten für gewöhnlich langanhaltende Wirkung. Bei der Arbeit mit den Opfern sexueller Gewalt stellten wir fest, daß es sogar vielen Frauen, die Kenntnisse in Selbstverteidigung besitzen (die Karate gelernt oder einen Kurs zum Selbstschutz vor Vergewaltigung besucht hatten), schwerfällt, das Erlernte in einer bedrohlichen Situation auch tatsächlich anzuwenden. Woran liegt das? Erstens erlangten sie die Fähigkeit, sich zu wehren, zu spät, und darum fehlt das tiefverwurzelte Vertrauen, sich darauf verlassen zu können. Dies Vertrauen muß sich in frühester Kindheit entwickeln. Zweitens mangelt es vielen Frauen an der inneren Sicherheit, daß es ihr gutes Recht ist, sich selbst zu schützen, und daß es in Ordnung ist, sich für ihre Interessen zur Wehr zu setzen. Dies scheint besonders auf weiße Mittelschichtfrauen zuzutreffen, wie eine Puertorikanerin beobachtete:

»Als Kind gefiel es mir nicht gerade in Harlem, aber immerhin lernte ich dort zu überleben, und ich merke jetzt, daß ich damit einen großen Vorteil auf meiner Seite habe. Ich gebe unter anderem Kurse in Selbstverteidigung, und da stelle ich einen himmelweiten Unterschied fest zwischen den puertorikanischen Stadtkindern und den weißen Mittelschichtfrauen. Wenn diese Frauen eine Faust machen und auf den Sandsack einschlagen und sich dabei vorstellen sollen, es handele sich um einen Angreifer, sagen die meisten: ›Oh, das kann ich nicht tun.‹«

Verbundenheit und Getrenntsein in ausgewogenem Verhältnis

Um ein solides Fundament an Selbstachtung zu schaffen, müssen wir in unserer Kindheit das Gefühl der Verbundenheit mit anderen in einem ausgewogenen Verhältnis zu unserem Getrenntsein von anderen entwickeln.

Für unsere Selbstachtung ist es unabdingbar, uns anderen Individuen und einer größeren Gemeinschaft verbunden zu fühlen. Gleichzeitig darf unser Selbstgefühl nicht vollkommen der Identität eines anderen untergeordnet werden, wir müssen klar unterscheiden, inwiefern wir anders sind, inwiefern wir uns von anderen unterscheiden.

Carol Gilligan und Nancy Chodorow legen dar, wie auffallend unterschiedlich sich die Ansichten von Mädchen und Jungen in bezug auf das Verhältnis von sich selbst zu anderen entwickeln.[8] Da Mädchen demselben Geschlecht wie die Hauptbezugsperson – die Mutter – angehören, empfinden sie nur unzureichend Differenzierung und Getrenntsein. Dieser »Mangel an Individuation«, der für die erste und intensivste Beziehung im Leben der Mädchen kennzeichnend ist, bleibt bestehen und wirkt sich auch auf andere Beziehungen aus. Die Jungen wiederum gehören nicht dem Geschlecht der Hauptbezugsperson – der Mutter – an und empfinden sich als getrennte, sich von anderen stark unterscheidende Individuen, haben aber ein kaum ausgeprägtes Empfinden der Verbundenheit und Ähnlichkeit mit anderen. Diese unterschiedliche Konditionierung und Wahrnehmung des Selbst wird durch kulturelle Einflüsse weiter verstärkt.

Die Art der Frauen, das Selbst in Verbindung zu anderen zu betrachten, gilt in unserer Kultur traditionell als Beleg für Unzulänglichkeit. Laut der psychoanalytischen Theorie besitzen Frauen ein mangelhaftes Gefühl des Getrenntseins von anderen. Sähen wir uns selbst eher unter dem Aspekt, unter dem sich die Männer betrachten, ginge es uns vermutlich besser, denn die starken Verbundenheitsgefühle können problematisch sein. Dennoch halten wir diese Fähigkeit der Frauen in vieler Hinsicht auch für eine Stärke. Es ist im großen und ganzen sicher vorteilhafter, sich anderen zu sehr verbunden als sich zu sehr von ihnen getrennt zu fühlen. Eine erwachsene Frau, die in ihrer Jugend übertriebenes Einfühlungsvermögen erlernt hat, kann lernen, sich zurückzuziehen und ihr Selbst deutlicher von dem der anderen zu differenzieren. Ein Mann, der sich ein Leben lang als einsames Individuum und vollkommen unabhängig von anderen betrachtet hat, wird als Erwachsener weit schwerer lernen können, sich in andere einzufühlen oder sich zu binden.

Fraglos aber steht die unzureichende Individualität und Unabhängigkeit vieler Frauen einer hohen Selbstachtung im Wege. Die Verhaltensweisen vieler Eltern tragen zu einer Minderung der Individualität ihrer Töchter bei, indem sie sie bezüglich ihrer Identität zu abhängig von anderen machen. Zum Beispiel werden Schwestern gezwungen, sich gleich anzuziehen, oder ein Mädchen muß in einer Miniaturausgabe von Mutters Kleid herumlaufen. Ein Mädchen in einer großen Familie muß möglicherweise ihre sämtlichen Besitztümer mit den anderen teilen. Man sagt ihr, eine eigene Puppe haben zu wollen, sei »selbstsüchtig«, oder bereits jeder Wunsch nach Privatsphäre wird als »selbstsüchtig« bezeichnet. Ein Extremfall:

»In unserer Familie galt es als anmaßend, in der ersten Person von sich zu sprechen – wenn man das Wort ›ich‹ gebrauchte oder Dinge sagte wie ›meiner Meinung nach...‹, galt dies als Zeichen für Stolz und Eitelkeit. Als wir klein waren, betraf das meine Brüder ebenso wie uns Mädchen. Als wir älter wurden, waren meine Eltern den Jungen gegenüber sehr viel nachsichtiger.«

Hat man uns in unserer Kindheit gelehrt, unsere Individualität zu unterdrücken, werden wir sie auch später als erwachsene Frau nur unter Schwierigkeiten entwickeln können:

»Meine Mutter äußerte nie einen Wunsch oder eine Meinung, die sich von der meines Vaters unterschied – und sie verfolgte auch keine von ihm unabhängigen Interessen. Dieses Verhalten entsprach den Vorstellungen der beiden darüber, wie eine Frau zu sein hat, und die übertrugen sie auch auf mich. Ich konzentrierte mich so sehr auf die Bedürfnisse anderer Leute, daß ich vollkommen aufhörte, eigene Wünsche oder Vorstellungen zu entwickeln. Wenn mich jetzt ein Freund fragt, welchen Film ich mir ansehen möchte oder wohin wir essen gehen sollen, sage ich automatisch: ›Ich weiß es nicht. Wohin möchtest du gehen? Was immer du willst, mir ist es recht.‹«

Unabhängig von anderen Menschen zu wissen, wer wir sind, ist entscheidend für unsere Selbstachtung. Aber dieses Wissen, das einen Menschen erst zu einem ausreichenden Verständnis für seine einzigartige Individualität befähigt, zu erlangen, war nicht leicht für uns. Frauen werden oft nicht nur die Möglichkeiten zur Selbsterkenntnis vorenthalten, sondern unsere Kultur verweigert uns schon für den Wunsch danach jegliche Unterstützung. Besonders in der Adoleszenz müssen wir einen hohen Preis für die Entwicklung einer starken Identität und eines ausgeprägten Selbstgefühls bezahlen.

Weil in unserer Kultur vielen Frauen beigebracht wird, sich darauf zu konzentrieren, einen Mann zu bekommen, und weil sie zur Bestreitung ihres Lebensunterhalts in unserer männerdominierten Gesellschaft häufig auf Männer angewiesen sind, wissen Frauen oft weit mehr über Männer als Männer über Männer. Noch entscheidender, wir Frauen wissen häufig mehr über Männer als über uns. Bezugnehmend auf Männer als »Dominierende« und Frauen als »Untergeordnete« führt Baker Miller aus:

»Wenn dein Schicksal zum Großteil davon abhängt, wie du dich auf die Dominierenden einstellst und diese zufriedenstellst, konzentrierst du dich auf sie. Es hat tatsächlich wenig Zweck, dich selbst zu kennen. Warum solltest du auch, wenn dein Wissen über die Dominierenden dein Leben entscheidend bestimmt? Diese Tendenz verstärkt sich aufgrund vieler weiterer Einschränkungen. Sich selbst kann man nur durch Aktion und Interaktion kennenlernen. Proportional zu dem Ausmaß, in dem Aktion und Interaktion begrenzt sind, mangelt es Untergeordneten an einer realistischen Einschätzung ihrer Leistungsfähigkeit und Probleme.«[9]

Realismus

Um ein solides Fundament an Selbstachtung aufbauen zu können, müssen wir lernen, uns und unsere Umwelt realistisch wahrzunehmen. Ob einer Frau beigebracht wurde, sich unrealistisch und idealisiert (als das herrlichste Geschöpf auf Erden) oder unrealistisch und negativ (als großen Dummkopf) zu betrachten, sie wird in jedem Fall ohne die Fähigkeit zu einer realistischen Selbsteinschätzung nur schwer zu Selbstachtung gelangen. Darüber hinaus sollten wir bereits als Kinder eine realistische Weltanschauung vermittelt bekommen.

Realitätssinn schließt das Bewußtsein ein, daß niemand perfekt ist; wir alle haben Fehler. In manchen Familien war es jedoch schwer, ein Gleichgewicht zwischen unseren positiven und unseren negativen Eigenschaften zu erkennen. Mag sein, wir hatten Lernschwierigkeiten, aber unsere Eltern behaupteten eisern, »mit meinem Kind ist alles in Ordnung«. Andere wurden dadurch verletzt, daß die Eltern Erfolgen und positiven Eigenschaften zuwenig Aufmerksamkeit schenkten. Die meisten von uns haben von klein auf gelernt, daß gerade unsere Fehler und Schwächen am meisten zählen:

»Als Kind mahnte man mich, nur ja nicht eingebildet zu werden. Wenn ich wegen irgend etwas stolz auf mich sei, werde mich der Zorn Gottes treffen, hieß es. Aber wenn ich mich scheußlich fühlte und zu meiner Mutter sagte: ›Ich bin fett, ich bin häßlich, ich bin dumm‹, schenkte sie mir ihre ungeteilte Aufmerksamkeit. Ich weiß nicht, wie fett und häßlich und dumm ich wirklich war, aber Aufmerksamkeit und Zuwendung bekam ich nur, wenn ich mich herabsetzte.«

Wenn wir als Kind bei unseren Eltern nur in unseren Fehlern und Verhaltensschwächen Bestätigung fanden, dann sind unsere Schwierigkeiten programmiert. Denn neben einem realistischen Selbstbild brauchen Kinder auch konstruktive Anregungen der Erwachsenen, wie sie es besser machen können. Ohne diese Anleitung bekommen wir nur bestätigt, was wir leider ohnehin schon wissen:

»Als Kind war ich oft jähzornig. Ich wurde Freundinnen gegenüber handgreiflich, zog sie an den Haaren und schrie sie an. Die Eltern dieser Kinder gingen zu den meinen und beschwerten sich. Meine Eltern wurden wütend und schlugen mich, aber es dauerte Jahre, bis ich einen Zusammenhang zwischen meinem Verhalten und dem meiner Eltern sah. Anstatt mir zu helfen, meinen Zorn zu kontrollieren, warfen sie mir mein Verhalten vor und sagten, mich werde nie jemand leiden können. Das *wußte* ich bereits.«

Die meisten von uns erhielten zu wenige der notwendigen konkreten Informationen über unsere Gesellschaft, um einen gesunden Realitätssinn für die uns offenstehenden Möglichkeiten entwickeln zu können – zum Beispiel Informationen darüber, wie man eine Karriere aufbaut oder wie das Rechtssystem funktioniert. Viele wurden von ihrer Familie in ihren unrealistischen Zukunftsphantasien bestärkt:

»Als Kind wollte ich unbedingt Schauspielerin werden. Ich fragte also meine Eltern, wie man Schauspielerin wird. Doch anstatt mir etwas über die Schauspielausbildung zu erzählen, tischten sie mir die tolle Geschichte von Lana Turner auf, die in Schwab's Drugstore gearbeitet hat und dort, als sei es das Selbstverständlichste von der Welt, entdeckt und über Nacht berühmt wurde.«

Auch für unsere Kompetenz sind konkrete realistische Informationen darüber notwendig, wie es in der Welt zugeht und wie man mit den Problemen zurechtkommt. Je mehr wir darüber wissen, um so besser können wir die Kontrolle über unser Schicksal ausüben.

Ethische Grundsätze und Werte

Die fünfte wesentliche Grundlage für die Selbstachtung sind miteinander in Zusammenhang stehende ethische Grundsätze und Werte, ein klares Gespür für das, was richtig und was falsch, was gut und was schlecht ist. Natürlich sind die ersten Vorstellungen eines Kindes von richtig und falsch, gut und schlecht ein Spiegelbild der elterlichen Werte. Jerome Kagan erläutert:

»Die Erziehung der Kinder... erlaubt Eltern, ihr Wertesystem, das sie selbst ins Erwachsenenleben begleitet hat, zu etablieren. Manchmal ähneln die Werte denen, die sie zwei Jahrzehnte zuvor von ihren Familien übernommen haben, manchmal vollzog sich ein radikaler, durch großes Leid in der Kindheit ausgelöster Wandel, der mit dem Schwur, der nächsten Generation diese destruktiven Gewohnheiten und Ansichten zu ersparen, ins Erwachsenenalter übernommen wurde... In gewissem Sinn ist jeder Elternteil ein Wissenschaftler, der seine Theorie über die menschliche Entwicklung an jedem Kind einer Überprüfung unterzieht.«[10]

Ethische Grundsätze bieten dem Kind die notwendige Anleitung für sein Verhalten angesichts der im Laufe des Lebens auftretenden verwirrenden Situationen und Probleme. Hat ein Kind gelernt, eine goldene Regel zu befolgen, kann es rasch und ohne den geringsten Zweifel entscheiden, wie es sich verhalten soll. Ethische Grundsätze schützen und leiten das Kind in Situationen, in denen kein Elternteil direkt Hilfe leisten kann. Die ethischen Grundsätze machen Kinder ferner mit Überzeugungen und Ansichten vertraut, die ein Ideal zum Ausdruck bringen. Werden sie dem Kind verständlich nahegebracht, kann es sich allein wegen der Kompetenz, seiner eigenen Überzeugung treu zu bleiben, gut fühlen. Die Aussage »der Mut der Überzeugung« hat durchaus ihre Berechtigung. Auf diese Weise entsteht außerdem eine Gemeinsamkeit mit anderen Kindern, die dieselben Überzeugungen/Werte teilen und die sich dadurch jeweils bestätigen.

Leider werden die moralischen Grundsätze einem Mädchen häufig nicht klar und deutlich vermittelt, jedenfalls nicht so, daß es darin einen direkten Bezug zu seinen Leben erkennt. Aus den zehn Geboten lernt ein Kind, daß es eindeutig falsch ist, zu töten und Ehebruch zu begehen, aber für die meisten Kinder zählen Töten und Ehebruch nicht zu ihren alltäglichen Erfahrungen. Es sind die scheinbar kleinen Dinge, an denen sich die Unsicherheit – und Verwirrung – des Mädchens für gewöhnlich zeigen:

»Als ich klein war, sagte mein Großvater zu mir, ich solle mich um den Eßtisch herum hinter den Stuhl meiner Tante schleichen und ihn nach hinten kippen. Ich machte, was er gesagt hatte, und sie stürzte zu Boden, flach auf den Rücken. Mein Großvater fand es zum Totlachen, aber meine Eltern zerrten mich in die Küche und brüllten mich an. Ich war vollkommen durcheinander. Ich wußte einfach nicht, was ich falsch gemacht hatte. Ich wurde immer dazu angehalten, den Erwachsenen in meiner Familie zu gehorchen, und deshalb dachte ich, ich hätte mich richtig verhalten.«

Dieses Mädchen merkte natürlich, daß sie in Schwierigkeiten steckte, wußte aber nicht genau, warum. Kinder haben verständlicherweise oft große Schwierigkeiten, den Unterschied zwischen richtig und falsch herauszufinden, denn für jede Regel gibt es normalerweise eine Ausnahme. Doch die Eltern erklären solche Widersprüche meist nicht besonders gut. »Warum«, fragt zum Beispiel ein Kind, »ist es falsch, wenn Verbrecher morden, aber richtig, wenn Verbrecher auf dem elektrischen Stuhl hingerichtet werden?« Die übliche Antwort der Eltern: »Darum.«

Besonders zerstörerische Konflikte können entstehen, wenn ein Mädchen ohne jegliche elterliche Anleitung darüber, was richtig oder falsch ist, aufwächst. Muß sie Entscheidungen treffen, die auf moralischen und ethischen Prinzipien beruhen, fühlt sie sich überfordert. Aus dieser Unsicherheit resultiert meist ein Auf und Ab der Selbstachtung:

»Die Kinder von Helen, einer Freundin meiner Mutter, waren richtige Ungeheuer. Ich war acht und beobachtete, wie eines dieser Kinder in dem Haus in der Nähe der Schule, das ein paar alten Damen gehörte, Fenster einwarf. Ich glaube, außer mir hat niemand den Vorfall gesehen. An diesem Nachmittag ging der Direktor in jede Klasse und fragte, ob jemand wüßte, wer das getan hat. Ich fürchtete, eine Petze zu sein, und schwieg, obwohl mir die alten Damen leid taten. Nachdem der Direktor gegangen war, erzählte ich es aber trotz meiner Bedenken meiner Lehrerin. Immer noch unsicher, ob ich mich richtig verhalten hatte, kam ich nach Hause und berichtete meiner Mutter, was vorgefallen war. Sie schäumte vor Wut. Ich verteidigte mich, ›mein Gewissen‹ habe das von mir verlangt. Sie schlug mich richtig fest und schrie: ›Zum Teufel mit deinem Gewissen, wie soll ich bloß je wieder Helen gegenübertreten?‹ Ich konnte damals nicht begreifen, was ich falschgemacht haben sollte. Helen blieb mit ihr befreundet – erst als ich erwachsen war, wurde mir klar, daß sie wahrscheinlich nie erfuhr, wer ihren Sohn damals verpfiffen hat.«

Häufig werden Mädchen von den ihnen vermittelten ethischen Grundsätzen verwirrt, weil sie in sich unlogisch erscheinen oder tatsächlich widersprüchlich sind:

»Meine Eltern sagten immer, es spiele keine Rolle, ob man Pickel habe oder häßlich und dick sei oder einen anderen körperlichen Mangel habe. Auf die inneren Werte komme es an, erklärten sie, das Aussehen sei unwichtig. Gleichzeitig aber behaupteten sie, Schwarze und Hispanos und Asiaten müsse man hassen, weil sie die falsche Hautfarbe haben. Das verwirrte uns Kinder sehr.«

Besonders verwirrend ist es, wenn ein Mädchen den eigentlichen Werten entgegengesetzte ethische Grundsätze beigebracht bekommt, die seine Vorstellungen von richtig und falsch vertauschen:

»Mein Vater erzog uns nach dem Grundsatz – ›Tritt, *bevor* du getreten wirst‹. Er begriff die Welt als einen Dschungel, in dem man immer als erster auf dem Sprung sein muß. Deshalb war ich als Kind alles andere als großherzig. Wenn ich glaubte, jemand wolle gemein zu mir sen, kam ich ihm zuvor und war zuerst gemein. Ich besaß ohnehin kaum Freunde, und wenn ich durch Zufall mal eine Freundschaft geschlossen hatte, ging sie durch mein Verhalten immer sehr schnell in die Brüche.«

Unsere Überzeugungen von richtig und falsch entwickelten sich auf der Grundlage unserer Werte. Wertvorstellungen werden nicht nur mit den Worten »gut« oder »schlecht« ausgedrückt, sondern oft in subtilen Differenzierungen dargelegt. So wird manchen Mädchen beispielsweise beigebracht, es sei zwar nicht schlimm, schwarz zu sein, aber in jedem Fall sei es besser, weiß zu sein. Mädchen sagt man zwar nicht direkt, es sei schlecht, ein Mädchen zu sein, doch man vermittelt ihnen, ein Junge zu sein sei alles in allem besser.

Ein lebenslanger Prozeß

In einem gewissen Ausmaß hatten praktisch alle von uns in der Kindheit Probleme mit einer oder mit mehreren der wesentlichen Grundlagen für die Selbstachtung. Als erwachsene Frau jedoch können wir diese Probleme überwinden. Sind wir uns unserer Bedeutung nicht sicher, können wir bei uns nahestehenden Menschen nach Bestätigung suchen; wir werden einschätzen lernen, wie wichtig wir sind und welchen Stellenwert wir im Leben anderer einnehmen. Mangelt es uns an Kompetenz, können wir unsere Leistungsfähigkeit auf selbst ausgewählten Bereichen weiterentwickeln und stolz auf jeden unserer diesbezüglichen Versuche sein. Mangelt es uns an Gemeinsinn und Verbundenheit, können wir auf andere zugehen; fehlt es uns an einer ausgeprägten Individualität und Eigenständigkeit, können wir nach Wegen suchen, mehr über uns zu erfahren. Sind wir manchmal verwirrt und verlieren den Sinn für die Realität oder ist unsere

Realität extrem trostlos, können wir uns an unsere Mitmenschen wenden und nach Bestätigung unserer Wahrnehmungsfähigkeit und unseres natürlichen Wertes suchen. Mangelt es uns an Werten oder ethischen Grundsätzen, können wir auswählen, was für uns wichtig ist, ungeachtet der in unserer Kindheit erlernten und von der Gesellschaft seit Jahrhunderten hervorgebrachten feststehenden Werte.

All das ist leichter gesagt als getan, aber entscheidend bleibt, daß sich die Selbstachtung in einem lebenslangen Prozeß entwickelt. Mängel im Zusammenhang mit den in der Kindheit nur unzureichend ausgebildeten wesentlichen Grundlagen müssen daher nicht unwiderruflich sein. Wenn wir als erwachsene Frau in jedem dieser Bereiche etwas dazu gewinnen, erweitert sich unser Selbstverständnis, und unser Potential zur Steigerung der Selbstachtung nimmt beträchtlich zu.

Vorschläge zur Veränderung

I. Wesentliche Grundlagen der Selbstachtung

Können Sie sich an Kindheitserlebnisse erinnern, die sich jeweils auf die fünf angesprochenen Bereiche beziehen? Wann fühlten Sie sich bedeutend? Wann erlebten Sie Ihre Macht? Wann wurden Ihre Fähigkeiten, die Umwelt zu meistern, bemerkt und anerkannt? Wann fühlten Sie sich einer größeren Gemeinschaft verbunden? Wann erkannten und würdigten Sie Ihre einzigartige Individualität? Wann hatten Sie ein Erlebnis, das Ihnen half, sich realistischer einzuschätzen? Wann handelten Sie nach Ihrem Moralkodex und hatten die Empfindung, richtig zu handeln?

Besteht Ihrer Meinung nach, bezogen auf Ihre Person, bei einer dieser fünf Grundlagen heute ein Mangel? Wie können Sie Erfahrungen gewinnen, die Ihnen helfen, diesen Mangel wettzumachen?

Wie trugen, als Sie klein waren, erwachsene Bezugspersonen zur Interpretation Ihrer Erfahrungen bei? Negativ? Positiv? Sagten sie nicht viel? Waren die Interpretationen realistisch? Unrealistisch? Urteilten die Erwachsenen nur nach dem erzielten Resultat? Wie sieht dieses Muster heute bei Ihnen aus? Wie interpretieren Sie Ihre Erfahrungen? Bestehen in dieser Hinsicht irgendwelche Gemeinsamkeiten zwischen der Vergangenheit und Gegenwart? Denken Sie daran, wir können eine Menge neuer Erfahrungen machen, wenn wir sie aber nach wie vor auf die alte selbstzerstörerische Weise interpretieren, tragen sie nicht zur Steigerung unserer Selbstachtung bei.

II. Frühere Erfahrungen

Denken Sie an eine über fünf Jahre zurückliegende negative Erfahrung, die Sie noch nicht verarbeitet haben und die Ihnen von Zeit zu Zeit immer wieder einmal durch den Kopf geht. Es gibt unzählige Möglichkeiten, jede Erfahrung zu interpretieren. Teilen Sie Ihre unangenehme Erfahrung mit einer engen Freundin oder wenden Sie sich an Fachleute, die Ihnen helfen können. Ist es möglich, diese Erfahrung auch anders zu interpretieren? Müssen Sie aufgrund dieser Erfahrung so hart gegen sich selbst sein? Können Sie diese Erfahrung nun begraben und Ihre Energie für produktivere Aktivitäten aufwenden?

4. Die Macht der Worte

Worte sind das einzige, was ewig bleibt.

William Hazlitt

Lange bevor ein Mädchen sagt: »Ich bin... (stark, faul, gut in Mathe, sehr hübsch, lustig, tierlieb etc.)«, hat sie in aller Regel schon viele Male ihre Eltern, Lehrer, Geschwister und andere Bezugspersonen sagen hören: »Du bist...« (siehe oben). Mit zunehmender Sensibilität und wachsendem Urteilsvermögen lernt es, sich mit eigenen Worten zu beschreiben. Zweifellos wird aber die Wahl seiner Worte, im guten wie im schlechten Sinn, maßgeblich von jenen Worten beeinflußt, die es zuvor von anderen in bezug auf sich gehört hat.

Wenn Menschen viel Zeit mit einem Kind verbringen, ziehen sie zwangsläufig Schlüsse aus dem Verhalten des Kindes (und damit über das Kind selbst). Einmal ausgesprochen, wird oft aus einer solchen subjektiven Wahrnehmung eine Etikettierung mit bewertendem Beiklang. Morris Rosenberg führt aus:

»Schon ein flüchtiger Blick auf eine beliebige Liste von Adjektiven zeigt, daß es sich bei den weitaus meisten keineswegs um wertfreie Beschreibungen handelt, sondern daß darin negative oder positive Bewertungen enthalten sind. Eine Person als ›freundlich‹ zu bezeichnen ist keine Beschreibung; es ist eine hohe Anerkennung. Eine Person ›grausam‹ zu nennen ist keine Beschreibung, sondern kommt einer Verurteilung gleich. Die Worte, mit denen wir etwas beschreiben, drücken nicht nur unsere tatsächliche Wahrnehmung aus, sondern auch unsere Empfindung darüber.«[1]

Etikettierten uns unsere Eltern zutreffend und einfühlsam, wurde uns unsere Identität auf eine Weise vermittelt, die unserer Selbstachtung und unserem realistischen Selbstbild dienlich war. Wurde die Etikettierung dagegen ohne Gespür für ihre tatsächliche Bedeutung vergeben, erwies sie sich irgendwann als falsch und konnte im Extremfall sogar eine vernichtende Wirkung haben.

Als Kind blickten wir zu den Eltern auf, denn unser Wohlbefinden, ja unser Überleben, hing vollkommen von ihnen ab. Bezeichneten sie uns als »langweilig«, »dumm« oder »faul«, stellten wir ihre Beurteilung nicht in Frage, noch weniger die Berechtigung ihrer Erwartungen. Ihre Beurteilungen wurden für uns zur Realität. Wir konnten aus den uns angehefteten Etiketten nicht selektieren. Wir verinnerlichten sie vielmehr alle, wenn auch in unterschiedlichem Ausmaß, selbst die absolut negativen. Rosenberg erläutert in seiner Studie über die Selbstachtung von Kindern:

»... sogar Kinder, die davon überzeugt sind, ihre Mütter denken schlecht von ihnen, bestreiten selten, daß ihnen die Meinung der Mutter wichtig ist; das Muster der Mutter-Kind-Beziehung ist so stark, daß es nicht einfach mit selektiver Bewertung zu überwinden ist.«[2]

Als Kleinkinder hatten wir kaum die Möglichkeit, uns gegen die Etikettierung durch unsere Eltern zu wehren. Besonders in Familien, in der die Regel galt, »Kinder soll man sehen, aber nicht hören«, erhielten die Kinder weder die Erlaubnis noch die Gelegenheit, die elterlichen Meinungen und Etikettierungen in Frage zu stellen. Sicher rebellierten viele von uns als Jugendliche bewußt und vehement gegen die Ansichten, die unsere Eltern über uns äußerten. Doch in den meisten Fällen verinnerlicht das Kind die Wahrnehmungen der Eltern, sie werden zu seinen Selbstwahrnehmungen.

Unsere Eltern vermittelten uns ihre Ansichten über uns mit Lob und mit Kritik. Häufig jedoch hatte die Kritik größeren Einfluß auf uns als das Lob, denn in jeder Kritik schwang die Bedrohung mit, die Liebe derjenigen zu verlieren, von denen wir vollkommen abhängig waren. Wenn soviel auf dem Spiel zu stehen scheint, werden Kinder besonders hellhörig für Kritik, das Lob nimmt keinen gleichrangigen Stellenwert ein:

»An die häßlichen Dinge – wie ich sei ein Luder oder eine Idiotin – erinnere ich mich am lebhaftesten, und ich nahm sie auch besonders ernst, weil darauf für gewöhnlich eine Bestrafung oder dergleichen folgte. War ich gut in der Schule, wurde ich niemals belohnt – das wurde von mir erwartet, das war eine Selbstverständlichkeit. Tat ich dagegen Dinge, die sie mißbilligten, gab es ein Riesengeschrei. Ich kann mich erinnern, daß ich ganze Wochenenden in meinem Zimmer bleiben mußte, etwa, weil ich nach der Schule zu spät nach Hause gekommen bin. Der Stubenarrest gab mir reichlich Gelegenheit, darüber nachzugrübeln, was für ein mißratenes Gör ich sei.«

Selbstverständlich kommt es nicht nur darauf an, was zu uns gesagt wird, sondern auch auf das Wie. Eine heftige Kritik, im Zorn geschrien oder während einer »Szene« herausgezischt, hat mehr Nachdruck als ein Lob, das in einem beiläufigen Tonfall ausgesprochen wird.

Ein zweiter Grund, warum sich Kritik auf die Entwicklung des Selbstwertgefühls eines Kindes stärker auswirkt als Lob, ist, daß Kritik in vielen Familien überbewertet und häufig erteilt, mit Lob dagegen sparsam umgegangen wird. Viele unserer Eltern glaubten (und glauben noch), ein Kind zu loben sei gleichbedeutend mit verwöhnen und mache nur eingebildet:

»Vor kurzem besuchte ich meine Eltern, und sie erzählten mir, sie seien immer richtig stolz auf mich gewesen. Das traf mich wie ein Schlag, denn das hatten sie noch nicht ein einziges Mal zu mir gesagt. ›Warum‹, fragte ich sie, ›habt ihr mir nie gesagt, daß ihr stolz auf mich seid?‹ Ihre Antwort lautete, sie *setzten voraus*, daß ich meine Sache gut mache, Lob hätte mich nur eingebildet gemacht. Aber wenn ich etwas vermasselt hatte, dann hätten sie mich kritisieren müssen, sonst hätte es jemand anders getan, und das wäre doch peinlich gewesen.«

Völlig unabsichtlich hatten die Eltern zu der geringen Selbstachtung ihrer Tochter beigetragen, indem sie Kritik und Lob nicht ausgewogen verteilten. Wie sie uns sagte, wirkte sich dieses Versäumnis auf ihr ganzes Verhalten aus. Um eine gesunde Selbstachtung entwickeln zu können, brauchen wir als Kinder Lob und Kritik, die uns eine klare und exakte Aussage vermitteln:

»Als ich klein war, malte ich stundenlang. Wenn ich die Bilder meinen Eltern zeigte, nahmen sie sich immer ein paar Minuten Zeit und betrachteten sie aufmerksam. Anstatt wie viele Eltern einfach zu sagen: ›Oh, das ist aber ein hübsches Bild, Liebes‹, erläuterten sie mir, was genau ihnen daran gefiel, fragten mich, wie ich denn die Farben gemischt hätte und so weiter. Ich fühlte mich jedesmal ganz großartig und malte gleich das nächste Bild. Malen ist immer noch ein Hobby von mir.«

Hätten die Eltern dieser Frau anstelle genauer Aussagen ganz allgemein und ohne Präzisierung gesagt, sie werde bestimmt die nächste Georgia O'Keeffe, hätte sie vermutlich irgendwann das Interesse am Malen verloren. Doch da sie ein präzises und klar verständliches Lob für eine Tätigkeit bekam, die ihr Spaß machte, erhielt sie eine positive und realistische Aussage über ihre Person.

Auch Kritik muß unmißverständlich und konkret sein, sonst hilft sie uns nicht weiter. Allzuoft wurde unser Wert als Person angegriffen, anstatt nur ein bestimmtes Verhalten zu kritisieren. Ein Kind kann sein Verhalten ändern, aber Wertlosigkeit kann es unmöglich revidieren. Der Unterschied kommt in der Erinnerung dieser Frau deutlich zum Ausdruck:

»In unserer Nachbarschaft war eine Baustelle, und wir wurden alle streng angewiesen, nie dorthin zu gehen, weil es zu gefährlich sei. Eines Sonntags, ich war neun Jahre alt, ging ich mit meiner Freundin dorthin, und wir spielten den ganzen Nachmittag in den Kies- und Sandhaufen. Unsere Eltern suchten uns. Als sie uns schließlich entdeckten, reagierten sie sehr verschieden. Die Eltern meiner Freundin fragten sie entsetzt, ob sie denn nicht verstanden habe, warum sie nicht hierher gehen dürfe. Sie verboten ihr zwei Wochen lang, draußen zu spielen, und meine Freundin hat begriffen, warum, auch wenn es ihr gar nicht paßte. Ich dagegen wurde von meinen Eltern als Lügnerin und Herumtreiberin beschimpft und geschlagen. Es war, als hätte ich das schlimmste Verbrechen begangen, das es auf der Welt gibt.«

Manche Eltern spenden weder Lob noch Tadel. Sie kommunizieren im Grunde gar nicht, vermutlich aus Angst, sie könnten etwas Falsches sagen. Die Tochter hat dadurch keinerlei Anhaltspunkte:

»Als Kind kam ich meist total wütend nach Hause, da ich mit den anderen Kindern einfach nicht zurechtkam. Wenn ich dann meiner

Mutter von all den schrecklichen Dingen erzählte, die passiert waren, nickte sie und machte zu allem, was ich sagte, nur ›hm-hm‹. Ich wollte, daß sie sagt: ›Oh, diese schrecklichen Kinder‹ oder ›Warum versuchst du es das nächste Mal nicht so oder so‹, irgend etwas, aber sie äußerte nie eine Meinung. Sie zeigte so wenig Interesse, daß ich glaubte, sie mache sich eigentlich gar nichts aus mir.«

Ein Problem für die meisten der von uns befragten Frauen bestand darin, daß sie als Kinder zum Teil gegensätzliche Botschaften über ihre Identität, ihre Fähigkeiten und die Erwartungshaltung anderer empfingen. Baten wir sie, spontan die eindrucksvollsten Botschaften zu nennen, die sie in der Kindheit erhielten, kamen uns oft entweder unvereinbare oder gar offenkundig widersprüchliche Äußerungen zu Ohren:

»Tina kann alles gut.«

»Tina kann alles noch besser machen.«

»Susan ist angenehmer als andere Kinder.«

»Susan kommt mit niemandem aus.«

»Eleanor ist die perfekte kleine Dame.«

»Eleanor wäre besser ein Junge geworden.«

»Wenn du erwachsen bist, kannst du machen, was du willst.«

»Wenn du erwachsen bist, wirst du heiraten und Mutter werden, so ist das bei Mädchen.«

»Helen hat einen lebhaften Geist.«

»Helen hat Hummeln im Hintern.«

Welcher Botschaft kann das Mädchen am ehesten vertrauen, was soll sie glauben? Die meisten dieser Eltern waren sich vermutlich gar nicht bewußt, wie konfus die Botschaften an ihre Töchter waren und welch große Verwirrung sie damit anrichteten.

Viele Frauen berichteten, sie hätten darüber hinaus auch von jedem Elternteil vollkommen unterschiedliche Botschaften empfangen:

»Janet ist großartig.« (Von der Mutter)

»Janet ist selbstsüchtig.« (Vom Vater)

»Ich erwarte gar nichts von dir – du bist nur ein Mädchen.« (Von der Mutter)

»Ich erwarte sehr viel von dir – du bist meine Tochter.« (Vom Vater)

»Sandy ist freimütig und drückt sich klar aus.« (Von der Mutter)

»Sandy ist laut und eigensinnig.« (Vom Vater)

»Du bist genau wie dein Vater.« (Von der Mutter)

»Du bist genau wie deine Mutter.« (Vom Vater)

Solch widersprüchliche Botschaften wurden der Tochter sicher nicht mit der Absicht übermittelt, sie zu ängstigen und zu verwirren; wahrscheinlich fielen diese Äußerungen auch nicht so oft, wie ihre nachhaltige Bedeutung den Anschein erweckt. Trotzdem war die Verwirrung bei den betroffenen Töchtern groß und blieb möglicherweise bis ins Erwachsenenalter unverändert bestehen. Das Hin- und Herschwanken zwischen zwei gegensätzlichen Meinungen läßt dem

Mädchen kaum die Möglichkeit, das am ehesten auf sie zutreffende Extrem herauszufinden.

Wir stellten fest, daß viele Frauen mit Etikettierungen bedacht wurden, die auf den ersten Blick positiv schienen, die aber später zu Problemen mit der Selbstachtung führten. So wurde zum Beispiel vielen Frauen gesagt, sie hätten »Glück«. Ob sie hübsch waren, klug, beliebt etc., all das hatte nichts mit ihnen zu tun, sondern war nur ihrem Glück zu verdanken. Damit beraubten die Eltern sie jeder Chance, sich aufgrund ihres Selbst gut zu fühlen.

Als »anders« bezeichnet zu werden, kann ebenfalls problematisch sein, weil in unserer Kultur Unterschiede automatisch kategorisiert und in eine Rangordnung, überlegen oder untergeordnet, eingegliedert werden. Aber ein behindertes Kind zum Beispiel wird sich wohl kaum als Mensch mit einem »anderen« Körper empfinden, auch wenn es von anderen so wahrgenommen wird:

»Alles, was andere Leute über mich sagten, bezog sich immer auf meine Behinderung, und das störte mich gewaltig. Was ihnen an mir auch auffiel, immer wurde es mit meiner Behinderung in Zusammenhang gebracht – und bei meinen Eltern war das besonders schlimm. Es hieß immer ›Sie ist wirklich gut in der Schule, wenn man bedenkt, daß sie blind ist‹ oder ›Obwohl ihre Augen getrübt sind, ist sie hübsch‹. Mir wäre es viel lieber gewesen, sie hätten einfach gesagt: ›Sie ist klug, und sie ist hübsch‹, denn was diese Dinge anging, war ich ein Kind wie jedes andere.«

Manche Etikettierungen können keinesfalls mißverständlich ausgelegt werden; sie sind negativ, unter welchem Gesichtspunkt man sie auch betrachtet. So bekamen viele Frauen als Kinder zu hören: »zu nichts gut«, »mißratenes Gör«, »Faultier«, »Ferkel«, »Idiotin«, »Schmarotzerin«, »undankbar«, »selbstsüchtig«, »schwierig«, »Unruhestifterin«, »Flittchen«, »verrückt« oder einfach »schlecht«.

Ein spezielles Etikett mit extrem zerstörerischen Auswirkungen ist »nicht liebenswert«:

»Meine Mutter sagte mir oft, sie und meine ganze Familie würden mich nicht lieben, sie *müßten* mich lieben, freiwillig täten sie es nicht. Deshalb könne ich nicht erwarten, daß mich irgend jemand außer meiner Familie je lieben werde, weil er das nicht müsse. Vom Verstand her weiß ich heute, daß sie krank war und versucht hat, mich auf diese Weise zu kontrollieren. Aber mich quält immer noch die Frage, ob mich Menschen, die nicht zu meiner Familie gehören, gernhaben. Warum sollten sie, wenn sie es nicht müssen?«

Die folgende Frage trifft eher den Punkt: »Warum sollten sie *nicht*?« Es ist schlechterdings unmöglich, daß jemand keinem einzigen Menschen auf der Welt sympathisch ist. Wie bereits angesprochen, können wir es uns nicht aussuchen, in welche Familie wir geboren werden. Wenn uns jedoch die Umstände in einer Familie aufwachsen lassen, die uns in die Kategorie »nicht liebenswert« einstuft, muß das nicht unser Leben lang so bleiben. Trotzdem wurde gerade diese Etikettierung von den von uns befragten Frauen kaum angezweifelt. Nach vielen Gesprächen wurde den meisten der Frauen bewußt, daß ihre Eltern fürchteten, selbst nicht geliebt zu werden. Möglicherweise hatten sie Angst, das Mädchen könne sie ablehnen, und verweigerten ihr deshalb zuerst ihre Liebe, um die Aufdeckung ihrer Selbsteinschätzung, nämlich nicht liebenswert zu sein, zu verhindern.

Der hier angesprochene Prozeß der Etikettierung findet nicht nur in der Kindheit statt, und unsere Eltern sind nicht alleine daran beteiligt. Das ganze Leben lang heften uns unzählige Menschen ihre Etiketten an. Wir konzentrieren uns dennoch auf die Rolle, die uns die Eltern im frühen Stadium der Etikettierung zugewiesen haben, denn Eltern besitzen eine Macht über Kinder, die nicht mit der Macht anderer Menschen im späteren Leben vergleichbar ist. Im weitesten Sinn hat William Hazlitt mit seinem Satz »Worte sind das einzige, was ewig bleibt« sicher recht. In bezug auf unser eigenes Leben jedoch muß kein Wort unveränderbar bleiben, und die Worte unserer Eltern, so groß ihre Wirkung auf uns als Kinder auch gewesen sein mag, müssen nicht auf ewig unser Leben beeinflussen.

Vorschläge zur Veränderung

I. Etikettierungen aus der Kindheit

Obwohl wir alle mehrere Etiketten aus unserer Kindheit mit uns herumtragen, sticht im allgemeinen eines besonders hervor und hat größeren Einfluß als die anderen. Vollenden Sie, ohne nachzudenken, einen Satz, der mit »Ich bin…« beginnt, und stellen Sie sich dabei vor, zehn Jahre alt zu sein. Welches Adjektiv kommt Ihnen in den Sinn? Hat es eine positive oder eine negative Bedeutung? Ist es aus irgendeinem Grund heute noch auf Sie anwendbar? Welchen Einfluß hatte es Ihrer Meinung nach hinsichtlich Ihrer heutigen Beziehungen zu anderen Menschen? Denken Sie an fünf bis zehn weitere Etikettierungen aus Ihrer Kindheit und stellen Sie sich dazu die gleichen Fragen.

II. Auswechseln subjektiver negativer Etikettierungen

Als erwachsene Frau können Sie subjektive negative Etiketten neu interpretieren. Viele Frauen in unserer Gruppe an der Vermont Law School hatten beispielsweise in ihrer Kindheit die Etiketten »streitlustig«, »schwierig« oder »unangenehm« erhalten. Später machten sie daraus zumindest eine wertfreie – wenn nicht gar positive – Aussage, ersetzten etwa »streitlustig« durch das Wort »diskussionsfreudig«. Unterziehen Sie die fünf bis zehn Etikettierungen aus der ersten Übung einer Überprüfung. Können sie positiver interpretiert werden?

III. Die falsche Etikettierung »nicht liebenswert«

Wenn Sie mit dem verhängnisvollen Etikett »nicht liebenswert« bedacht wurden, versuchen Sie, sich einige Ihrer Babyfotos zu beschaffen. Sehen Sie sich die Bilder dieses schlafenden, schmusenden oder quicklebendigen Babys genau an. Sieht das kleine Mädchen wirklich so aus, als sei es von Natur aus nicht liebenswert? Was kann es getan haben, welch fürchterlichen Fehler kann es begangen haben, um dieses Etikett zu verdienen? Gab es Familienmitglieder, die Sie geliebt haben, obwohl Ihre Eltern (oder ein Elternteil) Sie für nicht liebenswert hielt(en). Was würden diese Ihnen wohlgesinnten Leute heute zu Ihnen sagen? Um sich immer wieder davon zu überzeugen, daß Sie liebenswert sind, können Sie sich überlegen, eines ihrer Babyfotos immer griffbereit aufzubewahren.

5. Die Macht der Rollenvorbilder: Wie die Eltern, so das Kind

Tu, was ich dir sage, und nicht das, was ich tue.

Oft gehörtes elterliches Gebot

Wir lernen nicht nur durch Zuhören, sondern auch durch Beobachten. Als Kinder richteten wir uns extrem an dem Verhalten anderer Menschen, besonders dem unserer Eltern oder anderer Bezugspersonen aus. Wir beobachteten sie aufmerksam, ausdauernd und sorgfältig, weil sie so häufig um uns herum waren, eine ungeheure Macht auf uns ausübten und weil wir, wenn wir den Eltern Freude bereiteten, uns unseren Platz in ihrem Herzen und damit unser Wohlbefinden sicherten. Wir beobachteten sie aber auch, weil wir uns Aufschluß darüber erhofften, was es bedeutet, »groß« zu sein, schließlich würden wir ja auch eines Tages erwachsen sein. Don Hamachek erklärt dazu:

»Ob Eltern sich dessen bewußt sind oder nicht, sie vermitteln durch ihre tägliche Lebensweise und die *Beständigkeit* ihres Verhaltens den Kindern, wie man, auf welche Weise auch immer, die Grundbestandteile des Lebens zusammenfügt – wie man Angst bewältigt, Mißerfolg, wie man mit Geld umgeht, Freunde gewinnt, ein Freund *ist*, wie man Konflikte löst und Entscheidungen trifft, wie man liebt und geliebt wird.«[1]

Durch Imitation des elterlichen Verhaltens lernen wir unsere Rollen. Da Nachahmung für die meisten Eltern höchst schmeichelhaft ist, versuchen viele Kinder, aus eigenem Interesse so zu sein wie Mommy und Daddy. Das kleine Mädchen, das den Eltern gefallen möchte und deshalb Mommys Kleider anzieht oder Daddys Gesichtsausdruck imitiert, genießt bewußt das Rollenspiel. Sie will die Anerkennung der Eltern und weiß, was sie dafür tun muß.

Aber oft entsteht das Rollenverhalten auch unbewußt. Obwohl wir uns als erwachsene Frau wahrscheinlich völlig anders kleiden als unsere Mutter und Vaters Mienenspiel nicht mehr nachzuahmen versuchen, ertappen wir uns häufig dabei, uns so zu benehmen wie Mutter oder Vater. »Meine Güte«, hörten wir oft von Frauen, »ich höre mich an wie meine Mutter.«

Wir orientieren unser Verhalten, unsere Sprechweise und unsere Überzeugung von unserem »Platz« innerhalb der Gesellschaft ganz allgemein am Vorbild vieler Erwachsener, aber die meisten von uns haben ein *primäres* Rollenvorbild. Als wir die von uns interviewten Frauen fragten, wer denn ihr primäres Rollenvorbild gewesen sei, bekamen wir häufig die Antwort: »Jeder und jede, nur nicht meine Mutter.« Eine Untersuchung kam zu dem Ergebnis, daß 63 Prozent der befragten Frauen bewußt zu vermeiden versucht hatten, sich am Vorbild der Mutter zu orientieren.[2] Viele der von uns befragten Frauen erklärten ebenfalls, ihr primäres Vorbild sei eine andere weibliche Person gewesen – etwa die Großmutter oder die ältere Schwester – oder der Vater. Ging man der Sache jedoch stärker auf den Grund, gaben die meisten zu, daß die Mutter wohl doch bei weitem den größten Einfluß hatte.

Warum beeinflussen uns unsere Mütter in so starkem Maße? Immer wieder wird behauptet, es sei nur »natürlich«, daß sich Mädchen am Vorbild der Mutter orientieren, da sie dem gleichen Geschlecht angehören. Wir halten die Gründe allerdings für vielschichtiger. Mütter sind sowohl für Jungen wie Mädchen primäres Rollenvorbild, und zwar aufgrund dreier Faktoren: Verfügbarkeit, Wärme und insbesondere *Macht.*[3]

Nehmen wir zuerst die Verfügbarkeit. Wieviel Zeit verbrachten Erwachsene in unseren ersten Lebensjahren jeweils mit uns? Wie war die Intensität dieser Beziehungen, wie nahe standen uns diese Erwachsenen? In welchem Maße waren die Erwachsenen emotional zugänglich?

Jungen und Mädchen fällt beim Faktor Verfügbarkeit sofort die Mutter ein. Traditionell verbringt in unserer Gesellschaft die Mutter weit mehr Zeit mit den Kleinkindern (unabhängig vom Geschlecht) als der Vater. In vielen Familien war sie die meiste Zeit bei den Kindern zu Hause. Mütter, die außerhalb des Hauses berufstätig waren, verbrachten wahrscheinlich trotzdem mehr Zeit mit uns als der Vater.

Der Faktor Verfügbarkeit ist häufig Anlaß zur Kritik an den Müttern. Kaum jemand weist Männern eine Schuld zu, weil sie einen Beruf ausüben und wenig Zeit für die Kinder haben, aber bei berufstätigen Müttern ist man mit Schuldzuweisungen schnell bei der Hand. Doch Frauen wurden auch schon unbarmherzig kritisiert, weil sie *zuviel Zeit* mit ihren Kindern verbrachten. Die Autorinnen von *Beyond Sugar and Spice* weisen treffend auf die ausweglose Situation der Mütter hin, die in jedem Fall nur verlieren können:

»Heute behaupten einige Experten auf dem Gebiet der kindlichen Entwicklung, die ›Entfremdung‹ junger Menschen werde durch mangelnde Verfügbarkeit der Mütter verursacht. Vor zwanzig Jahren griff man die Frauen, die all ihre Energie auf ihre Kinder konzentrierten, als ›überfürsorgliche‹ Mütter an. In den fünfziger Jahren erklärte der Autor Philip Wylie ›Momism‹ zerstöre die Söhne Amerikas. Studien mit amerikanischen Kriegsgefangenen, die in Korea einer Gehirnwäsche unterzogen worden waren, legten die Vermutung nahe, sie hätten dieser Folter deshalb nicht widerstanden, weil sie Söhne überfürsorglicher Mütter gewesen seien. Also wurde die Frau, die, als ihre Kinder klein waren, den Rat der Experten befolgte, später, als ihre Kinder älter waren, von anderen ›Experten‹ deswegen angegriffen.«[4]

Wärme, der zweite Faktor, ist für die Festlegung auf das primäre Rollenvorbild ebenso entscheidend wie die Verfügbarkeit, denn Wärme und Zuneigung animieren zur Nachahmung. Wenn unser Rollenvorbild uns anlächelte, uns liebkoste, mit uns sprach und wir uns in dessen Gegenwart einfach wohl fühlten, versuchten wir begierig, so zu sein wie sie oder er.

Auch beim Faktor Wärme kommt uns normalerweise zuerst die Mutter in den Sinn. Obwohl auch Väter ausgesprochen liebevoll zu ihren Kindern sein können, werden Männer eher auf emotionale Zurückhaltung konditioniert und zeigen ihre Gefühle weniger als Frauen – die eigenen Kinder machen da keine Ausnahme. Eine Frau erinnert sich:

»Als ich zwölf war und meine kleine Schwester geboren wurde, hatte mein Vater oft diesen seltsamen Gesichtsausdruck, wenn er sie auf dem Arm hielt, so als fühle er sich nicht wohl in seiner Haut. Aber am lebhaftesten erinnere ich mich daran, daß er meine Schwester *sofort* meiner Mutter oder mir übergab, wenn sie die Windeln naß gemacht oder beschmutzt hatte.«

Der dritte und sicher wichtigste Faktor, der Einfluß auf die Festlegung auf unser primäres Rollenvorbild ausübt, ist Macht. Besitzt ein Erwachsener große Macht über das Kind, ist es für das Kind eine Frage des Überlebens, ihm zu gefallen.

Bei Macht denkt man meistens spontan an den Vater, denn normalerweise übt er in unserer Gesellschaft Macht über die Mutter und das Kind aus. Aber als Baby erlebt das Kind die Macht des Vaters meist nicht. Erst später in unserer Kindheit registrieren wir, daß der Familienname der Name des Vaters ist, daß der Vater das »Oberhaupt« der Familie ist.

Die Macht der Mutter hingegen erlebten wir als Säugling ganz direkt und physisch. Ihre Brüste nährten uns (oder sie hielt uns in den Armen, während sie uns mit der Flasche fütterte) und erhielten uns am Leben. Mutter war es, die uns wusch, und sie war es, die sich um uns kümmerte, wenn wir krank waren. Aus der Sicht eines Babys erscheint keine Macht beeindruckender als die der Mutter; sie bedeutete nichts weniger als die Macht über Leben und Tod. Dorothy Dinnerstein schreibt, die Erinnerung an diese Macht bleibe stets in uns lebendig, auch wenn wir das niemals voll erfassen:

»Mutter besaß eine so absolute Macht, daß ihr keine, mit der man später möglicherweise konfrontiert wird, gleichkommt, eine zu große Macht, um sie herauszufordern, zu furchteinflößend, um ihr nachzueifern. Darüber hinaus übte sie ihren Einfluß in dieser emotional entscheidenden Phase aus, in der Gefühle vollkommen ohne Worte entstehen, und diese Gefühle haben Bestand, ohne je von Worten begleitet zu werden, so daß sie nie dem Einfluß reiferer rationaler Prozesse unterliegen: Die ängstliche Reaktion des Kindes auf die Macht [der Mutter] führt ein eigenes Leben im Verborgenen weiter, unbeeinflußt von dem Teilaspekt der menschlichen Sensibilität, die wir als Intelligenz bezeichnen.«[5]

Manchmal wird für die Wahl unseres primären Rollenvorbilds ein vierter Faktor verantwortlich gemacht, nämlich die Identität der Geschlechter. Laut der sozialen Lerntheorie und nach Meinung einiger Psychoanalytiker identifizieren sich Jungen automatisch und selbstverständlich mit Männern und Mädchen mit Frauen. Carol Tavris und Carole Offir kamen dagegen zu folgendem Schluß:

»...die Forschung hat diese grundlegende Annahme nicht bestätigt. Gibt man Kindern im Zuge eines Experiments die Möglichkeit zur Nachahmung Erwachsener, zeigen sie keine beständige Tendenz, ein Geschlecht bevorzugt nachzuahmen. Forscher, die versuchten, eher globale Persönlichkeitsmerkmale von Eltern und Kind in Wechselbeziehung zueinander zu setzen, fanden keinen Hinweis, daß Kinder eine stärkere Ähnlichkeit mit dem gleichgeschlechtlichen Elternteil aufweisen...«[6]

Eine »plausible Erklärung«, warum Mädchen letztendlich doch häufiger die Mutter und die Jungen den Vater als Rollenvorbild wählen, könnte laut Tavris und Offir sein, daß das Kind mit zunehmendem Alter mehr und mehr für die Nachahmung gleichgeschlechtlichen Verhaltens belohnt und für die Nachahmung des andersgeschlechtlichen Verhaltens bestraft wird. Wenn wir zum Beispiel als kleine Mädchen ein »Wildfang« waren, galt das als niedlich. Aber mit Erreichen der Pubertät wurde unser »maskulines« Benehmen – auf Bäume klettern, Ausspucken, sich schmutzig machen – nicht länger toleriert. Mit zunehmendem Alter entwickelten sich unsere Mütter immer stärker zu unserem primären Rollenvorbild.

Sicher wünschten sich viele von uns ein anderes Vorbild, und da stand uns der Vater zur Wahl. Und welch fantastische Wahl schien Vater zu sein! In unseren Inverviews kam immer wieder ein Punkt zur Sprache: Väter erschienen ihren kleinen Töchtern aufregend, dynamisch und geheimnisvoll. Wir nahmen es Vater nicht übel, wenn er nach seinem anstrengenden Arbeitstag müde nach Hause kam und unser Quengeln und herzerweichendes Betteln um Aufmerksamkeit schroff zurückwies. (»Still, Liebes, sonst störst du deinen Vater.«) Es war glasklar: Daddy war dynamisch, und er hatte den meisten Spaß.

Die Mütter wurden von ihren Töchtern dagegen häufig als »langweilig«, als »warmes, weiches Polster« oder als »unscheinbar« geschildert, oft auch als psychisch krank oder zumindest ängstlich, müde, deprimiert und unglücklich beschrieben. Die sich stark unterscheidenden Wahrnehmungen von Vater und Mutter führen mit zunehmendem Bewußtsein der Tochter zu Verwirrung und Spannung, da ihr die Gesellschaft im Grunde keine Freiheit der Wahl läßt. Die Tochter wird beharrlich aufgefordert, der Mutter nachzueifern, dabei ist der Vater das bei weitem attraktivere Vorbild für sie. Besonders in einer konventionellen, männerdominierten Kernfamilie, in der die Mutter von anderen Erwachsenen und von der Außenwelt weitgehend isoliert ist, kann es dazu kommen, daß die Mutter für die Tochter zum Inbegriff von »Regression, Passivität, Abhängigkeit und mangelnder Orientierung an der Realität« wird – charakteristische Kennzeichen, die, wie lange von Psychoanalytikern behauptet, Mütter für Söhne und Töchter gleichermaßen repräsentieren.[7]

Auf der kognitiven Ebene sind Chodorows Ausführungen unbestreitbar. Aber der Verstand vermag nicht alles. Auch wenn viele erwachsene Frauen sich im Laufe der Zeit bewußt nur an ihre »unscheinbare« und wenig beeindruckende Mutter erinnern, bewahren wir doch in unserem tiefsten Unterbewußtsein die Erinnerung an Mutters Allmacht, an ihre magische Macht über Leben und Tod. Diese Dialektik ist entscheidend für das Verständnis der Beziehung von Mutter und Tochter.

Nach allgemeiner Überzeugung gehört zum Erwachsenwerden eines Jungen und eines Mädchens die Phase, die Mutter, die ja für beide die erste, elementarste Macht darstellt, abzulehnen. Dies fällt einem Sohn sehr viel leichter als einer Tochter. Unsere Kultur gestattet und erleichtert ihm die Ablehnung der Mutter, indem sie ihm ein verachtenswertes Bild von ihr übermittelt. Natürlich erlaubt unsere Kultur auch einem Mädchen, die Mutter zu verachten. Da jedoch gleichzeitig von ihr erwartet wird, sich mit der Mutter zu identifizieren, ist sie gezwungen, in ihr eigenes Selbstverständnis ein »verachtetes weibliches Selbst« mit aufzunehmen.

Sicher ist es selten der Fall, daß eine Tochter die Mutter total ablehnt. Selbst wenn wir uns darum bemühten, uns von der Mutter zu lösen, hörten doch die meisten von uns nicht auf, sie sehr zu lieben. In Wahrheit bleiben die meisten Töchter stark ambivalent. Nancy Chodorow dazu:

»Angesichts des verzweifelten Bedürfnisses des Mädchens, sich von der Mutter zu trennen, sie aber gleichzeitig zu lieben, stellt der Vater aufgrund seiner physischen und emotionalen Distanz [häufig] kein hinreichend wichtiges Objekt dar, um die Bindung an die Mutter aufzugeben.«[8]

Auch wenn die Mutter häufig abwesend oder krank war, prägte sie uns; ihre Macht setzte sich in den verborgensten Winkeln unserer Seele fest. Mary Lou Shields erzählt in *Sea Run: Surviving My Mother's Madness* von der Einweisung ihrer an einer Geisteskrankheit leidenden Mutter in ein Heim, die während Mary Lous Kindheit stattfand. Obwohl sie von ihrer Großmutter und einer Tante erzogen wurde, verband eine starke Identifikation Mutter und Tochter. Als erwachsene Frau fürchtete sie, sie könne verrückt werden wie ihre Mutter und ebenfalls in eine Anstalt eingeliefert werden. In vieler Hinsicht war ihre meist abwesende Mutter ein stärkeres Rollenvorbild als ihre Ersatzmütter.[9]

Viele Teilnehmerinnen an unseren Gruppen zur Steigerung der

Selbstachtung, die sich an eine unglückliche oder emotional gestörte Mutter erinnern, fürchteten, wie ihre Mutter zu werden. Zum Glück haben manche Frauen erfreulichere Erinnerungen:

»Meine Mutter gehört zu den interessantesten Menschen, die ich je kennengelernt habe. Früher dachte ich, sie weiß alles. Sie hat meine Freundinnen und mich mit ihren Ausführungen über Astrologie, Botanik und Gravitation begeistert – eben all dem College-Zeug. Damit hat sie meine Wißbegierde geschürt, denn sie erzählte *so* hingebungsvoll und hatte Spaß an ihrem Wissen.«

Ob unsere Mütter bei unserer Erziehung voller »Hingabe und Spaß« bei der Sache waren oder nicht, unbestreitbar ist, daß die meisten von uns sozusagen auf ihren Knien sitzend lernten. Und leider stellte sich später heraus, daß zahlreiche Lektionen unserer Mütter unser Selbstverständnis einschränkten und unsere Selbstachtung zerstörten. Doch wir sollten uns stets daran erinnern, daß unsere Mütter uns niemals absichtlich Schaden zufügen wollten. Den Müttern an allem, was bei den Kindern schiefgeht, die Schuld anzulasten, ist destruktiv für die kollektive Selbstachtung der Frauen und auch ungerecht. Sicherlich dachten unsere Mütter nicht immer bewußt darüber nach, welche Botschaften sie uns mit ihrem Vorbild übermittelten. Zudem hatten sie ihrerseits unsere Großmütter zum Vorbild. Sie alle wuchsen in einer Gesellschaft und Kultur auf, die Frauen nur wenige Wahlmöglichkeiten bot und ihnen nur geringe Wertschätzung entgegenbrachte.

Von der Schuldzuweisung in der Kindererziehung bleiben die Väter völlig verschont. Sie waren nicht da, und wer nicht da ist, kann auch keinen Schaden anrichten, also tragen sie auch keine Verantwortung für das Resultat der Erziehung. Ein rüdes, schlecht erzogenes, unangenehmes Kind wird niemals gefragt: »Hat dir dein Vater keine Manieren beigebracht?« Nein, stets heißt es: »Hat dir deine *Mutter* keine Manieren beigebracht?«

Mit der wichtigste Aspekt an der Vorbildfunktion der Mutter ist, daß sie uns zeigt, was es bedeutet, erwachsen zu sein. Dem unvermeidlich näherrückenden Erwachsenwerden sahen viele von uns ein wenig ängstlich entgegen. Selbst die Frauen, deren Vorstellung von einer erwachsenen Frau nicht unbedingt identisch sein muß mit dem Bild der Mutter, spüren in bezug auf die Wahrnehmung ihres Selbst noch den Einfluß von Mutters Vorbild:

»Ich bin kreuz und quer durchs Land gereist, war alleine oder mit einem Freund in Urlaub. Manchmal hatte ich mehrere Freunde gleichzeitig. Ich habe die Universität abgeschlossen und besitze ein eigenes Haus. Trotzdem nagt in mir so ein Gefühl, als tippe mir demnächst jemand auf die Schulter und sagt zu mir, die ›Maskerade‹ sei vorbei, ich solle gehen und mein Zimmer aufräumen. So ist das – ich fühle mich wie ein kleines Kind in den Kleidern einer erwachsenen Frau.«

Immer wieder zählten uns Frauen voller Stolz und in allen Einzelheiten die zwischen ihrem Leben und dem Leben ihrer Mutter bestehenden Unterschiede auf. Doch gleich anschließend äußerten sie die Befürchtung, gerade wegen dieser Unterschiede vielleicht noch gar nicht richtig erwachsen zu sein. Wir stellten dies insbesondere bei Frauen fest, die keine Kinder haben. Auch Nancy Friday stieß bei ihren Interviews mit Frauen ständig auf den Einfluß des Rollenvorbilds der Mutter:

»Wir bemühen uns um Autonomie, suchen nach Sexualität, aber die unbewußten, tiefsten Gefühle, die wir von ihr aufgesogen haben, geben keine Ruhe: Wir werden uns erst in Frieden, unserer selbst sicher fühlen, wenn wir dem glorifizierten ›Instinkt‹ erfüllt haben, den zu wiederholen wir *durch das Vorbild ihres Lebens* konditioniert worden sind: Du bist keine vollwertige Frau, bevor du nicht Mutter bist.« (Hervorhebung hinzugefügt.) [10]

Erinnern wir uns an Dinnersteins Beobachtung, daß die elementare Macht, die die Mutter aus unserer vagen Sicht als Baby zuerst für uns verkörperte, »zu furchteinflößend zum Nacheifern« schien. Ein Mann kann sich leichter erwachsen fühlen als eine Frau, behauptet Dinnerstein, denn der eindeutigeren, konkreten Macht eines Vaters ist leichter nachzueifern als der eher subtilen, abstrakten Macht der Mutter. »Nicht imstande, in sich die ganze magische Macht, die sie als Baby in ihrer Mutter verspürt hat, zu finden«, wird eine erwachsene Frau, laut Dinnerstein, sich in gewissem Grade nach wie vor wie »ein verschüchtertes Kind« fühlen. Dinnerstein fährt fort:

»Der Mann entspricht anscheinend weit besser ihrem Kindheitsideal von einem männlichen Erwachsenen, als sie selbst ihrem Kindheitsideal von einer weiblichen Erwachsenen entspricht. Dieser Mangel an innerer Autorität wird verstärkt von einer in ihr steckenden Einstellung in bezug auf sich selbst, die die Gesellschaft gleichzeitig von außen voll unterstützt: daß sie für den Status einer vollwertigen Erwachsenen nicht qualifiziert ist, daß sie bei gesellschaftsrelevanten Entscheidungen kein Recht auf eine eigene Stimme hat und daß sie deshalb keine Verbindung zur Hauptströmung menschlicher Belange herstellen kann, außer stellvertretend durch einen Mann, so daß sie ohne eine persönliche Verbindung mit ihm formal keinen Platz in der Gesellschaft beanspruchen kann.« [11]

Wie gesagt stellten wir diese Angst, nach wie vor keine vollwertige erwachsene Frau zu sein, hauptsächlich bei Frauen fest, die keine Kinder haben. Es gibt zwei Gruppen von Frauen, die keine Kinder haben: heterosexuelle Frauen und homosexuelle Frauen. Für lesbische Frauen kann diese Angst zwei Ursachen haben, denn die vollwertige erwachsene Frau ist nach dem Vorbild der Mutter nicht nur eine Frau mit Kindern, sondern eine heterosexuelle Frau mit Kindern. Eine Lesbe erläutert:

»Meine Vorstellung von einer erwachsenen Frau habe ich von meiner Mutter übernommen, deren Leben ganz dem normalen Klischee der Mittelschichtfrau in einer Vorstadt entspricht... Was mich betrifft, habe ich mich diesem Bild in vieler Hinsicht angepaßt. Ich lebe meinem Rollenvorbild gemäß in einer Kernfamilie, wenn auch in einer lesbischen. Abgesehen davon, daß mein ›Ehemann‹ das verkehrte Geschlecht hat, befinde ich mich also ziemlich in Einklang mit meiner Vorstellung vom Leben einer erwachsenen Frau und fühle mich weniger wie ein Kind. Meine Freundin war verheiratet und ist Mutter, damit hat sie die an eine erwachsene Frau gestellten Anforderungen erfüllt. Aber da ich keine dieser Stationen absolviert habe, habe ich Angst, einmal als neunzigjährige Lesbe zu enden, die sich immer noch wie ein Kind fühlt.«

Unsere Mütter zeigten uns nicht nur, daß eine erwachsene Frau sowohl Mutter als auch heterosexuell zu sein hat, sie zeigten uns auch, wie heterosexuelle Beziehungen und andere Beziehungen – zu Frauen, zu Nachbarn, zu Bekannten – funktionieren. Hatten sich unsere Mütter selbst gern und waren sie überzeugt davon, anderen etwas geben zu können, dann waren sie uns ein Vorbild dafür, wie man die verschiedensten Beziehungen eingeht und aufrechterhält. Philip Zimbardo stellte fest, daß die meisten Kinder zurückhaltender Eltern ebenfalls zurückhaltend sind und Schwierigkeiten haben, in bezug auf irgendeine Beziehung initiativ zu werden. Es ist kein Zufall, daß sowohl Eltern als auch Kinder in diesem Fall eine geringe Selbstachtung besitzen.[12]

Von unseren Müttern erfahren wir auch, welche Möglichkeiten uns bezüglich Ausbildung und Beruf offenstehen, allerdings lehrten sie uns lediglich das, was man auch ihnen beigebracht hatte. Wie sollten sie uns auch Rollen, Erfahrungen und Möglichkeiten nahebringen, von deren Existenz sie oft selbst nichts wußten. Und hätten sie dieses Wissen besessen und uns übermittelt, wäre es aufgrund ihrer Meinung, daß die illusionär scheinenden Vorstellungen unmöglich in die Realität umzusetzen sind, kein sehr mütterliches Verhalten, sondern ein Betrug an den Töchtern gewesen. Viele unserer Mütter empfanden es als ihre Pflicht, uns die nun einmal bestehende Realität deutlich zu machen.

Doch nicht alle Mütter gaben erstickende Grenzen weiter:

»Wir wohnten in einer sehr beständigen schwarzen Umgebung und hatten dauernd dieselben Nachbarn. Jahraus, jahrein kamen die Freundinnen meiner Mutter zum Schwatzen herüber, und solange ich nur still dabeisaß, durfte ich zuhören. Manchmal sprachen sie über Sex und Orgasmus und was man sagen muß, um beim Sex das zu bekommen, was einem gefällt. Sie unterhielten sich auch über ihre Arbeit und rieten mir, später, wenn ich älter sei, solle ich auch arbeiten – nicht weil ich es *muß*, sondern weil es eine schöne Erfahrung sei. Außerdem sei es herrlich, über eigenes Geld zu verfügen. Meine Freundinnen aus der weißen Oberschicht erzählten mir, sie hätten ganz andere Erfahrungen gemacht. Zwar wurde immer vorausgesetzt, daß sie das College besuchen würden, trotzdem erwartete man von ihnen nicht, daß sie später arbeiten gehen. Ihre Sicherheit in der Zukunft bestand darin, einen Mann zu heiraten, der für den Lebensunterhalt sorgt.«

Was wir noch von unseren Müttern lernen, ist die Einstellung gegenüber dem Eingehen eines Risikos. Männer betrachten ein kalkuliertes Risiko eher als eine Möglichkeit für eine positive Weiterentwicklung. Im Falle eines Scheiterns machen sie die Erfahrung, auch einen Mißerfolg überstehen zu können. Frauen dagegen sehen ein Risiko eher als etwas, das es zu vermeiden gilt, oder fürchten sich sogar davor. Hennig und Jardim (Autorinnen von *The Managerial Woman*) stellten in ihrer Studie über weibliche Führungskräfte fest, daß die Eigenschaften, die zu ihrem Erfolg in männerdominierten Unternehmen beitrugen, von den Vätern vermittelt wurden:

»Stand ihre Mutter dem Risiko negativ gegenüber und bewertete bereits das aktive Handeln allein mit bezeichnend negativen Begriffen (›Du wirst es nicht schaffen‹), schubste sie ihr Vater über die Schwelle ihrer Angst, ihrer ersten emotionalen Reaktion, und veranlaßte sie zu einem ersten Versuch, die möglichen Folgen abzuschätzen. Er sagte ihr einfach, sie solle ihren Verstand gebrauchen.«[13]

Der aus einem kalkulierten Risiko erzielte Gewinn (Entwicklung, Lernen und Erweiterung des Einflußbereiches) trägt wesentlich zur Steigerung der Selbstachtung bei, deshalb ist das Eingehen eines gewissen Risikos zum Aufbau eines besseren Selbstwertgefühls unerläßlich. Bei dem Versuch, ein selbstbestimmteres Leben als bisher zu führen, gehen wir das Risiko ein, bei uns nahestehenden Menschen negative Reaktionen zu provozieren. Betrachten wir uns als kompetent, riskieren wir wachsende Verantwortung. Wir riskieren den Unwillen unserer Kinder, wenn wir auf Privatsphäre und auf mehr Zeit für uns allein bestehen. Wir riskieren einen Mißerfolg, wenn wir Perfektion anstreben. In jedem Fall ist das nicht auszuschließende negative Resultat keinesfalls lebensbedrohlich, und der mögliche Gewinn ist groß. Trotzdem wurde manchen von uns beigebracht, sich aus »Gründen der Sicherheit« zurückzuhalten.

In *Wie meine Mutter* behauptet Nancy Friday, daß wir dazu verurteilt sind, ebenso unglücklich zu werden wie angeblich unsere Mütter. Diese Behauptung ist unzutreffend, ungerecht unseren Müttern gegenüber, und sie untergräbt außerdem unsere Kontrolle über unser Leben. Eine schwarze Frau erzählt uns:

»Ich glaube, dieser Hasse-deine-Mutter-Trip ist was für weiße Mädchen, die zuviel Zeit haben. Ich empfinde nicht so, und meine farbigen Freundinnen auch nicht. Wir respektieren unsere Mütter wegen all der Kämpfe, die sie durchgestanden haben. Wir wissen, ohne sie hätten wir kaum überlebt. Sie gab uns alles, was sie hatte.«

Wie bereits erwähnt, profitieren Männer von ihrer häufigen Abwesenheit, denn ihr geringer Beitrag zur Kindererziehung schützt sie vor

Schuldzuweisungen. Aber die Väter profitieren noch in einer anderen Hinsicht davon: Wenn Vater kaum da ist, neigen wir dazu, ihn zu erhöhen, uns ein Phantasiebild von ihm zu erschaffen, und dieses ihn glorifizierende Bild zeigt den Vater in einem sehr vorteilhaften Licht. Typisch dafür ist Eleanor Roosevelts idealisiertes Bild von ihrem Vater. Ihr Leben lang wurde sie von ihrem Vater ignoriert und enttäuscht. Einmal ließ er sie und drei seiner Hunde beim Portier des Knickerbocker Clubs in New York City zurück. Anscheinend hatte er sie einfach vergessen; der Portier brachte sie sechs Stunden später nach Hause. Wenn er sich mit ihr verabredete, versetzte er sie häufig, weil er zu betrunken war. Trotzdem schrieb Eleanor vierzig Jahre nach seinem Tod, daß ihr Vater

»in meiner Kindheit die große Liebe meines Lebens war, und wie viele Kinder habe ich genaugenommen ein Traumleben mit ihm geführt. Deshalb ist die Erinnerung an ihn für mich noch immer intensiv und lebendig.«[14]

Warum machen wir uns romantische, fast wahnhafte Vorstellungen von unseren abwesenden, nicht verfügbaren oder sogar zerstörerischen Vätern? Wie kommt es zu dieser wohlwollend überarbeiteten »Neufassung« unseres Vaterbildes?

Ganz einfach: Schon bevor wir in die Schule kamen, empfanden die meisten von uns zumindest unbewußt, daß wir in einer Männerwelt leben. Unsere Väter schienen, wenigstens in unserer Phantasie, den Zugang zu dieser riesigen, aufregenden, fremden Welt zu versprechen. Im Gegensatz dazu kam uns Mutters Welt klein, glanzlos und alltäglich vor, es machte mehr Spaß, die Zeit mit Tagträumen über den weit entfernten Vater zu verbringen.

Und dann spielt auch wieder das Thema Macht eine Rolle. Während unserer ersten Lebensjahre besaß unsere Mutter eine große elementare Macht über uns, aber mit zunehmendem Alter registrierten wir bei unserem Vater eine, wenn auch andere Art von Macht über unsere Mutter. Darüber hinaus war die unseres Vaters für uns eher faßbar, weil wir sie nicht nur gefühlsmäßig empfanden, sondern inzwischen zu sprechen und rational zu denken gelernt hatten. Dinnerstein erläutert:

»... der Übergang von der eigenen Gedanken- und Gefühlswelt des Kindes in die unbegreifliche Innenwelt des erwachsenen Menschen gleichen Geschlechts ... ist für ein Mädchen entschieden mühsamer zu vollziehen als für einen Jungen: Dem Mädchen muß es gelingen, sich die Innenwelt [der Mutter], die auf einer unartikulierten Bewußtseinsebene zu der magisch mächtigen Göttinmutter der frühen Kindheit gehört, zu eigen zu machen. Im Vergleich zu diesem geheimnisvollen Reich ist die Welt des Vaters, die erst später in der Kindheit in Erscheinung tritt, einer rationalen Beschreibung und realistisch orientierten Phantasie relativ zugänglich.«[15]

Die Macht des Vaters verspricht nicht nur den Zugang zur großen weiten Welt, sie ist auch mit dem Verstand eher erfaßbar.

Nicht alle Väter waren so häufig abwesend, daß sich die Töchter ein

Phantasiebild von ihnen erschaffen mußten. Manche Väter waren durchaus verfügbar und sehr warmherzig. Es hat sich immer wieder gezeigt, daß die Väter beruflich erfolgreicher Frauen relativ viel Zeit mit ihnen verbrachten und ausgesprochen liebevoll waren. Hennig und Jardim erklären:

»Die Vater-Tochter-Beziehung brachte eine zusätzliche Dimension in die Kindheit dieser Frauen. Aus ihr bezogen sie Aufmerksamkeit, Anerkennung, Belohnung und Bestätigung. Sie war eine weitere Inspiration frühen Lernens, eine sehr frühe ergänzende Möglichkeit zur Erweiterung ihrer Erfahrung, und sie gewannen dadurch ein Rollenvorbild, mit dem sie sich zu identifizieren begannen.«[16]

Soweit die gute Nachricht. Leider gibt es auch eine schlechte Nachricht. Unter den häufig anwesenden und verfügbaren Vätern gab es natürlich auch solche, die (vielleicht unbewußt) in ihren Töchtern Passivität und Hilflosigkeit erzeugten, indem sie unmißverständlich zum Ausdruck brachten, daß Mädchen nicht nur anders sind, sondern auch über begrenzte Möglichkeiten verfügen. In unserer Kultur wird von den Vätern erwartet, daß sie ihren Töchtern vermitteln, wie eine begehrenswerte heterosexuelle Frau zu sein und wie sie sich zu verhalten hat. Barbara Grizzuti Harrison erinnert sich:

»Um mein Taschengeld zu bekommen, mußte ich meinem Vater um den Bart gehen. Mein Bruder mußte dafür irgendwelche Arbeiten übernehmen. Die unmißverständliche Botschaft lautete, daß ich mir die Erfüllung meiner Wünsche immer mit Charme erschmeicheln konnte, mein Bruder aber dafür arbeiten mußte. Da auch die meisten Frauen irgendwann merken, daß sie, wenigstens hin und wieder, für ihren Lebensunterhalt arbeiten müssen, hat meiner Meinung nach mein Bruder die realistischere Botschaft erhalten.«[17]

Aber Väter können uns weit mehr beibringen als verführerisches Verhalten, und manche versuchten es auch. Die Väter einiger der von uns befragten Frauen sagten zu ihnen, sie »können alles werden, was sie wollen«. Dahinter steckte sicher eine gute Absicht. Und wenn diese Mädchen ihre Väter in die Welt hinausziehen und mehr oder weniger bereitwillig Risiken eingehen sahen, glaubten sie wahrscheinlich, das alles sei auch ihnen möglich. Später jedoch entdeckten sie, daß man ihnen ein Märchen aufgetischt hatte:

»Mein Dad sagte mir, ich könnte jeden Beruf ergreifen, der mir gefällt. Er war Arzt, und ich wollte auch Ärztin werden. Er wies mich Ende der fünfziger Jahre mit keinem Wort darauf hin, wie schwer man es mir machen würde. Er erzählte mir nichts von der Frauendiskriminierung oder daß die Männer den Ärzteberuf für sich monopolisiert hatten, oder darüber, daß mir auf dem College fast alle meine Professoren – alles Männer, natürlich – nahelegen würden, jeden Gedanken an die Medizin aufzugeben. Das hat mich wirklich fertiggemacht. Ich war mir sicher, all meine diesbezüglichen Schwierigkeiten beruhten auf *meinen* Fehlern.«

Mütter wußten über derlei Dinge im allgemeinen besser Bescheid. Sie konnten ihren Töchtern nicht guten Gewissens sagen: »Du kannst alles werden, was du willst.« In diesem Punkt waren sie realistischer als die Väter, die entweder diese Einschränkungen nicht vermitteln konnten oder tatsächlich glaubten, wir hätten wegen unseres Geschlechts mit keinerlei Restriktionen zu rechnen.

Außer den primären haben auch sekundäre Rollenvorbilder große Bedeutung. So kann zum Beispiel in Familien lateinamerikanischer Herkunft, die den Bindungen innerhalb der Großfamilien eine große Bedeutung beimessen, die Beziehung Großmutter–Enkelin ebenso stark sein wie die Beziehung Mutter–Tochter.[18]

Zuweilen dienen auch Geschwister als sekundäres Rollenvorbild:

»Ich teilte mein Zimmer mit meiner sieben Jahre älteren Schwester. Sie schikanierte mich und war gemein zu mir. Jedesmal, wenn ich in unser Zimmer ging, mußte ich ›Eintritt bezahlen‹, was im allgemeinen hieß, daß sie mir mit einem Buch auf den Kopf schlug. Es ist eigentlich erstaunlich, daß ich keinen bleibenden Hirnschaden davongetragen habe. Ihre Seite des Zimmers hatte sie mit einem Seil abgetrennt, trotzdem ahmte ich sie nach. Unsere schlimmsten Streitereien hatten wir, wenn ich mich über ihre Make-up-Sachen hermachte. Ich wollte aussehen wie sie.«

Als unsere Welt größer wurde und über die Familie hinausging, fanden wir Rollenvorbilder in Lehrerinnen, Pfadfinderführerinnen oder im Freundeskreis unserer Eltern:

»Als ich neun war, wollte ich schrecklich gern Puppenkleider nähen. Ich bat meine Mutter um Hilfe, aber sie konnte buchstäblich noch nicht einmal einen Faden einfädeln. Deshalb fragte sie eine ihrer Freundinnen, denn damals hatte ich noch keinen Handarbeitsunterricht in der Schule. Jede Woche verbrachte ich drei Stunden bei ihr und arbeitete an einem Stück. Ich habe das jahrelang gemacht und hatte großen Spaß dabei.«

Unsere sekundären Vorbilder ergänzen nicht nur die primären Rollenvorbilder, sondern dienen auch zu deren Bestätigung. Diese Bestätigung ist äußerst wichtig, wenn wir uns ein eher unkonventionelles primäres Rollenvorbild gewählt haben. Die Finanzexpertin und Autorin Paula Nelson hatte starke primäre und sekundäre Rollenvorbilder in Frauen aus der Finanzwelt, nämlich ihre Mutter und die Abteilungsleiterin der Familienbank:

»Zu meinen ersten Erinnerungen gehört, mit meinen Eltern vor dem Schreibtisch der Leiterin der Treuhandabteilung der Santa Monica Bank zu sitzen. Ich habe ihren Gesprächen zugehört, habe beobachtet, wie sie die vielen Papiere durchgingen und unterschrieben, und sah, wie die Schecks hin- und herwanderten. Gelegentlich begleitete ich meine Eltern auch zu Gesprächen mit Immobilieninteressenten. Ich beobachtete, wie Häuser gekauft und verkauft wurden, und einmal, ich war neun, und meine Eltern waren ausgegangen, da zeigte ich interessierten Käufern ein Haus. Ich machte einfach all das nach, was ich bei meiner Mutter zuvor gesehen und gehört hatte, ich besprach sogar die Zahlungsmodalitäten. Ich war immer der Ansicht, daß ich Glück gehabt habe, so früh Einblick in die Geschäftswelt bekommen zu haben. Wahrscheinlich kann ich mich aus diesem Grund leichter, praktisch frei von dieser Angst, die so viele Frauen davor empfinden, in der Finanzwelt bewegen.«[19]

Unsere Selbstwahrnehmung wird auch dadurch beeinflußt, in welchem Maß sich unsere Eltern selbst akzeptieren:

»Meine Mutter machte sich ständig Sorgen wegen ihres Gewichts. Als ich in die Pubertät kam, erklärte sie mir, ich sei zu ›fett‹. Sie schleppte mich mit in die Sporthalle, was ich haßte, und wir machten beide die gleiche Diät. Ich gab mein ganzes Taschengeld für Unmengen warmer Mahlzeiten aus, die ich zusätzlich zu dem Kaninchenfutter aß, das sie mir in die Schule mitgegeben hatte. Sie mäkelte ständig an meinem Aussehen herum, bis ich resignierte und mich weigerte, in ihrer Gegenwart überhaupt noch etwas zu essen. Sehr beunruhigt darüber ging sie mit mir zu einem Arzt, der ihr sagte, ich habe genau das richtige Gewicht und alle meine Rundungen seien völlig normal. Von da an ließ sie mich in Ruhe.«

Auch an diesem Beispiel wird erneut die Wechselwirkung der Selbstachtung deutlich. Hätte die Mutter über ein positiveres Selbstverständnis verfügt und sich weniger Sorgen um das »Zu-fett-Sein« gemacht, wäre ihr sicherlich aufgefallen, daß ihre Tochter keinerlei Gewichtsprobleme hatte. Und wäre die Tochter tatsächlich übergewichtig gewesen, hätte eine Mutter mit einem positiven Selbstverständnis ihr zeigen können, wie sie ihr Gewicht auf vernünftige Weise kontrollieren kann. Diese Frau war also keine schlechte Mutter, nur eine Mutter mit geringer Selbstachtung.

Nicht immer ist es den Eltern lieb, wenn sich in den Kindern ihre eigenen Verhaltensweisen und Charakterzüge widerspiegeln. Unsere Eltern begründeten dies mit Liebe, weil sie uns nicht ebenso unglücklich sehen wollten, wie sie es aufgrund ihrer unerwünschten charakteristischen Eigenschaften waren. Je älter das Kind wird und je erwachsener der Teenager *aussieht*, um so störender kann der »Spiegel« für die Eltern werden. Ellen Gallinsky meint dazu:

»Einer Mutter fiel es als Teenager zum Beispiel schrecklich schwer, mit ihren Eltern ein Gespräch zu führen. Sie hoffte, in der von ihr gegründeten Familie würde das anders sein. Deshalb drehte sie fast durch, als ihre Tochter sich weigerte, mit ihr zu reden. Eine andere Mutter ärgerte das Weinen. Bei ihr selbst flossen die Tränen sehr leicht, und als sie den gleichen Zug bei ihrer fünfzehnjährigen Tochter bemerkte, reagierte sie gereizt.«[20]

Es macht kaum einen Unterschied, wie die Eltern ein bestimmtes Verhalten ihres Kindes erklären. Ob sie glauben, es sei nach ihrem eigenen Rollenvorbild erlernt oder der betreffende Charakterzug sei vererbt, ihre ablehnende Reaktion kann die Selbstachtung des Kindes herabsetzen.

Auch Konkurrenz zu unseren Rollenvorbildern kann unser Selbstverständnis durcheinanderbringen. Wollten wir als Kinder so sein wie sie und auf dem gleichen Gebiet, dem auch ihr Interesse galt, Anerkennung bekommen, konnte es uns passieren, daß sie gar kein Interesse an unseren Bemühungen zeigten:

»Das Hobby meiner Mutter war die Malerei. Sie hat zu Hause oft gemalt. Ich machte das auch gern und hätte gern mit ihr zusammen gemalt, aber sie ließ mich nie. Wenn ich Sachen vom Kunstunterricht in der Schule mit nach Hause brachte, war sie immer sehr kritisch – ihre Kritik brachte sie unter dem Vorwand an, sie müsse mir eine bestimmte ›Technik beibringen‹, aber damit überforderte sie mich meist heillos. Schließlich gab ich das Malen ganz auf und interessierte mich statt dessen für Tiere, besonders für Pferde. Die Überzeugung, sie sei die Künstlerin, nicht ich, steckt bis heute in mir.«

Jetzt, da diese Frau ihr eigenes Leben, unabhängig von der Mutter führt, kann sie diese frühe Erfahrung verarbeiten, ihr künstlerisches Talent wieder erproben und ihr Interesse für die Malerei neu beleben.

Was auf die Macht der Worte zutrifft, gilt auch für die Macht des Rollenvorbilds: Auch diese wird deutlicher registriert, wenn sie sich negativ äußert. Im allgemeinen zeigten uns unsere Eltern meist recht drastisch, welche der Eigenschaften, die wir mit ihnen gemeinsam haben, sie ablehnen. Anerkennung vermittelten sie uns dagegen weit beiläufiger. Deshalb ist es uns angenehmer, uns auf die Dinge zu konzentrieren, die wir *nicht* von unseren Eltern übernommen haben. Dabei kann es uns jedoch leicht passieren, daß wir die positiven Aspekte des Rollenvorbildes unserer Mutter übersehen, denn diese waren weniger spektakulär und eher Bestandteil der täglichen Routine:

»Meine Fähigkeit, richtig zuhören zu können, hat mir immer nur Vorteile gebracht. Sie hat mir im Beruf sehr geholfen, und meine Freunde loben mich oft deswegen. Wenn ich mich richtig darauf konzentrierte, was jemand mir erzählte, glaubte ich oft, ein Déjà-vu-Erlebnis zu haben. Mir fiel meine Mutter ein. Jeden Tag nahm sie sich fünfzehn Minuten bis eine halbe Stunde Zeit und hörte mir aufmerksam zu. Sie brachte mir bei, wie man das macht.«

Bei der Betrachtung dessen, was wir von unseren Rollenvorbildern lernten und was nicht, kommen wir unweigerlich wieder auf das Thema Selbstachtung zurück. Das Wichtigste, was uns unsere Eltern hätten vermitteln sollen, sind Selbstakzeptanz und Selbstliebe. Adrienne Rich erläutert:

»Die Erziehung von Töchtern in einem Patriarchat verlangt von der Mutter eine starke *Selbst*-Fürsorglichkeit. Das psychische Wechselspiel zwischen Mutter und Tochter kann zerstörerisch sein, aber es gibt keinen Grund, warum das zwangsläufig so sein muß. Eine Frau, die Respekt und Zuneigung für ihren Körper empfindet, die ihn nicht als unrein oder als Sexobjekt betrachtet, wird der Tochter ohne Worte vermitteln, daß der Körper einer Frau ein guter und gesunder Raum ist, um darin zu leben. Eine Frau, die stolz darauf ist, eine Frau zu sein, wird keinen Selbst-Abscheu auf ihre Tochter übertragen.

Mütter sagen oft zu ihren Töchtern: »Werd bloß nicht so wie ich – du sollst es einmal besser haben.« Doch die Töchter profitieren weit mehr, wenn die Mütter so sind, wie sie wirklich sein wollen.

Vorschläge zur Veränderung

I. Rollenvorbilder in der Kindheit

Denken Sie an Ihre Kindheit zurück. Wer war die am häufigsten verfügbare Person in Ihrem Leben? Wer vermittelte die größte Wärme? Wer vermittelte die stärkste Macht? Unter Berücksichtigung Ihrer Antworten auf diese Fragen: Wer war Ihr primäres Rollenvorbild?

Falls es weder Ihre Mutter noch Ihr Vater war, denken Sie darüber nach, aufgrund welcher drei positiven charakteristischen Eigenschaften, Verhaltensweisen oder Interessen Sie diese Person zum Vorbild wählten. Welche drei negativen charakteristischen Eigenschaften, Verhaltensweisen oder Interessen haben Sie von dieser Person übernommen?

Falls Ihr primäres Rollenvorbild Ihre Mutter oder Ihr Vater war, stellen Sie sich dieselben Fragen jeweils bezogen auf das Rollenvorbild als auch auf den anderen Elternteil.

Wie hat jede der oben angeführten Personen, im positiven wie im negativen Sinn, zu Ihrem Selbstverständnis beigetragen? In welcher Weise haben diese Personen Ihre Selbstachtung beeinflußt?

II. Konkurrenz

Konkurrierten Sie auf einem Gebiet mit Ihrem Rollenvorbild? Was geschah, als er oder sie sich dadurch bedroht fühlte? Was empfanden Sie dabei? Wie beeinflußt diese Erfahrung Sie heute als erwachsene Frau?

III. Erwachsensein

Denken Sie darüber nach, in welcher Form Ihre Mutter oder andere wichtige weibliche Rollenvorbilder Ihre Einstellung gegenüber Ihrer Wahlfreiheit prägten. Wie war deren Haltung einem Risiko gegen-

über? Wie gestalteten sie ihre zwischenmenschlichen Beziehungen? Überlegen Sie wieder, wie diese Erfahrungen Sie heute als erwachsene Frau beeinflussen.

Welche Vorstellungen haben Sie sich von einer erwachsenen Frau gemacht? Inwieweit entsprechen Sie diesen Vorstellungen heute? Wie stark ist die Diskrepanz zwischen Ihrer Vorstellung von einer erwachsenen Frau und Ihrem idealen Selbstbild? Können Sie sich vorstellen, was Sie verändern könnten, um diese Kluft zu schließen?

IV. Persönliche Geschichte

Versuchen Sie, Informationen über zumindest die letzten drei Frauengenerationen Ihrer Familie zu bekommen. Wo lebten diese Frauen? Welchen Status hatten sie in ihrer Ehe? Welcher Beschäftigung gingen sie nach, welche Hobbys, Interessen und besonderen Talente hatten sie? Entdecken Sie irgendwelche Muster, die Sie auf Ihr Leben übertragen könnten?

6. Das Erbe problematischer Familien

Im Sturm unserer Kindheit kämpften wir um die Integration, die Zusammenfügung und die Erschaffung unserer Persönlichkeit und unserer Weltanschauung. Wir benötigten die Hilfe unserer Eltern. Aber, aufgezehrt von ihren eigenen Kämpfen, beanspruchten sie statt dessen unsere Hilfe.

Deidre Laiken
Daugthers of Divorce

Nicht alle Familien entsprechen dem Mythos vom »sicheren Hafen in einer herzlosen Welt«. Im Idealfall ist die Familie die Pufferzone zwischen dem hilflosen Kind und der »kalten, grausamen Welt«, aber manche Familien sind derart gestört, daß das Kind kein Bewußtsein für den eigenen Wert und die eigene Würde entwickeln kann und seine Selbstachtung zerstört wird. Diese fatalen Folgen können von den unterschiedlichsten Problemen verursacht werden. Deidre Laiken spricht zwar explizit das Thema Scheidung an, doch ihre Beobachtung läßt sich auch auf Alkoholismus, körperliche Mißhandlung und Vernachlässigung, sexuellen Mißbrauch, Verlassenwerden, chronische Krankheiten und Tod eines Familienmitglieds übertragen. Einem in einer solch problematischen Familiensituation aufwachsenden Kind wird es mit an Sicherheit grenzender Wahrscheinlichkeit an den wesentlichen Grundlagen für die Selbstachtung fehlen. Gestörte Familien sind von ihren Problemen oft so sehr überfordert, daß die Bedürfnisse der Kinder nicht ausreichend wahrgenommen und nicht erfüllt werden. Eine mit Problemen überlastete Familie ist nicht gleichbedeutend mit einer schlechten, lieblosen Familie; meist bedeutet es im zwischenmenschlichen Umgang einfach zuwenig Liebe.

Natürlich bestehen große Unterschiede zwischen den jeweiligen Erfahrungen der Kinder, die in gestörten Familien aufwachsen. Dennoch haben nach unserer Feststellung Frauen aus stark gestörten Familien einige Gemeinsamkeiten, denn die Probleme, mit denen sie sich in der Kindheit konfrontiert sahen, lehrten sie übereinstimmend fünf Lektionen.

Lektion eins: Ich bin schuld an den Problemen meiner Familie. Wäre ich nicht geboren worden, wäre alles besser.

Geht im Leben etwas schief, schieben viele Menschen spontan einem anderen die Schuld in die Schuhe. Weil so vieles nicht läuft, wie es sollte, ist diese Praxis in Familien, die vor großen, unüberwindlich scheinenden Schwierigkeiten stehen, tagtäglich gang und gäbe. Und wer eignet sich in einer Problemfamilie am besten als Sündenbock? Natürlich die schwächsten, kleinsten und hilflosesten Mitglieder:

»Wir nannten unsere Mutter ›Unsere Liebe Frau von der immerwährenden Schuldzuweisung‹. Daran merken Sie schon, daß wir katholisch waren. Natürlich sagten wir ihr das nie ins Gesicht. Wir konnten ihr gar nichts recht machen – es hagelte ständig nur Kritik und Spott. Nie gab sie uns einen Hinweis, wie wir es das nächste Mal besser machen könnten. Meine Eltern gingen anscheinend davon aus, wir seien mit allen notwendigen Kenntnissen auf die Welt gekommen, und wenn wir etwas vermasselten, dann mit voller Absicht, nur um sie zu ärgern. Mit dieser Begründung rechtfertigten sie jedenfalls ihre furchtbaren Vergeltungsmaßnahmen.«

Wenn ein Kind in einer Umgebung heranwächst, in der es für eine Menge Probleme verantwortlich gemacht wird, muß es fast zwangsläufig zu dem Schluß kommen: »Wäre ich nicht geboren worden, wäre alles besser.« Die Überzeugung, es selbst sei die Ursache allen Übels, liegt für ein Kind nahe. Auf die Idee, es müsse dafür keinen bestimmten Grund, keine einfache Erklärung geben, es liege nur an der Ungerechtigkeit des Lebens, kommt es meist gar nicht:

»Mein Vater hat nie behauptet, *ich* sei schuld an seiner Trinkerei, aber er sagte auch nie, es sei *seine* Schuld. Ich schien ihm völlig gleichgültig zu sein – und das machte mich sehr unglücklich. Eines Tages habe ich mich wohl unbewußt entschieden, ich sei der Grund für seine Sauferei. Wenn ich für ihn als Mensch schon nicht wichtig war, dann wollte ich wenigstens dadurch an Bedeutung gewinnen, daß ich die Ursache seines Problems war.«

Sagt zum Beispiel ein Elternteil zu der Tochter: »Ich bleibe nur deinetwegen – dein(e) Vater (Mutter) ist zwar ein(e) schrecklicher Ehemann(Ehefrau), aber ein(e) gute(r) Vater(Mutter)«, dann kann das Mädchen diese Worte unschwer so interpretieren: »Nur deinetwegen harre ich in dieser unerträglichen Situation aus.« Daraus zieht die Tochter den Schluß, sie habe Macht über das Leben anderer Menschen. Und verläßt dieser Elternteil letztlich doch die Familie, denkt sie: »Ich war es wohl doch nicht wert, daß er (sie) bleibt.«

Ein Todesfall in der Familie kann bei einem Kind ebenfalls ein quälendes Schuldgefühl auslösen, sofern bei ihm der Eindruck entsteht, es sei dafür verantwortlich:

»Ich war erst vier, als mein Bruder starb. Das war alles sehr verwirrend damals. Ich wollte von ihr eine Erklärung hören, warum er sterben mußte, aber sie hatte kaum Zeit für mich – die Trauer und die Erschöpfung aus der Zeit seiner Krankheit zehrten sie auf. Die Zeit verging, aber meine Eltern wurden immer häufiger böse aufeinander und auch zornig auf uns Kinder. Mehr und mehr verloren sie die Kontrolle über ihren Zorn, und irgendwann war ich davon überzeugt, ich müsse etwas ganz Schreckliches getan haben, und das Schrecklichste, was ich mir vorstellen konnte, war, schuld am Tod meines Bruders zu sein.«

Dieses Mädchen entwickelte den quälenden »Schuldkomplex des Überlebenden«. Nicht immer muß eine von Leid belastete Kindheit die Illusion negativer Macht zur Folge haben. Viele der von uns befragten Frauen nahmen die Schuld nur unter zwei Voraussetzungen auf sich: wenn ihnen die Schuld explizit zugewiesen wurde oder wenn sie keine andere Erklärung für die Probleme erhielten. Nehmen sich die Eltern oder andere erwachsene Vertrauenspersonen die Zeit, die Geschehnisse und deren Gründe immer wieder verständlich zu erklären, quält sich ein Kind nicht mit Selbstvorwürfen:

»Meine Mutter sagte uns *wiederholt*, sie wisse nicht, warum mein Vater so oft verschwinde, sie wisse nicht, warum er so gemeine Sachen zu uns sage, aber sie wisse genau, er liebe uns. Sie sagte, dieses Verhalten käme vom Trinken, daran seien wir Kinder nicht schuld.«

Lektion zwei: Kein Mensch außer mir hat solche Probleme. Ich bin ganz allein.

Resultierend aus dem Schuldgefühl und der Übernahme der Verantwortung für das Unglück der Familie hat ein Kind oft die Empfindung, ganz allein mit seinem Kummer zu sein. Die direkt mit den Schuldgefühlen in Zusammenhang stehende Isolation kann das Mädchen zu der Schlußfolgerung verleiten: »Das passiert mir und nur mir, weil ich als einzige aus irgendeinem Grund dieses Leid verdiene.«

Betrachtet man die Statistiken über Problemfamilien, erscheint die von Kindern empfundene, im Laufe der Zeit stetig zunehmende Isolation besonders makaber und tragisch. So wird zum Beispiel in den Vereinigten Staaten jährlich von über einer Million Fällen körperlicher Mißhandlung oder Vernachlässigung von Kindern berichtet; jedes vierte Mädchen in den Vereinigten Staaten wird bis zum Alter von achtzehn Jahren das Opfer sexuellen Mißbrauchs; und knapp dreißig Millionen amerikanischer Kinder leben in der Familie mit Alkoholikern zusammen. Einige Familienprobleme – wie Scheidung, von der Millionen Kinder betroffen sind –, sind relativ neue Erscheinungen, zeigen aber eine zunehmende Tendenz, während Probleme wie Alkoholismus, Mißhandlung und sexueller Mißbrauch bereits alltägliche Vorkommnisse in der Generation unserer Eltern waren. Obwohl diese Tendenzen natürlich alles andere als tröstlich sind, könnte doch die von so vielen Kindern empfundene Isolation beträchtlich gemildert werden, gäbe man in der Öffentlichkeit zu, wie weit verbreitet gewisse Probleme in Familien sind. Leider wissen heute nur wenige Kinder – noch weniger wußten es in früheren Generationen –, daß sie sich bei weitem nicht allein in einer derart mißlichen Lage befinden.

Ein Mädchen oder eine Frau, die die Probleme in ihrer Familie für einzigartig hält, wird sich nur sehr zögernd anderen Menschen außerhalb der Familie anvertrauen. Sie fürchtet, kein Verständnis zu finden, und diese Angst ist auch durchaus begründet, da viele Menschen einfach nicht verstehen wollen, besonders wenn die Information von einer jungen weiblichen Person kommt:

»Jahrelang versuchte ich, bei jemand Hilfe zu finden. Meine Eltern waren Alkoholiker und hatten eine ›Wer hat Angst vor Virginia Woolf?‹-Beziehung. ...Aber an wen ich mich auch wandte – den Hausarzt, den Studienberater in der Schule, Freunde meiner Eltern, die mir sympathisch waren –, kaum einer wollte mir glauben, und wenn doch, dann warf man mir vor, die Situation maßlos zu übertreiben. ›Oh, *so* schlimm wird es wohl nicht sein‹, wiegelten sie ab – das war das Äußerste, was sie überhaupt zugaben.«

Viele Eltern verbieten ihren Kindern ausdrücklich, außerhalb der eigenen vier Wände Familienprobleme auch nur anzusprechen. Manchmal verleihen sie diesem Verbot durch Androhung von Strafen oder Ankündigung von Unheil zusätzlichen Nachdruck:

»Als der Inzest mit meinem Vater begann, war ich fünf Jahre alt. Er sagte, ich müsse ihm vertrauen, er sei mein Daddy, er würde mir nicht weh tun. Später sagte er, wenn ich es jemandem erzählte, werde er meine Mutter umbringen. Meine Mutter war ohnehin andauernd im Krankenhaus, entweder weil sie schwanger war oder wegen aufgebrochener Geschwüre. Ich hielt den Mund, um ihr das Leben zu retten.«

Es kann Jahre dauern, bis eine Frau endlich ihr Schweigen bricht. Auch wenn die Frau die Familie ihrer Kindheit längst verlassen hat, schämt sie sich oft, sich anderen gegenüber zu offenbaren:

»Ich hatte Angst, niemand würde mehr mit mir befreundet sein wollen, wenn ich es erzählte. Das mußte doch den anderen jeden Spaß verderben und ihnen auf die Nerven gehen... Ich glaube, ich habe mich auch geschämt – dafür, daß ich aus solchen Verhältnissen komme und nicht verhindern konnte, daß meine Mutter geschlagen wurde. Besonders bei meinem Freund fürchtete ich, er hielte mich für besudelt oder für schwach, weil ich es nicht unterbunden habe, und er würde mich deshalb verlassen...«

Lektion drei: Das ist alles nicht wahr – ich bilde mir das nur ein.

Manchmal kann die Isolation zusammen mit einem Gefühl der Unwirklichkeit ein Kind überwältigen. Alles erscheint ihm so unglaublich, daß es sich davon überzeugt, die Probleme der Familie existierten nur in seiner Einbildung. Es ist nur ein kleiner Schritt von dem Gedanken »Kein Mensch *außer mir* hat diese Probleme« zu der Überzeugung »*Kein Mensch* hat solche Probleme, nicht einmal ich – bestimmt rede ich mir das alles nur ein«. Häufig schilderten Frauen während unserer Interviews eine körperliche Mißhandlung oder einen psychologischen Angriff auf ihre Selbstachtung und endeten mit den Worten: »Es ist so unwirklich«, »Ich habe versucht zu vergessen, daß das je geschehen ist«, oder »Können Sie sich vorstellen, daß das tatsächlich passiert ist?«

»Früher dachte ich, ein Teil meines Gehirns müsse entfernt werden. Ich war noch ein kleines Mädchen und hatte noch nie von Lobotomie gehört, ich wußte nur, alle diese Erinnerungen an Schreie und Schläge und Ersticken befanden sich an einer bestimmten Stelle meines Gehirns, und ich wartete auf die Operation, bei der das alles herausgenommen werden würde.«

Die Verwirrung vieler Kinder verstärkt sich, wenn sie die Illusionen oder Lügen anderer Familienmitglieder als Tatsachen akzeptieren müssen:

»Mommy ist nicht im Krankenhaus, sie macht nur Ferien.« »Wenn ich dich bestrafe, ist das eine gute Medizin zur Besserung…«, selbst wenn es sich um eine brutale Bestrafung handelt und das Kind Todesängste aussteht.

»Das (im Falle eines Inzests) machen alle Daddys, damit zeigen sie ihrem kleinen Mädchen ihre Liebe.«

Mädchen, denen man solche Lügen auftischt, mißtrauen in der Folge ihrer Wahrnehmungsfähigkeit und ihrem Realitätssinn. Auch als erwachsene Frauen leugnen sie häufig einschneidende Erfahrungen aus der Kindheit und tun so, als seien die bösen Dinge nie vorgefallen, oder geben vor, in »heilen« Familien aufgewachsen zu sein.

Viele Frauen aus Problemfamilien berichteten, sie hätten aufgrund ihrer Isolation von anderen Familien ihre Vorstellungen von einem richtigen Familienleben aus Büchern oder Fernsehserien übernommen. Häufig versuchten sie, das Idealbild in ihre eigene gestörte, manchmal schreckliche Familie zu integrieren:

»Mein Vater haute ab, als wir noch sehr klein waren. Ich stellte mir vor, er sei ein bedeutender Geschäftsmann und reise auf der ganzen Welt umher, deshalb könne er uns nicht besuchen. Mit diesem Märchen schaffte ich es immerhin, aufs College zu kommen. Dabei hatte er Bankrott gemacht und saß wegen ungedeckter Schecks im Gefängnis.«

Lektion vier: Ich bin so unwichtig und wertlos, daß ich eine Rechtfertigung für mein Dasein brauche.

Das Kind aus einer gestörten Familie hat guten Grund für seine Unsicherheit, denn sein Überleben hängt von unberechenbaren Eltern ab, die nicht in der Lage sind, ihre Probleme zu bewältigen. Das Kind weiß, es kann sich nicht allein durchs Leben schlagen, und wird sich seiner Hilflosigkeit und Verletzbarkeit überdeutlich bewußt. Gleichzeitig ist ihm klar, daß seine von Problemen völlig in Beschlag genommenen Eltern nicht allen seinen Bedürfnissen gerecht werden können. Empfindet das Kind die Bedrohung, seine Eltern könnten es aus eigenen Stücken oder gezwungenermaßen verlassen, entsteht in ihm ein unwiderstehlicher Drang zur Rechtfertigung seiner Existenz. Aus diesem Grund versucht es, den Eltern eine unersetzliche Hilfe zu sein.

In vielen problematischen Familien nehmen die Eltern nur allzu bereitwillig die Hilfe ihres Kindes in Anspruch. Die verwirrte Tochter fühlt sich wertlos, gleichgültig behandelt oder mißbraucht und beginnt sich in ihrer Not die Fragen zu stellen: »Warum bin ich hier? Warum wurde ich geboren? Warum behalten sie mich?« Auf derartige Fragen erhielten die von uns interviewten Frauen von ihren Eltern freimütig eine ganze Reihe unterschiedlichster Antworten:

»Weil ich dachte, ein Kind würde unsere Ehe kitten.«

»Deine Aufgabe ist es zu vermitteln, wenn wir uns streiten, und mich aufzuheitern, wenn es mir schlechtgeht.«

»Du bist dazu da, um meine sexuellen Bedürfnisse zu erfüllen.«

»Damit ich meine Wut an dir auslassen kann.«

»Damit du dich um die anderen Familienmitglieder kümmerst, ich muß mich um deinen Vater (Mutter, Geschwister etc.) kümmern.«

Streiten sich die Eltern häufig, hat die Tochter oft keine andere Möglichkeit, als für einen Elternteil Partei zu ergreifen. Auf ihre Frage »Warum bin ich hier?« erhält sie die Antwort »Du bist meine Verbündete und die Feindin deines(r) Vaters (Mutter).« In eine solche Situation gebracht, verachtet ein Mädchen jede Ähnlichkeit mit dem »feindlichen« Elternteil. Das Mädchen kann gar nicht anders, als den »feindlichen« Elternteil in einem unrealistischen, absolut negativen Licht zu sehen, auch wenn Vater (oder Mutter) nicht *nur* schlecht ist.

Lektion fünf: Ich habe keine Kontrolle über mein Leben – einmal Opfer, immer Opfer. Das Leben ist nur eine Abfolge von Widrigkeiten.

Sehr oft befürchten Menschen, die eine unglückliche Kindheit durchgemacht haben, ihre Probleme würden sich endlos wiederholen, sie könnten ihnen nicht entrinnen. Diese Befürchtung ist nicht so unsinnig, wie es auf den ersten Blick scheinen mag. Statistiken belegen, daß Kinder von Alkoholikern eher gefährdet sind, ebenfalls Alkoholiker zu werden als Kinder von Nichtalkoholikern; Kinder, die geschlagen oder Zeugen von Gewalt wurden, tendieren eher dazu, ihrerseits ihre Kinder und/oder Ehepartner zu prügeln, als Kinder, die nicht mißhandelt wurden. Dennoch, diese Statistiken sind kein Beweis dafür, daß die Wiederholung der Vergangenheit unvermeidlich ist. Sie zeigen lediglich eine Tendenz.

In vielen mit Schwierigkeiten überlasteten Familien wird selten nach durchdachten Problemlösungen gesucht. Aus diesem Grund bekommen die Kinder zur Bewältigung von Problemen nur die unzulänglichen, mangelhaften Grundlagen vermittelt, die es bereits den Eltern nicht erlauben, mit den Belastungen des Lebens fertigzuwerden. Trotzdem scheinen diese Mittel für die Kinder der einzig richtige Weg zu sein. Kinder empfinden das, was in ihrer Umgebung vorgeht, als »normal«, gleichgültig, ob das gut oder gesund ist, und halten somit auch das Verhalten der Eltern für normal, wie zerstörerisch oder schädlich es auch sein mag. Da ihnen jede Vergleichsmöglichkeit fehlt, glauben sie, »normal« sei gleich »gut«. Aus dieser Überzeugung ziehen sie Schlußfolgerungen wie:

Scheidung ist die normale Reaktion auf Beziehungsprobleme.

Jeden Abend betrunken zu sein ist normal – es macht sogar Spaß und dient der Entspannung.

Selbstmord ist normal, wenn alles hoffnungslos scheint.

Gewalt ist normal – es ist in Ordnung, im Namen der Liebe zu schlagen oder geschlagen zu werden.

Es ist normal, Kinder zu mißbrauchen; sie können die sexuellen Bedürfnisse besser befriedigen, sie sind weniger anspruchsvoll und verfügen über weniger Macht als Erwachsene.

Zahlreiche Kinder, die mit derartigen Überzeugungen aufwachsen, stellen die ihnen vermittelten falschen Werte nie in Frage. Schlimmer noch, sie werden manchmal sogar zu glühenden Verfechtern der elterlichen Einstellungen und versuchen, auf diesem Irrweg Selbstachtung zu gewinnen. Ist die Tochter erwachsen, hört sich ihre Rechtfertigung dann in etwa folgendermaßen an: »So schlecht kann die Lebensweise meiner Eltern nicht gewesen sein, sonst wäre ich ein schlechter Mensch geworden; und was früher gut genug war für mich, ist auch heute noch gut genug für mich, für meinen Ehepartner und die Kinder.« Das andere Extrem ist die erwachsene Frau, die verbissen und verzweifelt ihrer unglücklichen Kindheit davonzulaufen versucht und dabei, ohne es zu bemerken, einen Kreis schlägt und wieder an ihrem Ausgangspunkt anlangt.

Zahlreiche in einer gestörten Familie großgewordene Frauen bekamen keinerlei Möglichkeiten zur Problembewältigung vermittelt, nicht einmal die schädlichen, zerstörerischen Mittel, die den Jungen beigebracht wurden. Jungen ermuntert man zum Zurückschlagen, wenn andere sie anzugreifen versuchen, auch wenn das Resultat dieser Erziehung leider Männer sind, die Gewalt oft als normale Lösung für viele Probleme betrachten. Mädchen fordert man dagegen zu passivem Verhalten auf, und die in der Kindheit erlernte Hilflosigkeit ist häufig noch bei der erwachsenen Frau zu beobachten:

»Nachdem ich sexuell mißbraucht wurde, glaubte ich nicht mehr, auch nur die geringste Kontrolle über meinen Körper zu haben. Im Rahmen eines Hilfsprogramms für vergewaltigte Frauen nahm ich an einem Selbstverteidigungskurs teil. Es haute mich fast um, als die Kursleiterin erklärte, man könne dem Angreifer den Schneid abkaufen, wenn man sich nicht unterwürfig verhalte. Seit meiner frühesten Kindheit habe ich immer gemacht, was Männer mir sagten, obwohl mir das oft sehr mißfiel.«

Kommen später weitere, die Hilflosigkeit des Mädchens verstärkende Erfahrungen hinzu und sie sieht keine Möglichkeit, wie sie zukünftig verhindern könnte, in die Rolle des Opfers zu geraten, dann resigniert sie als erwachsene Frau. »Einmal Opfer, immer Opfer«, lautet ihre Schlußfolgerung.

Wird ein Mädchen Zeugin, wie ihre Mutter mißhandelt wird, ist das ebenfalls eine Vorbereitung auf die spätere Opferrolle. Schlägt der Ehemann oder Freund die Mutter häufig, betrachtet das Mädchen irgendwann Frausein und Opfersein als Synonym. Evelyn Reed erläutert:

»Die Opferrolle demütigt die Mutter, aber sie verstümmelt die Tochter, die aus dieser Beobachtung schließt, was es heißt, eine Frau zu sein. Wie die traditionelle chinesische Frau, der die Füße eingebunden wurden, gibt die Mutter ihr Gebrechen weiter und macht aus ihrem Selbsthaß und ihrer geringen Erwartungshaltung die einschnürenden Bandagen für die Psyche der Tochter.«[1]

Die Überzeugung, das Leben sei nichts weiter als eine Abfolge von Widrigkeiten, drängt sich vielen Kindern, die in gestörten Familien aufwachsen, fast zwangsläufig auf. Das Leben ist ständig von Kummer und Leid überschattet. Das Erleben und Genießen angenehmer Gefühle muß aber ebenso erlernt werden wie der Umgang mit »schlechten Dingen«. In problematischen Familien gibt es jedoch kaum Spielraum für angenehme Gefühle. Im Gegenteil, aufgrund der Konkurrenz um das kleinste bißchen Zuwendung kann es sogar ungut oder bedrohlich sein, sich zuweilen kompetenter oder glücklicher zu fühlen als die Eltern:

»An meinem dreizehnten Geburtstag schenkte mir mein Dad Karten für eine Broadwayshow, und er wollte mich zum Essen ausführen. Meine Mom war richtig eifersüchtig. Wir wollten gerade gehen, da rief eine Klassenkameradin an und verlangte, ich solle unbedingt einen Auftrag für sie erledigen, sonst würde sie mich verhauen. Ich tat das einzige, was mir einfiel – ich legte auf. Meine Mutter sah oder hörte, wie ich den Hörer auflegte, und schrie mich wütend an, ich sei grausam und bösartig. Sie schlug mir ins Gesicht und riß mir mit ihrem Ring die Wange auf. Mein Vater ging einfach mit mir aus dem Haus, schickte mich unterwegs in einer Tankstelle in den Waschraum und sagte, ich solle mir das Blut abwaschen. Wir gingen ins Theater und sprachen kein Wort darüber, aber wir wußten, daß sich ihre Aggressionen schon seit Tagen aufgestaut hatten.«

Niemand kann ohne Freude oder Kompetenz leben. Viele der von uns befragten Frauen, die aus problematischen Familien kamen, erhielten als Kinder die Etikettierung «Überlebenskünstlerin« oder »reif für ihr Alter«, und ihnen gefiel dieses Etikett. Leider bedeutet das, daß sie als erwachsene Frauen ständig Kummer, Unheil oder Not brauchen, damit sie ihren Wert und ihre Stärken unter Beweis stellen können.

Andere Frauen leben aufgrund ihrer Kindheitserfahrungen mit dem Gefühl des bald zu erwartenden Todes. Viele der von uns befragten Frauen, die sexuell mißbraucht oder körperlich mißhandelt wurden, erzählten, sie seien in der sicheren Überzeugung aufgewachsen, nicht lange zu leben:

»In meiner Familie wurden nur wir Mädchen geschlagen. Wir bekamen viel Hiebe. Unzählige Male sah ich mein Leben blitzschnell vor meinen Augen vorbeiziehen. Ich war überzeugt, entweder ermordet oder hingerichtet zu werden, weil ich jemanden umgebracht habe. Heute weiß ich, daß das dumme Kindereien waren. Trotzdem, ich kann mir immer noch nicht vorstellen, älter als dreißig zu werden.«

Die meisten Menschen erleben die volle Wucht des Phänomens »Todesangst« erst als Erwachsene. Oft wird diese Angst durch den Tod eines Elternteils ausgelöst, eine Erfahrung, die der nachfolgenden Generation die eigene Sterblichkeit bewußtmacht und sie dem Tod näherbringt. Mit der Tatsache unserer Sterblichkeit und mit dem Tod umzugehen, fällt schon reifen Erwachsenen schwer. Für Kinder jedoch ist das unerträglich.

Viele inzwischen erwachsene Frauen aus gestörten Familien schämen sich für das verängstigte Mädchen, das sie einmal waren. Sie wünschen, sie hätten auf die Schwierigkeiten in ihren Familien anders reagiert, und beschreiben ihre damaligen Ängste und Verhaltensweisen als »albern«. Aber die kleinen Mädchen hatten reichlich Grund zur Furcht und wegen ihres Verhaltens in der Kindheit müssen sie sich wahrhaftig nicht schämen. Einer Frau, die in einer mit Problemen überlasteten Familie aufgewachsen ist, hilft es, wenn sie ihre Kindheit zu akzeptieren und zu verstehen versucht und dem kleinen Mädchen von damals die Liebe schenkt, die sie in der Vergangenheit entbehren mußte.

Vorschläge zur Veränderung

In einer mit Problemen überlasteten Familie aufzuwachsen hat derart dramatische Auswirkungen auf die Selbstachtung einer Frau, daß es geradezu lächerlich erschiene, wollten wir ein paar einfache Übungen zum Reparieren des Schadens vorschlagen. Wir möchten Ihnen jedoch einige Gedanken mit auf den Weg geben, mit deren Hilfe Sie beginnen können, Ihr Selbstverständnis zu verändern und Selbstachtung aufzubauen.

Einer der ersten Schritte besteht darin, das zerstörerische Erbe aus der Kindheit zu erkennen und als das zu sehen, was es ist: Reflexionen auf die Probleme Ihrer Eltern, die keinen Einfluß auf Ihren eigenen Wert haben. Als zweiten Schritt sollten Sie zu der Überzeugung gelangen, daß Sie für das gestörte Familienleben, unter dem Sie als Kind litten, Mitgefühl und Verständnis verdienen:

»Als Kind wurde ich oft geschlagen. Außerdem warf man mir alle möglichen Schimpfwörter an den Kopf und erklärte mir dauernd, ich sei gräßlich. Ich kann nicht glauben, daß mich heute jemand nett oder sympathisch findet. In den Zeitungen habe ich von Kindern gelesen, die mit Zigaretten verbrannt, mit kochendem Wasser verbrüht und denen die Knochen gebrochen wurden. So etwas ist mir nie passiert, deshalb denke ich jetzt manchmal, ich brauche mich gar nicht so anzustellen und mir leid zu tun, ich verhalte mich ja wie ein großes Kind.«

Frauen aus gestörten Familien stellen oft unzutreffende Vergleiche zwischen sich und anderen an und gelangen dabei zu dem Schluß, kein Mitgefühl oder Verständnis zu verdienen. Das Opfer eines Bruder-Schwester-Inzests glaubt, sie habe im Vergleich zu dem Opfer eines Vater-Tochter-Inzests trotz der für sie verheerenden Folgen des Mißbrauchs kein Recht, sich zu beklagen. Die Tochter eines manipulierenden, sich in sich zurückziehenden Alkoholikers glaubt, im Vergleich zur Tochter eines gewalttätigen Alkoholikers verdiene sie kein Mitleid, mag das Verhalten des Vaters psychisch auch destruktiver gewesen sein. Eine Frau muß sich sagen können: »Was mir zugestoßen ist, ist vielleicht nicht das Schlimmste, was auf der Welt passiert, aber es war schlimm genug, und meine durch dieses Erlebnis entstandenen Gefühle müssen verarbeitet werden.«

Da Ihnen Ihr falsches Selbstbild ja von anderen aufgenötigt wurde, kann es sein, daß Sie zur Objektivierung die Hilfe einer anderen Person brauchen. Sprechen Sie mit einer Freundin offen über Ihre Herkunft, schließen Sie sich einer Selbsthilfegruppe an oder gehen Sie zu einem Psychotherapeuten. All dies sind Möglichkeiten, die anderen Frauen aus gestörten Familien geholfen haben. Hilfe in Anspruch zu nehmen bedeutet nicht, daß Sie krank oder verrückt sind; es bedeutet nur, daß Sie sich so um sich kümmern, wie Sie es verdienen.

Zweifellos haben Sie aus Ihrer Kindheit einige Stärken mitgebracht.

Ihrer Selbstachtung könnte es helfen, wenn Sie sich diese Stärken, die Ihnen geholfen haben zu überleben, zunutze machen, sie allerdings in eine andere Richtung lenken:

»Ich wurde mißbraucht, als ich vier Jahre alt war. Mein Vater hat mich gut abgerichtet, ich lernte ausgezeichnet, mich um andere Leute zu kümmern. Jetzt mache ich mir diese Fähigkeit für mein Eigenwohl zunutze und lerne, mich um mich selbst zu kümmern. Inzwischen bin ich schon recht kompetent darin, auch mich glücklich zu machen. Mein Leben lang hat das nie jemand für mich getan, deshalb muß ich es eben selbst tun.«

7. Sich Entfernen von der Familie der Kindheit

Indem [sie] die Eltern der Kindheit begräbt... muß sie mit dem Rest der Welt minus zwei auskommen. Im Grunde kein so schlechter Tausch.

Sheldon Kopp
If You Meet the Buddha on the Road, Kill Him!

Mit dem hartnäckigen Beharren auf der Behauptung, alles läge an der Erziehung durch unsere Eltern, ist es aber nicht getan, denn alle Eltern machen Fehler bei der Kindererziehung. Das Eingeständnis, daß unsere Eltern trotz einiger Unzulänglichkeiten auch einiges richtig gemacht haben, bringt uns dagegen zu der Schlußfolgerung: »Na ja, vielleicht bin ich doch nicht ganz so schlecht geraten«, und eröffnet uns die Möglichkeit, unseren Wert und unsere Würde zu entdecken.

Die Schuldzuweisung an die Eltern hat mehrere Gründe. Sie hält die Bindung an unsere Eltern aufrecht, und sie dient uns als Rechtfertigung dafür, daß wir in Trägheit verharren und in Selbstmitleid schwelgen. Das bedeutet, daß wir in der Folge unsere Energie nie direkt auf notwendige Veränderungen lenken, sie erschöpft sich im Jammern über die angeblich »nicht wiedergutzumachenden« Schäden, die unsere Eltern an unserer Persönlichkeit angerichtet haben.

Eine Frau, die gerne eine Karriere als Geschäftsfrau gemacht hätte, beklagt sich zornig über ihre Mutter, die ihr erfolgreich eingeredet habe, wenn sie schon nicht zu Hause bleibe, wie sich das gehöre, blieben ihr nur drei Möglichkeiten: Sekretärin, Krankenschwester oder Lehrerin. Aufgrund der kurzsichtigen Konzentration auf den Zorn gegen ihre Mutter gelingt es dieser Frau nicht, die sozio-ökonomischen Gesetzmäßigkeiten zu erkennen, auf denen die Ansicht ihrer Mutter basiert. Andererseits übersieht sie dadurch auch die Chancen für eine mögliche Veränderung, denn sie ignoriert, daß es sehr wohl erfolgreiche Geschäftsfrauen gibt, die ihr als Rollenvorbild dienen könnten.

Eine andere Frau stand als Kind entsetzliche Angst aus, als ihre Mutter sie allein ließ, ohne ihr zu sagen, wo sie zu erreichen sei und wann sie zurückkäme. Diese Angst und diesen Zorn hat sie nie verarbeitet. Heute sorgt sie sich jedesmal, wenn ihr Freund fortgeht, er könne nicht wiederkommen. Sie klammert sich an ihn und gerät in Panik.

Eine andere Frau sucht in ihren Beziehungen die bedingungslose Liebe, die sie als Kind entbehren mußte. Sie fordert »bedingungslose Liebe« nicht bewußt, aber sie weiß, was sie will und daß sie es nicht bekommt. Doch der Beweis stellt sich nie ein. Im Gegenteil, die Menschen werden ihres theatralischen Getues zunehmend überdrüssig und lehnen sie schließlich tatsächlich ab.

Alle diese Frauen haben nicht realisiert, daß sich ihre Bedürfnisse seit der Kindheit gewandelt haben. Die erste Frau braucht die guten Ratschläge ihrer Mutter nicht mehr und benötigt sie auch nicht mehr als wichtigstes Rollenvorbild. Die zweite Frau begreift nicht, daß sie als erwachsener Mensch mit einem gewissen Maß an Unsicherheit zurechtkommen muß. Die dritte erkennt nicht, daß es unter erwachsenen Menschen keine bedingungslose Liebe gibt, daß es nur eine auf dem Prinzip Geben und Nehmen basierende Freundschaft zwischen zwei Menschen geben kann. Jede dieser Frauen läßt sich von jahrzehntealten Bedürfnissen motivieren.

Haben die Eltern den Töchtern in der Kindheit kein ausreichendes Selbstwertgefühl vermittelt, sind viele Frauen von ihrer Wertlosigkeit restlos überzeugt. Aber eine wichtige Aufgabe beim Erwachsenwerden besteht darin, die uns eingetrichterten negativen und unzutreffenden Selbsteinschätzungen auszusortieren und durch exaktere, positive Einstellungen zu ersetzen. Wenn wir unseren Wert weiterhin allein auf der Basis der schlechten Erfahrungen in der Kindheit bestimmen, kann unser Selbstverständnis als erwachsene Frau lediglich eine Reflexion der Vergangenheit und nicht der Gegenwart sein. Nathaniel Branden bemerkt dazu:

»Viele Menschen stehen dem Leben mit einer Einstellung gegenüber, die in klaren Worten ausgedrückt, was fast nie der Fall ist, auf die Aussage hinausläuft: ›*Als ich fünf Jahre alt war, wurden wichtige Bedürfnisse, die ich hatte, nicht erfüllt – und daran hat sich nichts geändert. Ich werde nie sechs Jahre alt!*‹ Im Grunde sind diese Menschen sehr passiv, mögen sie auch auf den ersten Blick manchmal durchaus aktiv und ›aggressiv‹ wirken. In ihrem tiefsten Innern warten sie; sie warten darauf, gerettet zu werden, sie warten, daß man ihnen sagt, sie seien gute Jungs und gute Mädels, sie warten darauf, von außen bestätigt oder bestärkt zu werden.«[1] (Hervorhebung hinzugefügt.)

Diese Warterei verringert unsere Selbstachtung. Wenn wir uns wegen der in der Kindheit unerfüllten Bedürfnisse wie in einer Falle gefangen fühlen, müssen wir versuchen, diese Kindheitserfahrungen so gut es geht zu verstehen. Wir können von unseren Eltern nicht erwarten, daß sie alle unsere anachronistischen Bedürfnisse erfüllen. Helfen können sie uns trotzdem und zwar, indem sie mit uns die Vergangenheit konstruktiv durchgehen, uns unsere Fragen beantworten und mit ihren Informationen unsere Erinnerungen klären helfen. Exakte Informationen sind wichtig, wie Adrienne Rich sagt:

»Jede Reise in die Vergangenheit wird durch Selbsttäuschung, falsche Erinnerungen, falsche Benennungen tatsächlicher Ereignisse verkompliziert.«[2]

Je mehr dieser falschen Benennungen wir eliminieren, um so mehr erfahren wir über uns und um so nachhaltiger verbessert sich unser Selbstgefühl:

»Als ich zehn Jahre alt war, setzten sich meine Eltern zu mir und erklärten kurz, ich sei adoptiert und dürfe keinem Menschen außerhalb der Familie davon erzählen. Über die Adoption wurde nie wieder gesprochen. Ich hatte immer das Gefühl, an mir wäre irgend etwas, was mich in den Augen meiner Eltern nicht akzeptabel macht. Als ich achtundzwanzig war, nahm ich all meinen Mut zusammen und fragte meine Mutter endlich nach den näheren Umständen meiner Adoption. Ich hatte Angst, aber als ich meiner Mutter diese Fragen stellte, reagierte sie, als habe sie nur darauf gewartet. Sie erzählte mir, sie hätten sich lange nach Kindern gesehnt, aber sie sei unfruchtbar. Es hatte also absolut nichts mit mir zu tun.«

Viele Frauen, die auf ihre Mütter zornig sind, erkennen nicht, daß sich ihr Zorn nicht auf die Mutter von heute, sondern gegen die Mutter von vor zehn oder zwanzig oder sechzig Jahren richtet. Überdies fehlt manchen die Erkenntnis, daß sie die Mutter von vor zehn oder zwanzig oder sechzig Jahren aus der verzerrten Sicht des kleinen Mädchens wahrgenommen haben. Nicht nur wir entwickeln uns weiter und verändern uns, sondern auch unsere Eltern. Als Kinder konnten wir die Komplexität ihres Lebens kaum begreifen, aber mit der erweiterten Einsicht und dem Urteilsvermögen einer erwachsenen Frau sollte es uns gelingen, Verständnis aufzubringen:

»Bei meinem letzten Besuch zu Hause sprachen meine Mutter und ich aus irgendeinem Grund über ihre Zahnprobleme. Ich wußte davon seit meiner Kindheit. Wie sich nun herausstellte, begannen die Probleme als sie mit mir schwanger war. Die Zahnbehandlung wurde dermaßen verpfuscht, daß sie nach meiner Geburt mehrere Operationen über sich ergehen lassen mußte. Ich war ein kränkliches Baby, und sie selbst war so krank und mußte diese scheußlichen Operationen durchmachen. Da habe ich begriffen, warum wir beide einen so schlechten Start miteinander hatten.«

Aufgrund einer einfachen Information gelang es dieser Frau, den Kummer und die Verwirrung über die Beziehung zu ihrer Mutter besser zu bewältigen.

Bevor wir unseren Eltern Fragen stellen, müssen wir uns über eines klarwerden: »Will ich auch tatsächlich hören, was sie denken?« Wir müssen darauf gefaßt sein, daß von ihrer Seite eine Abrechnung für die Schuldzuweisungen und Vorwürfe erfolgt und daß die Richtigstellung der von Adrienne Rich angesprochenen falschen Benennungen nicht immer zu unserem Vorteil gerät. Eine Frau erläutert diese Dynamik folgendermaßen:

»Ich habe vieles von meinen Eltern übernommen und habe auch vieles mit ihnen gemeinsam, zum Beispiel mein explosives Temperament und meine Verfressenheit. Daran kann ich ihnen locker die

Schuld geben, ganz klar. Sie lehrten mich ferner, nicht zu trinken oder zu fluchen, keinen Sex vor der Ehe zu haben oder mich nicht mit Schwarzen einzulassen. Trotzdem habe ich das einfach ignoriert, und da stellt sich natürlich die Frage, was von all dem anderen, das mir nicht paßt, kann ich guten Gewissens noch auf sie schieben?«

Diese Frau stellt eine gute Frage. Womit wir keineswegs unsere Ausführungen über die in der Kindheit gemachten Erfahrungen und deren Einfluß auf unser Selbstverständnis ad absurdum führen möchten. Aber es kann nicht nachdrücklich genug betont werden, daß wir als erwachsene Frauen in der Beziehung zu unseren Eltern nicht mehr machtlos sind. Manche Frauen fühlen sich in Gegenwart ihrer Eltern nach wie vor machtlos. Wenn wir aber unseren Status als Kind in unser Leben als erwachsene Frau übernehmen, können wir die Beziehung zu unseren Eltern nicht verändern:

»Die abhängige Position der Kinder macht es ihnen fast unmöglich, ihre Eltern objektiv zu betrachten. Fühlt sich jemand bereits treulos, wenn er lediglich negative Gedanken über seine Eltern zuläßt, wird er versuchen, jedes Gefühl des Zorns, des Schmerzes oder des Kummers, was sie betrifft, zu verdrängen.«[3]

Manche Frauen kompensieren ihre Angst und das Gefühl der Abhängigkeit, indem sie sich einreden, *sie*, und nicht ihre Eltern, seien allmächtig und jeder kleinste Zweifel an den Eltern stelle für diese eine große Bedrohung bis hin zur Vernichtung dar. Für einige von uns bedeutet »sich entfernen« das Aufgeben unserer Illusion von negativer Macht und das Eingehen des Risikos, das Potential unserer positiven Macht, über die wir *in unserem eigenen Leben* verfügen, zu erkennen. Sheldon Kopp schreibt:

»Mein Gefühl der Macht über andere schränkt meine Freiheit ein, meine eigenen Wünsche auszuleben.«[4]

Wenn wir wirklich wissen wollen, was unsere Eltern über eine bestimmte Sache in der Vergangenheit denken und empfinden, werden wir das am besten herausfinden, wenn wir unsere Fragen so exakt wie möglich formulieren. Was sollten Mutter oder Vater auch auf die pauschale Anklage: »Warum hast du mich nie geliebt?« antworten?

»Ich besuchte einen Psychodrama-Workshop. Eine Teilnehmerin legte ihr Problem dar: Sobald ihr anscheinend allzu fordernder Vater seinen Besuch auch nur ankündigte, empfand sie schon Zorn und Unmut. Der Leiter der Gruppe sagte, sie solle sich jemanden aussuchen, der ihren Vater darstellen solle. Dann solle sie Stiefel, Parkas, Handtaschen und was sonst noch rumlag, aufheben, jedes Stück als ein an sie gerichtetes Bedürfnis ihres Vaters identifizieren und die Sachen dem Darsteller des Vaters in die Arme legen. Sie machte das und sagte dabei: ›Du brauchst die Kontrolle, du mußt andere Menschen herabsetzen, du verlangst, daß immer über alle deine Witze gelacht wird, du mußt immer recht haben‹, und so ging es weiter... Es dauerte nicht lang, dann war der Typ unter all den Sachen fast begraben. Nun sagte man ihr, sie solle Sachen nehmen und damit ihre Bedürfnisse an ihren Vater benennen. Der Tonfall ihrer Stimme veränderte sich. Fast fröhlich sagte sie: ›Also, ich will geliebt werden und verstanden werden, ich will respektiert werden, ich will in Ruhe gelassen werden‹, und so weiter. Als sie alles zusammengetragen hatte, versuchten die beiden, Augenkontakt herzustellen, aber das gelang nicht – ihre ›Bedürfnisse‹ türmten sich so hoch auf, daß sie nicht darüber wegsehen konnten. Folglich sollten sie auf einige Bedürfnisse verzichten. Der Vater verzichtete auf fast alle, nur nicht darauf, daß über seine Witze gelacht wird.«

Die Frau in dieser Geschichte muß einige ihrer Bedürfnisse aufgeben, wenn sie etwas über sich selbst erfahren und ihren Vater »sehen« möchte. Doch dies funktioniert nicht so einfach wie das Ablegen von Gegenständen in diesem Workshop; auf Bedürfnisse zu verzichten benötigt Zeit.

Wir müssen uns darüber im klaren sein, daß unsere Eltern unsere Fragen eventuell auch dann nicht beantworten wollen, wenn wir diese vernünftig und exakt formulieren. Die Soziologin Jesse Bernard meint:

»Kinder können die Mutter um Hilfe und Unterstützung bitten, bis sie fünfzig sind. Die Mutter jedoch muß das Recht haben zu sagen: ›Gut, ich habe meinen Teil getan. Das reicht.‹«[5]

Dasselbe Recht haben auch Väter. Wenn unsere Eltern uns nicht helfen, muß das nicht notgedrungen heißen, daß sie es nicht wollen. Es kann ganz einfach an den Umständen liegen; ihr Leben muß keineswegs frei von Komplikationen sein:

»Ich bin dreiundsechzig und frage mich, wann ich das alles endlich hinter mir habe. Als meine Mutter in meinem Alter war, war ihre Mutter längst tot. Aber heute werden die Menschen viel älter als früher. Wahrscheinlich habe ich noch einige Jahre mehr auf dem Buckel, bevor meine Mutter stirbt. Sie ruft mich oft an und verlangt sehr viel von mir. Und dann ist da noch meine Tochter, sie macht gerade eine Therapie, sie ist in den Dreißigern und fordert ebenfalls Unterstützung von mir. Ich dachte, im Alter könne ich ohne Kinder, ohne mich dauernd um jemanden kümmern zu müssen, mein eigenes Leben leben.«

Unsere Fragen an die Eltern müssen wir zu einem ihnen genehmen Zeitpunkt und auf eine Art und Weise stellen, von der sie sich nicht bedrängt fühlen. Dennoch reagieren manche Eltern abwehrend:

»Als ich zehn war, belästigte mich ein alter Mann auf dem Heimweg von der Schule. Ich erzählte es meiner Mutter, doch sie sagte nur, ich solle mit niemandem darüber sprechen und das Ganze vergessen. Ich war erst zehn, also gehorchte ich. Als ich selbst Mutter einer Tochter wurde, fragte ich meine Mutter, warum sie damals nicht die Polizei gerufen habe und warum ich es geheimhalten sollte. Sie wurde wütend und weigerte sich, ein Wort darüber zu verlieren. Da ich sie weiter unter Druck setzte, sagte sie schließlich, diese Belästigung sei ja nun auch nicht so eine große Sache gewesen und ich nähme das alles viel zu ernst. Wir haben dieses Thema nie wieder angesprochen.«

Mit unseren Fragen riskieren wir die Erkenntnis, daß sich die Wahrnehmungen unserer Eltern grundlegend von den unseren unterscheiden:

»Ich mußte mich beruflich mit der Gesetzgebung in bezug auf Kindesmißhandlung beschäftigen – das war mein erster Kontakt mit diesem Thema. Ich erzählte meinem Vater davon, und er sagte, es sei ihm unbegreiflich, wie Eltern ihren Kindern so etwas antun können. Er selbst habe meine Schwester nur ein einziges Mal geschlagen. Mir verschlug es die Sprache – ich erinnerte mich genau, daß er sie Dutzende Male geschlagen hat.«

Wem sollen wir glauben? Für unsere Weiterentwicklung ist es sicher wesentlich, bei divergierenden Wahrnehmungen dem eigenen Urteilsvermögen ebenso zu trauen wie dem der Eltern.

Sind unsere Eltern bereits verstorben, werden wir über manches in der Vergangenheit Vorgefallene niemals völlige Klarheit erhalten. Auch müssen wir ohne ihre Hilfe auskommen, wenn sie schwer krank sind:

»Soweit ich zurückdenken kann, ist meine Mutter wahr und wahrhaftig verrückt. Sie ist auch heute immer wieder in einer Anstalt. Als Kind fühlte ich mich minderwertig, weil ich diese irre Mutter hatte. Als ich mit Anfang Dreißig noch immer keine feste Beziehung hatte, gab ich ihr die Schuld daran. Schließlich wurde mir jedoch klar, daß ich, wenn ich mich weiterhin psychisch mit *ihrem* Problem belaste, nie das bekommen werde, was ich will. Wenn ich jetzt mit einem Mann ausgehe, konzentriere ich mich stärker auf mein Verhalten und weniger auf die Sorgen über ihre Krankheit und deren Bedeutung für mich. Meine kranke Mutter kann mich nicht daran hindern, eine eigene Familie zu haben. Aber sie kann mir auch nicht helfen. Ich muß das ganz alleine schaffen.«

Dieser Frau gelang es, das von der Krankheit der Mutter geprägte Selbstbild zu revidieren. Wir müssen uns damit abfinden, daß Eltern uns manchmal einfach nicht geben können, was wir brauchen oder zu brauchen glauben. An den in der Kindheit gemachten Erfahrungen können wir nichts ändern, aber unsere damit in Zusammenhang stehenden Einstellungen und Empfindungen können wir durchaus ändern. Damals hatten wir keine Wahl, heute haben wir sie. Warum sich freiwillig mit solch negativen Empfindungen belasten?

Häufig gelangen wir auch ohne direkte Beteiligung unserer Eltern zu Verständnis und Einsicht. Mit zunehmendem Alter sehen wir unsere Eltern immer weniger als allmächtige Riesen, sondern als verletzliche Menschen mit eigenen Problemen und Kümmernissen. Mitsuye Yamada schreibt:

»Durch die Frauenbewegung gelang es mir, das Leben meiner Mutter und anderer Einwanderinnen mit anderen Augen zu betrachten und ihre Leistung aufrichtig zu würdigen. Meine Mutter wurde mit neunzehn Jahren aus ihrer großen Familie herausgerissen, in dieses fremde Land gebracht, hat vier Kinder geboren und praktisch alleine großgezogen. Sie merkte bald, daß ihr frischgebackener Ehemann im Herzen ein Junggeselle geblieben war und nicht die Absicht hatte, seine Lebensweise zu ändern. Ohne den Schutz und die Unterstützung ihrer Familie war die Verantwortung in den ersten Jahren für sie fast unerträglich. Jahrelang glaubte ich, meine Mutter liebe uns nicht, weil sie immer wieder von Selbstmord als einem leichten Weg aus dem Elend sprach. Inzwischen weiß ich, daß es große Stärke und zähe Entschlossenheit von ihr erforderte, ›nur der Kinder wegen‹ am Leben zu bleiben.«[6]

Bei dem Versuch, falsche Definitionen richtigzustellen, gelangen wir manchmal zu Einsichten, die uns traurig machen:

»Ich gehe jedes Jahr nach Hause und versuche, mich meiner Familie zugehörig zu fühlen, aber bei meinem letzten Besuch dort stellte ich fest, daß nicht nur alle langweilig und beschränkt waren, nein, sie waren nicht einmal nett. Mir wurde klar, wäre ich nicht mit diesen Leuten verwandt, ich würde nicht einmal mit ihnen essen gehen.«

Nirgends steht geschrieben, daß sich die Mitglieder einer Familie sympathisch sein müssen. Im allgemeinen nehmen wir uns die Ansichten von Menschen, die wir nicht mögen oder nicht respektieren, nicht zu Herzen, und dieses Prinzip sollten wir in einem solchen Fall auch auf unsere Familie und deren Ansichten über uns anwenden.

Selbst kritikwürdiges elterliches Verhalten hat meist ein paar positive Aspekte, deshalb lohnt es sich, das ausschließlich Negative zu verwerfen. Indem wir es ablehnen, uns weiterhin durch unsere Eltern definieren zu lassen, uns an das Gute halten, das wir von ihnen bekommen haben, und Nähe zu anderen, von uns selbst gewählten Menschen herstellen, können wir den Status des kleinen Mädchens, die nicht verstehen konnte, was in ihrer Familie geschah, hinter uns lassen. Eine erwachsene Frau besitzt die Fähigkeit, auf sich selbst aufzupassen und sich zu akzeptieren.

Vorschläge zur Veränderung

I. Üben

Bevor Sie Ihren Eltern gezielte Fragen über die Vergangenheit stellen, führen Sie das Gespräch in Ihrer Phantasie, oder schreiben Sie es auf. Bereiten Sie sich auf alle Möglichkeiten vor: Zorn, Verweigerung der Antwort, Mißverständnisse, Abwehrhaltung, Nichtwissen der Antwort, unterschiedliche Wahrnehmungen etc. Es könnte helfen, das

Ganze vorher mit einer Freundin durchzuspielen, die Ihnen Feedback über die Effizienz Ihres Versuches gibt. Jede Probe – allein oder mit einer Freundin – trägt dazu bei, die Angst zu verringern und Sie auf eventuell verwirrende Antworten vorzubereiten.

II. Unerfüllte Bedürfnisse aus der Kindheit

Haben Sie unerfüllte Bedürfnisse aus der Kindheit? Wenn ja, welche? Handelt es sich um Bedürfnisse, deren Erfüllung eine zwanzig oder dreißig oder sechzig Jahre alte Frau nach realistischer Abwägung tatsächlich erwarten kann? Können Sie sich diese Bedürfnisse selbst erfüllen, oder kann das, vernünftig betrachtet, eine andere Person? Sind Sie wie ein Kind noch immer auf »Leben und Tod« von anderen abhängig? Falls Sie sich nach wie vor von der Suche nach der Erfüllung unerfüllter Bedürfnisse aus der Kindheit motivieren lassen: Können Sie auf diese entweder verzichten oder sie so verändern, daß Sie Ihren heutigen Lebensumständen entsprechen?

Erinnern wir uns noch einmal an die Feststellung, daß es zwischen gleichberechtigten Menschen unfair ist, etwas zu verlangen, das man selbst zu geben nicht bereit ist. Bedingungslose Liebe ist dafür ein Beispiel: Wenn wir als erwachsene Frau nicht bereit sind, unsere Eltern bedingungslos zu lieben, ist es auch nicht fair von uns, bedingungslose Liebe von ihnen zu verlangen.

III. Wichtige Entscheidungen für das weitere Leben

Frauen, die eine besonders negative Beziehung zu ihren Eltern haben und die sich noch immer durch sie definiert fühlen, stellen wir in etwa die folgenden Fragen:

Wenn Sie eine größere Anschaffung planten, zum Beispiel ein Auto oder ein Haus kaufen möchten, würden Sie in einem solchen Fall Ihre Eltern um Rat fragen?

Wenn Sie ernsthaft krank wären, vielleicht ins Krankenhaus müßten, möchten Sie dann, daß Ihre Eltern kommen und sich um Sie kümmern?

Wenn Sie vor einer schwierigen Lebensentscheidung stünden – sei es eine Abtreibung oder ein langer Auslandsaufenthalt –, würden Sie Ihre Eltern um Rat fragen?

Viele Frauen, die sich schlecht fühlen, weil ihnen ihre Eltern Wertlosigkeit vermittelt haben, antworteten, ohne zu zögern: »Nein, zu solchen Entscheidungen würde ich sie nicht heranziehen. Sie verstehen mich nicht und kennen mich nicht, sie sind nicht fürsorglich, sie sind überkritisch mir gegenüber etc.« Aber wenn es darum geht, die wich-

tigste Entscheidung ihres Lebens zu treffen, nämlich ob sie über Selbstwert verfügen oder nicht, akzeptieren diese Frauen das Wort der Eltern als unumstößliche Wahrheit. Warum nimmt eine Frau, die die Einstellungen ihrer Eltern in vieler Hinsicht ablehnt, die Einschätzung ihrer Eltern, ihren Selbstwert betreffend, bereitwillig an? Ist das die einzige Möglichkeit, mit den Eltern in Verbindung zu bleiben? Hat sie Angst, mit einem verbesserten Selbstwertgefühl die Eltern loslassen zu müssen, und wäre das zu schmerzlich für sie? Wenn ja, glaubt sie, daraus entstünde größeres Leid als durch ein Leben mit geringem Selbstwertgefühl? Könnte es sein, daß sie gar nicht voll ins Leben eintauchen möchte und die negative Einstellung der Eltern ihr gegenüber als Entschuldigung dafür benutzt? Auch wenn wir für die Grundlagen unserer geringen Selbstachtung nicht verantwortlich sind, sollten wir überlegen, was wir erreichen, wenn wir weiter an dieser Entschuldigung festhalten.

8. Die Macht von Freundschaften und intimen Beziehungen

Frische Luft. Von der Familie zu Freunden zu gehen ist wie das Aufstoßen eines Fensters am ersten schönen Frühlingstag. Das Wort »Bindung« bekommt eine andere Bedeutung, eine, bei der die positive Seite, die Verbundenheit betont wird, und die negative, das Gefesseltsein, in den Hintergrund tritt. Die Freiheit der Wahl weht herein wie eine frische Brise. Einer Freundin kann man mit größerer Unbefangenheit gegenübertreten, man kann sie leichter umarmen und verlassen als Mutter, Schwester, Schwägerin, Tante, Nichte, Großmutter. Gleichzeitig lichtet sich der Anker zum Aufbruch in eine neue Welt, eine Welt von Freunden, in der ein größeres Risiko und weniger Sicherheit herrschen.

Louise Bernikow
Among Women

Soviel Macht unsere Eltern und Geschwister auch besaßen, nicht sie allein beeinflußten unsere Selbsteinschätzung. Am größten war und ist sicher der Einfluß von Freunden, Geliebten und Ehemännern. Im Gegensatz zu unseren Blutsverwandten wählen wir uns die Menschen, mit denen wir freundschaftliche Beziehungen und Liebesbeziehungen eingehen, selbst aus. Häufig haben wir zu ihnen engeren Kontakt als zu den Angehörigen unserer Familie. In einer Umfrage zum Thema Freundschaft gab die überwiegende Mehrheit beispielsweise an, sich in einer Krisensituation lieber an einen Freund oder eine Freundin zu wenden als an einen Familienangehörigen.[1]

Viele Autoren, die sich mit Psychologie beschäftigten, ließen den Einfluß der Bindungen zu selbst gewählten Bezugspersonen auf die Persönlichkeitsentwicklung außer acht und konzentrierten sich ausschließlich auf die Familie der Kindheit. Aber ebenso wie Familienmitglieder können auch Freunde sowohl negativen wie positiven Einfluß auf unsere Selbstachtung ausüben. Eine wahrhaft liebevolle und enge Beziehung zu einem anderen Menschen aufzubauen ist eine schwierige Aufgabe, aber nichts trägt mehr zur Selbstachtung bei: Es ist eine Gnade und ein Segen, sich einem anderen Menschen völlig offenbaren zu können, ihm auch die Seiten zeigen zu können, die wir an uns für nicht akzeptabel halten. Andererseits gibt es nichts, was der Selbstachtung mehr schadet als eine freundschaftliche oder intime Beziehung, die in die Brüche geht.

Besonders Frauen lassen sich von den Beziehungen zu selbst gewählten Freunden und Partnern stark beeinflussen. Zur Fürsorglichkeit erzogen und an deren große Bedeutung glaubend, messen wir zwischenmenschlichen Beziehungen einen besonders hohen Stellenwert bei. Unser Selbstwertgefühl steht in direktem Zusammenhang damit, ob unsere Beziehungen erfolgreich sind oder scheitern. Männer können enge Bindungen zwar sehr schätzen, wurden aber dazu erzogen, sich für Leistungen und Erfolge draußen in der Welt stärker zu engagieren als für Nähe zu anderen Menschen. Männer stellen sich weniger die Frage: »Bin ich etwas wert?« Sie fragen sich statt dessen meist: »Werde ich anerkannt? Habe ich in den Augen anderer Männer Erfolg?« Frauen dagegen konzentrieren sich eher auf Fragen wie: »Bin ich rücksichtsvoll, liebevoll und fürsorglich? Bin ich fähig, Liebe zu geben und zu nehmen? Bin ich eine gute Freundin, Geliebte und/oder Ehefrau?« Fragen dieser Art sind oft Dreh- und Angelpunkt des Selbstgefühls und Selbstwertgefühls einer Frau. Wie wir feststellen, trifft dies auch auf Frauen zu, die beruflichen Erfolg und gesellschaftliche Anerkennung errungen haben.

Die Bedeutung der Beziehungen von Frau zu Frau

Früher stand bei den Autoritäten auf dem Gebiet der weiblichen Psychologie die Bedeutung der Beziehungen zwischen Frauen und Männern eindeutig im Vordergrund. Dem Thema Freundschaft zwischen Frauen wird in der Literatur über weibliche Psychologie ausgesprochen wenig Platz eingeräumt. Und wo freundschaftliche Beziehungen von Frau zu Frau immerhin als existent anerkannt werden, spielt man sie oft als unwichtig herunter oder belegt sie mit negativen Begriffen.

Einige Autoren versuchten uns weiszumachen, nur Männer wüßten, wie man eine Freundschaft pflegt, Frauen seien unfähig zu freundschaftlichen Beziehungen untereinander. Solche und ähnliche Unterstellungen sind nicht nur frauenfeindlich, sondern auch realitätsfremd. Die Geschichte lehrt, daß Frauen einander die besten Freundinnen sein können.

In ihrer Forschungsarbeit über die Frauen im Amerika des achtzehnten Jahrhunderts bis Mitte des neunzehnten Jahrhunderts beschreibt die Historikerin Carrol Smith-Rosenberg hervorragend die Fähigkeit der Frauen zu gegenseitiger Freundschaft. Laut Smith-Rosenberg waren intensive Freundschaften zwischen Frauen damals die Regel. Die Frauen waren so eng miteinander verbunden, daß Männer in ihrem emotionalen Leben so gut wie keine Rolle spielten. Ausgeschlossen von den Dömänen der Männer, errichteten sie eine eigene, auf Fürsorglichkeit aufgebaute Welt. Smith-Rosenberg erläutert: »... eine große Anzahl handschriftlicher Belege beweist, daß Frauen im achtzehnten und neunzehnten Jahrhundert ganz selbstverständlich emotionale Bindungen zu anderen Frauen eingingen.

Diese Beziehungen reichten von der Unterstützung und Rückhalt gewährenden Liebe zwischen Schwestern über die Schwärmereien junger Mädchen bis zu sinnlichen Liebesbekenntnissen reifer Frauen. In dieser Welt führten die Männer ein Schattendasein... es war eine weibliche Welt, in der Feindseligkeit und Kritik an Frauen auf Mißbilligung stieß, und folglich ein Milieu, in dem Frauen innere Sicherheit und Selbstachtung entwickeln konnten... Sie schätzten einander. Die Frauen, die in der größeren Welt der Männer einen geringen Status und kaum Macht besaßen, besaßen Status und Macht im Leben und in der Welt der anderen Frauen.« [2]

Wie die Forschungsarbeiten von Historikerinnen wie Smith-Rosenberg und Lillian Faderman zeigen, räumten die Frauen früher ihren engen Beziehungen einen ebenso hohen Stellenwert ein wie die Frauen heute.[3] Der entscheidende Unterschied besteht jedoch darin, daß heute von uns erwartet wird, in erster Linie eine intime Beziehung mit einem Mann einzugehen, und die Frauen im kolonialen Amerika und im Amerika des neunzehnten Jahrhunderts ihre emotionalen Bindungen in erster Linie zu anderen Frauen hatten. Auf der Hochzeitsreise wurde das junge Ehepaar nicht selten von Schwestern, Cousinen und Freundinnen der Frau begleitet; später machten die Frauen ganz selbstverständlich ohne ihren Mann Ferien mit ihren Freundinnen. Außerdem besuchten sie einander so oft wie möglich in ihrem jeweiligen Heim. Manchmal »quartierten sie die Ehemänner aus den ehelichen Betten und Schlafzimmern aus, damit die lieben Freundinnen tagein, tagaus ununterbrochen zusammensein konnten«. Lag eine der Gemeinschaft der Quäker angehörende Frau im Sterben, »schliefen weibliche Verwandte und Freundinnen bei der Sterbenden, kümmerten sich um sie und bereiteten ihren Körper für das Begräbnis vor«.[4]

Eine wichtige Anmerkung zu den romantischen Freundschaften vieler Frauen im neunzehnten Jahrhundert: Zwar handelte es sich häufig um leidenschaftliche, lang andauernde und mit intensivem Körperkontakt verbundene Beziehungen, doch das muß nicht heißen, daß es zwangsläufig zu sexuellen Kontakten kam. In unserem vermeintlich befreiten Zeitalter machen wir im allgemeinen extrem rigide Unterscheidungen: Beziehungen betrachten wir entweder als sexuell oder platonisch, Menschen als heterosexuell, homosexuell oder bisexuell. Doch die Frauen, die im vorigen Jahrhundert romantische Freundschaften pflegten, können nicht als Lesben, Heterosexuelle oder Bisexuelle etikettiert werden, denn damals wurde die weibliche Sexualität allgemein unterdrückt. Die Frauen dieser Zeit definierten ihre Beziehungen nicht mit Begriffen wie sexuell oder nicht-sexuell.[5]

Das Bagatellisieren der Bedeutung emotionaler Bindungen zwischen Frauen setzte bereits Anfang dieses Jahrhunderts ein. In den zwanziger Jahren entwickelte sich eine neue Ansicht darüber, welche

Aspekte für die Normalität von Frauen gültig seien. Nach dieser Definition waren Frauen »normal«, die sich emotional in erster Linie an einen Mann banden und sich als Ehefrau mit vorrangigen Verpflichtungen gegenüber dem Ehemann definierten. Frauen, die sich primär dem eigenen Geschlecht verpflichtet fühlten, entsprachen dieser Norm nicht. Etwa eine Generation davor besaßen Frauen die Möglichkeit, sich zwischen verschiedenen Lebensformen zu entscheiden: Eine Frau konnte ihr Leben lang unverheiratet bleiben, von dieser Möglichkeit machten im neunzehnten Jahrhundert viele Gebrauch; sie konnte auch erst in mittleren Jahren eine feste Bindung eingehen oder sogar später, auch das nahmen wiederum viele in Anspruch; oder sie konnte mit einer anderen Frau in einer »Boston Marriage« leben, der populären Bezeichnung für eine lang andauernde monogame Beziehung zwischen Frauen, die im neunzehnten Jahrhundert hauptsächlich gebildete Frauen eingingen. Aufgrund der in den zwanziger Jahren entstandenen neuen Normen nahmen die Wahlmöglichkeiten deutlich ab; nun betrachtete man die Ehe als einzig akzeptable Lebensweise für eine Frau, und zwar je früher, desto besser.[6]

Vielfältige und komplexe Gründe waren für die Entstehung dieses neuen Ideals der Weiblichkeit zu Anfang des Jahrhunderts ausschlaggebend. Sicher beeinflußten die Auswirkungen des Ersten Weltkriegs die Einstellung der Frauen gegenüber Männern und die Haltung gegenüber Familien ganz allgemein. Außerdem verstärkte das den Frauen endlich verliehene Wahlrecht sicherlich die Feindseligkeit gegenüber der zunehmenden Unabhängigkeit der Frauen; auch die dramatischen Vorgänge während der russischen Oktoberrevolution trugen in vielen Ländern, darunter in den Vereinigten Staaten, dazu bei, eine Wirkung zeigende Hinwendung zum Konservatismus auszulösen. Einer der wichtigsten Gründe war aber wohl die neu aufgekommene Psychoanalyse. Nach dieser Theorie ist der Geschlechtstrieb der elementare Trieb des Menschen, und daraus wurde gefolgert, daß die emotionale und sexuelle Präferenz der erwachsenen Frau den Männern zu gelten habe. Lillian Faderman führt aus:

»Ungeachtet der Studien aus dem ersten Drittel des Jahrhunderts, aus denen hervorgeht, daß Liebe zwischen Frauen selbst statistisch normal war... hielten die Sexualwissenschaftler daran fest, daß Frauen, die andere Frauen liebten, krank und abnormal seien. Freuds Jünger bestärkten sie in dieser Theorie, indem sie medizinische Hilfe befürworteten, um diesen Zustand zu heilen. Was zuvor als natürlich anerkannt war, wurde nun in weiten Kreisen als neurotisch betrachtet... als ein Problem, das die Hilfe eines im Bereich der Geisteskrankheiten ausgebildeten Fachmannes erforderte.«[7]

Freundschaften zwischen Frauen heute

Trotz des heute bestehenden kulturellen Zwangs, die primäre emotionale Beziehung zu einem Angehörigen des anderen Geschlechts einzugehen, sagten uns Frauen wiederholt, ihre Freundinnen seien für sie von größter Bedeutung. Feministinnen zum Beispiel erklärten besonders nachdrücklich, ihre wichtigsten Beziehungen seien die zu anderen Frauen. Aber längst nicht alle der von uns befragten Frauen betrachteten sich als Feministin. Viele dieser Frauen sind glücklich verheiratet oder leben in einer guten Partnerschaft mit einem Mann zusammen. Trotzdem gaben sie offen zu, daß sie sich bezüglich Fürsorglichkeit und Rat lieber an Frauen wenden, ebenso wenn es um Hilfe in Krisenzeiten geht oder wenn sie ihre innersten Gedanken und Gefühle mit jemandem teilen oder mit jemandem lachen wollen.

Louise Bernikow vertritt die Meinung, unsere Kultur sei bestrebt, Frauen »flach hingestreckt im Ehebett, im Kindbett und auf der Krankencouch« zu halten, und die Freundschaft der Frauen untereinander »hilft [uns], in einer Kultur aufrecht zu bleiben, die [uns] mit einer in ihrer Stärke an einen Hurrikan erinnernden Ideologie über das ideale Frauenbild umzuwerfen versucht...«[8] Das Miteinanderteilen der alltäglichen Lebenserfahrungen verleiht Stärke. Ohne umständliche Interaktion können zwei Frauen sofort ein Gespräch beginnen, denn es gibt genügend Berührungspunkte und Gemeinsamkeiten. Frauen bestätigen sich gegenseitig durch die Ähnlichkeit ihrer Gefühle und stärken einander durch den gegenseitigen Austausch der divergierenden Weltanschauungen und den Umgang damit. Paule Marshall beschreibt dies in der Erinnerung an ihre Mutter, eine Einwanderin aus Barbados, die tagsüber als Zugehfrau arbeitete und sich an den Spätnachmittagen in ihrer Küche zu Hause mit ihren Freundinnen zu Gesprächen traf:

»Ich begriff es damals noch nicht, aber diese Gespräche dienten als Therapie, als einzig erschwingliche Therapie, die meiner Mutter und ihren Freundinnen zur Verfügung stand... Ich vermute, sie dienten noch einem anderen Zweck. Meine Mutter und ihre Freundinnen waren im Grunde das weibliche Äquivalent zu Ralph Ellisons unsichtbarem Mann. Sie litten jedoch unter einer dreifachen Unsichtbarkeit, sie waren schwarz, Frauen und Ausländerinnen. Sie zählten nicht in der amerikanischen Gesellschaft, es sei denn als billige Arbeitskräfte. Aber sie gehörten zu einem Frauentyp, der diese Unsichtbarkeit, diese Machtlosigkeit nicht einfach hinnehmen konnte. Und [gemeinsam] wehrten sie sich, und zwar mit der einzigen Waffe, die ihnen zur Verfügung stand: dem gesprochenen Wort.«[9]

Viele von uns hatten schon als junge Mädchen die ersten engen Beziehungen zum eigenen Geschlecht. Mädchenfreundschaften werden in unserer Kultur nicht so glorifiziert wie Jungenfreundschaften, aber sie werden immerhin toleriert und gefördert. Mädchen haben bei der Entwicklung enger Beziehungen sogar einen Vorteil gegenüber den Jungen, denn ihnen ist es erlaubt, ihre Zuneigung offen zu zeigen. Lange Telefongespräche, das Austauschen von »Geheimnissen« und Intimitäten, das Tauschen der Kleider, stundenlanges Gekicher und Gequatsche – all das sind normale und akzeptierte Kennzeichen einer Mädchenfreundschaft, doch nichts davon gilt als normal für eine Freundschaft zwischen Jungen. Von Jungen wird eher die Zugehörigkeit zu einer Gruppe von Kumpeln erwartet, während Mädchen zusätzlich zu einer Gruppe noch eine »beste Freundin« haben dürfen. Diese intensive, häufig in Anspruch genommene Beziehung zur besten Freundin gibt beiden Beteiligten die unschätzbare Chance, ihre Fähigkeit zum Teilen, zu Nähe, Vertrauen, Selbstoffenbarung, Fürsorglichkeit, zum Zuhören und zum Bewahren von Geheimnissen zu entwickeln und immer wieder zu überprüfen. Toni Morrison schildert in *Sula* eine fruchtbare, komplexe Mädchenfreundschaft:

»... beide hatten Jahre vorher entdeckt, daß sie weder weiß noch männlich waren, daß ihnen jegliche Freiheit und jeglicher Triumph versagt waren, sie mußten sich dafür etwas anderes erschaffen. Es war ein Glück, daß sie einander hatten, denn sie konnten sich gegenseitig bei ihrer Entwicklung helfen.

... Diese beiden stritten sich nie wie andere Freundinnen wegen Jungen oder konkurrierten miteinander um sie. In jenen Tagen war ein Kompliment für die eine gleichzeitig ein Kompliment für die andere, und Grausamkeit gegen die eine war eine Herausforderung der anderen.«[10]

Simone de Beauvoir schrieb über Zaza, ihre Freundin aus der Kinderzeit: »Ihre Ursprünglichkeit verblüffte mich... ich liebte Zaza so sehr, daß sie mir wirklicher schien als ich selbst.«[11] Und eine Puertorikanerin erzählte uns:

»Andauernd hieß es: ›Wenn ich dich dabei erwische, daß du mit den Jungs spielst, kriegst du Dresche.‹ Seit meiner frühesten Kindheit schärfte man mir ein, zu meiner eigenen Sicherheit dürfe ich nur mit Mädchen spielen, Jungen brächten mich in Schwierigkeiten und auf Männer könne man sich einen Scheißdreck verlassen. Wir wurden also schon als Kinder voneinander getrennt, und wir Mädchen knüpften starke Beziehungen untereinander. Auch wenn ich zu einer Clique gehörte, galt meine Loyalität in erster Linie stets den anderen Mädchen.«

Trotz aller Berührungspunkte und Gemeinsamkeiten zwischen Frauen können Probleme auftreten, die eine Frauenfreundschaft zerbrechen lassen. Diese Probleme nehmen meist in der Adoleszenz ihren Anfang, denn in dieser Zeit beginnt eine grundlegende Verschiebung unseres Selbstbildes. Auch unsere Freundinnen betrachten wir plötzlich mit anderen Augen. Obwohl unsere Aktivitäten in der Kindheit in vieler Hinsicht eingeschränkt waren, genossen wir im großen und ganzen doch ein gewisses Maß an Freiheit. Wir konnten unsere

Weiblichkeit weitgehend ignorieren, aber nachdem sich unser Körper in der Pubertät entwickelte und unübersehbar weibliche Formen annahm, mußten wir die mit unserer Weiblichkeit verbundenen Konsequenzen tragen. Sahen wir uns bis dahin als eine aus eigenem Antrieb handelnde Person und fühlten uns unserer eigenen Persönlichkeit wegen bedeutend und wertvoll, so mußten wir nun dieses Selbstbild verdrängen: Wir mußten uns stets im Zusammenhang mit Männern sehen. Unser Wert und unser Glück hingen davon ab, ob es uns gelang, bei einem dieser fremdartigen, aber bewundernswerten Wesen des anderen Geschlechts zu landen. Wir lernten, Freundinnen nicht mehr als wertvolle Menschen an sich zu betrachten, sondern bestimmten ihren Wert und ihre Verläßlichkeit nach uns nützlich erscheinenden Kriterien: gemeinsames Sprechen über Jungs; mir behilflich sein, um an Jungen heranzukommen; nicht besser auszusehen als ich, damit sie mir die Jungs nicht wegschnappt; sich gemeinsam zurückziehen zu können, wenn die Jungen mich nicht beachten oder an mir uninteressiert sind; mir zuzuhören, wenn ich von meinen Problemen mit meinem Freund erzähle. Zu allen bereits bestehenden Gemeinsamkeiten kommt also die gemeinsame Aufgabe hinzu, einen Mann zu ergattern, und das fördert eher Gefühle der Konkurrenz. Weiter erschwerend kommt hinzu, daß die Beziehungen zwischen fast erwachsenen Mädchen zunehmend bagatellisiert werden:

»Im College ging ich mit meinen Freundinnen in eine Bar, und da kommt dieser Typ zu uns her und fragt: ›Seid ihr Mädels allein?‹ Meine Freundin gab ihm die passende Antwort: ›Nein, wir sind zusammen.‹«

Der Zwang zur Heterosexualität und die damit verbundene Einschränkung der Wahlfreiheit hindert alle Mädchen an der Ausschöpfung ihres Potentials, wirkt sich aber auf diejenigen, deren sexuelle Präferenz anderen Frauen gilt, besonders nachteilig aus:

»Ich habe aus meiner Kindheit sehr schöne Erinnerungen an Freundschaften mit Mädchen, doch in der Highschool wurde mir langsam aber sicher bewußt, daß ich irgendwie anders war als sie. Ich hatte Gefühle für andere Mädchen, die so waren wie die, von denen meine Freundinnen in bezug auf Jungen erzählten. Ich konnte mit niemandem darüber sprechen. Ich wußte nicht, was mit mir nicht stimmte. Ich kannte niemanden, der so war wie ich.«

Im Zuge des Erwachsenwerdens tendieren heterosexuelle Frauen dazu, Freundinnen abzuwerten. Beschäftigt sich eine Frau intensiv mit der Beziehung zu einem Mann oder verfolgt sie zielstrebig ihre Ausbildung oder berufliche Karriere, hat sie kaum noch Zeit für ihre Freundinnen. Wird der Druck zu heiraten stärker, betrachtet eine zur Ehe entschlossene Frau ihre Beziehungen zu Frauen zunehmend als zweitrangig. Die in unserer Kultur bestehenden negativen Stereotypen verstärken den Druck, die eigenen Freundinnen abzuwerten. Frauen berichteten, auch ihnen habe man ähnliche Ansichten eingehämmert wie die einer Umfrage über Freundschaft entnommenen nachfolgenden Statements:

»Einer Frauenfreundschaft viel Bedeutung beizumessen ist kindisch.«

»Das sind versteckte Lesben.«

»Wenn du als alleinlebende Frau eine enge Bindung zu einer Freundin hast, betrachten andere Frauen das als Beweis, daß die Konkurrenz für dich zu stark war und du keinen Mann abgekriegt hast.«

»Interessante Frauen schätzen die Gesellschaft von Männern; sie suchen nicht die anderer Frauen oder teilen sich ihnen mit.« [12]

Von diesen negativen Ansichten ist die Behauptung, Frauen kämen nicht miteinander aus, am weitesten verbreitet. Niemand kommentierte die kindischen Auseinandersetzungen zwischen Staatsmännern der Vereinigten Staaten und der UdSSR mit Worten wie: »O diese Männer – man weiß ja, Männer kommen nie miteinander aus.« Aber Frauen, die eine Auseinandersetzung miteinander ausfechten, werden als kämpfende »Hyänen« bezeichnet.

Freundschaften zwischen Männern und Frauen heute

Nicht nur eine reine Frauenfreundschaft kann Verbundenheit und Zugehörigkeit, Selbsterkenntnis und die Kompetenz, erfolgreich Beziehungen zu anderen Menschen aufbauen zu können, vermitteln, sondern auch die Freundschaft einer Frau mit einem Mann:

»Nicht lange nach meinem Umzug von der Westküste an die Ostküste wurde ich vergewaltigt. Die einzige richtige Freundschaft, die ich mir in der Zeit aufgebaut hatte, war die mit einem Kollegen. Gott sei Dank, daß ich ihn hatte. Er hielt mich fest, wenn ich weinte, sprach mitten in der Nacht mit mir, ertrug meine Wut, unterstützte mich bei dem ganzen Untersuchungs- und Gerichtsterror. Er gab mir alles, was auch eine Freundin mir gegeben hätte. Ich habe großes Vertrauen zu ihm.«

Manche der von uns befragten Frauen zeigten kaum Interesse an einer Freundschaft mit einem Mann – entweder sahen sie Männer nur als potentielle Liebhaber, oder sie wollten mit Männern nichts zu tun haben. Andere Frauen wieder wären sehr gerne mit Männern befreundet, trotzdem blieben ihre Versuche, eine solche Freundschaft einzugehen, meist erfolglos.

Wagen Frauen einen solchen Versuch und er endet mit einem Fehlschlag und Frustration, machen sich viele Selbstvorwürfe: »Hätte ich doch mehr Verständnis und Ausdauer aufgebracht, dann hätte ich die Freundschaft retten können.« Doch so einfach ist es meist nicht. Mit ein Grund für die Frustration der Frauen scheint zu sein, daß nur wenige Männer an einer Freundschaft mit Frauen Interesse zeigen:

»Wenn ich mich freundschaftlich für einen Mann interessiere, mißversteht er das oft automatisch als sexuelles Interesse, und ich muß das ganze Programm durchmachen, bis er endlich kapiert, daß es mit Sex nichts zu tun hat. Dann fühlt er sich abgelehnt. Außerdem haben Männer mir zigmal gesagt, nur eine Freundschaft mit mir sei reine Zeitverschwendung, da könnten sie ihre Zeit besser mit einer anderen Frau verbringen, die auch mit ihnen ins Bett geht.«

Ein weiteres Hindernis für eine Freundschaft zwischen Männern und Frauen ist die oft völlig unterschiedliche Definition von Freundschaft. Studien ergaben, daß Männer einen Freund als jemanden sehen, mit dem man gemeinsam etwas unternimmt, während Frauen darunter jemanden verstehen, mit dem man reden und Gefühle austauschen kann.[13] Frauen und Männer haben meist auch unterschiedliche Vorstellungen darüber, wie Emotionen gezeigt werden sollen. Während Frauen von Freunden erwarten, daß sie ihre Zuneigung nicht nur verbal, sondern auch physisch äußern, glauben die meisten Männer, der Ausdruck physischer Zuneigung und die Suche nach Geborgenheit seien nur in Verbindung mit Sex möglich. Wieder und wieder berichteten uns Frauen von ihren Versuchen, eine Freundschaft mit einem Mann aufzubauen, nur um später feststellen zu müssen, daß der Mann, ungeachtet der Absicht der Frau, von vornherein im Sinne hatte, eine sexuelle Beziehung daraus zu machen.

In unserer Gesellschaft können sich viele eine Freundschaft zwischen einem Mann und einer Frau einfach nicht vorstellen, und das ist ein weiterer Hinderungsgrund. In der Überzeugung, der elementare Trieb des Menschen sei der Geschlechtstrieb, gehen sie selbstverständlich davon aus, es müsse, wann immer ein Mann und eine Frau sich nahekommen, eine sexuelle Spannung zwischen ihnen bestehen. Und gibt es keine sexuelle Beziehung zwischen ihnen, wird gefolgert, da müsse irgend etwas furchtbar faul sein.

Auch das in unserer männerdominierten Gesellschaft zwischen Männern und Frauen bestehende Ungleichgewicht der Macht verringert die Chance einer befriedigenden Freundschaft zwischen Frau und Mann. In einer idealen Freundschaft stehen beide Beteiligten auf der gleichen Stufe. Diese Gleichstellung ist häufig schwer herzustellen, da sich der Mann in mancher Hinsicht in einer vorteilhafteren Position befindet:

»Ich finde es unangenehm, daß viele Männer bedeutend mehr verdienen als ich. Wenn ich meine Rechnung selbst bezahle, reißt das manchmal ein ziemliches Loch in meinen Geldbeutel, und ich ärgere mich letzten Endes. Aber wenn er bezahlt, mag ich weder dieses Gefühl, eine Verpflichtung eingegangen zu sein, noch diese Position, immer eine Nasenlänge hinter ihm zu sein. Ich habe es mit der Vereinbarung versucht, die Ausgaben am Abend entsprechend unserem Einkommen aufzuteilen – das scheint noch am besten zu funktionieren. Trotzdem, diese Frustration wegen des Geldes bringt eine Spannung in die Beziehung und hat zu mehr Mißverständnissen geführt, als mir lieb ist.«

Das Hauptproblem bei der Entwicklung von Freundschaften zwischen Männern und Frauen ist jedoch die bei vielen Männern vorhandene Tendenz, die Erfahrungen der Frauen nicht zu respektieren und nicht ernstzunehmen:

»Die Typen, die ich kannte, zeigten alle diese mangelnde Sensibilität, was die Gefühle und die Erfahrungen der Frauen angeht. Neulich bat ich einen meiner Freunde, junge Frauen nicht ständig als ›Mädchen‹ zu bezeichnen. Er hielt mich für albern und sagte, über so eine Lappalie brauchte ich mich doch nicht aufzuregen. Aber ich habe das Recht, so bezeichnet zu werden, wie ich will. Ich glaube kaum, daß es ihm gefallen würde, wenn man von ihm dauernd als ›Junge‹ reden würde.«

Im großen und ganzen zeigen Frauen – Ausnahmen bestätigen die Regel – weit mehr Respekt Männern gegenüber als umgekehrt. Dies bestätigen Studien, die sich mit dem Gesprächsstil von Männern und Frauen befaßten. Bei zahlreichen Gesprächen zwischen Männern und Frauen wurde beobachtet, daß 96 Prozent aller Unterbrechungen von den Männern ausgingen.[14]

Vielen Männern fehlt auch der Respekt vor der Privatsphäre und der Zeit, die Frauen zur Verfügung steht. Manche können offenbar nicht begreifen, daß eine Frau es möglicherweise vorzieht, lieber allein als mit ihnen zusammen zu sein. Virginia Woolf war häufig verärgert über die Egozentrik und den Mangel an Respekt gegenüber ihrer Zeit und Privatsphäre, den Männer an den Tag legten. Sie schreibt:

»Und der Egoismus der Männer überrascht und empört mich selbst heute noch. Käme eine Frau aus meinem Bekanntenkreis jemals auf die Idee, von 3 bis 6.30 Uhr in meinem Sessel zu sitzen, ohne auf den Gedanken zu kommen, ich könnte beschäftigt oder müde oder gelangweilt sein; und säße sie da und redete über ihre Schwierigkeiten und Sorgen, murrte und grollte, äße Pralinen und läse ein Buch, bis sie endlich selbstzufrieden, eingehüllt in eine Art Speckschicht aus schemenhafter Selbstgefälligkeit ginge?«[15]

Partnerschaften und Ehemänner

Auf die Selbstachtung der meisten Frauen haben diejenigen Personen den größten Einfluß, mit denen eine sexuelle Beziehung besteht. »Können Sie sich vorstellen«, fragte Karen Lindsey, »daß jemand sagt, wir ›lieben uns nur‹, so wie man sagt, ›wir sind nur befreundet‹?«[16] Heutzutage kann sich das sicher kaum jemand vorstellen. In den letzten hundert Jahren avancierte Sex zum zentralen Aspekt: Die Beziehungen mit Genitalkontakt zählen zu den wichtigsten überhaupt. Wie Teri Garr in ihrer Rolle in *Tootsie* sagte, lassen sich Frauen von ihren

Liebhabern so viel Scheiße gefallen, wie sie von Freunden nie hinnehmen würden. Für viele Frauen sind sexuelle Beziehungen zentraler Brennpunkt ihrer Selbstachtung, platonische Beziehungen haben längst nicht diesen Stellenwert. Die Schwankungen der Selbstachtung, die von den in einer sexuellen Beziehung bestehenden Höhen und Tiefen ausgelöst wurden, verliefen nach unseren Erkenntnissen weitaus dramatischer als die Schwankungen aufgrund von Beziehungen zu Freunden:

»Einem Mann, mit dem ich schlafe, liefere ich mich auf die intimste Weise aus. Wenn ich mit jemandem eine sexuelle Beziehung eingehe, befinde ich mich in absoluter Hochstimmung. Das ist anders als die erste Verabredung mit einem Freund. Wenn mein Geliebter wütend auf mich ist oder mich verläßt, wirkt sich das auf mein Selbstwertgefühl viel vernichtender und bedrohlicher aus als der Bruch einer platonischen Freundschaft. Ein Geliebter war in mir, in meinem Innern, ich habe das Gefühl, als hätte er die Macht, etwas aus meinem Innern mit sich fortzunehmen, wenn er geht.«

Eine sexuelle Beziehung muß sich natürlich nicht zwangsläufig zerstörerisch auf die Selbstachtung auswirken, im Gegenteil, wenn sie positiv verläuft, kann sie das Selbstwertgefühl enorm steigern. Eine schwarze Frau erzählt:

»Ich glaube, die gute Beziehung zu meinem Mann hat mir geholfen, in meinem Beruf etwas zu leisten und voranzukommen. Wenn ich abgespannt oder gereizt bin, nimmt mein Mann mich in den Arm und spricht beruhigend auf mich ein. Dann habe ich das Gefühl, mit meinem kindlichen Ich in Kontakt zu sein, das immer noch Liebe und Fürsorge braucht. Ich glaube, über diese Bedürfnisse wachsen wir nie hinaus – ich glaube sogar, das sollten wir gar nicht. Es gibt viele Möglichkeiten zur Befriedigung von Bedürfnissen – ich bekomme sie eben von meinem Mann erfüllt. Wenn ich ihn festhalte, ihm zuhöre und ihn tröste, fühle ich mich richtig mütterlich und sehr stark und mächtig. Ich mag beide Seiten an mir. Zwischen meinem Mann und mir findet ein gleichwertiger Austausch statt – wir geben beide, und wir nehmen beide.«

Leider gelingt es nicht jeder Frau, diese eine ideale sexuelle Beziehung zu finden. In der Adoleszenz zum Beispiel mußten viele Mädchen feststellen, daß der Freund, von dem sie geträumt hatten, keineswegs in ihr Leben trat. Da die Bedeutung einer romantischen Beziehung so sehr betont wird, bekam die Selbstachtung der Mädchen, die bei den Jungen auf keinerlei Interesse stießen und von ihnen ignoriert wurden, einen Knacks, noch dazu, da viele in dieser Zeit auch ihre beste Freundin verloren:

»Dieser Song von Janis Ian, ›Seventeen‹, der davon handelt, daß man die Samstagabende allein verbringt und nie eine Verabredung hat, ist eine getreue Wiedergabe meiner High-School-Zeit und meiner College-Jahre. Ich hatte als Teenager nie ein Date. Ich fühlte mich wertlos, besonders, weil meine Eltern und meine Großmutter ständig Sachen sagten wie: ›Was ist bloß los mit ihr? Warum hat sie keinen Freund?‹ Aber das schlimmste war, keinen Freund zu haben bedeutete, auch keine Freundin zu haben. Meine alten Freundinnen waren lieber mit beliebten Mädchen zusammen – mit Mädchen, mit denen die Jungs gerne zusammen waren.«

Derartige Verletzungen der Selbstachtung können leicht auch der erwachsenen Frau noch zu schaffen machen, wenn sich die Erfahrung des Ignoriertwerdens fortsetzt. Zwar hatten die meisten der von uns befragten Frauen, die auf der High-School keinen Freund fanden, als erwachsene Frauen entweder männliche oder weibliche Beziehungspartner. Aber einige hatten auch als erwachsene Frau noch nie eine sexuelle Beziehung. Eine körperbehinderte Frau erläutert die Auswirkungen auf die Selbstachtung:

»Auf der High-School kein einziges Date zu haben war fürchterlich, aber immerhin saßen damals noch ein paar andere Mädchen mit mir im selben Boot. Jetzt bin ich Mitte Zwanzig und habe noch nie richtig geküßt. Da fühlt man sich sehr einsam. Außer mir kenne ich keinen einzigen Menschen, der noch nie eine Liebesbeziehung hatte. Manchmal habe ich das Gefühl, gar kein Mitglied der menschlichen Rasse zu sein.«

Für das Selbstwertgefühl der Frauen, die sich nach einer dauerhaften sexuellen Beziehung sehnen, kann eine Zeit des Alleinseins, und sei sie nur vorübergehend, eine starke Beeinträchtigung bedeuten:

»Mein Selbstwertgefühl hängt eindeutig davon ab, ob ich eine feste Beziehung habe oder nicht. Habe ich eine, fühle ich mich rundum viel wohler. Immer wenn ich allein bin, habe ich das Gefühl, ich sei die einzige, der es so geht. Alle außer mir scheinen einen festen Freund zu haben. Dann kommen mir Gedanken wie ›die Guten sind alle vergeben‹, ich bin aber eben nicht vergeben, und das kann ja nur bedeuten, daß ich nicht zu den Guten gehöre.«

Viele Frauen gehen heterosexuelle Beziehungen mehr oder weniger deshalb ein, um finanziell abgesichert zu sein. Die Verherrlichung der romantischen Liebe zwischen Mann und Frau, die im Laufe unseres Jahrhunderts aufkam, dient dem Zweck, die aufgezwungene ökonomische Abhängigkeit der Frauen von den Männern zu verschleiern und sie den Frauen schmackhafter zu machen. Zwar kann die Verbindung mit einem Mann einer Frau größere finanzielle Sicherheit verschaffen, doch die Probleme werden trotzdem häufig nicht geringer. Gerade eine Ehe kann radikale Veränderungen im Leben einer Frau hervorrufen und eine ihre Selbstachtung bedrohende Verschiebung ihres Selbstverständnisses auslösen. Die Beobachtung von Jesse Bernard über die Auswirkungen der Ehe auf eine Frau mag auf viele Ehen von heute nicht mehr zutreffen, aber sie bestätigen die Erfahrung vieler Frauen, die in den vierziger, fünfziger und sechziger Jahren heirateten:

»Das entschuldigende ›Ich bin Nur-Hausfrau‹, das Frauen als Antwort auf die Frage, was sie beruflich machen, vorbringen, zeigt die geringe Selbsteinschätzung ihrer Tätigkeit, gleichgültig, wie vehement sie sich verteidigen und behaupten, diese Arbeit mache ihnen Spaß. Obwohl sich junge Ehefrauen unter ihresgleichen sicher fühlen, weil sie mit Erfolg ein Ziel erreicht haben – nämlich die Ehe –, das ihnen allen gemeinsam war, stellen sie in den Beziehungen zu anderen Menschen fest, daß sie als Individuum ausgeschaltet sind. Es wird vorausgesetzt, daß ihr Mann sie repräsentiert. Arbeitgeber betrachten sie von nun an als an einen anderen gebunden und deshalb als nicht ernstzunehmen.«[17]

Heute verursacht eine Heirat sicher keine derart drastischen Veränderungen im Leben einer Frau. Die meisten berufstätigen Frauen behalten ihren Arbeitsplatz. Trotzdem wird eine Frau auch heute noch feststellen, daß sie nach ihrer Heirat mit anderen Augen betrachtet und anders behandelt wird – und das kann sich auf ihre Selbstachtung auswirken:

»Da wir bereits sieben Jahre zusammengelebt haben, dachte ich, die Heirat würde an unserem Status nichts ändern. Aber da täuschte ich mich, die Leute nannten mich sofort Mrs. Irgend-jemand-anders. Rasch kursierte die Vermutung, ich würde zwar jetzt erst einmal weiter arbeiten, aber früher oder später sicher aufhören, weil ich Kinder haben möchte. Seltsam ist, daß wir uns zu Hause jetzt viel stärker nach den traditionellen Rollen richten. Ich weiß nicht genau, warum das so ist, aber seit wir verheiratet sind, benehme ich mich mehr und mehr wie eine Ehefrau und er wie ein Ehemann.«

Eine Heirat kann auch Freundschaften erschweren. In den Vereinigten Staaten wird allgemein angenommen, die Älteren und Alten seien am einsamsten, aber einer Studie zufolge waren vier von fünf Personen, die sich selbst als einsam bezeichneten, Hausfrauen.[18] Daran muß nicht immer erst die Ehe schuld sein. Wenn sich zwei Menschen ineinander verlieben, kann es passieren, daß sie buchstäblich »alle anderen aufgeben«. Philip Slater mahnt:

»Welcher Mensch aus Fleisch und Blut könnte alle unsere widersprüchlichen Bedürfnisse und Wünsche gleichzeitig befriedigen? Menschen sind nicht dazu geschaffen, isoliert auf einer einsamen Insel zu leben. Das perfektionierte Nahrungsmittel, das alle anderen überflüssig macht, gibt es nicht, und ebensowenig gibt es den perfektionierten Menschen.«[19]

Frauen, die mit einem Partner oder Ehemann in einer glücklichen Beziehung leben, konzentrieren sich oft ausschließlich auf die Zweisamkeit. Sie isolieren sich und vernachlässigen den Kontakt zu anderen Menschen.

In jeder Liebesbeziehung, ob zwischen Ehemann und Ehefrau oder bei lesbischen oder heterosexuellen unverheirateten Paaren, können Probleme auftauchen, die die Selbstachtung einer Frau untergraben, etwa das Übertragen eigener negativer Gefühle in eine Schuldzuweisung an den Partner. Typisch dafür sind »Du bist«-Behauptungen. Aus Angst, einem geliebten Menschen zu sagen, »ich bin zornig« oder »ich fühle mich eingeengt«, sagen viele »du bist launisch« oder »du bist so bevormundend«. Damit wird die gesamte Verantwortung für ihre/seine negativen Gefühle auf die andere Person übertragen. Je häufiger ein Partner die »Du bist«-Behauptungen wiederholt, um so mehr wird eine Frau verunsichert, bis sie schließlich selbst von deren Wahrheit überzeugt ist:

»Immer wenn mein Mann und ich eine Auseinandersetzung haben, sagt er zu mir: ›Du bist so unvernünftig, ein Miststück, ein verrücktes Weib, herrschsüchtig, eine alte Hexe, mit dir kann man nicht leben.‹ Das Neueste ist, daß er mich als Nazi beschimpft – damit hat er vor ungefähr einem Jahr angefangen. Schreie ich die Kinder einmal an, sagt er zu mir, ich sei ein Nazi. Ich glaube, das Problem ist, daß ihm schon die Vorstellung, eine Frau könne zornig werden, einfach nicht behagt. Damit kann er nicht umgehen. Obwohl mir klar ist, daß er mich beschimpft, weil er sich seine diesbezüglichen Gefühle nicht eingestehen will, wecken seine häßlichen Worte manchmal doch Selbstzweifel in mir. Wenn man oft genug als irgend etwas bezeichnet wird, glaubt man schließlich selbst daran – es ist gar nicht leicht, sich dagegen zu wehren.«

Eines der schwierigsten Kapitel in sexuellen Beziehungen ist die Untreue. Obwohl viele Paare nach einem Seitensprung die Beziehung fortsetzen und ihre Bindung letztendlich eine neue Stärke gewinnt, kommt es vor, daß sich eine Frau durch den Betrug ihres Partners oder Ehemanns förmlich vernichtet fühlt. Viele Frauen betrachten dies als schlimmste Verletzung der Vertrauensbasis und als Negation ihrer sexuellen Anziehungskraft!

»Als ich dahinterkam, daß mein Mann Affären hatte, war ich am Boden zerstört. Das Bild dieser verspotteten Frau, dieser verrückten Furie, ist so häßlich und abstoßend, daß ich mir schließlich auch häßlich vorkam. Ich kam mir so häßlich vor, daß ich es irgendwann für selbstverständlich hielt, daß mein Mann mich betrog – diese häßliche, eifersüchtige Frau. Wer konnte ihm deswegen Vorwürfe machen?«

Ein besonders gravierendes Problem in einer intimen Beziehung ist emotionale Unnahbarkeit bei einem der Partner. Zahlreiche Frauen beklagten sich, der Mann, den sie liebten, zeige weniger Gefühle als die emotionell zurückhaltendste Frau, die sie kennen. Viele Männer wollen ihre Gefühle nicht offenlegen, trotzdem versuchen ihre Partnerinnen unermüdlich, den Panzer aufzubrechen. Oft verteidigt sich der Mann dann mit der Schutzbehauptung, ihr Wunsch nach emotionalem Austausch und Nähe sei übertrieben, und sie – erschöpft von der Anstrengung, wenigstens ein Minimum an Gefühl gezeigt zu bekommen – glaubt ihm schließlich. Beide gelangen somit übereinstimmend zu dem Schluß, daß »ihm kein Vorwurf zu machen ist, weil er ihre Bedürfnisse nicht erfüllt, sondern ihr, weil sie diese Bedürfnisse hat«.[20] Sie verurteilt sich also selbst als emotional zu fordernd, anstatt ihn wegen seiner emotionalen Distanz zu verurteilen.

Gewalttätigkeiten in intimen Beziehungen sind leider nicht selten. Die allgemeine Auffassung, eine Vergewaltigung werde meist von einem Fremden begangen, widerlegen Untersuchungen, denenzufolge die eheliche Vergewaltigung am häufigsten ist,[21] an zweiter Stelle rangiert die Vergewaltigung durch einen Freund oder Bekannten.[22] Elf bis fünfzehn Prozent der verheirateten Frauen wurden von ihren Ehemännern vergewaltigt;[23] eine von zwei Frauen wird in ihrem Leben von einem intimen Vertrauten mißhandelt[24], und eine von acht Collegestudentinnen wurde von einem Freund während eines Dates vergewaltigt.[25] Jede Art von Gewalt kann sich vernichtend auf die Selbstachtung einer Frau auswirken, aber ausgeübt von einem selbst gewählten intimen Partner sind die Folgen von Gewalt besonders tragisch. Nach einer solchen Erfahrung wird eine Frau allergrößte Zweifel an ihrer Menschenkenntnis hegen.

Verlassenwerden und Ablehnung erschüttern die Selbstachtung wohl nicht so sehr wie körperliche Gewalt, bleiben aber ebenfalls nicht folgenlos. Wenn uns ein Freund oder Partner ablehnt, führt das zumindest vorübergehend zu einer bedrohlichen Beeinträchtigung unseres Selbstverständnisses und unserer Selbstachtung. Verläßt uns ein geliebter Mensch, beschwört das die Etikettierung »nicht liebenswert« herauf. Noch schlimmer wird die Situation durch das damit verbundene gesellschaftliche Stigma – die Frau wird als abserviert betrachtet.

Frauen sollten klugerweise eine Beziehung beenden, wenn diese über einen längeren Zeitraum ihre Selbstachtung stärker verletzt als fördert. Doch sogar dann kann das Stigma der Versagerin an ihr haften bleiben, in den Augen anderer ist sie eine Niete:

»Jede meiner Affären ging von meiner Seite aus zu Ende. Ich habe das Gefühl, ich sollte ein riesiges ›Ich bin WIEDER abgehauen‹ quer über meine Brust schreiben. Die Leute wundern sich – auch wenn sie mich scheinbar in meinem Entschluß unterstützen. Hat sich irgend jemand wenigstens einmal ganz kurz überlegt, ob es nicht gute Gründe gibt, gesunde Gründe, eine Beziehung zu beenden – daß gerade das ein Erfolg ist?«

Nach einer Trennung fragen sich Frauen oft: »Was ist bloß los mit mir? Was habe ich falsch gemacht? Wie hätte ich die Beziehung retten können? Dabei gibt es meist andere, in einer solchen Situation wesentlich wichtigere Fragen: »Welche Eigenschaften des anderen waren dafür ausschlaggebend? Waren meine Erwartungen unrealistisch? Wie kann ich mir in der nächsten intimen Beziehung diesen Kummer ersparen?« Der Zorn, der Kummer, die Traurigkeit oder das Leid am Ende einer Beziehung müssen nicht noch durch Selbstbeschuldigungen vertieft werden.

Auch eine Scheidung wirkt sich im allgemeinen äußerst stark auf die Selbstachtung aus, besonders, wenn es sich um das Ende einer langjährigen Ehe handelt. In einem Artikel, der sich mit Scheidungen von über Sechzigjährigen beschäftigte, wurden die betroffenen Frauen zitiert. Für sie bedeutete ihre Ehe über dreißig oder vierzig Jahre alles, die Scheidung war folglich eine besonders traumatische Erfahrung:

»Für die jungen Ehepaare von heute ist eine Scheidung einfach eine Realität, so etwas kommt im Leben eben vor, aber für mich war es ein beschämend demütigendes Erlebnis. Ich fühle mich für den Rest meines Lebens beschmutzt.«

»Man übersteht das ganze Auf und Ab des Lebens gemeinsam, seine Herzkrankheit, die eigene Angst vor Krebs, die wilden Teenagerjahre der Kinder. Wie kann man nach all dem einfach auf Wiedersehen sagen? Und warum um alles in der Welt sollte man das tun?«

Gleich, welche Gründe für eine Scheidung ausschlaggebend sind, die Auswirkungen sind für die Selbstachtung vernichtend. Da für viele Frauen die Ehe die wichtigste Beziehung in ihrem Leben ist, wird deren Scheitern als völliges Versagen betrachtet. Gewöhnlich ist der Verlust der Selbstachtung nach einer Scheidung zeitlich begrenzt, aber das macht den Umgang mit der Situation nicht leichter.

Der Tod eines geliebten Menschen wird oft von einer Verschiebung des Selbstverständnisses begleitet. Die Gesellschaft definiert die Witwe durch eine nicht mehr bestehende Beziehung; sie selbst hat möglicherweise das Gefühl, ein Teil von ihr sei gegangen. Es bleibt eine Leere zurück, die manche Frauen durch neue Bekanntschaften und eine Erweiterung des Selbst kompensieren und wieder ausfüllen können. Anderen bleibt diese Leere für lange Zeit.

Barrieren, die Nähe verhindern

Fast alle der von uns befragten Frauen wünschten sich eine befriedigende intime Beziehung, aber häufig gelang es ihnen nicht, eine Partnerschaft glücklich zu gestalten. Wohl mit das größte Hindernis, das einer glücklichen Beziehung im Weg steht, ist die geringe Selbstachtung einer Frau. Eine Frau mit mangelndem Selbstwertgefühl entscheidet sich eventuell für ein Leben ohne wirkliche Intimität, weil sie Angst hat, ihr könne jemand zu nahe kommen, ihr wirkliches Selbst entdecken und sie ablehnen. Auch Frauen, die über eine hohe globale Selbstachtung verfügen, mangelt es manchmal, was intime Beziehungen angeht, an Selbstvertrauen. Eine Frau kann noch so sehr davon überzeugt sein, eine gute Angestellte, eine gute Sportlerin und kreativ zu sein, und dennoch daran zweifeln, je einen Freund oder Partner zu finden.

Eine nicht aufgearbeitete Kindheit kann eine befriedigende Partnerschaft ebenfalls unmöglich machen. Sucht eine Frau nach einem

Elternersatz, der die in ihrer Kindheit unerfüllten Bedürfnisse befriedigt, wird sie von ihren Beziehungen zwangsläufig enttäuscht werden. Wer möchte schon die Zeit und Energie raubende Verantwortung auf sich nehmen, einen anderen Erwachsenen großzuziehen? Von unseren selbst ausgewählten Bezugspersonen, erläutert Sheldon Kopp, ist im Idealfall »keine größer als die andere. Für erwachsene Menschen gibt es keine Mütter oder Väter, nur Schwestern und Brüder.«[27]

Auch verdrängter Zorn aus der Kindheit kann echte Nähe verhindern. Louise Bernikow erläutert die Problematik, die verdrängter Zorn besonders in Beziehungen zwischen Frauen mit sich bringt:

»Wir betrachten uns, ebenso wie uns die Männer, als fürsorglich und verlangen sehr viel voneinander. Ein Konflikt zwischen mir und einer anderen Frau reduziert sich oft auf den Mutterkonflikt, auf die Aspekte Aufgefressenwerden und Verlassenwerden. Sie erwartete zuviel von mir. Ich erwartete zuviel von ihr. Eine von uns war die von den Ansprüchen anderer aufgezehrte Mutter, die nicht mehr auf die alltäglichen Bedürfnisse einer Freundschaft eingehen konnte. Eine Frau bringt das Bedürfnis nach einer anderen Frau mit einem kulturell sanktionierten Anspruch zum Ausdruck, den sie in bezug auf einen Mann nicht hat. Konflikte entstehen durch das unbewußte Ausspielen der Rollen von Mutter und Tochter, zu nah, zu weit entfernt, zu sehr nach Anerkennung der anderen verlangend, zu eng gebunden, zu erstickend.«[28]

Allerdings kann verdrängter Zorn auch die Beziehung zwischen einer Frau und einem Mann empfindlich stören. Ist eine Frau zum Beispiel davon überzeugt, sie könne nie aus eigener Kraft überleben, kann sie von einem Mann, der weder der Beschützer noch der Versorger ist, den sie zu brauchen glaubt, enttäuscht sein oder Wut gegen ihn empfinden.

Über die individuellen Aspekte hinaus schränkt auch die gesellschaftliche Struktur unsere Chancen auf eine befriedigende Beziehung ein. Barrieren aufgrund der Rasse, der sozialen Klasse, der ethnischen Zugehörigkeit, des Alters, der verschiedenen Religionen und der sexuellen Präferenz reduzieren die möglichen intimen Beziehungen und erschweren uns eine Verbindung mit Menschen, die »nicht so sind wie wir«. Eine schwarze Frau erzählt:

»Auf der High-School hatte ich eine gute Freundin, Nadine, sie war Jüdin und weiß. Wir lernten eine Menge voneinander über die Kultur der anderen. Eines Tages gingen wir spazieren und begegneten einer Gruppe schwarzer Jugendlicher. Sie waren älter als wir und im wilden Afro-Look herausgeputzt – es war in der Anfangszeit der Black-Power-Bewegung –, ich sah sie und dachte, meine Güte, die sehen ja toll aus. Aber bevor ich etwas zu Nadine sagen konnte, packte sie mich aufgeregt am Arm und flüsterte in vertraulichem Ton: ›Weißt du, was ich an dir so mag ist, daß du gar nicht wie eine Schwarze aussiehst...‹

Von da an hörte ich auf, meine Haare zu entkrausen, und versuchte, mit den Weißen eher beiläufig umzugehen, und ich beendete meine Freundschaft mit Nadine.«

Lebt man wie wir in einer Kultur, in der unsere Unterschiedlichkeiten stärker betont werden als unsere Gemeinsamkeiten, organisieren wir uns automatisch in verschiedenen geistigen Lagern, deren Grenzen nur schwer zu überschreiten sind. Damit haben wir, was unsere intimen Beziehungen angeht, meist von vornherein nur begrenzte Wahlmöglichkeiten:

»Wenn ich als behinderte Frau vor die Wahl gestellt würde, meine Zeit mit einem körperbehinderten Mann oder einer kerngesunden Frau zu verbringen, ich würde mich für den Mann entscheiden. In dieser Gesellschaft werde ich zuallererst als Behinderte definiert, erst dann als Frau. Ein behinderter Mann wird mich deshalb weit besser verstehen können als sie.«

Ein nicht übereinstimmender Familienstand wirkt sich ebenfalls nachteilig auf eine enge Freundschaft aus. Block stellte fest, daß nur zwei von zehn Frauen Freundinnen hatten, deren Familienstand nicht mit dem ihren übereinstimmte.[29] Paare befreunden sich bevorzugt mit anderen Paaren, doch diese Konstellation erschwert wirkliche Nähe, weil zahlreiche gegenseitige Übereinstimmungen bestehen müssen, damit die Beziehung funktioniert.

Unsere extrem auf Konkurrenz ausgerichtete Gesellschaft ist ein weiteres Hindernis für echte Nähe. Zwar konkurrieren manche Frauen auch mit Männern, aber aufgrund der gesellschaftlichen Struktur treten wir im allgemeinen *gegeneinander* an. Der ausschließlich auf Sieg oder Niederlage orientierte Charakter des Wettbewerbs verhindert, daß wir uns als Individuen begreifen, die sich in einem konstruktiven und kollektiven Kampf engagieren, von dem wir alle profitieren könnten.

Ortsveränderungen sind in unserer Gesellschaft nicht selten, und auch das kann zu einem Hindernis für eine enge Beziehung werden, denn viele von uns suchen in ihrer momentanen Beziehung noch immer das Ideal einer Kinderfreundschaft, eine Seelenverwandtschaft auf ewig. Sobald wir feststellen, daß die Beziehung diesem Ideal nicht gerecht wird, fragen wir uns, woran das liegt. Zieht man in Betracht, wie oft Menschen im Laufe des Lebens umziehen, scheint eine ununterbrochen anhaltende Kontinuität aber praktisch unmöglich. Erschwerend kommt hinzu, daß wir in einer »Wegwerfgesellschaft« leben, und diese Grundeinstellung überträgt sich nur zu oft auf eine Beziehung: »Diese Person wird meinen Bedürfnissen nicht mehr gerecht. Ich schiebe ihn oder sie ab und suche mir Ersatz.« Manche Menschen nutzen das Ende einer Beziehung als pervertiertes Fundament neuer Selbstachtung: Sie sagen sich, sie »brauchen« den anderen Menschen nicht mehr, weil sie sich weiterentwickelt und den anderen sozusagen überholt haben, und lassen den betreffenden Menschen fallen, als entledigten sie sich ausrangierter Schuhe, die überflüssigerweise Platz im Schrank wegnehmen.

Andere ziehen den anfänglichen Rausch immer neuer Beziehungen dem weniger aufregenden Alltag einer anhaltenden Partnerschaft vor. Damit aus einer spontan empfundenen gegenseitigen Anziehung nicht nur eine kurze Affäre, sondern eine befriedigende, die Selbstachtung steigernde Beziehung wird, muß man hart daran arbeiten und die Fehler und Schwächen des anderen akzeptieren lernen. Viele haben schlicht keine Lust, sie scheuen diese mit Risiken verbundene Arbeit.

Eine unserer Freundinnen bezeichnet das erste Stadium einer Beziehung als A.R.P. (Akute Romantische Phase).[30] Ein A.R.P.-süchtiger Mensch wird im »kritischen Moment« abtrünnig. Ein klassisches Beispiel dafür ist der Mann, der automatisch das Interesse an einer Frau verliert, sobald er mit ihr geschlafen hat.

Leider tragen A.R.P.-Süchtige kein sichtbares Erkennungszeichen, und damit kommen wir zum letzten Punkt, der zu Fehlschlägen in intimen Beziehungen führen kann. Lernen sich zwei Menschen kennen, basiert ihre Entscheidung, eine Beziehung oder Freundschaft einzugehen, größtenteils auf Vermutungen. Die Wahl wird oft auf der Grundlage unvollständiger oder falscher Informationen getroffen. Wir können zwar umfassende technische Daten über ein Auto bekommen, andere Leute, die ein Auto dieser Marke besessen haben, nach ihren Erfahrungen fragen oder eine Probefahrt machen, aber bei der Wahl unserer Freunde hilft uns keine »Testzeitschrift«. Frauen fragen sich immer wieder: »Wie konnte ich bloß so dumm (verrückt oder masochistisch) sein, mich mit diesem Menschen einzulassen?« Aber wir dürfen nie vergessen, die Entscheidung für einen bestimmten Menschen ist nicht unbedingt eine Reflexion unserer Persönlichkeit. Wir entschieden uns auf der Basis der Informationen, die uns zu jener Zeit zur Verfügung standen.

Vorschläge zur Veränderung

I. Werden Sie sich Ihrer Alternativen bewußt

Denken Sie einen Augenblick über Ihren Freundeskreis nach. Unterscheidet sich einer Ihrer Freunde oder eine Ihrer Freundinnen auffallend von Ihnen bezüglich:

Alter	*sexueller Präferenz*
ethnischer Zugehörigkeit	*sozialer Schicht*
Rasse	*Gesundheit*
Religion	*Familienstand*

Es ist nur natürlich, wenn Sie nicht in jeder Kategorie einen Freund oder eine Freundin haben. Schließen Sie von vornherein ganze Gruppen als potentielle Freunde oder Partner aus? Fühlen Sie sich von Angehörigen dieser Gruppe(n) isoliert? Könnten Sie sich vorstellen, gerne mit jemandem aus dieser(n) Gruppe(n) befreundet zu sein?

II. Maßstäbe für Freundschaften

Mädchen bringt man oft bei, es sei nicht recht, für eine Freundschaft bestimmte Voraussetzungen zu verlangen oder Regeln aufzustellen. Aber je klarer wir uns über unsere an eine Freundschaft gerichteten Erwartungen sind, desto wahrscheinlicher können wir gute Freundschaften pflegen. Es ist Ihr gutes Recht, Maßstäbe zu setzen. Listen Sie auf, welche Eigenschaften Sie sich von einem(r) Freund(in) wünschen.

Listen Sie anschließend die Eigenschaften auf, die Sie bei einer Liebesbeziehung erwarten. Unterscheiden sich diese völlig von denen, die Sie von einem(r) Freund(in) erwarten? Oder handelt es sich lediglich um eine Erweiterung der vorhergehenden Liste? Falls nicht, bedeutet das, daß Sie im allgemeinen nicht mit jemandem befreundet sind, mit dem Sie eine sexuelle Beziehung haben?

Gibt es auf beiden Listen Eigenschaften, die Sie nochmals überdenken möchten? Eine, die Sie Ihrer Ansicht nach in Schwierigkeiten bringen könnte? Beispielsweise sind Forderungen wie »er muß eine Menge Geld haben« oder »sie muß genauso deprimiert sein wie ich« nicht gerade die besten Kriterien für eine Beziehung, die zur Steigerung der Selbstachtung beitragen kann. Sie sollten nicht nur bei der Wahl Ihres Freundeskreises und Ihrer Liebesbeziehungen Sorgfalt walten lassen, sondern auch bei der Aufstellung der für die Beziehung entscheidenden Kriterien.

III. Verschiedene intime Beziehungen

In unserer Kultur ist die Definition von einer intimen Beziehung sehr stark eingegrenzt: Eine »richtige« intime Beziehung ist im allgemeinen Sprachgebrauch eine sexuelle Beziehung zwischen einem Mann und einer Frau – auch wenn sich der Mann und die Frau nicht gut kennen oder sich nicht einmal besonders mögen. Doch das ist kurzsichtig: Es gibt viele verschiedene intime Beziehungen. Zum Beispiel wird in östlichen Kulturen die Liebe zwischen Lehrer und Schüler traditionell als die kostbarste aller Beziehungen geschätzt, während wir sie schwerlich überhaupt als intime Beziehung erkennen. Eine Bindung an ein Tier kann auch von großer Bedeutung sein. Forscher stellten fest, daß sich kranke oder in Heimen lebende Menschen körperlich und psychisch besser fühlen, wenn sie sich um ein Tier kümmern können. Wenn wir unsere starre Definition von einer intimen Beziehung erweitern, stellen wir sicherlich fest, daß es sich gar nicht um etwas so eindeutig Definierbares handelt, sondern daß viele Möglichkeiten bestehen:

»Als meine letzte Affäre in die Brüche ging, tröstete mich eine Freundin. Sie fragte mich, warum ich mir das alles so zu Herzen nehme – eine gute Frage, denn der Typ war ein ziemlicher Blödmann. Ich sagte, ich wünschte mir sehnlichst Gemeinsamkeit, Kontinuität, Kameradschaft, Wärme etc. Sie fragte mich, ob denn da ein Unterschied bestünde zwischen dem, was mich mit ihr oder ein paar anderen Freundinnen und Freunden verbindet. Sie hatte recht; ich hatte das alles – alles –, nur nicht in Verbindung mit Sex. In Anbetracht dessen, wie wenig von meinen Ansprüchen in einer sexuellen Beziehung erfüllt wird, begann ich mich wirklich zu fragen, wonach ich mich eigentlich so verzweifelt sehnte. Letzten Endes ging es nur darum, daß ich mich ohne eine sexuelle Beziehung ›nicht bestätigt‹ fühlte.«

Betrachten Sie die auf Sex basierende intime Beziehung als einzig wirkliche *Form der Intimität? Sehen Sie andere Möglichkeiten, sich mit anderen Menschen verbunden zu fühlen, die Sie eventuell bisher zuwenig beachtet haben? Intimität und Nähe an sich und aus sich selbst hat in jedem Fall Bedeutung, wo immer wir sie finden.*

IV. Entwicklung von Freundschaften

Joel Block behauptet, für gesunde Beziehungen gäbe es drei unerläßliche Voraussetzungen. Erstens, beide Betroffene müssen glaubwürdig sein, müssen sich trauen, im guten wie im schlechten ganz sie selbst zu sein. Verbergen sich Menschen hinter einer Maske, wissen sie nie, ob sie wirklich um ihrer selbst willen geliebt werden. Zweitens, beide Betroffene müssen die zwischen ihnen bestehenden Unterschiede akzeptieren. Und schließlich müssen beide ehrlich und unmißverständlich zu ihren Ansichten, Gefühlen, Wünschen oder Bedürfnissen stehen. Wir können nicht mit versteckten Andeutungen, Spitzfindigkeiten oder Jammern miteinander kommunizieren, wenn die Beziehung gedeihen soll oder wir durch die Beziehung zu der anderen Person unser Selbstgefühl erweitern oder stärken möchten.

Block benennt zwei Aspekte, die für eine Freundschaft Gift sind. Beide resultieren aus unerfüllten Bedürfnissen aus der Kindheit: Schuld und übertriebene Abhängigkeit. Es gibt wohl kaum einen schnelleren Weg, eine Beziehung stagnieren zu lassen oder gar zu zerstören, als der anderen Person die Schuld an unserem aus der Vergangenheit resultierenden Leid zu geben oder von ihr zu erwarten, daß sie alles zum besseren wendet.

V. Ein Fest für intime Beziehungen

Am Valentinstag oder zu Anlässen wie Hochzeiten oder Hochzeitstagen haben wir Gelegenheit, unserer Beziehungen zu gedenken und sie zu feiern. Aber in unserer Kultur existiert kein offizieller Feiertag für unsere anderen intimen Beziehungen.

Manche Frauen feiern den Geburtstag der besten Freundin oder des engsten Freundes. Menschen ohne Liebesbeziehung geben ihrer Zuneigung zu anderen am Valentinstag (und auch an vielen anderen Tagen) Ausdruck. Wie könnten Sie Ihre Freundschaften und Beziehungen feiern?

9. Töchter und Mutterschaft

Die Erfahrung, ein Kind geboren und großgezogen zu haben, ergibt im Patriarchat zusammen mit der Physiologie die Definition von Weiblichkeit. Es kann aber auch bedeuten, den eigenen Körper und die eigenen Empfindungen auf machtvolle Weise zu erleben. Wir erleben dabei nicht nur physische, leibliche Veränderungen, sondern auch eine Veränderung des Wesens. Wir erlernen, häufig durch schmerzlichen Selbstverzicht, die Eigenschaften, die bei uns als »angeboren« vorausgesetzt werden: Geduld, Selbstaufopferung, die Bereitschaft, die kleinen routinemäßigen, der Sozialisation eines Menschen dienenden Aufgaben endlos zu wiederholen. Oft zu unserem eigenen Erstaunen überschwemmen uns Gefühle der Liebe und Gewalt, intensiver und heftiger als alle Gefühle, die wir je erlebt haben.

Adrienne Rich
Of Woman Born

Alle Frauen sind Töchter, und kaum eine Tochter wird zur Geschlechtsreife heranwachsen, ohne sich der Potentialität der Mutterschaft bewußtzuwerden. Sie muß die Ehrfurcht einflößende Erkenntnis, »auch ich kann Mutter werden«, in ihr Selbstverständnis integrieren. Unser Körper erinnert uns ständig an unsere Verbundenheit mit dem Geheimnis der Geburt, des Wachsens und des Todes. Kinder gebären und nähren zu können, diese Tatsache allein birgt in sich die Steigerung der Selbstachtung. Für viele Frauen ist die Geburt der höchste schöpferische Akt und die Mutterschaft die wichtigste weibliche Erfahrung. Trotzdem ist die potentielle Mutterschaft nicht automatisch vorteilhaft für die Selbstachtung. Faktoren wie die Einstellung der Kultur zur Fruchtbarkeit, die Möglichkeiten der Frau zur Geburtenkontrolle, der Verlauf der Schwangerschaft und die während der Schwangerschaft gemachten Erfahrungen, die Einstellung der Gesellschaft gegenüber Kindern, all diese Aspekte bestimmen, wie sich Mutterschaft oder Kinderlosigkeit auf die Selbstachtung einer Frau auswirken. Im vorindustriellen Afrika Mutter zu werden ist eine ganz andere Erfahrung als in Industriestaaten wie den Vereinigten Staaten oder Großbritannien. Doch bereits innerhalb der Vereinigten Staaten besteht ein gewaltiger Unterschied zwischen der Erfahrung einer mittellosen, unverheirateten Frau ohne abgeschlossene Schulausbildung, die mit sechzehn Jahren Mutter wird, und der einer gutsituierten verheirateten Frau mit Collegeabschluß und eigener beruflicher Karriere, die mit fünfunddreißig Jahren Mutter wird.

Fruchtbarkeit: Einstellungen und Kontrolle

Eine Frau, die in einer Kultur lebt, die der Fähigkeit, ein Kind empfangen und gebären zu können, Respekt entgegenbringt und den Frauen die Kontrolle über ihren eigenen Körper gestattet, kann am ehesten eine positive Einstellung zu ihrer Fruchtbarkeit gewinnen und eine daraus resultierende Steigerung der Selbstachtung erfahren. In vorindustriellen Gesellschaften wurden – und werden – die Frauen dafür, daß sie Kinder gebären können, mit Ehrfurcht betrachtet. Empfängnis und Geburt galten als ein Wunder. Dies war der Grund für den hohen sozialen Status und die rituelle Macht der Frauen in vielen Gesellschaften. Solange die Rolle, die der Mann bei der Zeugung spielt, nicht bekannt war, betrachtete man die Empfängnis eines Kindes als einen von der Frau allein vollbrachten magischen Akt. Auch nachdem die Naturvölker den Zusammenhang zwischen Koitus und Empfängnis hergestellt hatten und von der Rolle des Mannes bei der Zeugung wußten, verehrte man die Frauen dafür, daß sie Kinder empfangen und gebären konnten. Kinder waren für das Überleben der Eltern und der Gesellschaft insgesamt sehr wichtig, deshalb kam der Fruchtbarkeit große, anbetungswürdige Bedeutung zu.[1]

Die der Fruchtbarkeit der Frauen entgegengebrachte große Verehrung löste bei den Männern beträchtlichen Neid aus. Sie empfanden nicht nur Neid auf den fruchtbaren Schoß der Frau, sondern auch auf ihre Brüste und den monatlichen Fluß der heiligen Substanz, des Blutes. Um diesen Neid abzuschwächen, brauchten die Männer das Gefühl, stärker am Schöpfungsakt beteiligt zu sein. Bei den Tiwi beispielsweise kompensierten die Männer ihre relativ unbedeutende Rolle mit der Behauptung, eine Frau könne nur gebären, wenn ein Mann zuvor den Geist des Kindes ins Leben »träume«. In zahlreichen Kulturen verbreitet war die Couvade, das Männerkindbett, ein Versuch des Mannes, die Geburt nachzuvollziehen. Er legte sich auf das Bett und übernahm mimisch die Rolle der Gebärenden, während die Frau das Baby zur Welt brachte.[2] Die Ansicht, aus dem Neid der Männer auf den fruchtbaren Schoß der Frauen und den daraus folgenden rituellen Bräuchen habe sich letzten Endes auch die männliche Dominanz entwickelt, ist weit verbreitet; und sicher wäre es eine Überlegung wert, ob nicht der Wunsch der Männer, sich aktiv an Schwangerschaft und Geburt zu beteiligen, zumindest teilweise zu den heute praktizierten Methoden, zu den »Retortenbabys« und der Zeugung menschlichen Lebens im Labor, geführt hat.

Nach der im Westen verbreiteten Auffassung waren die Frauen in vorindustriellen Gesellschaften nicht in der Lage, wirksame Geburtenkontrolle auszuüben; aufgrund dessen – so wird gefolgert – waren sie mit einer Schwangerschaft nach der anderen und mit der permanenten Aufzucht der Kinder geplagt, was angeblich wiederum dazu führte, daß sie im Vergleich zu den Männern schwach, machtlos, abhängig und relativ unbeweglich waren. Doch das entspricht nicht den Tatsachen. In nahezu allen vorindustriellen Gesellschaften standen den Frauen zahlreiche, oft sehr effiziente Methoden zur Geburtenkontrolle zur Verfügung, darunter empfängnisverhütende Pasten, Intrauteringegenstände, in spermientötenden Substanzen getränkte Tampons, Cervixkappen – etwa aus ausgehöhlten Orangenhälften –, Pessare, Kondome aus Tierhäuten, der Koitus interruptus, eine lange Stillzeit (kann den Eisprung verhindern), die Abtreibung und schließlich die Kindstötung.[3] Die männliche Dominanz resultierte folglich nicht aus dem Unvermögen der Frauen zur Geburtenkontrolle. Im Gegenteil, erst *nachdem* die Männer ihre Vorherrschaft etabliert hatten, nutzten sie ihre neu gewonnene Macht und verweigerten den Frauen das zuvor zugestandene Recht auf die Kontrolle der Empfängnis. Die in die Geheimnisse der Empfängnisverhütung eingeweihten Frauen wurden als böse und schlecht gebrandmarkt, der bloße Gedanke an eine Manipulation der Fruchtbarkeit von der Kirche als Sünde verdammt und den Frauen per Gesetz verboten, sich dem Geschlechtsverkehr mit dem Ehemann zu entziehen, wenn dieser darauf bestand.[4] Auf diese Weise des Rechts und der Kontrolle über ihren Körper beraubt, konnten die Frauen gegen ihren Willen von den Männern »barfüßig und schwanger« gehalten werden, eine äußerst wirksame Methode zur Kontrolle der Frauen.

Durch die Verweigerung der Geburtenkontrolle verloren die Frauen nicht nur die Kontrolle über ihr Leben, sondern oft genug tatsächlich das Leben. Eine Frau schrieb 1671 voller Zorn einen Brief an ihren Schwiegersohn, weil er ihre Tochter von einer Schwangerschaft in die nächste trieb, und bat ihn, auf sein Verlangen nach Sex zu verzichten, damit er seine Frau nicht noch umbringe.

»Glaubst Du, ich habe sie Dir gegeben, damit Du sie tötest, damit Du ihre Gesundheit, ihre Schönheit und ihre Jugend ruinierst? Es handelt sich nicht um eine lächerliche Bagatelle. Zur rechten Zeit und am richtigen Ort bitte ich Dich auf Knien um diesen Gefallen... vorausgesetzt, ich komme nicht (in Dein Haus) und finde wieder eine Frau vor, die schwanger ist und schwanger ist und ständig schwanger ist...«[5]

Auch einige der von uns befragten Frauen erlebten noch am eigenen Leib die Machtlosigkeit, die es bedeutet, keine Möglichkeit zur Geburtenkontrolle und damit zur Kontrolle des eigenen Lebens zu haben:

»Empfängnisverhütung war damals in den Bundesstaaten, in denen wir lebten, verboten. Das war während meiner ersten Ehe (in den fünfziger Jahren), und mein Mann und unser Doktor – ein guter Freund von ihm – lehnten aus religiösen Gründen ohnehin jede Geburtenkontrolle ab. In nicht ganz vier Jahren bekam ich vier Kinder, nach dem vierten hatte ich ständig furchtbare Angst, wieder schwanger zu werden. Ich begann meinen Mann zu hassen, und ich haßte den Sex mit ihm. Schließlich haßte ich mich selbst, weil ich so böse Empfindungen hatte.«

Die Gesetze haben sich seitdem geändert, Empfängnisverhütung und Abtreibung sind nicht mehr illegal. Doch keine der heute zur Verfügung stehenden Methoden zur Geburtenkontrolle ist hundertprozentig sicher, viele haben außerdem gesundheitsgefährdende Nebenwirkungen, und die meisten übertragen alleine der Frau die Verantwortung. Ferner haben nicht alle Frauen, sei es aufgrund des Alters, der wirtschaftlichen Situation, von Sprachbarrieren oder der persönlichen Lebensumstände, uneingeschränkt Zugang zu Verhütungsmitteln. Für die Mehrheit der amerikanischen Frauen hat sich die Situation im Vergleich zu früheren Frauengenerationen allerdings entscheidend verbessert.

Unsere größer gewordene Wahlfreiheit hat jedoch auch ihre Schattenseiten, denn die Freiheit zu wählen verlangt Entscheidungen. Und da es in der Natur der Sache liegt, daß man unter mehreren Alternativen auch einmal eine falsche Entscheidung treffen kann, kommen die Selbstzweifel: »Entscheide ich mich richtig?« Eine Frau Mitte Dreißig erläutert:

»Ich glaube, in gewisser Weise war es leichter, als man noch nicht wählen konnte – man dachte sich nicht viel und heiratete und bekam einen Haufen Kinder und quälte sich nicht groß mit Entscheidungen herum. Heute müssen sich die Frauen mit so vielen schwerwiegenden Entscheidungen herumschlagen, ob sie Kinder haben wollen, wann sie sie haben wollen, wie viele sie haben wollen, unter welchen Voraussetzungen sie sie haben wollen... Da ist das Risiko groß, daß man sich zumindest einmal falsch entscheidet.«

Die Frage »Entscheide ich mich richtig?« ist von besonderer Bedeutung, wenn eine Frau vor der Entscheidung steht, ob sie eine Schwangerschaft abbrechen soll oder nicht, und die mit dieser Frage verbundenen Selbstzweifel wirken sich in diesem Fall besonders drastisch aus. Viele Gegner eines liberalen Abtreibungsrechts tun so, als ließen Frauen aus Spaß und reiner Freude abtreiben oder als seien sie sich zumindest der Tragweite und der moralischen Dimension ihres Handelns nicht bewußt. Aber wer je eine Abtreibungsklinik besucht und mit Frauen über einen Schwangerschaftsabbruch gesprochen hat, weiß, daß das nicht stimmt. Viele Frauen zahlen für einen Schwangerschaftsabbruch einen hohen Preis:

»Ich sah keine Möglichkeit, das Baby zu behalten. Ich hätte mich nicht so um das Baby kümmern und für es sorgen können, wie das ein kleines Kind braucht und verdient. Aber die Entscheidung für die Abtreibung fiel mir nicht leicht. Das, was da in mir war, war ein lebendiges Wesen, und ich fühle mich dafür verantwortlich, daß dieses Leben getötet wurde... Ich fühle mich immer noch schrecklich deswegen.«

Überlebte eine Frau im kolonialen Amerika die endlose Reihe der oft gegen ihren Willen ausgetragenen Schwangerschaften und die mit

Lebensgefahr verbundenen Geburten, und gelang es ihr, mehrere Kinder bis ins Erwachsenenalter großzuziehen, so konnte sie auf ihre Leistung wahrhaft stolz sein – denn es war eine echte Leistung in einer Zeit, in der die Säuglings- und Kindersterblichkeit immens war. In ihrer Studie über weiße Pächterinnen im Süden der Vereinigten Staaten in den dreißiger Jahren stellte Margaret Jarmon Hagood fest, daß die selbstbewußte Einstellung, dieser mütterliche Stolz, dort immer noch die Regel war, obwohl – und das spricht für sich – die Frauen, die stolz auf ihre Kinder waren, im allgemeinen nicht noch mehr Kinder wollten:

»Sie sind stolz darauf, die Kinder geboren zu haben, trotzdem wird fast nie der Wunsch nach weiteren Kindern laut. Am deutlichsten zeigt sich ihr Stolz im stets hörbaren Anflug von Selbstachtung in den Worten wie im Tonfall bei der Beantwortung der Frage, wie viele Kinder die Mutter einer großen Familie habe – ›Elf. Ich habe meinen Teil beigetragen, nicht wahr?‹ oder ›Zehn, und alle leben.‹ Noch stolzer zeigen sich die Frauen, wenn sie von den noch größeren Familien der vorigen Generation berichten können – ›Meine Mutter zog dreizehn auf und brachte alle unter die Haube‹, ›Ich war eine von siebzehn‹...« [6]

Die positive Einstellung zur Fruchtbarkeit der Frauen in unserer Kultur basierte nicht nur auf patriarchalischen Interessen, sondern hatte auch ökonomische Gründe. Als in den Vereinigten Staaten noch überwiegend Farmer lebten, benötigte man für die zu bewältigende Arbeit eine große Familie. Mit der im neunzehnten Jahrhundert zunehmenden Industrialisierung brachte eine große Familie keine ökonomischen Vorteile mehr, besonders nicht für die wachsende weiße, städtische Mittelschicht. Bei anderen gesellschaftlichen Gruppen sah das anders aus. Die Einwanderer, deren Zahl stetig zunahm, betrachteten eine große Familie nach wie vor als Vorzug, denn den armen Einwanderern, die in den Fabriken in den großen Städten arbeiteten, war das Überleben nur mit Unterstützung durch die Kinder und Verwandten möglich. Aber die kulturellen Werte etablierte die weiße, protestantische Mittelschicht, und deshalb entwickelte sich im Laufe der Zeit die kleinere Familie zum kulturellen Ideal, die unter den eingewanderten Bevölkerungsgruppen vorherrschende Großfamilie wurde verachtet. Zog eine Yankee-Farmersfrau Anfang des neunzehnten Jahrhunderts eine Heerschar Kinder groß und sicherte damit das Überleben der Familie, dann war das gut und schön. Doch als später Einwandererfrauen aus Italien oder den spanischsprechenden Ländern aus eben diesem Grund viele Kinder in die Welt setzten, wertete das die protestantische Mittel- und Oberschicht als Zeichen von Unterlegenheit, von ungezügelter Sexualität und von abergläubischer katholischer Moral ungebildeter Einwanderer.

Zwar wurde auch in unserem Jahrhundert Mutterschaft weiterhin geachtet, doch das Ausmaß der Wertschätzung unterlag starken Verschiebungen. In den zwanziger Jahren beispielsweise dominierte das modische Bild der jungenhaften Frau mit kleinen Brüsten, in den dreißiger Jahren konnten sich viele Menschen aufgrund der wirtschaftlichen Depression keine große Familie mehr leisten, Anfang der vierziger Jahre verlor die Mutterschaft weiter an Bedeutung, und starke Karrierefrauen stürmten die Kinoleinwand. Millionen Frauen traten ins Arbeitsleben ein, damit die Wirtschaft in den Kriegsjahren während der Abwesenheit der Männer weiterlief. Ende des Zweiten Weltkrieges entstand plötzlich ein geheimnisvoller Nimbus um die Mutterschaft. Während des Krieges hatten die Frauen bewiesen, daß sie das Land ebenso funktionsfähig zu halten vermögen wie die Männer und all deren Arbeiten mindestens genausogut verrichten können. Aber nach dem Krieg verlangten die Männer ihre Arbeitsplätze zurück. Den Prozeß, die Frauen weg von den Arbeitsplätzen zurück nach Hause zu beordern, unterstützte die US-Regierung mit einer gewaltigen Propagandakampagne. Plötzlich wurde Frausein zum Synonym für Muttersein. Frauen, die das Gefühl hatten, ihr Leben sei mit der Versorgung der Kinder und dem Hausputz nicht völlig ausgefüllt, brandmarkte man als unweiblich und unangepaßt. Zeitschriften wie *Look* sangen Loblieder auf die Frau, die vom Pfad der Emanzipation abwich und ihrer Gebärpflicht nachkam:

»Dieses wunderbare Geschöpf heiratet jünger denn je, bringt mehr Babys zur Welt, sieht femininer aus und benimmt sich weiblicher als das ›emanzipierte‹ Mädchen der zwanziger oder dreißiger Jahre. Sie entscheidet sich für den altmodischen Weg und kümmert sich liebevoll um den Garten und eine große Kinderschar. Dafür verdient sie ein lauteres Hosianna, als es je gesungen wurde.«[7]

Die Kampagne, die Frauen zu Heim und Herd, an ihren »rechten Platz« zurückzuholen, zeigte Wirkung. In den fünfziger und sechziger Jahre gab es die meisten Eheschließungen und die höchste Geburtenrate in der Geschichte der Vereinigten Staaten. Die geburtensteigernde Kampagne in der Nachkriegszeit machte kinderlosen Frauen das Leben schwer. Eine Frau, die keine Kinder hat, wird immer noch als bedauernswertes, mitleiderregendes, leeres, steriles, unausgefülltes Wesen und nicht als vollwertige Frau angesehen. In *Von Frauen gesehen* schreibt Adrienne Rich über das in unserer Kultur herrschende Vorurteil gegen kinderlose Frauen. Unter anderem erwähnt sie, wie schwer es ist, ohne einen Anklang von Verurteilung in der Terminologie über Frauen ohne Kinder zu sprechen:

»Beim Schreiben dieses Buches mußte ich immer wieder auf Begriffe wie »kinderlos« oder »ohne Kinder« zurückgreifen. Wir haben keine gebräuchliche Bezeichnung für eine Frau, die sich freiwillig weder über Kinder noch über Männer definiert, für eine Frau, die sich mit ihrem Selbst identifiziert, die sich für sich selbst entschieden hat. Die Bezeichnung ›kinderlos‹ definiert sie mit einem Begriff, der einen Mangel unterstellt. Er beinhaltet nur, daß sie die Mutterschaft abgelehnt hat, aber nicht, was sie *aus sich selbst heraus ist und von sich selbst hält.*«[8]

Doch auch Frauen, die den Erwartungen entsprachen und Mutter wurden, konnten daraus nicht unbedingt eine hohe Selbstachtung ableiten. Dies liegt zum Teil an der Oberflächlichkeit der kulturellen Einstellung gegenüber dem Ja zum Kind. Tatsache ist, während Mutterschaft (unter bestimmten eng gezogenen Voraussetzungen) als größte und erfüllendste Aufgabe der Frauen gepriesen wurde, bagatellisierte man sie gleichzeitig als weit weniger wichtig und wertvoll als die Aufgaben der Männer. Die in unserer männerdominierten Kultur an die Frauen gerichtete Botschaft lautete: »Ein Baby ist die lohnendste Aufgabe für eine Frau. Aber was wirklich zählt, sind die Aufgaben der Männer.«

Leider trugen zu Beginn der Frauenbewegung Anfang der siebziger Jahre auch Feministinnen zur Bagatellisierung der Mutterschaft bei, indem sie die Frauen herabsetzten, die »nur« Babys hatten und Kinder betreuten. Die Herabsetzung der Mutterschaft durch manche Feministinnen schadete nicht nur der Selbstachtung sehr vieler Frauen, sondern präsentierte auch eine neue Definition des Frauseins, die allerdings zur Realität der Lebensumstände und der Gefühle der meisten Frauen im Widerspruch stand. In *Mothering* schreibt Elaine Heffner:

»Eine Zeitlang wurde den Frauen gesagt, allein die Mutterschaft mache eine Frau zu einer richtigen Frau. Um vollwertig zu sein, müsse eine Frau auf andere in ihr steckende Ausdrucksformen verzichten. Nun sagt man den Frauen, um vollwertig zu sein, müßten sie auf den Impuls, Mutter sein zu wollen, verzichten. Damit eine Frau frei sein könne, müsse gegen das Gefängnis der Mutterschaft angekämpft werden. Weder die eine noch die andere Einstellung berücksichtigt das volle Spektrum der Gefühle der Frauen...«[9]

Seit der Veröffentlichung von Heffners Beobachtungen 1978 erwachte jedoch innerhalb der Frauenbewegung eine neue Wertschätzung gegenüber der Rolle der Mutter.

Schwangerschaftserfahrungen

Mutter zu werden heißt neun Monate mit der Schwangerschaft und den damit verbundenen, bedeutenden körperlichen Veränderungen zu leben. Nachfolgend zitieren wir zwei Frauen, die in der Schwangerschaft sehr unterschiedliche Empfindungen hatten und deren Erfahrungen sich jeweils anders auf ihre Selbstachtung auswirkten:

»Mir hat es gefallen, schwanger zu sein. Ich fühlte mich mit der ganzen Welt in Einklang, alles war gut und richtig – nicht vom Verstand her betrachtet, denn ich wußte natürlich, daß es nicht der Fall war, sondern ganz tief in meinem Innern... Und mir gefiel das Heranreifen, der dicke Bauch.«

»Meine beiden Schwangerschaften waren die schlimmste Zeit meines Lebens. Mir war ständig übel, nicht nur morgens. Ich bekam Nebenhöhlenentzündungen und Kopfschmerzen, meine Venen bestanden nur noch aus Krampfadern, und ich wurde so dick, daß ich mir ungeheuer plump vorkam.«

Viele Frauen erleben die Schwangerschaft als eine Mischung aus guten und schlechten Empfindungen, wobei weder das Negative noch das Positive maßgeblich überwiegt:

»Auf eine unangenehme Schwangerschaft folgten ganz problemlose, aber da hatte ich durchaus auch negative Empfindungen. Im großen und ganzen scheinen mir die Zeiten der Schwangerschaften nicht so wichtig gewesen zu sein. Ich bin froh, daß ich die Erfahrung gemacht habe, aber grundsätzlich war das keine übermäßig interessante Erfahrung. Ich habe sie eben in der Phase des Übergangs zu der größeren, aufreibenderen Aufgabe, Mutter zu sein, durchmachen müssen.«

Hat eine Frau eine überwiegend positive Einstellung zur Mutterschaft und zu ihrer eigenen Mutterrolle, ist es sicherlich leichter für sie, auch die Schwangerschaft als eine eher positive Erfahrung zu erleben. Doch aufgrund der in unserer Gesellschaft herrschenden ambivalenten Einstellung gegenüber der Schwangerschaft und der zwiespältigen, oft entwürdigenden Art, mit der schwangere Frauen betrachtet werden, kann eine positive Erfahrung mit der Schwangerschaft recht schwerfallen. Nicht untypisch ist das diktatorische »Sie müssen sich phantastisch fühlen, sonst sind Sie eine Niete« der folgenden Passage aus einer 1974 von den Mead-Johnson-Labors veröffentlichten Broschüre für (wahrscheinlich meist) unverheiratete Mütter im Teenageralter:

»Schwangerschaft ist *unter allen Umständen* die großartigste und wundervollste Erfahrung, die eine Frau machen kann. *Sie dürfen sich diese Erfahrung nicht von den Problemen, mit denen Sie zu tun haben, verleiden lassen.* Während der nächsten neun Monate sind Sie so gesund wie nie, und wenn Sie nur ein wenig Sorgfalt aufwenden, sehen Sie trotz der veränderten Figur hübscher aus denn je. Ihre Haut ist klar und leuchtend, und Ihre Augen strahlen vor Vorfreude und Erwartung.« [Hervorhebungen hinzugefügt.]

Auch in anderer Hinsicht ist die Einstellung unserer Kultur gegenüber Schwangerschaft und der schwangeren Frau ambivalent. Die Schwangerschaft gilt als die Erfahrung, die vor allen anderen angeblich die weibliche Reife beweist und die Frau zu einer vollwertigen Erwachsenen macht. Gleichzeitig wird die schwangere Frau in unserer Kultur häufig infantilisiert. Dieser Aspekt fällt besonders auf, wenn man sich die Mode betrachtet: Jahrelang beherrschte der »Baby Doll«-Look die Umstandsmode. Die Infantilisierung der schwangeren Frauen zeigt sich jedoch auch noch auf andere Weise:

»Fast drei Jahre arbeitete ich bereits als medizinisch-technische Assistentin in einem Krankenhauslabor, dann wurde ich schwanger. Nie hatte jemand meine Kompetenz angezweifelt. Ich fühlte mich immer respektiert, und zu Beginn der Schwangerschaft änderte sich daran auch nichts. Aber als man die Schwangerschaft beim besten Willen nicht mehr übersehen konnte, fragte mich der Laborleiter jedesmal, wenn Arbeit reinkam, ob ich auch sicher sei, die Tests richtig durchführen zu können. Plötzlich behandelte man mich, als sei eine Schwangerschaft gleichbedeutend mit einer Lobotomie.«

Geburtserfahrungen

An sich könnte die Geburt zu einer der positivsten Erfahrungen im Leben einer Frau werden. Früher waren die meisten Frauen aber kaum in der Lage, dieses in der Geburt steckende Potential auch nur zu erkennen. Angesichts des großen Risikos für Mutter und Kind wurde die Geburt oft von der Angst geprägt und überschattet, die Mutter könne ihr Leben verlieren, während sie neues Leben schenkt.

In unserem Jahrhundert machen die meisten amerikanischen Frauen bei der Geburt längst nicht so viele positive, machtverleihende Erfahrungen, wie es möglich wäre, allerdings weniger aus Angst vor dem Tod, sondern vielmehr wegen der formalen Abwicklung in den medizinischen Einrichtungen. Zwar hat die Medizin in unserem Jahrhundert große Fortschritte gemacht und viel zur Senkung der Säuglings- und Müttersterblichkeit beigetragen, aber die stetig zunehmende Kontrolle der Mediziner über die Geburt und die wachsende Zahl der Eingriffe in den Geburtsvorgang brachten neue Gefahren hervor und damit neue Risiken und Demütigungen für die Mütter.

Unter dem Einfluß der Medizin verlagerte sich die Geburt, die früher zu Hause in Anwesenheit anderer Frauen erfolgte, in die Krankenhäuser und untersteht nun der Kontrolle meist männlicher Ärzte. Suzanne Arms schreibt kurz und knapp:

»Die Geschichte der Geburt kann als schrittweiser Versuch des Mannes betrachtet werden, den Vorgang der Geburt von der Frau loszulösen und sich zu eigen zu machen... Männer legten Frauen in den Wehen auf den Rücken, erfanden Metallwerkzeuge, mit denen sie das Baby aus ihr herauszogen, und machten sie schließlich mit Narkose bewußtlos.«[10]

Die Ärztin Michelle Harrison erläutert die entmenschlichende Art und Weise, mit der Ärzte Frauen bei der Entbindung behandeln, detaillierter:

»Während meines Praktikums erhielten die gewöhnlichen Patientinnen während der Wehen kaum oder nur wenig schmerzlindernde Mittel, den Privatpatientinnen dagegen wurde Scopolamin gegeben, ein Mittel, das die Erinnerung an die Wehen und an die Geburt auslöscht. Viele Frauen waren geradezu verliebt in dieses Mittel und sagten später sicher: ›Mein Doktor war wunderbar. Kaum war ich im

Krankenhaus, gab er mir eine Betäubungsspritze. Ich habe überhaupt nichts gespürt.‹ Aber diese Frauen wurden nicht betäubt, sie erinnern sich nur nicht an das, was mit ihnen geschehen ist, zumindest nicht bewußt. Während diese Frauen dachten, sie seien ›weg‹, waren sie wach und schrien. Von der Droge verrückt gemacht, kämpften sie; sie knurrten wie Tiere. Ihre Bewegungsfreiheit mußte eingeschränkt werden. Sie wurden an Händen und Füßen an den Enden des Bettes festgebunden (mit Riemen, die mit Schafwolle gepolstert waren, damit keine Verletzungen, keine verräterischen Male zu sehen waren), sonst wären sie schreiend durch die Flure gerannt. Sie schrien Obszönitäten, sie weinten, sie verhielten sich auf eine Art und Weise, die Scham und Demütigung bei ihnen hervorgerufen hätte, wenn sie sich dessen bewußt gewesen wären. Ärzte und Schwestern, die dieses durch die von ihnen verabreichte Droge hervorgerufene Verhalten mitansahen, fühlten sich dadurch gerechtfertigt und in ihrer Entscheidung bestätigt, die Frauen wie tollwütige wilde Tiere zu behandeln, die festgebunden werden mußten, ihnen Befehle zu erteilen, ihnen Klapse zu geben, sie anzubrüllen und zu knebeln.«[11]

Der deutlichste Hinweis für die Übernahme der Geburt durch die Krankenhäuser und Ärzte ist wohl die zunehmende Häufigkeit von Kaiserschnittentbindungen. In ihrem Erfahrungsbericht aus ihrer Praxis für Geburtshilfe und Gynäkologie an einem bedeutenden amerikanischen Krankenhaus zählt Harrison einen Fall nach dem anderen auf. Harrison glaubt, Ärzte zögen es vor, den Uterus der Mutter mittels Bauchschnitt zu öffnen, weil es bei einer Vaginalgeburt »für den Arzt außer der Beobachtung nicht viel zu tun gibt«. Harrison räumt ein, daß ein Kaiserschnitt manchmal unerläßlich ist, um Leben zu retten, aber sie und viele andere sind überzeugt davon, daß die weitaus meisten Kaiserschnitte nicht nur überflüssig sind, sondern in Wahrheit die Gefahr für Mutter und Kind erhöhen.[12]

Zunehmend ging die Medizin in unserem Jahrhundert dazu über, Frauen nicht nur während der Geburt, sondern auch *nach* der Geburt zur Passivität zu verurteilen. Eine Frau, die in den frühen fünfziger Jahren mehrmals entbunden hat, erinnert sich:

»Was die Einstellung und die Vorgehensweise bei der Geburt angeht, hat sich sicher in einer Generation einiges getan... Die Ärzte übernahmen mehr und mehr die Kontrolle, im Grunde bezogen sie Position gegen die Gebärende. Alles war darauf ausgerichtet, die Frau auszuschalten. Als meine Mutter in den zwanziger Jahren Kinder bekam, mußte sie drei Wochen im Bett bleiben. Als ich meine Kinder bekam, hatte sich das etwas geändert, aber nicht gravierend. Mein Arzt ließ mich auch erst nach vierzehn Tagen aus dem Bett.«

Proportional zur stetig zunehmenden Kontrolle der Mediziner während der Geburt stieg die Zahl der Experten für Kinderbetreuung und -erziehung und deren Ansehen. Diese Experten – meist Männer wie Dr. Spock – behaupteten, Frauen besäßen einen mütterlichen Instinkt, der sie auf ganz natürliche Weise zur Fürsorge für ein Kind befähige. Diese Männer-Experten erschütterten aber das Vertrauen der Frauen in ihre eigenen Fähigkeiten zur Kinderbetreuung ebenso nachhaltig und wirkungsvoll wie die Ärzte die Selbstsicherheit der Frauen bezüglich der natürlichen Geburt. Eine Frau von Anfang Sechzig erinnert sich:

»Mir sagte man, meine Milch tauge nichts, es sei das beste für meine Babys, wenn sie die Flasche bekämen... Immer gab es irgendwelche Leute, die mir sagten, wie ich meine Kinder großziehen solle. Die Ärzte, die Ratgeberbücher, die Krankenschwestern und meine Familie, alle erklärten mir, wie ich die Babys füttern soll, wann ich sie ins Bettchen legen soll, wie ich sie ins Bett legen soll. Niemand kam auf die Idee, ich wüßte das selbst. Als meine Kinder klein waren, fühlte ich mich die ganze Zeit sehr angespannt, da war eben immer diese Angst, etwas falschzumachen. Deshalb hat die Erfahrung, Mutter zu sein, meinem Selbstbewußtsein in vieler Hinsicht geschadet.«

Freud und Leid der Mutterschaft

Die Schwangerschaft dauert neun Monate, die Entbindung im allgemeinen nur ein paar Stunden, aber Kinder großzuziehen und sich um sie zu kümmern, das dauert Jahrzehnte. In der amerikanischen Gesellschaft liegt heute die Verantwortung für die Betreuung und Erziehung der Kinder in erster Linie bei den Müttern. Uns sagte man, diese Aufgabenteilung sei natürlich vorgegeben, aber tatsächlich gibt es dafür keine biologische Notwendigkeit. Es gibt zum Beispiel Primatenmännchen, die gemeinsam mit den Weibchen die Versorgung der Jungen übernehmen.[13] In verschiedenen vorindustriellen Gesellschaften verteilt sich die Verantwortung für die Kinder auf die ganze Sippe. Bei den Ibos in Afrika etwa herrscht die Überzeugung, »das Kind einer ist das Kind aller«.[14] Als in den Vereinigten Staaten die meisten Menschen noch auf Farmen und in Großfamilien lebten, wurde die Kinderbetreuung und die mütterliche Fürsorge auf ähnliche Weise von den anderen mitübernommen.

Besonders in wohlhabenden Kreisen hatte die Vorstellung, nur die Mütter seien für die Betreuung ihrer Kinder verantwortlich, nie viele Anhänger. Eine adlige Mutter vertraute ihr Kind sofort nach der Geburt einer Kinderfrau an, und diese übernahm sämtliche Pflichten, die wir heute mit Mutterschaft assoziieren, einschließlich des Stillens. Auch in den Vereinigten Staaten war es in der Oberschicht üblich, die Verantwortung für die Kinder auf Angehörige niedrigerer Klassen zu übertragen. Das Baby eines Sklavenhalters wurde möglicherweise von seiner leiblichen Mutter gestillt, ansonsten aber kümmerten sich hauptsächlich Sklavinnen um das Kind. Der britische Adel übergibt heute noch ganz selbstverständlich die Säuglinge an Kindermädchen, und wohlhabende Weiße in den Vereinigten Staaten vertrauen die mütterlichen Pflichten zunehmend aus Lateinamerika stammenden Frauen an.

Heute sind die allermeisten amerikanischen Frauen aus der Arbeiter- und Mittelschicht in erster Linie selbst für die Betreuung und Erziehung der Kinder verantwortlich. Manchen Frauen hilft die eigene Mutter oder der Ehemann, oder sie bringen die Kinder in eine Krippe. Doch im großen und ganzen liegt die Verantwortung für das »Bemuttern« bei der Mutter – und nur bei der Mutter allein. Die damit verbundene Verantwortung ist gewaltig. Judith Arcana führt aus.

»Frauen erklären häufig, ein ›Baby haben zu wollen‹. Dieses Wesen, das da gezeugt werden soll, ist aber nur für ungefähr zwei Jahre ein Baby, anschließend ist es in unserer Gesellschaft weitere fünfzehn bis zwanzig Jahre von der Mutter abhängig. Frauen sagen aber niemals: ›Ich möchte einen Menschen haben, der physisch und emotional, was den Großteil seiner Bedürfnisse angeht, über fünfzehn Jahre von mir abhängig ist.‹ Doch das ist die Realität, die sich hinter der Sozialisation, daß wir uns ein ›Baby‹ wünschen, verbirgt.« [15]

Obgleich die Arbeit der Mutter in unserer Kultur als mühselig definiert wird, kann sie auch viel Freude bereiten. Nur selten spricht man in unserer leistungsorientierten Kultur öffentlich darüber, welch befriedigendes und friedvolles Gefühl die Betreuung eines anderen Menschen bringen kann. Aber viele Frauen wissen es aus eigener Erfahrung:

»Ich habe mich nie als besonders warmherzige oder gebende oder empfindsame Frau betrachtet, bis ich Kinder bekam. Eigentlich ängstigte ich mich davor, Kinder zu haben, weil ich fürchtete, ihnen nicht die Liebe geben zu können, die sie brauchen. Dann kam mein erstes Baby, und ich merkte, ich hatte diese Liebe in mir. Es war ein ungeheures Gefühl, diese überströmende Zärtlichkeit. Das Baby hat meine Weltanschauung und mein Selbstgefühl völlig verändert.«

Muttersein kann bei Frauen das Gefühl der Verbundenheit mit anderen Menschen steigern und ihre Einstellung gegenüber der Zukunft ändern. Außerdem kann es beträchtlichen Stolz und Befriedigung verschaffen, Kinder mit Erfolg großgezogen zu haben – oder im schwierigen Job des Kindererziehens zumindest sein Bestes versucht zu haben.

Trotzdem empfinden viele Frauen das Muttersein nicht als so angenehm, wie es im Idealfall sein könnte. Ein Grund dafür sind die unmöglichen Regeln, die in unserer Kultur für mütterliches Verhalten und mütterliche Gefühle aufgestellt wurden. Dank der Medien und der allgegenwärtigen Kindererziehungs-Experten werden Frauen beständig mit Idealbildern der perfekten Mutter und mit einer endlosen Reihe unrealistischer Erwartungen bombardiert. Ein weiterer Grund besteht darin, daß das Muttersein in unserer Gesellschaft stark unterbewertet wird. Die wichtige Arbeit der Kinderbetreuung und

Kindererziehung ist zuallererst unbezahlte Arbeit, und das allein symbolisiert ihren geringen Status.

Der wohl entscheidende Grund, warum Frauen das Muttersein weniger erfüllend finden, als es sein könnte, ist der Preis, den sie für die Freuden der Mutterschaft zahlen müssen. Da unsere Gesellschaft die gesamte Verantwortung für die Betreuung und Erziehung der Kinder auf die Mütter ablädt, müssen sie einen beträchtlichen Verlust an Freiheit und Freizeit, den Verzicht auf die berufliche Karriere und Macht, auf Unternehmungen mit Freunden und Mobilität hinnehmen. Eine Frau Ende Fünfzig erinnert sich:

»Es ist schwer, meine Erfahrungen mit dem Muttersein in ein paar Worten zusammenzufassen. Ich würde sagen, in vieler Hinsicht war es schön, in vieler Hinsicht war es schrecklich. Auch wenn ich nur an die schönen Seiten denke, es hätte besser sein können. Als Mutter ist man schon für die kleinsten Dinge dankbar – für einen freien Nachmittag ab und zu, für dieses eine Wort der Anerkennung, für diese gestohlenen Momente, in denen man mit dem Baby schmust und das Herz vor Zärtlichkeit überfließt... Aber wenn ich jetzt genauer darüber nachdenke, finde ich es schade, daß man aufgrund der Struktur dieser Gesellschaft auf viele schöne Dinge verzichten muß. Ich will damit nicht sagen, ich hätte etwas vom Leben versäumt, weil ich Kinder hatte. Ich glaube, keine Mutter denkt das. Nur, wir mußten auf so vieles verzichten – und für so lange.«

Ein nicht zu unterschätzender Preis, den Frauen für das Muttersein »bezahlen« müssen, ist der Verzicht auf die Berufstätigkeit außer Haus. Gäbe es erschwingliche und gute Tageseinrichtungen zur Kinderbetreuung und würden die Arbeitszeiten den Bedürfnissen von Eltern besser angepaßt, sähe sich eine Frau nicht vor die schwierige Entscheidung gestellt, ihren Kindern oder ihrem Beruf oberste Priorität einzuräumen:

»Als ich mein erstes Baby bekam, wollte ich gerne eine Teilzeitarbeit, aber bei der Firma, bei der ich beschäftigt war, war das absolut unmöglich. Also arbeitete ich eben ganztags – wir waren auf das Geld angewiesen – und fühlte mich schuldig und kam mir furchtbar vor. Ich hatte mir das Kind so sehr gewünscht, und nun war ich endlich Mutter und versagte – ich vernachlässigte mein Baby. Als ich ein paar Jahre später mein zweites Baby bekam, wollte ich alles anders machen. Zum Glück arbeitete mein Mann inzwischen in einer besser bezahlten Stellung, so daß ich zu Hause bleiben konnte. Aber auch das brachte Probleme mit sich. Ich fand es herrlich, ganz für mein Baby dazusein, hatte aber gleichzeitig das Gefühl, als Mensch an Wert verloren zu haben. Obwohl ich nie sonderlich begeistert von meinem Job war, merkte ich, nachdem ich ihn aufgegeben hatte, wie sehr er mir doch das Gefühl von Kompetenz und Dazugehörigkeit vermittelt hatte.«

Muttersein kostet Geld, und das bedeutet häufig eine Verschlechterung der wirtschaftlichen Verhältnisse:

»Ich wollte mich richtig um meine Babys kümmern. Meine Mutter mußte immer arbeiten gehen, und das wollte ich auf gar keinen Fall. Ich stellte es mir herrlich vor, meine Babys nicht alleinlassen zu müssen. In gewisser Weise stimmt das ja. Aber als ich meine Stellung kündigte, war das auch das Ende der gleichrangigen Beziehung zu meinem Mann. Jetzt bringt er das Geld nach Hause. Wir sagen zwar, es sei unser Geld, aber wir wissen beide genau, es ist sein Geld. Ich komme mir wieder vor wie ein Kind.«

Die Frauen, die auf ihren Beruf verzichten und ständig zu Hause bei den Kindern bleiben, stellen oft eine damit einhergehende Isolation fest. Bezogen auf Frauen aus der Mittelschicht erklärt Madonna Kolbenschlag hinsichtlich dieses Dilemmas:

»Lieber Königin in einem kleinen Königreich [dem Haushalt] als Lakai in einem größeren – so kann es jedenfalls eine Zeitlang scheinen... [Aber schließlich] setzt das Unbehagen ein. Die Panik und die Wut. Die Monotonie, die Bagatellisierung der aufgewendeten Energie und die soziale Isolation können eine Hausfrau erdrücken... Diese unheilkündenden Gefühle sind das tragische Resultat des Abgeschnittenseins vom Beruf, der ihr ein Gefühl der Kontrolle über ihre Umwelt, ihr Schicksal und ihre Seele gab.« [16]

Diese Beobachtungen lassen sich übrigens auch auf Frauen aus der Arbeiterschicht anwenden. In ihrer Studie über das Leben in Familien der Arbeiterklasse stellte Lillian Rubin fest, daß manche Frauen zwar den Wunsch äußerten, ständig bei den Kindern zu Hause bleiben zu wollen, die meisten aber in Wirklichkeit nicht auf ihre Beschäftigung außer Haus verzichten wollten.[17]

Von all den Opfern, die einer Frau mit Kindern heute abverlangt werden, ist das wohl ungerechteste und vernichtendste für die Selbstachtung die Aufgabe der eigenen Persönlichkeit. Es wird nicht nur erwartet, daß wir als Mutter auf unseren Beruf, auf Nächte mit geruhsamem Schlaf, auf Zeit mit Freunden und auf das Leben außerhalb der häuslichen Sphäre verzichten; man erwartet von uns auch den Verzicht auf unser individuelles Selbst. Lisa Cronin Wohl führt aus:

»In einem Buch, daß ich vor der Geburt meiner Tochter las, wurde eine Mutter mit den folgenden Worten zitiert: ›Ich habe für mein Kind nie etwas Lebenswichtiges aufgegeben.‹ Damals fand ich diese Frau ungeheuer selbstsüchtig. Inzwischen weiß ich aus eigener Erfahrung, was sie gemeint hat. Natürlich opfert eine Mutter eine Menge für ihr Kind: Blut, Schlaf, Tränen, gar nicht zu reden von der Zeit, dem Geld und dem Seelenfrieden. Aber eine Mutter braucht sich nicht verpflichtet zu fühlen, sich selbst aufzugeben. Es sei denn, sie will ein mutterloses Kind großziehen.« [18]

Die Freuden und der Preis der Kinderlosigkeit

Obwohl es nicht sein müßte, zwingt uns unsere Gesellschaft also mit der Mutterschaft eine schwierige, zeitraubende und Erschöpfung hervorrufende Erfahrung auf, die häufig in die Einsamkeit und Isolation führt. Das bestätigt auch Ann Landers' Befragung von Frauen nach ihren Erfahrungen als Mütter. Die überwältigende Mehrheit erklärte, sie seien vom Muttersein gewaltig enttäuscht und würden, wenn sie die Wahl hätten, »das Ganze nicht noch einmal durchmachen«.

Aber in unserer Gesellschaft ist es auch nicht leicht, keine Mutter zu sein. Wie die Mutterschaft beinhaltet auch das Nicht-Muttersein viele mögliche Freuden – wie Freiheit, größere wirtschaftliche Stabilität, die Gelegenheit, Beziehungen einzugehen und Erfahrungen zu machen –, die für eine Mutter oft unmöglich sind oder zumindest auf später verschoben werden müssen.

»Ich wollte nie Mutter sein. Nicht einmal als kleines Mädchen war ich von Babys fasziniert, ich spielte auch nicht gerne Vater und Mutter, ich las lieber oder malte oder ›kreierte‹ Gegenstände aus Knetmasse. Ich mag meine Mutter sehr – ich finde, sie hat ihre Sache mit uns gut gemacht, aber ich hatte nie den Wunsch, in ihre Fußstapfen zu treten. Vor kurzem sagte eine Freundin, die sich sehnlichst Kinder wünscht, zu mir, sie könne sich nicht vorstellen, daß jemand keine Kinder haben möchte. Ich wiederum kann mir nicht vorstellen, warum jemand Kinder haben will.«

Nicht-Muttersein fordert in unserer Kultur ebenfalls einen hohen Preis. Besonders hervorstechend ist das gesellschaftliche Stigma. Auch heute noch werden Frauen ohne Kinder im allgemeinen als nicht vollwertig, als anomal und bemitleidenswert angesehen. Besonders Frauen, die gerne Mütter wären, aber keine Kinder bekommen können, leiden unter dieser Abwertung. Die Selbstachtung kann in einem solchen Fall stark beeinträchtigt werden:

»Ich hatte alles in dieses Selbstbild als erdhafte Mutter mit einem Haufen Kinder gelegt – es kam mir überhaupt nie in den Sinn, ich könnte unfruchtbar sein... Als ich erfuhr, daß ich nie Kinder haben kann, erschütterte das die Grundfesten meines Selbstwerts.«

Auch Frauen, die keine Kinder wollen und von der Richtigkeit ihrer Entscheidung überzeugt sind, werden wegen ihrer Kinderlosigkeit häufig stigmatisiert:

»Sogar in meiner eigenen Familie behandelt man mich, als sei ich nicht richtig erwachsen geworden. Sie nehmen meine Schwester – sie ist zehn Jahre jünger als ich – bei weitem ernster als mich, und das nur, weil sie verheiratet ist und Kinder hat. Ihre Probleme in der Ehe und mit den Kindern werden als echte Probleme betrachtet, meine Probleme mit Beziehungen, im Beruf, mit dem Geld und all dem anderen gelten dagegen nur als Scheinprobleme. Aber gleichzeitig verherrlichen viele Leute meine Lebensweise. Sie überlegen nicht, daß eine unabhängige, kinderlose Frau für alle ihre Entscheidungen selbst verantwortlich ist.«

In bestimmten Subkulturen in den Vereinigten Staaten hat es eine erwachsene Frau, die keine Mutter ist, oft noch weit schwerer:

»In der lateinamerikanischen Kultur gilt die Familie als der wahre Reichtum, und von einer Frau wird erwartet, durch das Gebären von Kindern zum Reichtum der Familie beizutragen. Weiße Frauen haben etliche Vorbilder an Frauen, die keine Kinder haben. Aber eine Chicana hat kein Äquivalent zu Katharine Hepburn. Sie bemitleiden dich – auch wenn du gar keine Kinder willst.«

Es stimmt, die weiße amerikanische Kultur hat vereinzelt Vorbilder für kinderlose Frauen. Aber diese Vorbilder haben auch ihre Schattenseiten, denn sie vermitteln die Botschaft, es ist in Ordnung, keine Kinder zu haben, *aber nur, wenn du aus deinem Leben etwas wirklich Spektakuläres machst.* Eine Frau ohne Kinder muß herausragende Leistungen erbringen, um ihr Unvermögen, keine »richtige« Frau zu sein, zu kompensieren. Hat eine Frau keine Kinder und führt ein durchschnittliches Leben ohne überragende Erfolge, wird sie bestenfalls als eine merkwürdige, im schlimmsten Fall als unreife Person betrachtet:

»Manche Frauen mit Kindern benehmen sich mir gegenüber, als fehle mir eine geheimnisvolle, ganz wesentliche Weisheit und als sei ich deshalb eine unbedeutende Person. In gewisser Weise denke ich vermutlich dasselbe über sie. Was soll's. Ich kümmere mich mit Leidenschaft um meine Studenten. Ich habe mich total und voller Freude für die Bar Mizwas meiner Neffen, für ihre Fußballturniere und natürlich auch für meine Nichten engagiert. Wenn sie krank waren, habe ich sie gepflegt. Es ist komisch – Kinder betrachten mich ohne jeden Zweifel als erwachsene Frau, als jemanden, der Liebe gibt. Es sind die anderen Erwachsenen, die mich verurteilen, weil ich keine eigenen Kinder habe.«

Beide Möglichkeiten, der Weg zu Erfüllung und Selbstwert über die Mutterschaft oder über die Vermeidung von Mutterschaft, wurden zu verschiedenen Zeiten in der Geschichte propagiert. Doch den einen, wahren Weg zur Erfüllung, der auf alle Frauen zutrifft, gibt es nicht. Jede Entscheidung – Kinder zu haben oder keine Kinder zu haben – kann potentiell die Selbstachtung steigern. Eine Garantie gibt es jedoch angesichts der gegenwärtigen gesellschaftlichen Strukturen in beiden Fällen nicht.

Vorschläge zur Veränderung

I. Einstellungen gegenüber Ihrem gebärfähigen Selbst

Ob Sie sich bereits entschieden haben, Mutter oder keine Mutter zu sein oder ob Sie noch immer unentschlossen sind, überprüfen Sie einmal Ihre Gefühle bezüglich der verschiedenen Aspekte dieser Entscheidung. Empfinden Sie Wertschätzung für Ihre Fähigkeit, Kinder bekommen zu können oder nicht? Glauben Sie, unsere Kultur bringt dieser Fähigkeit Wertschätzung entgegen? Falls Sie keine Kinder bekommen können: Welche Auswirkungen hatte das auf Ihr Selbstwertgefühl? Glauben Sie, Ihre Empfängnisfähigkeit kontrollieren zu können? Falls Sie schwanger waren: Welche Erfahrungen machten Sie in dieser Zeit, und wie haben diese Ihre Einstellung gegenüber dem Muttersein beeinflußt? Welche Erfahrungen machten Sie bei der Geburt, und wie wirkten sich diese auf Ihre Einstellung gegenüber dem Muttersein aus? Welche strukturellen Zwänge bestimmen die Ihnen zur Verfügung stehenden Möglichkeiten zur Kinderbetreuung? Wie entscheidend ist die Rolle, die das Muttersein oder Nicht-Muttersein für Ihr Selbstverständnis spielt? Auf welche Weise übernehmen Sie die kulturelle Einstellung gegenüber beiden Möglichkeiten, nämlich Kinder zu haben oder nicht, in Ihre Selbsteinschätzung?

II. Einschätzungen von Frauen untereinander

Legen Sie in bezug auf die Mutterschaft hierarchische Wertmaßstäbe an? Respektieren Sie beispielsweise lesbische Mütter, von der Sozialhilfe abhängige Mütter etc. oder nicht? Bringen Sie Müttern im allgemeinen mehr Wertschätzung entgegen als Nicht-Müttern? Glauben sie, Muttersein ist ein Synonym für Erwachsensein? Bedeutet es, wertvoll und erfüllt zu sein?

Wie sind ganz allgemein Ihre Einstellungen gegenüber Frauen, die, was die Mutterschaft angeht, eine andere Entscheidung getroffen haben als Sie? Halten Sie sich selbst für besser, oder zumindest Ihre Situation? Oder halten Sie die andere Frau für besser oder deren Situation? Müssen Sie unbedingt eine Rangordnung vornehmen? Erkennen Sie eine gemeinsame Basis in Ihren Erfahrungen und denen der anderen Frauen? Sehen Sie eine Möglichkeit, die wichtige Aufgabe, sich um andere zu kümmern, zu übernehmen, unabhängig von der Entscheidung einer Frau für oder gegen das Muttersein?

Teil III

Weit entfernt von zu Hause, weit entfernt davon, Zu Hause zu sein: Erfahrungen der Frauen im weiteren sozialen Umfeld

1. Einleitung

Nicht nur unsere Beziehungen zu uns nahestehenden Menschen prägten unsere Einstellung zu unserem Selbst, sondern auch unsere Erfahrungen mit Menschen und Institutionen außerhalb unserer Privatsphäre. Als wir lernten, über die Straße zu gehen, wagten wir uns das erste Mal über unsere kleine Welt hinaus. Später gingen wir in die Kirche, in die Schule, ins Kino und besuchten andere öffentliche Bereiche. Unsere größer gewordene Welt beeinflußte zunehmend unsere Selbstbildung und unsere Selbsteinschätzung. Auch wenn wir mit vielen Institutionen der Außenwelt nicht in direkter Interaktion stehen, prägen diese nachhaltig, wenn auch häufig subtil und für uns kaum merkbar, unser Leben und unser Bewußsein. Thema dieses Abschnitts ist der Einfluß der Institutionen und der außerhalb der Privatsphäre gemachten zwischenmenschlichen Erfahrungen auf die Selbstachtung der Frauen.

Der Einfluß der Außenwelt ist heute größer als je zuvor in der Geschichte, denn vor der Industrialisierung und der damit einhergehenden Verstädterung beschränkte sich der Erfahrungsbereich der sehr stark an das Haus gebundenen Frauen größtenteils auf die Privatsphäre. Das Heim der Familie diente unter anderem als in sich geschlossene wirtschaftliche Einheit, als Schule, als Pflegebereich für die Kranken und als Zentrum des gesellschaftlichen Lebens. Es gab also kaum einen Grund, das Haus zu verlassen. Eine Frau im kolonialen Amerika ging allenfalls in die Kirche und besuchte Freunde und Verwandte in deren Häusern. Aber sie ging nicht zur Schule und nicht in ein Krankenhaus, denn derartige Institutionen gab es damals noch nicht. Das öffentliche Leben fand weitgehend unter Ausschluß der Frauen statt. Verließ eine Frau ihre Familie und suchte sich Arbeit außerhalb ihres angestammten Zuhauses, konnte sie sich nur als Dienstmädchen an einen Haushalt oder als Prostituierte an ein Bordell verdingen. Auch Sklavinnen arbeiteten hauptsächlich im häuslichen Bereich oder auf den Feldern.

Erst im neunzehnten Jahrhundert begannen sich den Frauen neue Bereiche zu öffnen. Frauen, die einer Lohnarbeit nachgingen, fanden im beginnenden Industriezeitalter einen neuen Arbeitsplatz, die Fabrik. Allerdings blieb vielen Frauen, auch den aus der Sklaverei befreiten schwarzen Frauen, noch in der zweiten Hälfte des neunzehnten Jahrhunderts kaum eine andere Wahl als die zwischen einer Magd oder Prostituierten. Mit der Erfindung der Schreibmaschine – von Anfang an eigens für Frauen konzipiert – erweiterte sich das Tätigkeitsfeld für die berufstätigen Frauen.[1] Die Schreibmaschine revolutionierte das Leben der Frauen ebenso nachhaltig wie die Einrichtung öffentlicher Schulen und deren Öffnung für das weibliche

Geschlecht. Die Schreibmaschine verschaffte den Frauen Zugang zu einer bis dahin rein männlichen Enklave, dem Büro, und die Zulassung zu den öffentlichen Schulen erlaubte den Frauen den Zutritt in die ihnen bis dahin verschlossene akademische Welt der Männer. Sie durften studieren und später als Lehrerinnen an den Grundschulen unterrichten. Ähnlich revolutionär wirkte sich im neunzehnten Jahrhundert die Institutionalisierung des Gesundheitswesens aus. Mit der Einrichtung von Krankenhäusern kam ein neuer Frauenberuf auf – Krankenschwester –, und Frauen wurden auch als Patientinnen in Krankenhäuser aufgenommen.

Frauen, die keiner Arbeit außerhalb des Hauses nachgingen, erlebten im neunzehnten Jahrhundert ebenfalls revolutionäre Veränderungen. Der Wechsel von den großen Farmen in die kleineren Stadthäuser und Etagenwohnungen schränkte den traditionellen Wirkungskreis der Frauen ein. Gleichzeitig reduzierte sich die im Verantwortungsbereich der Frauen liegende Arbeit, da es nun vorgefertigte Nahrungsmittel zu kaufen gab. Die neuen arbeitssparenden Erfindungen wie Staubsauger, Waschmaschine, Gasherd und Zentralheizung erleichterten die anfallende Arbeit. Zu den glühenden Befürwortern der neuen Technologien zählte Thomas A. Edison. Seiner Ansicht nach konnte die Frau dank immer raffinierterer Technik

»ihrem Heim weniger Aufmerksamkeit schenken, weil soviel Aufwand nicht mehr notwendig ist; sie wird in ihrem Haushalt eher als Ingenieurin denn als Arbeiterin walten, denn in ihren Diensten steht die großartigste Helferin, die Elektrizität. Die Elektrizität und die technischen Geräte revolutionieren die Welt der Frau so umfassend, daß ein Großteil der Energie der Frau für Bereiche, die weitreichender und konstruktiver sind, frei wird.«[2]

Ein Gebiet, das »weitreichender und konstruktiver« war und in das Frauen der Mittelschicht im neunzehnten Jahrhundert ihre Energie und Zeit gratis einbrachten, war das Sozialwesen – die Sozialreform setzte ein. Da sich die häuslichen Pflichten der Frauen der Mittelschicht tatsächlich verringerten und die Industrialisierung zu Armut in den Städten, zur Ausbeutung der Arbeiter und Arbeiterinnen, zu Alkoholismus und anderen sozialen Mißständen führte, betrachteten die Frauen zunehmend ihr weiteres Lebensumfeld als ihren Zuständigkeitsbereich.

Hunderttausende Frauen schlossen sich im neunzehnten und Anfang des zwanzigsten Jahrhunderts zu Organisationen zusammen, die für die Abschaffung der Sklaverei, das Frauenwahlrecht, gegen Alkoholismus, für eine Verbesserung der Arbeitsbedingungen in den Fabriken und eine verbesserte Gesundheitsfürsorge für die Armen eintraten und sogar utopisch scheinenden Zielen wie dem Pazifismus und Sozialismus zugeneigt waren. Die Frauen gründeten außerdem eine neue Institution – das soziale Hilfswerk. Das durch die zahlreichen Frauenorganisationen gestärkte Gemeinschaftsgefühl der

Frauen zeigt sich deutlich in einem kurz vor der Jahrhundertwende von einem Frauenverein in Arkansas verfaßten Bericht:

»Frauen jeden Alters, junge, alte und in mittleren Jahren, versammeln sich, und zwischen ihnen besteht ein wunderbarer Gemeinschaftsgeist. Die Alten bringen ihre reiche Erfahrung mit, die jüngeren ihre Jugend und ihren eifrigen Wissensdurst. Daraus entsteht eine Verbindung sozialen und geistigen Lebens, wie sie so ideal in dieser vergänglichen Welt sonst kaum zu finden ist.«[3]

Doch die Frauen übernahmen im neunzehnten Jahrhundert nicht nur zunehmend die Rolle von Sozialfürsorgerinnen, ihnen fiel eine weitere neue Rolle zu, die der Konsumentin. Produzierten die Frauen bis dahin ihre Verbrauchsgüter fast ausschließlich selbst, wurde es nach Beendigung des amerikanischen Sezessionskrieges geradezu eine moralische Pflicht, soviel wie möglich der von der rasch wachsenden industriellen Wirtschaft in Mengen gefertigten Konsumgüter zu verbrauchen. Warenhäuser wie Wanamaker's, Marshall Field und Macy's lockten die Frauen an, und zwar nicht nur, weil sie unter einem Dach eine große Bandbreite von Produkten und Dienstleistungen anboten, sondern besonders wegen der für sie eingerichteten, verschwenderisch ausgestatteten Räume. Hier konnten Frauen sitzen und Briefe schreiben, Zeitungen lesen (kostenlos vom jeweiligen Geschäft zur Verfügung gestellt) und sich mit anderen Frauen unterhalten. Laut Sheila Rothman war die Architektur der neuen Warenhäuser »monumental« und »erinnerte fast an Kathedralen«. Wanamaker's zum Beispiel hatte einen großen, mit Marmorsäulen bestückten Vortragssaal und eine Halle mit sechshundert Sitzplätzen. Der Damenwaschraum bei Macy's, mit reichen Ornamenten im Stil Ludwigs XV. ausgestattet, grenzte an eine Kunstgalerie, in der die Frauen in den Genuß von Kostproben anspruchsvoller Kultur gelangten.[4]

Die Schreine der neuen Religion Konsum, die Warenhäuser, wurden zwar mit Blick auf die Frauen der Mittelschicht eingerichtet, doch auch die Arbeiterklasse mußte für die Werte des Konsums begeistert werden. Zwischen 1890 und 1920 kamen über 23 Millionen Menschen aus Osteuropa und Italien in die Vereinigten Staaten und arbeiteten in den Fabriken der Großstädte. Wie Stuart und Elizabeth Ewen ausführen, war »das Versprechen vom ›Schmelztiegel‹ untrennbar mit dem Verbrauch amerikanischer Waren« verbunden.[5] Die Werbewirtschaft redete auf die Einwanderer und Schwarzen ein, amerikanische Waren zu kaufen, denn nur dann würden sie wirklich zur amerikanischen Gesellschaft gehören. Die meisten glaubten daran. Sie häuften in ihren Wohnungen Massenprodukte an, die die Großzügigkeit Amerikas symbolisierten, und versprachen sich Glanz und Glamour von der Eleganz amerikanischen Stils. Jane Addams, die Gründerin von Hull House, stellte fest, daß »das Arbeitermädchen«, das in einer Mietwohnung lebt, einen unverhältnismäßig hohen Anteil ihres Einkommens für Kleidung ausgibt, und das sei in den Vereinigten Staaten durchaus verständlich, da hier ein Mensch nach seiner Kleidung beurteilt werde.[6] In den Slums der New Yorker East Side schossen Läden aus dem Boden, die ihrer mittellosen Kundschaft versprachen, in der von ihnen angebotenen Kleidung auszusehen wie die »Fatzken aus der Fifth Avenue«, aber zu einem Bruchteil des Preises. Und in dem Teil New Yorks, der um die Jahrhundertwende »African Broadway« hieß, wurde ein »aufwendiger Lebensstil aus Gründen des Prestige« ebenso begierig angestrebt wie in der weißen Mittelschicht. In herablassendem Ton schrieb die New York *Tribune* 1895:

»Im neuen Viertel ist man fortwährend und unablässig auf ›Modeschau‹... Die jungen Frauen, herausgeputzt in Kleidern, die sehr gut der herrschenden Mode nachempfunden sind, obwohl der Himmel weiß, wie sie sich diese leisten können, flanieren zu zweit oder dritt die Seventh Avenue auf und ab... Die Leute... sind arm, meist trennen sie gerade ein oder zwei Dollar vom Hunger... [Trotzdem sieht man] täglich die Promenade bunt gekleideter Mädchen und... junger farbiger Männer.«[7]

Noch eine weitere Institution etablierte sich im neunzehnten Jahrhundert, das Bestattungsinstitut. Als die Gesellschaft der Vereinigten Staaten noch ländlich geprägt war, starben die Leute zu Hause. Die Frauen legten den Leichnam auf ein Holzbrett, hüllten ihn für ein einfaches Begräbnis in ein Tuch und legten ihn in einen schlichten Sarg. Mit der Entwicklung der Bestattungsindustrie nahm man den Frauen ihre bisherige Aufgabe. Das Versorgen der Verstorbenen wurde ein Aufgabenbereich der Männer, der sogenannten Bestattungsunternehmer. Die Einstellung gegenüber dem Tod wurde um so sentimentaler, je mehr Rituale eingeführt wurden und je mehr Aufwand betrieben wurde.[8]

Die Einrichtung neuer Institutionen wie öffentlicher Schulen, Krankenhäuser, sozialem Hilfswerk, Warenhäuser und Bestattungsunternehmen nahm großen Einfluß auf die Erfahrungen und das Selbstgefühl der Frauen. Heute verbringen die Frauen mehr Zeit außerhalb der Privatsphäre ihres Heimes als je zuvor, und die neuen Institutionen veränderten die Außenwelt so radikal, daß sie kaum noch an die der noch gar nicht so lange zurückliegenden Vergangenheit erinnert.

Auch innerhalb des Hauses wandelte sich unser Leben radikal. Mit der Entwicklung der modernen Kommunikationstechnologien drängte die Außenwelt in immer stärkerem Maß in die Privatsphäre hinein. Fernsehen, Rundfunk, Zeitungen, Zeitschriften und auflagenstarke, für alle Bevölkerungsgruppen produzierte Bücher lassen kaum noch Raum für eine ungestörte Privatsphäre, in der man den von außen kommenden Werten und dem damit verbundenen Druck entfliehen kann.

Bei der Betrachtung, auf welche Weise derartig institutionalisierte Bereiche wie Kirchen, Schulen und Massenmedien unser Selbstgefühl und unsere Selbstachtung beeinflussen, stießen wir auf den Begriff »Autoritäten ohne Gesicht«. Die Welt, in der wir leben, ist voller Autoritäten; meist handelt es sich um Männer, und meist um privilegierte, gesunde, weiße, heterosexuelle Männer, und einige von ihnen haben durchaus ein uns vertrautes Gesicht. Unsere Priester, Rabbis und Vorgesetzten zum Beispiel sind Autoritäten, die wir kennen, ebenso kennen wir Ärzte oder Richter, mit denen wir zu tun haben, auch den Präsidenten und den Nachrichtensprecher, die uns das Fernsehen jeden Abend in den Nachrichten ins Haus bringt. Aber die Autorität dieser Männer beruht zum Großteil auf den unsichtbaren Autoritäten, die hinter ihnen stehen. Wir sehen sie nie, aber diese Autoritäten ohne Gesicht spielen, auch wenn sie uns unbekannt oder längst verstorben sind, eine wichtige Rolle bei der Gestaltung unseres Lebens.

Von all den unsichtbaren Autoritäten, die Macht über uns ausüben, sind wohl die großen Philosophen der westlichen Welt die mächtigsten. Würden wir uns näher mit deren Gedanken und Werken beschäftigen, was wir im allgemeinen kaum machen, kämen wir sicherlich zu dem Schluß, daß diese Philosophien so gut wie nichts mit uns zu tun haben. Doch das ist ein Irrtum. In ihrer Studie über die Werke bedeutender politischer Philosophen befaßt sich Susan Moller Okin mit der anhaltenden Macht, die diese Männer heute noch über uns haben. Sinnierten Philosophen von Aristoteles bis John Locke über die Geschlechter, dann, so bemerkt Okin, lauteten die entscheidenden Fragen der politischen Philosophen, »Was ist der Mann? Was ist die Natur des Mannes?« und »Was macht den Mann glücklich?«. Bezogen auf Frauen, hieß die Frage, »Wozu ist die Frau *da*?«.[9] Diese funktionale Denkweise, was Frauen betrifft, prägt historisch gesehen alle Institutionen unserer Kultur und damit unsere heutigen Erfahrungen. Wozu ist die Frau *da*?, wird von den Männern der Theologie gefragt, von den Männern, die unsere Gesetze machen, von den Männern, die über die Wirtschafts- und Beschäftigungspolitik bestimmen, von den Männern, die entscheiden, welche Bilder und Botschaften die Massenmedien vermitteln, und vom Mann auf der Straße. Und alle diese Männer entscheiden, die Frau sei dazu *da*, den Männern zu dienen und deren Bedürfnisse zu befriedigen, niemals jedoch ihre eigenen. In den nachfolgenden Kapiteln werden wir sehen, daß diese Einstellung immer wieder deutlich wird, sobald wir uns in der Außenwelt bewegen.

2. Religionen als Institutionen, Spiritualität als Erfahrung

Ich sage meinen Patientinnen immer, sie sollen versuchen, die Spreu vom Weizen zu trennen. Nehmen Sie an, was positiv [an der Religion] ist, und bewahren Sie sich das. Fühlen Sie sich aufgrund irgendeines Aspekts der Religion von sich selbst und anderen abgetrennt, dann halte ich diesen Apsekt nicht für gut. Ich glaube, wir alle können ein wenig Selbstsucht vertragen, und damit meine ich »Liebe dich selbst«. So einfach ist das.

Mary Gilligan Wong
Psychotherapeutin und ehemalige Nonne [1]

Es ist sicherlich richtig, daß die Religionen in den Vereinigten Staaten seit langer Zeit stetig an Einfluß verlieren und unsere Gesellschaft zunehmend weltlicher wird. Aber es bleibt eine Tatsache, daß die meisten von uns in einem religiösen Glauben erzogen wurden, und dieser spielt im Leben vieler Amerikaner und Amerikanerinnen auch heute noch eine große Rolle. Zum Beispiel basieren die Werte und ethischen Grundsätze, die uns als Maßstab dafür dienen, ob wir uns als gut oder schlecht, wertvoll oder wertlos beurteilen, zum großen Teil auf der Religion, in deren Glauben wir erzogen wurden.

Selbst wenn wir als erwachsene Frau die Religion unserer Kindheit ablehnen oder uns bewußt entschieden haben, unser Leben nicht danach auszurichten, und glauben, wir hätten uns vollkommen davon gelöst, so bleibt ihr Einfluß dennoch bestehen. Die Theologin Carol P. Christ erläutert:

»Mit ihren Symbolen und Ritualen erfüllt die Religion tiefe seelische Bedürfnisse, denn sie erleichtern es dem Menschen, [schwierige] Lebenssituationen (Tod, Krankheit, Leid) zu meistern. Auch ausgesprochen weltlich eingestellte Menschen werden sich oft in einer Kirche oder Synagoge wiederfinden, wenn ein Freund oder ein Verwandter heiratet oder... gestorben ist. Die mit eindrucksvollen religiösen Ritualen verbundenen Symbole wirken unweigerlich auf die tiefen oder unbewußten Strukturen des Geistes ein – besonders, wenn der Mensch einer großen Belastung ausgesetzt ist.«[2]

Der Protestantismus, der Katholizismus und das Judentum, in dieser Reihenfolge die in den Vereinigten Staaten am weitesten verbreiteten Religionen, üben auf die Selbstachtung der amerikanischen Frauen den größten Einfluß aus. Dies betrifft auch die Frauen, deren Familien ursprünglich aus überwiegend buddhistischen, hinduistischen, islamischen oder von anderen Religionen geprägten Ländern kamen, da viele die Religion der »alten Welt« aufgaben und sich statt dessen einer der in den Vereinigten Staaten verbreiteten christlichen Glaubensgemeinschaften anschlossen. Frauen, deren Vorfahren aus Afrika stammen oder deren Familien zu den amerikanischen Ureinwohnern gehören, unterstehen ebenfalls meist dem Einfluß der oben genannten Religionen. Als die heute in den Vereinigten Staaten lebende schwarze Bevölkerung ihrer Heimat entrissen und versklavt wurde, verlor sie ihre Wurzeln in der afrikanischen Kultur. Waren die Sklaven und Sklavinnen erst einmal in Amerika, blieb ihnen, wenn sie nach einer Möglichkeit geistigen Lebens suchten, das ihnen Kraft und Trost spendete, nichts anderes übrig, als sich dem Protestantismus anzuschließen. Nicht viel anders erging es den amerikanischen Ureinwohnern. Die stetige Zuwanderung der weißen Europäer nach Nordamerika hinderte die amerikanischen Ureinwohner zunehmend an der Ausübung ihrer traditionellen Religionen. Sie wurden gezwungen, von christlichen Missionaren geleitete Schulen zu besuchen; in vielen Fällen wurde die Konversion zum Christentum zu einer Überlebensfrage. Viele Nachkommen der amerikanischen Ureinwohner wurden deshalb ebenfalls nachhaltig vom Protestantismus und Katholizismus beeinflußt, auch wenn sie, was zahlreiche Indianer und Indianerinnen taten, ihrem eigenen Erbe insgeheim treu blieben.

Protestantismus, Katholizismus und Judentum können das Leben der Frauen in vieler Hinsicht durchaus positiv beeinflussen. Obwohl Intellektuelle Religion gern als »Opium des Volkes« verspotteten, sind für viele Menschen Juden- und Christentum eine große Quelle der Kraft, des Trostes und der moralischen Integrität, auf deren Grundlage sie sich gegen Unterdrückung und Ungerechtigkeit zur Wehr setzen können. Und trotz der wiederum bei vielen Intellektuellen beliebten Vorstellung, nur abergläubische und einfältige Menschen von geringer Intelligenz seien für eine Religion zugänglich, müssen religiöse Überzeugung und Intelligenz keineswegs ein Widerspruch in sich sein, denn viele hochintelligente Menschen sind sehr gläubig. Ergänzend zu den bereits von Carol Christ erwähnten Bedürfnissen kann die Religion weitere wichtige Bedürfnisse der Menschen erfüllen. Dazu gehören das Bedürfnis nach Gemeinschaft, das Bedürfnis nach Regeln, Grenzen und Ordnung, das Bedürfnis nach Verbindung mit etwas Höherem und Größerem als man selbst, das Bedürfnis nach geistigem Bekenntnis und lebendigem geistigem Ausdruck, das Bedürfnis nach Bekennung zu den Mysterien des Universums und der menschlichen Existenz und deren Erklärung, das Bedürfnis, mit der Sterblichkeit umgehen zu können, und das Bedürfnis nach Reinheit und Güte.

Die Erschaffung Gottes nach dem Ebenbild des Mannes

Neben den erwähnten positiven Einflüssen können Protestantismus, Katholizismus und Judentum sich allerdings auch negativ auf das Leben einer Frau auswirken und ihrer Selbstachtung großen Schaden zufügen. Viele negative Aspekte gehen auf die unglückselige Tatsache zurück, daß Protestantismus, Katholizismus und Judentum allesamt eine lange patriarchalische Geschichte haben, sowohl in der Lehre als auch in der Religionsausübung. Heute befindet sich einiges im Wandel: Frauen können Rabbinerinnen oder, etwa in der Episkopalkirche, Geistliche werden; die Liturgie einiger protestantischer Religionsgemeinschaften wurde überarbeitet und ist nicht mehr ganz so extrem auf die männliche Überlegenheit ausgerichtet; und es gibt Einwände gegen offenkundig frauenfeindliche Traditionen wie die der orthodoxen Juden, jeden Morgen Gott zu danken, keine Frau zu sein. Ausnahmen von den patriarchalischen Mustern gab es immer: Die Gesellschaft der Freunde (die Quäker) zum Beispiel sprach sich schon vor langer Zeit für die Gleichberechtigung der Geschlechter aus und versuchte, diese auch durchzusetzen. Im großen und ganzen sind jedoch nach wie vor patriarchalische Lehren und Praktiken die Regel. Tatsächlich verzeichnen heute in den Vereinigten Staaten gerade solche Glaubensgemeinschaften den größten Zuwachs – darunter die Kirche Jesu Christi der Heiligen der Letzten Tage (die Mormonen), die evangelischen Erweckungsbewegungen und Sekten, die den Frauen die nahezu totale Unterordnung und die völlige Hingabe an die Rolle der Hausfrau und Mutter predigen.

Frauen sollten wissen, daß weder das Judentum noch das Christentum ursprünglich patriarchalisch strukturiert waren. Das Judentum hat seine Wurzeln in den sumerischen Religionen Babylons, die auf dem Glauben an Götter beiderlei Geschlechts basierten. Die bedeutendste Göttin der Sumerer war Inanna, sie wurde unter anderem als »Königin des Himmels, Göttin des Lichts und der Liebe« verehrt. Die frühen Hebräer beteten zu männlichen und weiblichen Gottheiten, darunter zu den Göttinnen Anath und Asherah.

Erst mit der Regentschaft Davids begannen sich die hebräischen Stämme in großer Zahl zur Jahwe-Religion zu bekennen – dem Glauben, daß es nur einen Gott gibt und daß dieser eine Gott ein Mann ist. Ausschlaggebend dafür waren in erster Linie politische Gründe. Die ersten Anhänger der Jahwe-Religion, so auch Moses, erkannten, daß eine Vereinigung und damit eine Kontrolle der verschiedenen hebräischen Stämme unmöglich war, solange sie vielen unterschiedlichen Göttern und Göttinnen huldigten. Nur wenn es gelang, die Hebräer von der Existenz dieses einen einzigen Gottes zu überzeugen, konnten sie zu einem Volk zusammengeführt werden, und nur dann konnten Männer wie Moses sich glaubwürdig als von Gott auserwählte

Führer des Volkes darstellen. Um dem Autoritätsanspruch der hebräischen Führer weiter Nachdruck zu verleihen, mußten die Menschen nicht nur den einen Gott akzeptieren, sondern darüber hinaus davon überzeugt werden, daß dieser eine Gott männlichen Geschlechtes ist. Um dieses Ziel zu erreichen, griff man auf die Gesetzgebung zurück. Von nun an galt es nach jüdischem Gesetz als das schwerste Verbrechen, zu einem anderen Gott oder einer Göttin als dem einen männlichen Gott, Jahwe, zu beten.

Im Christentum kam es nach Christi Tod zu ähnlichen Verlagerungen.[3] Jesus hatte eine Schar Jünger und Anhänger um sich gesammelt, die sich nach seinem Tod in verschiedene Gruppierungen teilten. Die Anhänger jeder Bewegung nahmen für sich in Anspruch, seine wahren Erben zu sein, und behaupteten, nur ihre Interpretation seiner Lehre habe Gültigkeit. Eine dieser Bewegungen – die Gnostiker – unterschied sich in ihrer Überzeugung extrem von der Einstellung der zwölf Männer, die sich als einzig autorisierte Apostel bezeichneten. Aber die zwölf Apostel setzten sich schließlich durch und etablierten ihre Lehre als die einzig »orthodoxe«.[4] Während die orthodoxen Christen an einen Gott glaubten und Ihn unübersehbar nach dem Bild eines Mannes stilisierten, glaubten die Gnostiker an mehrere Gottheiten. Außerdem sprachen sie von ihren Gottheiten häufig in weiblicher Form – »Mutter der Schöpfung« und »der Schoß, der Alles formte«.[5] Sie lehnten die Vorstellung von dem einen männlichen, autoritären Gott ab und weigerten sich, die Legitimität und Autorität der ausschließlich von Männern besetzten Kirchenhierarchie – von Papst, Bischöfen und Priestern – zu akzeptieren, die, wie die orthodoxen Christen kategorisch erklärten, Gottes Wille verkörperte. Die anti-hierarchischen Gnostiker glaubten an die Gleichheit aller vor Christus. Sie übernahmen in ihren Gottesdiensten abwechselnd die Rolle des Priesters, des Bischofs und des Propheten (Predigers), und sie losten diese Rollen bei jedem Gottesdienst neu aus. Hierbei nahmen beide Geschlechter gleichberechtigt teil.[6]

Im Laufe der Zeit dehnte die von den zwölf Aposteln begründete orthodoxe Kirchenhierarchie mehr und mehr ihre Macht aus. Die Gnostiker wurden als Ketzer verfolgt, ihre Lehren und Schriften verboten. Aufgrund ihrer Macht trug die orthodoxe Kirche die männliche Vorherrschaft auch in die Gesellschaft. Während Jesus unmißverständlich die Gleichberechtigung der Geschlechter lehrte und auch in diesem Sinne handelte, hatte das Christentum durch die Männern wie Paulus überlassene Macht bald weniger mit den Lehren Christi gemeinsam als mit dem patriarchalischen Judentum und seiner patriarchalischen Tradition. Nun wurde Gott nicht mehr als beides, Mutter und Vater, bezeichnet; nun war Gott Er. Männer und Frauen waren vor Gott nicht länger gleich und hatten auch keinen gleichberechtigten Zugang zum Heil; Männer waren eindeutig überlegen, Männer waren Gott und dem Himmel näher. Obwohl in der Genesis 1.27 steht:

»Und Gott schuf den Menschen ihm zum Bilde, zum Bilde Gottes schuf er ihn; und schuf sie einen Mann und ein Weib«, verkündete Paulus, Frauen hätten in der Kirche zu schweigen und nur Männer seien nach dem Bilde Gottes geschaffen:

»... der Mann ... ist Gottes Bild und Abglanz; die Frau aber ist des Mannes Abglanz. Denn der Mann ist nicht vom Weibe, sondern das Weib ist vom Manne. Und der Mann ist nicht geschaffen um des Weibes willen, sondern das Weib um des Mannes willen.«[7]

Leider setzte sich Paulus' Interpretation durch und beherrschte das christliche Denken über beinahe zweitausend Jahre.

Die Überzeugung, nur der Mann sei nach dem Bilde Gottes geschaffen, hat der Selbstachtung der Frauen unermeßlichen Schaden zugefügt. Adrienne Rich führt aus:

»Stellen wir uns einen Moment lang vor, welches Selbstgefühl solche Bilder einer Frau vermitteln konnten... Die Bilder der vorpatriarchalischen Göttinnen-Kulte bewirkten eines: Sie sagten den Frauen, daß ihnen Macht, Ehrfurcht und eine zentrale Bedeutung nicht aufgrund eines Privilegs oder eines Wunders zuteil werde, sondern daß ihnen dies von Natur aus eigen sei; das Weibliche war elementar.«[8]

Farbige Frauen negiert das von den patriarchalischen Religionen propagierte Bild Gottes gleich in zweifacher Hinsicht, denn der Gott der Juden und der Christen ist nicht nur männlich, sondern auch weiß. So wie die Verbreitung des Glaubens, Gott sei ein Mann, zur Unterdrückung der Frauen benutzt wurde, wurde der Name Gottes auch immer wieder beschworen, um die weiße Vorherrschaft zu sichern.

Frauen als Verkörperung des Bösen

Nicht weniger verheerend wie die Überzeugung, Gott sei ein weißer Mann und nur weiße Männer seien nach dem Bilde Gottes geschaffen, wirkt sich die von den patriarchalischen Religionen verkündete Lehre, die Frau habe in Gestalt von Eva, der Versucherin, das Böse in die Welt gebracht, auf die Selbstachtung der Frauen aus, denn damit werden allein sie für den »Sündenfall« und die Vertreibung aus dem Paradies verantwortlich gemacht. Sowohl im Judentum als auch im Christentum ist die Frau die irdische Personifizierung des Bösen. Tertullian, ein einflußreicher frühchristlicher, orthodoxer Denker, verkündete eindringlich:

»Gottes Urteil schwebt drohend über deinem Geschlechte und Seine Strafe lastet auf dir. Du bist das Tor des Teufels; du bist die, die den verbotenen Baum entweihte und das Gesetz Gottes brach. Du warst es, die ihn, welchen der Teufel nicht die Kraft besaß zu versuchen, mit Schmeicheleien überredete. Mit welchem Behagen hast du das Bild Gottes zerschmettert: den Mann! Des Todes, den du verdientest, mußte der Sohn Gottes sterben.«[9]

Für viele Frauen wurde das aus der Überzeugung, die Frau sei das »Tor des Teufels«, resultierende Leiden zu einem wahrhaften Martyrium. Unzählige Frauen wurden vom vierzehnten Jahrhundert an und in den nächsten dreihundert Jahren als Hexen verfolgt, in Schottland zum Beispiel bis in das achtzehnte Jahrhundert hinein. Die meisten dieser sogenannten Hexen waren alte Frauen. Sie wurden bei lebendigem Leib verbrannt, zu Tode gefoltert oder – eine beliebte, weil billige Methode – in siedendem Öl umgebracht.[10]

Frauen haben auch heute noch unter der Überzeugung, die Frau sei das personifizierte Böse, zu leiden, allerdings weit weniger spektakulär. Doch wie Jean Baker Miller ausführt, fühlen sich die in einer männerdominierten Kultur mit Minderwertigkeit und Machtlosigkeit konfrontierten Frauen häufig nicht nur schlecht im Sinne von wertlos, sondern schlecht im Sinne von böse. Miller führt das darauf zurück, daß Frauen die Überzeugung, sie seien von Natur aus böse, unbewußt verinnerlicht haben.[11]

Erbsünde

Die Religion prägt nicht nur unser individuelles Selbstbild und unsere Selbsteinschätzung, sondern auch auf eine eher allgemeine Weise unsere Einstellung zur menschlichen Natur, dem Leben und uns selbst. Die christliche Lehre von der Erbsünde zum Beispiel beeinflußte die Selbstachtung vieler Frauen nicht weniger nachhaltig als die Überzeugungen, Gott sei weiß und ein Mann oder Frauen seien das personifizierte Böse. Die in der patriarchalischen Theologie verkündete Lehre von der Erbsünde macht keinen Unterschied zwischen den Geschlechtern, sondern behauptet, jedes Kind sei von Geburt an mit Sünde befleckt. Die logische Folge ist der Glaube, der Mensch sei von Natur aus sündig und schlecht und wir müßten unser Leben lang versuchen, für unsere Sündhaftigkeit zu sühnen.

Der Glaube, die Menschen seien von Natur aus schlecht, sündig und unwürdig, heißt nun wiederum nicht, daß wir alle verdammt sind, denn die Religion bietet die Möglichkeit zur Beichte und Buße, damit uns unsere Sünden vergeben werden. So die Theorie. In der Praxis sieht das für viele Frauen ganz anders aus, denn die stärkste Auswirkung auf die Psyche hat nicht das Versprechen des Heils und der Vergebung, sondern die Angst vor ewiger Verdammnis und das ständige Schuldgefühl, überhaupt am Leben zu sein:

»Die Religion vermittelte mir nicht nur, daß eine Menge Dinge des Lebens – Sex, Tanzen, Spaß haben – Sünde seien, sondern gab mir das Gefühl, das ganze Leben an sich sei eine Sündhaftigkeit. Als Kind glaubte ich, wir seien mit der Erbsünde geboren. Für mich war das Geborenwerden die eigentliche Erbsünde – und der Mensch von Geburt an dazu verdammt, von hier aus direkt in die Hölle zu fahren.«

Besonders verhängnisvoll bei der Lehre von der Erbsünde ist, daß kein Bezug zwischen der Person an sich und ihrem Verhalten hergestellt wird: Erbsünde bedeutet nicht, daß ein Kind irgend etwas Schlechtes *getan* hat, sondern daß es schlecht ist – und das nicht aufgrund eigener Taten. Somit beginnt das Mädchen ihr Leben mit dem »bitteren Gefühl sündenbefleckter Unwürdigkeit«, und diese tiefe Überzeugung behält sie oft ihr Leben lang bei.[12] Eine im jüdischen Glauben erzogene Frau genießt in dieser Hinsicht einen gewissen Vorteil, denn im Judentum gibt es keine Erbsünde.

Die Verherrlichung des Leidens

Die in der Tradition christlicher Religionen erzogenen Frauen, die eine dem Menschen von Natur aus innewohnende Sündhaftigkeit verinnerlichten, wuchsen meist auch in dem Glauben auf, der Weg zum Heil führe über das Leiden. Die römisch-katholische Kirche ist in ihrer Glorifizierung des Leidens besonders blutrünstig: Plastische, detaillierte Darstellungen der Marter und Kreuzigung Christi sind wesentliche Bestandteile der sakralen Kunst, und die meisten Katholikinnen besaßen schon als Kind fundierte Kenntnisse über die von den heiligen Märtyrern und Märtyrerinnen erduldeten Qualen.

Auch in der jüdischen Lehre gilt das Leiden als erhaben, allerdings nicht in dem Ausmaß wie im Katholizismus. Da die jüdische Geschichte von Leid und Verfolgung geprägt ist, kamen viele Juden verständlicherweise zu dem Schluß, als Jude geboren zu sein bedeute, zum Leiden geboren zu sein – Leiden an sich sei erhaben. Wie so viele Katholiken leben deshalb auch viele Juden mit dem schrecklichen Schuldgefühl, nicht genug Leid auferlegt bekommen zu haben.

Die Führer des Judentums, des Katholizismus und des Protestantismus haben zwar unterschiedliche Einstellungen dem Leiden generell gegenüber, einig sind sie sich aber darin, daß den Frauen, die das Böse in die Welt brachten, von Gott die Erduldung besonderer Leiden auferlegt wurde. In der Genesis steht, als Strafe für den Sündenfall müsse die Frau Kinder unter großen Schmerzen gebären, und laut Timotheus können Frauen nur gerettet werden, wenn sie die Schmerzen der Geburt wieder und wieder erleiden. Die Theologin Dorothee Sölle führt aus: »Je mehr eine Frau das Leiden als natürlichen Bestandteil des Lebens versteht, um so geringer ist ihre Selbstachtung.«[13]

Einstellung gegenüber Autorität

Die Religionen lehren uns auch die »richtige« Haltung gegenüber Autoritäten. Um jedoch das in uns steckende Potential vollständig erkennen und uns selbst völlig respektieren zu können, müssen wir imstande sein, Autorität in Frage zu stellen. Dies aber verboten uns die Männer, die in den patriarchalischen Religionen das Sagen haben, strengstens. Der im Alten Testament porträtierte hebräische Gott duldet in seiner sonderbar anmutenden Autorität keine Infragestellung seines Willens, aus welchem Grund auch immer. Als Lots Frau beim Verlassen eines Teils ihrer Familie und ihres Hauses menschliche Regungen zeigt und damit gegen den Befehl Gottes verstößt, läßt Gott sie sofort zur Salzsäule erstarren – und uns macht man glauben, dies sei nur geschehen, weil sie die Autorität Gottes zu mißachten wagte. Als Abraham den Befehl erhielt, seinen Sohn Isaak zu töten, und er sich anschickte, den Befehl auszuführen, verhindert dies Gott im letzten Moment, indem er ihm offenbart, er habe nur seinen Gehorsam prüfen wollen – und uns macht man glauben, Abraham habe recht daran getan, Gott blinden Gehorsam zu leisten, selbst wenn dies bedeutete, den eigenen Sohn umzubringen.

Auch das Christentum idealisiert blinde Ergebenheit gegenüber Autorität, obwohl Christus im Neuen Testament sowohl den Willen Gottes als auch die weltlichen Autoritäten in Frage stellt. Sein Beispiel lehrt, daß Skepsis gegenüber Autorität durchaus angebracht, ja sogar wünschenswert ist. Aber die Männer, die sich nach Christi Tod als seine orthodoxen Stellvertreter einsetzten, wandten sich schnell der traditionellen, eher jüdischen Einstellung zur Autorität zu und lehrten wie die Patriarchen des Judentums, ein Zweifel am Willen Gottes könne nicht geduldet werden. Und da sie sich als Gottes einzige rechtmäßige Wortführer auf Erden betrachteten, hieß das, sie würden auch keinerlei Zweifel an ihrer eigenen Autorität hinnehmen.

Die Lehre des bedingungslosen Gehorsams gegenüber Autoritäten verschaffte den männlichen Autoritätspersonen innerhalb des Judentums und des Katholizismus enormen Einfluß, der sich sogar dann noch auf das Leben der Gläubigen auswirken kann, wenn diese mittlerweile blinden Gehorsam gegenüber Autoritäten ablehnen:

»Ich habe so gut wie nie an einer Autorität gezweifelt – nichts habe ich je in Frage gestellt. Aber ich glaube nicht, daß ich alles auf das Judentum abwälzen kann, da meiner Ansicht nach dabei meine individuelle Erziehung auch eine ganz große Rolle spielt... Es hat lange gedauert, bis ich mir ein paar Zweifel gestattete. Genau wie den alten Linken, die es nicht ertrugen, wenn der Sozialismus als einzig wahrer Weg in Frage gestellt wurde, fiel es auch mir schwer, die Verantwortung für das, woran ich glaube, selbst zu übernehmen, sozusagen meine eigene Autorität zu werden...«

Katholisch erzogene Frauen haben oft ebenfalls große Schwierigkeiten, zu ihrer eigenen Autorität zu finden und zu lernen, sich auf die Kraft ihres Urteilsvermögens zu verlassen und selbst zu entscheiden, was für sie richtig und was falsch ist. Wie Mary Gordon sagte, müssen viele katholisch erzogene Frauen ihr Leben lang dagegen ankämpfen, sich von Autoritäten einschüchtern zu lassen.[14]

Da der Protestantismus aus dem Protest gegen die Autorität der katholischen Kirche in Rom entstand, sollte man erwarten, die protestantischen Kirchen propagierten ein gesundes Mißtrauen gegenüber jeglicher Autorität. In einigen protestantischen Glaubensgemeinschaften, darunter den Unitariern, den Kongregationalisten und den Quäkern, ist das tatsächlich auch der Fall. In anderen protestantischen Kirchen jedoch wird ebenso blinde Ergebenheit gegenüber der göttlichen und kirchlichen Autorität gefordert wie im Judentum und in der katholischen Kirche. Besonders die Mormonen sind dafür ein Beispiel, und das entbehrt nicht einer gewissen Ironie. Die Mormonen-Kirche wurde von einem jungen Mann gegründet, der wegen seiner Behauptung, er habe im Wald eine Vision gehabt, lange verfolgt und schließlich ermordet wurde. Die Hierarchie der Mormonen macht heute sehr viel Aufhebens davon. Käme jedoch heute ein Jugendlicher daher und behauptete ebenfalls, eine Vision gehabt zu haben, so würde ihn die Kirchenhierarchie der Mormonen mit an Sicherheit grenzender Wahrscheinlichkeit exkommunizieren, so wie Sonia Johnson exkommuniziert wurde, weil sie der Kirchenautorität zum Trotz das Equal Rights Amendment unterstützte.

Gott der Allmächtige

Der in vielen Religionen verbreitete Glaube, Gott sei allmächtig und allwissend, erschwert es uns ebenfalls, zu unserer eigenen Autorität zu finden. Für unsere Selbstachtung ist es wichtig zu wissen, daß wir durch unser Verhalten eine gewisse Kontrolle über unser Schicksal erlangen und daß wir Dinge selbst in Bewegung setzen können. Der Glaube an Gottes Allmacht läßt keine andere Wahl, als sich seinem Willen auszuliefern:

»Meine Mutter führte ein elendes Leben, und sie wehrte sich nie dagegen. Sie war absolut außerstande zu unterscheiden, was an der Misere unvermeidlich und was eventuell vermeidlich war oder wogegen sie ankämpfen oder was sie sogar hätte verhindern können. Alles war Gottes Wille, deshalb war sie vollkommen passiv.«

Der Glaube, es sei »der Wille Gottes«, hilft bei der Bewältigung und Akzeptanz eines schmerzlichen und uns unerklärlich scheinenden Ereignisses – zum Beispiel bei einem Todesfall, einer schweren Krankheit, einer großen Enttäuschung, einer Naturkatastrophe. Aber der Glaube, *alle* Geschehnisse seinen dem Willen Gottes unterworfen, unterminiert unsere Selbstachtung, denn er läßt nicht zu, unsere eigene

Autorität zu entdecken. Diese zu finden bedeutet nicht nur, ein Gefühl der Kontrolle über unser Leben zu erlangen, sondern auch eine gewisse Verantwortung für uns und unser Leben zu übernehmen:

»Als ich klein war, fragte ich meine Mutter, wie denn die Babys gemacht werden, und sie erzählte mir, die Frauen hätten eine Vagina, und wenn Gott wünsche, daß sie ein Baby bekommen, dann würde er seinen Samen da hineinlegen und sie würden schwanger werden. Leider vergaß sie, genau zu erklären, wie Gott den Samen da hineinbekommt, und so hatte ich dieses Bild von Gott, der Samen verteilt, die da überall in der Gegend herumschwirren. Ich fürchtete mich entsetzlich davor, einen ›einzufangen‹, aber ich hatte das Gefühl, gar keine Wahl zu haben. Diese Vorstellung beeinflußt heute noch unterschwellig meine Einstellung zur Empfängnisverhütung.«

Religion und die Ethik der Arbeit

Die Religionen prägen auch unsere Einstellung zur Arbeit, und diese wiederum prägt unsere Einstellung zu uns selbst. Das Judentum und der Protestantismus glorifizieren das Leiden nicht in solchem Maße wie die katholische Kirche, aber das machen sie mit der Glorifizierung der Mühsal der Arbeit leicht wieder wett.

Ungeachtet unserer Religion wurden die meisten von uns sicher von der protestantischen Arbeitsethik beeinflußt, denn diese prägt die amerikanische Kultur entscheidend. Die protestantische Arbeitsethik – wer am härtesten arbeitet und das größte Vermögen anhäuft, ist der Würdigste vor Gott – leitet sich von den Lehren Martin Luthers und besonders Johann Calvins ab. In ihr manifestiert sich die totale Abkehr vom mittelalterlichen Katholizismus, gegen den sich Reformatoren wie Luther und Calvin auflehnten.[15] Grob gesagt, predigten die Katholiken, der beste Weg, um in den Genuß von Gottes Gnade zu gelangen, sei, sich soweit wie möglich von der Welt zurückzuziehen, in spartanischer Einfachheit und Armut zu leben und soviel Zeit wie möglich in Kontemplation über Werk und Wort Gottes zu verbringen, sich selbst zu prüfen, zu beten, Buße zu tun und zu meditieren. »Gute Taten« – Wohltätigkeiten und Opfer für die Kirche – spielten eine wichtige Rolle im katholischen Leben, weil man dadurch in den Genuß der Gnade kommen konnte; Arbeit an sich wurde nicht als Ideal betrachtet. Im Gegenteil, die Katholiken sahen in der Arbeit schlicht ein Mittel zum Zweck des Überlebens, und die Menschen arbeiteten nur so viel, wie zur Befriedigung ihrer grundlegenden Bedürfnisse notwendig.

Diese Einstellung begann sich im sechzehnten Jahrhundert zu ändern, denn Luther lehrte, Gott wolle nicht, daß die Menschen ein Leben in mönchischer Einfachheit und Armut führten und sich hauptsächlich Sorgen um das Jenseits machten, Gott forderte vielmehr die Pflicht zu Arbeit und Handel. Obwohl Luther die zweifelhaften Praktiken mancher Leute anprangerte, die ihren Reichtum auf dem Rücken und durch Ausbeutung anderer erwarben, wurde seine Lehre so interpretiert, daß das Streben nach weltlichem Reichtum und Erfolg an sich im moralischen Sinne gut und gottgefällig sei.

Aufgrund von Calvins Lehre wurden die Arbeit und die materiellen Dinge noch weit stärker glorifiziert. Dies ist nur im Zusammenhang mit Calvins Gedanken von der Prädestination zu verstehen, der auf einer extrem unmenschlichen, planmäßig festgelegten Weltordnung basiert. Seine Theorie verkündete, ein Teil der Menschheit werde erlöst, die anderen seien verdammt; wer zu welcher Gruppe gehöre, sei bereits bei der Geburt festgelegt, niemand könne an seinem vorherbestimmten Schicksal etwas ändern oder vor der Zeit herausfinden, zu welcher Gruppe er gehöre. Calvins Anhänger akzeptierten den größten Teil seiner Lehre, schwerlich hinnehmbar war für sie allerdings, nicht zu wissen, welcher Gruppe sie angehörten, denn das hätte ein Leben zur Folge gehabt, dem jede Hoffnung und jeder Sinn fehlten. Folglich änderten sie Calvins Lehre ein wenig ab und beschlossen, das die Erlösten – die *Erwählten* – an ihren Taten im Hier und Jetzt zu erkennen seien. Ja, sagten sie, das Schicksal eines jeden sei vorherbestimmt und niemand könne daran etwas ändern. Aber man könne sehr wohl feststellen, welches Schicksal einem bevorstehe, und zwar durch die Erfolge in der materiellen Welt: Wer nicht die Fähigkeit besitzt, erfolgreich zu sein, gehört eindeutig nicht zu den Erwählten, wer dagegen Erfolg hat, zählt eindeutig zu den zur Erlösung Auserwählten. So kam es, daß die protestantische Ethik Eigenschaften wie Fleiß, Ausdauer, Selbstdisziplin, emotionale Kontrolle, Sparsamkeit, Ehrgeiz und Habgier den höchsten Tugenden zuordnete (weit höher als die katholischen Tugenden Demut, Armut, Mitleid und Nächstenliebe), während Faulheit, zuviel Schlaf, Entspannung, Emotionalität und jegliche Tätigkeit, die eine Zeitverschwendung zu sein schien – einschließlich häufiger Kirchenbesuche und ausgedehntem Beten –, als unmoralisch verdammt wurden. Diese protestantische Ethik rückte im Laufe der Zeit in den Mittelpunkt des kollektiven amerikanischen Bewußtseins. In der Folge davon beurteilen die meisten von uns ihren Selbstwert nach ihrer Disziplin, ihrem Fleiß und ihrem materiellen Erfolg.

Das Positive bewahren

Manche Frauen wurden von der Frauenfeindlichkeit und anderen ihrer Ansicht nach negativen Traditionen des Judentums und Christentums so tief in ihrer Würde verletzt, daß sie die patriarchalischen Religionen entschieden ablehnen und anderen Frauen empfehlen, ihrem Beispiel zu folgen. Die Theologin, Feministin und Autorin Mary Daly[16] vertritt diesen Standpunkt ebenso vehement wie die weniger bekannte Sheila Thompson. Beide lehnen die jüdisch-christliche Tradition kategorisch ab.[17] Thompson erlebte genügend Beispiele für die unmenschliche Einstellung der patriarchalischen Religionen den Frauen gegenüber. Aufgewachsen in einer streng christlichen Familie‹ lehrte man sie, »eine Sklavin im Dienste des Mannes zu sein«, und während sie diese Rolle »prächtig und fachkundig« spielte, merkte sie sehr wohl, daß ihr »jedes Glück und jedes Selbstwertgefühl« fehlte. Mit Anfang Zwanzig wurde die unverheiratete Thompson schwanger. Völlig verzweifelt schrieb sie an Billy Graham und bat ihn um Rat und Hilfe. Graham, so berichtet Thompson, »antwortete mir, wenn ich ein paar hundert Jahre früher gelebt hätte, hätte man mich wegen der Sünde, als ledige Frau schwanger zu werden, auf dem Scheiterhaufen verbrannt«. Thompson wurde »fast zornig« – *fast*, weil »es mir immer noch schwerfällt, wirklich zornig auf jemanden zu sein« –, und sie wandte sich an die Bibel um Rat und »ging auf der Suche nach Antworten verzweifelt den Text durch«. Bei ihrer vergeblichen Suche stellte Thompson fest, daß sie »langsam und voller Schmerz« die Grundlage ihres Glaubens, die Bibel, in Frage zu stellen begann. Mit ihren Worten:

»Die Bibel sagt den Männern, Frauen seien Sexobjekte, aber am besten sei es, sie gar nicht zu berühren. Sie sagt den Männern, Frauen seien unrein, sündhaft, hinterlistig, verachtungsvoll, und die Männer seien die Gebieter der Frauen... Ich habe mich immer gefragt, warum mein Vater, der gläubige Christ... meine Mutter wie eine Sklavin behandelte. Und ich wunderte mich immer, warum sie die Rolle derart bereitwillig akzeptierte. Jetzt weiß ich es. Ich habe die Bibel gelesen. Die christliche Schmähschrift ist da, damit alle sie lesen, und kann nicht reingewaschen werden, auch wenn manche Geistliche das versuchen. Wenn eine Frau schon gläubig sein muß, so möge sie doch eine der Göttinnen anbeten, denn das Christentum ist eine Religion der Männer, geschrieben von Männern, für Männer, mit einem Mann als Gott.«[18]

Daß die patriarchalischen Religionen über viele Frauen Leid brachten, ist offensichtlich und darf nicht einfach ignoriert werden oder unter den Tisch fallen. Trotzdem ziehen längst nicht alle Frauen so radikale Konsequenzen wie Mary Daly oder Sheila Thompson. Anstatt die jüdisch-christliche Tradition aufgrund ihrer Frauenfeindlichkeit und anderer negativer Aspekte total abzulehnen, setzen sich viele Frauen zur Wahrung ihrer Würde und Selbstachtung kritisch mit den einzelnen negativen Aspekten wie dem Sexismus auseinander, übersehen aber dabei nicht, daß im Judentum und im Christentum auch eine Quelle der Kraft und des Trostes liegt. Eine Frau erklärt:

»Eine Zeitlang habe ich sämtliche Religionen rigoros abgelehnt, aber ich hatte das Gefühl, mir fehlt etwas. Also habe ich mich nach Alternativen umgesehen. Ich ging in Ashrams, meditierte und nahm an Vollmondritualen zu Ehren der Göttin teil. All das war wichtig für mich, aber aus irgendeinem Grund – vielleicht weil ich älter wurde –

nicht das, was mich wirklich befriedigte. Deshalb schloß ich mich mit zweiunddreißig Jahren wieder der Episkopalkirche an, eben der Kirche, die ich als Teenager total ablehnte.«

Eine andere Frau erklärt, wie es ihr in einer Zeit der Krise half, auf eine »normale« religiöse Tradition zurückgreifen zu können:

»Ich habe mir über die Rolle, die die Religion in meinem Leben spielt, nie groß Gedanken gemacht – warum gerade dieser Glaube, was erwarte ich von der Religion und solche Dinge. Aber als mein Vater starb, war ich richtig froh, katholisch erzogen worden zu sein. Der Glaube gab mir eine Reihe klarer Regeln vor, ich wußte, was ich zu tun hatte.«

Letzten Endes muß jede Frau selbst entscheiden, ob sie spirituelle Aspekte in ihr Leben einbeziehen möchte oder nicht und welcher Religion sie sich zuwendet, wenn sie ihre Spiritualität entdecken und ausdrücken will. Aber welche Entscheidung wir auch treffen, wir sollten dabei nie den Glauben der gnostischen Christen aus den Augen verlieren, der jedem Menschen empfiehlt, sich auf seine eigene innere Autorität zu verlassen, um die beste Entscheidung zu treffen, und der uns auf der Suche nach Gott und der Wahrheit auffordert, nach innen zu schauen. Dabei helfen uns vielleicht die Worte, die das gnostische *Evangelium des Hl. Thomas* Jesus zuschreibt:

»Wenn du ans Licht bringst, was in dir ist, wird dich das, was du ans Licht bringst, erretten. Wenn du nicht ans Licht bringst, was in dir ist, wird dich das, was du nicht ans Licht bringst, vernichten...

Denn wer immer sich selbst nicht erkennt, erkennt nichts, aber wer immer sich selbst erkennt, erlangt das Wissen über die Tiefe aller Dinge.«[19]

Vorschläge zur Veränderung

I. Grundlagen der Selbstachtung

Wenn Sie religös erzogen wurden: Denken Sie darüber nach, welchen Einfluß die Religion auf die Grundlagen Ihrer Selbstachtung ausübte. Auf welche Weise trug die Religion positiv zu Ihrem Selbstwertgefühl bei, in welcher Weise negativ? Stellen Sie sich dieselbe Frage, was Ihre Macht und Kompetenz betrifft. Ihren Gemeinsinn. Ihre Individualität. Ihren Realitätssinn. Ihre Werte und Ihre Ethik. Bietet Ihnen die Religion positive Rollenvorbilder? Negative Rollenvorbilder? Welche Etikettierung erhielten Sie durch sie? Wie beeinflußte die Religion Ihre Ideale? Es ist zu hoffen, daß die Religion Ihnen einige zutreffende, positive Einstellungen zu sich selbst vermittelt hat. Können Sie identifizieren, was negativ und unzutreffend ist, diese Aspekte verwerfen und durch positive, realistische und aktuelle ersetzen?

II. Bilder von Gott (Göttern)

Die meisten von uns lehrte man, das Bild Gottes sei das eines weißen Mannes, und das trug nicht gerade zur Selbstachtung der Mädchen und der Menschen anderer Hautfarbe bei. Da Glaube eine absolut persönliche Angelegenheit sein sollte, kann uns nichts daran hindern, uns Gott unserer eigenen Vorstellung gemäß zu visualisieren. Vielleicht möchten Sie Gott als Frau oder als Mann und *Frau sehen. Oder Sie stellen sich mehrere Göttinnen und Götter vor, die jeweils verschiedene Aspekte Ihres Glaubens symbolisieren. In Alice Walkers Roman* Die Farbe Lila *erläutert Shug ihrer Geliebten Celie ihr Bild von Gott:*

»Und so ist das, sagt Shug. Das, was ich glaube. Gott ist in dir und in allem anderen auch. Du kommst schon auf die Welt mit Gott. Aber nur wer im Innern sucht, findet es...

Sieht nicht aus wie irgend etwas, sagt sie. Ist doch kein Kinofilm. Es ist nichts, was du von was anderem getrennt betrachten kannst, einschließlich dir selbst. Ich glaube, Gott ist alles, sagt Shug. Alles, was ist oder gewesen ist oder sein wird...

Sie sagt, mein erster Schritt von dem alten weißen Mann weg waren die Bäume. Dann die Luft. Dann die Vögel. Dann andere Leute. Aber eines Tages, wie ich ganz still dagesessen bin und mich fühlte wie ein mutterloses Kind, und das war ich ja, da spürte ich es: so ein Gefühl, daß ich ein Teil von allem bin, nicht abgetrennt. Ich wußte, wenn ich einen Baum fälle, blutet mein Arm.«[20]

III. Wiederherstellen der positiven Bilder

Zwar ist die jüdisch-christliche Tradition patriarchalisch, doch sowohl das Alte wie das Neue Testament vermittelt uns auch Bilder starker Frauen. Entdecken Sie beim Lesen der Bibel positive Frauenbilder, die Sie akzeptieren können? Dient Ihnen eine der Frauen aus der Bibel – zum Beispiel Sarah oder Ruth oder im Neuen Testament Martha, Maria oder Maria Magdalena – als Rollenvorbild? Wenn Sie christlich erzogen wurden: Woran erinnern Sie sich hinsichtlich der Beziehung von Christus zu den Frauen? Glauben Sie, er brachte Frauen Wertschätzung entgegen? Läßt sein Verhalten Frauen gegenüber darauf schließen?

IV. Überprüfen der Mythen der Bibel

Die Bibel enthält tatsächlich Bilder starker Frauen, aber die Geschichten, in denen Frauen eine Rolle spielen, werden aus Sicht der Männer erzählt, das heißt, die Erfahrungen der Frauen sind überlagert von denen der Männer – oder werden nur oberflächlich abgehandelt. Was wäre, wenn die Genesis aus anderer Sicht geschrieben worden wäre? Was wäre zum Beispiel, wenn Adam und nicht Eva die Rolle des Versuchers spielen würde? Und denken Sie an Sarah, die Frau Abrahams im Alten Testament. Überlegen Sie, welche Erfahrungen und Gefühle sie gehabt haben mag. Sie war bei der Geburt Isaaks bereits eine alte Frau und muß außer sich geraten sein, als sich Abraham entschloß, Gott seinen Gehorsam zu beweisen und sich deshalb anschickte, Isaak zu töten. Können Sie sich vorstellen, was Sarah, hätte man ihr die Gelegenheit dazu gegeben, gesagt hätte, als ihr Mann bereit war, auf Gottes Befehl hin zum Mörder ihres und seines Sohnes zu werden?

V. Bedeutung der Rituale

Geburt, Tod, Heirat und das Vergehen der Zeit werden von den Religionen mit bestimmten Ritualen markiert, die auch zur Feier und zum Lob des Lebens und des Göttlichen dienen. Gibt es religiöse Rituale, die für Sie eine besondere Bedeutung hatten oder haben? Können Sie sich an Situationen erinnern, in denen die Rituale Ihnen bei der Bewältigung einer schweren Krise halfen, die bei Ihnen Freude oder ein Glücksgefühl auslösten, Ihnen die Mysterien des Universums bewußt machten und/oder Ihnen verstärkt ein Gefühl der Gemeinschaft vermittelten? Falls einige der religiösen Rituale Ihnen deprimierend erscheinen oder inzwischen an Bedeutung für Sie verloren haben: Können Sie sich vorstellen, diese so abzuändern, daß Sie Ihrem heutigen Leben eher entsprechen? Haben Sie je an Ritualen teilgenommen oder welchen zugesehen, die Bestandteile einer anderen Religion waren? Falls nicht, Sie aber daran Interesse hätten: Sicher nimmt Sie ein Freund oder eine Freundin, die einer anderen Glaubensgemeinschaft angehören, mit zu einem Gottesdienst. Möglicherweise ist es für Sie auch eine Überlegung wert, Ihre ureigensten Rituale zu schaffen.

3. Hätten wir nur anders gelernt: Der Einfluß des formalen Schulunterrichts

Fast alle verbrachten wir als Kinder und Jugendliche einen nicht unbeträchtlichen Teil unserer Zeit in der Schule, einer Institution mit gewaltigem Einfluß auf unsere Entwicklung. Die Schule bestimmt unsere grundlegenden Ansichten über unsere späteren Ziele und unsere Möglichkeiten und macht uns gleichzeitig mit grundsätzlichem Wissen vertraut, mit allgemein anerkannten Wahrheiten, mit herausragenden Leistungen und mit der Geschichte. In unserer Gesellschaft ist es heute selbstverständlich, daß sich ein Großteil der Kindheit in der Schule abspielt. Aber der Gedanke, allen Kindern zumindest eine elementare Schulbildung zu ermöglichen, ist relativ neu. In der Geschichte der westlichen Kulturen war formaler Schulunterricht ein Privileg der Männer aus der Oberschicht (und einiger, aber sehr weniger Frauen). Bis gegen Ende des Mittelalters waren die Schulen kirchliche Institutionen, und der Lehrstoff wurde ausschließlich in lateinischer Sprache vermittelt, die von vielen Menschen aus dem Volk nicht verstanden wurde. Karl der Große versuchte, die akademische Bildung zu fördern, und gründete zu Beginn des Mittelalters Schulen in ganz Europa. Doch erst später, mit dem Aufbau von der Kirche unabhängiger Universitäten, der häufigeren Verwendung der Landessprachen anstelle von Latein in amtlichen und wissenschaftlichen Abhandlungen und der Erfindung der Druckerpresse gewann die Schulbildung auch für eine breitere Bevölkerungsschicht an Bedeutung. Auf große Resonanz in der Bevölkerung stieß die Möglichkeit einer Schulbildung erst im Zeitalter der Aufklärung, als der damals revolutionäre Gedanke der Demokratie immer mehr Anhänger fand.[1]

Uns erscheint es heute selbstverständlich, daß die öffentlichen Schulen beiden Geschlechtern gleichermaßen offenstehen und an den Grundschulen überwiegend Frauen unterrichten. Tatsache ist jedoch, daß diese Institutionen ursprünglich ausschließlich Enklaven der Männer waren und das Recht der Frau auf Bildung erst relativ spät in der Geschichte anerkannt wurde. Jahrtausendelang behaupteten die Männer, Frauen seien zu exakter geistiger Arbeit unfähig und dürften deshalb keine Akademien und Universitäten besuchen. Diese Behauptung diente auch als Rechtfertigung für die zweitklassige Bildung, die den relativ wenigen privilegierten Frauen zugestanden wurde. Eine Frau, die in der Renaissance als gebildet galt, erhielt keinen Unterricht in so schweren Fächern wie Philosophie, Mathematik, Geschichte, Latein und Griechisch, denn das hätte im Widerspruch zum eigentlichen Lernziel gestanden. Die Bildung einer Frau sollte sie dazu befähigen, ihrem Mann eine angenehmere und ergebenere Gefährtin sein zu können und seinem Ego zu schmeicheln.[2] Der den Männern erteilte Unterricht zielte darauf ab, Selbstvertrauen und intellektuellen Mut zu fördern, der der Frauen dagegen vermittelte das nötige Wissen zur Führung eines Haushalts, zur Anfertigung von Näharbeiten und zur Pflege ihres Äußeren. Ihnen wurde beigebracht, Kunst und Schönheit zu würdigen (aber nicht, selbst kreativ zu sein), gehorsam, fromm und freundlich zu sein und den Männern stets voller Bewunderung und Ehrerbietung gegenüberzutreten. Die Überzeugung, Wissen sei nicht gut für eine Frau, war über so lange Zeit so weit verbreitet, daß in der Renaissance noch zum großen Teil die »wissenschaftlich bewiesene« Überzeugung vorherrschte, Frauen sollten nicht lesen lernen; als einige Frauen Unterricht im Lesen erhielten, warnte so mancher Gelehrte eindringlich davor, den Frauen eine andere Lektüre als religiöse Traktate zugänglich zu machen.[3]

Sogar im Zeitalter der Aufkärung, als demokratisches Gedankengut und demokratische Ideale zunehmend populärer wurden, stieß der Gedanke an eine Gleichberechtigung in der Bildung auf starken Widerstand. In *Emile*, veröffentlicht 1762, schrieb Rousseau über die für Frauen geeignete Bildung, und seine Ansichten stießen auf großes Interesse und hatten entsprechenden Einfluß. Laut Rousseau sollten Frauen lernen, abhängig, passiv, zurückhaltend und aufopferungsvoll zu sein; ferner sollten sie stets das Gefühl haben, am Zügel geführt zu werden. Er plädierte dafür, Frauen in solchen Dingen wie Nähen, Klöppeln und korrekter Kleiderpflege zu unterweisen. Die richtige Ausbildung würde die Frauen dazu befähigen, »den Männern die Führung zu überlassen und ihnen zu dienen, sie zu ehren, für sie zu sorgen, sie zu trösten und ihnen das Leben süß und angenehm zu machen«.[4]

Rousseaus Philosophie über die Bildung der Frauen wurde in vielen Ländern, auch in den Vereinigten Staaten, in die Praxis umgesetzt. In den während der Kolonialzeit in Massachusetts gegründeten Schulen wurden die Mädchen anfänglich nur zugelassen, wenn keine Jungen anwesend waren; ferner »wurden sie von jeglichem Lehrstoff, der über die Elementarstufe hinausging, ausgeschlossen«.[5] Im achtzehnten Jahrhundert herrschte die Ansicht vor, eine gebildete Frau müsse »Frömmigkeit, Tugendhaftigkeit und Haushaltsführung« gelernt haben. Phyllis Stock erläutert:

»Private Elementarschulen unter Leitung einer Direktorin, die ausschließlich Unterricht in weiblichen Fertigkeiten erteilten, gab es hier wie in England. Die Volksschulen wurden von Mädchen nur unregelmäßig besucht, sie lernten dort lesen und nähen, ihre Brüder lernten lesen und schreiben. Die meisten Gemeinden zögerten, Geld für eine Mädchenschule auszugeben; zuviel Bildung könne, wie der Gouverneur von Massachusetts John Winthrop bemerkte, bei Frauen zum

Wahnsinn führen. Von 1650 bis 1776 stieg in Neuengland die Zahl der Männer, die lesen und schreiben konnten, von 60 auf 90 Prozent; die der Frauen von 30 auf 45 Prozent.«[6]

Während Frauen nach und nach gleichberechtigter Zugang zu den Grund- und Hauptschulen gestattet wurde, öffneten die höheren Schulen ihre Türen den Frauen nur zögernd, die Colleges, Universitäten und Fachhochschulen reagierten noch entschieden langsamer. Erst im neunzehnten Jahrhundert wurde den Frauen eine akademische Bildung ermöglicht. Und selbst dann gab es in den meisten Institutionen keine Koedukation; statt dessen wurden eigene Colleges für Frauen gegründet.

Obwohl sich seit der Zeit des Amerikanischen Freiheitskrieges viel geändert hat und die Frauen den Männern, was Lesen und Schreiben angeht, nicht mehr nachstehen, bestehen bis heute noch Reste der früheren Vorbehalte gegen gebildete Frauen. Das zeigt sich in der weithin üblichen Fortführung der unterschiedlichen Ausbildungsschwerpunkte von Jungen und Mädchen. Je länger wir zur Schule gingen, um so deutlicher wurden die Unterschiede: Die Jungen hatten Werkunterricht, die Mädchen Hauswirtschaftslehre (wie Rousseau empfohlen hatte); Jungen hatten Physik, die Mädchen lernten Maschineschreiben und Stenographie. Auf dem College war die Geschlechtertrennung noch extremer. Die Studentinnen belegten die geisteswissenschaftlichen Fächer und besuchten vorwiegend Kurse in Krankenpflege, Kindererziehung und Kunstgeschichte, und die Studenten drängten in die naturwissenschaftlichen und technischen Fächer, belegten höhere Mathematik, Medizin und Wirtschaftswissenschaften.

Nicht nur das Geschlecht beeinflußt den Zugang zu den einzelnen Fächern, andere Faktoren kommen hinzu. Eine populäre amerikanische Legende besagt, es spiele keine Rolle, zu welcher sozio-ökonomischen Klasse, Rasse oder ethnischen Gruppe man gehöre, jeder habe die Chance zum Erfolg. Aber wenn man nicht weiß ist und nicht in einer relativ wohlhabenden Gegend aufwächst, ist es gar nicht so leicht, eine gute Ausbildung zu bekommen.

Was man uns lehrte – und was nicht

Die meisten von uns wurden mit etwa sechs Jahren eingeschult. Wir konnten dies weder verhindern (auch wenn wir das vielleicht gerne getan hätten), noch konnten wir darüber mitbestimmen, was man uns im Unterricht beibrachte. Die Schule war eine furchteinflößende Institution, die Lehrer und Direktoren waren riesige Erwachsene mit großer Autorität, und wir, kleine Kinder, machtlos, verletzlich und naiv, waren begierig, sie zufriedenzustellen. Wir konnten den Lehrstoff noch nicht analysieren oder Zweifel an der Richtigkeit oder Stichhaltigkeit der Lerninhalte äußern, wir mußten einfach glauben, was man uns sagte.

Dies war für uns Mädchen besonders verhängnisvoll, denn vieles, was man uns in der Schule beibrachte, wirkte sich nachteilig auf die Entwicklung unserer Selbstachtung aus. Der Lehrplan an einer Grundschule beschäftigte sich meist mit von Männern erbrachten Leistungen und ignorierte oder bagatellisierte die Verdienste der Frauen.

Sicher, vieles, was wir in der Schule lernten, verschaffte uns letztendlich Macht und Kompetenz. Das lesen Lernen zum Beispiel ist herrlich, macht zunehmend Spaß, eröffnet uns ein ganzes Universum an neuen Möglichkeiten und hilft uns, uns besser in der Welt zurechtzufinden. Doch mit den Grundkenntnissen des Lesens lernten wir leider bereits, daß wir als weibliche Wesen weniger wichtig, weniger fähig, weniger aktiv und weniger interessant sind als die Angehörigen des männlichen Geschlechts. Obwohl 51 Prozent der Weltbevölkerung Frauen sind, vermitteln die Lehrbücher an den Schulen ein ganz anderes Bild. Bei der Betrachtung von 134 bei vierzehn verschiedenen Verlagen erschienenen Lesebüchern für Grundschulen, die in Vorortschulen verwendet wurden, stellte eine Studiengruppe folgendes fest: In insgesamt 2760 Geschichten

- überwogen die auf Jungen ausgerichteten Geschichten gegenüber den auf Mädchen ausgerichteten Geschichten im Verhältnis fünf zu zwei;
- überwogen erwachsene männliche Hauptpersonen gegenüber den erwachsenen weiblichen Hauptpersonen im Verhältnis drei zu eins;
- überwogen Männerbiographien gegenüber Frauenbiographien im Verhältnis sechs zu eins;
- überwogen Geschichten über männliche Tiere gegenüber Geschichten mit weiblichen Tieren im Verhältnis zwei zu eins;
- überwogen Sagen und Phantasy-Geschichten mit männlichen Hauptfiguren gegenüber jenen mit weiblichen Hauptfiguren im Verhältnis vier zu eins.[7]

Weibliche Charaktere, Kinder wie Erwachsene, Menschen ebenso wie Tiere, werden häufig als schwach, abhängig, boshaft, unfähig zu Freundschaft, voller Angst vor Risiken, übertrieben eitel und labil dargestellt. Im Gegensatz dazu werden die Jungen meist als stark, unabhängig, tüchtig, zuverlässige Freunde, tapfer und unternehmungslustig beschrieben.

Selbst auf einem scheinbar neutralen Gebiet wie der Mathematik kann man uns unterschwellig die Lektion erteilen, Mädchen zählten weniger als Jungen. Bei der Durchsicht von Mathematikbüchern der Grundschule stellte Marsha Federbush fest, daß Probleme häufig in einer Form angesprochen werden, die herabsetzende Stereotypen von Mädchen (»Susan bekam nicht heraus, wie man...«) und überhöhende Bilder von Jungen (»Jim zeigte ihr, wie man...«) beinhalten. Bei der Durchsicht der Mathematikbücher für die Mittel- und Oberstufe stieß Federbush ebenfalls auf Bücher, die so abgefaßt sind, als hätten auf dem Gebiet der Mathematik ausschließlich Männer wichtige Beiträge geleistet. So ist zum Beispiel »kein Wort erwähnt« über Emmy Noether, obwohl ihr große Verdienste bei der Entwicklung der modernen abstrakten axiomatischen Algebra zukommen.[8]

Sicherlich faßte niemand in den Schulbuchverlagen bewußt den Plan: Machen wir ein paar Schulbücher, deren Inhalt so gestaltet ist, daß die Jungen sich gut und die Mädchen sich schlecht fühlen. Unsere tendenziell androzentrierten Schulbuchtexte sind Bestandteil des praktisch von der ersten Klasse an androzentrierten Lehrplans; sie entwickelten sich als unvermeidliches Nebenprodukt der jahrhundertealten Tradition, formale Bildung ausschließlich den Männern vorzubehalten und auf diese auszurichten. Das den Frauen so lange vorenthaltene Recht auf formale Bildung garantierte, daß im Mittelpunkt jedes Bereiches der akademischen Institutionen die Männer und deren Belange standen. Männer berichteten über ihre Erfahrungen und nannten das Geschichte; Männer betrachteten die Funktionsweise der Natur und nannten ihre Beobachtungen Naturwissenschaft; Männer stellten sich Fragen über die Existenz Gottes und über das Böse und nannten ihre Mutmaßungen Theologie; Männer erfanden Geschichten, schrieben sie nieder und nannten das Literatur; und Männer dachten über Themen wie Wahrheit, Schönheit, Gerechtigkeit und das Wesen der Existenz nach und nannten ihre Theorien Philosophie. Die meisten Kinder werden auch heute noch in einer akademischen Tradition unterrichtet, die die Erfahrungen, Beiträge und Erkenntnisse von mehr als der Hälfte der Menschheit außer acht läßt.

Nicht in der Anglokultur verwurzelte Schülerinnen wurden an amerikanischen Schulen nicht nur wegen ihres Geschlechtes diskriminiert. Den Kindern der amerikanischen Ureinwohner erklärte man, die von ihren Vorfahren über Jahrhunderte gesprochenen Sprachen seien grob und ungeschliffen. Sie mußten gezwungenermaßen englisch sprechen,denn die US-Regierung verbot den Gebrauch indianischer Sprachen. Mit Einwandererkindern aus Europa und Asien verfuhr man genauso. Für Maxine Hong Kingston war das Verbot, chinesisch zu sprechen, eine solch traumatische Erfahrung, daß sie in der Schule die ersten drei Jahre lang kein Wort sagte. Selbst Jahre später fühlt sie sich noch immer unwohl, wenn sie englisch spricht:

»Als ich in die Vorschule kam und zum erstenmal englisch sprechen mußte, verstummte ich. Ich fühle mich noch immer sprachlos, und meine Stimme bricht, selbst wenn ich nur beiläufig ›hallo‹ sagen möchte, oder vor einem Schalter eine einfache Frage stelle oder einen Busfahrer nach der Haltestelle frage... Während des ersten stummen Jahres sprach ich mit niemandem in der Schule ein Wort – ich fragte nicht einmal, ob ich auf die Toilette gehen dürfe – und erreichte natürlich das Klassenziel nicht.«[9]

Die in der Schule besprochene Literatur ignorierte im großen und ganzen die Existenz von Frauen und Angehörigen anderer Kulturen als der anglo-amerikanischen. In der Oberstufe wird kaum ein von einer Schriftstellerin verfaßtes Werk behandelt. Im allgemeinen wird lediglich Edith Wharton gelesen, die Brontës, Jane Austen und Harriet Beecher Stowe werden immerhin erwähnt. Dieselbe Ehre widerfährt auch einigen schwarzen Schriftstellern, etwa James Baldwin, aber die weißen Männer-Schriftsteller stehen absolut im Mittelpunkt. Die wenigen Autorinnen, über deren Werke gesprochen wird, sind meist ebenfalls weiß, die Werke schwarzer, asiatischer und lateinamerikanischer Frauen finden praktisch nirgendwo Erwähnung.[10]

Das Unterrichtsfach Geschichte war alleine den Männern vorbehalten, Frauen wurden gekonnt ausgeschlossen. Daß Frauen in der Geschichte vollkommen übergangen werden, wirkt sich katastrophal auf ihr Selbstwertgefühl aus. Beschäftigt sich ein Junge mit Geschichte, findet er ständig Bestätigung; er erfährt vieles über Kriegshelden, Eroberer, Forschungsreisende, Erfinder – Bilder starker Männer, mit denen er sich identifizieren kann und die seine Selbstachtung steigern. Beschäftigt sich ein Mädchen mit Geschichte, gibt es keine Bestätigung für sie. Verzweifelt sucht sie nach Bildern starker Frauen. Dabei stößt sie auf eine Jungfrau von Orléans (auf dem Scheiterhaufen verbrannt), eine Betsy Ross (verdankt ihren Ruhm dem Nähen), eine Carrie Nation (moralisierender Drachen), eine Florence Nightingale (Oberkrankenschwester), ein paar Königinnen (allesamt nur auf dem Thron, weil männliche Erben fehlten). Darüber hinaus gibt der traditionelle Geschichtsunterricht dem Mädchen kein Vorbild, buchstäblich gar keines. Es ist also kein Wunder, daß sich so viele Frauen als »unbeschriebenes Blatt« fühlen.

Die bewußt in Szene gesetzte Ignoranz für die Rolle der Frau in der Geschichte führte zu einer Anzahl gängiger frauenfeindlicher Mythen, die der Selbstachtung der Frauen zusätzlichen Schaden zufügen. Besonders zerstörerisch ist der Mythos, Frauen seien nur Konsumentinnen der Kultur und niemals selbst schöpferisch tätig gewesen. »Wenn die Frauen tatsächlich über die gleichen Fähigkeiten verfügen wie die Männer«, so lautet die darin implizierte Frage, »warum haben Frauen dann nie etwas Erwähnenswertes zustande gebracht?« Die Antwort lautet, daß Frauen in Wirklichkeit sehr wohl zu vielen Leistungen in der Geschichte beigetragen haben, die Männer allerdings die Leistungen der Frauen für nicht erwähnenswert hielten. Schlimmer noch, die Männer gaben die Leistungen der Frauen oft als ihre eigenen aus. So entstand zum Beispiel der Mythos vom »Mann, dem Jäger«. Den meisten von uns brachte man bei, das Überleben unserer Vorfahren sei durch den Jäger gesichert worden und er sei es gewesen, der die ersten Werkzeuge erfand, das Feuer beherrschte, die Sprache entwickelte und andere wichtige materielle und konzeptionelle Beiträge leisteten, die den beständigen Fortschritt ermöglichten. Unsere Urahnen waren jedoch ursprünglich Vegetarier und Früchteesser, keine Fleischesser, und es war die Frau, die Sammlerin, nicht der Mann, der Jäger, die für den größten Teil der Nahrung sorgte und das Überleben sicherte. Anthropologische Erkenntnisse deuten ferner darauf hin, daß die Frau und nicht der Mann in der frühgeschichtlichen Kultur die aktivste Rolle spielte. Wahrscheinlich war sie es, die die ersten Werkzeuge und nutzbringenden Dinge (möglicherweise Schlingen aus langen Gräsern zum Tragen der Kinder und Nahrungsmittel) herstellte, die das Feuer beherrschte, die handwerkliche Fähigkeiten wie Töpfern, Weben und das Errichten von Bauwerken entwickelte und die auch die primäre Rolle bei der Entwicklung der Sprache, der Mathematik, der Kunst des Gartenbaus und der Landwirtschaft spielte.[11]

Ergänzend zur Negierung unserer für die Geschichte bedeutsamen Leistungen und dem daraus folgenden Verlust unserer kollektiven Selbstachtung vermittelte man uns eine Einschätzung bestimmter historischer Epochen, die schlicht falsch ist. So wie man uns Geschichte beigebracht hat, zählt die Demokratie im antiken Griechenland zur Blütezeit der Zivilisation, das Mittelalter als eine Zeit, in der sich die Zivilisation auf dem Rückzug befand, die Renaissance wieder als eine Zeit des Fortschritts und das Zeitalter nach dem Amerikanischen Freiheitskrieg, besonders die Jackson-Ära, als eine Epoche zunehmender Freiheit für das Volk. Diese traditionelle, androzentrierte Sicht wird ad absurdum geführt, wenn man die westliche Geschichte aus dem Blickwinkel der Frauen betrachtet. Für eine Frau bedeutete die Demokratie im alten Athen entweder das Konkubinat oder, falls sie mit einem Bürger der Stadt verheiratet war, ständigen Aufenthalt im Haus und eine mangelhafte Ernährung. Das Mittelalter gab den Frauen dagegen zunehmend Freiheit und Macht in vieler Hinsicht, auch brachte es eine Verbesserung der Ernährung und der Gesundheit mit sich. In der Renaissance wiederum verloren die Frauen viel an Freiheit und Macht, ihr Wissen und ihre Fähigkeiten wurden zunehmend verunglimpft, und sie wurden immer stärker durch die Hexenverfolgungen terrorisiert. Die Epoche nach dem Amerikanischen Freiheitskrieg, besonders die Ära von Präsident Jackson, brachte den Frauen einen Verlust an gesetzlich verbrieften Rechten, und weiter nichts.[12]

Noch deutlicher wird die Mißachtung, mit der Frauen in der traditionellen Geschichtsschreibung behandelt werden, wenn wir die Darstellung von Frauen in der amerikanischen Geschichte betrachten. Die meisten von uns bekamen die Geschichte ihres Landes aus rein männlicher Sicht vermittelt. Wir erfuhren nichts über die bedeutende Rolle der Frauen während des Freiheitskrieges, wir erfuhren weder, daß zu dieser Zeit zum erstenmal eine aktive Beteiligung der Frauen an der Politik stattfand, noch wie es den Frauen während und nach dem Krieg erging. Wir lernten so gut wie nichts über den fast siebzig Jahre andauernden Kampf um das Frauenwahlrecht; statt dessen teilte man uns lapidar mit, daß den Frauen 1918 das Wahlrecht »erteilt« wurde. Kein Wort sagte man uns über die radikale feministische Bewegung, für deren zahlreiche Anhängerinnen und Mitstreiterinnen das Erkämpfen des Wahlrechts nur ein Ziel unter vielen war; man brachte uns statt dessen bei, die frühen Feministinnen als Suffragetten zu sehen, deren einziges Anliegen dieses eine Thema gewesen sei.

Farbige Frauen wurden von den androzentrischen Lehrplänen besonders diskriminiert, denn die uns in der Schule vermittelte Weltanschauung war nicht nur sexistisch, sie war außerdem auch rassistisch. Der Unterricht an unseren Schulen basierte auf der Überzeugung, die weißen Amerikaner stellten die Spitze der Zivilisation dar und alle anderen Menschen und Kulturen stünden weit darunter. Falls wir überhaupt etwas über Kulturen in Afrika oder Asien erfuhren, dann, daß die Menschen dort »primitive Barbaren« seien.

Ebenfalls sehr wenige oder sogar falsche Informationen bekamen wir über die in den Vereinigten Staaten lebenden Schwarzen, Lateinamerikaner oder Asiaten. Auch über die Völker, die lange vor den weißen Siedlern in Nord- und Südamerika lebten, wurden wir belogen. Leider setzt sich dies bis heute fort. Vielen Kindern der eingeborenen Amerikaner, die an weißen Schulen unterrichtet werden, erklärt man, an ihrem kulturellen Erbe sei nichts, was man achten könne, es sei vielmehr zu hassen – eine direkte Aufforderung zum Selbsthaß. Eine Frau, die den Ojibwa angehört, erinnert sich:

»Im Herbst ging ich wieder zur Schule. Inzwischen konnte ich englisch sprechen, und mein Mund stand nie still. Wir lasen ein Geschichtsbuch über die ›Wilden‹ mit bunten Bildern. Da waren Krieger, die weiße Leute angriffen – eine Frau hielt ihr Baby im Arm. Ich sah Tomahawks, Blut strömte, Federn flogen. Ich zeigte das Bild der Schwester. Sie sagte: ›Rose Mary, weißt du denn nicht, daß du Indianerin bist?‹ Ich sagte: ›Nein, das stimmt nicht.‹ Sie sagte: ›Doch, du bist Indianerin.‹ Ich sagte: ›Nein!‹ Dann rannte ich hinter die Wacholderbüsche und weinte und weinte. Eine Woche lag ich im Krankenzimmer. Ich konnte nichts essen. Ich war richtig krank.«[13]

Abgesehen vom Androzentrismus und Rassismus ist mit das größte Problem, daß kaum etwas von dem uns in der Schule vermittelten Wissen mit der Realität unseres Lebens zu tun hat. Wenn wir mit den Frauen über ihre Erfahrungen aus der Schulzeit sprachen, kamen immer wieder dieselben Fragen: Warum sprechen sie in der Schule überhaupt nie über Gefühle? Warum lernen wir nichts über unseren Körper? Warum wurde nie darüber gesprochen, wie es ist, wenn ein geliebter Mensch stirbt und wie man mit dieser Krise umgeht? Eine Frau drückt es folgendermaßen aus:

»In der Schule lernt man nicht, was wirklich wichtig ist. Die erzählen einem von dieser Schlacht und jener Schlacht, und wie sich das Sonnensystem zusammensetzt, aber man lernt kaum Dinge, die zu einem besseren Selbstverständnis beitragen und bei der Bewältigung des Lebens helfen. Ich dachte immer, es liegt an mir, irgend etwas stimme mit mir nicht. Mir kam gar nicht in den Sinn, daß man nicht mit dem für das Leben notwendigen Wissen geboren wird, sondern daß das Problem darin besteht, daß mich niemand mit dem Basiswissen ausgerüstet hat, das ein erwachsener Mensch einfach braucht.«

Wer unterrichtete uns und wie: Die Grundschuljahre

An der Grundschule überwiegen unter den Lehrkräften die Frauen, deshalb hatten die meisten von uns in den ersten Klassen wahrscheinlich eine Lehrerin. Je weiter wir in der Schule kamen, um so höher wurde der Prozentsatz an Männern, die uns unterrichteten, und auf dem College waren praktisch fast alle unserer Professoren männlichen Geschlechts. Aber in den ersten Jahren, als wir noch am empfänglichsten für neue Eindrücke waren, kaum etwas anzweifelten und unbedingt alles rechtmachen wollten, wurden wir meist von Frauen unterrichtet. Frauen machten uns also mit der Institution Schule und mit all der die Schule repräsentierenden Macht, ihrer Autorität und dem Lernen bekannt.

Die androzentrische Tendenz manifestiert sich auch darin, daß die Frauen als Lehrkräfte an der Grundschule überwiegen, auch wenn dies auf den ersten Blick als ein Widerspruch an sich erscheinen mag. Doch ihre Überzahl besteht nicht aufgrund der bewußten, planmäßigen Bemühung, den Frauen die Ausbildung der kleineren Kinder zu überlassen, sondern aus dem einfachen Grund, weil Frauen billigere Arbeitskräfte sind als Männer. Die wirkliche Macht in der Bildungspolitik üben bis zum heutigen Tag die Männer aus. Die meisten Universitäts- und Collegeprofessoren und Schuldirektoren sind Männer, und auch in den oberen Etagen der Schulverwaltungen sowie bei den Kultusbehörden und in den Ministerien sitzen Männer. Im großen und ganzen trafen also Männer die maßgeblichen Entscheidungen darüber, was man uns in der Schule beibrachte – und Männer sind auch heute noch für diese Entscheidungen verantwortlich.[14]

Unsere Lehrerinnen mögen wenig Macht im Umgang mit den Direktoren oder den Männern der Schulbehörde gehabt haben, aber das wußten wir nicht, und so erlebten wir Schulanfängerinnen sie als unerschütterliche Säulen der Autorität. Im Umgang mit uns repräsentierten sie eine ungeheure Macht – manchmal sogar eine absolute. Je nachdem, ob unsere Lehrerinnen uns kritisierten oder lobten, werteten wir unseren Erfolg oder Mißerfolg und fühlten uns als etwas Besonderes oder als Versagerin. Sie hatten also großen Einfluß auf unsere Selbstachtung. Unsere Lehrerinnen prägten außerdem unsere Ansichten über die uns in der Zukunft offenstehenden Möglichkeiten, denn die Macht, die sie über uns besaßen, und die Tatsache, daß wir fast tagtäglich mit ihnen zusammenwaren, lassen es naheliegend erscheinen, daß sie für uns zu einem Rollenvorbild wurden.

Zur Disziplinierung der Kinder wandten die Lehrerinnen der von uns befragten Frauen in den ersten Schuljahren eine Reihe von Methoden an, die leider der Selbstachtung der Mädchen Schaden zufügte. Eine dieser Methoden bestand darin, eine Atmosphäre zu schaffen, in der sich die Kinder fühlten, als säßen sie auf einem Schleudersitz. So wurde die Schule zu einem Umfeld, in dem gewaltiger Streß an der Tagesordnung war. Nirgendwo sonst wird ein Mensch ständig derart überwacht und beurteilt. Jeden Moment mußten wir darauf gefaßt sein, aufgerufen zu werden und beweisen zu müssen, was wir wissen. Doch nicht nur unsere Leistung, auch unser Verhalten unterlag ständiger Beobachtung und Beurteilung. Unsere Lehrerinnen verfügten uneingeschränkt über die Macht, über unser Betragen, unsere Reinlichkeit, unsere Begabung und unsere Intelligenz zu urteilen, ja, sie besaßen sogar die Autorität, Beurteilungen über objektiv nicht meßbare Dinge wie unsere Motivation abzugeben. In der Schule konnten wir jederzeit aus der Gruppe der anderen Schülerinnen und Schüler herausgehoben werden, stets konnte die Lehrerin Rechenschaft von uns verlangen, uns fragen, warum wir uns umsahen oder gedankenlos vor uns hinkritzelten oder – und das war am schlimmsten – uns auf unsere innersten Gedanken ansprechen (»Sally, träumst du?«).

Um uns zu disziplinieren, setzten uns unsere Lehrerinnen absichtlich der Schande aus und gaben uns der Lächerlichkeit preis. Wären ihre Beurteilungen, wenn schon nicht positiv, so doch wenigstens in Form konstruktiver Kritik ausgefallen, hätten sie wohl kaum eine so vernichtende Wirkung auf uns gehabt. Viele der von uns befragten Frauen erinnerten sich, von ihren frustrierten Lehrerinnen als dumm bezeichnet worden zu sein, sie mußten sich anhören, sie würden es ja doch nie begreifen und sie seien unartig. Mit am häufigsten fielen die jedes Kind beschämenden Worte: »Du strengst dich einfach nicht genug an.« Manche der angewandten Methoden waren allerdings noch schlimmer als beschämende Worte – zum Beispiel ein Kind, das unter Verhaltens- oder Lernstörungen litt, in die Ecke zu stellen. Darüber hinaus machten sich manche Lehrerinnen über Dinge lustig, über die ein Kind keinerlei Kontrolle hatte – über die Kleidung, das Aussehen, den Akzent beim Sprechen, die Figur und den sozialen Status der Familie.

Keine Seltenheit in den Klassenzimmern war es, die Kinder mit einer Etikettierung zu versehen. Lehrkräfte scheinen in Etikettierungen geradezu verliebt: »Begabt«, »lernbehindert«, »besser als erwartet« und »emotional gestört« sind nur ein paar ihrer routinemäßig auf Kinder angewandten Formeln. Hat ein Kind einmal sein Etikett erhalten, bleibt es ihm für gewöhnlich für den Rest seiner Schulzeit und bestimmt somit, was von ihm erwartet und in welcher Richtung es gefördert wird. Ein Mädchen mit der Etikettierung »begabt« kann sich das ganze Leben lang einem besonderen Leistungsdruck ausgesetzt fühlen. Das Mädchen mit der Etikettierung »lernt langsam« oder »Leseschwierigkeiten« nimmt dieses Urteil als gegeben an und schätzt sich wahrscheinlich fortan selbst so ein.

Schulen sind hierarchische Institutionen und greifen zur Aufrechterhaltung der Kontrolle im Klassenzimmer auch gerne auf innovative Methoden aus der hierarchischen Ordnung zurück wie Notendruck, Einteilung in Leistungsgruppen und Aufstellung einer Rangfolge unter den Schülerinnen und Schülern. Als besonders wirksam erweist sich die Drohung, eine Klasse wiederholen zu müssen. Sitzenzubleiben ist die größte Schande: Das Kind, das sitzenbleibt, wird vor aller Augen als Versager angeprangert. Das Leistungsprinzip steht über allem. Bringt ein Kind zum Beispiel eine gute Leistung, wird es eventuell in der Woche darauf in eine höhere Leistungsgruppe eingestuft. Für die Kinder, die eine Stufe nach der anderen emporsteigen, ist dieses System zweifellos annehmbar, ja, es fördert ihre Selbstachtung. Aber für die Selbstachtung eines Kindes, das langsamer lernt oder kaum Fortschritte macht, sind solche Praktiken vernichtend.

Immer wieder berichteten Frauen, als Schulmädchen von einer Lehrerin oder einem Lehrer körperlich gezüchtigt worden zu sein. Von einer Lehrkraft oder einer anderen Autoritätsperson der Schule gestoßen oder geschlagen zu werden wirkt sich auf das Selbstwertgefühl eines Kindes verheerend aus. Eine Frau faßt wie folgt zusammen:

»Für mich war die Welt ein Ort, wo man jeden Moment aus unerfindlichen Gründen geschlagen werden kann, ohne das Recht zu haben zurückzuschlagen. Weil es in der Schule und bei uns zu Hause so war, dachte ich, es wäre überall so.«

Zwar erinnerten sich die meisten der von uns befragten Frauen an schmerzliche und demütigende Erfahrungen aus ihrer frühen Schulzeit, aber bei vielen hielten sich gute und schlechte Erfahrungen in etwa die Waage, und einige machten auch solche, die ihnen ein gutes Selbstgefühl vermittelten:

»Ich war keine sehr gute Schülerin. Außerdem hatte ich eine Menge Probleme mit den anderen Kindern, die mich hänselten. Die Schule war deshalb nicht gerade mein bevorzugter Aufenthaltsort. Aber in der vierten Klasse hatte ich eine Lehrerin, die sich aus irgendeinem Grunde meiner annahm und mich aufbaute.«

Für Kinder aus gestörten Familien konnte die Schule ein Zufluchtsort sein, wo Lehrerinnen und Lehrer zu ihren besten Verbündeten wurden:

»Ich bin an verschiedenen Pflegestellen aufgewachsen. Nur in der Schule fühlte ich mich geborgen. Viele Lehrerinnen und Lehrer gaben sich Mühe mit mir. Sie gaben mir das Gefühl, ich sei zu guten Leistungen fähig und etwas wert. Auch als man mich auf katholische Schulen schickte, änderte sich daran nichts. Die Nonnen gaben mir auf ihre Weise Liebe und damit Selbstvertrauen.«

Im Zuge unserer Interviews stellten wir fest, daß oft schon eine einzige positive Erfahrung mit einer Lehrerin oder einem Lehrer einen ungeheuren Einfluß auf das gesamte Weltbild eines kleinen Mädchens aus einer gestörten Familie haben kann. Manchmal gelang es einer liebevollen, fürsorglichen und Förderung gewährenden Lehrkraft, bei einem Kind den Wandel von Selbsthaß zu beginnender Selbstakzeptanz einzuleiten.

Spätere Erfahrungen in der Schulzeit

Je weiter wir in der Schule kamen, um so geringer wurden unsere Chancen, unsere Selbstachtung steigernde Erfahrungen zu sammeln, denn wir bekamen mehr und mehr männliche Lehrkräfte. Auch wer ein College besuchte, wird diese Erfahrung gemacht haben. Die Tatsache, daß zumeist Männer die höhere Bildung vermitteln und wichtige Fächer wie höhere Mathematik, Physik und Philosophie unterrichten und Frauen für die Vermittlung der elementaren Kenntnisse wie Lesen, Schreiben und Grundrechenarten zuständig sind, erweckt in Schülerinnen und Studentinnen unweigerlich den Eindruck, höhere Bildung sei eine Domäne der Männer. Selbst wenn sich einige Lehrer bemühten, ihren Schülerinnen das Gefühl zu geben, ihnen stünden sämtliche Möglichkeiten offen, wurden diese Bemühungen oft durch die Mehrheit andersdenkender Lehrer wieder vereitelt:

»In der letzten Klasse der High-School hatte ich einen Chemielehrer, der zu hundert Prozent hinter mir stand und mir Mut machte, auf dem College Chemie als Hauptfach zu belegen und entweder Chemie oder Medizin zu studieren. Aber auf dem College verlor ich rasch mein Selbstvertrauen. Dort unterrichtete in den naturwissenschaftlichen Fächern nicht eine einzige Frau, und außer mir hatten sich in die Chemiekurse keine Frauen eingeschrieben. Meine Kommilitonen betrachteten mich wie eine sonderbare exotische Erscheinung, und die Professoren behandelten mich entweder herablassend oder kamen gleich zur Sache und erklärten, für mich sei es nicht sehr vielversprechend, ein naturwissenschaftliches Fach zu studieren. Das ist in diesem Alter nicht so leicht wegzustecken. Mir jedenfalls wurde ganz mulmig, und ich machte weiter mit Krankenpflege.«

Noch komplizierter wird die Situation der Schülerinnen und besonders der Studentinnen durch die nicht eben selten vorkommende sexuelle Komponente in der Beziehung Schülerin / Studentin–Lehrer / Professor in den höheren Klassen und Colleges. Die für Frauen so demütigende Formel, »bumsen oder durchfallen«, ist leider vielen Schülerinnen und Studentinnen nur allzu vertraut. Ebenfalls nicht ungewöhnlich ist die Erfahrung mancher Frauen, zwar zum Lernen ermutigt und auch gefördert zu werden, aber dann feststellen zu müssen, daß es dem Lehrer oder Professor letztendlich nur um Sex ging:

»Ich hatte einen Philosophieprofessor, der mir immer wieder gesagt hat, ich hätte einen kreativen, unabhängigen und scharfsinnigen Verstand und ich solle meine potentiellen Fähigkeiten auf keinen Fall vernachlässigen. Dann stellte sich heraus, daß es ihm nur darum ging, mir mein Höschen runterzuziehen. Ich kam mir so dumm vor, weil ich ihm geglaubt hatte, und furchtbar gedemütigt.«

Wir wollen hier wahrhaftig nicht unterstellen, alle männlichen Lehrkräfte spannten ihr Netz und fingen ihre Schülerinnen und Studentinnen wie Spinnen die unschuldigen Fliegen. Viele Lehrer und Professoren haben ihre Schülerinnen und Studentinnen gefördert, ohne je den kleinsten Annäherungsversuch zu unternehmen. Trotzdem können sie der Selbstachtung der Frauen schaden. Denn um dem Anspruch männlicher Lehrkräfte gerecht zu werden, müssen Schülerinnen und Studentinnen ihr Geschlecht und ihre Verbundenheit mit den Angehörigen ihres Geschlechtes verleugnen, wie Adrienne Rich beobachtet:

»Der Lehrer mag eine echte ›väterliche‹ Beziehung zu seiner begabten Schülerin-Tochter haben; viele intellektuelle Frauen wurden von ihren klugen Vätern oder Lehrern gefördert und unterrichtet. Doch das *Nichtvorhandensein* der überragenden, kreativen Mutter oder Lehrerin ist letzten Endes von größerer Bedeutung als das Vorhandensein eines überragenden, kreativen Lehrers. Wie Vaters Lieblingstochter in der patriarchalischen Familie, so identifiziert sich die talentierte Schülerin schließlich stärker mit dem Lehrer als mit ihren Schwestern... er bestätigt ihren insgeheim gehegten Verdacht, etwas ›Besonderes‹ zu sein.«[15]

Doch am stärksten benachteiligt ist die Frau, die von ihren Lehrern gar nicht gefördert wurde. Oft wird eine Schülerin oder Studentin, die weder besonders begabt noch außergewöhnlich hübsch ist, von den Lehrern und Professoren einfach ignoriert, oder es wird ihr unmißverständlich von einer Fortsetzung des Studiums abgeraten. Gleichzeitig werden aber Schüler und Studenten, die weitaus weniger gute Voraussetzungen für ein Studium mitbringen als sie, wie junge Genies behandelt, ihre banalen Einsichten werden als markante Meilensteine bezeichnet und ihre mittelmäßigen Abhandlungen von ihren männlichen Kollegen als »bedeutende Beiträge« auf diesem Gebiet hochgelobt. Kein Wunder, daß Frauen, auch wenn sie eine bessere Ausgangsbasis für eine akademische Ausbildung aufweisen als viele Männer, gegen Ende der High-School und auf dem College zurückfallen – und damit häufig aufs Abstellgleis geraten.

Besonders für Frauen, die nicht der Mittel- oder Oberschicht angehören, ist die akademische Welt äußerst schwer zugänglich und befremdlich. Schon allein wegen der Kosten, aber auch weil die Verwaltungen der Colleges und Universitäten bevorzugt Studenten und

Studentinnen aus Schulen mit berühmten Namen aufnehmen, haben Frauen aus der Arbeiterschicht weniger Chancen, ein College oder eine Universität zu besuchen. Wird eine Frau aus einer Arbeiterfamilie trotz aller Hindernisse aufgenommen, gehört sie zwangsläufig zu einer Minderheit:

»Ich hatte Glück und bekam ein Stipendium an einer recht angesehenen Universität. Einerseits war ich stolz darauf, Stipendiatin zu sein und aus einer Arbeiterfamilie zu kommen, andererseits schämte ich mich meiner Herkunft. All die Jahre schwankten meine Gefühle zwischen Stolz und Scham über meine Herkunft. Noch heute leide ich an diesem inneren Zwiespalt.«

Da sich die Universitäten fest in der Hand der Mittel- und Oberschicht befinden und Studierende wie Lehrkräfte größtenteils männlich und weiß sind, fühlen sich Frauen mit einer anderen Hautfarbe in zweifacher Hinsicht nicht zugehörig:

»Ich war die einzige Asiation auf dem Campus. Es war sehr schwer, jeden Tag da hinzugehen und nie jemanden mit einem Gesicht zu sehen, das meinem ähnlich war. Ich kam mir unter den anderen vor wie eine bunte Kuh, einerseits sehr exponiert, aber andererseits völlig unsichtbar.«

Gleichberechtigter Zugang zu den Bildungseinrichtungen reicht nicht

Die ersten Verfechter und Verfechterinnen der Frauenrechte wie Mary Wollstonecraft und John Stuart Mills betrachteten den gleichberechtigten Zugang zur Bildung als entscheidende Voraussetzung zur Erschütterung der traditionellen Dominanz der Männer und zur Erlangung der vollen Gleichberechtigung. Sie waren der Ansicht, unsere Ausbildung, die nur auf die Bereiche Hausarbeit und Frömmigkeit ausgerichtet war, fördere unsere Unterwürfigkeit und Abhängigkeit; es sei deshalb nicht erstaunlich, wenn sich Frauen als Untergeordnete der Männer begreifen und entsprechend verhalten würden. Zur Wahrung der Menschenrechte und zur Anerkennung als vollwertige Menschen müsse den Frauen dieselbe Ausbildung wie den Männern zuteil werden. Solange man den Frauen Grundkenntnisse wie Lesen und Schreiben vorenthalte, gäbe es keine Möglichkeit zur Gleichberechtigung der Geschlechter.[16]

Zur damaligen Zeit waren feministische Argumente wie die von Wollstonecraft und Mill revolutionär, und im wesentlichen waren sie auch sehr vernünftig. Aber sie gingen nicht weit genug. Wollstonecraft und Mill stellten die Lehrinhalte an den Schulen nicht in Frage und auch nicht die Form des Unterrichts; sie setzten einfach voraus, daß die auf Männer zugeschnittene Schule auch für Frauen die richtige ist. Aber wie wir gesehen haben, ignoriert der Lehrstoff die

Frauen in vielen Bereichen oder setzt sie herab, und viele der in den Klassenzimmern von Lehrerinnen und Lehrern praktizierten Methoden zerstören das Selbstwertgefühl und die Individualität der Mädchen. Sicher, was die Bildungschancen angeht, sind die Frauen heute wesentlich besser dran als vor hundert Jahren. Da aber das Erlernen der Grundkenntnnisse nach einem Lehrplan erfolgt, der unleugbar sexistische und rassistische Tendenzen enthält, hat sich für uns, was die Steigerung der Selbstachtung angeht, im Vergleich zu früheren Frauengenerationen nichts wesentlich zum Vorteil gewandelt. Im Gegenteil, einige Jahrhunderte früher geboren, waren Frauen nicht dem von unseren Bildungsinstitutionen vermittelten androzentristischen und rassistischen Weltbild ausgesetzt.

Vorschläge zur Veränderung

I. Grundlagen der Selbstachtung

Auf welche Weise, positiv oder negativ, wirkte sich die Schule auf Ihre Selbstachtung aus (meist wird es sich um eine Kombination beider Komponenten handeln)? Welchen Einfluß hatte sie auf Ihre Macht und Kompetenz? Auf Ihr Gemeinschaftsgefühl? Auf Ihre Individualität? Auf Ihren Realitätssinn? Auf Ihre Werte und Ihre Ethik? Hatten Sie positive Rollenvorbilder in der Schule? Negative Rollenvorbilder? Welche Etikettierungen erhielten Sie? Kamen Sie in Verbindung mit dem Schulsystem mit gestörten Erwachsenen zusammen? Welchen Einfluß hatten diese Personen auf Sie? Es ist zu hoffen, daß Sie in der Schule einige positive und zutreffende Selbsteinschätzungen gewonnen haben. Wenn Sie die Ihnen vermittelten negativen und unrealistischen Einschätzungen über sich selbst identifizieren können, verwerfen Sie diese und ersetzen Sie sie durch eher positive, präzise und heute besser auf Sie zutreffende Einschätzungen.

II. In Frage stellen der Lerninhalte

Denken Sie an spezielle Aspekte, die man Sie in der Schule lehrte. Sind sie in jedem Fall richtig? Ein gutes Beispiel dafür sind die Dinge, die man uns über Menschen anderer Hautfarbe und das Nicht-Vorhandensein der Frauen in der Geschichte beibrachte. Das, was wir gelernt haben, ist nicht der Weisheit letzter Schluß.

Ergänzend zur Infragestellung der Lerninhalte trägt die Weiterbildung oft zu einem verbesserten Selbstgefühl bei. Viele Frauen haben das Gefühl, auf bestimmten Gebieten, etwa in handwerklichen Berei-

chen wie Autoreparieren, in Mathematik und Naturwissenschaft etwas »versäumt« zu haben. Erwachsenenbildung ist eine gute Möglichkeit, solche Lücken zu schließen oder Interessen auszubauen. Sie wird in vielen Städten und Gemeinden von verschiedenen Einrichtungen angeboten. Außerdem bietet die Erwachsenenbildung die Möglichkeit zum Kontakt mit einer Gemeinschaft. Denken Sie daran, niemand weiß alles, und niemand ist je zu alt, um zu lernen.

III. In Frage stellen der Wissensvermittlung

Fühlten Sie sich in der Schule verängstigt und »in der Klemme«, und konnten Sie deshalb nicht entspannt lernen? Wurden Sie von Ihren Lehrerinnen und Lehrern methodisch beschämt oder der Lächerlichkeit preisgegeben? Waren Sie Hierarchien im Klassenzimmer ausgesetzt, die Ihr Selbstwertgefühl beeinflußten? Nahmen Sie an Förderkursen oder Begabtenkursen teil? Wie beeinflußten diese Erfahrungen Ihr Selbstverständnis und Ihre Beziehung zu den anderen Kindern? Erlebten Sie körperliche Züchtigung am eigenen Leib? Beeinflussen Ihre damaligen Erfahrungen Ihre heutige Einstellung zum Lernen? Methoden wie die Beschämung und das der Lächerlichkeit Preisgeben sind in der Erwachsenenbildung kaum üblich. Sollte es doch einmal vorkommen, so haben Sie inzwischen die Macht, einfach nicht mehr hinzugehen, wenn es Ihnen widerstrebt. Machen Sie sich klar, daß derartige Methoden unmenschlich sind, und stellen Sie das Minderwertigkeitsgefühl, das Sie aufgrund derartiger Methoden vermittelt bekamen, in Frage. Das Problem waren die Methoden – nicht Sie.

IV. Unterrichten von Kindern heute

Wenn Sie Lehrerin sind, sollten Sie den Einfluß Ihrer Unterrichtsmethoden sowie des von Ihnen vermittelten Wissens auf das sehr formbare Selbstverständnis der Kinder berücksichtigen. Viele Lehrer und Lehrerinnen ziehen diese Aspekte heute mit in Betracht. Falls die von uns angeführten problematischen Lehrmethoden an Ihrer Schule angewendet werden: Ist es wirklich notwendig, daß auch Sie sie anwenden? Was können Sie im Klassenzimmer tun, um die möglichen nachteiligen Auswirkungen, so gut es geht, zu eliminieren? Sind Sie ein Rollenvorbild für Ihre Schülerinnen?

Zahlreiche Eltern schulpflichtiger Kinder begreifen heute die Wichtigkeit dessen, was man Ihren Kindern in der Schule vermittelt und wie man es ihnen vermittelt. Trotz des beträchtlichen Energie- und Zeitaufwandes ist es sicherlich lohnenswert, sich in Eltern-Lehrer-Vereinigungen zu engagieren, dem Unterricht beizuwohnen, gegen die

Selbstachtung der Kinder gefährdende Lehrmethoden zu protestieren und die Lesebücher auf entwürdigende Stereotypen hin durchzusehen.

Auch diejenigen unter uns, die nicht direkt mit dem Unterrichten von Kindern zu tun und keine schulpflichtigen Kinder haben, können eine wichtige Rolle übernehmen. Wir können den Elterngruppen, die für eine Verbesserung der Bedingungen an den Schulen arbeiten, Unterstützung gewähren. Wir können anregen, Kurse zur Steigerung der Selbstachtung an den Schulen anzubieten. Wir können durch unser Beispiel Schule machen. Wir können Kindern Informationen geben, damit sie eventuellen negativen Lehrinhalten über Frauen und Angehörige von Minderheiten etwas entgegenzusetzen haben. Oder wir können ihnen den großen Spielraum ihrer Möglichkeiten aufzeigen. Vielleicht hilft es einem Mädchen zu wissen, daß es Frauen gibt, die Schreinerin sind und in diesem Beruf gut verdienen. Und einem Jungen hilft eventuell die Information, daß es hervorragende, großartige Ballettänzer gibt, die von einem großen Publikum verehrt und geschätzt werden. Unsere Schulen in ihrer jetzigen Form ganz aufzugeben oder die Kinder aus sexistischen, rassistischen oder auf andere Weise diskriminierenden Schulen herauszunehmen ist keine Antwort auf die Probleme. Vielmehr besteht die Aufgabe darin, diese Institutionen in Frage zu stellen und zu verändern, damit der Lernprozeß der Selbstachtung allen zugute kommt.

4. Hier Macht gewinnen, da Macht verlieren: Der Einfluß von Staat und Regierung

Welchen Einfluß haben Staat und Regierung auf die Selbstachtung der amerikanischen Frauen? Auf diese Frage gibt es keine definitive Antwort. Eine in einem Ghetto lebende mittellose Frau zum Beispiel sieht sich beträchtlichen politischen Schikanen ausgesetzt, denn dort schnüffeln beim Staat angestellte Sozialarbeiter im Privatleben der Menschen herum. Außerdem schafft die Politik der Regierung meist keine neuen Arbeitsplätze, sondern sorgt im Gegenteil in der Regel für eine wachsende Zahl an Arbeitslosen. Eine Frau aus dem Ghetto wird Staat und Regierung deshalb sicher als erdrückende Macht empfinden, der sie nichts entgegenzusetzen hat. Eine Angehörige der von allen US-Regierungen drangsalierten und diskriminierten amerikanischen Ureinwohner fühlt sich sicher in erster Linie der staatlichen Macht hilflos ausgeliefert; ebenso eine Amerikanerin japanischer Abstammung, deren Familie während des Zweiten Weltkriegs in den Vereinigten Staaten in Internierungslagern gefangengehalten wurde. Ganz anders ist dagegen die Situation einer gutsituierten weißen Frau. Sie kann sich bei einem Einbruch in ihr Haus auf die Hilfe der Polizei verlassen und genießt ihr Recht auf Leben, Freiheit und das Streben nach Glück ohne direkt spürbaren Eingriff des Staates, den sie deshalb wohl als eine ihre persönliche Freiheit und ihre Rechte schützende Institution wahrnimmt. Ob die individuelle Macht und die Würde einer Frau von staatlicher Seite unterstützt oder verletzt werden, hängt also größtenteils von Faktoren wie Rasse, sozio-ökonomischer Klasse, Alter und Wohnsituation der einzelnen Frau ab.

Auf die Frage, ob Staat und Regierung ihre Selbstachtung positiv oder negativ beeinflußt haben, antworteten uns viele Frauen, sie fühlten sich von den Regierenden meilenweit entfernt, diese hätten absolut nichts mit ihnen und ihrem Leben zu tun und sie sähen keine Möglichkeit, auch nur die geringste Macht auf die Regierung auszuüben. Aber die Regierung der Vereinigten Staaten ist vom Volk gewählt und sollte auch für das Volk da sein. Dieser hehre Grundsatz wird allerdings durch die Tatsache verwässert, daß die Verfassung der USA von Männern – weißen, reichen Grundbesitzern – verabschiedet wurde, wenn auch mit dem Ziel, die Menschenrechte – allerdings wiederum die der weißen Grundbesitzer – zu schützen.[1] Selbst heute, nach über zweihundert Jahren, ist die Bundesregierung (ebenso wie die meisten bundesstaatlichen und örtlichen Behörden) fest in der Hand weißer Männer, die tief in ihrem Inneren nicht unbedingt die Interessen aller Menschen mit dem gleichen Engagement vertreten. Die meisten Frauen scheinen sich dessen bewußt zu sein, ob nun intellektuell oder rein intuitiv. Ihr mangelndes politisches Interesse geht zum Großteil darauf zurück, daß sie Politik als Arena der Männer, etwa dem Footballplatz vergleichbar, betrachten. Andere Frauen interessieren sich zwar durchaus für Politik, haben aber das Gefühl, so gut wie keinen Einfluß ausüben zu können. »Davon verstehe ich nichts«, »Das ist mir zu vielschichtig, da kann ich nichts dazu sagen«, »Das übersteigt meinen Horizont« und »Daran kann ich sowieso nichts ändern«, so oder ähnlich antworteten Frauen auf unsere Frage, wie sie die Politik der Regierung beurteilen und welche Beziehung sie allgemein zur Politik haben.

Der Einfluß der Gesetze

Neben der Entfremdung von der Regierung und dem Gefühl der Machtlosigkeit in bezug auf die aktive Politik ergaben die Antworten der Frauen auf unsere Frage nach dem Einfluß von Staat und Regierung auf ihre Selbstachtung vier wesentliche Punkte. Viele Frauen meinen, die Regierung der Vereinigten Staaten kümmere sich nicht ausreichend um die Gleichberechtigung der Frauen und nehme sogenannte Frauenfragen nicht ernst. Ein Blick auf unsere Geschichte macht diese bittere Ansicht verständlich. Schließlich mußten die Frauen über siebzig Jahre kämpfen, bis sie endlich das Wahlrecht erhielten, das Equal Rights Amendment war nach über fünfzig Jahren noch immer nicht in die Verfassung aufgenommen, und Tausende die Frauen diskriminierende Paragraphen stehen noch heute in den Gesetzbüchern der Nation. Natürlich wurden Fortschritte erzielt, etwa die gesetzliche Verankerung der Gleichberechtigung der Frauen, aber wir sind noch meilenweit davon entfernt, daß sich die Frauen in allen Belangen und in allen Bundesstaaten dieser Rechte sicher sein können. In den meisten Bundesstaaten hatte 1983 eine von ihrem Ehemann vergewaltigte Frau keine rechtliche Möglichkeit, Anzeige gegen ihren Mann zu erstatten; die eheliche Vergewaltigung galt nicht als Verbrechen.[2]

Diskriminierende Gesetze allein sind nicht für die geringe Selbstachtung der Frauen verantwortlich, sondern die damit verbundenen Beschränkungen und Restriktionen, die den Frauen von diesen Gesetzen auferlegt werden, sowie das von diesen Gesetzen erzeugte soziale Klima. Ebenso verhält es sich mit Gesetzen, von denen sich Frauen eine positive Wirkung versprechen. Als das Equal Rights Amendment scheiterte, waren die Frauen, die sich stark dafür engagiert hatten, zwar zornig, aber wertlos fühlten sie sich deshalb nicht. Doch dadurch kam es damals nicht zu einem Ausbau unserer Möglichkeiten und unserer Freiheiten, und das soziale Klima änderte sich nicht. Es wäre folglich falsch, von einem Zusatz zur Verfassung oder Gesetzesänderungen eine automatisch eintretende Steigerung der Selbstachtung der Frauen zu erwarten, aber solche Maßnahmen tragen dazu bei, ein besseres Klima zu schaffen. Insofern können gesetzgeberische Maßnahmen zumindest nicht schaden.

Exekutive Staatsorgane

Häufig erzählten Frauen, sie hätten das Gefühl, die für den Vollzug der Gesetze Zuständigen (zum Beispiel Polizei, Richter, Staatsanwälte und Beschäftigte bei Behörden) stünden den Frauen ebenso gleichgültig gegenüber wie die für die Gesetzgebung verantwortlichen Männer. Manche berichteten sogar von offener Frauenfeindlichkeit. In einigen Teilen der Vereinigten Staaten sind in dieser Hinsicht inzwischen Veränderungen eingetreten, aber traditionell handhabt die Justiz die Durchsetzung der Rechte der Frauen recht nachlässig. Noch vor nicht allzu langer Zeit mußte zum Beispiel das Opfer einer Vergewaltigung, wenn sie Anzeige erstattete, stets damit rechnen, bei der Polizei und beim Prozeß gegen den Vergewaltiger an seiner Stelle als Schuldige behandelt zu werden. Auch Frauen, die von ihren Ehemännern geschlagen wurden und sich hilfesuchend an die Polizei wandten, mußten oft feststellen, daß sich die Polizei gar nicht mit einem solchen Fall abgeben wollte, die Klagen der Frau nicht ernst nahm oder sich sogar auf die Seite des prügelnden Mannes stellte.

Wenig unternommen wurde von staatlicher Seite gegen die Schwierigkeiten bei Scheidungsfällen, in denen das Gericht die Väter zu Unterhaltszahlungen für die Kinder verurteilte, diese sich aber weigern zu zahlen. Zwar unternahm die Regierung Anfang der achtziger Jahre gewisse Anstrengungen, die Väter zu den ihnen gerichtlich auferlegten Unterhaltszahlungen zu zwingen, aber laut *Wall Street Journal* zahlten 1983 nach wie vor zwei Millionen Männer keinen oder nur einen Teil des Unterhalts für ihre Kinder. Rechnet man nur die Fälle, in denen Frauen und Kinder infolge der ausbleibenden Unterhaltszahlungen der Männer schließlich von der Fürsorge leben müssen, schulden diese Väter dem Staat über acht Milliarden Dollar.[3] Da es praktisch unmöglich ist, ohne finanzielle Mittel zu überleben, untergräbt das Versagen des Staates, die unterhaltspflichtigen Väter zu ihren Zahlungsverpflichtungen heranzuziehen, das Selbstvertrauen vieler Frauen.

Auch Antidiskriminierungsgesetze werden oft nur halbherzig durchgesetzt. Diskriminiert ein Vermieter oder ein Arbeitgeber eine Person aufgrund ihres Geschlechts oder ihrer Hautfarbe, liegt es an der diskriminierten Person, selbst die Initiative zu ergreifen und Anzeige zu erstatten. Am Arbeitsplatz beispielsweise ist kein Regierungsbeamter verfügbar, der eine Diskriminierung bemerken und

Frauen vor sexueller Belästigung schützen könnte. Es liegt an ihr, selbst die Aufgabe der Gesetzeshüterin zu übernehmen und zu den zuständigen Behörden zu gehen und Klage einzureichen. Ob eine Frau bei diesen Behörden Hilfe findet, hängt unter anderem stark von der Person des jeweils amtierenden Präsidenten ab, denn er kann den zur Durchsetzung der Bürgerrechte zuständigen Behörden Gelder zufließen lassen oder zurückhalten. Hält er sie zurück, wie es etwa Ronald Reagan getan hat, macht er es der Behörde schwer oder gar unmöglich, ihrer Arbeit in vollem Umfang nachzugehen.

Daß die grundsätzliche Verantwortung für die Durchsetzung der gesetzlich verbrieften Bürgerrechte den Diskriminierten obliegt, bringt die Frauen in eine schwierige Lage. Aufgrund ihrer Erziehung betrachten sich viele Frauen als relativ rechtlos und erkennen deshalb oft gar nicht, wann ihre Rechte verletzt werden. Selbstverständlich können diese Frauen dann auch keine Schritte zur Wahrung ihrer Rechte unternehmen. Andere Frauen erkennen sehr wohl eine Verletzung ihrer Rechte, zögern aber aufgrund ihrer Konditionierung und wegen des mit einer Anzeige wegen Diskriminierung und Belästigung verbundenen Ärgers und etwaiger Vergeltungsmaßnahmen sich zur Wehr zu setzen. Doch ob eine Frau nun handelt oder nicht, letzten Endes muß sie in jedem Fall mit einer Verringerung ihrer Selbstachtung rechnen:

»Mein Arbeitgeber hat mich eindeutig wegen meines Geschlechtes diskriminiert und mich sexuell belästigt. Eine Menge Leute rieten mir, ich solle ihn anzeigen, aber ich tat es nie. Wahrscheinlich wäre es besser gewesen, wenn ich etwas unternommen hätte. Damit hätte ich Mut bewiesen und wäre meinen Überzeugungen treu geblieben. Einerseits glaube ich, ich besäße heute mehr Selbstachtung, wenn ich etwas unternommen hätte, aber andererseits hätte ich mich als Anklägerin bestimmt sehr schlecht gefühlt.«

Der Einfluß des Wohlfahrts- und Sozialhilfesystems

Auf die Frage, auf welche Weise Staat und Regierung ihre Selbstachtung beeinflussen, kamen viele Frauen auf ihre Erfahrungen mit dem Wohlfahrts- und Sozialsystem zu sprechen. Millionen Frauen sind diesem System tagtäglich ausgeliefert, denn die weitaus meisten Sozialhilfeempfänger sind Frauen und Kinder, die Zahl der in Armut lebenden Männer hat sich dagegen verringert.[4]

Letzteres brachte das Schlagwort von der »Verweiblichung der Armut« auf. Die Zahl der alleinerziehenden Mütter nahm in den letzten Jahren explosionsartig zu. Schuld daran sind die steigende Scheidungsrate und die wachsende Zahl unverheirateter Mütter. Da Frauen häufig nur die am schlechtesten bezahlten Arbeitsplätze offenstehen und die meisten geschiedenen Väter ihren gerichtlich festgelegten Unterhaltszahlungen gar nicht oder nur teilweise nachkommen, geraten immer mehr Frauen in finanzielle Not. Erschwert wird die Situation dadurch, daß für viele Frauen eine Betreuung der Kinder tagsüber unbezahlbar ist und sie deshalb keiner Beschäftigung nachgehen können. Eine Prognose des National Advisory Council on Economic Opportunity besagt, daß sich im Jahr 2000 bei einer Fortschreibung der Steigerungsrate verarmter Frauen wie zwischen 1967 und 1978 die gesamte arme Bevölkerung der Vereinigten Staaten aus Frauen und Kindern zusammensetzen werde.[5]

Die US-Regierung könnte vieles tun, hier Abhilfe zu schaffen. Durch eine von staatlicher Seite subventionierte Tagesbetreuung der Kinder könnten mehr Frauen einer Beschäftigung nachgehen (augenblicklich sind die Kosten für einen Platz in einer Kindertagesstätte so hoch, daß viele Frauen eine Arbeit außer Haus gar nicht annehmen können). Eine Durchsetzung der Gesetze, die den Frauen gleiche Bezahlung für gleiche Arbeit und Chancengleichheit bei der Vergabe von Arbeitsplätzen zusichern, könnte schon einiges bewirken. Programme zur Bekämpfung der Frauendiskriminierung, Beihilfen aus öffentlichen Mitteln für Firmen, die Frauen ausbilden und einstellen, Weiterbildungsmaßnahmen und Anreize (etwa Steuererleichterungen) für Unternehmen, die eine auf Frauen mit Kindern ausgerichtete flexible Arbeitszeit einführen, all diese Maßnahmen würden ebenfalls helfen. Natürlich auch eine mit mehr Nachdruck betriebene Verfolgung geschiedener Väter, die ihren Unterhaltszahlungen nicht nachkommen. Staat und Regierung haben zwar einige Anstrengungen in dieser Richtung unternommen, aber so gut wie gar nichts getan, um die der Armut der Frauen zugrunde liegenden Probleme zu lösen. Statt dessen bezahlt die Regierung den Frauen Sozialhilfe.

Unser Sozialsystem trägt wenig dazu bei, mittellosen Frauen, die aus Mangel an Geld nicht selber über ihr Leben bestimmen können, das Gefühl von eigener Macht und Wert zu verleihen. Wie Barbara Ehrenreich und Karin Stallard berichten, reichte bereits vor der Kürzung des Sozialhilfeetats durch die Reagan-Administration in keinem Bundesstaat der USA die monatlich gezahlte Sozialhilfe einschließlich Lebensmittelmarken aus, einer vierköpfigen Familie einen Lebensstandard an der Armutsschwelle zu sichern.[6] Darüber hinaus verbessert unser gegenwärtiges Sozialhifesystem in keinster Weise die komplexen sozio-ökonomischen Faktoren, die in erster Linie dafür verantwortlich sind, daß die Frauen in die Armut getrieben werden.

Das gegenwärtige Sozialhilfesystem untergräbt die Selbstachtung der darauf angewiesenen Frauen in mehrfacher Hinsicht. Zum einen drängt die Sozialhilfe die Frauen in eine Position totaler Abhängigkeit. Diese Situation ist für viele sehr entwürdigend und fördert ihre Hilflosigkeit oder läßt diese erst entstehen. Eine Frau, die wegen einer Körperbehinderung auf Sozialhilfe angewiesen ist, erklärt:

»Die Leute in den Behörden sind alle kerngesund, und sie fördern deine Abhängigkeit ganz gern, denn dabei empfinden sie eine Art von Macht – und sie schauen auf dich herab, weil du abhängig bist und weil ihnen auch das ein Gefühl der Macht verleiht. Irgendwie möchten sie, daß wir abhängig bleiben. Sie brauchen das genauso sehr wie wir das Geld vom Staat.«

Körperlich voll leistungsfähige Frauen, die Sozialhilfe beziehen, demütigt die moralische Verurteilung der im Wohlfahrtssystem Beschäftigten eher noch stärker. Auch Politiker reden über den »Mißbrauch von Sozialhilfe«, als seien alle darauf Angewiesenen Faulpelze und Drückeberger. In der breiten Öffentlichkeit ist diese Einschätzung ebenfalls zu beobachten. Eine Frau berichtet:

»Ich glaube, das schlimmste als Sozialhilfeempfängerin ist es, vor allen anderen als arm abgestempelt zu sein. In den Augen der anderen bist du der Abschaum der Menschheit. Wenn du bei der Behörde deinen Antrag stellst, wirst du gedemütigt. Sie lassen dich den ganzen Tag warten, ohne dich zu beachten, und wenn du endlich zu einem Gespräch aufgefordert wirst, stellen sie dir eine Menge entwürdigender Fragen über dein Sexualleben. Wenn du in ein Krankenhaus gehst oder ein Telefon beantragen möchtest und die wissen, daß du Sozialhilfeempfängerin bist, kannst du alles vergessen – du wirst behandelt wie Dreck. Im Supermarkt ist es genauso. Die Art und Weise, wie dich manche dieser gutgekleideten Frauen in der Schlange an der Kasse ansehen, wenn du deine Marken abzählst, ist einfach unglaublich. Sie verhalten sich, als seist du ein ekelhafter, schleimiger Wurm.«

Frauen werden nicht nur für das Beziehen von Sozialhilfe bestraft, sondern leider auch dann, wenn sie aus der abhängigen Position auszubrechen versuchen. Das System ist so aufgebaut, daß den Frauen, die eine Arbeitsstelle finden, automatisch die Unterstützung gestrichen wird. Das führt oft dazu, daß einer Frau nach Bezahlung der Kindertagesstätte und des zum Arbeitsplatz nötigen Fahrgeldes weniger Geld bleibt, als sie, ohne zu arbeiten, von der Sozialhilfe bekommen hat. Eine Frau, die einige Male versucht hat, aus dem System auszubrechen und sich auf eigene Füße zu stellen, erläutert:

»Wenn man versucht, da herauszukommen und sich auf eigene Füße zu stellen, streichen sie sofort die Leistungen. Wenn du nur den Mindestlohn oder ein bißchen darüber bekommst und mußt davon die Babysitter und die Hin- und Rückfahrt zur Arbeit bezahlen, und ein paar Kleider braucht man dann ja auch – also dann ist es absolut sinnlos zu arbeiten. Das System ist so aufgebaut, daß du, wenn du arbeiten gehst, nicht genug Geld hast, um deinen Kindern Essen auf den Tisch zu bringen *und* nicht zu Hause bist. Du kannst einfach nicht gewinnen.«

Militarismus und Rüstungswettlauf

Fragten wir die Frauen nach dem Einfluß der Politik auf ihre Selbstachtung, kamen sie häufig auf ihre Ängste wegen des atomaren Wettrüstens und des gefährlichen Militarismus der Regierungen in der ganzen Welt zu sprechen. Einige Monate vor dem Eintritt der Vereinigten Staaten in den Zweiten Weltkrieg umriß Präsident Franklin Delano Roosevelt in einer Ansprache die »vier Freiheiten« einer idealen Demokratie: Redefreiheit, Religionsfreiheit, Freiheit von Not und Freiheit von Angst. Die US-Regierungen waren und sind im Hinblick auf die beiden ersten Freiheiten sehr aktiv. Wie wir jedoch gesehen haben, unternahm jede US-Regierung nur wenig, um den Bürgerinnen ihres Landes die Freiheit von Not zu gewährleisten. Und die Freiheit von Angst, die unsere Regierungen vorgaben, mit atomarem Aufrüsten erreichen zu wollen, versetzte viele Frauen erst recht in Angst und Schrecken.

Zugegeben, die Vereinigten Staaten nutzten ihre militärische Stärke manchmal durchaus sinnvoll und befreiten mit ihren Einsätzen die Welt von Angst. Das war etwa im Zweiten Weltkrieg der Fall, der ohne den Sieg der Vereinigten Staaten und ihrer Alliierten möglicherweise zu einer faschistisch dominierten Weltordnung geführt hätte. Aber bei vielen anderen Einsätzen benutzten die Vereinigten Staaten ihre militärische Macht für weniger ehrbare Zwecke, die nicht als Verteidigungsmaßnahmen zu rechtfertigen sind. So verloren die Ureinwohner Amerikas aufgrund des Eingreifens der US-Armee drei Viertel ihrer Gesamtbevölkerung und das Land, in dem sie Tausende von Jahren gelebt hatten.[7] Die Erfahrungen der Bewohner Vietnams, Kambodschas, Chiles und vieler anderer lateinamerikanischer Länder mit der US-Armee waren nicht besser. Und schon gar nicht die der Zivilbevölkerung von Hiroshima und Nagasaki in Japan, auf die die Vereinigten Staaten ihre Atombomben warfen. Uns sagte man, die Vereinigten Staaten hätten keine andere Wahl gehabt; der Krieg sei anders nicht zu beenden gewesen. Tatsächlich jedoch hätte die damalige Regierung eine andere Entscheidung treffen können, denn die Japaner befanden sich zum Zeitpunkt des Bombenabwurfs bereits am Rande der Niederlage. Die Atombomben sollten nicht nur ein rasches Ende des Krieges herbeiführen, ihr Hauptzweck war vielmehr, den Krieg auf eine bestimmte Weise zu beenden – nämlich mit der Garantie, daß die Vereinigten Staaten mit Beginn der Nachkriegszeit die mächtigste Position in der Welt einnehmen. Mit dem Einsatz der Atombombe, einer Waffe, die damals keine andere Nation besaß – ob Feind oder Verbündete –, etablierten sich die Vereinigten Staaten als mächtigste Nation der Welt.[8]

In den Nachkriegsjahren wendeten die wechselnden US-Regierungen in dem verzweifelten Versuch, die mächtigste Atommacht der Welt zu bleiben, für den Verteidigungshaushalt immer mehr Zeit,

Energie und Steuergelder auf. Leider begannen auch andere Nationen (unter anderem die Sowjetunion) mit dem Bau von Atomwaffen. Jahrzehntelang versuchten die Regierungen der Vereinigten Staaten und der UdSSR einander im Rüstungswettlauf zu überholen und häuften ein ungeheures Potential an Waffen an, das ausreicht, die Welt etliche Male auszulöschen. In das Bewußtsein der Menschen drang eine völlig neue tödliche Bedrohung – der Terror eines Krieges, der möglicherweise jegliches Leben auf Erden vernichtet. Eine aktive Atomwaffengegnerin sagte uns: »Die Männer in der Regierung behaupten, sie wollten uns mit ihren Waffen beschützen. Aber noch nie hatten wir soviel Angst.«

Vorschläge zur Veränderung

I. Wählen

Damit wir wenigstens eine gewisse Kontrolle über unser Leben und die Politik gewinnen, müssen wir uns an den Wahlen beteiligen. Generationen von Frauen kämpften jahrzehntelang um das Wahlrecht, allein aus diesem Grund sollten wir nicht leichtfertig darauf verzichten.

II. Informieren

Je weniger wir über die Politik der jeweiligen Regierung wissen, um so machtloser sind wir. Viele Frauen, mit denen wir sprachen, überblättern in Zeitungen oder Zeitschriften automatisch Artikel über Verteidigungs- oder Wirtschaftspolitik; man hat den Frauen so lange eingetrichtert, diese Sachgebiete seien reine Männersache, daß sie häufig schon eingeschüchtert reagieren, wenn sie Begriffe wie »Verteidigungspolitik« oder »Wirtschaftspolitik« nur hören. Aber wenn Frauen ihre ersten Berührungsängste überwinden und sich besser informieren, stellen sie selbst oft überrascht fest, daß sie weit mehr verstehen als vermutet.

Da Politik sehr vielschichtig ist, können sich die wenigsten von uns schon aus Zeitmangel ständig über jeden Schritt der Regierung informieren. Aber wir können ein oder zwei Sachgebiete auswählen und uns die Aufgabe stellen, darüber stets gut informiert zu sein. Auch Arbeitsgruppen können uns dabei helfen.

III. Schreiben und telefonieren

Sobald wir besser informiert sind, bilden wir uns eine Meinung zu den verschiedenen Sachgebieten und möchten unsere gewählten Volksvertreter davon in Kenntnis setzen. Es ist unser gutes Recht, mit unseren Abgeordneten in Form von Briefen, Telegrammen und Telefonanrufen in Kontakt zu treten; auf diese Weise können wir Einfluß nehmen. Manche Frauen haben stets Postkarten zur Hand, die bereits mit Briefmarke und Anschrift an den jeweiligen Abgeordneten versehen sind, und schreiben jedesmal eine Karte, wenn sie ihre Meinung zu einem bestimmten Thema äußern möchten – zum Beispiel zu Energiepolitik, Rüstungsfragen, Abtreibung etc. Obwohl die Abgeordneten nicht jeden Brief lesen, haben sie doch ihre Mitarbeiterstäbe, die die eingehende Korrespondenz zu einem bestimmten Thema auswerten. Auf diese Weise können Sie tatsächlich Einfluß auf das Abstimmungsverhalten der betreffenden Abgeordneten nehmen.

IV. Organisieren und demonstrieren

Individuelle Bemühungen wie das Briefeschreiben an Abgeordnete sind wichtig, aber verstärkt Einfluß auf die Politik unserer Regierung können wir nehmen, wenn wir uns mit anderen verbünden und kollektiven Druck ausüben. Es gibt viele Organisationen, denen wir uns anschließen können; manchmal hilft einer Organisation bereits eine kleine Geldspende oder das Unterschreiben einer Petition. Ebenso sinnvoll sind Demonstrationen wie beispielsweise die der Bürgerrechtsbewegung und die Anti-Vietnam-Märsche in Washington 1978 und die Demonstration für Abrüstung im Juni 1982 in New York; derartige Kundgebungen informieren nicht nur die Regierung darüber, was viele Menschen von ihrer Politik halten, sondern vermitteln den Teilnehmern und Teilnehmerinnen an der Demonstration auch ein Gefühl der Solidarität und Macht.

5. Niemals fertig: Frauen und ihre Erfahrungen in der Arbeitswelt

Die in den Medien abgedruckten Erfolgsstorys über Karrierefrauen sind im Grunde nichts weiter als ein Pyrrhussieg. Sie helfen der Masse der diskriminierten Frauen so wenig wie der Ruhm von ein paar schwarzen Entertainern oder Sportstars der noch stärker diskriminierten schwarzen Bevölkerung. Worauf es wirklich ankommt, sind die Chancen für Millionen Menschen und nicht gelegentliche Schlagzeilen für einige wenige.

Muriel Humphrey
Women in the U.S. Labor Force

Über sechzehn Jahre lang arbeitete Marie Leuck als Reinemachefrau in einem Bürohochhaus. Jeden Tag ging sie in den frühen Morgenstunden zum Manhattan's Equitable Life Building und machte dort sauber. Da geschah im April 1982 ein Wunder: Marie Leuck und ihr Ehemann, ein Busfahrer, gewannen eine Million Dollar in der staatlichen New Yorker Lotterie. Über Nacht war Marie Leuck reich und konnte ihre Stellung kündigen. Sie kaufte sich den lang ersehnten Diamantring und das Haus mit vier Schlafzimmern, von dem sie immer geträumt hatte. Trotz aller Annehmlichkeiten als Millionärin fehlte Leuck bald ihre Arbeit. Einem Reporter erklärte sie im September 1982:

»Ich lebte nach einem festen System. Aufstehen, duschen, um vier Uhr zur Arbeit gehen. Ins Equitable Life Building. Sechzehn Jahre habe ich dort gearbeitet, es hat mir sehr gefallen. Mein Leben hatte einen Sinn.«[1]

Die Geschichte von Marie Leuck ist ein schönes Beispiel dafür, welche Bedeutung die Arbeit in unserem Leben haben kann. Doch nicht alle Frauen lieben ihre Arbeit. Einer Umfrage zufolge behaupten sage und schreibe 73 Prozent der Angestellten, ihre Arbeit sei ihnen verhaßt.[2] Aber ob Haß oder Liebe, die meisten von uns verbinden jedenfalls starke Gefühle mit der Beschäftigung, der sie nachgehen. Unsere Arbeit prägt uns, verleiht unserem Leben Bedeutung und Sinn, und wir definieren uns durch sie. Der große Einfluß der stark auf die Arbeit ausgerichteten protestantischen Ethik tritt in der amerikanischen Kultur in besonderem Maße zutage. In den Vereinigten Staaten wird der Wert eines Menschen vermutlich stärker und fundamentaler als überall sonst mit seiner Arbeit verbunden.

Die Frauen und der Arbeitsmarkt: Mythos und Realität

Frauen haben zu allen Zeiten gearbeitet. Sie verrichteten hauptsächlich die für den Fortbestand und das Funktionieren der Gesellschaft notwendigen Arbeiten, die allerdings nur einen geringen Status hatten und bezeichnenderweise ohne Bezahlung geleistet werden mußten. Daß Frauen in großer Zahl einer bezahlten Arbeit nachgehen, ist relativ neu. Von 1960 bis 1980 hat sich die Zahl der weiblichen Beschäftigten in den Vereinigten Staaten nahezu verdoppelt (von 23 Millionen auf fast 45 Millionen), 1980 stand über die Hälfte der weiblichen Bevölkerung in einem Arbeitsverhältnis.[3]

Die stark angewachsene Zahl der berufstätigen Frauen erweckt den Anschein, analog zum steigenden Anteil an der Gesamtzahl der Beschäftigten hätten sich die Aufstiegschancen der Frauen verbessert. Diesen Eindruck versuchen zumindest die Massenmedien zu erwecken. Sie können nicht genug bekommen von den Geschichten über brillante Frauen, die alles erreicht haben. Aber diese strahlenden, erfolgreichen Karrierefrauen, die uns aus dem Fernsehen und von Zeitschriftentiteln entgegenlächeln, dienen lediglich zur Personifizierung eines beliebten, aber leider trügerischen Mythos. Denn obwohl mehr und mehr Frauen berufstätig sind, stehen ihnen im allgemeinen nur begrenzte Aufstiegsmöglichkeiten offen. Die meisten Frauen machen keine große Karriere; sie verrichten ihre Jobs, die nach wie vor schlecht bezahlt und kaum mit Prestige verbunden sind.

Sicher, für manche Frauen hat sich der Traum von einer Karriere erfüllt. Zwar blieb der prozentuale Anteil von Frauen in vormals fast ausschließlich Männern vorbehaltenen Bereichen wie Architektur, Medizin und Ingenieurwesen weiterhin relativ niedrig, doch ist er immerhin angestiegen; bei den Juristen ist der prozentuale Anteil der Frauen sogar relativ hoch. Ähnlich sieht es bei Positionen im Management aus. Statistiken über den Arbeitsmarkt belegen ferner, daß schwarze Frauen, die früher fast ausschließlich als Haushaltshilfe in Privathaushalten beschäftigt waren, zunehmend zu einer Bürotätigkeit wechseln.[4] Trotz dieser positiven, wenn auch kleinen Veränderungen haben sich Durchschnittsgehalt und Aufstiegschancen der Frauen in den letzten zwanzig Jahren nicht verbessert, sondern eher verschlechtert. 1980 schrieb Rose Laub Coser:

»Im Durchschnitt erhalten Frauen für eine Ganztagsarbeit weniger als 59 Cent für jeden Dollar, den ein Mann verdient – vergleicht man dies mit dem Stand von vor zwanzig Jahren, als das Verhältnis 64 Cent auf einen Dollar betrug, bedeutet das einen realen Einkommensverlust. Auch die Tendenz zu sogenannten Frauenberufen hat sich weiter verstärkt. 1976 arbeiteten 60 Prozent – 1962 waren es noch 52 Prozent – der berufstätigen Frauen in gerade vier Berufen: kaufmännische Angestellte, Verkäuferin, Bedienung und Friseurin.«[5]

Die Zahl der traditionellen Frauenberufe hat sich seit 1976 so gut wie nicht verändert. Eine nähere Betrachtung der Statistik zeigt außerdem, daß selbst auf den Gebieten, in denen die Chancen der Frauen gestiegen sind, dies nicht in dem Ausmaß geschah, wie es auf den ersten Blick scheint. So sind zwar heute zum Beispiel mehr Frauen als früher im Management beschäftigt, doch eher im unteren oder mittleren Management und weniger in Führungspositionen. Nach wie vor sind ihre Aufstiegschancen also bei weitem nicht so groß wie die der Männer. Auch ist richtig, daß schwarze Frauen zunehmend eine Arbeit als Haushaltshilfe zugunsten einer Büroarbeit aufgeben, aber insgesamt sind weniger als zehn Prozent aller Sekretärinnen schwarz – und nur eine Handvoll der Sekretärinnen in bestimmten Bereichen wie im Rechts- und Medizinwesen.[6]

Allein schon die Festlegung auf so wenige Berufe und das niedrige Lohn- und Gehaltsniveau schaden der Selbstachtung der Frauen. Ein höheres Gehalt an sich ist zwar keine Garantie für eine höhere Selbstachtung, doch eine bessere Bezahlung hat noch niemandem geschadet. Den Millionen Frauen, die in Armut oder an der Armutsgrenze leben, würde ein höheres Einkommen entschieden mehr Kontrolle über ihr Leben verschaffen. Verbesserte Arbeits- und Verdienstmöglichkeiten bedeuten für diese Frauen einen gewaltigen Unterschied, nämlich mehr Macht und mehr Lebensmut.

Für die meisten der von uns interviewten Frauen ist Geld eine ständige Quelle der Sorge, der Depression, der Angst und der Unzufriedenheit. Viele Frauen hätten gerne ihre Männer verlassen, doch aus Mangel an Geld war nicht daran zu denken. Viele fühlten sich als schlechte Mutter, weil es am Geld fehlte, den Kindern das ihrer Meinung nach Notwendige zu geben. Praktisch alle Frauen erklärten, der Mangel an Geld habe ihre Möglichkeiten zur Selbstverwirklichung stark eingeschränkt. »Wenn ich das Geld gehabt hätte«, so der einhellige Tenor, »wäre ich noch einmal zur Schule gegangen. Aber ich hatte kein Geld, deshalb bleibe ich an diesem miesen Job (in dieser Ehe) hängen.«

In einer Umfrage wurden über zwanzigtausend Personen zum Thema Geld befragt. Das Ergebnis – 1981 in *Psychology Today* veröffentlicht – lautete: 33 Prozent hinderte Geldmangel an einem Stellen- oder Berufswechsel; 31 Prozent der verheirateten kinderlosen Paare schoben aus diesem Grund ihren Wunsch nach Kindern hinaus; und 23 Prozent der gegenwärtig getrennt lebenden Paare mußten deshalb die Scheidung aufschieben. Ferner gaben 44 Prozent an, aufgrund von Geldmangel die Beziehungen zu Freunden vernachlässigen zu müssen; bei 34 Prozent waren steigende Spannungen innerhalb der Familie die Folge; und 28 Prozent stritten sich zu den Zeiten, in denen das Geld knapp war, häufiger mit anderen.[7]

Der vielleicht interessanteste Aspekt dieser Umfrage war der Einfluß des Geldes auf den Gemütszustand der Frauen im Vergleich zu dem der Männer. Gefragt nach den Gefühlen, die sie im vergangenen Jahr im Zusammenhang mit Geld empfanden, assoziierten mehr Frauen als Männer Geld mit Angst, Depression, Zorn, Hilflosigkeit, Neid, Groll, Furcht, Schuld, Panik, Niedergeschlagenheit, Scham, Haß und Boshaftigkeit. Im Gegensatz dazu assoziierten mehr Männer als Frauen Geld mit Glück, Stimulans, Respekt, Liebe und Verehrung. In manchen Fällen waren die Unterschiede zwischen Männern und Frauen nur gering; so berichteten zum Beispiel 22 Prozent der Frauen und 20 Prozent der Männer über Niedergeschlagenheit im Zusammenhang mit Geld. Bei anderen Begriffen traten jedoch eklatante Unterschiede zutage: 50 Prozent der Frauen, aber nur 30 Prozent der Männer fühlten sich, was Geld angeht, hilflos, und 57 Prozent der Frauen im Gegensatz zu 46 Prozent der Männer sagten, sie litten aufgrund von Geldsorgen unter Depressionen.[8]

Der Mythos von den möglichen Aufstiegschancen der Frauen fügt ihrer Selbstachtung, die bereits unter der begrenzten Auswahl an Berufen und den schlechten Verdienstmöglichkeiten leidet, weiteren Schaden zu. Häufig erklärten Frauen, es würde ihnen wesentlich leichterfallen, sich mit den schlechten Aufstiegschancen und der Unterbezahlung abzufinden, wenn sie sich nicht dauernd mit den in den Medien präsenten Bildern erfolgreicher Karrierefrauen messen müßten. Der Mythos, eine große Zahl von Frauen »schaffe« es heute, weckt in vielen Frauen, die es nicht schafften, das Gefühl, komplett versagt zu haben, und führt nicht selten dazu, daß sie sich ihrer Arbeit schämen.

Nicht weniger vernichtend für Frauen ist der in der Leistungsgesellschaft häufig zitierte Mythos, ein Mensch müsse nur hart genug arbeiten, klug und fleißig sein, dann stelle sich der Erfolg wie von selbst ein. Der Umkehrschluß lautet, wer keinen Erfolg hat, ist selbst schuld. Da aber die Diskriminierung aufgrund von Geschlecht, Rasse, Alter, ethnischer Zugehörigkeit und körperlicher Behinderung in den Vereinigten Staaten auch heute noch gang und gäbe ist, wirkt sich dieser Mythos auf die Frauen geradezu vernichtend aus. Leider nehmen viele Frauen, die an diesen Mythos glauben, Diskriminierung überhaupt nicht wahr. Werden sie am Arbeitsplatz ungerecht behandelt, ziehen sie automatisch den Schluß, es müsse an ihren mangelnden Leistungen liegen:

»In der Bank, bei der ich als Kassiererin angestellt war, arbeitete ich etliche Männer ein, die allesamt schon bald mehr verdienten als ich und schon nach kurzer Zeit über meinen Kopf hinweg befördert wurden. Nicht einmal als ich einiges über Frauendiskriminierung gelesen hatte und erfuhr, daß sie gerade im Bankwesen weit verbreitet ist, brachte ich das mit meiner Situation in Verbindung. Ich dachte, diese Ungerechtigkeit widerfährt nur mir persönlich, weil ich eben nicht so gut bin – und nicht deshalb, weil ich eine Frau in einer Männerwelt bin.«

In einem Ende 1982 veröffentlichten Bericht kam der US-Ausschuß für Bürgerrechte zu dem Schluß, die Diskriminierung aufgrund von

Geschlecht und Rasse bestehe auf dem US-Arbeitsmarkt auf einem »alarmierend« hohen Niveau fort. Der Bericht stellte weiter fest, daß Frauen aufgrund ihres Geschlechtes »praktisch in jeder Hinsicht« diskriminiert werden, gleichgültig, »welches Alter, welches Ausbildungsniveau und welche Fachkenntnis« sie haben. Des weiteren ergab der Bericht, daß schwarze und lateinamerikanische Frauen unter einer doppelten Diskriminierung leiden und schwarze Frauen infolgedessen die größte Gruppe unter den Vollzeitbeschäftigten stellen, die nicht über die Armutsgrenze hinauskommt.[9]

Haben Frauen trotz Diskriminierung eine annehmbare Anstellung gefunden, macht ihnen oft sexuelle Belästigung das Leben am Arbeitsplatz schwer. Immer wieder bekamen wir in unseren Interviews Geschichten wie die folgende zu hören:

»Was mich am Bedienen am meisten störte, war die ewige Anmache von den Typen in der Küche und Bemerkungen wie ›Na komm schon‹ und ›Setz dich mal her‹ von den Gästen. Ich nahm eine Stelle als Sekretärin im Büro eines Börsenmaklers an, weil ich dachte, in so einer Umgebung sei alles anders. Aber im Grunde ist gar nichts anders. Die Männer sind nicht so derb wie manchmal die Köche in den Restaurants, aber sie laden ihren ganzen Frust auf dich ab. Verbale Beleidigungen sind an der Tagesordnung. Sie machen Kommentare über meine Titten, fassen mich an und kneifen mich, und wenn etwas vermasselt wurde, dann nur, weil wir Frauen ›blöde Weiber‹ und ›doofe Gänse‹ sind. Wenn du sagst, sie sollen dich in Ruhe lassen, bekommst du zur Antwort, du seist eine ›Emanze‹ oder eine ›Schlampe‹, sonst fällt ihnen nichts ein.«

Eine Beziehung von Liebe und Haß

Die meisten Frauen, die wir befragten, beklagten sich ausführlich über ihre Arbeit. Die Arbeitszeit sei zu lang. Löhne und Gehälter seien zu niedrig. Ihr Chef würdige sie nicht ihrer Leistung entsprechend. Ihre Vorgesetzten erwarteten das Unmögliche. Der Abteilungsleiter sei ein Blödmann. Das Betriebsklima sei bedrückend. Die Arbeit selbst sei öde – und/oder frustrierend, langweilig, reine Routine, unzumutbar, überflüssig, stumpfsinnig –, die Liste geht endlos weiter.

Doch trotz aller Klagen verschafft die Arbeit den meisten Frauen auch Befriedigung. Dafür sind im wesentlichen drei Gründe ausschlaggebend: Die Arbeit verleiht dem Leben Sinn und Zweck und gibt einen geregelten Ablauf vor; die Arbeit vermittelt ein Gefühl der Gemeinschaft mit den Kolleginnen und Kollegen und ein Zugehörigkeitsgefühl zu einem größeren Umfeld; und arbeiten bedeutet Geldverdienen, und das bedeutet wiederum Sicherheit. Auch eine Frau, die kein hohes Gehalt bekommt, empfindet am Zahltag Befriedigung:

»Die ganze Woche geht es mir bei der Arbeit richtig schlecht, aber am Zahltag ist das anders. Ich bekomme keinen großen Scheck, aber es ist mein Geld, ich habe es verdient, weil ich etwas wert bin. Eine Zeitlang hebt das meine Selbstachtung enorm.«

Für Frauen, die in der Überzeugung erzogen wurden, eine verantwortungsbewußte Frau müsse eine Berufstätigkeit ausüben, steht die durch die Arbeit erlangte Befriedigung außer Zweifel. So, wie sich manche Frauen nicht richtig erwachsen fühlen, solange sie nicht verheiratet sind und Kinder haben, glauben diese Frauen, nicht richtig erwachsen zu sein, wenn sie nicht aus eigener Kraft für sich sorgen können. Eine schwarze Frau erklärt:

»Ich kenne weiße Frauen, die nie daran dachten, arbeiten zu gehen. Aber so wie ich erzogen wurde, könnte ich mir nie vorstellen, nicht berufstätig zu sein. Als schwarze *Frau* wuchs ich mit dem Wissen auf, immer einen Job zu bekommen. Und wenn ich die Böden in den Häusern weißer Leute schrubben müßte, ich bekäme immer einen Job, ein schwarzer Mann konnte sich da nicht so sicher sein. Ich kann mir gar nicht vorstellen, mich in finanzieller Hinsicht auf einen Mann zu verlassen. Ebenso unvorstellbar ist es für mich, nicht arbeiten zu gehen. Arbeiten ist wie Atmen – so habe ich es gelernt, und daran glaube ich.«

Viele Frauen befriedigt ihr Beruf, weil er ihnen die Möglichkeit gibt, andere zu umsorgen und anderen zu helfen. Auch Frauen, die die Möglichkeit hätten, eine andere Tätigkeit auszuüben, arbeiten oft als Krankenschwester, Lehrerin oder in einem anderen traditionellen Frauenberuf, weil sie direkten Kontakt zu Menschen möchten und anderen gerne helfen:

»Nach der Geburt meines letzten Kindes ging ich wieder auf die High-School. Anschließend besuchte ich die Abendschule. Ursprünglich hatte ich einen sozialen Beruf, aber irgendwann dachte ich, diese soziale Tätigkeit sei nicht wirklich wichtig – die Geschäftswelt und die Hochfinanz seien der richtige Platz für mich. Aber jetzt sehe ich das ganz anders. Aktien, Wertpapiere, Fusionen, Bilanzen – auf all das Zeug kommt es meiner Ansicht nach gar nicht an. Was wirklich zählt, sind die Menschen, und den Menschen zu helfen. Je intensiver ich mich mit Finanzgeschäften beschäftigte, um so überzeugter wurde ich davon.«

Die Arbeit als Kellnerin, die auf den ersten Blick wohl kaum zu den helfenden Berufen gezählt wird, kann große Befriedigung erzeugen, wenn sie das Gefühl verschafft, anderen zu helfen:

»Bedienen ist eindeutig ein helfender Beruf. Viele Frauen, die als Kellnerin arbeiten, sind sehr fürsorglich zu ihren Gästen. Sicher, wir haben alle mal einen schlechten Tag und können richtige Beißzangen sein. Aber eine gute Kellnerin betrachtet sich als eine umsorgende Gastgeberin.«

Leider sind die Berufe mit häufigen zwischenmenschlichen Kontakten für heftige Kritik und Auseinandersetzungen geradezu prädestiniert. Bankkassiererinnen, Kellnerinnen, Rezeptionistinnen, Sekretärinnen, Telefonistinnen, Sozialarbeiterinnen etc. dienen vielen Menschen als Sündenböcke, an denen sie ihre schlechte Laune abreagieren. Eine Bankkassiererin erzählt:

»Eine Menge Leute haben Angst vor allem, was mit Geld zusammenhängt, und trauen den Banken nicht. Sie fürchten, die Bank könnte sie reinlegen, und da ich für sie die Bank repräsentiere, kommen eine Menge ihrer feindseligen Gefühle rüber in der Art, wie sie mich behandeln.«

Ein weiteres Problem für Frauen, die sich in helfenden Berufen engagieren, sind Schuldgefühle. In unserer Kultur gilt es als suspekt, freiwillig Gutes zu tun, auch wenn das aufrichtige Bedürfnis danach besteht und jemand versucht, durch sein Verhalten die Welt zu einem etwas angenehmeren Ort zu machen. Die Überzeugung, jemand, der anderen helfen möchte, müsse irgendwie krank oder merkwürdig sein, ist derart verbreitet, daß sich viele Frauen wegen ihres sozialen Engagements letztendlich schlecht fühlen. Eine in einem Krankenhaus beschäftigte Sozialarbeiterin erläutert:

»Ich betreue Menschen, die im Sterben liegen, und ihre Familien. Ich empfinde meine Arbeit als wichtig und habe das Gefühl, den Menschen schon ein wenig dabei helfen zu können, mit dem furchtbaren Trauma des Todes ein bißchen besser umzugehen. Aber manchmal fühle ich mich schuldig, weil ich ein Gehalt dafür bekomme, daß Menschen sterben. Müßten die Menschen nicht so schrecklich leiden, wären viele von uns, die in helfenden Berufen arbeiten, einfach überflüssig. Ich fühle mich oft mies, weil ich vom Tod lebe.«

Frauen arbeiten jedoch auch in vielen Berufen, die weniger mit Menschen zu tun haben und die wenig Befriedigung vermitteln. Zahlreiche Frauen, die monotone Arbeit an Maschinen verrichten – etwa Nähen in einer Bekleidungsfabrik, Fließbandarbeit oder einfache Montagearbeit –, finden ihre Tätigkeit sicher manchmal unbefriedigend und öde. Immer wieder dieselben Handgriffe machen zu müssen kann stumpfsinnig sein und spornt nicht gerade dazu an, fröhlich an die Arbeit zu gehen:

»Ich glaube kaum, daß die Macker, die für die Einrichtung der Arbeitsplätze verantwortlich sind, je gehört haben, daß Vielfalt das Salz des Lebens ist. Ich bin ein Mensch, der Vielseitigkeit schätzt und so oft wie möglich einen Wechsel im Arbeitsablauf haben muß, sonst komme ich mir vor wie ein Roboter. Der langweiligste und frustrierendste Job, den ich je hatte, war die Arbeit in der Damenmodenabteilung [in einem Kaufhaus]. Meine Aufgabe bestand darin, alle Kleidungsstücke ordentlich zusammenzulegen. Also habe ich das Zeug zusammengelegt und zusammengelegt und noch einmal zusammengelegt. Kaum war ich fertig, kam eine Kundin daher und brachte die ordentlich gefalteten Haufen durcheinander. Also habe ich alles wieder zusammengelegt, und so ging das andauernd. Es trieb mich in den Wahnsinn.«

Anderen Frauen wiederum macht eine monotone Arbeit wenig aus. Eine Fließbandarbeiterin erklärt:

»Mein Job bringt mir so viel Geld ein, daß ich meine Familie unterstützen kann. Die Arbeit läuft in einem klar umrissenen Rahmen ab. Ich erwarte von vornherein nicht, daß die Arbeit aufregend ist, deshalb kommt sie mir auch nicht langweilig oder stumpfsinnig vor. Sicher, sie regt den Geist nicht an, aber das stört mich nicht, denn wenn ich heimgehe, fühle ich mich geistig ausgeruht.«

Notwendig: Gleiche Anerkennung der Arbeit

Insgesamt kann man sagen, daß die Arbeit das Selbstwertgefühl der meisten Frauen steigert und sie auf ihren Beruf stolz sind:

»Ich fühlte mich richtig herabgesetzt, als ich jemanden sagen hörte, Putzfrau zu sein, sei erniedrigend. Ich finde absolut nichts daran erniedrigend, wenn ich eine Toilette saubermache oder Fußböden aufwische. Die Arbeit muß getan werden. Es ist eine anständige Arbeit, sie ist ehrlich und nützlich. Ich glaube, Putzfrau ist ein bedeutend ehrenwerterer Beruf als so mancher andere – wenn ich zum Beispiel daran denke, daß Leute Atomwaffen bauen. Wie kann bloß irgend jemand darauf stolz sein?«

Frauen möchten stolz auf ihre Arbeit sein können, und damit sind wir bei dem Thema »gleiche Anerkennung der Arbeit«. Anfang der siebziger Jahre konzentrierten sich die Feministinnen darauf, frauendiskriminierende Hürden niederzureißen und den Frauen die von Männern dominierten Berufsbereiche zu öffnen. Die Frauen sollten mehr und mehr männliche Domänen sprengen. Um jedoch die Frauen wirklich zu befreien, braucht es mehr als lediglich die Übernahme traditioneller Männerberufe. Frauen sind erst wahrhaft frei, wenn der Wert traditioneller Frauenarbeit in der Öffentlichkeit als gleichwertig zur Arbeit der Männer anerkannt ist und Löhne und Gehälter der Frauen denen der Männer angeglichen sind.

Die meisten traditionellen Frauenberufe sind heute und sicherlich auch in der Zukunft von entscheidender Bedeutung für unsere Wirtschaft. Frauen haben also allen Grund, auf ihre Arbeit stolz zu sein. Das Problem ist jedoch, daß eine hauptsächlich von Frauen ausgeübte Tätigkeit automatisch arm an Prestige ist und die Frauen deshalb schlecht bezahlt werden. Hausangestellte werden schlechter bezahlt und haben einen geringeren Status als Hausmeister, nicht weil ihre Arbeit schmutziger oder weniger sinnvoll wäre, sondern weil Hausangestellte Frauen und Hausmeister (oder Hausverwalter, wie sie sich des höheren Prestiges wegen gerne nennen) Männer sind. Bibliothekarinnen werden schlechter bezahlt und haben einen geringeren Status als Steuerberater, nicht weil ihre Arbeit weniger wichtig und weniger kompliziert ist oder eine schlechtere Ausbildung dafür genügt, sondern weil die meisten Bibliothekare Frauen und die meisten Steuerberater Männer sind. Gleiche Anerkennung und gleiche Bewertung der Arbeit heißt nicht länger hinzunehmen, daß die Arbeit der Frauen nur deshalb weniger Wertschätzung erfährt und unterbezahlt ist, weil die Tätigkeit von Frauen ausgeführt wird, und daß es nötig ist, den Frauen die Gehälter zu bezahlen und den Respekt zukommen zu lassen, den sie für ihre Arbeit verdienen. Würden traditionelle Frauenberufe wie Krankenschwester, Sekretärin, Friseurin, Kellnerin und Grundschullehrerin endlich so bezahlt und anerkannt, wie es die »Frauenarbeit« verdient, erhielte die kollektive Selbstachtung der Frauen zweifellos den dringend benötigten Auftrieb.

Frauen und Erfolg

Die meisten ganztags berufstätigen Frauen verdienen weniger als fünfzehntausend Dollar im Jahr in einer eng begrenzten Anzahl von Berufen, aber einigen Frauen gelang es, aus dem »Rosa-Kragen-Ghetto« auszubrechen und sich mit Erfolg in traditionellen Männerberufen in der Medizin, im Management und im Rechtswesen zu etablieren. Zwar stellen diese Frauen nur einen winzigen Prozentsatz der berufstätigen Frauen, trotzdem verdienen ihre in der Arbeitswelt gemachten Erfahrungen Aufmerksamkeit. Bedeutet Erfolg, wie ihn Männer definieren – in einer Männerwelt etwas »erreicht« zu haben –, automatisch eine höhere Selbstachtung? Auch in diesem Zusammenhang stießen wir sowohl auf positive wie negative Auswirkungen auf die Selbstachtung der Frauen.

Haben wir Vertrauen in unsere Fähigkeiten und die Sicherheit, unsere Arbeit gut zu machen, so trägt das zur Selbstachtung bei. Und wenn wir eine Arbeit perfekt beherrschen, von der uns gesagt wurde, wir seien dazu nie fähig, kann das die Selbstachtung noch weitaus stärker steigern. Eine Frau, die in einem traditionell Männern vorbehaltenen Beruf erfolgreich ist, verzeichnet deshalb häufig eine stark gestiegene Selbstachtung:

»Als Mädchen kannte ich nur das Image eines Geschäftsmannes, sonst wußte ich nichts über die Geschäftswelt. Eine Geschäftsfrau zu sein schien außerhalb jeglicher Möglichkeit. Aber jetzt bin ich eine Geschäftsfrau, ich habe das scheinbar Unmögliche geschafft. Ich habe festgestellt, daß ich sehr viel mehr kann, als man mir je zugetraut hat, und das finde ich großartig.«

Auch das Gehalt, das eine erfolgreiche Frau verdient, trägt sicherlich zur Steigerung ihrer Selbstachtung bei. Eine Rechtsanwältin berichtet:

»Ich verdiene inzwischen mehr Geld, als ich mir je hätte träumen lassen. Es macht einen unglaublichen Unterschied, soviel Geld zu besitzen, denn es stimmt, was man über Geld und Macht sagt. Ich meine

Macht nicht im negativen Sinne, sondern in einem positiven, individuellen Sinn. Über Geld zu verfügen gab mir sehr viel Macht über mein Leben. Ich fühlte mich immer sehr unsicher Männern gegenüber und hielt es für die Aufgabe meiner Liebhaber, mir diese Unsicherheit zu nehmen. Aber seit ich aus eigener Kraft finanziell abgesichert bin, fühle ich mich auch in meinen Beziehungen zu Männern viel sicherer. Inzwischen glaube ich, aus meinen Zweifeln, ob ich die Kontrolle über mein Leben auszuüben vermag, wurde im Laufe der Zeit die ganz spezielle Angst, vielleicht keinen Mann zu bekommen, der mich unterstützt.«

Obwohl beruflicher Erfolg zweifellos zahlreiche für die Selbstachtung positive Aspekte besitzt, hat er auch seine Schattenseiten. Die Zahl der Frauen im Management, im Rechtswesen, in der Medizin und anderen Gebieten mit hohem Prestige und hoher Bezahlung ist zwar gestiegen, doch insgesamt ist der Prozentsatz an Frauen in diesen Bereichen gering und die hochangesehenen, gutbezahlten Berufe sind nach wie vor eine Domäne der Männer. Frauen, die in diese Domäne eindringen, befinden sich auf fremdem Territorium, sind folglich bestimmten Problemen ausgesetzt und unterliegen einem gewissen Druck.

»Im Geschäftsleben ist Sexismus nach wie vor keine Seltenheit. Kommt ein Mann mit einem dummen Vorschlag daher oder vermasselt ein Mann ein Geschäft, wird das mit der Einstellung abgetan, ›jeder macht mal einen Fehler‹, er wird deshalb nicht auf ewig als Idiot gebrandmarkt. Passiert das aber einer Frau, gilt das als Beweis für die Inkompetenz aller Frauen. Es gibt nicht den kleinsten Raum für einen Irrtum in einer solchen Position.«

Zum starken Erfolgsdruck kommt erschwerend hinzu, daß eine Frau, die sich in einer Männerdomäne durchgesetzt hat, mit Zweifeln an ihrer Weiblichkeit konfrontiert wird. In unserer Kultur haftet erfolgreichen und ehrgeizigen Frauen traditionell das Etikett unweiblich oder vermännlicht an:

»Eine Frau, die Karriere machen möchte, sieht sich mit Konflikten konfrontiert, denn die dem beruflichen Rollenverhalten zugrunde liegenden Eigenschaften werden im Kern als maskulin betrachtet... Ausdauer und Dynamik, persönliche Einsatzfreude, Aggressivität, emotionale Distanz und eine Art geschlechtslose Sachlichkeit werden mit intellektueller Leistung gleichgestellt... Frauen, die in einem von Männern dominierten Beruf arbeiten... hält man oft für geschlechtslos. Die Frau, die ihren Beruf ernst nimmt – die Karrierefrau –, gilt traditionell als das Gegenteil einer femininen Frau.«[10]

Frauen mit einem gewissen Erfolg in der Arbeitswelt leiden manchmal auch unter einem Loyalitätskonflikt. Dieser entsteht vor allem aus dem Bewußtsein der eigenen, außergewöhnlichen Situation und dem Gefühl der Verbundenheit und Verantwortung gegenüber den Frauen, die sich nicht in dieser glücklichen Lage befinden:

»Wenn Arbeitgeber behaupten, Schwarzen dieselben Chancen einzuräumen, meinen sie damit schwarze *Männer*. Wir schwarzen Frauen verzeichnen in der Arbeitswelt weder die Aufstiegschancen der weißen Frauen noch die der schwarzen Männer. Folglich sind die wenigen schwarzen Frauen, die beruflichen Erfolg haben, in einer extrem schwierigen Position. Viele wissen genau, daß sie in ihrer Firma die schwarze Alibifrau sind. Sie wissen, daß der Chef nicht die geringste Absicht hat, noch eine Schwarze einzustellen. Daraus entsteht ein Dilemma – soll sich die schwarze Alibifrau für die Einstellung weiterer schwarzer Frauen einsetzen, auch wenn das evenutell bedeutet, daß sie selbst ihre Stellung verliert, oder doch zumindest ihre Ausnahmeposition, wenn tatsächlich mehr schwarze Frauen eingestellt werden?«

Erfolg im Beruf zu haben verlangt meist, die eigenen Interessen und Ambitionen obenan zu stellen. Da die meisten Frauen nicht selbstsüchtig erscheinen wollen, kommt der Erfolg oft auf Kosten des Selbstbildes der moralisch untadeligen und »guten« Frau zustande. Einerseits mag sich eine Frau sicher lieber, wenn sie erfolgreich ist; aber die Art und Weise, wie sie sich dafür einsetzen muß, trägt wohl nicht zu einer gesteigerten Selbstliebe bei:

»Ich bin wirklich stolz auf das, was ich erreicht habe, aber ich mußte mich oft meinen Freunden und meiner Famiie verweigern und häufig nein sagen. Ich konnte nicht wirklich für andere Menschen dasein, wenn sie mich gebraucht haben, weil meine Karriere immer vorging. Deshalb fühle ich mich nicht wohl in meiner Haut, was mein Verhalten als Freundin angeht.«

Bei manchen Frauen führt die Ambivalenz zwischen den weiblichen Werten Fürsorglichkeit und Nettigkeit und den männlichen Werten Erfolg und Ehrgeiz zu einem so tiefgehenden Konflikt, daß sie beruflichen Erfolg weniger genießen können als erwartet. Hat eine Frau beispielsweise in der medizinischen oder juristischen Fakultät gelernt, daß sie ebenso emotional distanziert, logisch, rücksichtslos, ehrgeizig und professionell auf ihrem Gebiet sein *kann* wie ein Mann, fragt sie sich eventuell: »*Will* ich überhaupt so sein?«

Die Arbeit der Frauen zu Hause

Die meisten Frauen, die außerhalb des Hauses einer Berufstätigkeit nachgehen, arbeiten auch zu Hause. Besonders verheiratete Frauen und alleinerziehende Mütter leiden unter der Doppelbelastung. Obwohl die Zahl der außer Haus berufstätigen Frauen in den letzten Jahren stark zugenommen hat, gab es kaum eine Aufgabenverlagerung in der Kinderbetreuung, beim Putzen, Einkaufen, Kochen und all den anderen im Haushalt anfallenden Arbeiten. Dafür sind weiterhin in der Regel allein die Frauen verantwortlich. Eine berufstätige Ehefrau oder alleinerziehende Mutter übt nicht nur einen Beruf aus, sondern mehrere. Dies wird durch die sich in unserer Gesellschaft hartnäckig haltende Auffassung verschleiert, Hausarbeit sei keine richtige Arbeit. Nona Glazer und ihre Kolleginnen erläutern:

»Daß wir Hausarbeit und Kinderbetreuung nicht als Arbeit betrachten, beruht auf der archaischen Ansicht, nur eine entlohnte Tätigkeit sei Arbeit. Würden wir unsere Ansicht über Hausarbeit revidieren und zu der Erkenntnis gelangen, daß die Hausfrau eine Arbeit verrichtet, würden wir (als Gesellschaft) es nicht zulassen, daß eine berufstätige Frau diese zusätzliche Belastung ohne angemessene Unterstützung und Hilfe von seiten der Gesellschaft trägt.«[11]

Zwar »helfen« manche Männer ihren berufstätigen Frauen bei der Hausarbeit und bei der Kinderbetreuung, aber sämtliche zu diesem Thema durchgeführten Studien ergaben, daß auch bei Ehepaaren, bei denen beide Partner berufstätig sind, die Verantwortung für die Hausarbeit und Kinderbetreuung (sei es, diese Arbeiten selbst zu erledigen oder an andere zu delegieren) in erster Linie Aufgabe der Frau ist.[12]

Die Aufgabenbereiche im Arbeitsleben außer Haus und im Haus überschneiden sich ständig. Auch an ihrem Arbeitsplatz in der Firma denkt eine für Kinder und Haushalt verantwortliche Frau an ihre diesbezüglichen Aufgaben. Kehrt sie nach Feierabend zu ihrer Familie und ihren häuslichen Pflichten zurück, kann sie wiederum nicht einfach den beruflichen Alltag vergessen. Oft fühlen sich die Frauen dadurch überfordert und haben den Eindruck, im Grunde niemals mit der Arbeit fertig zu werden:

»Wenn ich die Häuser anderer Leute putze, werde ich dafür bezahlt, und deshalb schätze ich den Wert dieser Arbeit anders ein. Ich erledige bestimmte Aufgaben in einer fest vereinbarten Zeit, wasche mir anschließend die Hände und bin fertig. In meinem eigenen Haushalt habe ich nie dieses Gefühl. Es gibt immer irgend etwas zu tun. Man kocht eine Mahlzeit, macht sauber, und zwei Sekunden später steht man wieder am Herd. Man hat das Gefühl, nie fertig zu werden.«

Arbeitslosigkeit: Die schlimmste Wunde

Während wir an diesem Kapitel arbeiten, befindet sich die Wirtschaft der Vereinigten Staaten inmitten einer tiefen Rezession, und die Arbeitslosenzahlen sind auf dem höchsten Stand seit dem Zweiten Weltkrieg. Alle Medien schenken der Arbeitslosigkeit große Aufmerksamkeit, doch sie tun so, als handele es sich um ein ausschließlich Männer betreffendes Problem.

Aber die Arbeitslosigkeit trifft Frauen nicht minder. Millionen Frauen, die gerne arbeiten wollen, haben ihre Arbeit verloren oder versuchen zum erstenmal, in das Erwerbsleben einzutreten, und finden keine Stellung. Arbeiten zu wollen, aber keine Arbeit zu bekommen ist mit die schlimmste Verletzung der Selbstachtung. Arbeitslosigkeit wirkt sich insbesondere deshalb so verheerend auf die Selbstachtung der Frauen aus, weil Frauen dazu neigen, sich selbst an allem die Schuld zu geben. In einer Fernsehsendung 1983, in der Arbeitslose interviewt wurden, wurde uns dies deutlich vor Augen geführt. Die meisten der Befragten waren Männer; nur eine Frau war darunter. Die Männer erzählten, wie schwer es sei, arbeitslos zu sein, aber keiner schien sich selbst dafür verantwortlich zu fühlen. Die einzige Frau jedoch sagte spontan: »Daß mir das passiert ist, ist meine eigene Schuld; anscheinend habe ich irgend etwas falsch gemacht.«[13]

Genauso verletzend für die Selbstachtung der Frauen wie eine durch eine schlechte Wirtschaftslage bedingte Arbeitslosigkeit ist der Zwang, aus Altersgründen die Arbeit aufgeben zu müssen. Auch das Problem Ruhestand – in den Medien wiederum hauptsächlich auf Männer bezogen dargestellt – trifft die Frauen hart. Wenn ihnen gesagt wird, sie seien zu alt für eine sinnvolle Arbeit, sind oft tiefste Erschütterung und das Gefühl, gescheitert zu sein, die Folgen, und damit einher geht unweigerlich eine Verringerung der Selbstachtung.

In den Gesprächen mit Frauen kamen wir darauf, daß das »Leere-Nest-Syndrom«, unter dem manche Hausfrauen leiden, wenn ihre Kinder das Haus verlassen, in ähnlicher Form auch bei Eintritt in den Ruhestand zu beobachten ist. Im allgemeinen wird das Leere-Nest-Syndrom mit der pathologischen Bindung der Frau an ihre Mutterrolle erklärt. Aber Männer machen oft eine ähnlich schwere Zeit der Anpassung durch – die allerdings nicht als pathologische Erscheinung betrachtet wird –, wenn sie in den Ruhestand gehen müssen. Wir glauben, mit dem Leere-Nest-Syndrom ist leichter fertigzuwerden, wenn es die Frauen nicht als ausschließliches Problem der Mütter betrachten, sondern eher allgemein als ein Problem des Nicht-Mehr-Gebrauchtwerdens:

»Noch vor einem Jahr war ich ein vollwertiges Mitglied der Gesellschaft. Ich hatte einen geregelten Tagesablauf, einen Ort, wo ich hingehen, eine Arbeit, die ich erledigen mußte, ein Ziel. Jetzt betrachtet man mich als vertrocknete, nutzlose alte Schachtel, die das Sozialversicherungssystem aussaugt. Es ist ein kurzer Schritt von einer Person von Wert zu einer nichtsnutzigen Person, die nur noch die ›Hand aufhält‹.«

Die Ambivalenz der Frauen bezüglich ihrer Arbeit erinnerte uns an die Redensart: »Man weiß erst, was man hat, wenn man es verloren hat.« So sehr wir unsere Arbeit vielleicht hassen, so sehr wir uns durch sie unterdrückt, gelangweilt und frustriert fühlen; so sehr und heftig wir uns auch über die Arbeit beklagen, sobald wir sie verlieren, fehlt sie uns, und wir möchten sie wiederhaben. Wie Marie Leuck sagte, die Arbeit gibt unserem Leben einen Sinn – und das kann man sich für Geld nicht kaufen.

Vorschläge zur Veränderung

I. Erwartungshaltung gegenüber der Arbeit

Mit welcher Einstellung zu Frauen und Arbeit wurden Sie erzogen? Wurde vorausgesetzt, daß Sie einen Beruf ausüben, weil das eine schöne Sache ist, oder daß Sie gezwungenermaßen arbeiten gehen müssen, um Ihren Lebensunterhalt zu verdienen? Welche Berufe schienen Ihnen im Bereich des Möglichen? Gingen Sie davon aus, Hausfrau zu sein? Vermittelte man Ihnen, diese Tätigkeit sei mehr wert oder weniger wert als eine Beschäftigung außer Haus? Wie beeinflußt Ihre Erziehung heute Ihre Arbeit? In welchem Ausmaß entspricht Ihr Arbeitsleben heute Ihren früheren Erwartungen? Falls die Arbeit nicht Ihren Erwartungen entspricht: Trug Ihre Arbeit zu einer Steigerung oder einer Verringerung Ihrer globalen Selbstachtung bei?

II. Die Bedeutung der Arbeit

Wie trägt Ihre Arbeit – im Haus oder außer Haus – zu Ihrem Selbstgefühl bei? Bietet Ihnen die Arbeit einen geregelten Tagesablauf? Sehen Sie einen Sinn darin? Gibt sie Ihnen ein Gefühl der Verbundenheit mit anderen Menschen? Genügend Geld, um Ihren Lebensunterhalt bestreiten zu können? Erwarten Sie von Ihrer Arbeit etwas, das diese momentan nicht erfüllt? Können Sie irgend etwas dagegen tun?

III. Der Wert der Arbeit

Wie schätzen Sie den Wert Ihrer Arbeit ein? An der Verdienstmöglichkeit? Durch ihren Beitrag zum Wohlbefinden anderer? An der Sicherung des Lebensunterhaltes? An der Möglichkeit, sich Ihrem idealen Selbstgefühl weitgehend anzunähern?

Welche Einstellung haben Ihrer Meinung nach andere zu Ihrer Arbeit und deren Wert? Glauben Sie, sie wird so geschätzt, wie sie es verdient? Überträgt sich diese Bewertung auf Ihr Gefühl, als Mensch geschätzt oder nicht geschätzt zu werden? Welche Klischeevorstellungen haben Ihrer Meinung nach andere von Ihrer Arbeit? Wie beeinflussen diese Stereotypen Ihr Selbstgefühl? Würde sich Ihrer Meinung nach die Einstellung der anderen Ihrer Arbeit gegenüber ändern, wenn ein Mann sie verrichten würde? Wie ist Ihre Einstellung gegenüber der Arbeit anderer? Glauben Sie, die eine Arbeit sei an sich schon wertvoller als eine andere? Können Sie, ohne Kompromisse bezüglich Ihrer Wertvorstellungen schließen zu müssen, diese hierarchisch strukturierte Sichtweise ad acta legen und anerkennen, daß praktisch jede Arbeit ihren Wert hat?

IV. Erfolg

Wie schätzen Sie Ihren beruflichen Erfolg ein? Wenn wir die traditionellen Erfolgsmaßstäbe der Männer anlegen (objektiv beurteilt anhand der Höhe des Gehalts und den Aufstiegschancen in der Hierarchie), hat das zur Folge, daß wir uns fast zwangsläufig weniger erfolgreich fühlen, als dies unter Zugrundelegung anderer Kriterien möglich wäre. Wenn Sie eine ersehnte Stelle, die gewünschte Gehaltserhöhung oder Beförderung nicht bekommen, haben Sie dann das Gefühl, irgendwie selbst daran schuld zu sein? Überlegen Sie, anstatt sich selbst die Schuld zu geben, ob sich dahinter nicht eine Form der Diskriminierung (aufgrund von Alter, Geschlecht, Rasse, um nur ein paar Möglichkeiten zu nennen) verbirgt. Wenn ja, können Sie Ihre Energie dann auf andere Dinge konzentrieren, anstatt sich mit Selbstvorwürfen zu quälen? Denken Sie sorgfältig über Ihre Definition von Erfolg nach und über den Maßstab, an dem Sie sich und ihre Arbeit messen. Dies ist besonders wichtig für Frauen, die zu Hause arbeiten und kaum klar definierte Maßstäbe haben. Können Sie sich realistische Maßstäbe setzen, anhand derer Sie sich als wertvoll und erfolgreich einstufen?

V. Klageerhebung wegen sexueller Belästigung und Diskriminierung am Arbeitsplatz

Wenn Sie von Ihrem Chef oder einem Kollegen sexuell belästigt oder aufgrund von Geschlecht, Rasse, ethnischer Zugehörigkeit oder Alter diskriminiert werden, haben Sie das Recht, zur Behebung der Ungerechtigkeit und der eventuellen Erlangung einer finanziellen Entschädigung, Klage einzureichen.

Gute Chancen für einen Prozeßgewinn haben Sie, wenn Sie eine umfassende Dokumentation verfassen. Schreiben Sie einen Bericht mit den exakten Zeiten, Orten und Umständen von allen Vorfällen der Belästigung und Diskriminierung. Machen Sie Kopien von Briefen, Formularen oder anderen schriftlichen Dokumenten, die Ihrem Fall dienlich sind. Stellen Sie fest, ob Ihre Kolleginnen und Kollegen bereit sind, Zeugenaussagen zu Ihren Gunsten zu machen. Ziehen Sie so viele Zeuginnen und Zeugen heran, wie Sie können. Versuchen Sie im Falle von Diskriminierung so viele andere Personen wie möglich zu finden, die sich Ihrer Klage anschließen. Das wird Ihre Position stärken, und statt eines Individualprozesses könnte u. U. eine »Gemein-

schaftsklage« sinnvoll sein. Es macht Sie außerdem auch weniger angreifbar, da Sie nicht als alleinige Klägerin im Rampenlicht stehen.

Wenn Sie Klage erheben, ist es Ihrem Arbeitgeber und Ihren Kolleginnen und Kollegen gesetzlich untersagt, Maßnahmen zu ergreifen wie beispielsweise den Entzug von Verantwortung am Arbeitsplatz, Schikanen, Ächtung oder sonstige Verhaltensweisen, aufgrund derer Sie sich veranlaßt sehen könnten, die Klage zurückzuziehen und/oder die Stelle zu kündigen. Da derlei Praktiken jedoch gang und gäbe sind, ist es auch hier wichtig, sämtliche Vergeltungsmaßnahmen zu dokumentieren und so viele Zeuginnen und Zeugen heranzuziehen wie möglich, die zu Ihren Gunsten auszusagen bereit sind. Berichten Sie der Dienststelle, bei der Sie Ihre Klage eingereicht haben, von sämtlichen Vergeltungsmaßnahmen; diese können Anlaß zu ergänzenden Klagen sein. Wird die Situation am Arbeitsplatz derart unerträglich, daß Sie sich aus gesundheitlichen Gründen zu einer Kündigung gezwungen sehen, hat man Sie im Grunde entlassen – oder »indirekt entlassen«. Das ist ebenfalls eine Grundlage für eine Klage, bei der Sie finanzielle Entschädigung fordern können.

Die Klageerhebung und der Prozeß sind für gewöhnlich nicht leicht durchzustehen. Ehe Sie handeln, sollten Sie die möglichen Vorteile (Gerechtigkeit, das Wissen, sich gewehrt zu haben) gegen die möglichen Risiken (Schikanen, weitere Diskriminierung, Kündigung, großer Aufwand an Zeit und mentaler Energie) abwägen. Falls Sie sich zu einer Klage entschließen, vergessen Sie nicht, daß dies Ihr gutes Recht ist. Bitten Sie Freundinnen und Freunde um emotionalen Beistand über den langen Zeitraum. Wenn Sie sich entschließen, nichts zu unternehmen, oder Sie reichen Klage ein und beschließen dann, das Ganze abzubrechen, so ist auch das Ihr gutes Recht. Sie haben keinen Grund, mit sich zu Gericht zu gehen, wenn Sie das Ihrer Ansicht nach Richtige tun.

Hilfe bei dieser Entscheidung sollten Sie sich bei örtlichen Frauengruppen holen, die Sie mit anderen in Kontakt bringen, die bereits Klagen eingereicht haben. Deren Erfahrung kann Ihnen helfen, die Risiken und Vorteile realistisch einzuschätzen. Aber welche Entscheidung Sie auch treffen, vergessen Sie nie, Sie selbst trifft nicht die geringste Schuld an der Belästigung oder Diskriminierung, unter der Sie zu leiden hatten.

6. Frauen in einer Welt der Spiegel und Bilder: Der Einfluß der Bilderflut

In Dickens' *Dombey und Sohn* beschreibt eine Person, wie die Welt aus einem Zugfenster betrachtet aussieht.[1] Damals waren Eisenbahnen eine neue Errungenschaft der Technik, und wie der Text erläutert, veränderte sie die Perspektive und die Weltanschauung der Menschen so radikal wie später die Flugzeuge oder die Eroberung des Weltraums, anders ausgedrückt: »Die kleinste neue Leistung der Technologie, ob nun direkt oder aus zweiter Hand erlebbar, rückt die Dinge in eine neue Perspektive.«[2] Auf uns besonders kraß wirkte sich die technologische Entwicklung der Bildmedien aus. Sie sorgte dafür, daß wir uns mit anderen Augen betrachten. Wie wir unsere Person wahrnehmen, unterliegt – wie die veränderte Wahrnehmung der Welt nach der Erfindung von Eisenbahn und Flugzeug – zunehmend dem technischen Fortschritt, nämlich dem Einfluß zahlloser, im Überfluß vorhandener Spiegel und wechselnder Bilder. Vor zweihundert Jahren hatten viele amerikanische Familien keinen Spiegel im Haus; eine Frau konnte wochenlang die Hausarbeit verrichten, ohne sich jemals prüfend in einem Spiegel zu betrachten.[3] Heute beginnen die meisten von uns jeden Tag mit einem prüfenden Blick in den Spiegel. Vom Zähneputzen an werden wir beständig mit unserem eigenen von Glasflächen reflektierten Bild konfrontiert. Spiegel befinden sich in unseren Autos, in öffentlichen Toiletten, in Supermärkten, an Verkaufsautomaten in der U-Bahn, in Kaufhäusern und Geschäften, in Restaurants und an den Außenfassaden der Gebäude. In den Vereinigten Staaten ist man nirgendwo vor Spiegeln sicher.

In Massenproduktion hergestellte Bilder springen uns überall ins Auge. Vor anderthalb Jahrhunderten konnte man sich noch kaum vorstellen, eine Fotografie in Serie zu produzieren. Heute ist das längst Realität, und dank der ständigen Fortschritte in der Kamera-, Film-, Druck- und Kommunikationstechnik werden wir andauernd mit visuellen und audiovisuellen Bildern bombardiert. Von Plakatwänden und Buchumschlägen, von den Außenseiten der Busse und in den U-Bahn-Abteilen, aus Zeitungen und Zeitschriften, im Fernsehen und im Kino, ständig starren uns Bilder an. Zusammen mit den akustischen Botschaften des Rundfunks und der Beschallungssysteme in Geschäften und Fahrstühlen beeinflussen die täglichen visuellen Bilder unsere Wahrnehmung von der Welt, von uns selbst und von unserer Stellung in der Welt. Und so wie die Bilderflut unser Selbstverständnis prägt, prägt sie auch unsere Wunschvorstellung von unserem Selbst. Es ist fast unmöglich, einen ganzen Tag lang den in unserer Kultur produzierten Bildern zu entgehen. Auch wenn wir über die idealisierten Darstellungen im Fernsehen und in Zeitschriften oft lachen, sie albern oder ärgerlich finden, sie sind da und beeinflussen uns.

Die stete Zunahme des Selbst-Bewußtseins

Von all den vor unseren Augen vorbeiziehenden Bildern hat wohl keines einen so direkten Einfluß auf unser Selbstgefühl und unsere Selbstachtung wie unser eigenes Bild in Spiegeln und auf Fotos. Ein Fernsehwerbespot für Diätmahlzeiten verdeutlicht diesen unwillkürlich ablaufenden Vorgang. In diesem Werbespot steht eine Frau neben einem Mann, der gerade einen Abzug aus einer Polaroidkamera zieht. Als das Foto, ein Bild von der Frau, fertig entwickelt ist, reicht er es ihr. Sie starrt darauf, und Widerwillen und Entsetzen zeigen sich auf ihrem Gesicht. »O nein«, sagt sie, »habe ich wirklich so zugenommen?« Die Szene wechselt und zeigt die Frau einige Zeit später; sie setzt sich gerade hin, um eine leckere, kalorienarme Mahlzeit zu sich zu nehmen. Ihr Freund, der Fotograf, betritt wieder die Szene. Er richtet seine Kamera auf ihr Gesicht und ihren Teller und sagt anerkennend: »Du ißt *tatsächlich* weniger. Das muß ich fotografieren.« Er drückt auf den Auslöser, und – klick – das Bild des beschämten Dickerchens auf dem Weg zur höheren Weihe weiblicher Perfektion ist für immer festgehalten.

Diese Geschichte steht in starkem Widerspruch zu der des Narzisses. In diesem Mythos erblickt der junge Narziß sein Spiegelbild in einem Teich, und überwältigt von seiner Schönheit verliebt er sich in sich selbst.

Jahrhundertelang prangerte man Frauen in der westlichen Kultur ihres angeblichen Narzißmus wegen an. Wir seien in unser Spiegelbild – und in Fotos von uns – verliebt, hieß es. In Wirklichkeit aber reagieren Frauen, die mit ihrem realen Selbst konfrontiert werden, eher so wie die Frau in diesem Werbespot. Anthony Brandt beschreibt die Erfahrung mit einer Freundin, die einwilligte, eine halbstündige Videoaufnahme von sich zu machen:

»Zuerst zog sie die Kleider aus – keine Maskierung, alles ganz ehrlich – und richtete die Kamera auf ihren Körper. Sie wollte ihn kennenlernen. Sie fühlte sich nicht wohl dabei, aber dennoch... Später erzählte sie mir, alles, was sie beim Filmen gesagt habe, sei verteidigend gewesen, ein Durcheinander von gespielter Tapferkeit und Rechtfertigung ihres Aussehens, ihrer Art, sich zu bewegen, ihrer Körpersprache... Als sie sich den Film ansah, kam sie zu dem Schluß, dieses unangenehme, unsichere, unechte Wesen auf dem Bildschirm sei ihr wahres Selbst. Nach ungefähr fünf Minuten brach sie in Tränen aus und weinte die restliche halbe Stunde bis zum Ende des Filmes. Sie *haßte* den Anblick, haßte dieses Bild, dieses Selbst auf dem Bildschirm. Sie brauchte Tage, um sich davon zu erholen.«[4]

Offensichtlich bringt die aus dem technologischen Fortschritt resultierende Bilderflut unserer Selbstachtung mehr Schaden als Nutzen. Auge in Auge mit sich selbst in Spiegeln oder auf Fotos empfinden die meisten Frauen keine Selbstliebe, sondern eher das Gegenteil.

Die ständige Konfrontation mit dem eigenen Bild erzeugt ein anhaltendes, intensives Selbst-Bewußtsein, dem nur schwer zu entrinnen ist. Mag sein, daß uns in einem momentanen Glücksgefühl gefällt, was wir im Spiegel oder auf einem Foto sehen, aber schon der bloße Akt des Betrachtens unseres eigenen Abbilds distanziert uns von uns selbst, denn wir betrachten die Person auf dem Bild als von uns losgelöstes Objekt. Viele der von uns befragten Frauen berichteten, sie hätten oft das Gefühl, neben sich zu stehen, so als beobachteten sie sich selbst. Aufgrund der unzähligen reflektierenden Bilder ist das heute kaum noch zu vermeiden. Leider tendieren die meisten von uns dazu, sich über ihr Aussehen und ihre Wirkung auf andere Sorgen zu machen:

»Meine Mutter gehört zu den Frauen, die immer, wenn sie nervös sind, eine Puderdose hervorkramen. Wir können ihr hundertmal versichern, sie sehe prima aus, sie muß sich selbst davon überzeugen. Ich habe sie deshalb oft ausgelacht, aber im Grunde mache ich nichts anderes. Ich trage zwar keine Puderdose mit mir herum, aber ich kann an keinem Spiegel und keinem spiegelnden Fenster vorbeigehen, ohne einen prüfenden Blick hineinzuwerfen.«

Die Flutwelle der Stereotypen

Die unzähligen Bilder von anderen Menschen, denen wir täglich ausgesetzt sind, hinterlassen ebenfalls Spuren in unserer Selbstachtung. Die meisten Menschen sind tagtäglich den Massenmedien ausgesetzt. Schlagen wir zum Beispiel morgens die Zeitung auf, erblicken wir häufig zuerst eine Badeschönheit, die ihre weiblichen Reize zur Schau stellt; dann lesen wir einen Artikel über eine Gerichtsverhandlung, in dem eine Rechtsanwältin zitiert wird, und einen anderen Artikel über eine »blonde geschiedene Frau«, die ermordet wurde. Aus dem Radio hören wir eine Korrespondentin aus Europa berichten, eine andere Frau (diesmal eine Schlagersängerin) singt ein rührseliges Lied über ihren Mann, gleich danach erzählt der Diskjockey einen gräßlichen Schwiegermutterwitz. Später, beim Durchblättern einer Frauenzeitschrift, lesen wir etwas über eine junge Mutter, die in ihrer Gemeinde Widerstand gegen ein Unternehmen organisiert, das Giftmüll in ihrer Nachbarschaft lagert; anschließend folgen etliche Anzeigenseiten, auf denen Frauen entweder für ihre Familie kochen oder ein Wundermittel anpreisen, mit dessen Hilfe sie hundert Pfund abgenommen haben; im Weiterblättern stoßen wir auf Anzeigen, auf denen Frauen in Modelpose Unterwäsche präsentieren. Später sehen wir uns im Fernsehen Seifenopern an; wir sehen Ärztinnen und Managerinnen, die ihre Ehemänner herumkommandieren oder mit anderen Frauen um einen Mann rivalisieren; dann kommt ein Werbespot, in dem eine reichlich alberne Frau über ihr Problem mit dem Geruch ihres Teppichs lamentiert; dann wieder eine Seifenoper, in der eine neurotische Frau Mordpläne gegen ihre Schwägerin schmiedet. Beim Einkaufen im Supermarkt fällt unser Blick auf das Regal mit den Zeitschriften; jedes Titelbild zeigt reichlich weibliches Fleisch. Unser Blick fällt auf die Schlagzeile: »Wissenschaftler bestätigen: Die meisten emanzipierten Frauen haben psychische Probleme.« Am Abend sehen wir wieder fern. Eine Reporterin steht vor dem Weißen Haus und berichtet über neue Entwicklungen in der Politik; es folgt ein Film über eine hartherzige, kalte Mutter; ein Krimi, in dem Frauen die Opfer und Männer ihre Retter sind.

Gewisse Stereotypen erscheinen häufiger als andere, die Medien insgesamt sorgen aber für eine große Verbreitung sämtlicher Klischees, und so werden wir von Stereotypen förmlich überflutet. Frauen wurden von den Medien inzwischen so oft als falsch und boshaft dargestellt, daß dieses unentwegt wiederholte Stereotyp mittlerweile als repräsentative Wahrheit über Frauen gilt.

Jede Kultur schuf Symbole, Bilder, Mythen und Lieder, in denen sich die Realität des Lebens spiegelte, wie sie die Menschen der jeweiligen Epoche wahrgenommen haben. Die Frauen der prähistorischen Zeit, die das Töpfern erfanden, hinterließen auf den Höhlenwänden Abbildungen töpfernder Frauen. Maler wie Breughel der Ältere malten realistische Szenen von Bauern auf dem Felde. Diese Bilder erzeugten jedoch keine Stereotypen, denn sie wurden nicht in Serienproduktion hergestellt, das tägliche Leben war somit nicht von ihnen durchdrungen. Das änderte sich erst mit den modernen Produktionsmitteln und der elektronischen Kommunikationstechnik. Von Menschenhand gefertigte visuelle Bilder und geschriebene Worte waren einmal einzigartige Kunstwerke, die sich den Menschen nicht aufdrängten, aber dank der modernen Technik werden heute visuelle Bilder, schriftliche Werke *und* akustische Signale (Lieder zum Beispiel) millionenfach reproduziert und der Bevölkerung aufgezwungen.

Die erst durch die moderne Technologie mögliche Überflutung mit Stereotypen verschonte in unserer Kultur keine soziale Gruppe. Fragen Sie Leute auf der Straße, was ihrer Meinung nach typisch für Südstaatler ist, und Sie bekommen sicherlich eine Antwort wie: »Südstaatler sind Rassisten.« Andere soziale Gruppen sind nicht weniger von Stereotypen betroffen. Asiaten sind undurchschaubar. Neuengländer sind sparsam und wortkarg. Kalifornier sind verrückt.

Schwarze Männer sind entweder Athleten oder faule Hunde, die von »ihren« Frauen verweichlicht wurden. Feministinnen sind häßlich und hassen Männer. Telefonistinnen sind unfreundlich. New Yorker sind hart und zäh. Juden sind habgierig. Schwule Männer sind weibisch. Lesben sind Mannweiber. Oststaatler sind Snobs. Hispanos sind heißblütig. Schwarze Frauen sind Hausangestellte, Prostituierte oder leben von Sozialhilfe. Die Liste läßt sich beliebig fortsetzen.

Nicht alle Stereotypen sind eindeutig negativ, aber bei näherer Betrachtung erkennen wir ihren einengenden Charakter. Sie berauben uns unserer Individualität und machen uns zu einem »Typ«. Elaine Kanzaki Wong schreibt über die Auswirkungen der Stereotypen auf asiatische Frauen:

»Gelegentlich treffen Asiatinnen auf Männer, auf, wie ich sie nenne ›Orientophile‹. Diese Männer behaupten, alles Fernöstliche zu lieben, die Kunst, die Malerei, die Keramik, die Lackarbeiten, die Kleidung, sämtliche Kunstgegenstände. Kurz gesagt, sie bewundern die Kultur insgesamt, und das schließt natürlich auch asiatische Frauen mit ein. Da die auf Asiaten angewandten Stereotypen im allgemeinen viele negative Aspekte beinhalten, ist eine Asiatin für ein scheinbar positives Stereotyp besonders anfällig und reagiert positiv darauf, obwohl sie besser negativ reagieren sollte. Betrachtet dieser Mann sie denn nicht nur als ein weiteres orientalisches *objet d'art?*«[5]

Frauen zählen in unserer Gesellschaft zu den Gruppen, über die die meisten Stereotypen kursieren. Nachfolgend eine Sammlung der populärsten Stereotypen über Frauen in der heutigen amerikanischen Kultur:

Die Frau als Verkörperung des Bösen: Die Frau als böse Verführerin, die teuflische Pläne schmiedet, um den Männern zu schaden, ist ein beliebtes Thema in Schlagertexten, in Fernsehsendungen und in Spielfilmen. Frauen, bewaffnet mit Zähnen in der Vagina oder anderen versteckten tödlichen Waffen, beabsichtigen, ihre nichtsahnenden Liebhaber zu töten, ein häufig gebrauchtes Bild in der Pornographie.

Die Frau als Sexobjekt: Sämtliche Medien stellen Frauen als Sexkätzchen und Spielzeug der Männer dar, ausschließlich zum sexuellen Genuß der Männer bestimmt. Mit dem Körper der Frau wird praktisch alles verkauft, von den Bluejeans über Whisky und Autos bis zu Werkzeugmaschinen.

Die Frau als Opfer: Wiederum sämtliche Medien zeigen Frauen gerne als Opfer, zu deren Rettung Männer herbeieilen müssen. Zu Opfern werden Frauen aufgrund schier unglaublicher Dummheit, oder weil sie zu Recht für schlechtes oder sexuelles Verhalten bestraft werden. Die Hilflosigkeit des weiblichen Opfers wird häufig glorifiziert.

Die Frau als Madonna: Viele von uns sind mit einer endlosen Parade von Bildern perfekter Mütter aufgewachsen. Die allesgebende, eindimensionale Mutter ist immer noch lebendig und spielt in Fernsehserien und Werbespots eine wesentliche Rolle. Dieses Bild ist nicht nur engstirnig und unrealistisch, es ist auch zu einem tyrannisierenden Ideal geworden, an dem wir ungerechterweise die Leistung unserer Mütter und unsere eigene als Mütter messen.

Die Frau als zerstörerische Mutter: Berichte der Medien über Gewaltverbrecher heben meist besonders hervor, die armen Jungs hätten eine kastrierende, feindselige Mutter gehabt, so daß der Sohn keine andere Wahl gehabt habe, er habe einfach gesellschaftsfeindlich werden müssen. Von diesem traurigen Los ist besonders der Vergewaltiger betroffen: Er ist nicht verantwortlich für seinen Haß auf Frauen, sondern seine Mutter. Diese negativen Stereotypen erstrekken sich übrigens auch auf Schwiegermütter, Stiefmütter und Pflegemütter.

Die Frau als psychisch Gestörte: Man erzählt uns viel von neurotischen Frauen, die ohne die Hilfe eines teuren Psychiaters nicht das kleinste Problem lösen können. Noch mehr erfahren wir über Frauen, die Selbstmord begangen haben oder selbstmordgefährdet sind oder schlicht und einfach verrückt. Aber psychisch gestörte Frauen werden nicht nur gerne porträtiert, sie werden auch noch dargestellt, als gebe es außer ihrer Krankheit nichts über sie zu berichten. Hin und wieder berichtet man uns auch von Alkoholikerinnen, psychisch Kranken, Drogenabhängigen etc., die ihre Probleme bewältigt haben und »gute« Frauen wurden; aber auch sie werden ausschließlich über ihr jeweiliges Problem definiert.

Die Frau als Rivalin anderer Frauen: Das ist ein beliebter Stoff in Seifenopern, in der Popmusik, in Filmen und Fernsehsendungen; Frauen kämpfen gegeneinander um einen Mann, um Geld oder um Anerkennung. Wir begegnen dieser Frau auch in der Werbung (Frauen, die ständig die Sauberkeit ihrer Wäsche mit der anderer Frauen vergleichen oder darüber wetteifern, welche besser für das Wohl ihrer Kinder sorgt).

Die Frau als Superfrau: Das ist ein Standardbild der Zeitschriftenberichte über Karrierefrauen. Schicke Frauen versorgen uns mit wohlfeilen, simplifizierten Ratschlägen und sagen uns, wir könnten »alles haben«. Enjoli versichert uns, mit dem Auftragen dieses Parfums seien wir gleichzeitig eine Supermutter, eine hochbezahlte Managerin, eine ausgezeichnete Köchin und unserem Mann eine überirdische Geliebte. Das Bild der Superfrau ist inzwischen ein ebenso verbreitetes und bedrückendes Ideal wie die Klischees von der Frau als Sexobjekt oder Madonna.

Berichten Massenmedien über Frauen, dann also meist in Stereotypen – wenn Frauen überhaupt Erwähnung finden. Die Zahl der Frauen, die die Medien uns zeigen, ist im Vergleich zur Anzahl der Männer relativ gering. Während der Hauptsendezeit im Fernsehen überwiegen die männlichen Darsteller die Frauen im Verhältnis drei zu eins[6], in den Kinderprogrammen sind nur sechzehn Prozent der

Hauptrollen mit Frauen besetzt.[7] Bei den Kinofilmen sieht die Situation ähnlich aus. Die weiblichen Hauptrollen waren im letzten Jahrzehnt so rar, daß mit Ausnahme einiger weiblicher Superstars wie Jane Fonda und Meryl Streep die meisten Schauspielerinnen lange Zeit arbeitslos waren.

Erschwerend kommt hinzu, daß die in den Massenmedien dominierenden Männer praktisch alle weiß sind. Zur Hauptsendezeit im Fernsehen waren 1980 62 Prozent der Darsteller weiße Männer (1968 waren es 68 Prozent)[8], und in den Kinderprogrammen waren 1982 gerade 3,7 Prozent der Darsteller schwarz, 3,1 Prozent Hispanos und 0,8 Prozent asiatischer Abstammung. Indianische Darsteller waren lediglich durch Tonto in »The Lone Ranger Adventure Hour« vertreten.[9] Das Medium, in dem weiße Männer am unangefochtesten herrschen, ist jedoch der Film. 1981 hatten nur in zwölf der 240 von amerikanischen Studios gedrehten Spielfilme schwarze Männer Hauptrollen oder tragende Rollen, und nur eine einzige schwarze Frau spielte eine Hauptrolle.[10] Schauspieler asiatischer, indianischer und lateinamerikanischer Abstammung erscheinen fast nie in den Studiofilmen, und wenn doch, dann nur in absoluten Klischeerollen – als böse Japse oder verführerische Lotusblüten in Filmen über den Zweiten Weltkrieg, als skalpierende Wilde und dumme Squaws in Western und als verblödete, heruntergekommene Señores und Señoritas in B-Produktionen. Das ist eine Beleidigung der diesen ethnischen Gruppen angehörenden Zuschauer und verletzt Angehörige von Minderheiten, die in der Unterhaltungsindustrie arbeiten. Rita Moreno, jahrelang auf das Rollenfach der Flamencotänzerin, des Indianermädchens und der sexy, dummen und barfüßigen Señorita festgelegt, erzählt:

»Damals war ich mir der stereotypen Rollen nicht bewußt – was nicht heißt, daß sich an den mir angebotenen Rollen inzwischen viel geändert hätte. Eine Latina muß arme, braunhäutige Mädchen spielen: Mexikanerinnen, Spanierinnen, Indianerinnen; für die anderen sehen Menschen dieser Abstammung anscheinend alle gleich aus... Je häufiger ich diese braunhäutigen Naiven spielte, um so schlechter ging es mir innerlich. Einmal spielte ich ein Indianermädchen in *Jivaro*, meine Partnerin war Rhonda Fleming. Da stand sie, in Rüschen gehüllt, ganz rosa und blond und vollbusig. Ich stand neben ihr, ich hatte eine häßliche Perücke auf, ein Make-up wie braune Schuhwichse und trug ein zerfetztes Leopardenfell. Ich fühlte mich häßlich und dumm, und jedesmal, wenn ich auf meine nackten Füße hinunterblickte, schämte ich mich mehr...«[11]

Nicht alle Frauen in den Massenmedien entsprechen den gängigen Stereotypen. In den Nachrichtensendungen sehen wir zahlreiche weiße Reporterinnen, einige schwarze Reporterinnen und inzwischen etliche Asiatinnen als Moderatorinnen. Im Fernsehen gibt es hin und wieder auch starke weibliche Charaktere, die dem albernen Frauenbild in den süßlichen Serien etwas entgegensetzen. In den dreißiger und vierziger Jahren zeigten zahllose Filme starke Frauen, häufig gespielt von Katharine Hepburn und Bette Davis. Auch in den Printmedien gibt es durchaus positive Frauenbilder, sowohl in Frauenzeitschriften wie auch in vielen feministisch beeinflußten Romanen der letzten Jahre. Aber diese positiven Frauenbilder sind nach wie vor Ausnahmen von der Regel.

Besonders nachteilig wirken sich die von den Medien gepflegten Klischees auf Kinder aus. Ein Kind, das dem Samstagmorgen-Programm des Fernsehens ausgesetzt ist, erlebt eine Welt, in der unter einer Heerschar Männer vielleicht eine Frau vorkommt.[12]

Die meisten erwachsenen Frauen erkennen sehr wohl, daß die in den Massenmedien dargestellten Stereotypen dumm und hohl sind, und sie sehen ihre eigene Persönlichkeit völlig anders. Aber wie wir Frauen uns selbst auch sehen und einschätzen, die Art und Weise, wie uns andere wahrnehmen und behandeln, wird zum großen Teil von den in den Medien präsenten Stereotypen geprägt. Praktisch jede von uns interviewte Frau, gleich welcher Hautfarbe, machte schon die Erfahrung, sowohl von anderen Frauen als auch von Männern als Person zweiter Klasse betrachtet und behandelt worden zu sein, und zwar aus dem einzigen Grund, weil sie eine Frau ist. Farbige, lesbische, alte und behinderte Frauen werden aufgrund der auf Frauen und Minderheiten angewandten Stereotypen gleich in zweifacher Hinsicht als minderwertig betrachtet. So berichten zum Beispiel Anita Neilsen und Linda Jeffers, Wampanoag-Indianerinnen, die in der Plimouth Plantation in Massachusetts Führungen für die Öffentlichkeit veranstalten, daß viele Besucher dieses historischen Ortes glauben, die Indianer seien alle tot. Wenn sie ihnen erklären, dies sei keineswegs der Fall, müssen sie sich Äußerungen anhören wie, alle Indianer hätten skalpiert, alle Indianerfrauen seien nur Lastesel und Sklavinnen der Männer gewesen und die Indianer hätten widerrechtlich Besitz vom Land der weißen Siedler ergriffen. (Viele Besucher fragen Neilsen und Jeffers allen Ernstes: »Warum haben sich die Indianer ausgerechnet hier in der Nähe der Pilgerväter niedergelassen?« ganz so, als seien die Pilgerväter zuerst dagewesen.)[13]

Werbung und Konsumsteigerung

Von allen Medien sind sicher die Werbemedien die ärgerlichsten, denn sie kann man unmöglich ignorieren. Wir können beschließen, bestimmte Zeitschriften nicht zu kaufen, aber wir können die Plakatwand vor uns auf der Straße oder die Reklame in der U-Bahn nicht übersehen. Die Werbung durchdringt unser ganzes Leben – in Fernseh- und Radiosendungen, Zeitschriften und Zeitungen.

Die in unserer Kultur stark zunehmende Verbreitung und Macht der Werbung geht Hand in Hand mit dem wachsenden Konsum. Im

Laufe der letzten 110 Jahre hat sich die amerikanische Gesellschaft dramatisch gewandelt. Galten früher Sparsamkeit und Genügsamkeit als grundlegende Werte, so ist es heute der »aufwendige Konsum« des immer größer werdenden Angebots an Massenwaren – und die Werbung und die Frauen spielten dabei eine große Rolle.

Die ersten Anzeigen erschienen in den achtziger Jahren des vorigen Jahrhunderts. Damals entschlossen sich die Herstellerfirmen, mit Hilfe von Zeitungen und Zeitschriften die Öffentlichkeit auf ihre Produkte aufmerksam zu machen. Anfangs bestanden die Anzeigen aus einfachen, informativen Aussagen über das angebotene Produkt. In den zwanziger Jahren hatte sich daraus bereits eine Milliarden-Industrie entwickelt, die immer ausgefeiltere, raffiniertere Methoden ersann; das Ziel der Industrie, so ein Werbefachmann, sei die Erschaffung unzufriedener Verbraucher, die ständig etwas Neues wollen, weil ihnen das, was sie haben, nicht mehr genügt.[14] In den zwanziger Jahren konzentrierte sich die Werbeindustrie besonders auf die Frauen, denn sie waren in den Vereinigten Staaten damals wie heute hauptsächlich die Käufer von Konsumgütern.

Von Anfang an beschränkten sich die Bedürfnisse, die die Werbung in uns zu wecken versuchte, nicht nur auf materiellen Besitz. Ziel war es, in uns eine fundamentale Unzufriedenheit über unsere Person und insbesondere unser Äußeres zu erzeugen. Laut Kathryn Weibel erzielt die Werbung die besten Resultate durch Manipulation des Selbstbildes des Konsumenten, und da Frauen in vorderster Linie der Verbraucher stehen, »liegt das Hauptaugenmerk auf der Manipulation des Selbstbildes der Frauen«.[15] Um sicherzugehen, daß die Frauen kaufen, müssen die Werbeleute mehr tun, als nur auf die Wünsche der Frauen eingehen, denn die Erfüllung von Wünschen kann man hinausschieben.

Die Werbung muß die Konsumentin davon überzeugen, daß sie das Produkt, für das geworben wird, unbedingt *braucht*; und da fast alles, was heutzutage angeboten wird, zum reinen Überleben nicht benötigt wird, muß der Verbraucherin das Produkt nicht als lebensnotwendig angepriesen werden, sondern als unerläßlich zur Steigerung ihres persönlichen Werts. Die meisten Werbespots arbeiten mehr oder weniger versteckt mit der Aussage, »dieses Produkt macht Sie wertvoller«. Ein Unternehmen, das Haarwaschmittel und Haarfärbemittel herstellt, preist seine Produkte unverblümt so an und läßt die Frau in der Werbung sagen: »Es ist zwar teuer, aber das bin ich mir wert.« Die selbstverständliche Schlußfolgerung daraus lautet, wer nicht diese teure Marke kauft, muß eine geringe Selbstachtung haben, und wer gar eine der Billigmarken kauft, ist ganz offensichtlich ein Schaf ohne jedwede Selbstachtung.

Der größte Teil der heute auf weibliche Zielgruppen zugeschnittenen Werbung weckt in Frauen insbesondere mit Argumenten auf zwei Gebieten Selbstzweifel: mit unserer sexuellen Attraktivität auf

Männer und mit unserer Fürsorglichkeit. Sämtliche Werbekampagnen für Schmuck, Modeartikel, Kosmetik, »Light«-Lebensmittel, Zahnpasta und selbst für Waren wie Spirituosen, Autos und Zigaretten sind darauf ausgerichtet, daß sich Frauen Fragen stellen wie: »Bin ich hübsch? Bin ich begehrenswert? Ist meine Haut zu fleckig? Bin ich zu dick?«

Die Werbung für Putzmittel, Nahrungsmittel, für die Produkte zur Gesundheitsvorsorge, für Kinderspielzeug und Kinderkleidung, Kranken- und Lebensversicherungen, Möbel, Vitamine und was es noch alles gibt, zielen auf die Fragen ab: »Bin ich fürsorglich genug? Kümmere ich mich wirklich ausreichend um meine Lieben?« Bei beiden Strategien hoffen die Werbefachleute, daß die Frauen die entscheidenden Fragen mit nein beantworten. Das erwünschte Resultat sind Schuldgefühle, und diese sollen die Frauen durch den Kauf der Produkte zu beheben versuchen.

Das Problem vieler Frauen besteht nun darin, daß durch die Werbung die Grenzen zwischen realistischen Möglichkeiten und unerreichbaren Idealen verwischt werden. In allen Kulturen gab es Vorstellungen von der perfekten Schönheit und von der perfekten, treusorgenden Mutter. Aber diese Ideale wurden der Durchschnittsfrau *nicht* als die unbedingt zu erreichende Norm vorgegeben. Im Gegenteil, absolut den Idealvorstellungen entsprechen zu wollen hielt man früher für unmöglich.

Heute dagegen wird die Illusion genährt, es sei für die durchschnittliche Frau durchaus möglich, den kulturellen Idealen von der perfekten Schönheit und der perfekten Mutter zu entsprechen. Mehr noch, die Illusion, wir könnten aus uns die perfekte Schönheit und die perfekt fürsorgliche Frau machen, führte dazu, daß wir diese Ideale zu unseren eigenen machten, denen wir unbedingt entsprechen wollen. Frauen, die sich andere Prioritäten setzen, gelten als wunderliche Außenseiterinnen. In unserer von Werbung durchdrungenen Kultur wird eine Frau, die dicker oder weniger fürsorglich ist als das Ideal, moralisch verurteilt, aber solange sie sich darum bemüht, schlanker oder fürsorglicher zu werden (und die Produkte kauft, die sie ihrem jeweils gesteckten Ziel näherbringen), ist man nachsichtig. Weigert sich jedoch eine Frau, dem Schönheitsideal nachzueifern und abzunehmen, gilt sie als nicht normal; ebenso ergeht es einer Frau, der es gleichgültig ist, ob sie eine perfekte Hausfrau ist oder nicht.

Die meisten Frauen aus unseren Gruppen zur Steigerung der Selbstachtung konnten etliche Beispiele aus der Werbung nennen, die sie als besonders ärgerlich und frauenverachtend empfanden. Viele konnten genau angeben, welche Werbung in ihnen starke Zweifel an ihrem Selbstbild weckte. Doch eine bestimmte Werbung fügt unserer Selbstachtung kaum vernichtenden, langanhaltenden Schaden zu, entscheidend ist vielmehr das von den tausendfach auf uns einstürmenden Werbemitteln insgesamt geschaffene Klima. Dieses Klima macht es uns unmöglich, uns so zu akzeptieren, wie wir sind, denn unentwegt wird uns gesagt, egal wie gut wir aussehen und wie gut wir für unsere Lieben sorgen, wir können alles noch besser machen.

Überforderung, Ohnmacht und Passivität

Ebenso wie das von den Werbemedien erzeugte Klima ist auch die massenhafte Verbreitung von Gewalt und Horrorszenarien in den Unterhaltungs- und Nachrichtenmedien unserer Selbstachtung nicht eben förderlich. Eine wachsende Zahl von Filmen lösen den Nervenkitzel bei den Zuschauern allein dadurch aus, daß in einer Szene nach der anderen Menschen einander in Stücke hacken. Auch einige von der Kritik gelobte und künstlerisch wertvolle Filme zeigen dramaturgisch unbegründet blutrünstige Szenen in allen Details. Die menschliche Rasse, wie sie zur Hauptsendezeit im Fernsehen präsentiert wird, zeigt sich nicht minder barbarisch.

Der Horror, den Fernsehnachrichten, Zeitungen und Zeitschriften in unser Wohnzimmer hineintragen, steigert angesichts dieser Grausamkeit der Menschheit unsere Verzweiflung an der Welt. Eine gute Beschreibung, wie sich die Nachrichten auf unser Weltbild und unsere Persönlichkeit auswirken, gibt der Bericht von Stuart und Elizabeth Ewen über eine fiktive Frau namens Beverly Jackson:

»Beverly Jackson sitzt an einem Formica-Tisch und blättert die New York *Post* durch. Sie wird bombardiert von einem Katalog des Grauens. Verstümmelte Kinder... überfallene U-Bahn-Fahrgäste... Fanatiker marodieren, und Despoten liegen in Blutlachen. Ab und zu entkommt jemand den von Kriminellen bevölkerten, unsicheren Straßen und gewinnt eine Million Dollar in der Lotterie.

Beverly Jackson überläuft eine Gänsehaut; sie fühlt, wie sich ein Knoten in ihrer Brust zusammenzieht. Passivität, Hoffnungslosigkeit und Depression lähmen sie.«[16]

Die meisten der von uns befragten Frauen kannten die »Passivität, Hoffnungslosigkeit und Depression« aus eigener Erfahrung. Die Massenmedien ermöglichen es uns, an den Geschehnissen auf der ganzen Welt teilzuhaben. Aber leider haben wir dabei oft das Gefühl, mit dieser Welt ganz und gar nicht im Einklang zu stehen. Der Fortschritt der modernen Technik bringt uns zwar Ereignisse aus aller Welt in unser Wohnzimmer, aber unsere Fähigkeit, all diese Informationen auch psychisch zu verarbeiten, ist keineswegs so weit fortgeschritten wie die Technik. Die Massenkommunikation hat unser Wissen vergrößert, aber je mehr Informationen auf uns einstürmen, um so ohnmächtiger fühlen wir uns als Individuum. Gelegentlich erinnern uns Filme wie *Gandhi* daran, daß auch andere Lebensweisen möglich sind und einzelne Menschen, wenn sie sich zusammenschließen, etwas verändern *können.* Das macht Mut. Aber das meiste, was wir sehen, hören und lesen, verursacht genau das Gegenteil, es fördert entweder Verzweiflung oder Resignation.

Das Gefühl der Ohnmacht kann allein schon durch ein übermäßiges Aufnehmen der von den Medien vermittelten Bilder und Botschaften entstehen – ungeachtet dessen, was diese enthalten. Anstatt selbst aktiv zu sein, verbringen viele Frauen Stunden passiv vor dem Fernsehgerät und lassen sich berieseln. So wird das Medium Fernsehen zu einer Art Betäubungsmittel, das uns abstumpfen läßt. Frauen, in unserer Gesellschaft politisch und wirtschaftlich ohnehin machtlos, laufen besonders Gefahr, mit der Droge aus der Steckdose ihre Machtlosigkeit noch zu verstärken. Zahlreiche Frauen verbringen heute erschreckend viel Zeit vor dem Fernseher und lassen das reale Leben an sich vorbeilaufen – sie betrachten das Leben anderer und vernachlässigen ihr eigenes. Verglichen mit dem großartigen, aufregenden Leben in den Seifenopern im Fernsehen scheint das der meisten Frauen schal und langweilig. Fühlt man sich eher als passive Zuschauerin denn als aktive Teilnehmerin des Lebens, ist die Selbstachtung gering. Leider erzeugt die Bilderflut der modernen Kommunikationstechnik oft genau dieses Gefühl.

Vorschläge zur Veränderung

I. Überprüfen der Stereotypen

Welche Stereotypen werden normalerweise auf Sie angewandt? Wie beeinflußt das Ihrer Meinung nach Ihr Selbstverständnis? Ihr Verhalten? Können Sie negative Stereotypen benennen, von denen Sie sich beeinflussen ließen? Gibt es Stereotypen, die Sie positiv einschätzen und wofür Sie Zeit und Energie aufwenden würden, um ihnen zu entsprechen? Welche Stereotypen wenden Sie selbst auf andere Menschen an? Versuchen Sie, während Sie darüber nachdenken oder sie laut vor sich hinsagen, diese zu kategorisieren. Achten Sie bei ihren Stereotypen besonders auf die, die Sie auf Angehörige ethnischer, religiöser und rassischer Minderheiten anwenden. Stellen Sie diese Stereotypen in Frage: Gibt es einen Beweis, der diese widerlegt? Wie würden Sie sich fühlen, wenn diese Stereotypen auf Sie angewandt würden? Aus welchem Grund halten Sie an Ihren Stereotypen fest? Widersprechen Sie, wenn eine andere Person nachteilige Sterotypen über andere und über die Gruppe, der Sie angehören, äußert?

II. Handeln

Unternehmen Sie etwas, wenn Sie mit einem Bild konfrontiert werden, das Sie verletzt? Geschieht dies z. B. in einem Geschäft, können Sie dem Geschäftsführer höflich aber bestimmt sagen, warum es Sie verletzt, und ihn bitten, es zu entfernen. Wenn Sie sich stark genug dazu fühlen, informieren Sie ihn, daß Sie auf den geplanten Kauf verzichten, falls er das beleidigende Material nicht entfernt. So bat eine Gruppe uns bekannter Frauen den Geschäftsfüher eines Lebensmittelgeschäftes, Pornomagazine nicht in Reichweite der Kinder zu legen. Als er dazu nicht bereit war, hoben sie einen Monat lang ihre Quittungen über die in diesem Geschäft getätigten Einkäufe auf und präsentierten sie ihm mit den Worten, er könne mit einem monatlichen Umsatzverlust in dieser Höhe rechnen, wenn er die Pornohefte nicht entferne. Rufen Sie auch die Geschäftsführer der Rundfunksender an, wenn frauenfeindliche Lieder und Werbespots gesendet werden. Oft stellen Frauen überrascht fest, daß sich die Manager der Sender sehr wohl für ihre Meinung dazu interessieren. Ferner können Sie Herstellerfirmen darüber informieren, daß Sie bisher ihre Produkte gekauft haben, sich aber nun aufgrund der beleidigenden Werbekampagne weigern, diese weiterhin zu erwerben. Werbung und Verpackung sollen uns dazu animieren, Geld für ein bestimmtes Produkt auszugeben. Unsere größte Macht besteht darin, das Produkt nicht zu kaufen.

III. Die Macht des Lachens

Es ist nicht immer leicht (und auch nicht immer angebracht), angesichts der über Frauen kursierenden Stereotypen, mit denen wir bombardiert werden, den Humor zu behalten. Aber oft haben wir weder die Zeit noch die Energie, um gegen diese Bilder zu protestieren, und würden uns lieber mit einem Lachen Luft machen. Ein erster Schritt dazu können Werbespots, Fernsehspiele, Filme, Songs etc. sein, die Sie ablehnen. Immer mehr Frauen geben auf solche absurden Darstellungen die passende Antwort. Sie lachen laut vor ihrem Fernsehgerät oder im Kino, wenn ein Frauen entwürdigendes Bild präsentiert wird. Das erleichtert nicht nur, sondern informiert auch andere Menschen (in einem Kino zum Beispiel), daß diese Bilder falsch und demütigend sind. Ferner gibt das anderen die Gelegenheit, Zustimmung zu äußern, was wiederum unseren Realitätssinn bestätigt. Gleichzeitig wehren wir uns dadurch gegen eine Verinnerlichung negativer Stereotypen. Auch wenn die anderen im Publikum Mißfallen an Ihrem Verhalten äußern und sagen, sie seien »zu sensibel«, »albern« oder »kleinkariert«, Sie haben das Recht, auf eine Beleidigung entsprechend zu reagieren.

7. Die gar nicht so hilfreichen helfenden Berufe

In den Vereinigten Staaten werden jährlich über 360 Milliarden Dollar für die medizinische Versorgung ausgegeben. Damit ist dieser Wirtschaftszweig der zweitgrößte in den USA gleich nach der Rüstungsindustrie.[1] Ein Großteil dieses Geldes wird für die medizinische Versorgung der Frauen aufgewendet, denn die Frauen bilden nicht nur die hauptsächliche Käuferschicht von Konsumgütern in den Vereinigten Staaten, sondern nehmen auch hauptsächlich die medizinische Versorgung in Anspruch. Frauen machen zwei Drittel aller Arztbesuche[2], und Frauen stellen die zwei Drittel der Bevölkerung, die psychiatrische Einrichtungen nutzen, sowie 84 Prozent aller Privatpatienten in der Psychotherapie.[3] Ob arm oder reich, ob weiß oder von anderer Hautfarbe, keine amerikanische Frau kann sich heute voll und ganz dem Einfluß der stetig sich weiterentwickelnden Gesundheitsindustrie entziehen. Auch eine Frau, die nie – und das ist selten – zu einem Arzt geht und keine Psychotherapie macht, wird davon beeinflußt, denn die Sprache, die Ansichten und Überzeugungen der Angehörigen dieser Berufsgruppen durchdringen unsere gesamte Kultur. Sei es aufgrund der Werbung für eine Unmenge Arzneimittel oder durch Fernsehserien, die in Krankenhäusern spielen und die tüchtigen Hausärzte glorifizieren, oder durch Nachrichten über Wunderkuren und den neuesten Durchbruch bei Transplantationen, die Durchschnittsamerikanerin wird zunehmend mit der Philosophie und den Methoden der modernen Medizin vertraut gemacht. Und über Ratgeberkolumnen in Zeitungen, Rundfunksendungen mit Psychologen, Illustriertenartikeln à la »Kann diese Ehe gerettet werden?« oder Berichten über die neuesten Theorien zu Alkoholismus, Depression und Kindererziehung kommen die Frauen zumindest flüchtig mit der Terminologie und den Methoden des psychotherapeutischen Establishments in Berührung.

Der Einfluß der Ärzte und Psychotherapeuten ist auf Frauen wegen der vertraulichen und sehr persönlichen Interaktionen besonders groß. Ein Arzt kennt unsere intimsten Sphären: Mit komplizierten Instrumenten untersucht er unsere Vagina; mit Röntgenapparaten und Ultraschallgeräten sieht er buchstäblich in uns hinein; und im Gespräch erfährt er praktisch alles über uns, angefangen von unserem Geschlechtsleben über unsere Schlafstörungen bis hin zu unseren Eßgewohnheiten. Wir konsultieren Ärzte und Therapeuten, wenn wir krank sind oder Probleme haben – in einer Situation also, in der wir uns sehr verletzlich und wehrlos fühlen.

Darüber hinaus üben Ärzte und Psychotherapeuten große Macht

über uns aus. Ein Teil dieser Macht resultiert aus ihrem Status als »Autoritäten« und »Experten«, ein weiterer Teil dieser Macht beruht einfach darauf, daß die meisten Patienten Frauen und die meisten Ärzte, Psychotherapeuten und Psychologen Männer sind.* Ärzte und Psychotherapeuten verkörpern also nicht nur wissenschaftliche, sondern auch männliche Autorität. Auch eine Ärztin oder Psychotherapeutin wurde an den traditionell an Männern ausgerichteten und von Männern geleiteten Institutionen ausgebildet, an denen die von Männern entwickelten Theorien und Methoden gelehrt werden.

Das Vordringen der männerdominierten medizinischen »Wissenschaft«

Als die Produzenten der Fernsehserie »Dr. med. Marcus Welby« dem Schauspieler Robert Young die Rolle des klugen, freundlichen und vertrauenswürdigen Arztes gaben, landeten sie einen gelungenen Coup. Young war Millionen Fernsehzuschauern bereits als kluger, gütiger Patriarch aus »Father Knows Best« bekannt, und der für die Besetzung Verantwortliche wußte genau, Young nahm die in der ersten Serie errungene Autorität automatisch mit in die nächste Serie. Was wäre natürlicher als die Beförderung vom Vater zum Doktor? Und was läge näher als die stillschweigende Annahme, daß der Doktor der zweiten Serie alles am besten weiß, wo doch der Vater in der Serie davor schon alles am besten wußte?

Das massenhafte Auftreten heroischer weißer Ärzte in Fernsehserien und die Fülle der Ärzterollen in den Seifenopern vermitteln den Eindruck, Männer seien aus geheimnisvollen Gründen besonders begnadete Heiler, und es sei deshalb nur natürlich und richtig, daß die Medizin heutzutage praktisch ein Monopol der Männer ist. Im historischen Rückblick war jedoch die Heilkunst in Europa und Amerika fast ausschließlich eine Domäne der Frauen. Mehr noch, das Heilen war eine Kunst, deren Grundlagen und Methoden jede Frau erlernen konnte, und keine Wissenschaft, die nur einer Elite zugänglich war, die ihr Wissen lediglich wie eine Ware gegen Geld abgab. In vielen vorindustriellen Gesellschaften gab es »Hexer« oder Schamanen, aber diese Männer waren für die Menschen meist nur der letzte Ausweg. Die medizinische Grundversorgung – von der Abgabe der Kräutermixturen bis zur Geburtshilfe – oblag den Frauen.[4] Barbara Ehrenreich und Deirdre English erläutern:

»Der Konflikt zwischen der traditionellen Weisheit der Frauen und der Fachkenntnis der Männer konzentrierte sich auf das Recht zu heilen. Ausgenommen die sehr Reichen, war das Heilen traditionell das

* Da die meisten Ärzte Männer sind, verwenden wir ausschließlich die männliche Bezeichnung.

Vorrecht der Frauen. Die Heilkunst stand mit den Aufgaben und der Natur der Mutterschaft in Verbindung; es war eine Kombination aus Weisheit und Fürsorglichkeit, Sensibilität und speziellen Kenntnissen. Die Heilerinnen, wie sich die Frauen nannten, waren nicht nur Hebammen, die sich um andere Frauen kümmerten, sondern ›praktische Ärztinnen‹, Kräuterkundige und Ratgeberinnen für Männer und Frauen gleichermaßen.

Der Widersacher der Laienheilerin war der professionelle Mediziner... Während die Laienheilerin innerhalb eines sozialen Netzwerkes tätig war, in dem Wissen weitergeben und gegenseitige Unterstützung die Regel war, hortete der berufsmäßige Mediziner sein Fachwissen als sein Eigentum, das er nur an reiche Leute gegen Entgelt abgab oder auf dem Markt als Handelsware verkaufte. Der Siegeszug des von Männern dominierten Arztberufes zerstörte die auf gegenseitiger Hilfe basierenden Netzwerke der Frauen. Die Frauen kamen in eine Position der Isolation und Abhängigkeit – und das Modell, Fachwissen als Privileg einer sozialen Elite zu betrachten, etablierte sich.«[5]

Medizinische Versorgung heute

Frauen gehen heute nicht deshalb häufiger zum Arzt als Männer, weil sie kränker sind, sondern weil Männer die Kontrolle über die Fruchtbarkeit der Frauen übernahmen und sie so von sich abhängig machten. Vor hundert Jahren waren meist noch Hebammen für die Geburt und die gynäkologische Betreuung verantwortlich. Doch ab 1930 sorgten die Mediziner dafür, daß »Hebammen fast völlig verschwanden – sie wurden in vielen Bundesstaaten gesetzlich verboten, wo nicht, wurden sie von örtlichen Autoritäten der Ärzteschaft in die Ecke gedrängt«.[6] Die amerikanischen Ärzte konnten die Frauen mit überwältigendem Erfolg davon überzeugen, es sei heute falsch und gefährlich, zu einer Schwangerschaft und Geburt keinen Arzt hinzuziehen. Ferner verlangen die meisten legalen Methoden zur Empfängnisverhütung in den Vereinigten Staaten einen Arztbesuch, sonst kommen die Frauen nicht an diese Mittel heran. Aufgrund ihres Monopols bei der Empfängnisverhütung üben die Ärzte auf die Frauen eine starke Macht aus. Außerdem sichern sie sich dadurch einen steten Strom an Patientinnen, die sich Rezepte verschreiben oder ein neues Diaphragma anpassen lassen, und streichen jedesmal das Honorar dafür ein.

Die meisten von uns müssen von Zeit zu Zeit die moderne Medizin in Anspruch nehmen. Ein Leben ohne sie ist nur schwer vorstellbar, aber mit ihr zu leben ist nicht immer angenehm.

Leider stehen unsere Chancen gut, bei einem Arztbesuch auf die eine oder andere Art schlecht behandelt zu werden. Fast alle Frauen haben eine Litanei von Horrorgeschichten mit Ärzten parat. Wir hörten von überflüssigen Operationen, die ausschließlich dem Profit des Arztes dienten, von Patientinnen, die an den Folgen einer falschen Narkose starben, von Ärzten, die Patientinnen verwechselten und eine Operation an der falschen Patientin mit einem anderen Befund durchführten, von Ärzten, die betrunken operierten, von absoluten Fehldiagnosen, von Ärzten, die Patientinnen überflüssige Medikamente verabreichten und/oder sie nicht vor möglichen Nebenwirkungen warnten, und von Ärzten, die auf jeden Zweifel an ihrer allwissenden Autorität die Patientin für verrückt, nicht kooperativ, für aggressiv, undankbar und offensichtlich nicht bereit zum Gesundwerden erklärten. Zwar gibt es kompetente und einfühlsame Ärzte, aber leider auch genug andere, die für berechtigtes Mißtrauen gegenüber der Ärzteschaft gesorgt haben.

Da die meisten Ärzte Männer sind und somit nicht vor Frauenfeindlichkeit gefeit, laufen Frauen besonders große Gefahr, von ihnen schlecht behandelt zu werden. Tatsächlich ist ein Arzt wahrscheinlich eher ein Sexist als der Durchschnittsmann, denn in die formale medizinische Ausbildung ist im allgemeinen eine ordentliche Portion Frauenfeindlichkeit integriert. Traditionell sagt man den angehenden Ärzten, Frauen seien narzißtische, masochistische Idiotinnen mit Neigung zur Hysterie und Hypochondrie und alle unsere gesundheitlichen Probleme hätten ihren Ursprung in unseren Geschlechtsorganen. Nachfolgend eine Abhandlung über Dysmenorrhöe (Menstruationskrämpfe) aus einem führenden Lehrbuch der Medizin:

»Es ist wichtig festzustellen, in welchem Ausmaß das Symptom lähmende Untätigkeit auslöst und wieviel emotionale Zuwendung die Patientin deshalb verlangt. Ändert sich zum Beispiel der Ablauf des gesamten Haushalts, wenn die Frau Menstruationskrämpfe hat oder nicht? Konzentriert sich in der Dysmenorrhöe eine auf diese Weise zum Ausdruck gebrachte Depression, Zorn oder das Bedürfnis nach Abhängigkeit?

Die erwachsene Frau mit diesem Symptom lehnt sehr häufig die weibliche Rolle ab. Jede Periode erinnert sie erneut an die unerfreuliche Tatsache, eine Frau zu sein ...«[7]

Beachtenswert auch die folgende, demselben Buch entnommene Beschreibung einer »normalen Frau«:

»Die (normale) Frau gibt ihre nach außen orientierten aktiven und aggressiven Ambitionen auf für die Belohnung, die sie aus der Identifikation mit der Familie erhält ... und opfert ihre eigene Persönlichkeit, um die ihres Mannes aufzubauen.«[8]

Erstaunlich auch die Äußerungen des Arztes David Reuben über die Menopause in seinem Bestseller *Alles, was Sie schon immer über Sex wissen wollten, aber bisher nicht zu fragen wagten:*

»Hört die Östrogenproduktion auf, gleicht sich eine Frau, so weit ihr dies möglich ist, dem Mann an. Verstärkter Haarwuchs im Gesicht, tiefere Stimme, Fettleibigkeit, Rückbildung der Brüste und weiblichen Genitalien... all diese Faktoren tragen zu einer männlichen Erscheinung bei. Vergröbernde Gesichtszüge, Vergrößerung der Klitoris und allmählich fortschreitende Kahlheit vervollständigen das Bild. Nicht wirklich ein Mann, aber auch keine funktionierende Frau mehr, lebt diese Person in einer Welt der Intersexualität [!]... Sex interessiert sie nicht mehr.

Für viele Frauen markiert die Menopause das Ende eines Lebens, in dem sie von Nutzen sein konnten. Sie betrachten diese Zeit als den Beginn des Alters, als Anfang vom Ende. Damit mögen sie recht haben. Mit dem Überleben der Funktion ihrer Eierstöcke haben sie ihre Nützlichkeit als Mensch überlebt. Die verbleibenden Jahre markieren nur die Zeit, bis sie ihren Drüsen in die Vergessenheit folgen.«[9]

Es ist traurig für Frauen, daß sich die frauenfeindlichen Thesen, die Ärzte während ihrer Ausbildung lernen, häufig in frauenfeindlichen Praktiken manifestieren. Zum Beispiel:

»In den USA ist die Hysterektomie heute die häufigste an Frauen vorgenommene größere Operation, und wenn die Ärzte diese Operation in gleichbleibender Zahl weiterhin fortsetzen, haben sie irgendwann den Uterus jeder zweiten Amerikanerin entfernt.«[10]

»In Wohlfahrtskrankenhäusern in den Vereinigten Staaten ist es mittlerweile Usus, daß die Ärzte mittellose Frauen nach der Entbindung sterilisieren, meist Indianerinnen, Schwarze, Hispanas, geistig oder körperlich Behinderte.«[11]

»In einer Studie schilderten zweiundfünfzig Männer und zweiundfünfzig Frauen Ärzten die gleichen Symptome. Die Ärzte legten bei den Männern eine umfassendere Krankengeschichte an, und die Untersuchungen, einschließlich der Laboruntersuchungen, wurden gründlicher vorgenommen. Die Ärzte tendierten dazu, die gleichen Symptome bei den Frauen als Beweis für Hypochondrie abzutun.«[12]

»Die Antibabypille wurde anfangs Millionen amerikanischer Frauen auf der Grundlage begrenzter, unzuverlässiger Tests hinsichtlich ihrer Sicherheit und möglicher Nebenwirkungen verschrieben. In einer der nachlässig durchgeführten Studien wurde 132 puertorikanischen Frauen die Pille verabreicht, fünf von ihnen starben. Obgleich bei drei der Toten Blutgerinnsel festgestellt wurden, ordnete man keine Autopsie zur definitiven Klärung der Todesursache an.«[13]

»Die radikale Brustamputation, die traumatischste Methode zur Behandlung von Brustkrebs, wurde von amerikanischen Ärzten bis vor kurzem am häufigsten angewandt, obwohl niemals bewiesen wurde, daß es sich tatsächlich um die erfolgversprechendste Methode handelt.«[14]

»1971 verabreichte Dr. Joseph Goldzieher 398 Frauen mexikanischer Abstammung Pillen, nach Meinung der Frauen Antibabypillen, aber siebenundsechzig von ihnen erhielten in Wahrheit Placebos; zehn Prozent dieser Frauen wurden innerhalb von vier Monaten schwanger. Als Dr. Goldzieher gefragt wurde, ob sich das mit seinen ethischen Grundsätzen vereinbaren ließe, antwortete er einem Reporter der New York *Post*: ›Wenn Sie glauben, Sie könnten einer solchen Frau erklären, was ein Placebo ist, dann haben Sie Mrs. Gomez von der West Side nie kennengelernt.‹«[15]

»Ärzte verschreiben Frauen routinemäßig häufiger Beruhigungsmittel als Männern, auch wenn Männer und Frauen über die gleichen Symptome klagen. In einem staatlichen Bericht wurde 1979 festgestellt, daß 60 Prozent der stimmungsverändernden Medikamente, 71 Prozent der Antidepressiva und 80 Prozent der Amphetamine, die amerikanische Ärzte verordneten, Patientinnen verschrieben wurden.«[16]

»Ein Gesundheitsberater für Mutter und Kind des Indian Health Service in Fort Defiance, Arizona, führt seine Argumente gegen den Schwangerschaftsabbruch ins Feld: ›Die schwangere Frau symbolisiert den Beweis der männlichen Potenz. Lockert der Mann seine Herrschaft über die Frau und räumt ihr das Recht ein, über diesen Beweis seiner Potenz nach eigenem Gutdünken zu bestimmen, fühlen sich die Männer furchtbar bedroht. Diese Mißachtung traditioneller Unterwürfigkeit kann nur geduldet werden, wenn... die Ärzte nachdrücklich auf einem ›Pauschalarrangement‹ mit Abtreibung und gleichzeitiger Sterilisation beharren. Auf diese Weise behält der Arzt die Kontrolle.‹«[17]

Viele Frauen erlitten aufgrund von Frauenfeindlichkeit und häufig auch wegen rassistischer Praktiken der Ärzte ernsthafte Traumata. Die negativen Auswirkungen auf das kollektive Wohlbefinden und die Selbstachtung der Frauen durch überflüssige radikale Brustamputationen, Hysterektomien und medizinische Eingriffe vor, während und nach der Entbindung sind unermeßlich. Hinzu kommen unzählige kleine Demütigungen, die Frauen von Ärzten zu erdulden haben. Ein Beispiel ist das Rasieren der Schamhaare vor der Entbindung, eine demütigende Prozedur, die bei Krankenhausentbindungen angeblich aus hygienischen Gründen routinemäßig durchgeführt wird. Dabei zeigen bis in die dreißiger Jahre zurückgehende Studien, daß das Rasieren der Schamhaare in Wahrheit das Risiko einer Infektion verdreifacht.[18] Ebenfalls erniedrigend für Frauen ist die von Ärzten nur zu häufig geäußerte Anspielung, was immer ihnen auch fehle, die Schmerzen könnten mit einer guten Nummer im Bett geheilt werden:

»Ich machte eine Zeit mit wahnsinnigen Kopfschmerzen durch, ich konnte fast nicht mehr sehen, und da ich etliche Jahre vorher Krebs hatte, beunruhigten mich diese Kopfschmerzen natürlich sehr. Ich ging in die Ambulanz einer Klinik in der Nähe meiner Firma. Der Arzt, zu dem ich kam, war sehr jung und außerordentlich von sich eingenommen. Er stellte ein paar kurze Fragen nach meiner Krankengeschichte, dann erkundigte er sich sofort nach meinem Sexleben. Ich versuchte so ausweichend wie möglich zu antworten, aber er blieb hartnäckig und deutete an, der Grund für meine häufigen Kopfschmerzen sei zuwenig Geschlechtsverkehr. Ich regte mich fürchterlich auf, weil er so aufgeblasen war und seine Anspielungen derart erniedrigend waren – dabei hatte er mich noch nicht einmal untersucht! Als ich seinen Fragen weiterhin auswich, sagte er schließlich – immer noch, ohne mich untersucht zu haben: ›Na gut, wir können ja ein paar Tests machen. Aber ich glaube kaum, daß wir da was finden.‹«

Obwohl die frauenfeindliche Einstellung so vieler Ärzte für die Frauen besondere Demütigungen zur Folge hat, müssen wir darauf hinweisen, daß die moderne Medizin für alle Betroffenen ungeachtet des Geschlechts entwürdigende Vorgänge bereithält. Ein Arzt gibt in der New York *Times* eine gute Beschreibung der routinemäßig ablaufenden Erniedrigungen, denen jeder Patient und jede Patientin ausgesetzt ist:

»Das Gefühl hat fast jeder schon mal erlebt: eine tiefempfundene Peinlichkeit in der Arztpraxis oder in einem Krankenhauszimmer. Manche dieser Erniedrigungen lassen sich nicht vermeiden. Andere dagegen schon: Die schlechtsitzenden Krankenhausnachthemden, die so viel von Ihnen preisgeben, daß Sie sich vor jedem Vorübergehenden schämen; oder in einer Universitätsklinik einer Gruppe wildfremder Menschen vorgeführt zu werden, die in Ihrer Anwesenheit über Sie sprechen, als wären Sie gar nicht da, und das in einem Jargon, den Sie nicht verstehen; oder das Enthüllen intimer oder finanzieller Einzelheiten aus dem Fragebogen mit Ihren persönlichen Daten in einem überfüllten Büro, in dem alle mithören können.«[19]

Neben diesen Peinlichkeiten und Erniedrigungen, die sich negativ auf unsere Selbstachtung auswirken, untergräbt die moderne Medizin darüber hinaus auch unsere Gefühle und Wahrnehmungen über unseren eigenen Körper, denn wir müssen voll und ganz den Ärzten und der von ihnen gestellten Diagnose sowie den Apparaten und Laboruntersuchungen vertrauen. Wenn wir Schmerzen empfinden und der Arzt nach der Untersuchung zu dem Ergebnis kommt, es sei alles in Ordnung, dann glauben wir, uns die Schmerzen nur einzubilden. In Wahrheit jedoch unterlaufen den Ärzten häufig Fehler, die eine Patientin womöglich erst bemerkt, wenn ihr Vertrauen in sich selbst bereits geschädigt ist und sie an ihrem gesunden Menschenverstand zu zweifeln beginnt:

»Ich hatte schon lange Unterleibsschmerzen und fühlte mich schwach und aufgebläht. Etliche Male ging ich zum Arzt, aber er konnte nichts finden. Die Schmerzen wurden immer schlimmer, also ging ich wieder zum Arzt, und diesmal ordnete er eine Ultraschalluntersuchung an. Die Untersuchung ergab nichts, und ich glaubte, verrückt zu sein und mir das alles nur einzubilden. Dann ging es mir so schlecht, daß ich kaum noch gehen konnte. Wieder ordnete der Arzt eine Ultraschalluntersuchung an. Diesmal wurde eine Zyste entdeckt, und der Spezialist sagte, sie sei so groß wie eine Grapefruit, und ich mußte mich sofort operieren lassen.«

Nicht nur das Vertrauen in die Wahrnehmung unserer eigenen Empfindungen erschüttert die moderne Medizin, sondern auch den Glauben an unsere Selbstheilungskräfte. Auf die Fähigkeiten des Menschen, sich selbst zu heilen oder sich durch eine Umstellung der Ernährung, mehr Bewegung, eine Luftveränderung, eine veränderte Lebensweise oder durch Meditationsübungen zumindest selbst zu helfen, legen sie traditionell wenig Wert. Diese Einstellung ändert sich nur langsam, denn unser Vertrauen in Pillen, in die moderne Apparatemedizin und in die Heldentaten der Operateure ist für die Ärzteschaft schlicht gewinnbringender und steigert auch deren Machtgefühl. Leider lassen sich allzu viele von uns allzu bereitwillig auf dieses System ein. Wir kommen aufgrund unserer Erziehung gar nicht auf den Gedanken, selbst etwas unternehmen zu können und die Eigenverantwortung für unsere Gesundheit zu übernehmen; man lehrte uns, dafür seien die Ärzte zuständig. Somit erscheint es uns ganz natürlich, Medikamente einzunehmen und die Rolle der passiven Patientin zu spielen.

Selbst wenn eine Frau kompetente und einfühlsame ärztliche Hilfe findet, werden ihre persönliche Kontrolle und ihr Selbstvertrauen zwangsläufig untergraben, sobald sie gezwungen ist, die Rolle der Patientin zu übernehmen. Eine Frau, die etliche Zeit in Krankenhäusern verbringen mußte, erklärt:

»Ohne die Hilfe der modernen Medizin wäre ich heute nicht mehr am Leben, und der behandelnde Arzt und die Schwestern waren ganz großartig. Allerdings hatte ich oft auch mit Assistenzärzten zu tun, die mich wie ein Stück Fleisch in einem Metzgerladen behandelten. Aber auch wenn man in guten Händen ist, bleibt es einfach eine Tatsache, daß einer Patientin in einem Krankenhaus eine untergeordnete, passive Rolle zugewiesen wird. Wer ärztliche Hilfe in Anspruch nehmen will, muß versprechen, alle ihre Anordnungen zu befolgen, und darf nicht zu viele Fragen stellen. Das ist ein wesentlicher Bestandteil der Abmachung. Man tut etwas für dich, und damit unterliegst du dem Ablauf und den Regeln des Krankenhauses und nicht mehr deinen eigenen.«

Frauen mit begrenzten finanziellen Mitteln leiden besonders unter der Machtlosigkeit, die ihnen der Medizinbetrieb aufzwingt. Sie müssen sich mit der medizinischen Versorgung der vom Staat subventionierten Krankenhäuser begnügen, und das bedeutet oft zweitklassige Behandlung durch Medizinalassistenten, Assistenzärzte und Medizinstudenten, denen sie als Lernobjekt dienen, und demütigende Behandlung vom gesamten Personal. Die wissenschaftliche Medizin unterscheidet recht willkürlich zwischen Geist und Körper, zwischen physischer und psychischer Krankheit. Zu selten wird bei der Diagnose und der Behandlung der Mensch in seiner Gesamtheit betrachtet. Statt dessen behandeln die Ärzte jeweils nur eine spezielle Krankheit und schließen dabei entweder die Psyche oder den Körper aus.

Als man Frances Farmer in den vierziger Jahren in eine staatliche psychiatrische Klinik einwies, wurde sie von Krankenträgern übel geschlagen. Wie sie in ihrer Autobiographie schreibt, kümmerte sich tagelang niemand um ihr verletztes Gesicht oder um ihr entzündetes blaues Auge:

»Ich bin bei sechs Ärzten gewesen und nicht einer bot an, sich um meine Wunden zu kümmern. Sie waren entschlossen, nur einen randalierenden, unverschämten Ex-Filmstar zu sehen. Wie können Ärzte nur glauben, sie könnten die Seele heilen, wenn sie den verletzten Körper ignorieren? Oder glaubten sie, diese Verrückte sei völlig gefühllos?«[20]

Überdies betrachtet die moderne Medizin unseren Körper, als sei er aus Einzelteilen zusammengesetzt, die nichts miteinander zu tun haben. Wird eine Person im Krankenhaus nur noch über ihren kranken Körperteil identifiziert und als Eigentum ihres Arztes angesprochen – »Dr. Martins Hysterektomie«, »Der Brustkrebs von Dr. Welby« –, so wird sie ihrer menschlichen Identität beraubt.

Die psychotherapeutische Industrie

Dafür, daß Frauen häufiger eine psychotherapeutische Behandlung in Anspruch nehmen als Männer, sind sicher verschiedene Faktoren verantwortlich. Erstens wurden Frauen in unserer Kultur, was Probleme und Ängste angeht, zu mehr Offenheit erzogen als Männer. Zweitens fällt es uns aufgrund unserer Sozialisation leichter, bei Problemen um Hilfe zu bitten. Drittens bürdet eine sexistische Gesellschaft Frauen mehr Streß auf als Männern, was dazu führen kann, daß wir häufiger als sie das Gefühl haben, »verrückt zu werden«.[21] Viertens bekommt eine Frau, die einen Arzt konsultiert, eher das Etikett psychisch krank und wird in eine Psychotherapie geschickt als ein Mann mit gleichem Verhalten und gleichen Problemen. Ähnlich nimmt das Krankenhauspersonal feindseliges und unkooperatives Verhalten bei einem männlichen Patienten eher hin als bei einer Patientin. Dem Mann gesteht man zu, daß er wegen des Krankenhausaufenthaltes frustriert und zornig ist, während die Frau in diesem Fall als psychisch krank apostrophiert wird.

Obwohl viele Frauen in psychotherapeutischen Berufen arbeiten, verfügen Psychiater und Psychologen, und das sind wieder meist Männer, über die meiste Macht, die größte Autorität und den angesehensten Status. Im großen und ganzen wurden die Theorien und Methoden, von denen sich die Psychotherapeuten – und Psychotherapeutinnen – bei ihrer Analyse, Diagnose und Behandlung leiten lassen, von Männern entwickelt.

Angefangen von Freud betrachteten die männlichen »Experten der menschlichen Psyche« den Mann als den normalen und idealen Menschen und die Frau als vergleichsweise unzulänglich, schwach, kastriert, deformiert und unterlegen. Die konventionelle, »gut informierte« Sichtweise über die Frauen, die von den sogenannten Experten der Psychologie lange Zeit als unveränderliche Wahrheit akzeptiert wurde, definierte Frauen als unreif, selbstsüchtig, dabei jedoch selbstlos, masochistisch, unfähig zu komplexen moralischen Entscheidungen, zu Übertreibungen und Hysterie neigend, als unzuverlässig, unterwürfig, unfähig zu unabhängigem Denken oder Handeln und geplagt von einem schrecklichen Neid auf des Mannes wunderbares Organ, den Penis. Mehr noch, die konventionellen Theorien halten daran fest, gesunde Frauen seien heterosexuelle, verheiratete Frauen, Frauen könnten Sex nur genießen, wenn er auf Initiative des Ehemannes zustande komme, und die einzige Möglichkeit für die Erfüllung der Frau bestehe in der Ehe und Mutterschaft.

Die traditionelle Psychotherapie sieht ihre vordringliche Aufgabe darin, den Frauen bei der Anpassung an ihre »weibliche«, von der Gesellschaft verlangten Rolle zu helfen. Kann oder will eine Frau diese Rolle nicht annehmen, dann bezeichnet sie der Psychotherapeut als krank und behandelt sie entsprechend. Der traditionelle Psychotherapeut macht für die Probleme einer Patientin nicht die Gesellschaft verantwortlich, sondern er sieht das Problem darin, daß die einzelnen Frauen nicht bereit oder nicht fähig sind, sich diesen unfairen und einengenden Definitionen und Erwartungen unterzuordnen.

Der bei traditionellen Psychotherapeuten beliebte Mythos, »Das existiert alles nur in ihrem Kopf«, basiert auf einer Einstellung, die die soziale Wirklichkeit vollkommen ignoriert. Sie läßt Erfahrungen aufgrund von Geschlecht, Rasse, sozialer Schicht, finanziellen Verhältnissen, Arbeitsbedingungen etc. außer acht. Dazu die Psychotherapeutin Miriam Greenspan:

»Es ist eine ganz offensichtliche (und meist vernachlässigte) Tatsache, daß die Theorien, die sie [die Ursachen aller emotionalen Probleme] im Individuum selbst lokalisieren, letztendlich stets dem Opfer die Schuld geben. Sind Frauen deprimiert oder frigide, behaupten die Psychologen, dies läge an ihrer ›masochistischen‹ Persönlichkeit. Stellt der Arbeiter fest, er fühle sich wie ein Roboter, leidet er an einer ›somatischen Täuschung‹, einem Symptom der Psychose. Die objektiv vorhandene Unterdrückung, unter der Frauen und Arbeiter leiden und die zur Entstehung solcher Symptome beiträgt, wird dabei negiert.«[22]

Die in den sechziger und siebziger Jahren populär gewordenen neuen psychotherapeutischen Anschauungen und Ansätze unterscheiden sich zwar in vieler Hinsicht von den etablierten traditionellen Theorien und Methoden, aber sie ignorieren die gesellschaftlichen, politischen und wirtschaftlichen Ursachen emotionaler Probleme nach wie vor und geben ebenfalls dem Opfer die Schuld. Laut einer dieser Lehren erschaffen wir uns alle unsere eigene Realität. In der Konsequenz ist daraus zu folgern, nur die negative Einstellung und die mangelnde Bereitschaft für Freiheit und Glück halte die Menschen von der totalen Befreiung und vom vollkommenen Glück ab.

Der neue Trend in der Psychologie ist ebenso sexistisch wie die meisten klassischen Theorien, auch wenn er auf den ersten Blick den Frauen größere Freiheit zuzugestehen scheint. Im Gegensatz zur traditionellen Psychotherapie, die Frauen in die einengende, gesellschaftlich definierte weibliche Rolle zu integrieren versucht, ermutigt die neue Psychologiebewegung die Frauen, diese Rolle abzulehnen und selbstbewußter, unabhängiger, aggressiver und ichbezogener zu sein. Diese vordergründig befreiend wirkende Lehre beruht jedoch darauf, der Schlüssel zum Glück der Frauen läge darin, so zu werden wie die Männer, und darin dokumentiert sich eine ebenso frauenfeindliche Einstellung wie in den eher traditionellen Schulen. In beiden Fällen werden die Männer als repräsentative Norm für psychische Gesundheit betrachtet, an der die Frauen gemessen werden. Es wird als selbstverständlich vorausgesetzt, die Denk- und Handlungsweise der Männer sei besser, ja ideal.

Was eine Psychotherapie angeht, stoßen wir in der Praxis auf viele Formen der Unterdrückung und unzulängliche Behandlungsmethoden. Eine mittellose farbige Frau zum Beispiel, die von ihren drei kleinen Kindern zu Hause heillos überfordert und vollkommen erschöpft ist und eine Therapie benötigt, muß sich mit den öffentlichen Gesundheitszentren begnügen:

»Wer Sozialhilfe bezieht, hat keine Wahl, der muß in die Ambulanz einer öffentlichen Klinik. Mich schicken sie da jedesmal zu einem weißen Studenten. Der fragt mich, ob ich unter Schlafstörungen leide. Natürlich habe ich die, aber deshalb gehe ich nicht in diese Klinik. Ich gehe hin, weil ich Angst habe, ich könnte meine Kinder schlagen. Aber ihn kümmert nur, ob ich schlafe oder nicht. Also geht er mit mir eine Tür weiter zu einem Psychiater, der spricht fünf Minuten mit mir, dann verschreibt er mir so viel Schlaftabletten, daß ich mich damit locker umbringen könnte, und damit hat sich's.«

Eine krankenversicherte Frau der Mittel- oder Oberschicht mit ähnlichen Symptomen der Überforderung und Erschöpfung kann es sich dagegen leisten, einen erfahrenen sensiblen Therapeuten zu suchen. Kommt es tatsächlich zu einer Mißhandlung ihrer Kinder, ist es weniger wahrscheinlich, daß ihr die staatliche Fürsorgebehörde das Sorgerecht entzieht. Auch stehen ihr andere Mittel zur Verfügung, gegen solche behördlichen Eingriffe vorzugehen. Sollte sich ihr Zustand im Laufe der Zeit so verschlechtern, daß sie einen stationären Aufenthalt benötigt, wird sie eine Privatklinik wählen, die eher einem Erholungsheim als einer Anstalt gleicht. Die finanziell schlecht gestellte Frau mit den gleichen Problemen wird in einer der überfüllten staatlichen Institutionen behandelt, in denen die Pflege mangelhaft ist und als »Therapie« Behandlungsmethoden wie aufgezwungene Arbeit gang und gäbe sind. Möglicherweise kann sie eine solche Anstalt aus eigenem freien Willen gar nicht mehr verlassen.

Die nicht hinterfragte Frauenfeindlichkeit, die den Methoden vieler Psychotherapeuten aller Richtungen zugrunde liegt, läßt Frauen während einer Psychotherapie Gefahr laufen, eher verletzt zu werden als Hilfe zu erhalten. Hinzu kommt der leider fast alltägliche Machtmißbrauch der Psychotherapeuten. Eine Untersuchung belegt, daß 6,1 Prozent der zugelassenen Psychologen mit abgeschlossenem Studium Geschlechtsverkehr mit in Therapie befindlichen Patientinnen hatten und weitere drei Prozent innerhalb von drei Monaten nach Beendigung der Therapie sexuelle Beziehungen zu Patientinnen aufnahmen.[23] Ferner entwickelte der psychiatrische Berufsstand in seiner langen Geschichte barbarische Methoden wie die Psychochirurgie, übelste Ruhigstellung mit Psychopharmaka und die Zwangseinweisung in Anstalten, die psychisch Kranke zu völliger Machtlosigkeit verurteilen und psychiatrischer Kontrolle unterstellen. Selbst wenn derart barbarische Methoden nicht angewandt werden und die in den helfenden Berufen Beschäftigten ihre Arbeit mit den besten Absichten verrichten, haben sie dennoch oft ein Interesse daran, Patientinnen in Abhängigkeit zu halten. Eine in einem staatlichen Heim für Körperbehinderte aufgewachsene Frau erzählt:

»Ich glaube, das meiste, was die Ärzte, Psychiater und Sozialarbeiter den Leuten in den Heimen antun, beruht nicht auf Böswilligkeit, sondern ist einfach gedankenlos. In den helfenden Berufen beschäftigte Menschen ziehen ihr Selbstvertrauen oft unbewußt aus der Schwäche der Betreuten. Viele scheinen sich überhaupt nicht klar darüber zu sein, wie sehr sie es brauchen, gebraucht zu werden. Sie betrachten sich lieber weiterhin als die wundervollen Retter, denen das Helfen nie zuviel wird.«

So mancher Psychotherapeut bräuchte sicherlich selbst dringend therapeutische Hilfe. Barbara Gordon beschreibt, wie sie sich nach der Entlassung aus dem psychiatrischen Krankenhaus, in dem sie wegen Valiumabhängigkeit behandelt wurde, in Manhattan auf die Suche nach einem Psychotherapeuten begibt. Weil ihre Valiumabhängigkeit von einem verschreibungsfreudigen Psychiater verursacht worden war, wußte Gordon, daß sie Psychotherapeuten nicht automatisch vertrauen kann. Trotzdem war sie schockiert und entsetzt, als sie auf ihrer Suche einen Psychotherapeuten nach dem anderen abklapperte. Deren Verhalten war häufig so sonderbar (die »Hilfe« eines teuren Therapeuten bestand lediglich darin, Gordon zu bitten »Berühren Sie den Stuhl«, »Berühren Sie den Lampenschirm« etc.), daß Gordon zwangsläufig zu dem Schluß kam, sie seien bei weitem verrückter als sie selbst.[24]

Doch die Chancen für eine künftig noch bessere Hilfe steigen, weil zunehmend auch eine auf feministischen Grundlagen basierende

Psychotherapie angeboten wird. Eine feministische Psychotherapie muß nicht unbedingt von einer Therapeutin – nicht alle Psychotherapeutinnen sind Anhängerinnen einer feministischen Therapie – durchgeführt werden, auch männliche Psychotherapeuten wenden sie an. Das Ziel feministischer Psychotherapie besteht weder darin, die Frauen an die einengende weibliche Rolle anzupassen, noch in dem Bestreben, ihnen das einengende männliche Modell aufzudrängen. Statt dessen hilft sie den Frauen dabei, ihre Identität zu finden, ohne dabei auf die normalerweise aus unserer Sozialisation entstehenden Eigenschaften wie Freundlichkeit, Fürsorglichkeit, Einfühlungsvermögen und Rücksicht auf Mitmenschen verzichten zu müssen. Miriam Greenspan führt aus:

»Die Aufgabe der feministischen Therapie besteht nicht darin, die Frauen in der Entwicklung eines männlichen Ego zu bestärken, das auf dem Vorbild des konkurrierenden und aggressiven Individualismus beruht. Sie soll vielmehr den Frauen helfen, ihr eigenes weibliches Selbst ohne die traditionell darin eingeschlossene Unterwürfigkeit zu entwickeln. Diese Art der Therapie hilft den Frauen, sich selbst als Person vorrangig ernstzunehmen... Das bedeutet nicht, unsere psychischen Strukturen zugunsten der männlichen aufzugeben, sondern die positiven Aspekte unserer eigenen Identitätsstrukturen mit Rücksicht auf uns selbst und unsere eigenen Interessen einzusetzen – die, wie ich glaube, in der Tat die Interessen aller Menschen sind.«[25]

Vorschläge zur Veränderung

I. Mythen aus der Medizin contra Realität

Die Ansichten und Erwartungen an Ärzte und Psychotherapeuten wurden bei den meisten von uns in einem gewissen Ausmaß auch von den Bildern heldenhafter, wunderwirkender Ärzte in den Medien, besonders im Fernsehen, geprägt. Wenn Sie das Wort »Doktor« hören, welches Bild assoziieren Sie sofort damit? Korrespondiert dieses Bild mit den realen Ärzten, mit denen Sie Kontakt hatten? Glauben Sie, das Medienbild der Ärzte als Allwissende und Allmächtige fördert in Ihnen Gefühle wie Nervosität, Eingeschüchtertsein und Machtlosigkeit, wenn Sie einem Arzt gegenüberstehen? Glauben Sie, daß Sie aufgrund dieses Images zuviel erwarten – Wunder vielleicht –, wenn Sie einen Arzt konsultieren? Falls Sie sich von Ärzten eingeschüchtert fühlen, denken Sie stets daran, es sind keine Götter in Weiß oder Helden wie die Darsteller im Fernsehen.

II. Informieren Sie sich

Das Ungleichgewicht der Macht zwischen Arzt und Patientin entsteht unter anderem dadurch, daß die meisten von uns nur sehr wenig über ihren Körper und seine Funktionsweise wissen. Bücher und Selbsthilfekurse für Ernährung und allgemeine Gesundheitsvorsorge können Ihnen helfen, verstärkt Macht zu erlangen und mehr Verantwortung für Ihre Gesundheit zu übernehmen.

III. Vorbereiten auf Arztbesuch

Wenn Sie vorhaben, einen Arzt wegen akuter Krankheitssymptome aufzusuchen (im Unterschied zu einer Routineuntersuchung), schreiben Sie diese zuvor auf; wann sie auftreten, was Ihrer Ansicht nach der Auslöser dafür sein könnte, und jede weitere Information, die Ihnen hierzu sachdienlich erscheint. Oft werden wir beim Betreten des Behandlungszimmers so nervös und konfus, daß wir wichtige Informationen vergessen. Zum Beispiel entfallen uns die Worte, die einen Schmerz im Unterleib präzise beschreiben, oder wir können uns nicht auf Anhieb erinnern, ob der Schmerz zu einer bestimmten Tageszeit besonders stark ist oder ob er bei einer bestimmten Tätigkeit gehäuft auftritt. Das Aufschreiben vor der Konsultation verhindert, daß Sie sich dumm vorkommen, weil Sie die Fragen des Arztes nicht präzise beantworten können, oder daß Sie etwas Wichtiges vergessen.

IV. Informationen einholen

Ärzte sind manchmal nachlässig, wenn sie Patientinnen Informationen über ihren Gesundheitszustand geben oder über mögliche Behandlungsalternativen und die jeweiligen Vor- und Nachteile einer Behandlungsmethode aufklären sollen. Manche Ärzte weigern sich schlicht, Fragen zu beantworten, weichen Fragen herablassend aus oder beantworten sie absichtlich in einem unverständlichen Jargon, um ein Verstehen unmöglich zu machen. Aber Sie haben das Recht, Ihrem Arzt Fragen zu stellen, und Sie haben das Recht, daß diese Fragen zu Ihrer Zufriedenheit beantwortet werden. Wieder ist es hilfreich, Ihre Fragen vor dem Arztbesuch aufzuschreiben, um sie in der Aufregung nicht zu vergessen. Stellen Sie dem Arzt jeweils eine Frage und schreiben Sie dann seine Antwort auf, damit Sie diese später noch einmal durchgehen können. Versucht der Arzt, Ihren Fragen auszuweichen, bleiben Sie hartnäckig. Redet er in einem unverständlichen Fachchinesisch, bitten Sie ihn – wenn nötig wiederholt –, er möge Ihnen in einer verständlichen Sprache antworten. Weigert sich Ihr Arzt, sich ausreichend Zeit zu nehmen und offen mit Ihnen zu reden, oder hält er Informationen zurück, sollten Sie sich überlegen, den Arzt zu wechseln.

V. Sorgfältige Arztwahl

Wenn Ihnen Ihre finanzielle Situation die freie Arztwahl gestattet, suchen Sie nach einem Arzt, dem Sie vertrauen und bei dem Sie sich wohl fühlen. Es ist vollkommen angebracht, daß Sie einem Arzt über seine Ausbildung, seine Einstellung bezüglich der medizinischen Versorgung, seine Erfahrung, seine speziellen Interessengebiete und Fachkenntnisse etc. Fragen stellen. Reagiert ein Arzt auf solcherlei Fragen mit einer Haltung des »Wie können Sie es wagen«, gehen Sie zu einem anderen Arzt! Unterziehen Sie sich keiner Operation, ohne zuvor eine zweite Meinung eingeholt zu haben; selbst wenn Sie in einem Krankenhaus der »Wohlfahrt« untergebracht sind, ist es Ihr Recht, auf der Einholung einer zweiten Diagnose zu bestehen, wenn eine Operation empfohlen wird. Wenn Sie sich für eine Operation entscheiden, ziehen Sie Erkundigungen über den Chirurgen ein, der Sie operieren wird. Wie viele derartiger Operationen hat er bereits ausgeführt? Mit welchem Erfolg? Wie viele seiner Patientinnen und Patienten sind während der Operation verstorben? Denken Sie daran, jede Operation, die eine Vollnarkose erfordert, ist eine schwere Operation; Sie sollten nicht leichtfertig zustimmen.

VI. Selbsthilfegruppen

Interessen- und Selbsthilfegruppen können für Menschen, die an Arthritis, Multipler Sklerose, Krebs und anderen schweren oder chronischen Krankheiten leiden, gute Dienste leisten. Ebenso hilfreich sind Gruppen wie die Anonymen Alkoholiker, die Anonymen Eltern (für Eltern, die ihre Kinder mißhandelt haben oder fürchten, ihre Kinder zu mißhandeln), Gruppen für Opfer von Inzest etc. Hüten Sie sich jedoch vor strukturlosen Gruppen ohne Anleitung. Jemand muß als Leiter der Gruppe fungieren, die Richtung bestimmen und darauf achten, daß sich alle Gruppenmitglieder bei ihrer gemeinsamen Arbeit wohl fühlen. Hüten Sie sich auch vor Gruppen mit einem »Guru« oder einem tyrannischen Leiter, der angeblich im Besitz aller Antworten ist. Bevor Sie sich einer Gruppe anschließen, sollten Sie sich über die Fluktuation innerhalb der Gruppe informieren. Finden die Beteiligten die Gruppe hilfreich und bleiben dabei? Wenn Sie ein- oder zweimal in einer Gruppe waren und sich nicht wohl fühlten, dann glauben Sie nicht, noch einmal hingehen zu müssen. Wenn Sie ein anderes Mitglied der Gruppe drängt, doch wiederzukommen, versuchen Sie, festzubleiben; vertrauen Sie Ihren eigenen Gefühlen.

VII. Die Wahl eines Psychotherapeuten

Wenn Sie eine Einzeltherapie wünschen und die Möglichkeit haben, zu einem Psychotherapeuten Ihrer Wahl zu gehen, dann beachten Sie unter allen Umständen, daß für eine erfolgreiche Therapie zwischen Patientin und Psychotherapeut eine grundsätzliche Übereinstimmung bestehen muß. Nutzen Sie die Chance, den richtigen auszuwählen, denn wahrscheinlich finden Sie diese Übereinstimmung nicht gleich bei der ersten Person, die Sie aufsuchen. Eine Psychotherapie kostet eine Menge Geld. Überlegen Sie Ihre Wahl also gut, denn sicher würden Sie auch nicht unüberlegt ein Paar teure Schuhe kaufen, und ganz sicher würden Sie diese gar nicht nehmen, wenn sie Ihnen von vornherein nicht passen.

Die folgenden Anregungen für die Wahl eines Psychotherapeuten sind auch für diejenigen hilfreich, die aufgrund mangelnder finanzieller Mittel in eine staatliche Einrichtung gehen müssen. Auch dort gibt es im allgemeinen mehrere Psychotherapeuten, zwischen denen Sie wählen können, und es ist Ihr Recht zu wählen:

1. Überlegen Sie genau, warum Sie einen Psychotherapeuten aufsuchen wollen und was Sie sich davon versprechen. Manche Frauen möchten eine Psychotherapie wegen Problemen allgemeiner Natur – sie fühlen sich deprimiert, chronisch unglücklich oder ängstlich etc. Andere wiederum haben spezielle Probleme und Ziele – die Verarbeitung von Inzest in der Kindheit, Gefühle der Entfremdung aufgrund eines Berufswechsels, die Bewältigung des Todes eines geliebten Menschen, Hilfe bei Eheproblemen etc. Der Psychotherapeut, der im Falle einer Depression am besten helfen kann, muß nicht notgedrungen der beste Therapeut für die Bewältigung eines Inzests oder des Trauerprozesses nach dem Tod der Mutter sein.

2. Versuchen Sie, Empfehlungen von Menschen zu bekommen, denen Sie vertrauen und die sich aus ähnlichen Gründen wie den Ihren bereits einer Therapie unterzogen haben. Denken Sie daran, der Therapeut, der Ihrer besten Freundin so großartig bei der Aufarbeitung der Familiensituation in der Kindheit helfen konnte, muß nicht unbedingt eine kompetente Hilfe bei der Entscheidung sein, ob Sie heute in Ihrem Leben eine einschneidende Veränderung vornehmen oder nicht. Können Sie keine Empfehlungen für Therapeuten von Freundinnen und Freunden bekommen, versuchen Sie, Auskünfte bei der örtlichen Gesundheitsbehörde oder der staatlichen Genehmigungsbehörde einzuholen. Dort können Sie herausfinden, wer in Ihrer Gegend für Ihre Probleme qualifiziert ist.

3. Sobald Sie die Namen eines oder mehrerer Therapeuten erfahren haben, unterhalten Sie sich mit ihnen. Erklären Sie so konkret wie möglich die Gründe für Ihren Therapiewunsch und Ihre angestrebten Ziele. Fragen Sie den Therapeuten, wie er Ihnen helfen könnte. Fragen Sie ihn nach seiner Ausbildung und Erfahrung mit den speziellen

Problemen, um die es Ihnen geht. Wieviel Erfahrung besitzt der Therapeut auf diesem Gebiet? Ist er über neueste Erkenntnisse und Forschungen in diesem Bereich auf dem laufenden? Welcher Art Aufsicht durch andere Fachleute untersteht der Therapeut? Fragen Sie auch nach seiner grundlegenden Philosophie, nach seiner Einstellung Frauen gegenüber und nach Dingen wie Religion und sexueller Präferenz, wenn dies wichtige Themen für Sie sind. Sind Sie zum Beispiel tief religiös und der Therapeut betrachtet Religion als Aberglauben geistig Unterbemittelter, dann ist das nicht der richtige Therapeut für Sie. Ähnlich ist es, wenn Sie lesbisch sind und der Therapeut noch nie mit Lesben gearbeitet hat. Sehen Sie sich in diesem Fall lieber nach einem anderen Therapeuten um. In jedem Fall ist ein abwehrend, ausweichend oder unhöflich auf Ihre Fragen reagierender Therapeut nicht der, mit dem Sie arbeiten sollten.

4. Suchen Sie so lange, bis Sie überzeugt sind, den gefunden zu haben, der Ihnen bei Ihren speziellen Problemen helfen kann und bei dem Sie sich wohl fühlen, wenn Sie sich ihm anvertrauen. Fühlen Sie sich unbehaglich in der Gegenwart eines Therapeuten, reden Sie sich nicht ein, das würde vorübergehen oder das sei Ihr Problem. Sehen Sie sich weiter um. Vor allem, vertrauen Sie auf Ihr Gefühl.

5. Wenn Sie sich in Gegenwart eines Therapeuten wohl fühlen, er aber mit ihrem speziellen Problem, dessentwegen Sie ihn aufsuchen, noch nie zu tun hatte, überlegen Sie sich die Sache gut. Ist es für Sie wirklich das Beste? Vergessen Sie nicht, der Therapeut tut Ihnen keinen Gefallen; Sie bezahlen ihn für die Zeit, vielleicht die einzige Zeit in Ihrem Leben, die voll und ganz Ihnen gewidmet ist. Sie sind nicht dazu da, dem Therapeuten zu helfen. Überlegen Sie gut, ob Sie sich selbst als Versuchskaninchen anbieten möchten.

6. Bei einem ersten Gespräch fühlen Sie sich vielleicht geborgen, weil Ihnen der Therapeut persönliche Informationen über seine Erfahrungen auf einem speziellen Gebiet mit ähnlich gelagerten Problemen wie den Ihren gibt. Dies kann zwar beruhigend für Sie sein, aber wenn der Therapeut zuviel von seinen eigenen Erfahrungen spricht und sich zu ausführlich darüber ausläßt, dann könnten Sie später vielleicht feststellen, daß Sie während der Therapie dem Therapeuten länger zuhören als er Ihnen. Frauen gleiten leicht in die Rolle der aufmerksamen Zuhörerin, wenn es um Menschen mit Problemen geht – und Therapeuten mit Problemen sind keine Ausnahme.

7. Haben Sie sich nach dem Gespräch für einen Therapeuten entschieden, dann treffen Sie die Übereinkunft, daß Sie nach einer gewissen Zeit – vier oder sechs Wochen zum Beispiel – mit dem Therapeuten darüber sprechen, inwieweit die Behandlung erfolgversprechend scheint und davon abhängig entscheiden Sie, ob Sie die Therapie fortsetzen oder nicht. Wenn Sie bei diesem Therapeuten bleiben wollen, setzen Sie weiterhin periodische Überprüfungen an, um Ihre Fortschritte einschätzen zu können. Erreichen Sie einen Punkt, an dem die

Therapie nicht mehr hilfreich scheint, besprechen Sie dies mit dem Therapeuten und überlegen Sie, ob Sie die Behandlung beenden.

8. Seien Sie besonders vorsichtig, wenn eine Medikation empfohlen wird, vor allem bereits bei der ersten Sitzung. Das Verschreiben von Medikamenten darf nicht auf die leichte Schulter genommen werden; besser wäre es, Sie holten dazu eine zweite Meinung ein. Nimmt sich der Therapeut nicht die Zeit, Sie über alle Nebenwirkungen der Medikation aufzuklären, oder behauptet, es gäbe keine Nebenwirkungen, holen Sie auf jeden Fall eine zweite Meinung ein. Nehmen Sie niemals Medikamente gegen Ihre innerste Überzeugung.

9. Hüten Sie sich vor Therapeuten, die vorschnelle Urteile fällen, fertige Formeln für ewiges Glück anbieten oder Diagnosen grob vereinfachen. Natürlich machen Sie eine Therapie, um Antworten zu bekommen, aber das braucht Zeit. Im Idealfall ist Ihnen ein Therapeut ein objektiver Partner bei Ihrer Suche nach einer Lösung Ihres Problems, jemand, der Ihnen sagen kann, was er an Ihrem Verhalten beobachtet und welche Bedeutung das seiner Meinung nach für Ihr Leben heute hat. Aber die Antworten müssen von Ihnen kommen, nicht vom Therapeuten. Noch einmal, vertrauen Sie auf Ihre eigenen Gefühle und Wahrnehmungen.

8. Wo es am schwersten ist, sich zu Hause zu fühlen: Erfahrungen der Frauen im öffentlichen Raum

Es ist eine Verletzung meiner natürlichen äußeren Freiheit, wenn ich nicht hingehen kann, wo es mir beliebt... derlei Erfahrungen verletzen meine Persönlichkeit, denn meine unmittelbarste Identität ruht in meinem Körper.

Hegel

Im Gegensatz zu früheren Zeiten, zum Beispiel im Athen der Antike, wo es den Frauen nicht erlaubt war, sich außerhalb des Hauses zu bewegen, ist es für uns in den USA heute selbstverständlich, uns regelmäßig über die Grenzen unseres Heimes hinauszuwagen, gleich, welcher sozialen Schicht wir angehören. Einen Großteil der Zeit, die wir außer Haus verbringen, halten wir uns innerhalb der Grenzen einer Institution auf – zum Beispiel in der Schule, in der Firma am Arbeitsplatz, in einem Krankenhaus oder in der Kirche. Einen anderen, nicht unbeträchtlichen Teil dieser Zeit verbringen wir an Orten, die wir dem »öffentlichen Raum« zurechnen. Wir benutzen Straßen, um den Bus zu erwischen oder um zur Arbeit zu gehen, wir besuchen Bibliotheken und gehen in den Waschsalon, in den Supermarkt und ins Einkaufszentrum, ins Theater und ins Kino. Wir benutzen Züge, U-Bahnen und Flugzeuge, und wir halten uns in den Bahnhöfen und Flughäfen auf, wo wir ankommen oder abreisen, in den Restaurants, wo wir essen, und in den Hotels und Motels, in denen wir übernachten.

Gestaltung und Atmosphäre des öffentlichen Raumes

Jede Betrachtung unserer Erfahrungen in öffentlichen Räumen muß mit einem Blick auf unsere direkte Umgebung beginnen. Die Gestaltung und die Atmosphäre der Umgebung, in der wir leben, wirkten sich nachhaltig auf unsere Beziehung – und unsere mangelnde Beziehung – zur Natur aus. Jahrtausende lebten die Menschen in Harmonie mit der Natur. Aus der Verbundenheit mit der Natur schöpften sie beträchtliche Kraft, und sie versuchten, mit harmonisch an die natürliche Umgebung angepaßten baulichen Strukturen ihre enge Beziehung zur Natur zu symbolisieren und hervorzuheben. Diese Einstellung änderte sich im antiken Griechenland. Die Griechen fühlten sich nicht mit der Natur verbunden, sondern getrennt von ihr und ihr überlegen. Sie entwickelten einen architektonischen Stil, der den Menschen erhöht und in auffallendem Gegensatz zu den Traditionen der meisten nicht-westlichen Kulturen steht. Besonders kraß ist der Unterschied im Vergleich mit den Kulturen der Ureinwohner Amerikas, wie Jamake Highwater ausführt:

»Der griechische Tempel ist Ausdruck der von Menschen erdachten Gottheit – und keine Entsprechung der Gottheit der Natur... In der griechischen Architektur manifestiert sich die Idee der westlichen Kultur, der Natur entfliehen zu wollen. Alle nachfolgenden westlichen Zivilisationen basierten auf dieser fragwürdigen und gefährlichen Vorstellung, unabhängig von der Natur leben zu können. Die Architektur des Westens verwandelt einen ursprünglich natürlichen Ort in einen exotisch verfremdeten Ort, so wie Zoos und botanische Gärten die Wesen der Natur, Tiere und Pflanzen, in exotische Kuriositäten verwandeln.

Die Indianer haben eine völlig andere Einstellung zu Mensch und Natur... weil die Landschaft an sich heilig ist, verkörpert sie eine allumfassende Gottheit, die in alles einfließt, was Teil der Natur ist, einschließlich der Menschen, Tiere, Pflanzen, Steine... in alles.«[1]

Aufgrund der von den Griechen eingeleiteten und später durch die Industrialisierung dramatisch beschleunigten Veränderungen ist die Außenwelt zunehmend erdrückend und künstlich geworden. Besonders in Städten fällt es oft schwer, sich noch mit der Natur verbunden zu fühlen – oder mit anderen Menschen. Das Leben in der Großstadt verstärkt nur das Gemeinschaftsgefühl von Menschen, die fest in einer Nachbarschaft integriert sind oder sich stets im Mittelpunkt des Geschehens befinden möchten. Aber für die anderen bedeutet das Leben in der Stadt oft Einsamkeit und Entfremdung. Als noch ein Großteil der Bevölkerung in Kleinstädten und Dörfern lebte, kannte jeder seine Nachbarn, heute dagegen in den Großstädten ist es nicht ungewöhnlich, daß die Bewohner einer Etagenwohnung nicht wissen, wer über ihnen, unter ihnen oder neben ihnen wohnt. Das Leben in Vorortsiedlungen ist dem Gemeinschafts- und Verbundenheitsgefühl kaum weniger abträglich. Jede Familie zieht sich auf ihr eigenes Fleckchen Rasen zurück und bleibt für sich. Barbara Cameron, eine Lakota Sioux, die in einer Indianerreservation aufwuchs, beschreibt, wie fremd ihr diese Atmosphäre war, als sie zum erstenmal eine Stadt der Weißen besuchte:

»Ich war entsetzt, daß diese Leute sich einbildeten, meinem Volk überlegen zu sein. Ihre Art zu leben erschien mir leblos, sie schienen sich gegenseitig fast feindselig gesinnt. Ihre ordentlich eingezäunten viereckigen Stückchen grünen Rasens trennten sie hermetisch voneinander... Jedesmal, wenn ich einen Tag mit Weißen verbracht hatte, war ich froh, wieder in die Reservation zurückzukehren. Dort lebten die Menschen nach einem ungeschriebenen Gesetz, und das lautete, respektvoll miteinander umzugehen.«[2]

Für behinderte Menschen ist es noch schwerer, sich im öffentlichen Raum willkommen und zugehörig zu fühlen. Bauliche Barrieren, die Behinderten den freien Zugang verwehren, machen den öffentlichen Raum zur alleinigen Domäne der Gesunden. Gedankenlos setzten Designer und Architekten voraus, jeder befände sich ständig im Zustand bester Gesundheit. So wurde eine für Behinderte ausgesprochen feindliche Umgebung erschaffen:

»Sobald wir uns draußen bewegen, empfangen wir ständig die Botschaft: Hier kannst du nicht her, und wir wollen dich hier auch nicht haben. Das sagt uns jedes Gebäude, das nur über Treppen, aber nicht über Rampen erreichbar ist, jeder Bus, in den wir nicht einsteigen können, jeder Randstein, den wir nicht überwinden können. Die Leute merken nicht einmal, wie sie uns fernhalten. Zum Beispiel, wenn es schneit. Viele Leute schippen den Schnee nicht weg. Sie sind sich nicht im klaren, was das für einen Menschen im Rollstuhl oder mit einem Stock oder Krücken bedeutet. Für uns ist das ein feindlicher Akt, denn ein nicht freigeschaufelter Gehweg ist mit einem Rollstuhl oder an Krücken nicht passierbar.«

Vorfälle im öffentlichen Raum

Die zunehmend künstlicher gestaltete Außenwelt, deren schiere Größenmaßstäbe immer einschüchternder werden, beherrscht heute eine Atmosphäre wachsender Unsicherheit. Theoretisch können sich Frauen heute im Gegensatz zu früher ungehindert in der Öffentlichkeit bewegen. Kaum jemand findet es noch unschicklich, wenn eine Frau abends allein eine Bar oder ein Kino besucht. Aber trotz der scheinbar größeren Mobilität sind die Möglichkeiten der Frauen, sich draußen unbeschwert und frei zu bewegen, aufgrund der dramatisch ansteigenden Zahl von Gewaltverbrechen in der Praxis eingeschränkt wie eh und je. Unter den Industriestaaten weisen die Vereinigten Staaten die höchste Rate an Gewaltverbrechen auf. Niemand ist vor dem Risiko gefeit, Opfer eines Verbrechens zu werden.

Die stetig wachsende Gefahr empfinden Frauen besonders deutlich, denn Frauen sind doppelt verletzlich; auch Männer werden überfallen, aber Frauen werden darüber hinaus zu Hunderttausenden Opfer von Vergewaltigungen. Extrem groß ist die Bedrohung durch Gewaltverbrecher für behinderte oder ältere Frauen. Gesunden jungen Frauen hilft zumindest die Hoffnung: »Im Notfall kann ich ja immer noch wegrennen.« Aber diese Alternative haben längst nicht alle Frauen.

Die wenigsten von uns denken ständig an ihre Verletzbarkeit, wenn sie sich in der Öffentlichkeit bewegen; aber tief in unserem Innern sind wir uns der ständigen Gefahr bewußt, in der wir schweben, und in unserem Unterbewußtsein lauert eine anhaltende Furcht. Diese unterschwellige Angst auf dem Weg zur Wäscherei, zum Einkaufen oder zur Arbeit ist so sehr ein Teil von uns, daß wir sie oft gar nicht als Angst identifizieren. Aber wenn wir auf dem Nachhauseweg dicht hinter uns Schritte hören oder wenn wir spüren, wie jemand in einer überfüllten U-Bahn sich dicht an uns heranschiebt, wenn wir aufgeschreckt dunkle Gestalten in den Toreinfahrten auf der anderen Straßenseite herumlungern sehen – dann merken wir plötzlich, wie wachsam, argwöhnisch und vorsichtig wir geworden sind. Sogar zu Hause haben wir guten Grund, uns zu fürchten, denn das Risiko, Opfer eines Einbruchs zu werden, ist ebenfalls enorm gestiegen. Auch dieser Angst sind wir uns normalerweise nicht bewußt – bis wir dieses eigenartige Geräusch am Fenster hören oder mitten in der Nacht durch das Läuten des Telefons aufwachen und uns beim Abnehmen eine fremde männliche Stimme erzählt, was der Anrufer alles mit uns anstellen möchte.

Belästigung auf der Straße

Der öffentliche Raum birgt mittlerweile für alle Bevölkerungsgruppen zunehmend Gefahren und ist für alle Bürgerinnen und Bürger unsicherer geworden, aber weiße Männer haben darunter nach wie vor am wenigsten zu leiden. Bis auf wenige Ausnahmen (verschiedene innerstädtische ethnische Wohngebiete und Ghettos sowie eine Handvoll Frauenbars) kann sich ein weißer Mann in unserer Gesellschaft uneingeschränkt bewegen, ohne je das Gefühl zu haben, ein Fremdkörper zu sein oder sich unrechtmäßig an einem bestimmten Ort aufzuhalten. Wird er Opfer eines Überfalls, macht niemand ihn selbst dafür verantwortlich mit der Begründung, er hätte eben die Grenzen seines angestammten, eingeschränkten Raumes überschritten. Genau das aber widerfährt den Frauen.

Das Recht, sich nach Lust und Laune frei in der Öffentlichkeit zu bewegen, ist fundamentale Grundlage der Freiheit. Die Verweigerung dieses Rechtes diente traditionell stets als Mittel zur Unterdrükkung. Während der Rassentrennung in den Südstaaten war den Schwarzen der Zugang zu vielen öffentlichen Bereichen verwehrt. Im »Dritten Reich« mußten die Juden auf der Kleidung für alle gut sichtbar den Judenstern tragen und damit ihr Judentum öffentlich preisgeben. In den Vereinigten Staaten gibt es heute keinerlei Verordnungen mehr, die das Recht auf Bewegungsfreiheit in der Öffentlichkeit einschränken. Doch ein ungeschriebenes Gesetz erlaubt es den Männern, Frauen auf der Straße zu belästigen und sie zu erniedrigen. Dadurch fühlen wir uns in der Öffentlichkeit unsicher und unwillkommen und werden uns unseres minderwertigen sozialen Status stets bewußt. Cheryl Benard und Edit Schlaffer stellten fest, daß die Belästigung von Frauen auf der Straße durch Männer in der westlichen Welt weitverbreitet ist. Sie befragten sechzig Männer, die sie bei der Belästigung von Frauen auf der Straße beobachteten, was sie zu diesem fragwürdigen Treiben motiviere. Ihrer Untersuchung zufolge gehörten zu den Belästigern Männer jeden Alters, jeder Rasse, jeder Einkommensschicht und jeder sozialen Klasse, und das ihrem Verhalten zugrunde liegende wichtigste Merkmal war die Symbolik der Handlung:

»Der echte *öffentliche* Raum ist Hauptschauplatz der Belästigung. Die Straße, der Ort, an dem sich Fremde begegnen, ist auch der Ort, an dem eine Gesellschaft stets deutlich Ordnung und Status mit entsprechenden Grenzen markierte. Auf den Straßen tragen die Angehörigen einer untergeordneten Gruppe kennzeichnende Kleidung... oder zeigen symbolisch Unterwerfung vor den Angehörigen der höherrangigen Gruppe. Belästigung ist eine Möglichkeit, dafür zu sorgen, daß sich Frauen nicht wohl fühlen, daß sie sich an ihre Rolle als sexuelle, den Männern verfügbare Wesen erinnern und sich nicht als gleichberechtigt am öffentlichen Leben teilnehmende Bürger betrachten... [Darüber hinaus] verwischt sie die Grenzen des Rechts der Frauen auf persönliche Integrität und... [verweigert] ihnen das Recht, sich frei zu bewegen und zu entscheiden, an welchen Interaktionen sie teilnehmen und mit welchen Menschen sie kommunizieren wollen.«[3]

Die Belästigung auf der Straße tritt hauptsächlich in drei Grundformen auf. Erstens die visuelle Schikane, etwa feindselige, anzügliche, drohende Blicke. Zweitens die verbale Belästigung. Sie reicht über eine ganze Skala von »psssst-pssst«, Pfiffen, tierischen Lauten bis zu Kommentaren wie »He, Kleine, du gefällst mir« und »Ooooh, heiße Alte«, bis zu drohenden Bemerkungen und Befehlen wie »He Kleine, lutsch meinen Schwanz«. Die dritte Form der Belästigung ist der körperliche Angriff. Auch in diese Kategorie fallen wieder eine Vielzahl von Sünden: kneifen, tätscheln, bumsen imitierende Bewegungen (besonders beliebt bei Perversen in der U-Bahn), piksen, mit der Hand »zufällig« an Brüsten oder Hüften oder im Schritt vorbeistreichen und derbes Zupacken. Und auch hierbei motiviert die Männer der Wunsch, ihre Macht über die Frauen zu demonstrieren.

Meist wird angenommen, die Belästigung auf der Straße sei ein rein städtisches Problem. Wir stellten jedoch fest, daß diese Pöbeleien und Schikanen auch in ländlichen Gegenden keine Seltenheit sind. Der Hauptunterschied besteht darin, daß verbale Belästigung auf dem Land meist aus Autos heraus erfolgt.

Da die Belästigung der Frauen auf den Straßen derart weit verbreitet und alltägliche Praxis ist, sollte man meinen, es gäbe zu diesem Thema eine Menge Forschungsarbeiten und Studien. Doch bevor Benard und Schlaffer mit ihren Forschungen begannen, wurde dieses Thema von den Soziologen und den Verantwortlichen in Städten und Gemeinden völlig ignoriert:

»Da als trivial etikettiert, stieß die Belästigung der Frauen [auf den Straßen] bei den Soziologen auf keinerlei Aufmerksamkeit und auch die Städte und Gemeinden, die fast alles vom Radfahren über die Hundehaltung bis zum Rollschuhfahren reglementieren, erließen keine Verordnungen, die den Frauen das Recht auf ungestörte Bewegungsfreiheit garantieren. Für die Männer gibt es solche Verordnungen; das Ansprechen durch Prostituierte ist penibel eingeschränkt, damit sich die Männer dadurch nicht beleidigt fühlen.«[4]

Männer, die Frauen auf der Straße belästigen, scheinen sich nicht bevorzugt bestimmte Frauentypen als Opfer auszuwählen; sie belästigen jede Frau, ungeachtet ihrer Rasse, ihres Alters, ihrer ethnischen Zugehörigkeit, ihres Kleidungsstils und ihres Verhaltens. Manche Belästiger wählen allerdings nach bestimmten Prioritäten aus. Weiße Männer zum Beispiel belästigen anscheinend besonders gerne farbige Frauen, und farbige Männer fühlen sich großartig, wenn sie weiße Frauen belästigen. Zugleich wegen des Geschlechts und der Rasse belästigt zu werden flößt besonders große Angst ein. Eine schwarze Frau erläutert:

»Ich bin oft von Schwarzen und Latinos belästigt worden, aber da gibt es einen Unterschied. Ich bahne mir meinen Weg durch eine Clique Schwarzer oder Latinos und gebe verbal entsprechend zurück – wenn ich diese Typen an den Straßenecken herumlungern sehe, jagen sie mir nicht wirklich Angst ein. Aber ein Haufen weißer Typen versetzt mich in Panik. Sie fühlen sich ganz toll, wenn sie rassistische und sexuelle Gemeinheiten von sich geben, mich anfassen, mir den Weg verstellen, mich anrempeln und auslachen.«

Beleidigungen und Stereotypen

Unsere Erfahrungen in der Öffentlichkeit basieren darüber hinaus auf eher subtilen Interaktionen zwischen uns und Fremden. Wie uns Ladenbesitzer, das Personal in Restaurants, mitfahrende U-Bahn-Fahrgäste und andere Fremde wahrnehmen und was sie von uns halten, überträgt sich auf ihr Verhalten uns gegenüber, und dies beeinflußt wiederum unsere Befindlichkeit in der Öffentlichkeit.

Leider werden Frauen in der Öffentlichkeit häufig nicht gerade mit Respekt behandelt. In einem Geschäft kann es vorkommen, daß eine Frau von dem Mann hinter dem Ladentisch mit »Schätzchen« oder »Süße« angesprochen wird. Geht sie allein in ein Restaurant essen, bekommt sie oft einen schlechten Tisch und einen miesen Service obendrein. Möchte sie nach dem Essen den Geschäftsführer sprechen, erwidert dieser auf ihre Beschwerde möglicherweise: »Ich freue mich immer, wenn hüsche Mädchen (Damen) mich sprechen wollen.« Fährt sie vom Restaurant nach Hause und biegt knapp vor einem anderen Wagen auf die Fahrbahn, brüllt der Fahrer dieses Autos mit großer Wahrscheinlichkeit »Blöde Kuh!« oder läßt ein paar beleidigende Bemerkungen über »Frauen am Steuer« vom Stapel. Bringt sie den Wagen in die Autowerkstatt, um etwas nachsehen zu lassen, wird sie vermutlich mit Blicken von oben bis unten taxiert und von den Mechanikern lautstark beurteilt; ist sie in deren Augen nicht viel wert, lachen sie und reißen Witze, sobald sie ihnen den Rücken zukehrt; ist sie in ihren Augen eine tolle Frau, pfeifen sie, kichern anzüglich und/oder machen obszöne Gebärden. Oder sie geben laute, von ihr nicht zu überhörende Kommentare ab wie »Die würde ich nicht von der Bettkante schubsen« oder noch Schlimmeres. Steigt eine Frau allein in einem Hotel ab, ist die Chance groß, von den Männern am Empfang schlecht bedient zu werden; wagt sie es später gar, allein in die Lounge zu gehen, kann es passieren, daß ihr Prostitution unterstellt wird. Einer der Autorinnen dieses Buches ist dies in einem Hotel in Boston widerfahren. Auch Gail Brewer, eine Managerin, die drei von vier Wochen im Monat auf Geschäftsreisen ist, machte diese Erfahrung nach einem Flug am späten Abend von Los Angeles nach New York. Sie erzählte der Washington *Post*:

»Es war in der Lounge des Hotels, und ich trug noch mein Geschäftskostüm. Es war dreiundzwanzig Uhr, aber ich war immer noch auf die Zeit an der Westküste eingestellt und deshalb nicht müde. Ich trug mich ein und ging anschließend in die Lounge, um nach der langen Reise ein bißchen zu entspannen. Ein paar Minuten später kam ein Sicherheitsbeauftragter des Hotels und fragte mich, ob ich eingetragener Hotelgast sei. Ich habe ihn angesehen, tief Luft geholt und gesagt: ›Ja, allerdings.‹ Am nächsten Tag habe ich mich beim Manager des Hotels beschwert.«[5]

Natürlich macht nicht jede Frau tagtäglich Erfahrungen wie die eben beschriebenen, aber in ähnlicher Weise haben die meisten solche Dinge schon einmal erlebt. Männer, denen derartige Erfahrungen fremd sind, sagen uns häufig, das sei doch alles banal und lächerlich, das seien »Kleinigkeiten« und wir sollten uns darüber nicht so aufregen. Doch es sind gerade die Kleinigkeiten, die den Unterschied in unserem täglichen Leben ausmachen.

Begibt sich eine Frau in Begleitung eines Mannes in die Öffentlichkeit, wird sie nicht so offen respektlos behandelt. Die Respektlosigkeit zeigt sich statt dessen in der Art, wie die Frau ignoriert wird, sie scheint geradezu unsichtbar zu sein. Betritt eine Frau zusammen mit einem Mann ein Geschäft oder ein Hotel, konzentriert das Personal automatisch die Aufmerksamkeit auf den Mann. Bittet die Frau um eine Auskunft, richtet das Personal häufig die Antwort an den Mann. In Restaurants bekommt der Mann die Rechnung, und viele Kellner und Kellnerinnen fragen den Mann sogar, was die Frau zu bestellen wünsche. Ähnliches geschieht bei Partys, auf Empfängen, bei geschäftlichen Konferenzen und Tagungen.

Gehen zwei Frauen zusammen aus, werden sie meist ebenso als

Menschen zweiter Klasse behandelt wie eine Frau allein. Häufig behandelt man sie sogar schlechter, denn mit ihrem gemeinsamen Erscheinen in der Öffentlichkeit stellen sie die Vormachtstellung der Männer in Frage. Zeigen sie ihr Interesse aneinander und weisen Annäherungsversuche von Männern zurück, werden sie oft als Lesben etikettiert und feindselig behandelt. Radikale Lesben erklären diesen Sachverhalt wie folgt:

»Lesbe ist das Wort, das Etikett, die Programmierung, die Frauen brav in der Reihe halten soll. Wird einer Frau dieses Wort an den Kopf geworfen, weiß sie, sie schert aus der Reihe aus... Lesbe ist das Etikett, das sich Männer einfallen ließen, um es jeder Frau anzuheften, die es wagt, sich ihnen als gleichberechtigt zu betrachten, die es wagt, ihre Vorrechte (einschließlich des Rechts, alle Frauen als Tauschobjekt unter Männern anzusehen) anzugreifen, die es wagt, ihren eigenen Bedürfnissen Vorrang einzuräumen... Denn in dieser sexistischen Gesellschaft bedeutet die Unabhängigkeit einer Frau, daß sie keine Frau sein *kann* – sie muß eine Lesbe sein.«[6]

Körperbehinderte Frauen werden in der Öffentlichkeit ebenfalls sehr schlecht behandelt. Blicken ausgesetzt zu sein, als sei man ein Stück Fleisch, ist für jede Frau verletzend und erniedrigend. Aber körperbehinderte Frauen werden oft angestarrt, als seien sie Mißgeburten. Eine Frau in einem Rollstuhl erläutert:

»Eine Menge Leute können zwischen verschiedenen Behinderungen scheinbar nicht unterscheiden. Jemandem im Rollstuhl kann es leicht passieren, beim Essengehen von den Kellnern im Restaurant dermaßen laut angesprochen zu werden, als sei man schwerhörig, und sie verhalten sich, als sei man nicht imstande, die Speisekarte zu lesen. Anscheinend denken sie, wer seine Beine nicht gebrauchen kann, muß auch taub und geistig minderbemittelt sein.«

Farbige Frauen sehen sich Hindernissen gegenüber, mit denen weiße Frauen nicht konfrontiert werden. Sowohl aufgrund der Rasse als auch des Geschlechts werden sie von vielen als minderwertige Menschen eingestuft. Eine schwarze Frau erklärt, wie sie aufgrund der zweifachen Diskriminierung von Geschlecht und Hautfarbe behandelt wird, sobald sie ihre engste Umgebung verläßt:

»Weil ich eine Frau bin, bin ich untergeordnet. Und weil ich eine schwarze Frau bin, bin ich entweder eine auf die Sozialhilfe angewiesene Mutter, eine Prostituierte, eine Drogensüchtige oder ein Dienstmädchen – in jedem Falle eine jämmerliche Person. Und, o ja, auch eine Analphabetin. Und entsprechend behandeln sie mich natürlich. Du solltest sehen, was passiert, wenn eine Schwarze etwas so Selbstverständliches will, wie in einem Supermarkt mit einem Scheck oder mit einer Kreditkarte bezahlen. Automatisch verdächtigen sie dich, einen ungedeckten Scheck auszustellen oder mit einer gestohlenen Karte zu bezahlen. Man wird geradezu unglaublich schikaniert.«

In der Öffentlichkeit besonders respektlos behandelt werden alte Frauen. Die meisten Leute sind ungeduldig und intolerant alten Menschen gegenüber, die sich langsamer bewegen oder besondere Aufmerksamkeit benötigen, weil sie schlechter sehen oder hören. In unserer Kultur ist die Angst vor dem Altern groß und wird manchmal an jenen abreagiert, die uns an die Unvermeidlichkeit des Alterns erinnern.

Der Preis, den wir bezahlen

Immer wieder vermitteln uns die Erfahrungen in der Öffentlichkeit unseren minderwertigen Status in dieser männerdominierten Welt. Belästigungen auf der Straße mit Fassung und ohne jede Beeinträchtigung des Selbstwertgefühls zu ertragen ist außerordentlich schwer. Auch wenn eine Frau letztendlich einen solchen Vorfall als Problem des Belästigers bagatellisiert, so ist ihr dieses Erlebnis doch widerfahren, und sie muß es verarbeiten. Wir stellten fest, daß Frauen eine sexuelle Belästigung auf der Straße häufig durch eine innerliche Distanzierung von ihrem Körper bewältigen:

»Wenn ein Kerl mich und meinen Körper auf der Straße mit verbalen Bemerkungen erniedrigt, trenne ich mich von meinem sexuellen Selbst, eine Art von Verleugnung, wenn du so willst. Ich trenne diesen Teil, der billig und schmutzig gemacht wurde, von meinem *realen* Selbst ab, denn wenn ich das nicht tue, hätten die Kerle *mich* zu etwas Billigem und Schmutzigem gemacht.«

Aber wie sehr sich eine Frau nach einer Belästigung auch von ihrem Körper zu distanzieren versucht, in ihrem Innern bleibt sie sich natürlich bewußt, daß sie und ihr Körper eine Einheit bilden und nicht nur ihr Körper entwürdigt und erniedrigt wurde. Viele Frauen bezahlen einen hohen Preis für den Zorn und das Selbst-Bewußtsein, die aus den Erfahrungen in der Öffentlichkeit resultieren und ständig gegenwärtig sind. Die meisten von uns wurden zum Nettsein erzogen; wir wurden erzogen, gegenseitige Freundlichkeit zu schätzen, und wir möchten gerne weiterhin liebevolle, freundliche Menschen bleiben. Aber um heute in der Öffentlichkeit zu bestehen, müssen wir ständig auf der Hut sein und den vielen Fremden mit größtem Mißtrauen begegnen. Das erzeugt bei manchen Frauen eine Art inneren Zwang, sich gegen ihr eigentliches Wesen zu verhalten:

»Jedesmal, wenn ich ausgehe, muß ich diese harte, wachsame Haltung annehmen. Es ist, als läge ich eine Maske an. Ich finde es so ermüdend, ständig wachsam auf jede kleinste Bewegung der anderen in der U-Bahn, auf der Straße oder im Waschsalon zu achten. Und das schlimmste ist, ich mag mich überhaupt nicht so, wie ich draußen sein muß. Ich mag es nicht, jeden Typen auf der Straße oder im Waschsalon als potentiellen Vergewaltiger oder Gangster anzusehen. Ich muß doch jedem Menschen zumindest die Chance eines Zweifels an seiner Schlechtigkeit zugestehen.«

Zu dem entnervenden Mißtrauen, das Frauen in der Öffentlichkeit empfinden, kommt die Angst, tatsächlich Opfer zu werden. Auch wenn dies nie geschieht, müssen wir ständig mit der Möglichkeit rechnen und über Mittel und Wege nachdenken, die Gefahr zu minimieren. Und insofern hat die Angst vor einem Verbrechen auch ihre gute Seite: Sie kann uns dazu aktivieren, etwas zu unserem Schutz zu unternehmen. Aber natürlich ist es alles andere als positiv, in Angst zu leben, denn Angst verbraucht sehr viel Energie, Energie, die wir sicher besser einsetzen könnten.

Die Angst, mit der wir uns heute in der Öffentlichkeit bewegen, schränkt unsere Aktivitäten drastisch ein. Obwohl heute in den Vereinigten Staaten kein Gesetz Frauen den Zugang zu einem Ort verwehrt, führten die zahlreichen an Frauen begangenen Gewaltverbrechen und die Belästigungen auf der Straße dazu, daß sich viele Frauen kaum noch hinauswagen. Besonders alleinlebende Frauen in Großstädten leiden seit Jahren sozusagen unter einem nächtlichen Ausgangsverbot. Manche Frauen trauen sich sogar tagsüber kaum auf die Straße, denn selbst am hellichten Tag fühlen sie sich aus gutem Grund oft nicht sicher. Aus dem Song »Fight Back« von Holly Near:

By day I lived in terror
By night I lived in fright
For as long as I can remember
A Lady don't go out alone at night.

But I don't accept the verdict
It's an old one anyway
'Cause nowadays a woman
Can't even go out in the middle of the day.

...Some have an easy answer
Buy a lock and live in a cage
But my fear ist turning to anger
And my anger's turning to rage
And I won't live my life in a cage.

And so we've got to fight back!
In large numbers
Fight back!
I can't make it alone
Fight back!
In large numbers
Together we can make a safe home
Together we can make a safe home.[7]

(Bei Tag lebte ich in schrecklicher Angst
Bei Nacht lebte ich mit Entsetzen
Seit ich mich erinnern kann
geht eine Frau abends nicht alleine aus

Aber ich nehme dieses Urteil nicht an
Es ist sowieso hinfällig
Denn heutzutage kann eine Frau
Nicht einmal am hellichten Tag ausgehen

...Manche haben darauf eine einfache Antwort
Schließ dich ein und lebe in einem Käfig
Aber meine Angst verwandelt sich in Zorn
Und mein Zorn verwandelt sich in Wut
Ich werde mein Leben nicht in einem Käfig verbringen

Und deshalb müssen wir zurückschlagen!
In großer Zahl
Zurückschlagen!
Allein schaffe ich es nicht
Zurückschlagen!
In großer Zahl
Gemeinsam gelingt es uns, einen sicheren Ort zu schaffen
Gemeinsam gelingt es uns, einen sicheren Ort zu schaffen.)

Vorschläge zur Veränderung

I. Einbeziehung der Umgebung

Die wenigsten von uns können ihr Umfeld radikal ändern. In Großstädten müssen wir uns mit riesigen Gebäuden, extremem Lärm, Luftverschmutzung, Asphalt und Beton abfinden. Wir können zwar unsere Umgebung nicht radikal verändern, aber wir können uns bewußtmachen, welche Einflüsse sie auf uns hat, und entsprechend handeln, um eventuelle negative Auswirkungen, so gut es geht, auszuschließen. Achten Sie eine Woche lang bewußt darauf, wie Sie sich an bestimmten Orten fühlen. Lösen große, glitzernde Kaufhäuser ein bestimmtes Gefühl in Ihnen aus? Welch ein Gefühl weckt ein Spaziergang im Park oder durch eine Allee? Was empfinden Sie in Aufzügen, U-Bahnen, Taxis, Restaurants im High-Tech-Stil und überfüllten Restaurants? Machen Sie sich bewußt, welchen Einfluß die jeweilige Umgebung auf Sie ausübt. Wenn Sie sich darüber im klaren sind, können Sie Orte meiden, die in Ihnen Nervosität, Platzangst oder andere Empfindungen des Unbehagens auslösen, und versuchen, mehr Zeit an Orten zu verbringen, wo Sie sich wohler fühlen.

II. Balance zwischen Gemeinschaft und Wachsamkeit

Heute hat es oft den Anschein, als bestünde ein natürlicher Gegensatz zwischen dem Wunsch nach Gemeinschaft mit anderen Menschen und einem »sicheren« Abstandhalten zum Schutze unserer Unversehrtheit und unseres Eigentums. Aber das muß nicht zwangsläufig so sein. Wenn Sie in einer Umgebung wohnen, wo die Menschen wenig Kontakt miteinander haben und Sie mehr Kontakt wünschen, gibt es sicher auch andere Bewohner, die dasselbe Bedürfnis haben. Suchen Sie nach Mitteln und Wegen zur Herstellung eines Gemeinschaftsgefühls. Initiativen wie Hausorganisationen, Mieterorganisationen oder Nachbarschaftsgruppen können Menschen zusammenbringen; ob solche Initiativen speziell aus dem Grund ins Leben gerufen wurden, damit die Menschen verstärkt aufeinander achten und einander vor Verbrechen schützen, oder vorrangig aus dem Bedürfnis nach Geselligkeit, allein die Verbindung zu den Nachbarn erhöht die Wahrscheinlichkeit, daß Sie im Notfall Hilfe von ihnen bekommen.

III. Selbstverteidigung

Unabhängig vom Wohnort empfiehlt es sich heute für alle Frauen, über Grundkenntnisse in der Kunst der Selbstverteidigung zu verfügen. Viele Frauen meinen, einfach nicht die Zeit für einen Selbstverteidigungskurs zu haben, andere lehnen den Gedanken von vornherein ab, weil ihnen die Vorstellung bereits unweiblich erscheint und gegen die in der Kindheit erlernten Grundsätze verstößt. Wenn Sie in einer Gegend leben, die ein hohes Risiko für Ihre persönliche Sicherheit darstellt, sollten Sie allerdings abwägen, ob die Gründe für die Ablehnung eines solchen Trainings – keine Zeit, unangenehme Vorstellung, zu teuer – tatsächlich so gravierend sind. Bei der Wahl einer Selbstverteidigungstechnik oder einer asiatischen Kampfsportart können die folgenden Leitlinien aus In Defense of Ourselves *helfen:*

»Gibt es in Ihrer Gegend verschiedene Wahlmöglichkeiten, sollten Sie sich die Zeit nehmen und sich die Alternativen genau ansehen. Falls Sie eine asiatische Kampfsportart erlernen möchten, besuchen Sie Schulen unterschiedlichster Art (Judo, Karate, Aikido, Kung Fu etc.), um festzustellen, was Sie am meisten interessiert.

Sehen Sie mindestens einer Gruppe beim Training zu. Wie behandeln der Trainer und die männlichen Teilnehmer die Frauen in der

Gruppe? Ermutigen sie die Frauen zur Selbstverteidigung oder belehren sie sie herablassend, ihre Anstrengungen seien gegen einen ›richtigen Mann‹ ohnehin vergebens? Tragen die Frauen in den Kampfsportgruppen Gürtel eines höheren Grades? Wie reagiert der Trainer, wenn die Frauen von den männlichen Kursteilnehmern respektlos behandelt werden? Fragen Sie die Frauen in den Gruppen nach ihren Erfahrungen mit Sexismus, Demütigungen etc. Die beste Empfehlung bekommen Sie von einer Frau, die bereits einen Kurs absolviert hat.

In manchen Gegenden gibt es asiatische Kampfsport- oder Selbstverteidigungskurse nur für Frauen. Leitet eine Frau das Training, kann das von großem Vorteil sein. Entscheiden Sie wieder auf der Grundlage von Empfehlungen und Ihren Beobachtungen beim Training.

Das beste Training zur Selbstverteidigung schließt beide Faktoren der Gewalt gegen Frauen ein, die körperliche und die verbale (damit Sie besser informiert sind, worauf Sie speziell achten müssen), und lehrt deshalb auch die verbale Selbstverteidigung. Informationen über die Dynamik der Gewalt gegen Frauen, Kenntnisse über die Motivationen der Täter und das Üben verbaler Verteidigung in solchen Situationen ermöglichen es unter Umständen, sich ohne körperlichen Einsatz verteidigen zu können. Versichern Sie sich, daß auch verbale Selbstverteidigung in Ihrem Trainingskurs angeboten wird.«

Die meisten Frauen besuchen Kurse zur Selbstverteidigung nicht nur zur Erhöhung ihrer persönlichen Sicherheit, sondern auch um ihre Kompetenz, ihre Selbstsicherheit und ihr Körpergefühl zu steigern.

IV. Belästigung auf der Straße

Die Feministin Vicki Keith, Leiterin von Workshops für die richtige Reaktion auf Belästigung auf der Straße, mahnt, dabei unbedingt drei Faktoren in Betracht zu ziehen. Erstens, unsere körperliche Unversehrtheit nicht zu gefährden. Zweitens, unsere Selbstachtung zu bewahren. Und drittens dem Täter eine Lehre erteilen, die ihm den Spaß verdirbt, weiter Frauen zu belästigen oder zu beleidigen. Häufig schließen sich diese Faktoren gegenseitig aus. Fordern wir den Täter zum Beispiel drohend auf, er solle sofort abhauen, sonst würde er nie mehr sein Maul aufreißen, fühlen wir uns vielleicht besser, begeben uns aber in physische Gefahr. Es ist unerläßlich, zuallererst an unsere Sicherheit zu denken.

Setzen wir uns gegen jemanden zur Wehr, der uns in der Öffentlichkeit demütigt, eine sexistische Bemerkung macht oder uns auf andere Weise erniedrigt, können eventuell die Leitlinien in Teil vier, Kapitel 9, die sich mit der konstruktiven Äußerung von Emotionen beschäftigen, angewandt werden. Obwohl sich diese Leitlinien eher auf eine Situation zwischen zwei einander bekannten Personen beziehen, las-

sen sie sich auch in Situationen mit Fremden anwenden. Wird zum Beispiel eine Frau in einem Geschäft mit »Schätzchen« angeredet, kann sie wie folgt reagieren:

1. »Sie haben mich eben Schätzchen genannt.« (Beschreiben des Tatbestands.)

2. »Ich fühle mich dadurch sehr beleidigt.« (Benennen der Gefühle.)

3. »Ich heiße Frau... und ich möchte, daß Sie mich so anreden.« (Anbieten einer Alternative.)

4. »Wenn Sie noch einmal Schätzchen zu mir sagen, haben Sie mich als Kundin verloren.« (Konsequenzen aufzeigen.)

Handelt es sich um eine Belästigung auf der Straße, ist derjenige oft schon verschwunden, bevor uns eine passende Bemerkung einfällt. Der Zorn, die Angst oder welche Gefühle auch immer die Belästigung in Ihnen auslöst, sind begründet. Versuchen Sie deshalb, diesen Gefühlen Ausdruck zu verleihen. Sprechen Sie mit einer Freundin. Wenn Sie ein Mann in Ausübung seiner Arbeit (zum Beispiel ein Arbeiter eines Bautrupps) belästigt oder beleidigt, beschweren Sie sich bei seinem Chef. Aber was immer Sie auch tun, wenden Sie Ihren Zorn nie gegen sich selbst.

Üben Sie zusammen mit anderen Frauen entsprechende Antworten ein. Diese Vorbereitung erleichtert Ihnen die Reaktion auf die nächste Belästigung.

Im folgenden ein paar Beispiele, wie Sie reagieren können:

Belästigt Sie ein Mann, wenn Sie dicht gedrängt in einer Menschenmenge stehen, greifen Sie nach seiner Hand und fragen Sie laut: »Wem gehört die? Ich habe sie eben auf meiner Brust gefunden (oder Hüfte oder wo auch immer).«

Eine Bekannte von uns bekommt gelegentlich obszöne Telefonanrufe. Sie fragt den Belästiger: »Würden Sie das bitte wiederholen – ich bin ein wenig schwerhörig.« Wiederholt er die Worte, sagt sie: »Tut mir leid, ich habe Sie immer noch nicht verstanden – würden Sie bitte etwas lauter sprechen.« Die meisten obszönen Anrufer hängen an diesem Punkt ein, falls nicht, bittet sie den Anrufer, seine Worte noch einmal zu wiederholen. Wir hoffen, diese Männer merken, wie eselsdumm sie sich anhören, wenn sie ihre eigenen Worte ständig laut wiederholen müssen.

Bei der Belästigung durch mehrere Männer, die zum Beispiel auf einer Baustelle zusammenarbeiten, empfiehlt Vicki Keith, sich sofort an einen von ihnen zu wenden und zu fragen: »Wie heißen Sie?« Er wird es nicht freiwillig sagen wollen, aber seine Freunde werden antworten, und dann haben Sie die Information, die Sie für die Einreichung einer Klage benötigen.

V. Ihr Recht zur Meldung

Zuweilen erstatten Frauen keine Anzeige, weil sie fürchten, sie könnten nicht ernstgenommen oder sogar beschuldigt werden, selbst für den Vorfall verantwortlich zu sein. Aber die Bewegung gegen Vergewaltigung trug entscheidend dazu bei, daß die zuständigen Behörden auf Verbrechen gegen Frauen mit mehr Ernst reagieren. Auch wenn Sie einen Überfall erfolgreich abwehren konnten, sollten Sie Ihr Recht wahrnehmen und bei der Polizei Meldung erstatten. Häufig sind der Polizei bereits ähnliche Vorfälle bekannt und Ihre Information könnte von Nutzen für die Aufklärung sein. Auch wenn die Polizei vielleicht keine Verhaftung durchführen kann oder wenn Sie nicht möchten, daß es zu einer Anzeige kommt, so haben Sie zumindest die Polizei auf den Vorfall aufmerksam gemacht. Ähnliches gilt für obszöne Telefonanrufe. Die Telefongesellschaften haben effiziente Mittel und Wege geschaffen, dagegen vorzugehen. Rufen Sie Ihren Kundenberater an und berichten Sie ihm von den obszönen Anrufen. Werden Sie von einem Angestellten am Arbeitsplatz belästigt, überlegen Sie, ob Sie den Vorfall nicht seinen Vorgesetzten melden.

VI. Ihr Recht auf Hilfe

Opfer von Gewaltverbrechen wissen oft nicht, an wen sie sich wenden können. In vielen Städten gibt es heute Frauenzentren und Frauengruppen gegen Vergewaltigung unter Leitung geschulter Beraterinnen, von denen manche selbst Opfer gewesen sind. Hier hört man Ihnen zu und hilft Ihnen, wenn Sie eine ärztliche Untersuchung wünschen. Entscheiden Sie sich, die Polizei zu verständigen, erläutert man Ihnen die Möglichkeit einer Strafanzeige gegen den Täter. Möchten Sie keine Anzeige erstatten, können die Frauenzentren an Ihrer Stelle oft eine »Anzeige nach Aussage von dritten« einreichen, so daß die Polizei Informationen bekommt, die für ihre Ermittlungen in ähnlich gelagerten Fällen von Vorteil sein können. Ist es Ihnen peinlich, sich an ein Frauenzentrum zu wenden, denken Sie daran, alles bleibt streng vertraulich. Sie verdienen die Unterstützung und Anleitung, die man Ihnen dort bieten kann.

Um der Mißhandlung von Frauen zu begegnen, haben einige Städte und Gemeinden inzwischen einen Telefonnotdienst und Frauenhäuser (oder Netzwerke von »sicheren Häusern«) eingerichtet, die Frauen vor weiterer Mißhandlung schützen. Dort wird auch oft Hilfe für einen Umzug, finanzielle Hilfe, Hilfe bei Rechtsfragen und ähnlichem angeboten. Die Telefonnummern der Frauenzentren und Frauengruppen gegen Vergewaltigung oder des Telefonnotdienstes für mißhandelte Frauen stehen normalerweise im Telefonbuch.

VII. Unterstützung der Rechte anderer

In der Öffentlichkeit werden wir manchmal mit Situationen konfrontiert, in denen eine Person belästigt oder grob behandelt wird und Hilfe braucht. In solchen Situationen ist es leicht, zur Seite zu blicken, aber wir glauben, daß Frauen, die solchen Vorfällen Aufmerksamkeit schenken und zu helfen versuchen, sich als Konsequenz ihres Verhaltens sicherlich besser fühlen werden. Allerdings muß auch hier unserer physischen Sicherheit oberste Priorität eingeräumt werden. Erst wenn wir unser Handeln auf die Aspekte unserer Sicherheit abgestimmt haben, können wir einer anderen Person Unterstützung anbieten, oder wir rufen die Polizei. Werden wir Zeugin, wie kerngesunde Menschen auf einem für Behinderte reservierten Parkplatz parken, sollten wir sie höflich darauf aufmerksam machen und darauf hinweisen, daß dieses Verhalten unfair ist. Fahren sie daraufhin den Wagen nicht weg, überlegen Sie, ob Sie das Auto abschleppen lassen können.

Besuchen Sie für Behinderte nicht zugängliche Einrichtungen, fragen Sie die Geschäftsführer oder Besitzer, ob sie sich dessen bewußt sind, und machen Sie sie darauf aufmerksam, daß auch behinderte Menschen sicher gerne ihr Geschäft oder ihr Restaurant aufsuchen würden, wenn sie nur könnten. Sie können auch Kontakt mit der örtlichen oder staatlichen Antidiskriminierungs-Kommission aufnehmen, um festzustellen, ob die betreffende Lokalität per Gesetz verpflichtet ist, für uneingeschränkte Zugänglichkeit zu sorgen. Unterstützen Sie die Bewegung für uneingeschränkte Zugänglichkeit für alle Menschen mit Unterschriften, Briefen, Boykotts und Demonstrationen, das ist außerordentlich wichtig.

Teil IV

Der hohe Preis geringer Selbstachtung

1. Einleitung

In diesem Abschnitt sprechen wir folgende Fragen an: Wie äußert sich eine geringe Selbstachtung in den Denk- und Verhaltensmustern der amerikanischen Frauen heute im allgemeinen? Welche weiteren Konsequenzen hat eine sich auf gewisse Bereiche beschränkende Selbstachtung auf unser Selbstwertgefühl insgesamt?

In den ersten sechs Kapiteln betrachten wir sechs weitverbreitete negative Denkmuster, die negative Selbstgefühle zur Folge haben und denen Frauen mit geringer Selbstachtung häufig unterliegen.[1] Meist verfallen die betroffenen Frauen unabsichtlich in diese Denkmuster, als gehorchten diese einem eigenen Willen. Da wir aber irgendwann einmal gelernt haben, auf diese unser negatives Selbstbild verstärkende Weise zu denken, können wir diese Muster durch Umdenken weitestgehend ausschalten. Eine neue Denkweise kann wesentlich dazu beitragen, unsere Selbsteinschätzung und unser Selbstbild zu verbessern.

In den nachfolgenden Kapiteln betrachten wir den Einfluß einer geringen Selbstachtung auf unsere Einstellungen und unser Verhalten. Wie wirkt sie sich auf unsere Beziehungen, auf unsere Lebensweise, unsere Arbeit, unsere Gefühle, unseren Körper, unsere Sexualität, unsere Zukunft und schließlich auf uns selbst aus? Dabei dürfen wir keinesfalls übersehen, daß eine geringe Selbstachtung zum großen Teil von den Werten unserer Kultur verursacht wird. Eine Frau beispielsweise, die in einer Kultur ohne diese lächerlichen Ideale weiblicher Schönheit und Schlankheit lebt, kann zwar eine geringe Selbstachtung haben, aber diese wird sich kaum in einer Verabscheuung ihres Körpers äußern, wie das bei Frauen mit geringer Selbstachtung in unserer Kultur häufig der Fall ist. Ähnlich verhält es sich bei einer Frau, in deren Kultur Arbeit nicht so hoch bewertet wird wie bei uns. Auch sie kann ein gering ausgeprägtes Selbstwertgefühl haben, wird aber kaum versuchen, das durch Arbeit zu kompensieren, denn die Kultur bestimmt die Art und Weise, wie wir von unserer geringen Selbstachtung beeinflußt werden. Handeln wir den von unserer Gesellschaft vorgegebenen Werten gemäß, begegnet man uns mit Wohlwollen, ungeachtet des Ausmaßes unserer Selbstachtung.

2. Es will mir nicht aus dem Kopf: Dunkle Wolken

Liebe Ann Landers: Seit Jahren schreiben Ihnen Leser und Leserinnen von ihren Sorgen und Ärgernissen und schütten Ihnen ihr Herz aus. Nun ist die Reihe an mir.

Ich ärgere mich fürchterlich darüber, wenn jemand zu mir sagt: »Du siehst müde aus.« Für mich hört sich das an wie: »Du hast eine Nase wie eine Banane.«

Diese Leute geben vor, sich um die Gesundheit der anderen zu sorgen. In Wahrheit aber vermitteln sie die Botschaft: »Du siehst abgeschlafft und alt aus. Stehst du kurz vor dem endgültigen Zusammenbruch?«

Wenn man NICHT müde ist und jemand sagt, man sehe erschöpft aus, fragt man sich zwangsläufig, ob das Gesicht etwa mehr von einem weiß als man selbst. Im besten Fall dämpfen diese Worte den Elan und ruinieren den ganzen Tag. Stimmen Sie mir da zu?

Gut ausgeruht in Detroit

Liebe Detroit: Ja, allerdings. »Du siehst müde aus«, ist ein echter Tiefschlag. Einem Menschen zu sagen, er sehe abgespannt aus, verschafft ihm kaum mehr Ruhe und Entspannung, sondern höchstens eine Depression.

Ann-Landers-Kolumne
7. August 1981

Sowohl Ann Landers als auch die Leserbriefschreiberin aus Detroit haben anscheinend Probleme mit dunklen Wolken. Eine dunkle Wolke zieht auf, wenn eine Frau eine Kritik, einen belanglosen Vorfall oder eine beiläufige Bemerkung als direkten Affront auf ihre Persönlichkeit auffaßt und zu einem schwerwiegendem Angriff auf ihr gering ausgeprägtes Selbstwertgefühl aufbauscht.

Geht beispielsweise eine Frau in bester Laune den schönen Tag genießend eine Straße entlang und gerät plötzlich durch eine Unebenheit im Gehweg ins Stolpern und sagt daraufhin zu sich: »Was bist du doch für ein Trampel. Eines Tages brichst du dir mit deiner Ungeschicklichkeit noch den Hals«, dann senkt sich eine dunkle Wolke auf sie herab. Eine vernünftige Reaktion wäre in etwa folgender Satz: »Beinahe wärst du hingefallen. Paß in Zukunft besser auf, wo du hintrittst.« Diese Einstellung beeinträchtigt das Selbstwertgefühl der Frau nicht und verdirbt ihr auch nicht die Freude an diesem schönen Tag.

Im Grunde kann jede Situation eine dunkle Wolke heraufbeschwören. Dazu genügt bereits die Unhöflichkeit zum Beispiel eines Verkäufers.:

»Haben Sie das auch in Rot?«

»Sehen Sie doch selber nach. Alles, was wir haben, hängt da.«

Anstatt sich über die Unhöflichkeit des Verkäufers zu ärgern, betrachtet eine Frau mit der Neigung zu dunklen Wolken sein Verhalten als gerechtfertigte Reaktion. Er hat schließlich nur erkannt, daß sie nichts wert ist und keine bessere Behandlung verdient. »Was stimmt bloß nicht mit mir?« fragt sie sich. »Warum verdiene ich es nicht, mit Respekt behandelt zu werden? Warum sind immer alle so gemein zu mir?« Sie übernimmt die Verantwortung für einen Vorfall, der möglicherweise nicht das geringste mit ihr zu tun hat, und regt sich so sehr darüber auf, daß sie völlig übersieht, wie bedeutungslos das Vorkommnis im Grunde ist. Sie wertet es als einschneidendes Ereignis, und es entscheidet an diesem Tag über das Ausmaß ihrer Selbstachtung – oder vielmehr über den Mangel an Selbstachtung.

Senkt sich eine dunkle Wolke über eine Frau, steigert sie sich oft in ihre vermeintliche Wertlosigkeit hinein und erweckt damit gegen ihren Willen bei anderen den Eindruck, schlechtgelaunt oder niedergeschlagen zu sein. Oder sie verteidigt sich heftig gegen einen vermeintlichen Angriff und isoliert sich damit selbst, weil die anderen sie als überempfindliche Mimose betrachten. Nur sehr selten versucht eine von einer dunklen Wolke heimgesuchte Frau, etwas klarzustellen (»Was genau meinst du? Wieso sehe ich schlecht aus?«) oder gesteht ein, an der Wahrnehmung der Freundin könne durchaus etwas Wahres dran sein (»Ja, ich bin müde. Ich mache mir Sorgen, daß ich eventuell entlassen werde.«) Das Risiko erscheint ihr einfach zu hoch. Dabei ist es mehr als unwahrscheinlich, daß die Freundin ihre Nachfrage folgendermaßen kommentiert: »Wenn du es genau wissen willst, ich finde, du siehst schrecklich aus. Außerdem bist du eine dumme Gans. Ich will nichts mehr mit dir zu tun haben.« Eine Frau mit dem Hang zu dunklen Wolken realisiert gar nicht, wie wenig wahrscheinlich eine derartige Antwort ist. Hat sich die dunkle Wolke auf sie herabgesenkt, sind die bösen, herabsetzenden Worte so gut wie ausgesprochen. Für diese Frau scheint es merkwürdig tröstlich, das Schlimmste anzunehmen, ohne daß es je laut ausgesprochen wurde.

Ein weiterer Grund, weshalb von dunklen Wolken bedrohte Frauen nicht nach einer näheren Erklärung fragen oder eine bestimmte Situation nicht realistisch einschätzen können (vielleicht haßt der Verkäufer seine Arbeit, oder er fühlt sich krank, oder er behandelt alle Menschen unhöflich), besteht darin, daß sie glauben, Gedanken lesen zu können. Tief in ihrem Innern sind sie davon überzeugt, voller Mängel und Fehler zu stecken. Sie halten sich für wertlos und gehen selbstverständlich davon aus, daß andere sie »durchschauen«. Sie *wissen*, was andere in Wahrheit von ihnen halten. Es kommt ihnen gar nicht in den

Sinn, andere Menschen könnten tatsächlich genau das sagen, was sie denken. Noch weniger kommt es ihnen in den Sinn, andere könnten überhaupt nicht an sie denken:

»Ich habe Schreib- und Korrekturarbeiten für eine Frau gemacht, die ich sehr schätze. Ich war mir sicher, sie hielt meine Arbeit für schlecht. Zwei Tage lang fühlte ich mich furchtbar elend. Am dritten Tag rief sie schließlich an und sagte, sie habe gerade meine Arbeit durchgesehen und sei begeistert davon. Sie entschuldigte sich, nicht früher dazu gekommen zu sein, aber sie habe soviel anderes zu tun gehabt. Bis dahin kam mir nie in den Sinn, diese Frau könnte vielleicht noch andere Dinge im Kopf haben und andere dringende Dinge erledigen müssen. Ich dachte ständig nur an meine Arbeit, darum ging ich einfach davon aus, bei ihr sei es genauso. All die schrecklichen Dinge, die sie über meine Arbeit und über mich dachte und sagte – die habe ich allesamt selbst fabriziert.«

Offensichtlich geht mit dem Hang zu dunklen Wolken eine nicht unbeträchtliche Egozentrik einher. Von dunklen Wolken bedrohte Frauen nehmen an, die anderen hätten alle nichts anderes zu tun, als über sie zu urteilen. Diese Überzeugung verhindert den Aufbau eines gesunden Selbstwertgefühls, weil die Frau zu sehr mit ihren Reaktionen auf die angeblichen Beurteilungen durch andere Menschen beschäftigt ist. Um seinen Patientinnen und Patienten klarzumachen, daß ihre Gefühle nicht der Kontrolle anderer Menschen unterliegen, wendet der Therapeut David Burns die folgende Methode an:

»Sie dürfen nie vergessen, daß die Gedanken anderer Menschen nicht den geringsten Einfluß auf Ihre Stimmung haben. Ich demonstriere das den Patienten, indem ich ihnen sage, ich würde mir jeweils fünfzehn Sekunden lang einen ausgesprochen positiven und einen äußerst negativen Gedanken über sie durch den Kopf gehen lassen. Sie sollen mir anschließend sagen, wie sich der Gedanke jeweils auf sie auswirkt. Ich schließe meine Augen und denke, Jack ist ein netter Mensch, ich mag ihn. Dann denke ich, Jack ist der unangenehmste Mensch in ganz Pennsylvania. Da Jack aber nicht weiß, wann ich positiv und wann ich negativ über ihn denke, hat weder das eine noch das andere auch nur den geringsten Einfluß auf ihn!«[1]

Burns' Aussagen bedürfen einer Ergänzung. Normalerweise wirkt sich das, was andere über uns denken, durchaus auf ihr Verhalten uns gegenüber aus. Darum können wir uns manchmal ziemlich genaue Vorstellungen über das machen, was in ihnen vorgeht – besonders bei Menschen, die wir gut kennen. Aus Erfahrung wissen wir, daß sie sich unbehaglich fühlen, wenn sie einem Blickkontakt ausweichen oder sich mit der Hand an die Kehle fassen. Ihr Unbehagen muß allerdings nicht unbedingt und in jedem Fall mit uns zu tun haben. Gewaltige Mißverständnisse zwischen Menschen, die einander gut kennen, resultieren aus dem Mangel an Kommunikation und den daraus abgeleiteten Beschuldigungen (»Weil er sich schlecht fühlt, muß ich mich schlecht fühlen«). Diese verzerrte Wahrnehmung ist typisch für dunkle Wolken.

Schüchterne Menschen sind besonders anfällig für pessimistische Mutmaßungen über die Einstellung anderer ihnen gegenüber. Wird eine schüchterne Frau auf einer Party angesprochen und sie antwortet ganz normal, nur eben nicht besonders schlagfertig, und die betreffende Person geht weiter, um sich mit anderen Menschen zu unterhalten (das ist schließlich der Sinn einer Party), dann vermutet die schüchterne Frau, man halte sie für dumm und langweilig. Aber niemand sagte zu ihr: »Du bist und bleibst eine Verliererin – du hast diese neue Bekanntschaft gleich vermasselt. Setz dich in eine Ecke und halte für den Rest des Abends den Mund.«

Frauen mit der Neigung zu dunklen Wolken interessieren sich in der Regel extrem dafür, was andere Leute von ihnen halten (oder was sie glauben, was andere über sie denken). Allerdings können sie kaum zwischen Kritik an einer bestimmten Verhaltensweise und einem Angriff auf ihre gesamte Persönlichkeit unterscheiden und überhören darum oft die einer Bemerkung zugrunde liegende konstruktive Kritik. Jede kleinste Kritik wird von ihnen so übertrieben und verdreht, daß sie eventuell eine völlig andere Bedeutung bekommt. Wertet eine Frau eine auf einen bestimmten Bereich abzielende Kritik als Angriff auf ihre ganze Person, bricht ihre Selbstachtung mit einem Schlag zusammen. Außerdem verliert sie jede Möglichkeit, aus Erfahrung zu lernen, denn sie kann eine konstruktive Kritik nicht positiv umsetzen und verarbeiten.

Nicht nur dunkle Wolken verzerren die Wahrnehmung, ihr Gegenstück, die hellen Wolken, haben denselben Effekt. Kann einer Frau eine einzige negative Reaktion von seiten anderer den ganzen Tag verderben, kann ihr eine einzige positive Reaktion einen gelungenen Tag garantieren. Diese Veranlagung macht sie anfällig für unaufrichtige Schmeicheleien. Außerdem setzt sie damit ihre Selbstachtung einer Art wilden Achterbahnfahrt aus, denn je nachdem, mit wem sie spricht und auf welche Reaktion sie stößt, ist ihr Selbstwertgefühl hoch oder gering.

»Mein Chef weiß genau, wie er mich manipulieren kann. Ich ärgere mich im Grunde darüber, kann es aber nicht ändern. Er weiß, ich mache abends nur ungern Überstunden. Wenn er vorhat, Überstunden von mir zu verlangen, hackt er den ganzen Tag auf mir herum und ist überkritisch, bis ich praktisch am Boden zerstört bin. Am Ende der regulären Arbeitszeit fragt er mich dann, ob ich länger bleibe. Ich lasse mich darauf ein, weil ich ja den ganzen Tag so schlecht gearbeitet habe und das wiedergutmachen will. Kaum hat er erreicht, was er wollte, bin ich wieder die beste Assistentin der Welt. Es ist komisch, aber irgendwie vermittelt mir dieses Spielchen auch ein gutes Gefühl, deshalb spielen wir es wohl immer wieder miteinander.«

Diese Frau kann sich als Arbeitskraft in keiner Weise einschätzen. Sie nimmt nur wahr, was ihr Chef ihr über ihren Wert vermittelt. Solange sie kein von seiner Meinung unabhängiges, stabiles Selbstgefühl hat, kann er sie weiterhin erfolgreich manipulieren.

Die Berücksichtigung der Resonanz von anderen Menschen ist wichtig, damit wir uns eine realistische Selbsteinschätzung bewahren. Aber es besteht ein fundamentaler Unterschied zwischen Offenheit gegenüber der Meinung anderer und der völligen Akzeptanz der Meinung anderer, denn damit lassen wir zu, daß uns andere definieren. Nicht alles, was andere über uns denken und sagen, ist berechtigt. Mißt eine Frau den Ansichten und Meinungen anderer über sie übertriebene Bedeutung bei und bauscht diese zu dunklen oder hellen Wolken auf, überläßt sie anderen Menschen die Bestimmung ihres Selbstwerts. Natürlich ist der Seelenfriede einer Frau, die sich auf Gedeih und Verderb der manchmal oberflächlichen oder sogar falschen Meinung anderer über sich aussetzt, großen Schwankungen unterworfen. Unter solchen Voraussetzungen ist die Entwicklung einer stabilen Selbstachtung unmöglich.

Vorschläge zur Veränderung

I. Gedankenstopp

Ein negatives Denkmuster, das sich einmal in unserem Kopf eingenistet hat, scheint uns fortan ständig zu kontrollieren. Wir sagen, wir können gar nicht anders, wir müssen so denken. Doch das stimmt nicht. Sie können Ihre Denkweise ändern, und zwar mit Hilfe einer bezüglich Verhaltensänderungen bewährten Methode.

Bitten Sie eine Freundin, Ihnen bei dieser Übung zu helfen. Setzen Sie sich in einen Sessel, lehnen Sie sich bequem zurück und schließen Sie die Augen. Die folgenden Anweisungen sind nur für Ihre Freundin bestimmt, sie wird Sie bei dieser Übung anleiten. Sie lesen die weiteren Anweisungen ab hier nicht *mehr; was nun folgt, sind ausschließlich Instruktionen für Ihre Freundin.*

Sagen Sie Ihrer Freundin, sie solle etwas Negatives über sich denken – was immer ihr in den Sinn komme. Sagen Sie ihr, sie solle sich absolut darauf konzentrieren und nur noch negativ über sich denken, und zwar so lange, bis sie sich wirklich entsetzlich fühlt.

Sobald Sie sicher sind, daß sie wirklich in negative Gedanken versunken ist und sich ganz klein fühlt, nehmen Sie ein Buch und schlagen damit, so fest Sie können, auf den Tisch. In dem Moment, in dem das Buch auf dem Tisch aufschlägt, rufen Sie laut: »STOPP«. Ihre Freundin wird hochschrecken und eventuell nervös reagieren. Vielleicht lacht sie unsicher, umklammert mit der Hand ihre Kehle oder weint sogar. Keine Sorge – es geht ihr gut.

Fragen Sie sie, ob ihre negativen Gedanken aufhörten, ob sie diese plötzlich hat abbrechen können. Antwortet sie mit »Ja« oder »Natürlich«, weisen Sie sie darauf hin, daß ihre Gedanken also keinem eigenen Willen unterliegen, sondern von ihr kontrolliert werden können. Sie muß sich nicht von ihren Gedanken kontrollieren lassen.

Wahrscheinlich müssen Sie diese Übung ein halbes dutzendmal wiederholen, bevor das Denkmuster durchbrochen ist. Ist es soweit, kann dieser Effekt von der betreffenden Person ohne die Hilfe einer Freundin ausgelöst werden.

Sagen Sie einfach mit lauter, fester Stimme: »STOPP«, sobald sich wieder ein negatives Gedankenmuster einstellt. Wichtig dabei: Wenn Sie »STOPP« sagen, tauschen Sie den vorhergehenden Gedanken gegen einen anderen aus. Weitere Instruktionen dazu folgen in den nächsten Kapiteln.

Solche Übungen erscheinen Ihnen vielleicht albern und oberflächlich. Aber diese simple Methode funktioniert und kann große Veränderungen in der Denkweise in Gang bringen.

Ertappen Sie sich bei einer negativen Selbsteinschätzung, ist es wenig effektiv, wenn Sie sich sagen: »Oh, jetzt mache ich mich wieder selbst fertig. Das sollte ich besser lassen.« Ein festes und lautes »STOPP« geht sogar als spürbarer Ruck durch Ihren Körper und ist die wirkungsvollste Methode zum Abbruch eines negativen Gedankengangs.

II. Dunkle Wolken verändern durch Gedankenstopp

Macht jemand eine bestimmte Bemerkung, aus der Sie wie aus dem Nichts eine dunkle Wolke zaubern, greifen Sie zur Gedankenstopp-Methode und sagen Sie sich sofort, daß Sie keine Gedankenleserin sind und eine Klarstellung brauchen. Hier ein Beispiel dafür:

Ihre Nachbarin kommt auf eine Tasse Kaffee herüber. Beim Betreten Ihres Hauses blickt sie sich um und sagt beiläufig: »Stimmt etwas nicht, fühlen Sie sich nicht wohl? Das Haus ist gar nicht so aufgeräumt wie sonst.« Anstatt zu denken, sie hält mich für eine Schlampe, und ihr zu antworten: »Ja, es herrscht ein wenig Durcheinander heute« oder »Nichts ist los – wie kommen Sie darauf? Das Haus sieht aus wie immer«, versuchen Sie es mit der Gedankenstopp-Methode und reagieren Sie folgendermaßen:

Sie hält mich für eine Schlampe. STOPP. Sie fragte nach der Ordnung im Haus und erkundigte sich nach meinem Befinden. Sie hat nicht gesagt, ich sei eine Schlampe. Ich kann ihre Gedanken nicht lesen, ich muß sie fragen, was sie konkret gemeint hat.

»Oh, Sie finden, es sieht nicht so aus wie sonst. Was genau meinen Sie damit?«

»Nun, es sieht aus wie bei mir. Sie sind eine so ordentliche, fleißige Frau, im Vergleich zu Ihnen komme ich mir immer vor wie eine schlechte Hausfrau. Ich dachte eben nur, Sie müssen sehr beschäftigt oder krank gewesen sein, weil Sie anscheinend nicht soviel Zeit zum Aufräumen hatten wie sonst.«

Ihre Äußerung beinhaltete also keine fundierte Beurteilung, sondern basierte hauptsächlich auf ihrem Gefühl der eigenen Unzulänglichkeit, und das hat gar nichts mit Ihnen zu tun. Erschaffen wir eine dunkle Wolke, halten wir alles, was jemand über uns sagt oder denkt, für die unumstößliche Wahrheit über unsere Person. Auch bei berechtigter Kritik funktioniert die Gedankenstopp-Methode:

»Oh, Sie finden, es sieht heute anders aus als sonst. Was genau meinen Sie damit?«

»Na ja, es sieht aus wie bei mir, wenn Ihr Sohn mit meinen Kindern gespielt hat. Dann komme ich mit der Aufräumerei einfach nicht mehr nach.«

Sie hält mich für eine nachlässige, verantwortungslose Mutter. STOPP. *Ich weiß nicht, was sie mir damit zu sagen versucht – das ist alles etwas eigenartig und verwirrend. Ich werde sie fragen.*

»Ich weiß nicht genau, was Sie meinen. Es gibt da ein Problem mit dem Aufräumen, wenn Bill bei Ihnen spielt?«

»O ja, allerdings. Er ist entsetzlich unordentlich, nie räumt er etwas auf, und meine Kinder folgen seinem Beispiel. Mir wächst das manchmal über den Kopf. Es macht mich ganz krank, sie immer wieder ans Aufräumen erinnern zu müssen.«

Sie kann Bill nicht leiden und glaubt, er hat einen schlechten Einfluß auf ihre Kinder. STOPP. *Sie sagte nicht, sie könne Bill nicht leiden, aber anscheinend kann sie mit der Situation nicht richtig umgehen. Ich versuche festzustellen, woran es liegt.*

»Haben Sie Bill daran erinnert oder ihm deutlich gesagt, daß er, wenn er bei Ihnen spielt, hinterher aufräumen muß?«

»Nein – dabei käme ich mir komisch vor. Er ist nicht mein Sohn, und meine Kinder benehmen sich bei Ihnen sicher auch nicht besser. Ich freue mich ja, wenn die Kinder miteinander spielen, nur eben diese Aufräumerei. Ich war mir sehr unschlüssig, ob ich überhaupt etwas sagen soll.«

»Aber ich bitte Sie. Ich unterstütze Sie voll und ganz. Man muß ihn an eine Menge Dinge erinnern. Vielleicht reagiert er zuerst ein wenig mürrisch Ihnen gegenüber, wenn Sie ihn nachdrücklich darum bitten. Aber ich möchte, daß er sich bei anderen Leuten gut benimmt. Tun Sie sich keinen Zwang an und setzen Sie ihm eindeutige Grenzen. Sollte er das nicht akzeptieren, sagen Sie mir Bescheid. Ich möchte wissen, ob er weiterhin schlampig ist.«

»Gut. Jetzt geht es mir schon besser – so eine große Sache ist es ja auch gar nicht. Sie wissen, wie das mit so vielen Kindern ist. Die Kleinigkeiten machen einen manchmal fertig.«

Durch Auflösen der dunklen Wolke gelingt es Ihnen, den Standpunkt der Frau besser zu verstehen. Außerdem können Sie Ihre Energie nun dafür einsetzen, zu einer Lösung des Problems beizutragen, und verschwenden sie nicht unnütz mit Gedanken über die Ihnen angeblich unterstellte Unzulänglichkeit. Menschen drücken sich manchmal ungenau aus. Wir alle brauchen von Zeit zu Zeit Hilfe, wenn wir über unsere Sorgen, Befürchtungen, Gefühle etc. sprechen wollen. Nicht jede Person, die sich mißverständlich oder unklar ausdrückt, denkt oder beurteilt uns negativ. Wir erweisen uns und anderen einen schlechten Dienst, wenn wir stets das Schlechte voraussetzen.

III. Unhöflichkeit von seiten Fremder

Senkt sich aufgrund einer kränkenden Bemerkung oder eines unhöflichen Verhaltens eines Fremden eine dunkle Wolke auf Sie herab (erinnern Sie sich an das Beispiel des unverschämten Verkäufers), benutzen Sie die Gedankenstopp-Methode und ersetzen Sie die Bemerkung gegen eine andere in Ihren eigenen Worten:

»Was ist bloß los mit mir – warum ist er so unhöflich? STOP. Ich weiß nicht, was in seinem Kopf vorgeht. Außerdem macht es mir nichts *aus, denn soweit ich das beurteilen kann, hat es nichts mit mir zu tun.«*

Entscheidend ist, daß wir nicht jede Bemerkung von jedem Menschen, der uns begegnet, »aufarbeiten« können. Die Verantwortung, keine dunklen Wolken aufkommen zu lassen, liegt allein bei uns. Wir lassen sie aufziehen; nicht die anderen Leute. Besteht also keine Möglichkeit zur Klärung des Sachverhalts, müssen wir davon ausgehen, daß es sich höchstwahrscheinlich um das Problem der anderen Person handelt und nicht um eine Reaktion auf uns. Fremde würden sicherlich zuweilen unwirsch auf die Bitte um Klarstellung reagieren, und nicht einmal bei Freunden können wir immer sicher sein, eine absolut ehrliche Antwort zu erhalten. Welche Bedeutung wir einer kurzen zufälligen Begegnung letztendlich beimessen, liegt allein an uns; wir allein entscheiden, welchen Einfluß sie auf unsere Selbstachtung nimmt.

IV. Konditionierte Liebe

Können Sie sich erinnern, als Kind für bestimmte Dinge mit Liebe belohnt worden zu sein? Für gute Schulnoten? Für sportliche Leistungen? Für künstlerisches Talent? Für Ihr Verhalten den Eltern oder Geschwistern gegenüber? Falls Sie glauben, die Ihnen entgegengebrachte Liebe sei von Ihrem Verhalten abhängig gewesen: Erinnern Sie sich an drei Aspekte, aufgrund derer man Ihnen die Liebe am häufigsten entzogen hat?

Neigen Sie heute in entsprechenden Situationen zur Bildung dunkler Wolken? Denken Sie sehr sorgfältig darüber nach. Falls Sie Tagebuch führen, schreiben Sie etwas über Ihre diesbezüglichen Erfahrungen in der Kindheit auf und überlegen Sie, ob sich diese als erwachsene Frau wiederholten. Wenn Sie einige Problembereiche herausfiltern können, sagen Sie, falls dieses Thema wieder einmal zur Sprache kommt, nach dem lauten »STOP«: »Ich weiß, hierbei handelt es sich um ein Reizthema. Aber die andere Person weiß nicht, daß sie gerade ›auf den Knopf drückt‹. Ich muß genauer wissen, was diese Person meint.«

V. Die Macht der Worte

Manchmal beschwören bestimmte Worte dunkle Wolken herauf. Denken Sie an Ihre Erfahrungen in der Kindheit. Gibt es irgendwelche Wörter, die häufig bei einem Liebesentzug benutzt wurden und auf die Sie heute als erwachsene Frau allergisch reagieren? Überlegen Sie wiederum sorgfältig. Es könnte sich dabei um negative Etiketten handeln, die wir in Teil II angesprochen haben. Welche Wörter sind das?

Können Sie den Ihnen nahestehenden Menschen sagen, wie unangenehm es Ihnen ist, mit diesen Worten konfrontiert zu werden? Machen Sie Alternativvorschläge, welche Wörter anstelle der Reizwörter gebraucht werden können.

Werden Sie mit Reizwörtern (oder einem Reizwort) konfrontiert, das in Ihnen das Gefühl von Wertlosigkeit auslöst, wenden Sie die Gedankenstopp-Methode an. Handelt es sich um einen Ihnen nahestehenden Menschen:

»Ich tauge nichts. STOPP. Er hat über mich gesprochen, als sei ich faul. Dabei fühle ich mich jedesmal ganz mies. Aber Faulsein ist nicht das Schlimmste auf der Welt. Will ich etwas ändern, kann ich ihn nach seiner konkreten Ansicht dazu befragen, und dann selbst entscheiden, wie ich es für richtig halte.«

Handelt es sich um einen entfernten Bekannten:

»Ich tauge nichts. STOPP. Er hat keine Ahnung, wie heftig ich auf das Wort ›faul‹ reagiere. Für ihn hat es eine andere Bedeutung. Entweder sage ich ihm, wie schlecht ich mich jetzt fühle, oder ich entscheide selbst, ob ich mich für faul halte oder nicht und was das für mich bedeutet.«

Auf diese Weise kontrollieren wir unser Selbstverständnis. Es ist nicht auf Gedeih und Verderb von zufälligen oder beiläufig geäußerten Beurteilungen abhängig.

3. Es will mir nicht aus dem Kopf: Kritische Aufzeichnungen

Mit unseren inneren Monologen sind wir im wahrsten Sinne entweder im Aufbau- oder im Abbruchgeschäft.

Dorothy Corkille Briggs
Celebrate Yourself

Eine geringe Selbstachtung manifestiert sich häufig durch ständig im Kopf ablaufende übermächtige, negative Aussagen über das Selbst oder ebenso übermächtige, negative, Unbehagen auslösende Bilder. Wir bezeichnen diesen Vorgang als Ablauf kritischer Aufzeichnungen. Viele Frauen beschreiben diese Aufzeichnungen als »Parasiten« oder »Monster«. Es hat den Anschein, als könnten die ständig wiederkehrenden Worte oder Bilder nicht angehalten werden. Im Unterschied zu dunklen Wolken starten kritische Aufzeichnungen ohne Einfluß von außen. Sie setzen urplötzlich ein, besonders, wenn eine Frau an etwas eher Erfreuliches oder an nichts Bestimmtes denkt. Dann geht es los:

»Ich bin so häßlich, mich könnte man auf dem Rummelplatz in der Geisterbahn ausstellen...«

»Alle hassen mich – niemand mag mich...«

»Ich bin so faul, nie bringe ich etwas zu Ende...«

Derartige Denkmuster resultieren häufig aus einer der seit der Kindheit verinnerlichten Etikettierungen. Da sie solange im Unterbewußtsein verankert sind, zieht kaum eine Frau den Wahrheitsgehalt der kritischen Aufzeichnungen in Zweifel. Sie sind für sie so selbstverständlich wahr wie die Tatsache, daß Gras grün ist.

»Jahrelang habe ich mir gesagt, was bist du doch für ein ungeschlachtes Büffelkalb. Ich sah mich immer als große, schwere, plumpe Person. Ich bin groß, aber ich wiege nur 126 Pfund, so massig konnte ich also gar nicht sein. Ich glaube, irgendwie habe ich mich schließlich davon überzeugt, daß das nicht stimmt.«

Beziehen sich kritische Aufzeichnungen auf einen weniger greifbaren Aspekt des Selbst, ist es zwar schwieriger, aber nicht unmöglich, dagegen anzugehen.

»Ich sagte mir dauernd, daß mich niemand mag. Ich ging mit anderen aus, aber ich konnte mir nie recht vorstellen, warum Menschen gerne ihre Zeit mit mir verbringen sollten. Ich war mir sicher, daß mich niemand richtig leiden kann. Aber dann kam mein dreißigster Geburtstag, und alle machten eine ganz große Sache daraus. Ich dachte, vielleicht warst du ja gar nicht so unbeliebt, aber gleich darauf dachte ich bereits, wenn ich mich anders verhalten würde, hätte ich sicher noch mehr Freunde.«

Selbstbestrafung ist die vorrangige Funktion der kritischen Aufzeichnungen. Mit ihrer Hilfe gelingt es jeder Frau, sich in kürzester Zeit absolut herunterzumachen. Sie geißelt sich selbst, beschimpft und verunglimpft sich und ist stets darauf bedacht, die kleinste Hoffnung auf Freude oder Seelenfrieden zu zerstören.

Kritische Aufzeichnungen äußern sich nicht nur in Form von »Ich bin...«-Aussagen oder anderen verbalen Mustern. Bilder von toten Tieren, entsetzlichen Unfällen, vom Tod eines geliebten Menschen, von Gewaltverbrechen, Blut oder Exkrementen erfüllen denselben Zweck. Hinter diesen Entsetzen auslösenden Bildern verstecken sich häufig verbale Aussagen über das Selbst.

In der Vergangenheit gemachte Fehler oder unerfreuliche Erfahrungen leben häufig als kritische Aufzeichnungen weiter. Eine Frau durchlebt in ihrem Kopf immer wieder eine bestimmte Situation und überlegt dabei stets aufs neue, was passiert wäre, hätte sie sich damals anders verhalten, als hätte ein anderer Ausgang irgendeinen Einfluß auf ihren natürlichen Wert:

»Auf der High-School verstieß es gegen die Vorschriften, das Schulgelände zu verlassen, trotzdem taten es alle. Ich war ziemlich ängstlich, aber als meine Freundinnen, die normalerweise auch nichts Verbotenes taten, eines Tages beschlossen, hinauszugehen, überredeten sie mich, sie zu begleiten. Wir gingen nur in das Einkaufszentrum in der Nähe und kauften Kaugummi. Ich hatte so große Angst, man würde uns erwischen, daß ich mir in der Schule nach der Pause beim Aufstellen in der Reihe am Eingang in die Hosen machte. Niemand hat etwas gesagt, aber es war so demütigend. Ich denke oft an diesen Vorfall.«

Mit der stetigen Wiederholung entsetzlicher oder unangenehmer Erlebnisse aus der Vergangenheit wird viel Zeit und Energie verschwendet. Es läßt sich aber nichts mehr daran ändern, auch wenn das Ereignis erst kurze Zeit zurückliegt. Irgendwann hat jeder einmal etwas Beleidigendes oder Dummes gesagt, ist jedem einmal etwas Blamables unterlaufen (etwa sich auf einer Party zu erbrechen oder in der Öffentlichkeit hinzufallen), und jeder hat sich einmal bis zu einem gewissen Grad zum Narren gemacht. Die meisten Menschen verzeihen sich solche Tritte ins Fettnäpfchen, vergessen sie irgendwann oder lernen, darüber zu lachen. Nicht so die Frauen mit der Veranlagung zu kritischen Aufzeichnungen. Sie machen ihre peinlichen Erlebnisse zum Fundament ihrer Selbstachtung. Noch Jahre später durchleben sie die schmerzlichen, demütigenden Erfahrungen immer wieder; sie überschatten alles, was in der Gegenwart passiert.

Kritische Aufzeichnungen dienen nicht nur dem Zweck der Selbstbestrafung, sie erfüllen auch andere Funktionen. Zum Beispiel verhindern sie, daß wir uns offen mit einer Zurückweisung oder Ablehnung auseinandersetzen:

»Ich will nie wissen, warum mich ein Mann verläßt. Ich weiß von vornherein, er geht sowieso, also was soll's. Immer wieder sage ich zu mir: ›Begreif endlich, dich wird nie jemand lieben, das weißt du doch.‹ Ich kenne die genauen Gründe für dieses ständige Abgelehntwerden nicht – ich möchte es nicht wissen, ich könnte das nicht ertragen –, aber manchmal, ein paar Monate später, frage ich mich schon, warum dieser Mann mich eigentlich verlassen hat.«

Viele Frauen glauben irrtümlich, kritische Aufzeichnungen könnten ihnen helfen, aus Fehlern zu lernen oder Schwächen zu korrigieren. Aber kritische Aufzeichnungen boykottieren im Gegenteil mögliche Veränderungen und sind keineswegs eine Motivation dazu. Die ständige Wiederholung eingefahrener, selbstherabsetzender Aussagen oder das ständige Wiedererleben schlechter Erfahrungen (aber vermutlich nicht ganz so einmaliger Erfahrungen, wie die Betroffene glaubt) haben mit ehrlicher Selbsteinschätzung wenig zu tun, sie stehen ihr sogar im Wege. Rollo May schreibt:

»... der auf die Selbstverurteilung gelegte Nachdruck ist vergleichbar mit dem Einpeitschen auf ein lahmes Pferd: Vorübergehend kommt dadurch Bewegung zustande, aber letztendlich wird der Zusammenbruch der Würde der Person beschleunigt. Die Selbstverurteilung als Ersatz für Selbstwert dient dem Individuum als Mittel zur *Vermeidung offener und ehrlicher Konfrontation mit Problemen der Isolation und Wertlosigkeit* und fördert eher eine Pseudobescheidenheit denn eine ehrliche Bescheidenheit, die sich bei einer realistischen Konfrontation mit der Situation und dem Versuch, konstruktiv zu handeln, einstellt.«[1] (Hervorhebung hinzugefügt)

Stellen Sie sich als Beispiel, wie die zwanghafte, ausschließliche Konzentration auf Selbstverurteilung eine offene und ehrliche Auseinandersetzung mit tatsächlich vorhandenen Problemen verhindern kann, die folgende Szene vor: Eine Frau, deren Freundin einfach über sie verfügt, wird von dieser Freundin direkt gefragt, ob sie sich »ausgenutzt« fühle. Anstatt ehrlich zu sagen: »Ja«, antwortet sie: »O nein, mach dir keine Gedanken. Es macht mir wirklich nichts aus.« Ihre kritische Aufzeichnung (»Ich mache alles falsch – was stimmt bloß nicht mit mir?«) beginnt wieder und wieder abzulaufen. Eine ehrliche Konfrontation mit der Situation (»Ich hatte die Möglichkeit, ihr ganz direkt zu sagen, was mir nicht paßt. Warum habe ich ihr nicht gesagt, wie ich mich in dieser Situation fühle?«) hätte sie dazu bewegen können, nach einer Lösung zu suchen (etwa einen Kurs in Selbstbehauptung zu belegen).

»Na und, wer ist schon uneingeschränkt glücklich?« fragen manche Frauen, sobald sie auf ihre kritischen Aufzeichnungen aufmerksam gemacht werden. »Jeder quält sich mit solchen Gedanken herum.« In gewisser Weise stimmt das – wir alle haben uns wegen unseres Verhaltens in bestimmten Situationen schon geschämt und getadelt. Aber kritische Aufzeichnungen wiederholen sich wieder und wieder, einmal in Gang, werden sie praktisch unablässig abgespielt. Glück ist relativ, und glücklich kann man über die verschiedensten Dinge und in unterschiedlichstem Ausmaß sein, aber je seltener kritische Anmerkungen positive Gedanken und Gefühle im Keim ersticken, um so größer ist unsere Chance, häufiger glücklich zu sein.

Vorschläge zur Veränderung

I. Identifizieren der kritischen Aufzeichnungen

Welche kritischen Aufzeichnungen laufen in Ihrem Kopf ab? Welche negativen Etiketten erhielten Sie in der Kindheit? Besteht da ein Zusammenhang? Traf dieses Etikett je voll und ganz auf Sie zu? Sofern die Möglichkeit besteht, andere Menschen (Geschwister, Tanten, Onkel, Freunde, Nachbarn, sogar die Eltern) danach zu fragen, ziehen Sie in Betracht, dieses Risiko einzugehen. Trifft die Beschreibung heute voll und ganz auf Sie zu? Kennen Sie andere Menschen, deren Meinung und Urteil Sie mehr Vertrauen entgegenbringen?

II. Beenden der kritischen Aufzeichnungen

Haben Sie Ihre kritischen Aufzeichnungen identifiziert und erkennen sie, sobald diese abzulaufen beginnen, sagen Sie »STOPP« und ersetzen Sie sie sofort durch eine positive und korrekte Aussage. Hier einige Beispiele:

»Ich bin so häßlich, ich kann mich selbst nicht ausstehen.«

»STOPP. Ich mag meine Hände, sie sind lang und schlank, und ich fertige mit meinen Händen hübsche Sachen an.«

ODER

»STOPP. Heute sehe ich tatsächlich nicht so gut aus. Aber sonst sehe ich meist recht gut aus.«

»Warum sollte mich jemand lieben – ich bin eine schreckliche Person.«

»STOPP. Darum geht es gar nicht – ich bin nicht schrecklich. Warum sollte mich jemand lieben, wenn ich mich selbst nicht liebe? Diese Frage sollte ich mir stellen.«

ODER

»STOPP. Das ist wieder eine nicht zutreffende Aussage. ... liebt mich und kennt mich schon seit Jahren. Ich weiß zwar nicht, warum (ich könnte direkt danach fragen), aber das ändert nichts daran, daß ich geliebt werde.«

Verstricken Sie sich nicht in eine Diskussion mit sich selbst, nach-

dem Sie eine kritische Aufzeichnung durch eine andere Aussage ersetzt haben. Bei der ersten Anwendung des Gedankenstopps entkräften viele Frauen ihre als Austausch eingesetzten Aussagen sofort wieder selbst. Die dann abgespulten Antworten sind wiederum kaum verschleierte kritische Aufzeichnungen. Damit Sie dieser Gefahr aus dem Weg gehen, schaffen Sie sich einen Vorrat an angenehmen Erinnerungen oder wertneutralen Themen (»Was esse ich heute zu Abend?« oder »Gibt es im Fernsehen heute eine gute Sendung?«), auf die Sie sich konzentrieren, nachdem Sie Ihre Ersatzaussage gemacht haben. Sollte sich eine Variante Ihrer kritischen Aufzeichnungen einschleichen, bevor Sie auf den angenehmen Gedanken umgeschaltet haben, beginnen Sie von vorn. Sagen Sie »STOPP«, tauschen Sie den Gedanken erneut aus und denken Sie wieder an etwas anderes.

III. Ersetzen von Bildern

Falls sich Ihre kritische Aufzeichnung nicht verbal als »Ich bin...«-Aussage, sondern visuell zeigt, beschreiben Sie dieses Bild. Am besten schreiben Sie auf, was genau Sie sehen. »Ich bin...«-Aussagen sind meist leichter zu erkennen als ein ablaufendes Bild. Versuchen Sie, sich darauf zu konzentrieren und herauszufinden, welches Bild in Ihnen unglückliche Gefühle oder Wertlosigkeit erzeugt.

Sobald Sie das häßliche Bild identifiziert haben, halten Sie inne und ersetzen Sie es durch ein beruhigendes, angenehmes Bild. Eine Frau benutzte dafür zum Beispiel die Blumenwiesen aus dem Film Doktor Schiwago. *Wählen Sie zwei oder drei Szenen aus, die für Sie eine angenehme Bedeutung haben (den Blick aufs Meer während Ihrer letzten Ferien, junge Kätzchen, einen malerischen Sonnenuntergang) und konzentrieren Sie sich intensiv darauf, sobald Ihr störendes Bild erscheint. Es erfordert Übung und Zeit, die angenehmsten Szenen herauszufinden. Wählen Sie Szenen, die in keinem Zusammenhang mit Ihren kritischen Aufzeichnungen stehen. So sollte eine Frau, die immer wieder häßliche Bilder überfahrener Tiere sieht, sich möglichst nicht für Bilder lebender Tiere entscheiden. Unangenehme Bilder haben die Eigenschaft, sich langsam aufzubauen. Sobald Sie bemerken, daß sich eines heranschleicht, halten Sie die Aufzeichnung sofort an, und konzentrieren Sie sich auf ein Bild, das Ihnen Freude bereitet.*

IV. Fehler aus der Vergangenheit

Handelt es sich bei Ihrer kritischen Aufzeichnung um die endlose Wiederholung einer zurückliegenden, unerfreulichen Erfahrung, greifen Sie auf die Gedankenstopp-Methode zurück und ersetzen Sie die negative Aussage mit einer Äußerung wie:

»STOPP. Das liegt lange zurück. Jeder macht Fehler. Ich kann nichts mehr daran ändern. Geschehen ist geschehen. Es war die erste Zeit über schon schlimm genug, aber das heute freiwillig wieder und wieder nachzuerleben ist Zeit- und Energieverschwendung, und das mache ich nicht.«

ODER

»STOPP. Ich lerne soviel wie möglich aus diesem Fehler. Aber immer wieder darauf herumzureiten, hilft mir nicht; was passiert ist, kann ich nicht ändern. Ich konzentriere statt dessen meine Zeit und Energie auf eine Veränderung meines Verhaltens, damit das nicht wieder vorkommt. Und daß mir das möglich ist, freut mich.«

Anschließend schalten Sie sofort *auf einen erfreulichen oder wertneutralen Gedanken um.*

V. Ehrliche Selbsteinschätzung

Bitten Sie eine Freundin, der Sie vertrauen, in bezug auf Ihre kritischen Aufzeichnungen um Feedback. Zum Beispiel:

»Sieh mich mal genau an. Würdest du sagen, ich bin massig?«

»Wie würdest du meine Kompetenz im Alltag auf einer Skala von eins bis zehn einordnen? Glaubst du, ich komme gerade so zurecht, oder ich mache es recht gut, manchmal sogar sehr gut?«

»Hältst du mich für nicht liebenswert? Sag es mir ehrlich.«

In unseren Gruppen zur Steigerung der Selbstachtung bekamen die Teilnehmerinnen auf diese Fragen etliche sehr hilfreiche und interessante Antworten. Es lohnte sich also für sie, die Offenbarung ihrer kritischen Aufzeichnungen zu riskieren. Jede Frau hielt ihre kritischen Aufzeichnungen für etwas sehr Persönliches, das andere im Grunde nicht bemerken. Aber die Einstellungen und das Verhalten einer Frau machten den anderen für gewöhnlich bewußt, in welcher Hinsicht sie sich akzeptiert oder nicht akzeptiert, auch wenn sie nie laut darüber sprach. Insofern ist das Ganze weniger geheimnisvoll, als die Betreffenden denken.

Die um Feedback gebetenen Frauen rückten die kritischen Aufzeichnungen im allgemeinen in eine andere Perspektive. Einige gängige Kommentare waren: »Ich halte dich für groß, *aber das ist für mich nicht gleichbedeutend mit* massig. *Ich finde, für deine Größe bist du gut proportioniert.« – »Ich glaube, du hast viel um die Ohren... in Anbetracht dessen, finde ich, kommst du sehr gut zurecht. Ich weiß nicht, ob ich das schaffen würde. Wenn du dich vielleicht in einer Krisensituation weniger aufregen würdest, versuchen würdest, ruhiger zu bleiben, dann hättest du wohl weniger das Gefühl einer persönlichen Schwäche.« – »Ich glaube,* du zweifelst daran, daß du liebenswert bist. *Und wenn sich das nicht ändert, bleibt das für dich eben eine Tatsache. Aber nur für dich. Ich finde dich liebenswert.« Nur in sehr seltenen Fällen bestätigten die Frauen den destruktiven Charakter einer vorhandenen kritischen Aufzeichnung.*

Als Reaktion auf diesen Erfolg forderten viele der um Feedback gebetenen Frauen nun ihrerseits die anderen Teilnehmerinnen auf, ihnen wiederum Feedback zu geben. Dadurch verstärkte sich die exakte Wahrnehmung ihres Selbstverständnisses. Ferner kamen durch das Gespräch neue Gedanken auf, die die kritischen Aufzeichnungen zumindest teilweise ersetzen konnten. Waren die kritischen Aufzeichnungen identifiziert, entstanden durch das Gespräch entgegengesetzte und auf tatsächlichen Informationen beruhende Ansichten, die die selbstzerstörerischen Aufzeichnungen löschten.

4. Es will mir nicht aus dem Kopf: Ständiger Vergleich mit anderen

und hier sind wir wieder, leute, ein tisch voller frauen, sieben frauen, und das erste, was ich tue… ich blicke mich um, welche hübscher ist als ich. mein freund sagte, ich sei hübscher als die anderen frauen in meiner frauengruppe, und ich sollte mich deshalb wohler fühlen, fühle mich aber nur schlechter, und ich wünschte, niemand, einschließlich mir selbst, müßte sich mit solchen gedanken abgeben, weil es mich verrückt macht und mich in wahrheit daran hindert, die gesellschaft anderer zu genießen.

Alta, »Pretty«

Viele Frauen mit geringer Selbstachtung vergleichen sich permanent mit anderen. In der Welt dieser Frauen herrscht eine streng hierarchische Ordnung, und sie wenden viel Zeit und Energie auf, um herauszufinden, auf welcher Stufe sie im Vergleich zu den anderen stehen. Da sie über keine fundierte Selbsteinschätzung verfügen, schwankt der Grad ihrer Selbstachtung ständig. Ihre Selbstachtung steigt, wenn sie sich in Gesellschaft von Menschen befinden, die sie vergleichsweise niedriger einstufen als sich selbst, aber sie verringert sich, sobald sie mit Menschen zusammen sind, denen sie sich unterlegen fühlen.

Es ist praktisch unmöglich, sich niemals mit anderen zu vergleichen. Im positiven Sinne vermittelt uns der Vergleich mit anderen zahlreiche Informationen über uns und unsere Anpassung an die Welt. Ohne den Vergleich mit anderen könnten wir zum Beispiel nie sagen, »Ich bin groß«, »Ich bin eine gute Schwimmerin« oder »Ich bin klug«. Außerdem kann der Vergleich mit anderen, die wir ihrer Eigenschaften oder Prinzipien wegen bewundern und die uns auch bezüglich Erfolg als Vorbild dienen, dazu anregen, unsere Ziele konsequent zu verfolgen und uns auf eine Annäherung an unsere Ideale zu konzentrieren.

Vergleiche sind allerdings dann von Nachteil, wenn sie gewohnheitsmäßig, sozusagen chronisch, ablaufen. Das Problem vieler Frauen mit geringer Selbstachtung besteht nicht darin, sich gelegentlich mit anderen, vorbildhaften Personen zu vergleichen, sondern sich ständig mit allen Menschen zu messen. Und dabei finden sie immer einen Grund, sich unterlegen zu fühlen:

»Wenn ich zu einer Party gehe und erspähe eine Frau mit tollen Ohrringen – es kann auch irgend etwas anderes, ähnlich Banales sein –, konzentriere ich mich nur noch darauf, und gleich geht es mir ganz mies. Ich sehe nur noch diese irren Ohrringe und denke, *jede Frau mit solchen Ohrringen ist besser als ich.*«

Problematisch ist ferner die Absicht, die diese Frauen mit ihrer ständigen Vergleicherei verfolgen. Ihnen geht es darum, festzustellen, ob die betreffende Person nach ihrer selbst aufgestellten Rangordnung ihnen über- oder unterlegen, besser oder schlechter ist als sie. Eine sich permanent mit anderen vergleichende Frau sucht für gewöhnlich nicht nach vorhandenen Ähnlichkeiten, sondern interessiert sich ausschließlich für bestehende Unterschiede, auf deren Basis sie sich und die andere Person entsprechend bewertet.

Leider sind die Werturteile, die ständig vergleichende Frauen über sich und andere fällen, im allgemeinen wenig fundiert. Aufgrund ihrer ständigen Bewertung der vorhandenen Unterschiede (besser oder schlechter) kommen diese Frauen gar nicht auf die Idee, daß zwei sehr verschiedene Menschen oder Dinge absolut gleichwertig sein können. Eine neutrale Beurteilung ist ihnen also gar nicht möglich.

Die hierarchische Struktur unserer Kultur fördert den ständigen Vergleich. Die übermäßige Betonung der zwischen Menschen bestehenden Unterschiede dient dazu, vorhandene Gemeinsamkeiten zu verdecken. Die Hierarchie verlangt, Menschen als besser oder schlechter, überlegen oder unterlegen einzuordnen. Von frühester Kindheit an bringt man uns das bei. Läge die Betonung auf der Gleichheit der Menschen, würde die Rangordnung ihre überragende Bedeutung verlieren. Doch das hierarchische Denken und die permanente Einstufung auf der hierarchischen Leiter sichern den Erhalt des Status quo, die Einteilung der Menschen je nach Rasse, Geschlecht, sozialem Status, Intelligenz, Ausbildung und anderen Faktoren in streng voneinander getrennte Klassen.

Manche Frauen blieben als Kind von dem in unserer Kultur bestehenden Zwang zu andauerndem Vergleich und hierarchischer Einstufung verschont. Doch viele wuchsen in einer Atmosphäre auf, in der ständiges Vergleichen und Konkurrieren an der Tagesordnung waren. Zahlreiche Eltern bemühten sich krampfhaft, die Nachbarn hinsichtlich des Lebensstandards nicht nur einzuholen, sondern sie unbedingt zu überholen. War es den Eltern nicht möglich, mit den Nachbarn mithalten zu können, herrschte in vielen Familien Bitterkeit über den sozialen Minderstatus.

Die Eltern der Schauspielerin Grace Kelly verglichen ständig zwischen ihr und ihren Schwestern. Was sie auch leistete, es war nie genug: »Sie befand sich in der Zwickmühle zwischen zwei Schwestern – Peggy, der Lieblingstochter ihres Vaters, und Lizanne, dem Nesthäkchen der Familie... Niemand dachte, die kleine Grace würde es je zu etwas bringen, aber sie sah das anders. Doch selbst als sie für ihre Rolle in ›Ein Mädchen vom Lande‹ den Academy Award gewann, sagte ihr Vater relativ unbeteiligt zu einem Reporter: ›Ich dachte immer, es würde Peggy sein. Alles, was Grace kann, kann Peggy besser.‹«[1]

Ständige Vergleiche sind für uns Frauen besonders problematisch, denn sobald wir uns mit anderen Menschen messen, fühlen wir uns ihnen meist unterlegen. G. W. Allport schreibt, Minderwertigkeitsgefühle entstünden, wenn eine Frau sich »in ihren persönlichen Anlagen als mangelhaft« empfinde. Seine Studie beweist, daß Frauen besonders anfällig für anhaltende Minderwertigkeitsgefühle sind. Von den an seiner Studie beteiligten Studenten und Studentinnen berichteten 50 Prozent der Frauen und 39 Prozent der Männer über ein anhaltendes Minderwertigkeitsgefühl in bezug auf ihren Körper; 57 Prozent der Frauen und 52 Prozent der Männer berichteten von Gefühlen sozialer Minderwertigkeit; und 61 Prozent der Frauen, aber lediglich 29 Prozent der Männer hielten sich für intellektuell minderwertig. Insgesamt berichteten 90 Prozent der Frauen über Minderwertigkeitskomplexe in irgendeiner Hinsicht, nur bezüglich der Moral fühlten sich die meisten Frauen nicht unterlegen.[2]

Fällt der Vergleich einer Frau mit einer anderen zu ihren Ungunsten aus, führt das oft zu Neid. Diesen Neid reagiert sie, wenn möglich, in irgendeiner Form an der betreffenden Person ab, denn sie braucht es, daß sich alle anderen ebenso schwach und minderwertig fühlen wie sie selbst. Gloria Steinem erklärt:

»... die Frauen, die am stärksten dazu neigen, andere in einer Position der Schwäche zu halten, fühlen sich, ob nun zu Recht oder Unrecht, selbst am wenigsten stark oder besitzen nur eine sehr geringe Selbstachtung. Der Mangel an Selbstachtung weckt ein unersättliches Bedürfnis nach Anerkennung... Jedes Lob zerfällt zu nichts, allein deswegen, weil sich die Gelobte selbst als wertlos betrachtet; das entwertet in ihren Augen auch das Lob an sich.

Und das läßt nur eine Ausflucht zu. Wenn die an Selbsthaß leidende Frau die Anerkennung, die sie inständig ersehnt, nicht bekommt, dann, bei Gott, soll sie auch keine andere Frau bekommen.«[3]

Wir Frauen sind konditioniert darauf, Verständnis für die Schwächen anderer Menschen aufzubringen und diese zu erdulden. Diese Fähigkeit ist nicht naturgegeben: Sie ist das Resultat langjährigen, zwangsweisen Trainings in fürsorglichem Verhalten. Natürlich sollten wir diese Fähigkeit in einem ausgeglichenen Verhältnis auch zur Förderung der jeweils vorhandenen Stärken eines Menschen einsetzen. Ferner müssen wir lernen, unsere jeweiligen Stärken und Schwächen als gegeben hinzunehmen, und dürfen sie nicht nach vorhandenen hierarchischen Kategorien einordnen, denn dadurch verringert sich letzten Endes die Selbstachtung eines jeden Menschen.

Nicht alle Frauen, die sich im Vergleich mit anderen benachteiligt fühlen, empfinden daraufhin Neid. Manche leiten vielmehr aus dem Gefühl, ihnen gehe es schlechter als anderen, eine Art moralischer Lauterkeit ab, mit der sie ihre Selbstachtung stützen. Ihrer Ansicht nach ist jemand ein um so besserer Mensch, je schlechter er dran ist (finanziell zum Beispiel); und je besser es einem Menschen in gewisser Hinsicht geht, ein um so schlechterer Mensch muß das sein:

»Da kam diese neue Kollegin in unser Büro – in die Archivabteilung eines großen Unternehmens –, und sie trug ein elegantes Kostüm und Schmuck und hatte das an sich, was wir anderen typisches Oberschichtgehabe nennen. Wir machten sie mies, weil sie uns so privilegiert schien. Wir blickten auf sie herab, bis wir dahinterkamen, daß sie diesen Job durch Vermittlung des Zufluchtshauses für mißhandelte Frauen bekommen hat. Sie wohnt dort mit ihren drei kleinen Kindern, weil ihr Mann versucht hat, sie umzubringen. Da fühlten wir uns nicht mehr so überlegen.«

Vergleiche mit anderen werden oft übereilt angestellt und basieren deshalb auf mangelhaften Informationen.

Die Selbstachtung der Frauen, die ihrer Einschätzung nach bei ihren ständigen Vergleichen mit anderen ganz gut abschneiden, ist oft nicht besser als die der Frauen, die an Minderwertigkeitsgefühlen leiden. Denn viele der Frauen, die sich als anderen überlegen einstufen, werden sofort von Schuldgefühlen heimgesucht. Wie perfekt eine Frau ihre geringe Selbstachtung nach außen hin auch kaschiert, in ihrem Innern fürchtet sie, eingebildet zu sein. Lernt sie jemanden kennen und denkt, ich bin besser (oder hübscher, klüger, erfolgreicher), bremst sie sich sofort: Halt, warte eine Sekunde – was bildest du dir ein? Wie kommst du dazu, dich für besser zu halten als jemand anderen? So etwas darf man nicht einmal denken! Auf diese Weise wird das momentane Gefühl der Überlegenheit umgehend von Schuldgefühlen und moralischer Selbstverurteilung unterdrückt.

Eine rein auf dem Gefühl der Überlegenheit basierende Selbstachtung steht auf wackligen Füßen. Natürlich kann eine Frau eine gehörige Portion Selbstachtung daraus herleiten, wenn sie sich als die hübscheste Frau des ganzen Blocks, als geistreichste Gesprächspartnerin auf einer Party oder als eleganteste Frau ihrer Clique sieht. Da sie aber niemals aufhört zu vergleichen, besteht immer die Gefahr, daß sie eine noch hübschere, noch geistreichere und noch elegantere Frau entdeckt. Die Schauspielerin Jill Clayburgh könnte sich zum Beispiel mit Millionen Frauen vergleichen und käme dabei immer ganz gut weg. Aber mit wem vergleicht sich Clayburgh? Mit einer der wenigen Frauen, die in der Hierarchie der Stars über ihr steht. Clayburgh erläutert:

»Die Leute denken von mir, diese tolle Frau hat Glück, sie hat alles erreicht. Aber lieber Himmel, so denke ich über Meryl Streep. Ich sehe mich immer als diese neurotische Chaotin, die nie wieder ein neues Engagement bekommt.«[4]

Die gesunde Alternative zu den beständig wertenden Vergleichen mit anderen besteht darin, die Unterschiede zwischen uns und anderen zwar zu bemerken, aber es dann dabei bewenden zu lassen.

Vorschläge zur Veränderung

I. Erste Vergleiche

Erinnern Sie sich an eine Zeit, in der Sie als Kind zu Ihren Gunsten mit anderen Kindern verglichen wurden? Wie fühlten Sie sich dabei? Können Sie sich an eine Zeit erinnern, zu der Sie zu Ihren Ungunsten mit anderen Kindern verglichen wurden? Wie fühlten Sie sich dabei? Stellten Ihre Eltern bewertende Vergleiche zwischen Ihnen und Ihren Geschwistern an? Wie stark basiert Ihre Selbstachtung heute auf dem Vergleich mit anderen?

II. Gedankenstopp

Achten Sie besonders auf Ihre vergleichenden Aussagen. Wenn Sie darauf zurückgreifen, wenden Sie sofort die Gedankenstopp-Methode an. Ersetzen Sie den Vergleich/negativen Gedanken über *Ihr Selbst durch einen Vergleich* mit Ihnen selbst. *Zum Beispiel:*

»Diese Mutter erzieht ihr Kind sehr gut. Viel besser als ich. Ich bin eine schlechte Mutter. Warum kann ich nicht so sein wie sie? Was stimmt bloß nicht mit mir?«

»STOPP. Nachdem ich das Problem erkannt habe, werde ich etwas unternehmen. Und das ist gut so.«

ODER

»STOPP. Ich erinnere mich, wie ich auf seine Unruhe reagiert habe, als er noch klein war. Dabei habe ich viel Selbstkontrolle gelernt. Ich werde noch viel mehr lernen, es wird besser werden.«

ODER

»STOPP. Wenn ich sie frage, auf welcher Grundlage ihre Erziehungsmethode basiert, hilft sie mir vielleicht weiter. Ganz sicher kann ich ihr auch ein paar Tips geben. Was habe ich schon zu verlieren?«

Stellen Sie fest, daß Sie weiterhin auf Ihre vergleichenden Aussagen fixiert sind, ersetzen Sie sie einfach durch die Frage: »Na und?«

»Sie ist so zierlich. Neben ihr komme ich mir vor wie ein Trampel – ich wäre so gern ebenso feminin wie sie.«

»Sie ist so zierlich. STOPP. Na und?«

Anschließend schalten Sie sofort auf wertneutrale Gedanken um, die keine Vergleiche enthalten: Planen Sie die nächsten Ferien, schmieden Sie Pläne für das Wochenende, überlegen Sie, was Sie zum Abendessen machen wollen. Denken Sie keinesfalls an eine Antwort auf die Frage: »Na und?«

III. Infragestellen der Gültigkeit von Vergleichen

Sobald Sie feststellen, daß Sie sich unaufhörlich mit einer anderen Person vergleichen, fragen Sie sich, ob Ihr Leben mit dem der anderen Frau überhaupt vergleichbar ist. Welche Ähnlichkeiten bestehen? Wie gut kennen Sie die Lebensverhältnisse der anderen Person? Falls Sie Vergleiche hinsichtlich eines bestimmten Bereichs anstellen: Wissen Sie, wie sich der Erfolg dieser Frau auf andere Bereiche ihres Lebens auswirkt? Gegebenenfalls: Fragen Sie diese Frau, wie sie es geschafft hat, so erfolgreich zu sein, und lassen Sie sich Ratschläge von ihr geben.

5. Es will mir nicht aus dem Kopf: Innerer Zwang zur Perfektion

Stets perfekt sein zu müssen gibt uns ein stetes Gefühl der Unvollkommenheit.

Theodore Isaac Rubin
Compassion and Self-Hate

Viele Frauen, die unter einer geringen Selbstachtung leiden, erwarten unbedingte Perfektion von sich und ihrem Leben. Eine Frau mit der Neigung zu absoluter Perfektion mißt alles, was sie erreicht, eher an einem Mißerfolg und weniger an einem Erfolg. Sie tendiert außerdem zu einem ausgeprägten Alles-oder-nichts-Denken. Ist sie ihrer Meinung nach nicht perfekt, fühlt sie sich gleich vollkommen wertlos; einen Mittelweg gibt es für sie nicht. Diese totale Fixierung raubt ihr jegliche Freude über ihre tatsächlichen Leistungen und schadet ihrer Selbstachtung.[1]

Der Zwang zur Perfektion beginnt oft schon in der Kindheit. Stellten die Eltern für die Tochter kaum erreichbare Maßstäbe auf, die diese aber unbedingt erfüllen sollte, und sie gab sich größte Mühe, die Eltern zufriedenzustellen, hat sie als erwachsene Frau mit an Sicherheit grenzender Wahrscheinlichkeit die perfektionistischen Normen der Eltern verinnerlicht und strebt nach wie vor fast unmöglich zu realisierende Ziele an. Gaben die Eltern dem kleinen Mädchen das Etikett »perfekt«, hält sie sich als erwachsene Frau für eine Versagerin, wenn sie ihren eigenen, übertrieben hohen Erwartungen nicht vollauf gerecht wird:

»Meine Eltern sagten mir ständig, ich sei genau die Tochter, die sie sich immer gewünscht hätten. Ich sei einfach perfekt, die anderen Kinder seien längst nicht so gut wie ich. Jahrelang glaubte ich das, bis mir endlich dämmerte, wie einsam ich war. Außer meinen Eltern hatte ich mich allen Menschen entfremdet. Und in Wirklichkeit war ich in keiner Hinsicht perfekt. Ich brachte nichts perfekt zustande, egal, wie sehr ich es auch versuchte. Ich haderte mit mir selbst und machte mich herunter, bis ich endlich außer der absoluten Perfektion noch ein paar Dinge entdeckte, die mir erstrebenswert schienen.«

Das klassische Beispiel des Mädchens, das nach Hause kommt und ihren Eltern voller Stolz eine gute Note in einer Mathematikarbeit zeigt, verdeutlicht, wie sich eine übertrieben perfektionistische Erwartungshaltung entwickelt. Anstatt die Freude der Tochter zu teilen oder sie nach weiteren Einzelheiten der Arbeit zu fragen, erkundigen sich die Eltern nur barsch: »Warum hast du zwei Aufgaben falsch gelöst?« Sie *mußte* alle zehn Aufgaben richtig haben. Wiederholen sich solche oder ähnliche Szenen häufiger, verinnerlicht das Mädchen nicht nur den von den Eltern ausgeübten Zwang zur Perfektion, sondern mißtraut zunehmend der eigenen Leistungseinschätzung. Sie lernt, die Bestätigung für ihren Selbstwert an der Erfüllung der von anderen aufgestellten Normen auszurichten.

Für Perfektion gibt es keine verbindliche Definition. Die populäre Kultur täuscht darüber allerdings hinweg. Unzählige Selbsthilfebücher, Diätbücher, »Schönheitsprogramme« und Gymnastikanleitungen erklären uns, wie wir perfekt werden; unendlich viele Produkte werden mit dem Versprechen angepriesen, wir müßten sie nur benutzen und schon seien wir perfekt. Das Leistungssystem in der Schule orientiert sich im allgemeinen an einem Perfektionsstandard, den nur wenige erreichen. Die Frauen in den Anzeigen und Werbespots sehen alle perfekt untadelig aus. Was ist also nur los mit uns, daß wir nicht perfekt riechen und nicht perfekt aussehen und keine perfekten Leistungen vollbringen? Vermutlich sind wir gar nicht so schrecklich unvollkommen. Aber die uns ständig eingehämmerten Normen, denen wir glauben entsprechen zu müssen, und die in der Kindheit verinnerlichte Überzeugung, Perfektion müsse tagtäglich selbstverständlich zu erreichen sein, sorgen dafür, daß wir uns minderwertig fühlen, wenn wir den Vorbildern und Vorgaben nicht gerecht werden.

Perfektionistisches Denken verläuft meist nach dem starren Schema »wenn – dann«. Die Werbeleute sagen uns, wenn wir ihre Produkte kaufen, dann werden wir perfekt. Unser Schulsystem sagt uns, wenn wir gute Noten schreiben, dann haben wir nachweislich etwas gelernt. Sagten die Eltern zu ihrer Tochter, »wenn du unsere Erwartungen erfüllst, lieben wir dich«, trugen sie entscheidend zur Verfestigung eines »Wenn-dann«-Schemas bei. Nachfolgend ein paar geläufige »Wenn-dann«-Muster, die uns von Frauen in unseren Gruppen genannt wurden:

»Wenn ich richtig großzügig, nett und hilfsbereit bin, dann werden mich alle mögen.«

»Wenn ich schön und sexy bin, dann werde ich nie allein sein.«

»Wenn ich klug und geschickt bin, dann ernte ich Lob.«

»Wenn ich die Leute zum Lachen bringe, dann mögen sie mich und werden nicht wütend auf mich.«

»Wenn ich superkompetent bin, dann stehen mir alle Karrierechancen offen.«

Diese Muster sind aus mehreren Gründen problematisch, nicht zuletzt, weil sie unrealistisch sind. Oft besteht überhaupt keine schlüssige Verbindung zwischen den »Wenns« und »Danns«. Jedes der vorstehenden Beispiele kann statt mit diesem »Dann« ganz anders weitergeführt werden. Doch das würde die Illusion zerstören, Perfektion sei eine Garantie für Erfolg und Glück:

»Viele nutzen großzügige Menschen nur aus – aber sie mögen sie nicht; sie halten sie schlichtweg für dämlich.«

»Selbst Menschen, die schön und sexy sind, enden oft allein.«

»Nicht alle schätzen Intelligenz, besonders nicht bei Frauen. Viele Leute reagieren darauf ausgesprochen gereizt.«

»Beförderungen haben häufig nichts mit Kompetenz zu tun. Da spielen Aspekte wie Alter, Rasse, soziale Stellung und Vetternwirtschaft ebenfalls eine Rolle. In der Arbeitswelt ist Kompetenz allein keine Garantie.«

Die meisten Frauen, die bereits soviel in ihren »Schlüssel zur Perfektion« investiert haben, akzeptieren diese Abänderung ihrer Schemata allerdings nicht. Werden sie ausgebeutet, verlassen, gekränkt, mißverstanden und/oder ignoriert (und wer wird das nicht von Zeit zu Zeit?), dann liegt das ihrer Meinung nach daran, daß sie sich nicht nachdrücklich genug bemüht haben und deshalb nicht gut genug waren. In Zukunft müssen sie sich folglich noch mehr anstrengen, damit alles bis zur Perfektion reift.

Besonders problematisch an den »Wenn-dann«-Schemata ist, daß sie eine Frau häufig an der Entwicklung einer vollwertigen Persönlichkeit hindern und einem breiten Spektrum an Interessen im Wege stehen. Eine Frau, die ihre Energie beispielsweise nahezu ausschließlich auf ihre Kleidung und ihre äußere Erscheinung verwendet, versäumt leicht die Gelegenheit, sich intellektuell weiterzuentwickeln. Und eine Frau, die sich hauptsächlich darum bemüht, eine perfekte Geliebte, Ehefrau oder Mutter zu sein, kümmert sich zu hingebungsvoll um die Bedürfnisse anderer Menschen und vernachlässigt darüber ihre eigenen.

Ferner führt der unbedingte Glaube an den Wahrheitsgehalt der »Wenn-dann«-Schemata dazu, daß eine Frau ihr »richtiges« Leben sozusagen hinausschiebt. Erst muß sich die von ihrem »Wenn« gestellte Bedingung erfüllen, dann geht das Leben weiter. Solange das gesteckte Ziel nicht erreicht ist – sei es ein Diplom, eine Ehe, Kinder, ein toller Job –, zählt für diese Frau nichts anderes, denn ihr Leben hat ihrer Ansicht nach noch gar nicht richtig begonnen. Frauen, die Probleme mit ihrem Gewicht haben, ob eingebildete oder tatsächliche, sind besonders anfällig für das Denkschema »vorher/nachher«. Marcia Millman bemerkt:

»Ihr Körper, den sie ablehnt, steht in ihrem Denken für alles, was in ihrem Leben falsch ist. Sie bildet sich ein, das Dicksein sei die Ursache all ihrer Probleme. Sie zieht sich also aus der Gegenwart zurück und konzentriert statt dessen alle ihre Gedanken und ihre Aufmerksamkeit auf die Zukunft, auf die Zeit, wenn sie schlanker sein wird. Ihr momentanes Selbst und ihre momentanen Lebensumstände betrachtet sie als vorübergehend, als vorbereitend, als nicht das richtige Leben und vernachlässigt sie entsprechend. Das richtige Leben, so folgert sie, beginnt, nachdem sie abgenommen hat.«[2]

Aber oft muß eine Frau, wenn sie die von ihrem »Wenn« aufgestellte Bedingung endlich erfüllt hat – falls ihr das je gelingt –, leider feststellen, daß sich dadurch gar nicht soviel geändert hat und nicht plötzlich alle ihre Träume wahr werden. Auf lange Sicht macht es häufig eben keinen so gewaltigen Unterschied, ob sie schlanker ist, den begehrten Job bekommt oder den Mann findet, wie sich die Frau das vorgestellt hat.

In intimen Beziehungen sind »Wenn-dann«-Schemata besonders problematisch, auch wenn die Perfektionistin sich meist dagegen verwahrt, sie würde ihre Vorstellung von Perfektion auch auf eine glückliche Beziehung übertragen. Aber das Schema ist da, und es existiert *nur* in ihrem Kopf. Die Menschen, mit denen sie zu tun hat, begreifen nicht, was von ihnen erwartet wird. Sie wissen nicht, daß sie sie bedingungslos lieben müssen, weil sie einen so großzügigen (und zugleich fordernden) Charakter hat; daß sie sie nie zurückweisen dürfen, weil sie so wunderschön ist. Wüßten sie, was von ihnen erwartet wird, würden sie eventuell lieber auf die Großzügigkeit oder die Schönheit verzichten; der Preis ist zu hoch. Zuweilen reagiert sie ihren Frust auch am Partner ab, der sich ahnungslos nicht in das »Dann« ihres Schemas einordnet und damit ihren Anspruch nicht erfüllt:

»Manchmal verhält sich mein Partner, mit dem ich zusammenlebe, mir gegenüber vollkommen gleichgültig. Irgendwann komme ich mir vor wie ein Stück Dreck und werde wütend auf ihn, weil ich mich seinetwegen so gedemütigt fühle.«

Der *wirkliche* Grund, warum sich diese Frau wie ein Stück Dreck fühlt, ist allerdings ihre eigene Erwartungshaltung. Ihrer Ansicht nach muß sie immer attraktiv und zuvorkommend sein, und das muß belohnt werden. Sie kommt gar nicht auf die Idee, daß die Stimmungsschwankungen ihres Partners vielleicht gar nichts mit ihr zu tun haben und folglich keine Reflexion *ihres* Wertes sind. Die meisten Menschen erwarten von anderen keine Perfektion, sondern fühlen sich in Wahrheit von einem perfekten Menschen abgestoßen – jedenfalls von Menschen, die glauben, stets perfekt sein zu können und zu müssen.

Viele Perfektionistinnen versuchen, Nähe eher mittels Leistung (ihrem individuellen »Wenn«) und nicht mit Offenheit und Verletzbarkeit herzustellen. Sie begreifen nicht, wie ein unvollkommener Mensch wie sie die Zuneigung eines anderen gewinnen kann, und sind deshalb davon überzeugt, verlassen zu werden, sobald sie ihre Schwächen offenlegen. Folglich zeigen sie nur bestimmte Aspekte ihrer Person. Aber eine gute Beziehung beruht normalerweise nicht nur auf der Begabung, der Schönheit oder Intelligenz einer Frau, in der Regel gehört mehr dazu. Die vergeblichen Versuche, die von der Perfektionistin sorgfältig vor ihnen verborgenen Aspekte ihrer Person aufzudecken, frustrieren die Partner. Meist geben sie ihre Versuche irgendwann auf, und die Beziehung bleibt oberflächlich bestehen oder zerbricht. Und damit hat sich die Perfektionistin wieder einmal selbst bestätigt, daß sie eben nicht perfekt ist; sie glaubt, alles sei ihre Schuld (»hätte ich mir nur mehr Mühe gegeben«). Die mit dem Ende einer Beziehung einhergehende Verwirrung und Trauer verbindet sich bei ihr unweigerlich mit der Empfindung totaler Wertlosigkeit.

Das Leben der Perfektionistin wird noch komplizierter durch das ihr Denken beherrschende »ich muß«. Die »Ich-muß«-Vorgaben reduzieren Grauzonen und Mittelwege und simplifizieren – und das entbehrt nicht einer gewissen Ironie – komplizierte Dinge:

»Ich arbeite mit einer ungemein rigiden Patientin. Jede Erfahrung, die sie macht, oder jeden Menschen, den sie kennenlernt, steckt sie sozusagen in einen von zwei Körben: einen guten oder einen schlechten, je nachdem, wo die Angelegenheit oder der Mensch ihrer Meinung nach hineingehört. Ich versuche sie soweit zu bringen, sich mehrere Körbe zuzugestehen, zum Beispiel einen Korb ›spielt im Grunde keine Rolle‹ oder den Korb ›ganz gut‹ oder ›nicht so schlecht‹. Ihr Leben wäre weitaus einfacher und weniger von Leid überschattet, wenn sie begriffe, daß die Welt sich nicht so einfach kategorisieren läßt. Sie versäumt eine Menge.«

Perfektionistinnen können notorische Tyranninnen sein, wenn sie ihre »Ich-muß«-Vorgaben anderen Menschen aufdrängen. Damit erreichen sie alles, nur keine perfekte Harmonie:

»Ich mußte immer und unter allen Umständen ehrlich und aufrichtig sein. Nichts war zu belanglos, als daß ich nicht meine ehrliche Meinung dazu kundtat – lauthals, versteht sich. Das war nicht nur unangenehm, es ermüdete mich regelrecht. Eines Tages sagte mir ein Bekannter, meine direkte Art sei sehr gut, aber nicht jedermanns Sache. Die meisten Menschen legten gar nicht so großen Wert auf permanente Ehrlichkeit, ich stellte im Gegenteil eine Bedrohung für sie dar oder ginge ihnen auf die Nerven. Mein Bekannter schlug mir vor, ich solle meine Ehrlichkeit als ein Geschenk betrachten, das ich den Menschen gebe, die es haben möchten. Er sagte nicht, ich solle allen anderen gegenüber unehrlich sein – nur daß ich öfter den Mund halten soll.«

Zwischen übertriebenen perfektionistischen Erwartungen und realistischen Normen bestehen entscheidende Unterschiede. Frauen, die dem Drang zum Perfektionismus erliegen, wollen praktisch auf *allen* Gebieten »die Beste« sein, anstatt sich realistische Ziele auf einigen ausgewählten Gebieten zu setzen. Zwar investieren sie den Großteil ihrer Zeit und Energie in ein bestimmtes Ziel, aber auch ansonsten verlangen sie von sich Perfektion. Auf diese Weise ist es fast unmöglich, das Selbst je zufriedenzustellen. Da nichts auf der Welt perfekt ist, darf die Perfektionistin in ihrem Streben nie nachlassen. Sie kennt die sich nach dem Abschluß einer Arbeit oder dem Erreichen eines Zieles einstellende Zufriedenheit nicht. Entweder bestraft sie sich selbst mit ewiger Unzufriedenheit oder, so widersprüchlich das auf den ersten Blick auch erscheinen mag, sie führt nie eine Aufgabe zu

Ende und entgeht so dem Urteil »nicht perfekt«. Eine Studienberaterin erzählt uns:

»Ich kenne so viele Kinder, die auf der High-School zu den Besten gehörten. Dann kommen sie zu uns aufs College, und hier ist die Konkurrenz größer. Plötzlich befinden sie sich irgendwo im Mittelfeld. Manche wenden sich anderen Dingen zu – engagieren sich im Sport, schließen sich einer Arbeitsgruppe an oder machen sonst was. Diese jungen Leute verkraften den Statusverlust leichter. Die anderen dagegen halten es nicht aus, nicht mehr ganz vorn zu sein, und steigen aus. Es ist schade um sie – sie verpassen eine gute Gelegenheit zu lernen, daß man überleben kann, ohne die Nummer eins zu sein.«

Eine Frau, die an einer Gehirnlähmung leidet, sagte uns, sie habe aus ihrer Erfahrung gelernt, »wenn wir unsere ganze Zeit und Energie auf das ›ich muß‹ konzentrieren, kommen wir nie zu den ›ich könnte‹ oder ›ich möchte‹, zu den ›ich kann‹ und ›ich will‹«. Das Aufstellen realistischer Normen ist erlernbar.

Die Perfektionistin hat Schwierigkeiten, Entscheidungen zu treffen, denn jede Entscheidung muß selbstverständlich zu einem optimalen Ergebnis führen; für Fehler ist kein Platz:

»Letzten Sommer habe ich einiges gelernt, was meinen Perfektionismus angeht. Ich ging in den Garten, weil ich eine Zucchini zum Abendessen holen wollte. Wahrhaftig keine große Sache – ich ging hinaus, um eine abzuschneiden, und brauchte sage und schreibe *zwanzig* Minuten, bis ich endlich eine Zucchini ausgewählt hatte, weil ich die ›richtige‹ einfach nicht finden konnte.«

Ein Mißerfolg ist immer unerfreulich, auch wenn er sich auf der Basis realistisch aufgestellter Normen einstellt, aber dann handelt es sich um einen momentanen Zustand. Außerdem können wir etwas daraus lernen. Für die Perfektionistin dagegen ist Mißerfolg der Beweis für ihre Wertlosigkeit insgesamt, und das kann sich vernichtend auswirken.

Vorschläge zur Veränderung

I. Beenden des perfektionistischen Denkens

Entscheiden Sie sich, auf welchen Gebieten Sie sich auszeichnen wollen. Wählen Sie drei Gebiete aus. Sobald Sie sich darüber Sorgen machen, deshalb andere Gebiete zu vernachlässigen, so daß diese nicht mehr Ihrem Perfektionsstandard entsprechen, wenden Sie den Gedankenstopp an und sagen Sie sich:

»STOPP. Ich kümmere mich nur um die Bereiche eins, zwei und drei. Bin ich mit dem, was ich auf diesen Gebieten erreicht habe, zufrieden,

kann ich mir eventuell wegen eines anderen Gebietes Gedanken machen. Aber im Augenblick habe ich meine Prioritäten so gesetzt, und der Rest muß warten oder wird, so gut es eben geht, erledigt.«

Quält es Sie, wenn Sie die von Ihnen verlangte Perfektion auf den drei von Ihnen ausgewählten Gebieten nicht erreicht haben, und Sie sind davon besessen, es unbedingt doch noch schaffen zu müssen, dann wenden Sie ebenfalls den Gedankenstopp an:

»STOPP. Ich habe mich ernsthaft bemüht und sehr angestrengt. Aber entscheidend ist, daß ich etwas gelernt habe und/oder daß es mir Spaß gemacht hat. Ich weiß nicht, was letzten Endes dabei herauskommt, aber das Ergebnis ist keinesfalls von größerer Bedeutung als die aus dem Versuch, dieses Ziel zu erreichen, gewonnene Erfahrung.«

Fragen Sie sich, ob Sie Ihre für Sie nicht akzeptable Leistung bei einer anderen Person *eventuell für durchaus akzeptabel hielten. Vermutlich legen Sie bei einer anderen Person andere Maßstäbe an und hielten das Ergebnis für gelungen. Warum sind Sie zu sich so viel härter?*

II. »Wenn-dann«-Schemata

Denken Sie an Ihr spezielles »Wenn-dann«-Schema und/oder schreiben Sie es auf. Ist es realistisch? Woraus resultiert es? Was passierte, wenn Sie versagten? Welche Ängste entwickelten sich daraus? Haben Sie Ihr »Dann« verwirklicht? Hält es das, was Sie sich davon versprochen haben? Was haben Sie zum Wohle Ihres »Wenn« geopfert? Ist es das wert? Können Sie sich vorstellen, ohne »Wenn-dann«-Schema auszukommen?

III. Perfektionismus in der Kultur

Schenken Sie den Medien, mit denen Sie tagtäglich konfrontiert werden, an einem von Ihnen selbst gewählten Tag besondere Aufmerksamkeit. Wie oft lockt man im Rundfunk, im Fernsehen oder in den Printmedien mit dem Versprechen der Perfektion? Zählen Sie, wie oft Ihnen das an diesem Tag auffällt, und Sie machen sich bewußt, wie nachhaltig die Kultur Ihrem Perfektionismus Vorschub leistet.

Denken Sie voller Sorgen, an ihren Mangel an Perfektion und machen daraus ein Problem, verordnen Sie sich eine Medienpause. Lassen Sie Zeitschriften unbeachtet liegen, die den »perfekten« Körper oder die Erlangung von Perfektion auf einem anderen Gebiet anpreisen. Verzichten Sie auf Fernsehwerbung, wenn Sie sich grämen, keine perfekte Ehefrau oder Mutter zu sein. Lassen Sie Serien links liegen, die das Singleleben verherrlichen, wenn Ihr Leben als Single in Ihren

Augen ganz und gar nicht perfekt ist. Deprimiert Sie der alles andere als perfekte Zustand der Welt, sehen Sie sich eine Woche lang keine Fernsehnachrichten an. Wenn Sie sich eine Pause von diesen von außen kommenden Reizen gönnen, fällt es Ihnen sicher leichter, neue Energie zu sammeln, die Sie nicht auf Sorgen oder Ängste verschwenden.

6. Es will mir nicht aus dem Kopf: In steter Erwartung des Schlimmsten

Niemand weiß, wieviel Leid ich sah – und so gut wie nichts davon ist je geschehen.

Mark Twain

Alle Frauen werden im Alltag immer wieder mit lästigen Störungen, unklaren Situationen und unerfreulichen Problemen konfrontiert. Kaum eine von uns ist auf diese Belastungen und Widerwärtigkeiten im einzelnen vorbereitet; sie stoßen uns einfach zu, entstehen aus einer Situation heraus, und sie lassen sich mehr oder weniger gut bewältigen. Im Verlauf dieses Prozesses gewinnen wir häufig neue Einsichten und erfahren Neues über uns. Eventuell stellen wir sogar fest, daß wir gar nicht so inkompetent sind, wie wir zuweilen glaubten oder fürchteten.

Aber eine Frau, die über sich ständig das drohende Verhängnis schweben sieht, bewältigt die alltäglichen Probleme nicht mit leichter Hand. Leidet eine Frau mit dem ausgeprägten Hang zur Schwarzmalerei an Kopfschmerzen, denkt sie nicht, ich fühle mich heute nicht wohl. Nein, sie vermutet statt dessen gleich das Schlimmste: »Ich habe einen Gehirntumor. Ich will nicht sterben; ich habe noch nicht einmal mein Testament gemacht. Ich wette, kein Mensch kommt zu meiner Beerdigung…« Es fängt mit simplen Kopfschmerzen an, aber innerhalb von ein paar Minuten fühlt sich diese Frau todkrank und grämt sich, weil sie kein Vermögen besitzt und keinen Menschen hat, der sie liebt, und am allermeisten wegen sich selbst.

Geht in ihrem Haus plötzlich das Licht aus, denkt diese Frau in Erwartung des stetigen Verhängnisses nicht: Verdammt, ist diese Sicherung schon wieder durchgebrannt. Wo ist die Taschenlampe? Ich muß in den Keller und die Sicherung wieder reindrehen. Nein, sofort erfaßt sie Panik: Großer Gott, Einbrecher sind im Haus und haben den Strom unterbrochen. Sie werden mich umbringen. Ich muß jemanden anrufen. Falls sie nicht schon die Telefonleitung durchgeschnitten haben… Sie ruft jemanden an, der kommt vorbei und schraubt die Sicherung wieder rein, und sie kommt sich dumm vor.

In bestimmten Situationen denken viele Frauen sofort an Katastrophen; viele »drehen durch«, wenn sie es mit Mäusen oder Schlangen zu tun bekommen, andere stellen sich brennende Autos und entsetzliche Unfälle vor, wenn Freunde sich ein wenig verspäten. Aber diese Sorgen und Ängste lassen sich nicht mit denen einer Frau vergleichen, die ständig schreckliche Katastrophen auf sich zukommen sieht, denn sie rechnet in unzähligen Situationen immer mit dem Schlimmsten. Das andauernd drohende Verhängnis beherrscht das Leben einer Frau, die unter dem extremen Hang zur Schwarzseherei leidet. Wird sie mit irgendeiner problematischen oder beunruhigenden Situation konfrontiert, befaßt sie sich erst gar nicht mit dem Suchen nach einer Lösungsmöglichkeit, sondern schaltet blitzschnell um auf ihre Unfähigkeit, damit fertigzuwerden. Sich Sorgen machen ersetzt tatkräftige Wendigkeit; sie fühlt sich wie gelähmt; sie ergeht sich in Selbsterniedrigung. Egal, wie die Situation letztendlich ausgeht – auch wenn die Katastrophe »abgewendet« oder sie »gerettet« wird –, ihre Selbstachtung und ihr Vertrauen in ihre Kompetenz sinken tief in den Keller. Die stete Erwartung des Schlimmsten wird zu einer sich verselbständigenden Reaktion auf das Leben selbst.

Wie andere negative Denkmuster hat auch die Neigung zu steter Schwarzseherei ihren Ursprung in der Kindheit. Diese Kinder lernten, kritische Situationen oder zwiespältige Gefühle stets mit unvermeidlichen Katastrophen zu verbinden:

»Wenn ich nicht genau weiß, was ich zu tun habe oder was wird – zum Beispiel, wo ich nach dem Juraexamen arbeiten und wohnen werde, in welcher Schule ich die Kinder nächsten Herbst anmelden soll, ob ich auch ganz sicher als Anwältin zugelassen werde oder nicht –, bin ich vor Angst wie gelähmt. Ich sehe uns ohne Dach über dem Kopf auf der Straße sitzen und weiß, ich finde nie eine Stelle – nicht einmal als Kellnerin –, und die Kinder werden kriminell. Ich glaube das wirklich, und das macht mich völlig handlungsunfähig. Ich kann keine Entscheidung treffen. Was ich auch tue, meiner Meinung nach erhöht es nur die Chancen, daß wir Obdachlose werden. Irgendwann kam ich dahinter, woher ich das habe, denn das Gefühl kam mir merkwürdig vertraut vor. Ich kannte es von meinem Vater. Er hat uns gnadenlos ausgezankt, wenn wir nicht für alles narrensichere Pläne hatten. Nicht zu wissen, was als nächstes geschieht, galt ihm als sicherer Beweis für Dummheit und mußte zwangsläufig lauter gräßliche Dinge nach sich ziehen.«

Dieser Frau fiel es schwer zu akzeptieren, daß Unsicherheit über die Zukunft nicht gleichbedeutend ist mit Dummheit und dem sicheren Eintreffen von Katastrophen. Es dauerte lange, bis sie diesen Lernprozeß abgeschlossen hatte und schrittweise die Kontrolle über ihr Leben übernehmen konnte.

Integraler Bestandteil des Denkmusters von Frauen mit dem Hang zur Schwarzmalerei ist das Gerettetwerden. Absolut sicher, eine schwierige Situation aus eigener Kraft nie zu bewältigen, und im tiefsten Innern davon überzeugt, deshalb eine wenig anziehende Person zu sein, verschafft sich diese Frau die für sie unentbehrliche »Sicherheit«, indem sie schreit »Ein Wolf!« und ihr Verhalten gleichzeitig unmißverständlich ausdrückt: »Zu Hilfe, zu Hilfe«. Möglicherweise beachtete man in ihrer Kindheit eine weniger spektakulär vorgetragene Bitte um Zuwendung oder den Wunsch nach Beistand nicht, und sie mußte die Aufmerksamkeit mit übertriebenen Reaktionen und Aktionen auf sich lenken. Als erwachsene Frau läßt sie nun zu, daß sich Situationen tatsächlich zu Katastrophen auswachsen, oder bauscht die von ihnen ausgehende Gefahr so auf, daß sie zumindest wie Katastrophen erscheinen. Erst dann hat sie das Gefühl, sie dürfe um Hilfe bitten – oder vielmehr Hilfe verlangen:

»Ich fühle mich irgendwie schuldig, wenn Menschen nett zu mir sind, so, als hätte ich ihre Freundlichkeit nicht verdient. Ich kann Freundlichkeit von anderen nur annehmen, wenn ich mit meinem Latein total am Ende bin. Sonst mache ich mir Sorgen, was ich den anderen dafür zurückgeben muß. Aber wenn ich nicht weiter weiß, kann ich mich ja für ihre Hilfe nicht entsprechend revanchieren, dann kann ich ihnen unmöglich etwas zurückgeben. Ich bekomme sehr viel Unterstützung und Hilfe. Aber dann und *nur* dann, wenn sonst gar nichts mehr geht, schätze ich die Unterstützung meiner Freunde.«

Einer Frau, die sich ständig einredet, es stünde so schlecht, daß sie unbedingt die Hilfe anderer braucht, damit sie nicht untergeht, ist eine weniger dramatische Bitte um Beistand zu riskant, denn dann könnte er ihr verweigert werden. »Können wir nachher darüber reden?« oder »Kann dir nicht jemand anders dabei helfen?« sind zulässige Reaktionen auf eine direkte Bitte um Hilfe. Aber welche gefühllose Seele könnte einer Frau die Hilfe verweigern, die »völlig am Ende« oder am Rande einer Katastrophe steht? Das ewig drohende Verhängnis und die ihr eigene Reaktion, wie gelähmt zu verharren, ist so gut wie eine Versicherung für die Erlangung von Fürsorglichkeit und Hilfe von anderen. Leider muß sich die Frau, nachdem sie die gewünschte Aufmerksamkeit bekommen hat, fragen, ob diese wirklich ihr oder der vermeintlichen Katastrophe gegolten hat. Schlimmer noch, andere werden ihres theatralischen Verhaltens und ihrer ständigen Forderungen rasch müde.

Eine Frau kann ihre Fähigkeit, mit schwierigen oder unerwarteten Situationen fertigzuwerden, kaum einschätzen, wenn sie für ihr Überleben eine Rettungsaktion nach der anderen initiiert. Auf Kosten wachsender Selbsterkenntnis oder sich steigernder Selbstachtung versucht sie, ihr Leben kalkulierbar zu machen. Das einzige, was diese Frau im Laufe der Zeit verbessert, ist Klagen und Jammern und den Schrei um Hilfe:

»Selten werden bestimmte Strategien bewußt in Betracht gezogen. Je instinktiver oder automatischer die Reaktion erfolgt, um so unterschiedlicher reagieren verschiedene Menschen in der gleichen Streßsituation. Als in *Winnie the Pooh* eine Überschwemmung den Wald bedroht, überlegt sich Piglet, wie seine Freunde der drohenden Gefahr entkommen können. ›Christopher, Robin und Pooh können auf Bäume klettern, Kanga kann sich mit großen Sprüngen retten, Rabbit entkommt durch einen unterirdischen Gang, Owl fliegt davon und

Eeyore (der Esel) könnte sich retten – könnte sich retten, indem er so lange einen entsetzlichen Lärm vollführt, bis er gerettet wird.«[1]

Verhält sich eine Frau wie Eeyore und die anderen erklären sich bereit, ihre Retter zu spielen, lernt sie nie, auf Bäume zu klettern, große Sprünge zu machen, einen unterirdischen Gang anzulegen oder zu fliegen.

Aber die Retter handeln nicht immer ganz uneigennützig. Sie genießen es, sich in der Rolle des »Retters in der Not« zu sonnen. Häufig handelt es sich um unsichere Menschen, die daran zweifeln, daß sie Freundschaft verdienen, ohne eine Gegenleistung zu erbringen. Sie fördern deshalb bei anderen oft die Abhängigkeit von ihrer Hilfsbereitschaft. Durchaus nicht so selten stellt sich hinterher heraus, daß die Retter oder »die Ritter in der schimmernden Rüstung« lästiger und unangenehmer sein können als die gefürchtete, aber nicht eingetretene Katastrophe. Außerdem lassen Opfer/Retter-Beziehungen viele Wünsche offen. Menschen, die eine gesunde, wechselseitig ausgewogene Beziehung möchten, werden es rasch leid, als Einmann-Einsatzkommando zu fungieren. Wird das Opfer ständiger Katastrophen von ihrem Retter oder ihrer Retterin verlassen, steht der Frau dadurch natürlich unweigerlich die nächste Katastrophe ins Haus.

Manche dieser Frauen haben das Gefühl, sie dürften sich nur freuen, wenn sie eine Bedrohung überstanden haben. Sie lauern in Erwartung des sich danach einstellenden Wohlgefühls förmlich auf Katastrophen:

»Als Kind hatte ich es ordentlich schwer, denn ich mußte einen echt verrückten Haushalt führen und gleichzeitig gute Noten schreiben. Mein Vater war mal im Gefängnis, mal draußen, und meine Mutter war dauernd betrunken. Ich kümmerte mich um meine jüngeren Schwestern. In besonders schweren Krisenzeiten strichen mir Lehrer und Nachbarn über den Kopf und sagten mir immer wieder, was ich doch für ein wundervolles Mädchen sei. Jetzt fühle ich mich nur richtig lebendig, wenn ich gleichzeitig tausend Dinge auf einmal erledigen muß. Beruflich habe ich Projekte am Laufen, die mich unter einen wahnsinnigen Leistungsdruck setzen. Je mehr ich mich dem Punkt nähere, an dem alles zusammenzubrechen und in die Binsen zu gehen droht, desto besser fühle ich mich hinterher.«

Das Wissen, schlechte Zeiten überstehen oder mit ungewohntem Streß umgehen zu können, ist vollkommen zu Recht eine Quelle der Selbstachtung. Aber Frauen, die stets in Erwartung des Schlimmsten leben, sehen im Überstehen einer Katastrophe die *eigentliche* Quelle ihrer Selbstachtung und schaffen deshalb Katastrophen, wo gar keine existieren. Andere Aspekte (z. B. Freude und Spaß zu haben) bleiben verschüttet.

Vorschläge zur Veränderung

I. Stete Erwartung des Schlimmsten

Versuchen Sie zuerst festzustellen, welche Gefühle dieses Denkmuster in Ihnen auslöst. Höchstwahrscheinlich begleiten Empfindungen wie Panik, Atemnot, Schwindelanfälle und/oder Desorientiertheit das Nahen eines drohenden Verhängnisses.

Anschließend bestimmen Sie, wenn Sie gerade nicht in diesem Denkmuster gefangen sind, drei Situationen in Ihrem Leben, die tatsächlich ernst waren, Dinge, die sich sicher nicht jeden Tag ereignen.

Spüren Sie das nächste Mal ein Verhängnis nahen und bemerken die von Ihnen identifizierten körperlichen Signale, holen Sie dreimal tief Luft und wenden Sie die Gedankenstopp-Methode an:

»Ich fühle mich dem nicht gewachsen – das wird schrecklich, und ich schaffe das nicht. STOPP. Diese Situation (mein Freund ist wütend auf mich, mein Chef hat eine Unterredung angesetzt, mein Auto ist kaputt) ist keine Katastrophe wie...« (Nehmen Sie ein Beispiel aus Ihren drei Nennungen.) »Es ist nicht der Untergang der Welt, ich kann damit fertigwerden. Vielleicht muß ich um Hilfe bitten, aber grundsätzlich schaffe ich es allein.«

Auch wenn Sie selbst noch nicht ganz davon überzeugt sind, sagen Sie sich, Sie können diese Situation meistern. Tauschen Sie das Warten auf das Schlimmste gegen eine zutreffende Aussage (es ist keine Katastrophe) aus, die Ihnen Vertrauen und Zutrauen vermittelt, und handeln Sie anschließend auf der Grundlage Ihrer neuen Aussage. Anfänglich erscheint Ihnen das sicher unangenehm und riskant, aber nach den ersten positiven Erfahrungen läßt sich das negative Denkschema leichter durchbrechen.

II. Frühes Erlernen

Denken Sie an die letzten drei Male, als Sie ein drohendes Verhängnis kommen fühlten und ganz sicher waren, die Katastrophe würde eintreten. Wenn Sie Tagebuch führen, schreiben Sie detailliert auf, was damals vor sich ging, und beantworten Sie die folgenden Fragen:

1. Welches Gefühl ging der »Katastrophe« voraus? Angst? Unsicherheit? Freude? Zorn?

2. Hat jemand Sie gerettet? Wie brachten Sie diese Person dazu, Ihnen zu helfen?

3. Handelte es sich im Rückblick tatsächlich um eine Katastrophe? Was hätten Sie tun können, um selbst damit fertigzuwerden?

4. Wie fühlten Sie sich, als alles vorbei war? Genauer gesagt, wie fühlten Sie sich in bezug auf sich selbst?

Schreiben Sie alles auf, was Sie möchten; nehmen Sie weitere Fragen dazu, die Ihnen helfen, sich Ihr Denkmuster zu verdeutlichen. Versetzen Sie sich anschließend in eine Ihnen katastrophal erscheinende Zeit in Ihrer Kindheit. Stellen Sie sich wiederum die oben aufgeführten Fragen. Überlegen Sie dabei auch, wer Ihnen deutlich gemacht hat (durch Verhalten oder mit Worten), daß diese Situation katastrophal war. Bestehen irgendwelche Ähnlichkeiten zwischen dieser Situation damals und den Situationen, unter denen Sie heute leiden? Wenn ja, wenden Sie die Gedankenstopp-Methode an und sagen Sie sich in etwa folgendes:

»Das ist kein Weltuntergang. STOPP. *Das ist* nicht *der Weltuntergang. Es ist so ähnlich wie früher, als man mir* vermittelte, *der Weltuntergang stehe bevor. Aber inzwischen bin ich eine erwachsene Frau, und das beweist, daß die Welt damals nicht untergegangen ist, sie wird auch diesmal nicht untergehen. Diese Situation ist nicht so ernst, ich kann damit umgehen.«*

Denken Sie daran, die steten Erwartungen des Schlimmsten beruhen auf sehr lange zurückliegenden, unrealistischen, erlernten Denkmustern. Heute können Sie mit diesen beunruhigenden Empfindungen besser umgehen, und in der Zukunft können Sie diese völlig überwinden.

III. Gerettetwerden

Gehören Sie zu den Frauen, die sich stets auf einen Retter verlassen, dann überlegen Sie, wer Ihnen für dieses Verhalten als Vorbild diente. Wurde dieser Mensch gerettet, weil er eine Krise nicht bewältigen konnte, oder sozusagen vor sich selbst als eine Form von Strafe? Handelte es sich um einen Retter oder eine Retterin? Was hat er oder sie für die Person getan, die zu Ihrem Vorbild wurde? Hatte Ihr Vorbild ein Motto, eine Lebensphilosophie (in höchstens fünfundzwanzig Worten), und wie lautete sie? Beeinflußt diese Lebensanschauung Ihr Leben heute noch? Würden Sie das Motto Ihres Vorbildes übernehmen? Wenn nicht, welches Motto würden Sie für Ihre Lebensanschauung wählen?

IV. Das Schlimmste vermeiden

Fürchten Sie sich vor einem bestimmten Ereignis oder einer bestimmten Situation, bitten Sie vorher *um Hilfe, damit Sie erst gar nicht in die aus Ihrem negativen Denkmuster resultierende lähmende Untätigkeit verfallen. Sagen Sie zum Beispiel zu einer Freundin: »Während des letzten Sturms ist meine Sicherung durchgebrannt, ich hatte richtige Angst. Weißt du, was man in einer solchen Situation macht? Zeigst du es mir?« Machen Sie sich Notizen, auf die Sie im Notfall verläßlich zurückgreifen können, sobald die Panik in Ihnen hochkommt. Falls Sie Schlimmes im Zusammenhang mit einer Beziehung zu anderen Menschen befürchten, sprechen Sie vorher ebenfalls mit einer Freundin darüber: »Kann ich mit dir reden? Ich muß einer Kollegin etwas Unangenehmes sagen. Ich möchte das gerne jetzt mit dir durchgehen, damit du mir sagen kannst, wie du dich dabei fühlst, wenn du dich in die betreffende Person hineinversetzt.« Ihre Freundin kann Ihnen Feedback und hilfreiche Tips geben, so daß Ihre Sorge vor der drohenden Katastrophe etwas nachläßt. Außerdem hilft ein vorbereitendes Gespräch, Reaktionen der anderen Person vorauszuahnen und dadurch das von Ihnen ansonsten als Katastrophe gewertete Verhalten von vornherein zu verhindern oder rechtzeitig zu erkennen.*

7. Es will mir nicht aus dem Kopf: Unfähigkeit, ein Lob anzunehmen

Ich möchte keinem Club angehören, der mich als Mitglied aufnimmt.
Groucho Marx

Die Unfähigkeit, ein Lob anzunehmen, ist grundsätzlich ein Zeichen für eine geringe Selbstachtung. Bekommt eine unter diesem Denkmuster leidende Frau ein Kompliment, ist das eine direkte Herausforderung für ihre geringe Selbsteinschätzung, denn darin hat eine positive Meinung über sie keinen Platz. Verstärkend kommt hinzu, daß Frauen mit geringer Selbstachtung sich oft sehr auf von außen kommende Definitionen ihrer Person verlassen und eine plötzliche Wertschätzung von anderen deshalb sogar bedrohlich erscheinen kann. Zutiefst davon überzeugt, daß sie das Lob gar nicht verdient und die das Lob aussprechende Person bestimmt schon bald bemerken wird, wie sie »wirklich« ist, weist es die Frau sofort zurück. »Ein hübsches Kleid haben Sie heute an«, sagt beispielsweise eine Kollegin völlig arglos. Aber nicht ein freundliches Wort ist zu unbedeutend, um nicht gleich entwertet zu werden:

»Ach, das ist nur ein abgelegtes Kleid von einer Freundin, nichts Besonderes.«

»Na ja, schon, aber es steht mir nicht besonders.«

»Ich habe sehr viel hübschere Kleider als das.«

»Sehen Sie nur, da ist ein Fleck drauf – den kriege ich nie raus.«

»Ich habe es schon Jahre, es ist aus der Mode.«

Oft kommen diese Antworten ganz automatisch, ohne nachzudenken. Ist das Lob eher persönlicher Natur, wie etwa »Ich bin gern mit dir zusammen«, fühlt sich die Frau noch weit mehr bemüßigt, energisch zu widersprechen: »Du kennst mich eben nicht richtig« oder »Du hast noch nicht erlebt, wie ich bin, wenn ich richtig wütend werde«. Frauen können es in der Zurückweisung eines Kompliments zu großer Perfektion bringen. Sie haben diese Haltung so stark verinnerlicht, daß es auf ein Lob oft nur zwei mögliche Reaktionen zu geben scheint: Kampf oder Flucht.

Die Kampfreaktion ist ein direkter Angriff auf die Intelligenz, das Urteilsvermögen und die Wahrnehmungsfähigkeit der Person, die das Kompliment macht. Offensichtlich können andere, denen ihr Stil gefällt, keinen guten Geschmack haben, und ein Mensch, der gerne mit ihr zusammen ist, kann unmöglich eine gute Menschenkenntnis besitzen. Die Frau verletzt die betreffende Person nicht absichtlich, aber diese wird sich mißverstanden fühlen, im schlimmsten Falle gedemütigt. Ein hervorragendes Beispiel für eine Kampfreaktion auf ein Kompliment ereignete sich zwischen den beiden Autorinnen dieses Buches:

»Ich mache mir übermäßig Gedanken wegen meines vorgewölbten Bauches, meine Co-Autorin grämt sich wegen ihrer ausladenden Hüften. Eines Nachts übernachtete meine Co-Autorin überraschend bei mir, weil ihr Auto streikte. Ich lieh ihr einen Pyjama. Am nächsten Morgen beim Frühstück sprachen wir über unsere Figur, was wir während des Essens manchmal tun. Ich sagte zu ihr: ›Also weißt du, ich finde deine Hüften nicht breit – mir fiel gestern abend auf, daß der Pyjama dir besser paßt als mir. Ich finde, deine Hüften sind schön geformt, aber wahrlich nicht ausladend.‹ Darauf erwiderte sie: ›O ja, und mir gefällt ausnehmend gut, wie dein Bauch über den Gürtel hängt.‹ Und ich trug nicht einmal einen Gürtel!«

Und diese Frau spricht über die Unfähigkeit, ein Kompliment annehmen zu können! Erstaunlich, daß dieses Buch jemals fertig wurde.

Es dauert nicht lang, und der Kampf gegen Lob und Kompliment erfüllt seinen Zweck. Die Menschen, die mit einer Frau zu tun haben, die jedes anerkennende Wort über sich zurückweist, sagen sich irgendwann, sie müsse sich selbst wohl besser kennen, als es ihnen je möglich ist: »An ihrer schlechten Meinung über sich wird schon etwas dran sein«, sagen sie, der vergeblichen Komplimente überdrüssig, und von diesem Zeitpunkt an gibt es keine lobenden Worte mehr. Das wiederum nimmt sie als eindeutigen Beweis, daß ihre geringe Selbstachtung zu Recht besteht, denn schließlich bekommt sie nie ein Wort des Lobes.

Die Fluchtreaktion beruht auf dem Murmeln einer unverständlichen Platitüde oder einem verblüfften Blick:

»Ich ging das erste Mal mit diesem Mann aus, er war sehr zuvorkommend – jedenfalls zuvorkommender als die Typen, die ich sonst kenne. Er fragte mich nach meiner Arbeit – ich arbeite mit behinderten Kindern – und sagte, er bewundere aufrichtig, was ich tue, und glaube, ich könne das wirklich sehr gut. Jedesmal, wenn er etwas dergleichen sagte, flüsterte ich entweder: ›Danke‹ oder ich hielt meine Serviette vor den Mund und nuschelte in den Stoff. Er bat mich zu wiederholen, was ich gesagt habe, er habe mich nicht verstanden. Ich war mir gar nicht bewußt, was ich tat, aber automatisch verfiel ich in mein gewohntes Verhaltensmuster. Ich fragte ihn, ob er Probleme mit den Ohren habe, und hielt ihm einen Vortrag über Hörschäden bei Erwachsenen. Überflüssig zu sagen, daß es ein langer, unangenehmer Abend wurde.«

Entmutigt von der wenig liebenswürdigen Reaktion wird dieser Mann aufhören, seiner vorteilhaften Meinung weiter Ausdruck zu verleihen – oder sofort gehen.

Ein weiterer Grund, der sich hinter der Unfähigkeit, ein Lob anzunehmen, verbirgt, ist die Angst einer Frau, sie könne eitel wirken und das würde einen schlechten Eindruck machen. Natürlich haben Menschen, die einer Frau ein Kompliment machen, keinen schlechten Eindruck von ihr, sonst kämen sie nicht einmal auf die Idee, etwas Anerkennendes zu sagen. Werden Komplimente als das genommen, was sie sind – die Äußerung einer positiven Wahrnehmung durch eine andere Person in einem bestimmten Moment –, dann ist es mehr als unwahrscheinlich, daß wir deren Inhalt verallgemeinern oder bis zur Eitelkeit übertreiben.

Frauen, die kein Lob annehmen können, hätten eine gute Chance zur Steigerung der Selbstachtung, wenn sie die Annahme der Kehrseite des Lobes ebenso konsequent verweigern würden: Kritik. Leider ist das meist nicht der Fall. Manche Frauen weisen jedes Lob entschieden zurück und nehmen Kritik sofort bereitwillig an. Negativismus als Grundhaltung, wie diese Frau erläutert:

»Als ich anfing, Vorträge vor Gruppen zu halten, kamen manchmal ein paar Leute hinterher auf mich zu und sagten: ›Was Sie gesagt haben, hat mir gut gefallen.‹ Ich reagierte darauf meist sehr ungnädig. Was soll's, das ist doch jetzt gelaufen, sagte ich zu mir, es ändert nichts mehr. Es machte mich nervös, weil ich nicht wußte, was sie von mir erwarteten, und ich wollte nicht, daß sie mich vielleicht überschätzten. Wäre aber jemand zu mir gekommen und hätte gesagt: ›So etwas Albernes habe ich in meinem ganzen Leben noch nicht gehört‹, hätte ich diesem Menschen meine ungeteilte Aufmerksamkeit geschenkt. Darüber hätte ich unbedingt mehr erfahren müssen.«

Diese Reaktion beruht auf mehreren Überzeugungen. In erster Linie allerdings auf der Überzeugung, Kritik sei ehrlicher als Lob. Diese Haltung basiert auf der Annahme der Frau, sie sei in Wahrheit nicht gut und müsse sich sehr bemühen, besser zu werden. Hinzu kommt noch die feste Überzeugung, andere Leute müßten ihr sagen und zeigen, wie sie besser werden kann. Da sie nicht gut ist, muß jedes Lob unehrlich oder im besten Fall nichtssagend sein, während Kritik den Pfad zur Perfektion erleuchtet.

Ein Lob anzunehmen verschafft uns Informationen über uns und festigt unser Selbstbild und unsere Selbsteinschätzung. Haben wir ein klar definiertes, einigermaßen stabiles Selbstverständnis, können wir ein Lob als momentane Gültigkeitserklärung einer uns selbst längst bekannten Tatsache auffassen. Und die Wahrheit können wir nicht oft genug hören.

»Mit das Schönste ist es für mich, wenn jemand etwas über mich sagt, was ich auch schon von mir dachte. Ich brauchte zum Beispiel ein Empfehlungsschreiben für eine Bewerbung, und ein alter Freund und Kollege verfaßte es. Nachdem ich das Schreiben gelesen hatte, fühlte ich mich echt toll. Mit negativen Aussagen geht mir das anscheinend genauso – also wenn jemand mich auf etwas hinweist, was mich an mir ebenfalls schon gestört hat. Das ist zwar nicht angenehm, aber ich habe dabei das Gefühl, die Leute schenken mir Aufmerksamkeit und haben sich die Mühe gemacht, mein wahres Ich zu entdecken.«

Selbstachtung entwickelt sich nicht im luftleeren Raum. Wir profitieren von den uns mitgeteilten Beobachtungen und Beurteilungen anderer Menschen, und Lob ist nicht die schlechteste Währung in diesem wichtigen gegenseitigen Austausch.

Vorschläge zur Veränderung

I. Lob annehmen

Macht Ihnen jemand ein Kompliment und Sie sind sofort dabei, es zurückzuweisen, wenden Sie die Gedankenstopp-Methode an.

»O, das ist doch gar nichts.« »STOPP. Dieser Mensch vermittelt mir lediglich seine momentane Wahrnehmung von mir. Kein Grund, sich unbehaglich zu fühlen. Einfach ›Danke‹ sagen.«

Sagen Sie laut »Danke« und belassen Sie es dabei. Fangen Sie damit an, sich insgeheim zu sagen, Sie verdienen das Lob nicht oder Sie seien eitel, wenden Sie ebenfalls die Gedankenstopp-Methode an:

»Wofür halte ich mich eigentlich?« »STOPP. Das ist die Meinung dieser Person. Wie komme ich dazu zu behaupten, die anderen täuschen sich alle? Ich verdiene ein Lob ebenso wie jede andere.«

Um dem Ihnen gemachten Lob noch mehr Nachdruck zu verleihen, schreiben Sie es auf oder, noch besser, verwenden Sie es für die Kartei Ihrer »Ichmagmich«-Aussagen. Zählen Sie die Ihnen gemachten Komplimente, bleiben Sie damit auf dem laufenden und achten Sie darauf, ob Sie mehr Komplimente bekommen, je weniger Sie zurückweisen.

Manchmal fühlen wir uns von einem unerwarteten Lob (oder einer Kritik) überrumpelt, deshalb kann es nützen, Zeit und Ort für Lob oder Kritik selbst zu wählen und auf diese Weise das Feedback zu üben. Dabei können wir unsere Reaktion genau überprüfen und auf ehrliche Antworten hinwirken, die unserer Selbstachtung nicht schaden. Anstatt zu warten, bis jemand sagt: »Das Essen war sehr gut«, und darauf mit Ihrem gewohnten »O, das war doch nichts Besonderes« zu antworten (auch wenn Sie stundenlang an dieser Spezialität gekocht haben), könnten Sie zuerst sagen: »Ich habe ein neues Rezept ausprobiert. Hat es dir geschmeckt?« Antwortet Ihre Freundin (suchen Sie sich jemanden aus, dem Sie vertrauen): »O, ich fand es köstlich, habe ich dir das noch nicht gesagt?«, sagen Sie einfach »Danke«. Wenn Sie mehr Übung haben, versuchen Sie ein »Danke, mir hat es auch geschmeckt«. Antwortet Ihre Freundin: »Es war sehr gut, aber für meinen Geschmack war zuviel Curry dran«, dann mißdeuten Sie dieses ehrliche Urteil nicht als Beleidigung oder als einen Angriff auf Ihren Wert als Person.

II. Ein Kreislauf...

Versuchen Sie, andere Menschen zu loben. Anstatt im stillen etwas Positives über andere zu denken, sagen Sie es mit spürbarer Aufrichtigkeit laut heraus. Achten Sie genau auf die Reaktion der betreffenden Person. Wie fühlen Sie sich, wenn Ihr Kompliment wohlwollend aufgenommen wird? Wie fühlen Sie sich, wenn Ihr Kompliment heruntergespielt oder zurückgewiesen wird? Waren die Rollen schon einmal vertauscht? Können Sie sich an jemanden erinnern, der Sie gelobt hat und sich wohl ebenso gefühlt hat wie Sie jetzt im umgekehrten Fall?

III. Nehmen für das, was es wirklich ist

Wenn Sie Kritik bereitwillig annehmen, dann bringen Sie Ihre diesbezügliche Begabung auch dafür ein, ein Lob zu akzeptieren. Stellen Sie ein harmonisches Gleichgewicht her zwischen Ihrem Glauben an Kritik und Lob. Vermutlich wissen die Leute, daß Sie leicht zu kritisieren sind. Fragen Sie sie also das nächste Mal, anstatt nach immer neuen Gründen für Ihre Fehler und Schwächen zu suchen, folgendes:

»Ich möchte das in einem größeren Zusammenhang sehen. Ich glaube, ich weiß, was Ihnen nicht gefällt. Aber alles hat zwei Seiten. Würden Sie mir bitte eine Seite sagen, die Ihnen an mir gefällt *(an der Art, wie ich die Situation gehandhabt habe etc.)?«*

Hören Sie dieser Antwort ebenso aufmerksam zu wie der vorausgegangenen Kritik.

8. So finde ich zu Vollwertigkeit und Vollständigkeit: Die Suche nach Erfüllung durch Liebe, Mutterschaft und Beruf

In einem freimütigen Interview in *McCall's* 1981 sprach die Schauspielerin und Oscar-Preisträgerin Sally Field von ihrem Kampf gegen eines der häufigsten Probleme, unter dem Frauen mit geringer Selbstachtung leiden. Field erklärte:

»Ich versuche, endlich diese Einstellung abzulegen, daß ich nicht existiere, solange ich keinen Mann habe. Ich hasse diesen Zustand... diese unheimliche Verzweiflung, die ich ohne einen Partner empfinde. Vielleicht *ist* dieses ganze ›Ich-bin-glücklich-allein/Ich-verwirkliche-mich-selbst/Ist-das-denn-nicht-herrlich?‹-Gerede nur ein Haufen Worte – aber irgendwie hoffe ich, wenn ich sie mir nur oft genug vorsage, daran zu glauben. Denn die Alternative besteht darin, lustlos herumzulaufen, ohne einen Sinn zum Weitermachen zu sehen. Und das kann ich für mich nicht akzeptieren...« [1]

Sicher können viele Frauen kaum glauben, daß eine Sally Field mit ihrem Talent, ihrer sprühenden Lebendigkeit und ihrem beruflichen Erfolg die gleichen Probleme mit der Selbstachtung hat wie andere Frauen auch. Aber Talent, Lebendigkeit und Erfolg sorgen nicht automatisch für eine ausgeprägte *globale* Selbstachtung, und die »unheimliche Verzweiflung«, von der Field spricht, ist vielen sehr unterschiedlichen Frauen nur zu vertraut. Dieses Gefühl basiert auf der Überzeugung, eine Frau müsse ihre Existenz durch jemand anderen oder durch etwas anderes bestätigen lassen.

Frauen mit einer hohen Selbstachtung kommen im allgemeinen gut damit zurecht, daß wir im Grunde alle allein sind, denn auch zwischen sich sehr nahestehenden Menschen besteht eine trennende Kluft, die weder große Zuneigung noch Nähe überbrücken können. Sie wissen, zwei Menschen verschmelzen niemals zu einer untrennbaren Einheit, wie groß der Wunsch danach auch sein mag. Sie wissen ferner, daß das abschließende – und entscheidende – Urteil über ihre Vollwertigkeit und Vollständigkeit von ihnen selbst kommen muß, suchen aber gleichzeitig bei anderen Menschen und mit selbstgewählten Aktivitäten nach Bestätigung für ihre Existenz und ihren Selbstwert. Sie suchen *Verbindung* zu anderen Menschen oder ein übergeordnetes Ziel (Beruf, Religion, Familie, politisches und soziales Engagement zum Beispiel), denn das verschafft ihnen die Möglichkeit, ihren natürlichen Wert zu erfahren und zu beweisen.

Menschen mit geringer Selbstachtung haben weit größere Schwierigkeiten, das Alleinsein und die meist damit verbundene Angst vor Verantwortung zu akzeptieren. Nathaniel Branden erläutert:

»Alleinsein bedeutet, die Verantwortung für sich selbst zu übernehmen. Niemand kann für uns denken, niemand kann für uns fühlen, niemand kann unser Leben für uns leben, und niemand außer uns selbst kann unserem Leben Bedeutung verleihen. Diese Tatsache ist für die meisten Menschen beängstigend. Es handelt sich um die unausweichliche Tatsache ihrer Existenz, der sie den heftigsten Widerstand und die leidenschaftlichste Ablehnung entgegensetzen.

Diese Ablehnung äußert sich in schier endlos scheinenden Formen: Verweigerung selbständigen Denkens und unkritische Übernahme der Überzeugungen anderer; Verleugnung der eigenen tiefsten Gefühle, um ›dazuzugehören‹; vorgegebene Hilflosigkeit, gespielte Verwirrung, die Behauptung, zu dumm zu sein, nur um keinen eigenen Standpunkt vertreten zu müssen; festhalten an der Überzeugung, ›sterben‹ zu müssen, ohne die Liebe dieses oder jenes Menschen; die eigene Meinung an der eines Führers ausrichten; töten und sterben für Symbole und Abstraktionen, die dem eigenen Leben Glanz und Bedeutung zu verleihen versprechen, ohne größere Anstrengung von eigener Seite außer Gehorsam; Hingabe der eigenen Energien an manipulierende Menschen durch Schenken von ›Liebe‹.«[2]

Die Suche nach Erfüllung durch Liebe

Frauen haben für ihre Suche nach Erfüllung ein großes Spektrum an Möglichkeiten. Manche nutzen dies durchaus, aber die meisten Frauen in unserer Kultur entscheiden sich für die Liebe. Die Liebe soll ihnen dazu verhelfen, sich ganz und vollwertig zu fühlen. Das kann die Liebe eines Partners oder einer Partnerin sein, deren Aufgabe darin besteht, die Entfremdung, die Verzweiflung und die Selbstablehnung zu eliminieren und so der Frau Erfüllung zu bringen und sie zu einer vollwertigen Persönlichkeit zu machen. Es kann aber auch die Liebe der Kinder sein, deren bloße Existenz als Beweis für die Vollwertigkeit der Mutter gilt und die soviel von ihrer Zeit und Energie beanspruchen, daß sie vom Alleinsein und der von ihr empfundenen Wertlosigkeit abgelenkt wird, Gefühle, die sie so gern verleugnen möchte. Es ist den Frauen nicht angeboren, Erfüllung hauptsächlich in der Liebe (im Gegensatz zu Religion, Politik, Geld, Status) zu suchen; doch es ist die bei Frauen kulturell am nachdrücklichsten sanktionierte und geförderte Form der Kompensation.

Seit Jahrhunderten ist eine geringe Selbstachtung ein Problem der Frauen, aber erst seit dem vorigen Jahrhundert betrachten Frauen in großer Zahl die romantische Liebe als Kompensation für die von ihnen empfundene Unzulänglichkeit und Minderwertigkeit. Bevor im zwanzigsten Jahrhundert die romantische Liebe zwischen heterosexuellen Partnern ihren Siegeszug antrat, wurden die meisten Ehen eher aus Vernunftgründen und weniger auf der Grundlage romantischer Liebe geschlossen. Allerdings erwartete man von der Ehe auch nicht die Erfüllung aller emotionalen Bedürfnisse. Ähnlich verhielt es sich bei den Freundschaften zwischen Frauen. Eine Frau konzentrierte sich meist nicht auf eine einzige Freundschaft, sondern pflegte Beziehungen zu einer ganzen Reihe von Verwandten und Freundinnen.

Heute hat sich das dramatisch gewandelt. Liebesbeziehungen werden am höchsten geschätzt, alle anderen Beziehungen fallen dagegen ab. Jede und jeder sehnt sich nach der großen Liebe. Und von dieser einen Liebesbeziehung wird ungeheuer viel erwartet, denn sie soll alle emotionalen Bedürfnisse erfüllen. Die Regeln unserer Kultur bestimmen, daß nicht jede Liebe ein Mädchen oder eine Frau zu einem vollwertigen Menschen macht. Nein, das geschieht nur durch die Liebe eines Mannes oder eines Jungen: Sie ist ein Niemand, bis sie von jemandem *männlichen* Geschlechts geliebt wird.

Leider sind heute nur allzu viele Frauen davon zutiefst überzeugt. Von frühester Kindheit an sagte man ihnen, Frauen müßten Männern gefallen und ihnen Freude bereiten. Der auf diesen Punkt gelegte Nachdruck vermittelte den Mädchen, ihr schieres Überleben hinge davon ab. Die durchschnittliche Frau ist daher bereits zu Beginn der Adoleszenz süchtig nach männlicher Anerkennung. Aber wie bei jeder Sucht nehmen ihr Verlangen und ihre Abhängigkeit stetig zu: Reichte einmal ein beiläufig geäußertes Kompliment zu ihrer Befriedigung, wird sie in ihrem Bedürfnis nach männlicher Anerkennung im Laufe der Zeit unersättlich. In *Blooming* erinnert sich Susan Allen Toth, sich sogar schon in der Vorschule nach männlicher Aufmerksamkeit gesehnt zu haben:

»Ich kann mich nicht erinnern, wann ich einmal keinen gewollt hätte. Als ich das erste Mal schüchtern den sonnendurchfluteten Raum der Vorschule betrat, fielen mir sofort die beiden unterschiedlich gestalteten Spielbereiche auf, einer mit einer kompletten Spielküche… der andere mit der Miniaturausgabe einer Schreinerei, vollgestopft mit Holzklötzen, Hämmern, Leim. Obgleich ich entzückt in der kunstvoll aus Pappe gearbeiteten Küche herumfuhrwerkte, warf ich heimlich neugierige Blicke auf die Jungen, die in ihrer Schreinerei richtige Nägel einschlugen. Ich wollte unbedingt, daß einer mich bemerkt und beachtet.«[3]

So manche Frau ist heute schnell dabei, das Bedürfnis anderer Frauen nach männlicher Beachtung unnachsichtig zu kritisieren. Aber man darf nicht vergessen, daß keine Frau bewußt entschieden hat, sich von männlicher Aufmerksamkeit abhängig zu machen, und der Entzug von der Sucht nach männlicher Bewunderung keine leichte Aufgabe ist. Es sagt sich so leicht obenhin, nur unintelligente oder politisch uninteressierte Frauen seien von männlicher Anerkennung abhängig, Tatsache jedoch ist, noch soviel Intelligenz, feministisches Bewußtsein oder Intellekt machen eine Frau nicht dagegen immun. Auch sehr intelligente, scheinbar unabhängige und sich selbst genügende Frauen sind zuweilen süchtig nach männlicher Anerkennung. Marcia Millman interviewte eine anerkannte Wissenschaftlerin, die ihr sagte:

»Ich habe jede Menge Erfolg auf sogenannten männlichen Gebieten, aber das alles würde ich sofort eintauschen gegen ein attraktives Äußeres. Der Erfolg in meinem Beruf ist für mich selbstverständlich. Ich habe immer gute Leistungen erzielt. Ich würde meinen rechten Arm hergeben, um auf dem Gebiet gut zu sein, auf dem ich es nicht bin – eine attraktive, sexuell anziehende Frau zu sein.«[4]

Unsere Kultur ist von der Überzeugung, eine Frau brauche zu ihrer Selbstbestätigung unbedingt einen Mann, so durchdrungen, daß sogar Frauen, die das eine ganz andere Realität widerspiegelnde Gegenbeispiel direkt vor Augen hatten, diesen Mythos an ihre Töchter weitergeben. Auch wenn wir geschiedene, sitzengelassene, verwitwete oder aus anderen Gründen ohne Mann lebende Mütter hatten und sie mit dieser Lebensform anscheinend keineswegs unglücklich waren, betrachten wir nur eine Frau mit Mann als Norm und Ideal. Auch in der Literatur wird seit Lancelot und Ginevra die Suche der Frau nach Erfüllung durch romantische Liebe glorifiziert. Wir kennen die klassischen Paare wie Romeo und Julia, aber nirgendwo wird erwähnt, welch große Ausnahme derart verzehrende Leidenschaften waren. In der längsten Zeit der Menschheitsgeschichte betrachtete man das Ideal der romantischen Liebe *nicht* als etwas für die meisten Erstrebens- geschweige denn Wünschenswertes. Beim Lesen der großen Liebesgeschichten der Literatur übersehen wir außerdem oft geflissentlich die grauenhaften Folgen einer großen Leidenschaft. Schon eine tolle Sache, daß Anna Karenina vor einem herannahenden Zug den Kopf auf die Schienen legte und starb. Aber sie liebte, und sie liebte leidenschaftlich, oder?

In Biographien und Autobiographien werden Frauen aus Fleisch und Blut zu Idealfrauen stilisiert, die der Liebe wegen wenn schon nicht auf ihr Leben, so doch zumindest auf ihre Identität verzichten. Sheilah Graham, die Erfüllung in ihrer Beziehung zu F. Scott Fitzgerald suchte, gehört dazu. Sie gab eine geradezu atemberaubende Schilderung ihrer Beziehung zu Fitzgerald:

»Ich blickte in sein Gesicht und versuchte, sein Geheimnis zu ergründen, seine Wunder, und sagte fast andächtig: ›Könnte ich doch in deine Augen hineingehen und die Lider hinter mir schließen und die ganze Welt draußen lassen‹... er hielt mich fest, und ich schmiegte mich an ihn...«[5]

Diese glühende Prosa verschleiert die Wahrheit, nämlich daß Grahams Beziehung zu Fitzgerald (ebenso wie seine Beziehung zu seiner Frau Zelda) notorisch destruktiv war.

Damit nicht der Eindruck entsteht, Sheilah Grahams gäbe es heute nicht mehr, machen wir darauf aufmerksam, daß auch etliche Jahrzehnte später die Vorstellung, eine Frau müsse sich vollkommen der Romantik hingeben, nicht eben selten ist. Zu einer Zeit, in der sich viele Frauen in ihrem Beruf durchsetzen, geben sie in ihrem Privatleben nach wie vor ihren Partnern und Liebhabern zu verstehen: »Sag mir, wer ich bin, sag mir, was ich denken soll, sag mir, was ich tun soll, was ich wert bin... und ich folge dir überall hin.« Genau dies tat Sally Field. Wie sie in ihrem Interview in *McCall's* erklärte, resultierte ihre Einstellung »Ich brauche keine Männer« aus einer zuvor exzessiven Unterwerfung und Hingabe:

»Als Schauspielerin bin ich mir meiner selbst immer sicher: Gibt ein Regisseur mir Anweisungen, die ich für falsch halte, stelle ich mich sofort auf die Hinterbeine, aber in meinem Privatleben heißt es, was Männer betrifft: ›Dir gefällt Rot? Dann mag ich Rot auch.‹«[6]

Nicht nur heterosexuelle Frauen suchen nach Erfüllung durch die Liebe. Auch Lesben erliegen dieser Sucht, um ihre vermeintliche Wertlosigkeit zu kompensieren, und nicht wenige verlangt es heftig nach der Anerkennung und der Liebe der »Einen«:

»Seit meiner ersten Liebesaffäre auf dem College, und das liegt jetzt elf Jahre zurück, lebte ich praktisch immer in einer Zweierbeziehung. Geht eine Liebe zu Ende, will ich sterben. Die einzige Möglichkeit, mit diesem Entsetzen und dem Gefühl der Wertlosigkeit fertigzuwerden, ist, in die Arme einer anderen Frau zu kriechen, die mich wieder heil macht und zu einem Stück zusammensetzt...«

Die Psychologin Penelope Russianoff bezeichnet die diktatorische Maxime unserer Kultur, die einzig richtige Lebensweise sei die als Paar, als »Arche-Noah-Prinzip«.[7] Ein anderes Wort dafür ist »Paarungszwang«.

Aber die Realität sieht anders aus. Die meisten Frauen verbringen einen nicht unbeträchtlichen Teil ihres Lebens ohne Partner, entweder freiwillig oder umständehalber. Allerdings sind die wenigsten Mädchen auf das Alleinleben vorbereitet, und noch weniger Mädchen wird gesagt, es sei in Ordnung, allein zu leben. Sogar Frauen, die zu einer beruflichen Karriere und einem unabhängigen Leben ermutigt wurden, vermittelte man den Eindruck, alleinlebende Frauen seien kein bewundernswertes Vorbild, sondern bemitleidenswerte Opfer eines schrecklichen Schicksals, dem man tunlichst nicht nacheifern sollte.

Die Indoktrination, nur als Paar zu leben, meinte im Grunde unmißverständlich, als heterosexuelles Paar zu leben. Anstatt uns darauf vorzubereiten, aktiv am Prozeß unserer Selbstfindung teilzunehmen oder uns mit alternativen Lebensformen vertraut zu machen, hieß es, wir bräuchten nur brav dazusitzen und auf den Märchenprinzen zu warten, der uns wachküßt. Dieser Märchenprinz würde uns nicht nur Wohlgefühl und Glück bescheren, sondern uns darüber hinaus – noch wesentlicher – zum erstenmal wirklich zum Leben erwecken. Richtig zu leben begännen wir, so machte man uns glauben, von dem alles verzaubernden Augenblick an, wenn wir einen Mann ergattert haben. Und damit wir uns auf unser richtiges Leben auch richtig vorbereiten, lehrte man uns, die Entwicklung unserer Persönlichkeit so lange hinauszuschieben, bis wir unseren Ehemann gefunden haben.

Erscheint einem Mädchen die Mutter, die ihr Selbstgefühl der Autorität eines Mannes unterworfen hat, als eine glückliche Frau, bekommt die Tochter vermittelt, »was bei ihr gutgegangen ist, wird auch bei mir gutgehen«:

»Ich dachte immer, meine Mutter sei glücklich – sie war immer so fröhlich. Sie wählte immer die Partei, die auch mein Vater wählte, richtete ihre Zeiteinteilung ganz nach ihm aus, unternahm nichts ohne seine Zustimmung. In meiner ersten Ehe lief es genauso, und ich versprach mir viel davon. Aber, lieber Himmel, war das langweilig. Ich wurde richtig deprimiert. Als es mir echt schlechtging, versuchte meine Mutter, mich zu trösten. Sie sagte, sie sei auch nie glücklich gewesen, habe sich aber damit abgefunden. Aber das könnte ich nie – ich wußte, das Leben mußte aus mehr bestehen. Das mindeste, was sie hätte tun können, wäre gewesen, mir über dieses miese Getue in einer solchen Ehe reinen Wein einzuschenken.«

Der Zorn dieser Frau auf ihre Mutter, die den Fehler beging, ihr ein unrealistisches Idyll vorzuleben, ist begreiflich. Aber hätte es tatsächlich etwas geändert, wenn ihr die Mutter die Wahrheit gesagt hätte? Die meisten Menschen sind sich heute bewußt, daß nur wenige der in diesem Jahr geschlossenen Ehen in zehn Jahren noch intakt sein werden. Die hohen Scheidungsraten verleiden trotzdem kaum jemandem den Gedanken an eine Ehe. Tatsächlich finden sich die begeistertsten Anhängerinnen unter den Frauen, die die unerfreuliche Realität aus erster Hand erfahren haben:

»Zwischen meinen Eltern kam es immer wieder zu Handgreiflichkeiten, und ich bekam das natürlich mit. Ich sagte mir, das passiert dir nie, und machte es zu meinem Lebensziel, nie so zu werden wie sie. Es kam mir nie in den Sinn, ich könnte vielleicht einen Fehler machen und mit jemandem zusammenleben, der nicht der Richtige für mich ist, oder daß ich suche und suche und suche und überhaupt keinen Mann finde ...«

Für viele Frauen bedeutet die Ehe den Unterschied zwischen finanzieller Sicherheit und Sozialhilfe. Außerdem können die meisten Frauen nur durch eine Ehe weiter zur Mittel- oder Oberschicht gehören beziehungsweise in eine höhere Schicht aufsteigen. Für manche Frauen bedeutet eine Beziehung zu einem Mann den Unterschied zwischen einem Leben am oder unter dem Existenzminimum und ein bißchen Luxus. Manche Frauen bleiben ausschließlich aus finanziellen Gründen mit einem Mann zusammen. Aber nicht nur finanzielle Abhängigkeit, auch eine ungesunde, psychische Abhängigkeit bewegt Frauen manchmal dazu, in einer Ehe oder Beziehung auszuharren. Lenore Walker interviewte für ihre Studie über mißhandelte Frauen Akademikerinnen (Rechtsanwältinnen und Ärztinnen), die von ihren Männern geschlagen wurden und trotzdem bei ihnen blieben.[8] Finanzielle Abhängigkeit von dem prügelnden Mann war bei ihnen sicher nicht der Grund. Ihnen bedeutete es mehr als *alles*, in einer Beziehung mit einem Mann zu leben. Es war ihnen letztendlich sogar wichtiger als ihre eigene körperliche Unversehrtheit.

In *Der Cinderella-Komplex* berichtet Colette Dowling, welche Folgen es für die Beziehung zwischen ihr und ihrem Geliebten Lowell hatte, als sie ihre Berufstätigkeit aufgab und sich bezüglich ihres Lebensunterhalts und dem ihrer Kinder ganz von Lowell abhängig machte:

»Zwangsläufig entwickelte sich Unterwürfigkeit: Ich fühlte mich von dem Mann, der mich versorgte, eingeschüchtert. Damals begann ich, an ihm herumzunörgeln, ihn wegen der lächerlichsten Dinge zu kritisieren. Ich ärgerte mich über Lowells größere Unbefangenheit im Umgang mit Menschen, die Leichtigkeit, mit der er zwischen Geben und Nehmen hin- und herwechseln konnte, ob gesellschaftlich oder geschäftlich. Er schien soviel Selbstvertrauen zu haben. Ich stellte fest, daß ich ihn dafür haßte.«[9]

Emotionale Abhängigkeit, Minderwertigkeitsgefühle und Groll können immer entstehen, wenn eine Frau völlig auf die finanzielle Unterstützung von einem anderen Menschen angewiesen ist. Im Unterschied zu vielen Beziehungen, in denen ein Partner freiwillig zustimmt, für den Lebensunterhalt zu sorgen, und der andere Partner den Haushalt und die Kinderbetreuung übernimmt, hatten Dowling und Lowell gemeinsam die Übereinkunft getroffen, jeder solle in finanzieller Hinsicht selbst für sich aufkommen. Dowlings spätere Entscheidung, ihre Berufstätigkeit aufzugeben und sich von Lowell unterstützen zu lassen, war einseitig; sie setzte ihn nicht einmal von ihrem Vorhaben, die gemeinsam getroffene Übereinkunft zu brechen, in Kenntnis. Statt dessen braute sie sich ihre eigene Theorie zusammen, nach der Lowell verpflichtet war, für sie zu sorgen. Damit fügte sie ihrer Selbstachtung, ihrer Selbsteinschätzung und ihrem Realitätssinn großen Schaden zu:

»... Sicher war meine Beziehung zu Lowell – er der Ernährer und ich die Abhängige – gestört. Das war auch meine Beziehung zu mir selbst. Aus irgendeinem Grund betrachtete ich mich als weniger stark, weniger kompetent als Lowell. Das war eine schwerwiegende Verschiebung in der Beziehung, und daraus ergab sich eine weitere: Lowell ›mußte‹ sich um mich kümmern. Ja, das ist die verdrehte Moral der Schwachen (oder derjenigen, die hartnäckig darauf bestehen, sich als schwach zu betrachten). Wir sind die ›Last‹ der Starken, sie müssen uns mitschleppen; tun sie das nicht, geben wir ihnen auf viele verschiedene Arten zu verstehen, daß wir nicht weiterleben können.«[10]

Colette Dowlings Geschichte ist deswegen interessant, weil sie hervorragend veranschaulicht, wie extrem sich die Sichtweise einer Frau, die Erfüllung durch eine Beziehung sucht, verzerren kann. Sicher, manche Frauen scheinen tatsächlich Angst vor Unabhängigkeit zu haben, manche Frauen glauben, zur Bestreitung ihres Lebensunterhaltes einen Mann zu brauchen, und manche Frauen machen Trottel aus ihren Männern. Aber viele Frauen machen nichts dergleichen und verspüren auch keinen unwiderstehlichen Drang danach. Außerdem wird jede Frau irgendwann, wenn sie die Augen aufmacht, feststellen, daß die »harte Seite des Lebens« letztendlich ohnehin meist die Frauen übernehmen und immer schon übernommen haben:

»Was soll dieser ganze Scheiß, Frauen seien abhängig von den Männern? Wie viele Haushalte werden von Frauen geführt, und nur von Frauen alleine, die nicht einmal einen Mann haben, der den Mülleimer runterträgt? Mal vom Geld abgesehen, trägt die Frau doch das meiste bei und nicht der Mann. Sie kümmert sich um alles, dank ihrer Kraft und Hingabe läuft alles weiter. Sie sorgt für das Wohlbefinden von Mann und Kindern, und emotional scheint der Mann normalerweise abhängiger von ihr zu sein als umgekehrt.«

In einem gewissen Ausmaß ist jeder Mensch, ob Mann oder Frau, von einem anderen abhängig. Trotz des in unserer Kultur herrschenden Mythos von der männlichen Unabhängigkeit und den »Selfmade-Männern« leben Männer wie Frauen in Wahrheit in einem Netz von Beziehungen, und kein Mann hat es je »ganz allein auf sich gestellt« geschafft – immer bestand da dieses oft verborgene Netzwerk von Menschen, meist Frauen, die ihm Unterstützung und Beistand gewährten. Trotz der Ungeniertheit, mit der Colette Dowling behauptet, daß »Psychologen seit einiger Zeit wissen, daß das Bedürfnis nach enger Bindung bei Frauen stärker ausgeprägt ist als bei Männern«,[11] bleibt die Tatsache bestehen, daß die Psychologen sehr lange nichts Derartiges wußten. Im Gegenteil, in einer Langzeitstudie mit 231 jungen heterosexuellen Paaren in den 70er Jahren stellte der Psychologe Zick Rubin fest, daß Männer sich schneller und leichter verlieben als Frauen und stärker den Wunsch haben, eine Beziehung auf Liebe aufzubauen. Mehr noch, ging die Beziehung auseinander – und das war bei 45 Prozent der Paare im Verlauf der Studie der Fall –, ging die Initiative zum Bruch verstärkt von den Frauen aus, und – noch wichtiger – nach dem Ende der Beziehung berichteten die Männer, nicht die Frauen, verstärkt von Traurigkeit, Einsamkeit und Niedergeschlagenheit.[12] Offensichtlich ist es also ein Trugschluß, das eine oder das andere Geschlecht mit dem Etikett »das abhängige Geschlecht« zu versehen. Außerdem erscheint es grotesk, die Angehörigen des einen oder des anderen Geschlechts ihrer Abhängigkeit wegen zu verurteilen. Jeder Mensch braucht andere Menschen und ist bis zu einem gewissen Grad von anderen abhängig, und daran ist nichts auszusetzen.

Die Suche nach Erfüllung durch Mutterschaft

Dieser Weg ist typisch für viele Frauen, denn nicht wenige suchen die Erfüllung in der Mutterschaft. Eine Frau, die sich für diese Möglichkeit entscheidet, fühlt sich erst durch ihre Kinder vollwertig und vollständig. Je nachdem, ob sie als Mutter erfolgreich war oder versagt hat, beurteilt sie ihren Selbstwert. Diese von Lillian Rubin befragte Frau mittleren Alters ist dafür ein typisches Beispiel:

»Meine Karriere waren meine Kinder. Wo hätte ich sonst Erfolg suchen sollen? Worauf sollte ich sonst stolz sein, wodurch Erfüllung finden? Ich kann meinen Erfolg nur an meinen Kindern messen. Mein Mann hat seinen Beruf, seine Karriere verschafft ihm Erfolg und Erfüllung. Er hat seinen Wert bewiesen, deshalb kann er die Enttäuschung, die ich empfinde, nicht nachvollziehen. Die Erziehung der Kinder war das einzige, was ich versucht habe, und dabei habe ich versagt.«[13]

Das Problem dieser Frau ist nicht, gerne eine gute Mutter sein zu wollen; das Problem ist, daß für diese Frau die Mutterschaft die *einzige* Quelle ihrer Selbstachtung ist.

In den Vereinigten Staaten war es über Generationen üblich, Frauen fast von Geburt an darauf zu trimmen, in erster Linie in der Mutterschaft Erfüllung zu suchen. Doch diese Betrachtungsweise der Mutterschaft ist relativ neu. So, wie sich unsere Erwartungen bezüglich sexueller Beziehungen im Laufe der Zeit änderten, änderten sich auch unsere Erwartungen bezüglich der Mutterschaft. Im Amerika der Kolonialzeit richteten sich Leitfäden zur Aufzucht von Kindern entweder an beide Eltern oder nur an den Vater, niemand sprach in erhöhenden Begriffen von »mütterlicher Liebe« oder »mütterlichem Instinkt«.[14] Viele Mütter gewannen ihre Kinder im Laufe der Jahre lieb, aber kaum eine Mutter verband mit der Geburt die Erwartung, von Liebe zu ihrem Kind verzehrt zu werden. Im Gegenteil, die Mütter fürchteten bei der Entbindung um ihr Leben und um das des Kindes. Angesichts der hohen Mütter- und Säuglingssterblichkeit waren diese Ängste absolut berechtigt. Und es hatte auch seine Berechtigung – und war durchaus üblich –, sich davor zu hüten, sich zu rasch emotional an ein Baby zu binden, aus Furcht, das Kind könne das Kleinkindalter nicht überleben. Wie sich die Vorstellungen über Mutterschaft und die Beziehung Mutter–Baby im kolonialen Amerika von den unsrigen heute unterschieden, erläutert Mary Ryan:

»Verfügbare Statistiken aus dem achtzehnten Jahrhundert lassen erkennen, daß die durchschnittliche Frau in der Kolonialzeit davon ausgehen mußte, sich etwa zwanzig Jahre lang mit einem Säugling abzugeben und fast vierzig Jahre mit dem Großziehen der Kinder zu verbringen. Das zeitraubende Großziehen der Kinder und die schweren körperlichen Strapazen der vielen Geburten ließen keinen Raum für einen geheimnisvollen Nimbus der Mutterschaft. Die erste Handlung einer frommen Mutter symbolisierte den inneren Abstand von der Frucht ihres Leibes: ›Gib dein neugeborenes Kind dem Herrn‹. Keine Frau der Kolonialzeit konnte wahrscheinlich ihre Identität mit einem Wesen verbinden, das ihr unter derartig qualvollen Wehen entrissen wurde und einer derart großen Gefahr der Säuglingssterblichkeit ausgesetzt war.«[15]

Damals glaubte man, Kinder seien von Geburt an fertige Persönlichkeiten und auch die besten Eltern könnten nur darauf hoffen, einen zivilisierten Menschen großzuziehen. Diese Ansicht änderte sich in unserem Jahrhundert durch die stark von Freud beeinflußte Überzeugung, die Persönlichkeit sei nicht angeboren, sondern bilde sich im Kindesalter heraus, und Mütter besäßen die Macht, die Psyche ihres Kindes bis ins kleinste Detail zu formen. Diese neue Auffassung der Persönlichkeitsentwicklung steigerte den auf die Erziehung gelegten Wert enorm, verlagerte die Verantwortung von beiden Eltern auf den weiblichen Elternteil allein und lastete damit den Müttern eine unglaubliche Bürde auf. Nun waren Mütter auch für die abschließende Qualitätskontrolle verantwortlich, wie Philip Slater ausführt:

»... der amerikanischen Mutter wurde gesagt: ›Du besitzt die Kapazität, ein Genie großzuziehen, ein Meisterwerk zu schaffen. Etwas Wichtigeres hast du nicht zu tun, es nimmt zu Recht deine ganze Energie in Anspruch.‹ Auf der Grundlage dieser Ansicht war es leicht, die Kindererziehung zu einem Fulltime-Job zu machen... Unsere produktorientierte Gesellschaft bot damit der amerikanischen Mutter die Möglichkeit, ein wirklich hervorragendes Produkt hervorzubringen.«[16]

Es ist kein Zufall, daß die Gleichsetzung der Mutterschaft mit einem Fertigungsprozeß in den Jahren nach dem Zweiten Weltkrieg besonders populär wurde. Damals wurden die Frauen gezwungen, die von ihnen während des Krieges eingenommenen Arbeitsplätze für die heimkehrenden Männer freizumachen. Aber die Berufstätigkeit hatte ihnen Befriedigung, Kompetenz und Anerkennung verschafft. Das alles wollten sie nicht für nichts aufgeben. Als sie notgedrungen auf ihre Berufstätigkeit verzichteten, kompensierten sie den Aufbau einer starken, überlegenen Nation, der ihnen zuvor Befriedigung verschafft hatte, pflichtbewußt mit der Aufzucht starker, überlegener Kinder.

Die Überzeugung, eine Frau sei keine vollwertige Frau, solange sie nicht die Erfahrung der Mutterschaft gemacht habe, korrespondiert mit der Auffassung, eine Frau ohne einen Mann sei ein Niemand. Darauf aufbauend wird behauptet, Ehe und Mutterschaft seien alles, was eine Frau zum Glücklichsein brauche, und eine Frau, die mehr verlange, habe zahlreiche Fehler und Schwächen und ihr mangele es an Anpassung.

Zahlreichen Frauen sind nach wie vor viele Ausbildungs- und Berufschancen verschlossen, und manche sehen sicher immer noch in der Mutterschaft die einzige Möglichkeit, gesellschaftliches Ansehen zu erlangen und ihre Selbstachtung zu steigern. Auffällig ist das besonders bei Frauen im Teenageralter aus wirtschaftlich benachteiligten Familien. Weiße Frauen mit Collegeabschluß, die der Mittel- und Oberschicht angehören, suchen nicht mehr so sehr nach Erfüllung durch die Mutterschaft, und die Geburtenrate ist in dieser Schicht dementsprechend gesunken. Aber bei Teenagern, denen nur wenige Möglichkeiten offenstehen, ist ein Anstieg zu beobachten. Jedes Jahr werden in den Vereinigten Staaten zur Zeit über eine Million Mädchen im Teenageralter schwanger, und vierzig Prozent der in diesem Jahr Vierzehnjährigen werden bis zum Alter von zwanzig Jahren schwanger werden. Die Hälfte dieser Mädchen bekommt das Baby und schließt sich den 1,1 Millionen Teenagermüttern an, die gegenwärtig über 1,5 Millionen Kinder großziehen.[17]

Für eine Teenagermutter kann ein Baby mehrere Zwecke erfüllen. Anstatt die lange und oft schmerzliche Zeit der Adoleszenz durchzustehen, wird das Mädchen scheinbar von einem Tag zum anderen eine erwachsene Frau und erlangt automatisch eine Identität: »Wer bin ich? Ich bin die Mutter dieses Babys.« Und da Mutterschaft zumindest höher eingeschätzt wird als die anderen ihr erreichbar erscheinenden Möglichkeiten (z. B. Schülerin, Verkäuferin, Kellnerin, arbeitslose Schulabsolventin), betrachtet sie es nur als Vorteil, durch das Kind plötzlich gesellschaftliches Ansehen erlangt zu haben. Weil sie Mutter ist, ist das Mädchen zum erstenmal in ihrem Leben in ihrer Familie und bei den Gleichaltrigen eine Persönlichkeit von Bedeutung – wenigstens vorübergehend.

Außerdem sorgt ein Kind für eine gewisse Aufregung und schützt seine junge Mutter vor Langeweile. Viele Mädchen erwarten von ihren Babys eine perfekte, alleserfüllende menschliche Beziehung. Im Szenario ihrer Phantasie liebt sie ihr Baby wie noch keine Mutter zuvor ihr Kind, und das Baby liebt dafür seine Mutter über alle Maßen. Die jungen Mütter betrachten ihre Kinder unter der Devise »ich und mein Baby gegen den Rest der Welt«, denn im Unterschied zu den Freunden und Freundinnen wird das Baby sie nie enttäuschen oder verlassen.

Doch nicht nur Teenager, auch ältere Frauen, denen aufgrund ihrer Ausbildung und ihres sozialen Hintergrunds mehr Möglichkeiten offenstehen als vielen anderen Frauen, hegen immer noch unrealistische Erwartungen im Zusammenhang mit der Mutterschaft. Viele betrachten sie als lebensverändernde Erfahrung, die sie von einem Tag zum anderen zu einer vollwertigen und vollständigen Frau macht. Manche Frauen ziehen sich auf die Mutterschaft zurück, weil sich ihre Träume von der großen beruflichen Karriere zerschlagen haben. Bleibt die Belohnung für ihre Intelligenz und Kompetenz im Beruf aus, bekommen sie diese vielleicht in ihrer Eigenschaft als Mutter:

»Ich wollte aus mehreren Gründen ein Baby, aber der Auslöser war letztendlich, daß ich an einem Punkt angelangt war, an dem ich meine Arbeit richtig haßte. Jahrelang hatte ich geschuftet, aber ich kam einfach nicht weiter. Ich kündigte meine Stellung in der Hoffnung, etwas Besseres zu finden, aber nach sechs Monaten Suche bot sich mir immer noch nichts anderes als wieder eine eintönige Arbeit im Büro. Deshab war ich richtig begeistert, als ich schwanger wurde.«

Aber auch beruflich erfolgreiche Frauen sind nicht unbedingt davor gefeit, bei ihrer Suche nach Erfüllung auf die Mutterschaft zu schielen. In unseren Gruppen zur Steigerung der Selbstachtung stellten wir fest, daß manche Frauen besonders intensiv nach Erfüllung durch Mutterschaft strebten, wenn sie auf anderen Gebieten bereits Erfolge zu verzeichnen hatten. Diese Frauen hatten eine gute Ausbildung, waren erfolgreich im Beruf und hatten häufig eine befriedigende Liebesbeziehung, aber das alles reichte nicht aus, ihnen das Gefühl zu geben, eine vollwertige und vollständige Frau zu sein. Immer weiter auf der Suche nach Erfüllung, begannen sie sich zu fragen: »Und was nun?« Und bei vielen lautete die Antwort: Mutter werden.

Zusätzlich angeheizt wird die Suche nach Erfüllung durch Mutterschaft dadurch, daß viele Frauen nicht zwischen fürsorglich sein können und dem Bedürfnis, fürsorglich sein zu müssen, unterscheiden. Viele Frauen halten es folglich für völlig normal, daß andere ihrer Fürsorglichkeit bedürfen, und akzeptieren dieses Bedürfnis auch, fühlen sich aber gleichzeitig selbstsüchtig oder gar abscheulich, wenn sie selbst das Bedürfnis nach Fürsorglichkeit von anderen haben. Diese Situation kann dazu führen, daß eine Frau sich eifrig bemüht, ihr eigenes Bedürfnis zu kompensieren; und was eignet sich da besser, als ein Baby zu bekommen?

Welche Faktoren auch immer die Auslöser für die Suche nach Erfüllung durch Mutterschaft sind, kaum je erreicht eine Frau, daß sich mit dem Muttersein das Gefühl der Vollwertigkeit und Vollständigkeit einstellt. Mit ausschlaggebend dafür ist, daß der Erfolg oder Mißerfolg einer Mutter nur äußerst subjektiv gewertet werden kann. Manche bejubeln die Mutter einer ambitionierten Studentin oder einer Spitzensportlerin als gute Mutter; andere verurteilen sie, weil sie ihre Kinder zu sehr angetrieben hat. Manche bezeichnen die Mutter des kleinen Jungen, der mit Puppen spielt und Krankenpfleger werden möchte, als Vorbild an Liebe und Toleranz; andere wiederum sehen sie als kranke Frau, die aus ihrem Sohn einen Waschlappen macht.

Unsere Kultur beurteilt die Mütter sehr ungerecht, die meisten befinden sich in einer Lage, in der sie nie gewinnen können. Erfüllt das Kind nicht die in es gesetzten Erwartungen, ist normalerweise die Mutter schuld. Erweist sich das Kind jedoch als gelungenes Exemplar, kommt das Verdienst daran nur zu oft allein dem Vater zu:

»Mein Sohn engagiert sich wie sein Vater in der Politik. Unser Sohn macht sich sehr gut – könnte gut sein, daß er seinen Vater einmal in den Schatten stellt. Immer wieder bekomme ich zu hören, wie glücklich er sich schätzen kann, so einen Vater zu haben. Nun, einer der Gründe für den Erfolg unseres Jungen besteht darin, daß er sich klar und deutlich ausdrückt und eine Führungspersönlichkeit ist. Außerdem fühlt man sich in seiner Gesellschaft einfach wohl, die Leute sind gern mit ihm zusammen. Wo und von wem glauben die Leute eigentlich hat er das gelernt? Sein Vater war fast ständig bei irgendwelchen Versammlungen. Was glauben die Leute, was ich war – eine unbeteiligte Partei?«

Zumindest erkennt diese Frau den Beitrag, den sie mit ihrem positiven Einfluß auf ihren Sohn geleistet hat, auch wenn ihn die anderen nicht würdigen. Aber manche Frauen, die durch ihre Kinder nach Erfüllung suchen, werten sich letztlich selbst so stark ab, daß sie ihr Verdienst gar nicht mehr wahrnehmen:

»Wenn ich meine Tochter ansehe, kann ich buchstäblich nicht glauben, daß sie meine Tochter ist. Sie ist so hübsch und klug und beliebt. Wie kommt nur jemand wie ich zu einer solchen Tochter?«

Leider ist die sogenannte »Affenliebe« gerade bei Frauen weitverbreitet, die durch ihre Kinder nach Erfüllung streben. Es ist unfair, Kinder mit dieser Verantwortung zu belasten. Sie können unmöglich ihre Mutter zu einem vollwertigen und vollständigen Menschen machen. Überdies beeinträchtigt die auf ihren Schultern lastende Verantwortung die Entwicklung ihres eigenen Selbst. Sind die Kinder erwachsen und entwickelten trotz der Mutter einen gewissen Grad an Individualität, lehnen sie vermutlich ihre übertriebene Einmischung in ihr Leben zunehmend ab.

Die Suche nach Erfüllung durch die Mutterschaft und darauf aufbauend einer hohen Selbstachtung schlägt letzten Endes unvermeidlich fehl, denn die Kinder gehen irgendwann aus dem Haus – und mit ihnen geht die einzige Quelle für den Selbstwert der Mutter. Pauline Bart stellte in ihrer Studie mit 533 Frauen, die wegen psychischer Krankheiten zum erstenmal stationär behandelt wurden, ein übergeordnetes Muster fest: Die Frauen bekamen Depressionen, als ihre Kinder das Haus verließen. Alle diese Frauen entsprachen dem klassischen Muster der Frauen, die durch Mutterschaft Erfüllung suchen; Bart beschreibt sie als traditionell selbstlos, märtyrerhaft und überfürsorglich.[18]

Die Suche nach Erfüllung durch Kinder bringt kein besseres Resultat, als Erfüllung in der Liebe zu suchen, denn *Selbst*achtung können uns andere nicht verleihen. Das ist ein Widerspruch in sich.

Die Suche nach Erfüllung durch den Beruf

Arbeit und Liebe, so sagt man, seien die beiden Säulen, auf denen das Glück basiert. Manche Frauen legen heute weniger Wert auf die Bedeutung der Liebe und versuchen zu beweisen, daß das Glück der Frauen im Gegensatz zu den althergebrachten Mythen nicht ausschließlich auf Liebesbeziehungen beruht. Dies wäre an sich eine gesunde Entwicklung, gäbe es da nicht eine bedauerliche Tatsache: Einige Frauen haben heute mit dem Beruf die gleichen Probleme wie andere mit ihren Liebesbeziehungen und der Mutterschaft, denn sie betrachten einzig die Arbeit als entscheidend für ihre Vollwertigkeit und Vollständigkeit. Wie andere Frauen fürchten, ohne Liebe zu sterben, stürzen sie sich in die Arbeit, als hinge ihr Leben davon ab. Sie legen so viel Wert auf ihre Arbeit, daß sie wohl einhellig der Behauptung einer sehr bekannten Schauspielerin zustimmen würden: »Es kommt nicht darauf an, was du empfindest. Nur die Arbeit zählt, die du machst.«[19]

Wie die Liebe oder die Mutterschaft bei den anderen Frauen ist für diese Frau der Beruf die *einzige* Quelle für ihre Selbstachtung. Bestimmt investiert sie Zeit und Energie auch in andere Bereiche, aber ihr Selbstwertgefühl bezieht sie einzig und allein aus der Qualität ihrer Arbeit – ob es sich dabei um das Aufnehmen von Kleinanzeigen oder um das Schrubben von Böden handelt. So wie die zuvor zitierte Wissenschaftlerin ihre beruflichen Leistungen entwertet, weil sie ihren Selbstwert ausschließlich an ihrer mangelnden sexuellen Anziehungskraft mißt, entwertet eine Frau, die nach Erfüllung durch die Arbeit sucht, Faktoren wie eine glückliche Liebesbeziehung, denn für ihren Selbstwert ist nur die berufliche Leistung ausschlaggebend. Marilyn Machlowitz' Beschreibung karriereorientierter Workaholics macht das deutlich:

»Obwohl sie nach außen selbstsicher bis zur Arroganz erscheinen, haben sie insgeheim den Verdacht, voller Fehler und Schwächen zu sein. Gleichgültig, wie richtig oder falsch dieser Verdacht ist und/oder wie sehr er verdrängt wird, er löst Unsicherheit aus. Hart zu arbeiten kann eine Möglichkeit sein, diese einem selbst suspekt erscheinenden Unzulänglichkeiten zu verbergen oder zu kompensieren.«[20]

Bei einer Frau, die nach Erfüllung durch den Beruf sucht, sehen die meisten Menschen die ledige Karrierefrau im maßgeschneiderten Kostüm vor sich, die lässig ihren Aktenkoffer trägt, am Schreibtisch ihren Lunch einnimmt und kaum ein Eigenleben außerhalb des Büros hat – eines mit Sorgfalt gestylten Büros, das zeigt, daß sie zwar eine Frau ist, aber kein Rüschentyp, der auf Geschäftsfrau macht. Zwar entsprechen viele der Frauen, die mittels Arbeit nach Erfüllung streben, tatsächlich diesem Klischee, aber längst nicht alle. Zu diesen Frauen zählt zum Beispiel auch die Kellnerin, die auch nach Ende ihrer Schicht und sogar an ihren freien Tagen im Restaurant herumlungert und so oft wie möglich aushilft, denn sobald sie ihre Berufskleidung auszieht, verliert sie ihre Identität, und wenn sie das Restaurant verläßt, verliert ihr Leben seinen Sinn und Zweck. Ergänzend zu den Frauen, die Erfüllung im Beruf suchen, kommen unzählige andere hinzu, die den gleichen Effekt mit unbezahlter Arbeit anstreben. Machlowitz führt aus:

»Bei dem wenigen, das bisher über Arbeitssucht geschrieben wurde, wurden Frauen fast völlig übergangen, dabei gab es immer schon Frauen, die Workaholics waren. Betrachtet man zum Beispiel Hausfrauenarbeit, wie es rechtmäßig der Fall sein müßte, als Beruf, könnte man Generationen zwanghaft putzsüchtiger Frauen als Workaholics bezeichnen. Und ebenso die unermüdlichen Organisatorinnen von Wohltätigkeitsveranstaltungen.«[21]

Lillian Rubin stellte in ihrer Studie über Frauen in mittleren Jahren aus der Mittel- oder Oberschicht fest, daß viele in der Wohltätigkeitsarbeit eine Möglichkeit sehen, ihre Fähigkeiten einzusetzen, ohne ihre Weiblichkeit zu kompromittieren und die Rolle des Ehemannes als Versorger zu untergraben. Laut Rubin erfüllen diese Frauen die Aufgabe »guter Feen, deren Dienste die Familie von ihren aus der privilegierten Stellung resultierenden Schuldgefühlen erlösen«.[22]

Manche Frauen glauben, arbeiten zu müssen, weil die Arbeit ihrer Ansicht nach die einzige Rechtfertigung für ihre Existenz ist. Aber niemand kommt auf die Welt mit dem angeborenen Gefühl, zur Rechtfertigung seiner Existenz arbeiten zu müssen; eine Frau muß vielleicht arbeiten, damit sie *überleben* kann, aber deshalb wird sie noch lange nicht auf die Idee kommen, ihr Wert hinge gänzlich von ihrer Arbeit ab, es sei denn, jemand vermittelt ihr diese Überzeugung:

»Wir flohen kurz vor dem Einmarsch der Nazis aus Polen. Ich war noch klein damals und kann mich nicht mehr daran erinnern. Ich habe keine Großeltern, keine Onkel, Tanten oder Cousinen. Meine Eltern sagten uns, wir müßten beweisen, daß wir es wert waren, gerettet zu werden. Sie arbeiteten schwer in ihrem kleinen Geschäft, gaben anderen Einwanderern Arbeit und engagierten sich sehr in der Synagoge. Ich arbeitete mein Leben lang im öffentlichen Gesundheitsdienst, hatte aber immer das Gefühl, nicht genug getan zu haben.«

Man muß nicht dem Holocaust entkommen sein, um die Botschaft zu erhalten, zur Rechtfertigung seines Lebens arbeiten, arbeiten und noch einmal arbeiten zu müssen. Da die Ethik unserer Nation und unserer Kultur auf der Arbeit basiert und der Wert jeder Person mit dem erreichten beruflichen Erfolg gleichgesetzt wird, ist es praktisch unmöglich, in den Vereinigten Staaten aufzuwachsen, ohne eine Verbindung zwischen diesen beiden Aspekten herzustellen. Darum erzählt man bereits den Kindern, »leben heißt arbeiten«, und mißt ihren Wert an ihren Leistungen, sobald sie alt genug sind, Leistungen zu erbringen. Von da an weiß das Mädchen, ihr Wert hängt direkt von ihren Erfolgen in der Schule und später in der Arbeitswelt ab. Laut Thomas Carlyle »adelt nur die Arbeit«,[23] und laut Calvin Coolidge, dessen Porträt Ronald Reagan anstelle des Porträts von Thomas Jefferson im Weißen Haus aufhängte, ist Arbeit »der einzige Sinn des Menschseins und der Maßstab der Zivilisation. Wilde arbeiten nicht.«[24]

Viele finden die Suche nach Erfüllung durch Arbeit reizvoll, weil jede Arbeit ein greifbares Resultat erbringt und in gewissem Ausmaß der Kontrolle der Ausführenden untersteht. Die Frau, die durch eine Liebesbeziehung zur Erfüllung gelangen möchte, muß warten, bis der Geliebte sagt: »Ich liebe dich – du bist aller Mühe wert.« Und die Frau, die sich von der Mutterschaft die Erfüllung verspricht, muß sogar noch länger warten, bis sich ihre Kinder als gelungen erweisen und sie sich sozusagen als Mensch amortisiert hat. Aber die Frau, die über ihren Beruf nach Erfüllung strebt, kann ihren Wert direkt an der Zahl der Kunden, Studenten oder Klienten messen, mit denen sie zu tun hat, der Anzahl der Verkaufsabschlüsse, dem damit verdienten Geld, der Stärke des Beifalls nach einer Vorstellung oder dem Klingeln des Trinkgeldes in der Schürzentasche. Sie führt eine konkret definierte Tätigkeit aus und erhält ein meßbares, verläßliches Ergebnis, das ihr als greifbarer Beweis für ihren Wert dient.

Manchen Frauen, die nach Erfüllung durch den Beruf suchen, dient die Hingabe an die Arbeit auch als Schutz vor Nähe. Sie signalisieren unübersehbar: Anerkenne und bewundere mich wegen meiner Leistungen, aber komm mir nicht zu nahe. Manchmal stellt diese Frau ein Schema auf, mit dessen Hilfe sie Nähe hinausschiebt und sich diese erst gestattet, wenn sie ihrer Meinung nach eine Belohnung für ihre Leistungen verdient hat. Aber viele extrem leistungsorientierte Menschen erlangten die Wertschätzung ihrer Kollegen, wurden von Tausenden von Bewunderern verehrt, erhielten auf ihrem Gebiet zahlreiche Anerkennungen und sind trotzdem leider einsam gestorben.

Andere Frauen finden die mit der Ausübung des Berufes oft einhergehende Gemeinschaft mit anderen Menschen angenehm. Viele arbeitswütige Frauen bleiben von den frühesten Morgenstunden an im Büro oder halten sich weiter im Restaurant auf, nachdem sie ihre Stempelkarte schon längst gezogen haben, weil sie die Rückkehr in die Einsamkeit der leeren Wohnung oder in das leere Haus hinausschieben möchten. Zuweilen ersetzt die Familie am Arbeitsplatz die wirkliche Familie, ja, die Arbeitsstelle scheint unter Berücksichtigung dieses Aspekts bewußt ausgewählt zu sein. Zwar sehen etliche Frauen in ihrer Arbeit durchaus einen Sinn und empfinden Zugehörigkeit und zeitweilige Befriedigung im Beruf, aber sie finden kaum das, wonach sie wirklich suchen – echtes Selbstwertgefühl. Das liegt zum Teil daran, daß nur wenigen Frauen Berufe offenstehen, die genügend Status, Aufmerksamkeit und Macht bieten, um ein ausreichendes Fundament für eine hohe Selbstachtung darzustellen. Die meisten berufstätigen Frauen müssen außerhalb ihrer Arbeit nach weiteren Quellen für ihre Selbstachtung suchen – in der Familie, in der Mitgliedschaft in Clubs, in Besitztümern, in der Religion etc. Sucht eine Frau nach Erfüllung durch den Beruf, muß sie sich oft über die Bedeutung und die Wichtigkeit ihrer Arbeit etwas vormachen. Sonst hat sie kaum eine Möglichkeit, ein Wohlgefühl und Selbstzufriedenheit zu entwickeln:

»Ich habe alles in meine Arbeit investiert und mußte mir deshalb einreden, die ganze Abteilung (in der ich Sekretärin war) würde zusammenbrechen, wenn ich auch nur einen einzigen Tag fehlte oder ein bestimmtes Projekt nicht termingerecht fertig bekäme. Ich hielt mich wirklich für unersetzlich. Aber damit nicht genug, ich habe mir auch vorgemacht, dieser Job sei von weltbewegender Bedeutung. Ich glaubte, die Welt stürzt ein, wenn ich einen Termin verpasse oder einen Bericht verpfusche. Eine Freundin hat lange gebraucht, bis sie mich so weit hatte, daß ich ehrlich zu mir war.«

Frauen, die nach Erfüllung durch den Beruf suchen, können sich am Wochenende kaum entspannen oder die Ferien genießen, sie kommen nie völlig zur Ruhe. Auch wenn sie entspannt erscheinen, arbeiten sie oft, planen Projekte oder fühlen sich miserabel, weil sie nicht arbeiten. Selbst in der Freizeit machen sie aus Spiel Arbeit:

»Ich war eine Zeitlang ohne Beschäftigung und bekam Arbeitslosenunterstützung. Damals beschloß ich, wieder radzufahren. Es war ein schöner Sommer, aber ich konnte ihn nicht genießen. Ich war dauernd böse mit mir, weil ich das Radfahren nicht richtig ernst nahm und keine Rennen fuhr. Ich hatte das Gefühl, solange ich mich nicht völlig hingebe, hätte ich keine Berechtigung, überhaupt radzufahren.«

Eine Frau, die unter dem Vorwand der »Befreiung« die traditionell weibliche Rolle völlig aufgibt und sich ausschließlich an den traditionellen Wertvorstellungen der Männer, beruflichem Erfolg und Leistung, orientiert, kann ein Fehlschlag in der Karriere besonders hart treffen. Gail Sheehy erläutert:

»Was wird aus einer ehrgeizigen Frau, die unter Zeitdruck gerät? Sie hängt in der Luft, ist weder eine richtig abhängige Frau noch eine unabhängige Karrierefrau, wenig geachtet in beiden Bereichen, keine Kinder zur Entschuldigung, keinen Mann, der für sie sorgt, der jugendliche Liebreiz ist dahin – das ist ein zu schreckliches Schicksal, um überhaupt daran zu denken.«[25]

Doch beruflicher Erfolg garantiert kein Leben ohne Enttäuschungen, Sorgen, Konflikte oder schwierige Entscheidungen. Auch unter den wenigen Frauen, die sich in den Führungsetagen etablieren konnten, fragen sich viele: »Ist das alles?« Es ist jedenfalls kein Ersatz für ein harmonisch ausgeglichenes Leben, für ein Leben, von dem eine Frau sagen kann: »Unter anderem bin ich gut in meinem Beruf.«

In unseren Gruppen zur Steigerung der Selbstachtung baten wir die Frauen, die nach Erfüllung durch den Beruf strebten, einen Augenblick lang zu überlegen, wie sie glauben zurechtzukommen, wenn sie sich plötzlich in einer Situation befänden, in der sie die Arbeit, über die sie sich so lange definiert haben, nicht mehr ausüben könnten. Fast ausnahmslos reagierten die Frauen auf diese Frage mit Entsetzen; sie hatten nie auch nur an die Möglichkeit gedacht, arbeitsunfähig werden zu können, und sie konnten sich nicht vorstellen, daß ihnen so etwas Furchtbares widerfahren könnte. Eine Frau hat es am eigenen Leib erlebt:

»Im Fernsehen gibt es immer wieder Filme über irgendeinen tollen Typen, einen Konzertpianisten beispielsweise, der durch einen gräßlichen Unfall seine Hände verliert, dessen Ego dadurch total erschüttert wird und der keinen Sinn mehr im Leben sieht. Ich habe viele solcher Filme gesehen, aber wie alle anderen glaubte ich nie, daß mir einmal so etwas zustoßen könnte. Ich war am Boden zerstört, als ich nach einem Autounfall lange Zeit arbeitsunfähig war. Vor dem Unfall war ich Turnlehrerin, es war klar, daß ich diesen Beruf nie mehr würde ausüben können. Gut zwei Jahre lang konnte ich nichts weiter tun, als mich darum zu kümmern, daß es mit mir aufwärtsgeht. Ich brauchte sehr, sehr lange, bis ich wieder ein bißchen Selbstwert empfand, denn ich hatte das Gefühl, wenn ich nicht selbst für mich sorgen, meinen Beitrag zur Familie leisten und irgend etwas Nützliches tun kann, habe ich kein Recht, da zu sein...«

Wir wollen nicht zu rührselig werden, aber es ist eine Tatsache, daß jede von uns morgen plötzlich ihre Arbeits- und Leistungsfähigkeit verlieren kann, und darüber sollten wir einmal wenigstens kurz nachdenken. Könnten wir uns als einen wertvollen Menschen empfinden, wenn wir nicht mehr – entweder für immer oder vorübergehend – arbeiten oder sonst einen nützlichen Beitrag leisten könnten? Das in unserer Kultur vorherrschende Motto »Leben ist Arbeit« macht es schwer, sich von der Arbeit getrennt zu betrachten und zu akzeptieren, daß nur im Leben selbst der Wert liegt – zu leben reicht.

Frieden schließen

Wir müssen aufhören, unseren Wert dadurch zu definieren, mit wem wir zusammenleben, wie viele Kinder wir haben und was wir beruflich erreichen. Wir müssen Frieden schließen mit dem Leben an sich. Wir müssen an die innere, natürliche Bedeutung unseres Lebens glauben, unser Leben braucht keine Rechtfertigung durch jemanden oder etwas von außen Kommendes. Viele der von uns befragten Frauen tauschten die eine Möglichkeit, Erfüllung zu suchen, gegen eine andere aus, mußten aber letztendlich feststellen, daß sie erst Selbstakzeptanz erreichten, wenn sie endlich ihre Beziehungen und Aktivitäten nicht mehr unter dem Blickwinkel der Erfüllung, des »wenn ich das erreicht habe, dann habe ich ein für allemal meinen Wert unter Beweis gestellt«, betrachteten. Der Verzicht auf dieses Denkschema ermöglichte es ihnen, verstärkt inneren Frieden zu finden, ihr Leben neu zu ordnen und eine größere Harmonie zwischen Beruf, Lebensfreude und verschiedenartigen Beziehungen herzustellen.

Das Ende der Suche nach Erfüllung bedeutet auch, Frieden mit dem Alleinsein zu schließen. Das Wort »allein« ist eine Verbindung zweier an sich widersprüchlicher Wörter: »all« und »ein«.[26] Frieden mit dem Alleinsein schließen bedeutet nicht, sich ständig zurückzuziehen und voller Anmaßung überzeugt zu sein, nur wir allein würden zählen und gut ohne irgendeinen anderen Menschen mit unserem Leben zurechtkommen. Es bedeutet vielmehr, sich bewußtzumachen, daß uns nichts und niemand Selbstwert verleihen kann; unser Wert ist in uns selbst.

Wir müssen auch Frieden schließen mit uns, so, wie wir jetzt sind, und mit unserem Leben, wie es jetzt ist. An irgendeinem Punkt ihres Lebens (vorzugsweise nicht während einer Krise) muß sich eine Frau fragen: »Was ist, wenn sich meine Träume nie erfüllen – wenn der ideale Liebhaber, das ersehnte Kind oder der Traumberuf nie Wirklichkeit werden?« Will sie sich nicht auf ewig unzulänglich und unvollständig fühlen, muß die Antwort lauten: »Mir geht es gut. Ich habe Träume und arbeite auf meine Ziele hin. Aber auch bis es soweit ist, ist mein Leben lebenswert.«

Gelingt es einer Frau, diese Selbstakzeptanz zu erreichen, bedeutet das das Ende des endlosen, durch die Suche nach Erfüllung bedingten Wartens. Zu viele Frauen verbringen ihr Leben mit Warten. Sie warten auf jemanden oder auf etwas, der oder das für ein glückliches Leben sorgt, sie warten auf jemanden oder etwas, das ihnen ihre Ängste vor dem Alleinsein nimmt. Aber ein Leben lang warten heißt, das Leben verschwenden. Wollen wir wirklich leben, müssen wir uns dem jeweiligen Augenblick stellen und die Verantwortung dafür übernehmen, unser Glück jetzt und hier zu finden. Wie sagte Sally Field:

»Wenn du fünfunddreißig bist, so wie ich, merkst du plötzlich, daß du eine Vergangenheit hast, daß du nicht mehr auf einen Mann wartest, der daherkommt und dir sagt, du sollst mit ihm gehen, damit dein Leben endlich beginnt. Ich lebe jetzt.«[27]

Vorschläge zur Veränderung

I. Säulen des Lebens

Welches sind Ihre *Säulen für ein glückliches Leben? Haben Sie nur eine? Wenn Sie mehr als eine haben und Sie deren Bedeutung für Ihren Selbstwert zeichnerisch darstellen müßten, würde eine Säule die andere(n) überragen? Überlegen Sie, ob Sie nicht die eine Säule verkleinern und die andere(n) erhöhen möchten.*

Spiegeln Ihre Säulen für ein glückliches Leben Ihre eigenen Wertvorstellungen wider, oder sind sie auf den Erwartungen anderer Menschen aufgebaut? Handelt es sich um Reflexionen von Vorstellungen anderer Menschen darüber, wie das Leben sein muß? Beinhaltet eine Ihrer Säulen Lebensfreude, etwas, das Spaß *macht? Reflektieren die Säulen Ihre eigene Persönlichkeit, Ihre geistige Einstellung, Ihre körperlichen, Ihre intellektuellen und emotionalen Bedürfnisse?*

II. Bewerten der Suche

Sind Sie sich nicht sicher, ob Sie tatsächlich nach Erfüllung suchen oder ob Ihnen jemand oder etwas nur wirklich sehr viel bedeutet, stellen Sie sich die folgenden Fragen (die für Sie zutreffend sind):

1. Was ist, wenn mein(e) Partner(in) oder Ehemann stirbt oder mich verläßt?

2. Was ist, wenn meine Kinder sterben oder mir entfremdet werden?

3. Was ist, wenn ich entlassen oder arbeitslos werde oder körperlich nicht mehr in der Lage bin, meinen Beruf auszuüben?

Es besteht ein Unterschied zwischen traurig, betrübt, zornig oder enttäuscht sein und dem Gefühl, als hätten Sie Ihr Selbst und Ihren Lebenszweck verloren und Ihr Leben habe keinen Sinn mehr. Verfügen wir über ein harmonisch ausgeglichenes Netz an Beziehungen und Interessen, verkraften wir einen Verlust auf einem der oben genannten Bereiche, ohne vollkommen zerstört zu werden.

III. Wenn-dann-Schemata

Die Suche nach Erfüllung steht manchmal mit dem inneren Zwang zur Perfektion in Verbindung. Wir stellten fest, daß die folgenden Varianten der »Wenn-dann«-Schemata den davon betroffenen Frauen häufig die Motivation zu ihrem Streben nach Erfüllung vorgaben:

WENN *ich jemanden finde, der mich liebt und dem ich mich hingebe,* DANN *werde ich mich endlich selber mögen.*

WENN *ich das Wohlergehen meiner Kinder über alles stelle und sie sich gut entwickeln,* DANN *fühle ich mich wohl.*

WENN *ich mich voll und ganz auf meinen Beruf konzentriere,* DANN *beweise ich aller Welt meine Existenzberechtigung und mag mich selbst.*

Jede dieser Aussagen bedeutet endloses Warten auf eine Bestätigung, die vielleicht nie kommt. Jede entzieht einer Frau Energie und verhindert Selbsterkenntnis, während sie versucht, den von den »Wenn-dann«-Schemata aufgestellten Anforderungen gerecht zu werden. Aber diese Schemata gehen nicht auf, weil zuerst die Selbstliebe kommen muß.

WENN *ich mich selbst liebe,* DANN *erst kann ich einen anderen Menschen wirklich lieben.*

WENN *ich mich selbst liebe,* DANN *fördert das bei meinen Kindern eher die für ihre gute, gesunde Entwicklung notwendige Selbstliebe.*

WENN *ich mich selbst liebe,* DANN genieße *ich meine Arbeit weit mehr und finde darin Befriedigung, und das ist wirklicher Erfolg.*

IV. Rechtfertigung Ihrer Existenz

Wer sagte Ihnen, Sie müßten Ihre Existenz rechtfertigen, daß es nicht reicht, einfach am Leben zu sein? Vermutlich stammt diese Botschaft aus mehr als nur einer Quelle (z. B. Familie, Schule, Religion, Freundeskreis etc.). Betrachten Sie jede dieser Botschaften für sich. Sehen Sie darin immer noch Symbole der Autorität? Könnten Sie in Betracht ziehen, daß sie unzutreffend sind?

V. Alleinsein

Wir müssen wahrhaftig nicht auf immer auf unsere Partner, Freunde, Kinder, unseren Beruf oder was auch immer verzichten, um Frieden mit dem Alleinsein zu schließen. Wir können klein anfangen. Versuchen Sie, ein paar Stunden für sich zu reservieren, und gehen Sie an einen ruhigen und sicheren Ort, wo Sie allein sind. Nehmen Sie sich während dieser Zeit keinerlei Aktivitäten vor. Wählen Sie einen Ort, an dem Sie einfach existieren, vielleicht einen Strand oder einen Park (noch einmal, ein Ort, an dem Sie sicher sind). Vielleicht beobachten Sie andere Menschen, aber widerstehen Sie der Versuchung, mehr als höchstens ein paar belanglose Worte mit ihnen zu wechseln, um sich nicht von Ihrem Alleinsein abzulenken. Es handelt sich um ein Experiment, und Sie sollen soviel wie möglich auf sich selbst gestellt sein. Allein ins Kino zu gehen, eine lange Autofahrt allein zu unternehmen etc. sind ebenfalls gute Teilschritte; einige der von uns befragten Frauen haben so etwas noch nie allein unternommen. Allerdings verringern die Ablenkung durch den Film und die für das Autofahren nötige Konzentration das Gefühl des Alleinseins.

Sie sollen die Zeit, die Sie allein verbringen, nicht mit festen Plänen strukturieren, aber sinnvoll wäre es, dabei darüber nachzudenken, was Ihnen das Alleinsein eigentlich so schwermacht. Gab es eine in Ihrem Leben wichtige Person, die allein lebte und unglücklich zu sein schien? Gab es jemanden, der allein lebte und sich dabei wohl fühlte? Verbrachten Sie als Kind viel Zeit allein? Wie fühlten Sie sich damals? Sicher hat das Einfluß auf Ihre Gefühle hinsichtlich des Alleinseins als erwachsene Frau, aber glauben Sie nicht, heute könnte das anders sein? Sie sind schließlich nicht mehr das machtlose Kind von einst. Vielleicht erleben Sie das Alleinsein heute eher positiv. Sie werden feststellen, alles, was Sie brauchen, um inneren Frieden zu finden, steckt in Ihnen selbst.

9. Von sich in der eigenen Haut nicht wohl fühlen bis zu gar nichts mehr fühlen: Zulassen von Emotionen statt Depressionen

Ich muß bereit sein, mich mit meinen häßlichen, bösen und diskreditierenden inneren Gefühlen und Vorstellungen zu konfrontieren, wenn ich die schönen, empfindsamen, anständigen Aspekte von mir wahrnehmen möchte. Alle guten / bösen, starken / schwachen, vollkommenen / lächerlichen Janusköpfe müssen zum Ausdruck gebracht werden, will ich je ohne meine Maske leben. Und trage ich meine Maske zu lange, werde ich, wenn ich sie abnehme und wegzulegen versuche, feststellen, daß ich mit ihr mein Gesicht verloren habe.

Sheldon B. Kopp
If You Meet the Buddha on the Road, Kill Him!

Ein besonders charakteristisches und sehr verhängnisvolles Merkmal unserer Kultur ist das starke Vorurteil gegen Emotionen. Eine hohe Selbstachtung ist aber nur möglich, wenn eine Frau ihre Emotionalität akzeptiert. Sie muß zu sich sagen können: »Ich bin ein fühlendes Wesen, und das ist richtig so.« Leider ist das meist leichter gesagt als getan, denn man lehrte uns, Kopf und Herz, Seele und Körper existierten unabhängig voneinander, seien getrennt. Wir bewerten das Denken höher als das Fühlen. Denken Sie einen Augenblick über die berühmten Worte von René Descartes nach: »Ich denke, also bin ich.« Hätte Descartes gesagt: »Ich fühle, also bin ich«, wäre das nicht weniger richtig gewesen. Noch besser wäre gewesen, er hätte gesagt: »Ich denke *und* fühle, also bin ich.« Doch in unserer Kultur bewundert man und strebt man nach absolutem Rationalismus, und Rationalismus wird mit Männlichkeit assoziiert. Irrationalismus und Emotionalismus wiederum assoziiert man mit den Frauen. Als irrational oder emotional bezeichnet zu werden gilt als eine der schlimmsten Beleidigungen.

Aufgrund des bestehenden Vorurteils gegen Emotionen ist es kein Wunder, daß sich ein Mangel an Selbstachtung bei Frauen häufig auch in mangelndem Respekt vor ihren Gefühlen äußert. Viele Frauen glauben, Emotionen seien ungehörig und dumm, ein Zeichen von Schwäche oder einfach schlecht. Manche betrachten Emotionen und das Zeigen von Emotionen als peinlich, würdelos und unreif. Überdies fürchten viele Frauen, wenn sie auch nur eine Emotion zulassen, sie könnten von diesem Gefühl überwältigt werden und die Kontrolle verlieren. Verbergen andere Menschen ihre Gefühle nicht, spüren viele Menschen ironischerweise selbst oft extrem intensive Emotionen:

»Eine meiner Kolleginnen machte eine wirklich schwere Zeit durch – ihre kleine Tochter war ernsthaft krank und aufgrund der daraus entstehenden Schwierigkeiten und Spannungen drohte ihre Ehe zu zerbrechen. Sie zeigte ihren Schmerz. Nicht, daß sie daraus ein Drama gemacht oder sich als Märtyrerin hingestellt hätte oder so was, nein, sie gab einfach nicht vor, alles stünde zum besten und sie sei hart und stark. Anfangs fühlten die Leute mit ihr mit, aber nach einer Weile sagten sie, sie dürfe sich nicht so gehenlassen... Aber wirklich sehr sonderbar war, daß alle, während sie über diese Frau herzogen, weil sie manchmal die Fassung verlor, selbst völlig fassungslos und aufgewühlt waren.«

Als Reaktion auf das jahrhundertealte Vorurteil gegen Emotionen entstand in den sechziger und siebziger Jahren ein neues Vorurteil, und diesmal handelte es sich um eines, das sich auf das Zum-Ausdruck-Bringen von Emotionen bezog. Es ist schade, aber viele Veränderungen, die mit der Ära des »laß deine Gefühle zu« eingeleitet wurden, waren durchaus nicht positiv. Es kam eine größtenteils leere, nichtssagende Sprache auf, die R. D. Rosen treffend als »Psychogeschwätz« bezeichnete.[1] In den sechziger und siebziger Jahren wurde es Mode, sich nach Devisen wie »wenn du dich dabei gut fühlst, dann mach es« vor der eigenen Verantwortung zu drücken. Ferner schien es zunehmend akzeptabel, ja fast zu einer Art Sport zu werden, mit Hilfe deutlich zum Ausdruck gebrachter Emotionen andere zu manipulieren oder sogar zu verletzen. Immerhin erwiesen sich einige Veränderungen, die das Zeitalter des »laß deine Gefühle zu« hervorgebracht hat, als nicht nachteilig. Manche Frauen entwickelten in dieser Zeit ein gesteigertes Bewußtsein für ihre Emotionen und lernten, ihre Angst vor dem Zeigen von Emotionen zumindest einzudämmen. Größtenteils blieben diese positiven Veränderungen jedoch leider nur oberflächlicher Natur.

Das Vorurteil gegen Emotionen korrespondiert häufig mit Vorurteilen gegen bestimmte ethnische und rassische Gruppen. Bei bestimmten Gruppen wertet man bestimmte Emotionen als jeweils besonders unangenehm. Eine ehrgeizige Jüdin beispielsweise wird automatisch als »typisch habgierige Jüdin« abgewertet. Eine Jüdin, die über viel Selbstbehauptung verfügt, brandmarkt man als aufdringlich und großmäulig. Eine Schwarze mit viel Selbstbehauptung ist »anmaßend«. Hispanos kommen in die Kategorie heißblütig. Zeigt ein Italiener seinen Zorn, gilt er sofort als jähzornig. In jedem Fall wird das gegen Emotionen allgemein bestehende Vorurteil zu einem speziellen neuen Vorurteil gegen eine bestimmte Gruppe ausgeweitet.

Ein Hauptgrund für das in unserer Kultur herrschende Vorurteil gegen Emotionen ist wirtschaftlicher und sozialer Natur: Geschäftliche und soziale Beziehungen nähmen Schaden, würde jeder ständig seine Gefühle zeigen. Das moderne Leben bietet uns im Alltag kaum noch Möglichkeiten, unsere durch unterdrückte Emotionen angestaute Energie freizusetzen (durch schwere körperliche Arbeit auf dem Feld und im Garten, beim Holzhacken, Wäsche von Hand schrubben etc.). Deshalb bleiben einmal unterdrückte Emotionen oft tief im Inneren, wenn auch unbemerkt von der betreffenden Person, aktiv. Werden Emotionen ständig unterdrückt, verstärken sie unsere Veranlagung zu Kopfschmerzen, Erschöpfungszuständen, Geschwüren, Herzproblemen, Asthma, Heuschnupfen, Schlaflosigkeit und sogar Krebs. Alle diese Krankheiten beruhen mit (wenn auch nicht ausschließlich) auf mangelndem Zulassen von Emotionen. Auch eine Krankheit, die sich in den Vereinigten Staaten besonders unter Frauen geradezu epidemisch ausbreitet, gehört dazu – die Depression.

Depression und geringe Selbstachtung gehen im allgemeinen Hand in Hand: So lautete zum Beispiel das Ergebnis einer Studie, daß 80 Prozent der an Depressionen leidenden Menschen sich selbst extrem ablehnen.[2] Den exakten Zusammenhang von Depression und geringer Selbstachtung nachzuweisen ist oft sehr schwierig, aber zwei Dinge sind klar. Erstens, eine Depression verringert in jedem Fall die Selbstachtung; sie steigert sie niemals. Zweitens, eine geringe Selbstachtung disponiert einen Menschen für eine Depression.

Depression verstehen

Eine Frage, die wir in unseren Gruppen zur Steigerung der Selbstachtung häufig gestellt haben, lautete: »Depression – was ist das?« Denn Depression ist zu einem allumfassenden Begriff geworden und dient zur Beschreibung einer Vielzahl von Gefühlen, von der Enttäuschung, Langeweile und Lustlosigkeit bis zu Kummer, extremer Traurigkeit und Verzweiflung. Korrekt angewandt, bezieht sich Depression auf einen bestimmten Zustand. Eine echte Depression charakterisiert sich durch eine Verringerung der Fähigkeit zu fühlen und kann zu völliger Betäubung – oder Abtötung – von Gefühlen führen. Im Frühstadium äußert sie sich durch die Unfähigkeit, positive Gefühle wie Freude empfinden zu können, sowie den Verlust von Willenskraft und der Fähigkeit, im eigenen besten Interesse zu handeln. Schreitet sie ungehindert fort, führt die Depression im späteren Stadium zum Verlust des Fühlens überhaupt, selbst Schmerz wird oft nicht mehr empfunden:

»Als meine Ehe kaputtging, litt ich drei Jahre lang an Depressionen, aber ich wußte das nicht. In dieser Zeit bin ich auf einem eisglatten Gehweg schwer gestürzt. Vermutlich hat es sehr weh getan, aber ich habe nichts gespürt und auch nicht darauf geachtet. Erst als ich mich kaum noch rühren konnte, brachten mich Freunde ins Krankenhaus, und dort stellte man fest, daß ich mit einem gebrochenen Rückgrat herumgelaufen bin.«

Deprimierte Menschen verlieren mit fortschreitender Krankheit nicht nur die Fähigkeit zu fühlen, sondern mit zunehmender Verschlechterung ihres Zustands verlieren sie auch die Fähigkeit zu handeln. Hat eine Frau im Frühstadium einer Depression Probleme, morgens aus dem Bett zu kommen oder manchmal »in Gang zu kommen«, kann sich das später bis zu totaler Starrheit entwickeln. Noch einmal, wir sprechen hier nicht von gelegentlicher Lethargie oder Lustlosigkeit; wir sprechen über ein Stadium chronischer Bewegungsunfähigkeit. Diese Frau beschreibt, wie sie aufgrund ihrer Depression zunehmend in Unbeweglichkeit versank:

»Ich wollte meinen Mann unbedingt verlassen, aber jedesmal, wenn ich das Thema Scheidung zur Sprache brachte, kürzte er das Haushaltsgeld oder nahm mir das Auto weg oder schränkte mich auf eine andere Weise ein. Eines Morgens gingen meine beiden kleinen Töchter zur Schule, und ich setzte mich noch im Bademantel hin, um eine Tasse Kaffee zu trinken und über das Problem nachzudenken. Plötzlich kamen die Mädchen von der Schule nach Hause. Ich hatte mich sieben Stunden nicht bewegt, ich saß immer noch vor derselben Tasse Kaffee.«

David Burns schreibt über das Symptom der Bewegungsunfähigkeit im Zusammenhang mit Depression und die sich daraus ergebende Verringerung der Selbstachtung:

»Einer der zerstörendsten Aspekte einer Depression ist die Lähmung der Willenskraft. Im mildesten Verlauf werden nur ein paar verhaßte Hausarbeiten hinausgeschoben. Verstärkt sich der Motivationsverlust, erscheint praktisch jede Aktivität so schwierig, daß der Drang, gar nichts mehr zu tun, überwältigend stark wird. Aufgrund der immer weniger werdenden erbrachten Leistung fühlt sich die betreffende Person schlechter und schlechter, denn die mangelnde Produktivität verstärkt den Selbsthaß und führt somit zu noch mehr Isolation und Leistungsunfähigkeit.«[3]

Es gibt zahlreiche Theorien darüber, warum und wie Menschen an Depression erkranken. Manche Theorien setzen als auslösende Ursache auf ein chemisches Ungleichgewicht im Körper. Viele Fachleute halten jedoch eine Depression für das Resultat unterdrückter Emotionen – besser gesagt, exzessiver emotionaler Unterdrückung. Der Psychiater Henry Paul erläutert anschaulich, Gefühle seien nicht mit den Tasten eines Klaviers vergleichbar – bei einem Klavier können wir eine Taste herunterdrücken, ohne damit gleichzeitig alle Tasten herunterzudrücken.[4] Aber alle unsere Gefühle stehen miteinander in Verbindung, sie sind nicht voneinander zu trennen. Um Vergnügen und Freude empfinden zu können, müssen wir auch Leid und Traurigkeit spüren.

Erlernen von Depression

Trotz der großen Erschöpfung, der unübersehbaren Auswirkung der Depression, fragen viele noch immer: »Aber ist eine Depression denn nicht eine ganz normale Reaktion auf das Leben?« Die Antwort lautet klar und deutlich nein. Trauer ist eine natürliche Reaktion auf den Verlust eines geliebten Menschen. Enttäuschung ist eine natürliche Reaktion auf die Verweigerung einer erhofften Beförderung oder eine nicht bestandene Prüfung. Zorn ist eine natürliche Reaktion auf ungerechte oder gemeine Behandlung. Aber während wir trauern, enttäuscht oder zornig sind, können wir uns gleichzeitig darüber freuen, daß eine Freundin sich um uns sorgt und anruft und ihr Mitgefühl ausdrückt, oder wir empfinden Erleichterung, weil hilfsbereite Freunde uns verstehen und Beistand leisten. Diese vielen unterschiedlichen Emotionen nacheinander oder sogar gleichzeitig empfinden zu können ist natürlich. Depression dagegen nicht.

Schon früh lernen die meisten von uns, ihre Gefühle zu unterdrükken. Normalerweise unterdrücken wir die Emotionen, die unsere Eltern, Lehrer und andere Autoritätspersonen bei Kindern unerträglich finden. Dazu gehört sicher in erster Linie der Zorn, eine Emotion, mit der Erwachsene bei Kindern besonders schwer fertigwerden. Anne Lamott beschreibt in ihrem Roman *Hard Laughter* den Prozeß, in dessen Verlauf Kinder lernen, Zorn und damit auch andere Gefühlsäußerungen zu unterdrücken. Die Heldin des Romans ist zornig über die Tatsache, daß ihr Vater einen Gehirntumor hat; sie schreibt an einen alten Freund der Familie und teilt ihm mit, sie habe vor, ihre Wut in einer Art »Urschrei-Therapie« herauszulassen. Der Freund antwortet:

»Natürlich bist du ebenso böse wie wir alle wegen dieses Tumors. Das geht uns jedesmal so, wenn wir daran erinnert werden, wie traurig und beschissen die Welt ist... Als Kind konntest du deine Wut besser herauslassen... Mit drei Jahren hattest du eine sehr fröhliche Seite und eine schüchterne, zurückhaltende Seite, dann wurde deine Stimme sehr sanft, und du schienst den Tränen nahe. Ich fand dich einfach großartig. *Außer*, wenn du vor Wut gebrüllt hast. Dann wollten die meisten von uns Erwachsenen nur noch, daß du endlich still bist. Du wurdest bestraft, nicht mit Schlägen natürlich, wenn du stocksauer warst und laut geworden bist: Viele Kleinkinder werden geschlagen, wenn sie ihrem Zorn Ausdruck verleihen. Vielen Kindern verweigert man das Essen (sprich: Liebe), wenn sie zornig sind, aber du weißt, der Zorn gärt in uns weiter, wenn wir ihn nicht herauslassen. Deine sogenannte Schrei-Therapie hört sich so an, als sei es genau das, was du brauchst.«[5]

Sehr oft dient Intellektualisierung der Abwehr von Gefühlen. Wir suchen nach Gründen, um eine Erklärung für unsere Gefühle zu finden, sie zu analysieren, zu beurteilen und zu zensieren. Beliebt bei Frauen ist besonders die ihnen vernünftig erscheinende Erklärung, gewisse Gefühle seien einfach schlecht und falsch, wir dürften sie deshalb gar nicht empfinden. Die dualistische Art und Weise unseres Denkens läßt es vollkommen natürlich erscheinen, bestimmte Gefühle als gut, andere als schlecht einzuordnen. Aber moralische Etiketten eignen sich nicht zur Definition von Gefühlen. Wir können Dinge *tun*, die gut oder schlecht sind. Aber etwas Falsches oder Schlechtes *fühlen*, ist schlichtweg unmöglich.

Wie oft sagte eine Frau zu uns: »Ich sollte nicht so empfinden – das ist einfach dumm.« Aber sowenig wie Gefühle moralisch oder unmoralisch sind, ebensowenig haben sie einen IQ. Außerdem besteht keinerlei Zusammenhang zwischen dem IQ eines Menschen und seinen Gefühlen. Stark verbreitet unter Erwachsenen ist auch die Überzeugung, Gefühle seien »kindisch«, und sie geben sich deshalb große Mühe, das Erleben und das Ausdrücken von Gefühlen zu verhindern. Das kann sich durchaus auch auf positive Gefühle beziehen. Im Extremfall kann die Überzeugung, Gefühle seien kindisch, jede Gefühlsäußerung schon im Ansatz verhindern, aus Furcht, wir könnten uns zum Narren machen.

Manche Frauen glauben auch, Gefühle würden einfach »so passieren«, und betrachten sie nicht als natürliche Reaktion in bestimmten Situationen:

»Letzte Woche bezahlte ich diesem Trottel vierhundert Dollar für die Reparatur meines Autos, und gleich darauf war es wieder kaputt – ganz in der Nähe der Wohnung meiner Freundin. Ich ging zu ihr, um von dort aus zu telefonieren, und erzählte ihr, was passiert ist. Anstatt zu sagen: ›Das ist wirklich verdammt ärgerlich!‹ oder ›So ein Idiot!‹, sagte sie: ›Reg dich nicht so auf, du gerätst noch ganz aus dem Häuschen. Das bringt nichts.‹ Ich sagte ihr, ich würde mich nicht aufregen. Daß ich die Fassung verlor, war mir einfach so passiert.«

Gewisse Gefühle sind zuweilen unangenehm, verwirrend, niederschmetternd oder stellen sich zu einem ungelegenen Zeitpunkt ein. Doch das ist auch bei vielen körperlichen Reaktionen der Fall, etwa wenn man plötzlich Durst bekommt. Wir können Durst nicht über längere Zeit ignorieren, ohne daß unser Körper auf seinem Bedürfnis nach Flüssigkeit beharrt und uns auf lange Sicht Schaden zufügt. Nicht anders verhält es sich, wenn wir unsere Gefühle ignorieren. Eine Frau, die ihr Leben lang Probleme mit Depressionen hatte, kam zu folgendem Schluß:

»Depression ist der Zustand, der im Leben dem Tod am nächsten kommt. Ich denke, ich sterbe noch früh genug, ich muß diese Erfahrung nicht noch vorwegnehmen. Bis es soweit ist, will ich mit meinen Gefühlen leben.«

Falsche Etiketten

Zahlreiche Frauen haben Probleme mit der exakten Benennung ihrer Gefühle. Vielen von uns hat man keinerlei spezielle Bezeichnungen für unsere Gefühle vermittelt, sowenig wie man uns die Benennung unserer Geschlechtsorgane gelehrt hat. Anstatt uns zu helfen, Empfindungen wie Frustration, Kummer, Traurigkeit, Verlust, Zorn, Ärger und Freude, Heiterkeit, Befriedigung, Zärtlichkeit, Bewunderung und Liebe zu identifizieren und zu differenzieren, brachte man uns nur bei, zwischen guten und schlechten Gefühlen zu unterscheiden. Sex und Gefühle stellten gleichermaßen ein Tabu dar, für das es keine präzisen Benennungen gab.

Diese Tabuisierung führte dazu, daß viele Gefühle fälschlicherweise als Depression bezeichnet werden. Oft hören wir von anderen oder sagen auch selbst Dinge wie: »Es regnet jetzt schon so lange – ich bin ganz deprimiert«, oder: »Ich hatte Streit mit meiner Zimmergenossin – ich bin so deprimiert.« In Wahrheit jedoch empfindet eine Frau in solchen Momenten Gefühle wie Langeweile, Ruhelosigkeit, Sorgen, Verstimmung, Zorn.

Manche Frauen greifen auf die Bezeichnung Depression zurück, weil sie es für sicherer und erstrebenswerter halten, deprimiert zu sein, anstatt sich ein ihnen unangenehmes oder ungewohntes Gefühl einzugestehen. Wieder andere, weil Depressionen bei Frauen als normal akzeptiert werden; in Wahrheit belohnt man sie sogar oft noch dafür:

»Wenn ich zu meinem Mann sage, ich mache mir Sorgen oder ich habe Kummer, hört er nicht einmal hin. Er hantiert ungerührt in seiner Werkstatt herum oder läßt mich einfach stehen. Sage ich aber, ich sei deprimiert, hört er mir zu, weil er mir ›helfen‹ möchte. Ich hasse das – es ist so albern, aber es funktioniert.«

Eine Frau kann sich unmöglich wohl in ihrer Haut fühlen, wenn sie sich ständig sagt, sie sei deprimiert. Mit diesem Verhalten kann sie außerdem tatsächlich die Barrieren einer echten Depression aufrichten. Gegen Langeweile, Ruhelosigkeit, Sorgen, Verstimmung etc. kann jede Frau etwas unternehmen. Sagt sie sich aber, sie sei deprimiert, kann sie wenig dagegen tun und redet sich ein, sie sitze wie gelähmt in der Falle. Erklärt eine Frau: »Ich bin einsam«, hat sie viele Möglichkeiten, diesem Zustand abzuhelfen. Sie kann sich sagen: »Ich versuche, jemanden zu finden, der einige Zeit mit mir verbringt«, oder: »Ich fühle mich einsam – aber das geht vermutlich allen von Zeit zu Zeit so.« Sie kann mit Freundinnen sprechen, und diese erzählen ihr vielleicht von den Zeiten, in denen auch sie sich einsam fühlten. Sagt sie sich jedoch: »Ich bin deprimiert«, sieht sie keine Möglichkeit, an diesem Zustand etwas zu ändern. Letztendlich gelangt sie dahin, wo auf diese Weise schon so viele andere Frauen vor ihr endeten – nämlich vom »deprimiert sein« zum »Depressionen haben«.

Die speziellen Probleme der Frauen mit dem Zorn

Depression bei Frauen ist häufig »nach innen gewandte Wut«. Man sagte uns, wir dürften »so nicht empfinden«, also schlucken wir unseren Zorn hinunter. Doch er gärt weiter in unserem Innern und frißt an uns. Aber Zorn ist in bestimmten Situationen eine ganz natürliche Reaktion. Wollen wir gesund bleiben, müssen wir akzeptieren, daß es unser gutes Recht ist, Zorn und Wut zu empfinden. Helen De Rosis und Victoria Pellegrino führen aus:

»Nur wenn man davon überzeugt ist, Zorn sei normal, kann man diesem Gefühl Ausdruck verleihen. Zorn ist ebenso Teil einer Person wie die plötzliche Heiterkeit beim Anhören eines Witzes, wie das Bedauern bei einer unabsichtlich herausgerutschten Beleidigung, wie der Kummer bei einem Verlust, wie die Freude bei der Begrüßung einer Freundin, wie der Widerwille beim Riechen schlechten Geruchs. Zorn muß als menschliche Emotion akzeptiert werden. Dieses Gefühls muß man sich nicht schämen, man muß es nicht verleugnen, nicht rational verdrängen oder verstecken. Denn gleichgültig, was man versucht, sobald Zorn aufsteigt, ist er da, ob man ihm nun Ausdruck verleiht oder nicht, und er beeinflußt das psychische und physische Befinden.«[6]

Bei Kleinkindern wird Zorn ungeachtet des Geschlechts nicht akzeptiert, sobald die Kinder aber größer sind, gestattet man im allgemeinen den Jungen mehr Freiheiten zum Ausleben ihres Zorns als den Mädchen. Eine Lieblingsfigur der amerikanischen Mythen ist der »zornige junge Mann«. Sein natürliches Gegenstück, die »zornige junge Frau«, das ein Mädchen bewundern und dem sie nacheifern könnte, existiert dagegen nicht. Eine zornige Frau wird als Miststück geschmäht oder als unausgeglichen oder sexuell unbefriedigt abgewertet. Währenddessen begehen mehr amerikanische Männer Gewalttaten als die Männer überall sonst. In keiner anderen Industrienation herrscht so große Gewalttätigkeit wie bei uns. Philip Slater bemerkt zu den Folgen des zweierlei Maßes, das den Zorn bei Frauen mißbilligt, bei Männern aber kein anderes Gefühl so sehr billigt wie Zorn:

»Was macht ein Mensch mit Gefühlen, die von der Gesellschaft mißbilligt werden? Bis zu einem gewissen Grad können sie unter dem Deckmantel anderer Gefühle ausgedrückt werden, die keine Ungnade nach sich ziehen. In unserer Gesellschaft brechen Frauen zum Beispiel häufig in Tränen aus, anstatt wütend und zornig zu werden, während die Männer zornig reagieren, wenn ihre Gefühle verletzt werden und sie eigentlich weinen möchten.«[7]

Viele der von uns befragten Frauen gaben nur sehr widerstrebend zu, Zorn zu empfinden und zu zeigen. Sie fanden Zorn nicht nur unweiblich, sondern verwechselten dieses Gefühl oft auch mit dem zwangsläufigen Ende oder dem Entzug von Liebe. Da sie ihre Gefühle häufig nicht exakt zu benennen gelernt haben, unterscheiden sie nicht zwischen Zorn und Haß:

»Erst kürzlich, nach einer gescheiterten Ehe, ging es mir endlich in den Kopf, daß mich jemand gleichzeitig lieben und auf mich wütend sein kann und Zorn nicht das Ende der Liebe bedeuten muß... Erst als ich begriff, was die Worte: ›Ich bin so wütend auf dich, aber ich liebe dich‹ bedeuten, konnte ich mir meinen eigenen Zorn eingestehen.«

Viele Frauen haben auch Schwierigkeiten, mit Zorn richtig umzugehen, weil wir zu wenige – wenn überhaupt – Beispiele konstruktiven Umgangs mit Zorn erlebten. In der Kindheit sahen wir meist nur zwei Möglichkeiten zum Umgang mit Zorn – ihn zu unterdrücken oder so explosiv rauszulassen, daß andere fahrlässig verletzt werden. Aufgrund dieser Erfahrung fällt es vielen Frauen schwer, einen Mittelweg zu finden, und sie schlucken ihren Zorn entweder hinunter oder toben sich allzu vehement aus.

Flucht vor Gefühlen

Manche Frauen geben sich nicht damit zufrieden, ihre ihnen unangenehmen Gefühle zu unterdrücken, sie wollen allen Gefühlen entfliehen. Um »das Leid abzutöten«, wählen sie meist zwischen drei Fluchtmöglichkeiten: Alkohol und/oder Medikamente/Drogen, exzessiven Schlaf und im Extremfall Selbstmord.

Annähernd fünf Millionen Frauen in diesem Land sind Alkoholikerinnen. In ihrer Studie über alkohol-, medikamenten- und drogenabhängige Frauen stellte Muriel Nells bei den süchtigen Frauen, die aus allen sozialen Schichten und den unterschiedlichsten Lebensverhältnissen kamen, ein gemeinsames Grundmuster fest: Alle waren der Überzeugung, ihre Gefühle seien abnormal und gefährlich. Um diese Gefühle zu betäuben, suchten sie Vergessen in Alkohol und/oder Medikamenten/Drogen:

»Ich habe über eine lange Zeit Valium und Librium genommen, um meine negativen Gefühle zu unterdrücken. Im Laufe der Zeit brauchte ich mehr und mehr von diesen Mitteln, damit ich weiter im ›Nebel‹ bleiben konnte, in dem ich mich sicher fühlte. Irgendwann brauchte ich zusätzlich Beruhigungsmittel, um schlafen zu können, und schließlich trank ich, um gar nichts mehr mitzubekommen. Nachdem ich zusammengebrochen bin und einen Entzug hinter mir hatte, begriff ich endlich, daß ich durch die Unterdrückung der mir unangenehmen Gefühle gleichzeitig auch die angenehmen Gefühle unterdrückte. Genau das Gegenteil hatte ich erreichen wollen. Inzwischen sehe ich es so, daß die wirklichen Gefühle angenehm genug sind.«

Anderen Frauen gelingt es, ohne die Hilfe irgendeiner chemischen Substanz ihren Gefühlen zu entfliehen: Sie schlafen ausgiebig. Gabrielle Burton schreibt über ihr Leben als Hausfrau:

»Die meiste Zeit las ich – zwischendurch schlief ich. Ich ging nicht mehr arbeiten. Als wir heirateten, gab ich meinen Beruf auf. Neun Monate und zehn Tage hing ich herum und wartete auf mein erstes richtiges Erlebnis der Erfüllung. Ich beharrte nachdrücklich darauf, daß ich gerne Hausfrau sei. Außerdem dachte ich, alles käme wieder ins Lot, sobald das Baby geboren ist.

Ich schlief übermäßig. Ich hatte große Schuldgefühle deshalb, aber auf diese Weise verging der Tag, und nur darauf kam es an.

Der Schlaf tagsüber ist eine Art Selbstmord. Erstaunlich viele Frauen suchen diesen Ausweg. Alle wissen es, tun aber so, als sei der Mittagsschlaf für die Mutter kleiner Kinder unerläßlich. Absolut gang und gäbe ist: ›Ruf nicht zwischen ein und drei Uhr an. Da mache ich mein Mittagsschläfchen.‹«[8]

Eine Frau muß nicht ans Haus gefesselt sein, um sich in Erschöpfung zu flüchten:

»Ich beschäftige mich ständig, freiwillig erledige ich ein gewaltiges, von mir selbst aufgestelltes Pensum. Von dem Moment an, an dem ich aufwache, bis ich abends buchstäblich ins Bett falle, bin ich unentwegt am Arbeiten. Bis ich nichts anderes mehr empfinde als Erschöpfung.«

Manche Frauen suchen den ewigen Schlaf. Selbstmord ist für viele Menschen an einem bestimmten Punkt ihres Lebens ein vorstellbarer Ausweg. Manchmal kann der Gedanke an Selbstmord Erleichterung vor zu intensiven, kaum erträglichen Gefühlen verschaffen. Vorübergehend an Selbstmord zu denken ist nicht gefährlich. Wird jedoch beträchtliche Energie in die Planung der näheren Umstände eines Selbstmordvorhabens investiert oder lebt eine Frau ihr Leben, als käme es auf nichts mehr an, weil sie sowieso bald stirbt, dann ist es Zeit, professionelle Hilfe in Anspruch zu nehmen.

Leider hat Selbstmord einen gewissen Glanz bekommen. Eine makabere Verherrlichung romantisiert den Selbstmord von Frauen wie Virginia Woolf und Sylvia Plath oder den angeblichen Selbstmord Marilyn Monroes. Diese unglückselige Glorifizierung entsteht durch die Darstellung der Frauen, die Selbstmord begingen. Sie werden begeistert als außergewöhnlich begabt, aber unverstanden hingestellt und ihr Tod als Beweis ihres Genies gepriesen. Es mag romantisch erscheinen, wenn Joe DiMaggio zwei Jahrzehnte lang Rosen an Marilyn Monroes Grab schickt. Aber für die meisten Menschen hat Selbstmord weder etwas Romantisches noch Bewunderungswürdiges: Er bringt ihnen nur den Tod. Und ist damit der extremste Ausdruck von Selbsthaß.

Gefühle voll auszuleben, verläuft nicht immer glatt. Diese Erfahrung kann verwirrend oder sogar furchterregend sein. De Rosis und Pellegrino glauben, daß wir im Verlauf dieses Prozesses manchmal das Gefühl haben, verrückt zu werden, wenn wir in Wahrheit doch nur »normal werden«.[9]

Frauen fürchten sich häufig davor, sich voll auf ihre Gefühle »einzulassen«, denn ihrer Meinung nach besteht die Gefahr, sie könnten »süchtig nach Gefühlen« werden. Sicher geraten manche Frauen bei der Entdeckung ihrer Gefühle und Bedürfnisse erst einmal in Verwirrung und sprechen eine Zeitlang von nichts anderem mehr. Wieder andere übertreiben ihre Gefühle anfangs und dramatisieren sie übermäßig. Aber die meisten Frauen erreichen rasch ein ausgewogenes Gleichgewicht. Sobald Gefühle für uns zunehmend natürlich werden – und so sollte es sein –, besteht nicht mehr das Bedürfnis, sie zu übertreiben, um sie wahrnehmen zu können.

Zu den Frauen in unseren Gruppen sagen wir oft: »Zuerst fühlen Sie mehr, dann fühlen Sie sich besser.«

Läßt eine Frau ihre zuvor mit viel Energieaufwand verleugneten oder unterdrückten Gefühle zu, ändert sich ihre Lebensqualität. Oft kamen die Menschen, mit denen wir zu tun haben, ganz gut mit unserem alten erstarrten Selbst zurecht und begrüßen die Veränderung nicht unbedingt voller Begeisterung. Es kann zum Beispiel passieren, daß eine Frau ihre bestehenden Freundschaften plötzlich weniger befriedigend findet, sobald sie sich in ihrer Haut wohler zu fühlen beginnt und das gemeinsame Band von Selbsthaß und Depression mit ihren Freundinnen nicht mehr besteht. Aber sie wird schließlich einen neuen Freundeskreis finden und Menschen, die ihrem sich aufwärts entwickelnden Selbstwertgefühl eher entsprechen.

Auch wenn wir uns manchmal vernünftigerweise entscheiden, unseren Gefühlen nicht gleich freien Lauf zu lassen, haben wir zumindest etwas aus ihnen gelernt. Kritisiert uns zum Beispiel eine Kollegin, ist es klug, nicht gleich in Schluchzen auszubrechen oder ihr die Kritik umgehend wieder unter die Nase zu reiben, aber unsere Betroffenheit macht uns deutlich, wie empfindlich wir sind und daß es besser ist, wenn wir uns für einige Zeit zurückziehen. Oder wir versuchen herauszufinden, warum unsere Gefühle so leicht zu verletzen sind.

Vorschläge zur Veränderung

I. Gefühle im Zusammenhang mit Gefühlen

Wir beurteilen Gefühle oft als gut oder schlecht. Der Beigeschmack der auf Gefühle angewandten Bewertungen beeinflußt unsere Wahrnehmung der Gefühle. Diese Frau erklärt, wie es sich bei ihr mit dem Begriff Verletzlichkeit verhielt:

»Ich dachte immer, Verletzlichkeit sei schlecht, so offen für Verwundungen. Ich versuchte also, mich zu ändern und nicht mehr so verletzlich zu sein. Aber verletzlich zu sein bedeutet, überhaupt offen zu sein. Und wenn ich offen bin, bin ich nicht nur offen für Verwundbarkeit, sondern auch für das Gute und Schöne.«

Nicht alle Gefühle lassen sich nahtlos in die Kategorien gut/schlecht einordnen. Denken Sie darüber nach, nach welchen Kriterien Sie Ihre Gefühle einordnen und wie sich das auf Ihr tägliches Leben auswirkt. Welche Gefühle beurteilen Sie als schlecht oder falsch bei anderen Menschen? Bei sich selbst?

II. Harmonie / Körper / Seele

Listen Sie alle Gefühle auf, die Sie Ihrer Erinnerung nach überhaupt je empfunden haben. Es können ein paar Dutzend sein, und sie können ein großes Spektrum abdecken (von Verzweiflung bis Freude etwa). Schreiben Sie neben jedes der aufgelisteten Gefühle die bei Ihnen damit normalerweise einhergehenden körperlichen Empfindungen. Seien Sie so exakt und detailliert wie möglich. Bei manchen Gefühlen gibt es wohl nur geringfügige Abweichungen, manche erscheinen praktisch gleichartig. Was immer dabei herauskommt, es ist okay.

Überlegen Sie ferner, wie Sie einige dieser Gefühle unterdrücken. Welchen Einfluß über Ihren Körper üben Sie dabei aus? Halten Sie den Atem an, machen Sie sich steif, wird Ihnen schwindlig? Denken Sie: »Dieses Gefühl ist schlecht«, oder: »Ich sollte nicht so empfinden«, oder intellektualisieren Sie das Gefühl auf andere Weise und nehmen Beurteilungen vor (»Es ist nicht fair«)? Versuchen Sie sich vorzustellen, Sie würden Geist und Körper zum Erleben der Gefühle gemeinsam einsetzen und benennen Sie diese Gefühle dann präzise.

III. Falsche Etiketten

Gehen Sie die Liste durch, auf der Sie Ihre Gefühle notiert haben. Bezeichneten Sie ein Gefühl unzutreffend als Depression? Oder als Hunger? Verstecken Sie ein Gefühl hinter einem anderen? Welche

Erfahrungen haben Sie früher mit diesem Gefühl gemacht? Hat Ihnen irgend jemand gesagt, Sie dürften so nicht empfinden? Oder fehlt Ihnen einfach die Erfahrung im Umgang damit?

Nachdem Sie über einige der Warums und Weshalbs der falschen Bezeichnungen eines unangenehmen Gefühls nachgedacht haben, überlegen Sie sich Alternativen zu dem Begriff Depression, und bezeichnen Sie das betreffende Gefühl beim nächsten Mal, wenn Sie es spüren, mit dem alternativen Begriff. Häufig sind wir verwirrt oder fühlen uns überwältigt, wenn wir das unangenehme Gefühl direkt erleben, und können in dieser Zeit nicht an Alternativen denken, also tun Sie es jetzt, solange Sie nicht unter dem Einfluß dieses Gefühls stehen. Überlegen Sie, was Sie über die präzise Benennung hinaus noch tun könnten, um gegen die lähmende Starrheit ankämpfen zu können, die mit der Überzeugung einhergeht, Sie litten an einer Depression. Hier einige Beispiele aus unseren Gruppen:

Traurigkeit: »Ich kann eine Freundin anrufen und ihr sagen, daß ich traurig bin.«

Innere Unruhe: »Ich kann mich hinsetzen und einen konstruktiven Plan ausarbeiten, wie ich meine Unruhe positiv umsetzen kann, oder versuchen, einen Plan zur Lösung des Problems, das mich beunruhigt, aufzustellen.«

Zorn: »Kann ich mit der betreffenden Person nicht darüber reden, schreibe ich einen Brief, den ich nie abschicke. Oder ich klopfe Teppiche oder hacke Holz und staple es auf oder jogge, bis ich wieder einen klaren Kopf habe.«

Einige dieser Methoden erscheinen Ihnen vielleicht als zu große Vereinfachung. Aber wenn wir mit unseren Gefühlen selbstverständlich und direkt umgehen, richten wir unsere Energie eher darauf, sie zum Ausdruck zu bringen und herauszulassen, anstatt sie zu unterdrücken oder zu verdrängen.

IV. Nonverbaler Ausdruck von Gefühlen

Manchmal liegt es allerdings nicht in unserem Interesse, unsere Gefühle der betreffenden Person direkt zu zeigen. So zum Beispiel bei einem Vorgesetzten, der auf jede Äußerung von Unzufriedenheit sofort mit Repressalien reagiert. Oder wenn wir auf unseren Partner wütend sind, dabei aber genau wissen, daß der größte Teil unseres Zorns nichts mit ihm zu tun hat – es handelt sich vielmehr um »angestauten« Zorn über andere Dinge. Aber unsere Gefühle sind da, und sie sind auch berechtigt. Wir brauchen sie weder zu verstecken noch runterzuschlucken; wir brauchen nur ein anderes Ventil dafür. Können Sie Ihren Gefühlen mit körperlichen Aktivitäten *Ausdruck verleihen (auf Kissen einschlagen, joggen, schwimmen, ballspielen, tanzen etc.)? Können Sie Ihren Gefühlen mit* künstlerischen Aktivitäten *Ausdruck verleihen (malen, schreiben, musizieren etc.)? Können Sie ihre Gefühle mit Hilfe* geistiger Aspekte *spüren oder ausdrücken (Religion, religiöse Zeremonie, Phantasie, Meditation)?*

Wichtig ist, Ventile sowohl für das Ausdrücken der unserer Ansicht nach positiven *Gefühle als auch der sogenannten negativen wie Traurigkeit, Zorn etc. zu haben.*

V. Gefühle zulassen

Sobald Sie feststellen, daß Sie sich bemühen, Gefühle energisch zu unterdrücken, versuchen Sie, sie für kurze Zeit zuzulassen. Ziehen Sie sich beim erstenmal allein zurück, setzen Sie sich ruhig hin, schließen Sie die Augen, wenn Sie möchten, und lassen Sie das Gefühl in ihrem Körper aufsteigen. Versuchen Sie, an nichts anderes zu denken, gestatten Sie sich, nur zu fühlen. Schalten Sie mit Hilfe der Gedankenstopp-Methode jegliches verstandesmäßige Denken oder Beurteilen aus. Versuchen Sie, alles zuzulassen, was geschieht (weinen, schreien, Seufzer der Erleichterung, aufgeregtes Auf- und Abgehen und Freude). Hören Sie nach fünf Minuten auf. Versuchen Sie, die Zeit, in der Sie dem Gefühl freien Lauf lassen, jedesmal zu verlängern.

Fürchten Sie nicht, Sie könnten dieses Experiment nicht kontrollieren. Seit Monaten oder Jahren haben Sie dieses Gefühl unterbunden, und diese Fähigkeit verschwindet nicht einfach. Das Gefühl wird Sie nicht gegen Ihren Willen überwältigen oder Sie »fertigmachen«. Sie können jederzeit abbrechen, wenn Sie wollen. Helfen kann auch, an andere, Ihnen angenehmere Gefühle zu denken, oder an Zeiten in Ihrem Leben, als Sie eher imstande waren, das Ihnen unangenehme Gefühl auszudrücken. Sie haben das damals überlebt – diese Gefühlsäußerung zerstört Sie nicht.

Achten Sie sorgfältig darauf, wie Sie sich nach diesem Experiment fühlen. Nehmen Sie eine veränderte körperliche Empfindung wahr? Wie nehmen Sie die Umwelt wahr? Wie empfinden oder wie verhalten Sie sich anderen Menschen gegenüber? Und am wichtigsten, wie fühlen Sie sich selbst? Nachdem Sie Ihre Gefühle zugelassen haben, und sei es auch nur für eine kurze, kontrollierte Zeit, kann es anfangs vorkommen, daß Sie sich albern, peinlich berührt oder sogar fast ängstlich fühlen. Aber vergessen Sie nicht, Ihre Gefühle existieren aus gutem Grund. Denken Sie an die Worte von De Rosis und Pellegrino, oft sind es die Zeiten, zu denen Sie glauben, verrückt zu werden, wenn Sie in Wahrheit doch nur normal werden.

VI. Mitgefühl mit uns selbst

Frauen werden erzogen, bestimmte Gefühle für andere zu empfinden, aber nicht für sich selbst. Mitgefühl ist ein gutes Beispiel dafür. Die meisten von uns haben keine Probleme, Mitleid mit anderen zu zeigen, zum Beispiel mit einem kranken Menschen, aber wir schimpfen mit uns, wenn wir gesundheitlich nicht auf der Höhe sind. Es fällt uns nicht schwer, die Fehler oder Schwächen anderer zu entschuldigen, aber unsere eigenen verzeihen wir uns nicht. Bei manchen Frauen ist dieses Phänomen so stark ausgeprägt, daß sie an ihrem Existenzrecht zu zweifeln beginnen. Andere wiederum glauben, sie müßten sich ändern, um ihre Existenz zu rechtfertigen – sie müßten abnehmen, ein weitgestecktes Ziel erreichen oder sich auf andere Weise zu ihrem sogenannten Vorteil verändern.

Glauben Sie, auch Ihnen fehlt es an Mitgefühl mit sich selbst? Sobald Sie sich das nächste Mal bewußt werden, daß Sie wieder hart mit sich ins Gericht gehen, lassen Sie das sein, und überlegen Sie, was Sie für eine andere *Person in der gleichen Situation empfinden würden. Falls Sie für die andere Person mehr Mitgefühl aufbringen würden, versuchen Sie, dasselbe Maß an Mitgefühl für sich selbst zu empfinden.*

10. Abgesehen von meinem Körper, bin ich ganz okay: Selbstachtung und Körperbild

Du bist häßlich. Du bist fett. Deine Brüste sind zu klein (oder zu groß). Deine Oberschenkel sind zu dick, deine Waden sind zu dünn. Deine Augen sind zu klein. Deine Haare sind mausfarben. Deine Nase hat einen Höcker. Du bist zu knochig. Du hast Haare im Gesicht. Deine Haare sind zu kraus. Deine Haare sind zu dünn. Du hast Rettungsringe um die Taille. Du hast Vaginalgeruch. Du trägst eine Brille. Dein Gesicht ist voller Pickel. Du vergleichst dich mit fast jeder Frau, die dir begegnet, auch mit denen, die auf der Straße an dir vorbeigehen… aber mit wem du dich auch vergleichst, du wirst dich nie wohl fühlen mit deinem Körper.

Susan Friedman
A Woman's Guide to Therapy

Fast jede Frau in unseren Gruppen zur Steigerung der Selbstachtung hatte ein negatives Bild von ihrem Körper. Manche brachten das gleich mit ihrer geringen globalen Selbstachtung in Verbindung, andere dagegen nicht. Aber im Laufe der Zeit wurde allen Frauen klar, daß es schwer ist, ihren Körper oder einen bestimmten Körperteil abzulehnen und sich trotzdem selbst gern zu haben. Wir tendieren zur Ablehnung unseres Körpers, weil wir uns selbst ablehnen.

Unter Körperbild verstehen wir die Wahrnehmung, die eine Frau von ihrem Körper hat – wie er in ihren Augen aussieht und wie er ihrer Meinung nach von anderen gesehen wird. Eine Frau kann ein klar umrissenes, detailliertes oder ein eher verschwommenes, vages Bild von ihrem Körper haben. Es kann ihren gesamten Körper umfassen oder nur bestimmte Körperteile; es kann realistisch oder unrealistisch sein. Das Körperbild verändert sich mit dem Körper. Es wechselt mit dem Alter, durch eine Schwangerschaft, eine Behinderung, eine Krankheit, eine Operation und andere einschneidende körperliche Veränderungen. Trotz dieser Schwankungen verfügen die meisten Frauen über ein Körperbild, das sowohl in seinen negativen wie positiven Aspekten erstaunlich beständig ist.

Die Beziehung zwischen Selbstachtung und Körperbild ist kompliziert, und die ihr zugrunde liegende Dynamik variiert von Frau zu Frau. Bei einigen Frauen resultiert die geringe Selbstachtung zum Teil direkt aus einem negativen Körperbild. Bei anderen Frauen wiederum ist zuerst die geringe Selbstachtung da, und das negative Körperbild beruht darauf. Das strakte negative Selbstwertgefühl dieser Frauen manifestiert sich in konkretem Körperhaß.[1] Anstatt zu sagen: »Ich bin nichts wert«, oder: »Ich bin unglücklich«, sagt diese Frau. »Ich bin dick«, oder: »Ich bin so häßlich«. So wird der Selbsthaß konkretisiert und kanalisiert. Sie findet darin trügerischen Trost und, noch wichtiger, sie bekommt das Gefühl der Kontrolle. Sie weiß genau, was mit ihr nicht stimmt: Ihr Körper ist nicht in Ordnung. Hätte sie einen perfekten Körper, wäre ihr Leben weitaus besser.

Das negative Körperbild der meisten der von uns befragten Frauen basierte nicht etwa auf einem unattraktiven Körper, sondern auf falschen Wahrnehmungen des Körpers. Sie sahen ihr physisches Selbst verzerrt, und diese verzerrte Sicht hat zwei verschiedene Ursachen, manchmal kommen auch beide zusammen. Erstens verfälschten die Frauen ihre Gesamterscheinung, besonders ihren Umfang – sie sahen sich zum Beispiel weitaus dicker, breiter und runder, als sie tatsächlich waren. Zweitens konzentrierten sich viele Frauen nur auf estimmte Körperteile, die sie extrem verzerrt sahen, so daß ihr Körperbild fast zu einer Karikatur ihrer selbst wurde. Sie beschrieben sich uns gegenüber nicht nur unzutreffend als »gnomenhaft«, »wurstartig, »gebaut wie ein Haus« und »ungeheuer fett«, sie betrachteten ihren »gnomenhaften« oder »wurstartigen« Körper und konzentrierten sich dabei zusätzlich auf die vermeintliche Dominanz anderer Fehler wie große Füße, buschige Augenbrauen, breite Hüften, dünne Haare, Akne, spitze Nasen, »Beine wie Baumstämme«, dicke Hintern, »gewaltige Oberschenkel«, knochige Knie, Hängebusen, schlaffe Bäuche etc.

Wie vielen Frauen ihr Körper entfremdet ist, wird im Falle einer Krankheit deutlich. Anstatt Geist und Körper als Einheit zu empfinden, die ihr Selbst umschließt, betrachten sie ihren Körper als eine Art »Räuber«, als Feind ihres Intellekts, ihrer Karriere, ihrer Partnerbeziehung oder was auch immer durch die Krankheit unterbrochen wird. Fast scheint es, als habe eine gegnerische Mannschaft gewonnen:

»Ich habe meine Brüste immer gehaßt; sie waren oder, besser gesagt, sie sind flach und hängen – wie Staubsaugerbeutel. Ja, und dann hatte ich Zysten in der Brust, die operativ entfernt werden mußten. Ich hatte schreckliche Angst, daß eine Amputation notwendig werden könnte. Zum Glück war das nicht der Fall, ich bestehe noch immer aus einem Stück. Seitdem mag ich meine Brüste lieber – oder rege mich zumindest nicht mehr so darüber auf. Ich glaube, die Zysten waren die Rache meiner Brüste für all die Jahre des Hasses, den ich auf sie konzentriert habe. Es war ein langer Weg, bis ich das endlich überwunden hatte.«

Die lächerlichen Ideale

Adrienne Rich bemerkte, sie »kenne keine Frau, für die ihr Körper nicht ein ständiges Problem« darstelle.[2] Ein wesentlicher Grund dafür sind die von unserer Kultur vorgegebenen Normen für weibliche Schönheit und die Gleichsetzung von Wert mit Aussehen. Die sogenannten Schönheitsideale können die meisten Frauen nicht nur unmöglich erfüllen, sie sind überdies auch ausgesprochen ungesund.

Um in unserer Kultur von Wert zu sein, müssen wir groß und überschlank sein, große frauliche Brüste, aber jungenhafte Hüften und ein makelloses Gesicht haben. Hat eine Frau zufällig keinen perfekten Körper, darf sie diesen Makel unter Umständen mit außergewöhnlichem Talent kompensieren, wie Barbara Streisand und Liza Minelli, aber ihr Aussehen wird trotzdem unnachsichtig kommentiert und stets mit dem Ideal verglichen.

Die Ideale weiblicher Schönheit sind heute in den Vereinigten Staaten besonders ärgerlich, denn es existiert nicht *ein* klar umrissenes Idealbild: Gleichzeitig propagiert werden zwar allesamt lächerliche, aber sich häufig widersprechende Ideale. Könnten die Frauen wählen, welchem Idealtyp sie angehören möchten – dem vollbusigen, kurvenreichen Typ A oder dem jungenhaften, schlanken Typ B – läge letzterer heute in der Beliebtheitsskala vorn. Viele der Frauen, die über andere spotten, die ihre Busen vergrößern lassen, denken sich nichts dabei, wenn sie sich mit gesundheitsschädlichen Diäten malträtieren. Schlank werden und schlank bleiben ist heute zur hauptsächlichen Freizeitbeschäftigung der Frauen geworden und beansprucht beträchtliche Zeit, Energie und Geld. Laut Judith Stein von der Fat Liberation Movement unterdrückt die Glorifizierung der Schlankheit nicht nur übergewichtige Frauen, sondern dient als soziale Kontrolle aller Frauen:

»Die Unterdrückung der Dicken wirkt sich nicht nur auf dicke Männer oder dicke Frauen aus. Tatsächlich dient sie dazu, alle bei der Stange zu halten. Dahinter steckt ein System sozialer Kontrolle, das schlanke Frauen durch die entsetzliche Angst vor dem Dickwerden unter Druck setzt oder ihnen einredet, sie seien dick und müßten eine Menge Energie aufwenden, um das zu ändern. Und von einer dicken Frau erwartet man, daß sie verzweifelt darum kämpft, nicht mehr dick zu sein...«[3]

Wie unterdrückend der ausdrückliche Befehl zur Schlankheit ist, verdeutlicht die Tatsache, daß nahezu 50 Prozent aller Frauen klinisch als übergewichtig gelten* und daß die Amerikaner und Amerikane-

* Klinisch wird Übergewicht definiert als 20 Prozent über dem Idealgewicht liegend. Die von den Versicherungsgesellschaften entwickelten und angewandten Tabellen für das Idealgewicht wurden jedoch als ungesund und einseitig auf Schlankheit ausgerichtet angegriffen und kürzlich revidiert.

rinnen jedes Jahr 10 *Milliarden* Dollar für Diätprodukte und -programme ausgeben, von denen sich 95 Prozent im Lauf von fünf Jahren als unwirksam erwiesen.[4] Mehr noch, viele Diäten und alle operativen Eingriffe zur Gewichtskontrolle stellten sich als gefährlich heraus.

Die in unserer Kultur herrschenden Normen für weibliche Schönheit sind nicht nur ungesund und unrealistisch, sie sind zudem rassistisch: Um schön zu sein, muß man weiß sein oder zumindest weiße Gesichtszüge haben, wenn die Haut schon die »falsche« Farbe hat. Die Dichterin Nellie Wong erinnert sich an das Leid, unter der Tyrannei der weißen Normen aufzuwachsen:

als ich heranwuchs, fühlte ich
mich schmutzig. Ich dachte, Gott
habe die Weißen gereinigt
und gleichgültig, wie oft ich badete,
ich konnte es nicht ändern, ich konnte sie nicht abwerfen
meine Haut im trüben Wasser.[5]

Kamen weibliche Schönheitsideale auf, die nicht auf weißen Normen beruhten, blieben diese für die meisten Frauen allerdings ebenso unerreichbar. Zwar werden in der Zeitschrift *Ebony* nur schwarze Frauen abgebildet, aber ausschließlich sehr schlanke, junge schwarze Frauen.

Erschwerend kommt hinzu, daß die Schönheitsnormen unserer Kultur das Alter diskriminieren. Der Jugendkult läßt keinen Raum für die Schönheit älterer und alter Frauen. Eine Frau ist entweder jung und schön oder alt und unansehnlich. Die paar Ausnahmen, die es gibt, etwa Katharine Hepburn oder Lena Horne, bestätigen eher die Regel. Wir ziehen niemals in Betracht, ältere oder alte Frauen könnten noch »im Rennen« sein. Altern ist in unserer Kultur geradezu eine Obszönität, die es unter allen Umständen zu verhindern gilt:

»Als kleines Mädchen faszinierten mich die Gesichter meiner Großmütter und Großtanten. Sie waren runzlig, zeigten aber soviel Charakter. Ich bin jetzt in den Sechzigern, und ich mag meine Falten – sie sind unverwechselbar. Aber es macht mich verrückt, wenn ich diese ganze Werbung sehe für Fettcremes und Gesichtscremes, die Falten verhindern sollen. Ich frage mich langsam, ob ich noch normal bin, weil mich meine Falten nicht stören.«

Bei älteren Männern macht man Unterschiede, ältere Frauen dagegen sind alle einfach alt. Männer steigen mit zunehmendem Alter sogar oft in die Wertschätzung der Öffentlichkeit; Frauen nicht. Besonders grausam sind unsere Ideale für körperbehinderte Frauen. Da ihr Körper anders aussieht oder anders funktioniert, setzt man voraus, sie könnten ohnehin nie attraktiv sein.

Ein weiteres Problem mit den amerikanischen Normen für weibliche Schönheit ist der rasche und radikale Wandel, dem sie unterliegen. Die fülligen Körper, die Rubens, Degas und Renoir in ihren Gemälden unsterblich machten, wurden zu ihrer Zeit als schön betrachtet, heute würden diese Frauen als häßlich verdammt und zur Hungerkur und Cellulitebehandlung in Schönheitsfarmen geschickt. Marilyn Monroe, Anfang der sechziger Jahre als Prototyp der perfekten Frau gefeiert, erschiene nach den heutigen Maßstäben unangenehm pummelig.

Kim Chernin weist darauf hin, daß die kulturelle Definition des weiblichen Körperideals aus politischen Gründen wechselt – genauer gesagt, abnimmt oder zunimmt. Laut Chernin sind vollbusige und rundliche weibliche Körper dann gefragt, wenn die Frauen den Männern eindeutig untergeordnet sind und die Autorität der Männer nicht herausfordern. Sobald die Frauen nach Gleichberechtigung streben und Unabhängigkeit fordern, verlangt die Kultur einen Körpertyp und einen Kleidungsstil, die »eine gewisse Angst der Männer vor der Macht der reifen Frau reflektieren, besonders wenn diese Macht sich im üppigen Körper einer Frau zeigt«.[6] Als in den fünfziger Jahren viele Frauen zu Hause bei ihren Babys blieben, war der frauliche, fruchtbare Körper modern. Als die Frauen das Heim verließen und gleiche Rechte verlangten, wie in den zwanziger und siebziger Jahren, wurde das weibliche Körperideal immer schlanker und mehr und mehr jungenhaft.

Die unselige moralische Gleichsetzung

In den Vereinigten Staaten betrachtet man heute attraktive Menschen nicht nur als besser aussehend als andere, sondern wertet sie gleichzeitig als klüger, mitfühlender und moralisch überlegen auf. Schönsein ist gleichbedeutend mit überlegensein. Die von uns mit Attraktivität gleichgesetzten moralischen Werte werden besonders deutlich angesichts der Ablehnung und Geringschätzung, mit denen übergewichtige Frauen förmlich überschüttet werden. Marcia Millman erläutert:

»Unübersehbare Korpulenz wurde in unserer Kultur zu einem Mythos, der über einen körperlichen Zustand oder ein potentielles Gesundheitsrisiko hinausgeht. Übergewicht ist inzwischen mit einer mächtigen Symbolik und psychologischen Deutungen durchsetzt, die die Identität einer Person stark beeinflussen... bei einer übergewichtigen Frau wird vorausgesetzt, sie habe persönliche Probleme. Sie wird stereotyp als unweiblich, auf der Flucht vor Sexualität, asozial, unkontrolliert, feindselig, aggressiv verurteilt.«[7]

Die moralische Beurteilung dicker Frauen überträgt sich natürlich auf die Art, wie sie von anderen behandelt werden, und ist somit tatsächlich von gesellschaftspolitischer Bedeutung. Übergewichtige werden nicht nur als Versagerinnen abgewertet, sie werden darüber hinaus auch bestraft:

»In den USA ist das Gewicht eines Menschen ein ebenso großer Maßstab für die soziale Akzeptanz und den sozialen Status wie das Auto. Dicksein wird in der Gesellschaft als Schwäche betrachtet und nicht als Reaktion auf eine soziale Situation, was es zu sein scheint... Laut einiger Personalbüros büßt ein übergewichtiger Arbeitnehmer für jedes Pfund Übergewicht 1000 Dollar potentielles Einkommen im Jahr ein, vorausgesetzt, er oder sie schafft es überhaupt, ganz nach oben zu kommen.«[8]

Die Ächtung der Dicken verteilt sich nicht gleichmäßig auf beide Geschlechter. Bei Männern legt man Dicksein häufig als angemessenes Symbol der Macht aus. Bei einer Frau gilt Körperfülle niemals als Machtsymbol; Dicksein symbolisiert bei ihr Minderwertigkeit und Wertlosigkeit. Luciano Pavarotti ist dick und wird dennoch als attraktiv betrachtet, und mit welcher Verachtung begegnete die Öffentlichkeit den Extrapfunden von Maria Callas und Elizabeth Taylor.

Auch eine Frau, die dem kulturellen Ideal entspricht, muß damit fertigwerden, diesem Ideal nicht auf ewig gerecht werden zu können. Außerdem bezahlen anerkannt schöne Frauen einen hohen Preis für ihre Schönheit: Sie werden bei weitem nicht so ernst genommen wie weniger attraktive Frauen. Nur selten, wenn überhaupt, hören wir von einem gutaussehenden Mann die Worte: »Nur ein einziges Mal möchte ich wegen meines Verstandes geschätzt werden.« Frauen sagen das häufig, denn in unserer Kultur kann eine Frau unmöglich gleichzeitig schön und intelligent sein. Die Situation ist also ausweglos.

Erlernen der Unzufriedenheit

Keine Frau kommt auf die Welt und glaubt, sie müßte unbedingt attraktiv sein, damit sie etwas wert ist. Und auch nicht mit der Vorstellung, Attraktivität sei gleichbedeutend mit Schlanksein oder dem gerade jeweils gültigen Schönheitsideal. Wir haben gelernt, unseren Wert mit unserem Aussehen gleichzusetzen. Man lehrte uns, was in unserer Kultur als schön gilt.

Was unseren Körper betrifft, spielten unsere Eltern bei der Erziehung zur Unzufriedenheit eine wichtige Rolle. Häufig lehrten sie uns bereits, unseren Körper abzulehnen, bevor wir alt genug zum Sprechen waren.

Heute ändert sich das ein wenig, aber als die meisten von uns kleine Mädchen waren, beurteilte man die Körper kleiner Mädchen nach ihrem Aussehen und die der kleinen Jungen nach ihrer Leistungsfähigkeit. Anstatt einem Mädchen die aktive Kontrolle über ihren Körper zu gestatten und ihr Zufriedenheit mit ihrem Körper zu vermitteln, indem sie ihn nach ihren eigenen Maßstäben zu beurteilen lernt, zwang man ihr eine total passive Haltung auf. Sie mußte auf die Wertschätzung durch andere warten. Nicht allen Mädchen wurde die

Macht, die Selbsterkenntnis und die Freude vorenthalten, die das spielerische Erproben oder das sportliche Durchtrainieren des Körpers verleihen. Aber auch für den »Wildfang« endete die lebhafte Behendigkeit des Körpers und die Freude am Körper, wenn mit der Geschlechtsreife die Zwänge einsetzten und der mühsame Kampf begann, ein Objekt der Begierde zu werden.

Unseren Müttern fiel es schwer, uns zutreffende und positive Wahrnehmungen über unseren Körper zu vermitteln, denn sie waren selbst mit einem falschen Körperbild belastet. Ein verzerrtes Körperbild beginnt oft mit einer übertriebenen Beschäftigung mit dem gefürchteten Körper:

»Meine Mutter rasierte sich immer die Unterarme und die Beine – im Sommer jeden Tag – und schnitt ihre Schamhaare so, daß man sie am Schritt des Badeanzugs nicht sehen konnte. Ich war noch nicht einmal neun Jahre alt, da zupfte ich mir schon die Augenbrauen, und gleich zu Beginn der High-School sparte ich für eine Behandlung zur Entfernung meiner Haare auf den Unterarmen. Den größten Abscheu vor mir hatte ich während der Pubertät, als meine Schamhaare anfingen zu wachsen. Obwohl ich auch nicht glücklich war, als sich dann später herausstellte, daß das alles normal war. Ich hörte zwar auf, mein Geld in Enthaarungsbehandlungen zu stecken, trage aber im Sommer immer noch langärmelige Blusen, um meine behaarten Arme zu verstecken.«

Auch Väter flößen ihren Töchtern oft Körperhaß ein. Manche Frauen berichteten, ihren Körper bis zur Pubertät gemocht zu haben. Das habe sich allerdings geändert und in Abscheu vor sich selbst verwandelt, als der Vater sie zurückgewiesen habe oder sonderbare Hänseleien über ihren sich entwickelnden Körper von sich gab. Der ausweglose Konflikt »Entwickle dich zu einer sexy Frau – aber bleibe mein kleines Mädchen« macht es einem Mädchen nicht gerade leicht, sich über ihre zunehmend weibliche Figur zu freuen.

Aber nicht nur die Familie spielte – und spielt auch häufig heute noch – eine große Rolle bei der Entstehung unseres Körperimages, sondern auch Menschen, mit denen wir oft zu tun hatten. Beleidigungen wie »Bohnenstange«, »Schlitzauge«, »Affe«, »Säbelbein«, »Breitmaul« und »Fettwanst« schrien Kinder einander nicht selten hinterher. Konnte die so Beschimpfte sich nicht dagegen wehren, verinnerlichte das Mädchen diese Beleidigungen und räumte ihnen mit der Zeit einen Vorzugsplatz in ihrem Selbstverständnis ein.

Bei vielen von uns entstand die Unzufriedenheit mit dem eigenen Körper nicht nur durch das, was man uns sagte, sondern auch durch das, was man uns nicht lehrte. Nie sagte uns jemand – weder zu Hause noch in der Schule – wie ein gesunder weiblicher Körper beschaffen ist und wie er funktioniert. Frauen tendieren deshalb eher zu Selbstzweifeln als zu einer Infragestellung der kulturellen Schönheitsideale:

»Mein Leben lang habe ich meinen Bauch mit dem von Jungs oder körperlich durchtrainierten Männern verglichen. Meiner steht ein ganzes Stück weit vor, und ihrer ist schön flach. Ich haßte meinen Bauch schrecklich. Im College sagte mir eine Freundin, die einen Krankenpflegekurs belegt hatte, unsere Beckenregion sei völlig anders aufgebaut als die der Männer, deshalb würde der Bauch bei Frauen ein wenig vorstehen. Mir war, als hätte jemand plötzlich alle Lichter angesteckt, und so langsam kann ich meinen Körper ein wenig akzeptieren.«

Die Werbung, das Fernsehen und die Modezeitschriften sind nicht nur Verbreiter der kulturellen Ideale, sondern aufgrund des Fehlens zuverlässiger Informationsquellen sind die Unterhaltungs- und Werbemedien die einzigen, die uns sagen, wie ein normaler gesunder weiblicher Körper auszusehen hat. Leider sind diese Informationen oft weder gesund noch normal. Ein typischer Fall ist die in Einzelteile zerlegte Frau. Die männlichen Models zeigt man uns auf Anzeigen meist von Kopf bis Fuß, zumindest aber ab der Taille aufwärts. Frauen *zerschneidet* man fast ausnahmslos. Zum Anpreisen einer Strumpfhose werden nur ihre Beine gezeigt, dabei könnte eine in voller Größe abgebildete Frau das Produkt ebensogut verkaufen.

Dieselbe Geisteshaltung kommt auch in alltäglichen Unterhaltungen zum Ausdruck. Aussagen wie: »Er steht auf Beine«, oder »Ich stehe auf Busen«, oder: »Ich mag schmale Taillen und geschwungene Hüften«, sind eher die Regel als die Ausnahme. Frauen dagegen sagen selten: »Ich stehe auf eine breite Brust«, oder: »Wenn einer keine behaarten Beine hat, geht gar nichts«. Natürlich haben manche Frauen eine Vorliebe für bestimmte männliche Körpermerkmale, aber sie nehmen trotzdem den ganzen Mann wahr und schätzen ihn seines ganzen Selbst wegen und nicht wegen eines Einzelteils seines Körpers.

Fortsetzen der Unzufriedenheit

Wie bereits angesprochen, spielt die Familie und die Kultur eine ungemein wichtige Rolle bei der Entstehung des Körperhasses und der Körperbesessenheit der Frauen, die in dem Wunsch gipfeln, den eigenen Körper zu »modellieren«. Aber wir selbst sind daran nicht ganz unschuldig, denn wir versuchen hingebungsvoll, uns den lächerlichen Idealen unserer Kultur anzupassen. Wir sind es, die die Modezeitschriften kaufen, die sich in Designer-Jeans zwängen und Diätbücher zu Bestsellern machen. Manchmal wird der fortgesetzte Druck, unter dem wir als erwachsene Frauen stehen, durch Repressalien oder offenen Spott deutlich:

»Bei einem heftigen Streit sagte mir mein Freund, ich sei ein Fettkloß, ich sähe einfach abstoßend aus und röche schlecht. Er überlege sich, mich zu verlassen, wenn ich ›nichts aus mir mache‹. Ich gab mir große Mühe, besser auszusehen, um die Beziehung zu retten. Aber da keine dieser Behauptungen überhaupt auf mich zutraf, war natürlich alles umsonst – es war nicht mein Aussehen, was an dieser Beziehung nicht stimmte.«

Wir selbst sind es, die unerbittlich auf die angeblichen Mängel unseres Körpers fixiert sind. Wir sind es, die Unglaubliches unternehmen, um diese Mängel zu eliminieren:

»Nie habe ich irgendeine negative Bemerkung eines Mannes, mit dem ich ein Verhältnis hatte, über meinen Körper vergessen. Dabei habe ich selbst eine Menge meiner Mängel erst auf sie projiziert. Ich ging immer davon aus, sie fänden meinen Hintern zu dick, meine Oberschenkel zu kräftig und meine Brüste zu klein, denn so sah ich mich. Sagten sie mir, ich hätte einen schönen Körper, paßte mir das überhaupt nicht – ich hatte das Gefühl, sie wollten meine Gefühle nicht verletzen oder seien einfach blind.«

Wir selbst sind oft die unnachsichtigsten Kritikerinnen unseres Körpers, aber fast noch schlimmer sind wir als Kritikerinnen anderer Frauen. Die Männer dürfen in unserer Gesellschaft Frauen von Kopf bis Fuß inspizieren und ihre beurteilenden Kommentare laut und oft in obszöner und beleidigender Form von sich geben. Das allein ist schon eine Bedrohung der Selbstachtung der Frauen. Aber mindestens ebenso bedrohlich ist die freilich subtilere, wenn auch nicht weniger abwertende Art und Weise, mit der wir Frauen einander das gleiche antun:

»Wenn ich alte Freunde treffe, die ich jahrelang nicht gesehen habe, mache ich mir keine Gedanken über die Anerkennung von seiten der Männer, sondern ausschließlich über die Reaktion der Frauen. Die Männer nehme ich irgendwie kaum wahr, aber die Frauen betrachte ich aufmerksam und frage mich dabei, ist sie schlanker als ich? Sieht sie älter aus? Hat sie mehr Falten? – Und ich weiß, die anderen Frauen machen das bei mir genauso.«

Welch große Rolle Frauen bei der in unserer Kultur beharrlich aufrechterhaltenen Überzeugung spielen, gutaussehende Menschen seien auch die besseren Menschen, zeigt sich leider deutlich bei den Verfechterinnen des Körperkultes. In ihrem Aerobic-Bestseller beklagt Jane Fonda zum Beispiel ausführlich die von »Männern definierten« Schönheitsnormen, aber sie ist mindestens ebenso unerbittlich wie jeder männliche Modedesigner mit ihrer Botschaft, jede Frau müsse einen mageren, muskulösen Körper haben – und wenn das bedeute, etliche Stunden am Tag der Erreichung dieses Ziels zu opfern. Erschwerend kommt hinzu, daß Fonda körperliche Schönheit und Fitneß gleichsetzt mit moralischer und politischer Integrität. Damit unterstellt sie, eine Person, die körperlich gut in Form ist, sei empfänglicher für progressive und soziale Ideen und deren Umsetzung als jemand, der weniger gut in Form ist.[9]

Bei näherer Betrachtung der hartnäckigen Konzentration der Frauen auf ihren Körperhaß und ihre Körperbesessenheit fanden wir dafür mehrere Gründe. Die fanatische Hingabe an die Schlankheit und Schönheit kompensiert zum Beispiel die bei den meisten Frauen verschüttete, aber nach wie vor vorhandene Sehnsucht nach dem Vollbringen einer Höchstleistung. Den Männern stehen viele Bereiche offen, in denen sie großartige Leistungen erreichen können – im Sport, in der Technologie, im Geschäftsleben, im Erwerb von Reichtum etc. Den Frauen ist es im allgemeinen nur in engen Grenzen erlaubt, Höchstleistungen zu vollbringen, und dazu zählen die Bereiche Fürsorglichkeit, Schönheit und Schlankheit. Schön und schlank zu sein vermittelt einer Frau das Gefühl, sie habe eine ebenso große Leistung vollbracht, wie Männer sie auf anderen Gebieten erreichen, und damit kanalisiert sie zugleich den Drang zu konkurrieren.

Die Familie trägt bei vielen von uns dazu bei, daß wir unser Selbstwertgefühl von unserer Körperkontrolle ableiten. Die Psychiaterin Hilde Bruch erläutert die extreme Form dieser Denkweise, die Krankheit Anorexia nervosa, ihren magersüchtigen Patientinnen folgendermaßen:

»Sie haben große Angst davor, gewöhnlich, durchschnittlich oder mittelmäßig zu sein – eben nicht gut genug. Diese besondere Form der Ernährung beginnt auf der Grundlage dieser Angst. Sie möchten beweisen, daß Sie die Kontrolle haben, daß Sie es schaffen. Ausschlaggebend dafür ist, daß es Ihnen das Gefühl vermittelt, ›Ich kann etwas erreichen‹. Daraus resultiert das Gefühl, ›Ich kann etwas, was niemand sonst kann‹, und Sie beginnen auf all diese Leute herabzublikken, die nachlässig und gefräßig sind und nicht die Disziplin aufbringen, sich zu kontrollieren.«[10]

Übermäßiges Essen dient oft demselben Zweck, nämlich die Kontrolle über das eigene Leben zu erlangen. Die Heldin in Margaret Atwoods Roman *Lady Orakel* ist ein knapp 1,70 Meter großer Teenager von 245 Pfund, dessen Ziel es ist, die Mutter zurückzuweisen, bevor diese sie zurückweist. Der bloße Anblick der Figur des Mädchens macht der Mutter schwer zu schaffen, aber alle anderen, die mit dem Mädchen zu tun haben, einschließlich ihres Vaters, bemitleiden sie.[11] Fürwahr ein typischer Pyrrhussieg.

Dieselbe zwanghafte Kontrolle und dazu noch das Streben nach Höchstleistung ist in unserem Land heute häufig bei den erwachsenen Anhängerinnen des Körperkultes zu beobachten. Sie tun alles um eines sportlich trainierten und asketisch in Form gebrachten schönen Körpers wegen. Kim Chernin führt aus:

»Natürlich streben wir nach einer Balance – gemäß dem alten Leitsatz von einem gesunden Geist in einem gesunden Körper. Und viele Frauen, die früh aufstehen, ein Glas Eiweißtrunk zu sich nehmen und zum Tennisplatz joggen, leben nach diesem Ideal unter Zuhilfenahme der zeitgenössischen Varianten Sport und Diät. Es gibt jedoch auch

Tausende amerikanischer Frauen, die diesen Aktivitäten aus ganz anderen Gründen nachgehen. Sportliches Training und Schlankheitsdiäten bestimmen ihr Leben. *Sie werden getrieben von dem Zwang, diesem Körper, dem Stein des Anstoßes, ihren Willen aufzuzwingen.*«[12]

Anderen Frauen dagegen gewährt ein Körper, der sich den kulturellen Idealen widersetzt, eine besondere Form der Kontrolle:

»Ganz ehrlich, meine fünfundzwanzig Extrapfunde haben mir manches erspart, was mir ohnehin immer Unbehagen bereitete. In der High-School mußte ich nicht mit den anderen Mädchen konkurrieren, dank meines Fetts war ich nicht mit im Rennen. Ich war auch mit Jungen befreundet – hauptsächlich weil ich klug und ihnen bei den Hausaufgaben behilflich war –, aber ich mußte mich nie bemühen, sexuell anziehend zu sein. Jetzt beobachte ich in unserem Büro, wie meine attraktiven Kolleginnen sexuell belästigt werden. Die Kolleginnen tun mir leid, und ich bin froh, daß ich bei diesem schmutzigen Theater automatisch ausgeklammert werde.«

Für manche Frauen ist die Entfremdung von ihrem Körper eine reine Überlebensfrage. Vicki La Motta, die Ex-Ehefrau des Boxers Jake La Motta, erläutert, wie wiederholte Schläge von den durchtrainierten Fäusten ihres Mannes ihr Körpergefühl beeinflußten:

»Wenn eine Frau mit Gewalttätigkeit konfrontiert wird, erfaßt sie schreckliche Angst. Du hast so große Angst, daß du erstarrst. So viel Angst, daß du deinen Körper gar nicht mehr spürst. Du fühlst gar nichts, denn du bist tatsächlich erstarrt. Du möchtest dich an jemandem festhalten. Aber da ist niemand.«[13]

Beenden der Unzufriedenheit

Es gibt leichtere und gesündere Möglichkeiten für eine Frau, mit Hilfe ihres Körpers und ihres Körperbildes die Kontrolle über ihr Leben zu erlangen. Jede Frau muß individuell für sich entscheiden, ob eine Veränderung an ihrem Körper, sei es durch Abnehmen, eine Nasenkorrektur oder Lifting, tatsächlich einen so großen Unterschied für ihr Selbstwertgefühl bedeutet. Macht eine kosmetische Operation sie wirklich wertvoller? Wieviel Zeit, Energie und Geld möchte sie dem Streben nach dem Schönheitsideal opfern, und wieviel möchte sie lieber in andere Bereiche ihres Lebens investieren? Jede von uns würde gut daran tun, sich ihr eigenes, mit mehr Nachsicht aufgestelltes Ideal zu schaffen.

Gemeinsam können wir die Kontrolle übernehmen, indem wir die lächerlichen Ideale in Frage stellen und ablehnen. Wir können uns weigern, uns anhand dieser Ideale zu beurteilen und Geld für Produkte auszugeben, die Ideale repräsentieren, die nicht die unseren sind. Beschließen Frauen zum Beispiel in großer Zahl, schicke und bequeme Hosen zu tragen, bemüht sich die Modeindustrie, die Nachfrage zu befriedigen. Es liegt noch ein langer Weg vor uns, aber wenn wir die Zeit, die Energie und das Geld für die Durchsetzung eines gesellschaftlichen Wandels aufwenden, die wir bis jetzt darauf verwendet haben, unseren Körper dem lächerlichen Ideal anzupassen, könnte die Welt bald anders aussehen. Dabei könnten wir auch lernen, daß der Körper kein Grund für Selbstunzufriedenheit sein muß, sondern ein Grund für Selbstakzeptanz sein kann:

»Kennst du das, wenn man jemanden zum erstenmal sieht und denkt, meine Güte, sind die unscheinbar, die sieht man gar nicht? Aber drei Monate später, wenn du sie näher kennengelernt hast, findest du, sie sehen interessant aus oder toll oder irgendwie gut. So ging es mir mit meinem Körper. Ich begann Sport zu treiben – ich schloß mich einer Volleyballmanschaft an und schwimme nach jedem Spiel –, und mein Körper funktioniert prächtig. Ich dachte immer, ich hätte die ›falschen‹ Brüste und die ›falsche‹ Figur, aber wenn ich jetzt nach einem Spiel meinen Körper betrachte, sehe ich, wie prima alles zusammenpaßt.«

Vorschläge zur Veränderung

I. Reales und ideales Körperbild

Diese Übung hat in unseren Gruppen zur Steigerung der Selbstachtung gute Erfolge gebracht. Fertigen Sie eine Collage an, oder nehmen Sie einige symbolische Darstellungen (Gegenstände, Fotografien etc.), die zeigen, wie Ihr Körper in Ihren Augen und wie er Ihrer Meinung nach in den Augen anderer Menschen aussieht.

Anschließend machen Sie dasselbe mit Ihrem idealen *Körperbild – wie Sie Ihrer Meinung aussehen müßten (nicht sich wünschen oder erhoffen). Anschließend stellen Sie sich folgende Fragen:*

1. Glauben Sie, Ihr reales Körperbild beinhaltet negative und unrealistische Details?

2. Erkennen Sie Ihr Körperbild als verzerrt oder substanzlos?

3. Wie groß ist die Diskrepanz zwischen Ihrem realen und Ihrem idealen Körperbild?

4. Welche Teile Ihres Körpers können *Sie verändern, um die Diskrepanz zwischen Ihrem realen und idealen Bild zu verringern?*

5. Wieviel Zeit und Energie (vergessen Sie nicht, dabei handelt es sich um begrenzte Ressourcen) sind Sie unter Berücksichtigung aller anderen Dinge, die Sie erledigen müssen, bereit, dafür aufzubringen?

Wenn Sie sich nur Sorgen machen, anstatt zu handeln, um die Diskrepanz zu verringern, gehen Sie zurück zu dem Kapitel über dunkle Wolken und versuchen Sie, die Gedankenstopp-Methode auf die hier dargestellte Situation anzuwenden.

II. Nachsicht mit sich selbst und dem eigenen Körperbild

Denken Sie daran, unser Körperbild dient im Laufe unseres Lebens verschiedenen Zwecken. Vielleicht verschaffte uns ein verzerrtes Körperbild oder Haß auf unseren Körper einmal eine gemeinsame Basis mit einem Menschen, dem wir nahe sein wollten. Vielleicht schützte uns die Entfremdung von unserem Körper vor einem sehr realen Schmerz. Vielleicht fühlten wir uns mit unserem Etikett »Gewichtsprobleme« in einer Gruppe von Menschen wohl, die ebenfalls diese Etikettierung erhalten hat. Bei ihrer Arbeit mit übergewichtigen Frauen, deren Übergewicht einem bestimmten Zweck dient, fordert die feministische Therapeutin Susie Orbach ihre Patientinnen zum Begreifen der Ursache auf:

»Das Fett war ein Versuch, unter einer Reihe schwieriger Umstände für sich selbst zu sorgen. Gelingt es ihr, diesen mit der Korpulenz verbundenen Aspekt bewußt zu akzeptieren, kann sie den Impuls zum Selbstschutz auf andere Weise umsetzen. Sobald sie begreift, daß sie dick geworden ist als Reaktion – auf die Mutter, auf die Gesellschaft, auf verschiedene Situationen –, kann sie damit beginnen, die Beurteilung, Übergewicht sei gut oder schlecht, abzulegen. Es war einfach so… *Begreifst du die dem Dickwerden zugrunde liegende Dynamik, bedeutet das das Ende der wertenden Beurteilung. Kannst du auf die Beurteilung verzichten und akzeptieren, daß das Fett einfach da war, frage dich: ›Dient es mir heute noch?‹«*[14]

Dient Ihnen Ihr negatives Körperbild heute noch zu einem bestimmten Zweck? Hassen Sie Ihren Körper, weil Sie dadurch mit anderen Menschen verbunden bleiben, weil Sie damit einen Kummer verdrängen oder weil Sie damit andere Aspekte, die mit Ihrer Selbstachtung, aber nichts mit Ihrem Körper zu tun haben, kompensieren? So kann zum Beispiel die Angst vor Nähe sich in die verzerrte Wahrnehmung übertragen, Ihr Körper sei so häßlich, daß ohnehin niemand etwas von Ihnen will. Solange Sie das glauben, wird sich Ihre Angst vor Nähe nicht verringern.

Wie würde sich Ihr Leben ändern, wenn Sie Ihren Körper realistischer, zumindest neutral, wenn nicht gar positiv, sehen könnten? Sind Sie auf diese Veränderungen vorbereitet? Wer kann Ihnen helfen, sich darauf vorzubereiten? Was können Sie tun, um sich vorzubereiten?

III. Infragestellen der Etiketten

Sie selbst können viel tun, um die Etikettierungen und Beurteilungen bezüglich Ihres Körperbildes zu überprüfen. Die Psychologin Marcia Germaine Hutchinson arbeitete in ihren Gruppen zur Veränderung des Körperbildes mit vielen Frauen, die »… sich als eßgestört betrach-

ten, die glauben, sich ›hemmungslosen Freßgelagen‹ hinzugeben. Fragt man sie nach Einzelheiten, beschreiben sie mit Freßgelage nahezu alles, vom Essen eines Kekses, wenn sie ›eigentlich überhaupt nichts gebraucht hätten‹, bis zu mehr essen, als sie ›eigentlich essen sollten‹. Viele Männer geben sich ähnlichen und weit exzessiveren Freßgelagen hin, trotzdem hängt ihnen niemand das Etikett ›pathologisches Fehlverhalten‹ um. In einer Kultur, die Schlankheit mit Gottähnlichkeit gleichsetzt und gleichzeitig die Menschen über die Medien ständig mit Anreizen zum Essen bombardiert und mit einem endlosen Angebot an Möglichkeiten zu essen… ist es kein Wunder, daß essen zu einem ›Thema‹ wird, anstatt einfach ein Vergnügen zu sein, das einen am Leben erhält.«[15]

Sind Sie der Meinung, essen sei für Sie ein »Thema«, ist es wichtig, daß Sie sich präzise Informationen über Ihre Eßgewohnheiten verschaffen. So verzichteten zum Beispiel etliche der von uns befragten Frauen auf das Etikett »Freßgelagen zu frönen«, als sie erfuhren, daß manche der tatsächlich Eßsüchtigen bis zu fünfzigtausend Kalorien am Tag konsumieren. Andere Frauen versahen sich mit dem falschen Etikett »magersüchtig«. Sie haderten mit sich wegen ihrer angeblichen Magersucht und zogen sich weitgehend aus dem Leben zurück, obwohl sie nur ein paar Pfund unter ihrem Normalgewicht lagen und das gleichmäßig über einen langen Zeitraum. Es ist wichtig, unsere Etiketten zu überprüfen, bevor wir Zeit und Energie mit Selbstabwertung verschwenden oder mit dem Versuch, etwas zu ändern, was eigentlich nie ein echtes Problem war.

Andere Menschen können uns dabei helfen, die auf uns und unser Körperbild angewandten Etiketten in Frage zu stellen. Wählen Sie eine Freundin, der Sie vertrauen, und zeigen Sie ihr die Collage oder das Symbol Ihres realen Körperbildes. Erklären Sie ihr, was es damit auf sich hat, und nehmen Sie ihre Reaktion als Maßstab für die der Richtigkeit des von Ihnen als real betrachteten Körperbildes. Sprechen Sie sämtliche Etiketten an wie »Eßstörungen«, die Sie auf sich anwenden. Die Freundin sollte diese Gelegenheit keinesfalls dazu mißbrauchen, es Ihnen bei diesem sehr heiklen Thema einmal richtig zu »geben«. Achten Sie also bei der Wahl der betreffenden Person auf Sensibilität und absolute Vertrauenswürdigkeit.

IV. Den eigenen Körper kennenlernen

Viele Frauen, mit denen wir gearbeitet haben, haben ihren eigenen Körper nie genau betrachtet. Entweder die Frauen sind zu schüchtern, oder es macht sie verlegen. Wie realistisch kann Ihr Körperbild sein, wenn Sie nicht einmal genau wissen, wie Ihr Körper aussieht?

Für manche Frau ist es zuviel, sich nackt vor einen Spiegel zu stellen, in dem sie ihren ganzen Körper sieht, und sich genau zu betrach-

ten. Beginnen Sie in diesem Fall langsam und konzentrieren Sie sich jeweils auf einen Körperteil. Fangen Sie mit den Füßen an. Betrachten Sie sie sehr genau, berühren Sie sie, damit Sie ein Gespür für ihre Beschaffenheit bekommen. Sobald Sie sich das nächste Mal Zeit dafür nehmen, machen Sie dasselbe mit Ihren Waden, dann mit ihren Oberschenkeln, mit den Hüften, mit dem Gesäß/Genitalien, dem Bauch etc. Das Eincremen mit einer Körperlotion dient einem doppelten Zweck, nämlich dem Vertrautwerden mit einem bestimmten Körperteil und der Pflege des Körpers.

Mit dieser Übung wollen wir ganz gewiß nicht die Wahrnehmung des Körperbildes in voneinander getrennten Einzelteilen fördern oder ein zusammenhangloses Bild des Körpers erschaffen. Wir dürfen unsere Ablehnung (oder Zustimmung) nicht auf Kosten des ganzen Körpers auf einen bestimmten Körperteil konzentrieren. Das Ziel dieser Übung besteht also darin, letztendlich den ganzen Körper betrachten und akzeptieren zu können.

V. Einen Platz auf dem Regenbogen finden

Gloria Steinem schrieb im April 1982 einen Artikel in Ms. *über die bewußtseinserweiternde und die Selbstachtung steigernde Erfahrung, die sie nach einer Woche, die sie mit neunzig Frauen in einem Kurbad verbrachte, erlebte. Sie beschreibt ihre frühere und heutige Einstellung zu ihrem Körperbild, und es klingt ganz ähnlich wie die Berichte, die wir von anderen Frauen hörten. Am Ende dieser Woche kam Steinem zu dem Schluß.*

»Ich bezweifle, daß unser Körper, ob dick oder dünn, reif oder nicht, uns weiterhin soviel Unbehagen bereiten würde, wenn wir seinen Platz im Regenbogenspektrum der Frauen und der Menschheit kennen würden. Selbst große Schönheiten scheinen weniger distanziert – und sogar Brustamputationen und andere Folgeerscheinungen des realen Lebens wirken weniger erschreckend –, wenn wir aufhören, uns etwas vorzumachen und wirklich zu sehen beginnen…

Vermutlich müssen erwachsene Frauen die tatsächlich vorhandene Verschiedenheit der Frauen – persönlich, unselbst-bewußt – sehen und erfahren, damit das Stereotyp, wie der Körper einer Frau auszusehen habe, seine Macht verliert.

Ein bißchen selbstverständliche Nähe und Zusammengehörigkeitsgefühl würden uns davon überzeugen, daß jede einzelne von uns ein einzigartiges Mitglied der Familie der Frauen ist.«[16]

Lesen Sie Steinems Artikel, wenn Sie dazu die Gelegenheit haben. Und sehen Sie sich um. Umkleideräume und Saunen eignen sich gut zur Betrachtung der Körper anderer Frauen und dazu, ein Gefühl für unseren eigenen einzigartigen Platz auf dem Regenbogen zu entwikkeln. Ist Nacktheit ein Problem für Sie, betrachten Sie Frauen am

Strand oder in Foto- und Kunstbüchern, das wirkt weniger bedrohlich auf Sie. Lassen Sie jedoch Magazine wie Playboy *links liegen, deren gestylte Schönheiten könnten Ihnen das Gefühl vermitteln, Sie würden nicht an sie heranreichen.*

VI. Denken Sie, wie Sie sein wollen

Dr. Hutchinson bittet ihre Patientinnen, sie sollen sich »schöndenken«. Sie sollen denken, »ich bin schön« oder »ich bin groß« oder welches Ideal sie jeweils haben. Versetzen Sie sich gedanklich in Ihr Ideal. Läßt sich Ihr Ideal nicht nur auf einer kognitiven Ebene verwirklichen (zum Beispiel kann sich eine »altmodische« Frau, deren Ideal »schicke Eleganz« ist, an einem Tag ganz besonders gut anziehen), versuchen Sie es. Was passiert? Wie reagieren die Leute auf Sie? Fühlen Sie sich tatsächlich anders?

Eine von Dr. Hutchinsons Patientinnen dachte sich beispielsweise einen Tag lang »schön« und stellte fest, daß sie auf der Straße häufiger belästigt wurde als sonst. Zwei Fragen ergaben sich aus ihrem Experiment. Erstens, wie sehr war ihr Schönheitsideal mit »sexy« verbunden; würde sie eventuell eine andere Art von »Schönsein« bevorzugen? Zweitens, wollte sie überhaupt »schön« sein – war es das wert?

11. Warum nur macht Lust soviel Arbeit? Sexualität und Selbstachtung

Selbst in einem utopischen Naturzustand, frei von Schuld, ist es zweifelhaft, ob Sex nur als eine gesunde Körperfunktion betrachtet würde... Selbst für den zynischsten Sexprotz oder den Zölibatär repräsentiert Sex einen Akt der Verletzlichkeit – einen momentanen Verlust des Selbst –, der tiefste Gefühle der Verbundenheit, Transzendenz oder Ausbeutung heraufbeschwören kann.

Judith Coburn
im New Times-Magazin

Für viele der von uns befragten Frauen errichtete die Sexualität die letzte Barriere für die Selbstakzeptanz. Auch wenn sie sich zutreffend als kompetente, liebende und wertvolle Menschen beschrieben, verhielten sie sich, sobald es um ihr Selbstverständnis als geschlechtliche Wesen ging, entweder eher widerstrebend oder ablehnend. Manche erklärten, ihre Sexualität sei im Dunkeln geblieben, weil es ihnen ihrer Ansicht nach nicht erlaubt ist, mehr darüber zu wissen, oder weil sie ganz einfach nichts Genaueres darüber wissen wollten. Andere kannten zwar ihr sexuelles Selbst, lehnten es aber ab: Sie hatten das Gefühl, sie seien »zu unwissend und zu verklemmt für dieses Zeitalter der Aufklärung – ich hätte fünfzig Jahre früher geboren werden sollen«, oder hielten sich für »zu promiskuitiv – ich habe, so oft es ging, jemanden aufgegabelt«. Ferner stellten wir fest, daß viele Frauen zwar *denken*, Sex sei gut, sich aber unbehaglich dabei *fühlen*.

Diese Unzufriedenheit entbehrt nicht der Ironie, denn unser Körper ist speziell zum Erleben sexueller Lust beschaffen. Alle Körperteile erfüllen, auch wenn sie über ihre reine Funktion hinaus Genuß verschaffen können, in erster Linie einen funktionellen Zweck, die Klitoris aber existiert *einzig* zu dem Zweck, einer Frau Lust und Befriedigung zu verschaffen. Doch davon hat eine Frau gar nichts, wenn sie glaubt, sie verdiene keinen Genuß (gleich welcher Art) oder an ihrem Genitale und an sexueller Lust sei etwas falsch, unanständig oder »schmutzig«.

Eine geringe Selbstachtung wirkt sich auf unsere Einstellung zum Sex und unser diesbezügliches Verhalten unterschiedlich aus. Lehnt sich eine Frau selbst ab, kann sie vor sexuellen Beziehungen zurückschrecken, da zu große Nähe bedrohlich auf sie wirkt. Oder sie hat sexuelle Kontakte, hält sich aber gewohnheitsmäßig zurück, weil sie keine sexuelle Befriedigung möchte. Grund dafür ist entweder ihre

Überzeugung, sie verdiene keine Befriedigung, oder die sich nach sexueller Befriedigung einstellenden Schuldgefühle. Ähnlich verhält es sich mit der Masturbation. Manche Frauen glauben, sie verdienen die daraus resultierende Befriedigung nicht, anderen ist sie die dafür aufzuwendende Zeit und Energie nicht wert. Nicht wenige Frauen mit geringer Selbstachtung sind wiederum unablässig in eine unglückliche, ausbeuterische sexuelle Affäre nach der anderen verwickelt. Für sie ist Sex eine Art Experimentierbühne. Unsicher über ihren Wert, drängt es sie ständig, ihre sexuelle Anziehungskraft und ihr Können auf diesem Gebiet zu beweisen. Leider fühlen sie sich meist besonders stark zu Partnern hingezogen, die sie schlecht behandeln. Und da sie im tiefsten Innern glauben, eine bessere Behandlung auch gar nicht wert zu sein, haben sie am Ende jede Affäre wieder etwas weniger Selbstachtung als vorher.

Obwohl über Sexualität heute viel geschrieben wird, fanden wir in der Literatur überraschend wenig echte Hilfe bei der Untersuchung der Verbindung zwischen Sexualität und Selbstachtung. Die meisten der neueren, populären Bücher über Sex gehören zwei Kategorien an: Zum einen handelt es sich um Bücher mit Statistiken und Aufzählungen, wie viele Menschen sich wie häufig in welcher Form sexuellen Aktivitäten hingeben; und zum anderen sind es Bücher darüber, »wie man es macht«, die Anleitung zu sexuellen Techniken geben und sexuelle Befriedigung versprechen. Nur eine Handvoll der Bücher zum Thema Sexualität bot uns Aufschlußreiches über die Bedeutung von Sex für unser Leben und die Beziehung zwischen der Sexualität einer Frau und ihrem Selbstwertgefühl.

Etliche der Bücher zum Thema Sexualität deuten allerdings einen gewissen Zusammenhang mit Selbstachtung an. Die Autoren und Autorinnen dieser Bücher gehen meist davon aus, Sex sei gut und je mehr befriedigenden Sex eine Person habe, um so größer seien ihr Selbstverständnis, ihre Selbstachtung und das Glücksgefühl ganz allgemein. Ausgangspunkt besonders der Bücher zum »Wie man es macht« ist die Ansicht, Sex sei eine Art Allheilmittel, das nicht nur alle Ängste in bezug auf unseren Selbstwert heilt, sondern auch die »Offenbarung der Wahrheit, den Umsturz der gesamten Gebote, die Verkündigung eines neuen Tages und das Versprechen einer neuen Glückseligkeit« bringen wird.[1] Als wäre das alles noch nicht genug, ist in der Trivialliteratur – aber auch in den anspruchsvolleren Werken etwa von D. H. Lawrence, Norman Mailer und John Updike – Sex der Schlüssel zu den Mysterien des Selbst und zu einem besseren Selbstverständnis. Michel Foucault führt aus, anstelle der früher vermittelten christlichen Lehre, Körper und Sexualität seien verabscheuenswert, laste heute allerdings ein anderer, ebenso großer kultureller Druck auf uns, nämlich daß »wir Sex lieben, daß Kenntnisse über Sex erwünscht sind und alles in diesem Zusammenhang Gesagte wertvoll ist«.[2]

Problematisch an dieser kulturell gesteuerten Kampagne ist die damit unterschwellig einhergehende Verurteilung derjenigen, die Sex langweilig, unangenehm oder abstoßend finden. Mit einbezogen in die Mißbilligung sind sogar die Menschen, die Sex zwar für angenehm, aber so wahnsinnig toll nun auch wieder nicht halten, für die er zwar wichtig, aber nicht *so* wichtig ist. Die Logik der Sexologen und Sexophilen von heute lautet ungefähr so: Sexuelle Aktivität hat im Leben eines Menschen von besonderer Bedeutung zu sein, denn Sex führt zu höherer Selbstachtung, zu einem besseren Verständnis des Selbst, zu Freiheit, Glück, Wahrheit etc.; deshalb ist jede Frau, die dem Sex keine vorrangige Rolle in ihrem Leben einräumt, zu geringer Selbstachtung und zum Unglücklichsein verurteilt und bleibt auf ewig uneingeweiht in die großen Wahrheiten des Universums und des Selbst.

Wir halten die Behauptung, sexuelle Befriedigung erfülle automatisch alle diese in Aussicht gestellten wunderbaren Dinge zumindest für strittig. Besondere Einwände erheben wir gegen die Ansicht, intensivere sexuelle Aktivität und sexuelle Befriedigung bringe in jedem Fall eine Höhe Selbstachtung mit sich. Vielen Frauen könnte allerdings ein umfassenderes Wissen über Sexualität und eine größere, befriedigendere sexuelle Erfahrung tatsächlich zu einer Steigerung der Selbstachtung verhelfen. Das Ausleben sexueller Gefühle macht uns nämlich bewußt, wie zärtlich und vielschichtig wir sind; sexuelle Aktivität lehrt uns, anderen und uns Freude zu schenken, und steigert damit die Gefühle für unsere Bedeutung, die der Verbundenheit mit anderen und unsere Kompetenz. Das bedeutet allerdings nicht, Frauen, die sich nicht sexuell ausdrücken oder sich auf diesem Gebiet für nicht kompetent halten, seien unzulänglich, unfähig oder minderwertig. Es bedeutet ferner nicht, eine Frau mit geringer Selbstachtung müsse nun sofort losziehen und nur lernen, eine orgiastische Sexakrobatin zu werden, und schon seien alle ihre Empfindungen der Wertlosigkeit wie von Geisterhand verschwunden. *Sex ist weder ein Ersatz für Selbstachtung noch ein rasches Wundermittel zur Steigerung der Selbstachtung, Sex und Selbstachtung sind nicht ein- und dasselbe.* Eine Frau, die ein sexuell erfülltes Leben führt und keine Orgasmusprobleme kennt, kann trotzdem über eine geringe Selbstachtung verfügen. Umgekehrt kann eine Frau, die kaum oder nur wenig befriedigenden Geschlechtsverkehr hat, eine hohe Selbstachtung besitzen.

Diese »schmutzigen« Gefühle

Über die sexuellen Empfindungen von Kleinkindern wird viel spekuliert. Sicher ist jedoch, niemand wird mit der Einstellung geboren, Sex sei schlecht oder Sex sei das Tollste auf der Welt. Unsere Einstellung zum Sex, positiv wie negativ, vermittelte uns unsere Kultur.

Im Laufe unseres Lebens kamen die meisten von uns mit den in unserer Kultur vorherrschenden, häufig widersprüchlichen Einstellungen zur Sexualität in Berührung. Die ersten Botschaften über Sex erhielten wir in einem Alter, in dem wir am stärksten für Eindrücke empfänglich waren, und sie begleiteten uns in unser Erwachsenenleben – ob uns das gefällt oder nicht. Leider waren diese ersten Botschaften sehr wahrscheinlich negativ. Sicher gehörte die eine oder andere der nachfolgend aufgeführten dazu:

Sex ist schmutzig, sexuell zu sein ist schmutzig.

Sex ist zwar schmutzig, aber für Männer weniger als für Frauen. Sex ist gut für Männer. Jungen dürfen sexuelle Neugierde zeigen und sexuelle Erfahrungen machen. Ein gutes Mädchen darf weder das eine noch das andere. Wir wollen keinen Sex vor der Ehe und interessieren uns auch nicht dafür. Sobald wir verheiratet sind, bringt unser Ehemann uns alles Nötige bei.

Die weiblichen Genitalien sind schmutzig, übelriechend und geheimnisvoll, deshalb ist es vollkommen natürlich, daß sich Frauen ihrer schämen. Die männlichen Genitalien sind nichts dergleichen. Der Penis ist etwas Wunderbares, die natürliche Ursache für den Stolz der Männer.

Sex ist zwar schmutzig, aber unter bestimmten Bedingungen darf eine Frau Geschlechtsverkehr haben: in der Ehe, zum Zweck der Fortpflanzung, zum Zweck der Befriedigung der Männer und solange sie ihn nicht genießt.

Obwohl Sex schmutzig ist und Frauen beim Geschlechtsakt im Prinzip keine Lust empfinden sollen, ist sogar manchmal sexuelle Befriedigung erlaubt. Aber dazu bedarf es einiger Voraussetzungen. Eine Frau darf Sex nur so lange genießen, wie ihr Ehemann zumindest die gleiche oder größere Lust dabei verspürt, und wenn sie sich diese Befriedigung verdient hat oder später irgendwie dafür bezahlt.

So lauteten die Botschaften früher. Heute scheint sich zwar die Atmosphäre in bezug auf Sexualität radikal geändert zu haben, aber unsere Sexualität wurde häufig noch von diesen Lektionen beeinflußt.

Die meisten von uns wurden von Erwachsenen aufgeklärt, die kaum offen, verständlich und ruhig mit uns über Sex gesprochen haben.* Das reichte an und für sich schon aus, um uns die Botschaft zu vermitteln, Sex sei schlecht. Die meisten Eltern sprachen lediglich oberflächlich – wenn überhaupt – über die rein mechanischen Funktionen des Geschlechtsaktes, der mit Sex einhergehenden Verantwortung wurde so gut wie keine Aufmerksamkeit geschenkt. Man setzte selbstverständlich voraus, daß wir damit bis zur Hochzeit warteten, und was wir dann alles wissen müssen, käme wie ein Wunder über uns.

* Einige der von uns interviewten Frauen, die in »rauhen« Stadtteilen aufwuchsen, sagten, man hätte sie vor sexueller Gewalt gewarnt, aber über Sex zwischen zwei Menschen, die sich lieben, sei kaum gesprochen worden.

Natürlich warteten viele von uns nicht. Und die meisten der Frauen, die doch gewartet haben, stellten fest, daß in der Hochzeitsnacht gar nicht alles wie von selbst und wunderbar lief. Sehr oft war unser erster Partner genauso unwissend und ungeschickt wie wir. In diesem Fall beruhte unsere erste sexuelle Erfahrung auf mangelnden Informationen, und diese Erfahrung – ob gut oder schlecht – prägte unsere grundlegenden Gefühle im Zusammenhang mit Sex:

»Nie werde ich diesen Jungen vergessen, mit dem ich auf der High-School lange Zeit ging. Ich wollte ihm gefallen, und er nervte mich immer wieder, ich solle ihm einen blasen. Ich wußte nicht genau, was das war, aber ich wollte nicht fragen und dastehen, als sei ich doof. Ich schrieb gute Noten in der Schule, und deshalb dachte ich, ich käme schon selbst dahinter. Als er das erste Mal seinen Penis herausholte, entfesselte ich einen gewaltigen Sturm. Ich blies wie verrückt auf seinen Penis. Ich begriff nicht, warum er keine Erektion bekam. Ich kam mir so blöd vor, als ich später erfuhr, was es heißt, jemandem einen zu blasen. Ich habe immer noch Angst, dabei etwas verkehrt zu machen.«

Der erste sexuelle Kontakt einer Frau mit einer anderen Person kann für ihre weitere Einstellung zur Sexualität entscheidend sein. Verlief das erste Erlebnis zärtlich, liebevoll und im wesentlichen positiv, verkraftet sie wahrscheinlich spätere negative sexuelle Erfahrungen besser. War das erste sexuelle Erlebnis dagegen schmerzhaft oder ausnutzend, verbindet sie Sex überwiegend mit negativen Erinnerungen.

Auch wenn wir erste falsche Informationen später, wenn wir besser Bescheid wissen, korrigieren können, sind die ersten Lektionen nicht vergessen:

»Vom Verstand her weiß ich, daß an Sexualität nichts Schmutziges ist. Aber in meiner Kindheit hatten wir Mädchen – und nur die Mädchen – zwei Waschlappen: einen für das Genitale und einen für den Rest des Körpers. In der Katholischen Schule mußten wir Talkumpuder oben auf das Badewasser geben, damit wir uns nicht nackt sehen konnten. Inzwischen bringe ich Sex nicht mehr mit Körperfunktionen wie Urinieren durcheinander. Aber ich mache mir Sorgen über meinen Genitalgeruch, ich will nicht, daß jemand zu nah mit der Nase rankommt, sonst fühle ich mich schuldig und beschämt – als ob etwas ganz Furchtbares daraus hervorbräche.«

Unsere ersten Einstellungen zur Sexualität beeinflußten auch die in unserer Kultur über Frauen kursierenden Bilder: die Hure und die Madonna. Man lehrte uns einerseits, sexy und verführerisch zu sein, unsere Selbstachtung von der Anerkennung der Männer abzuleiten und die Männer »anzumachen«, andererseits wieder sollten wir jungfräulich und unverdorben bleiben. Obwohl Sex als schmutzig betrachtet wurde und unsere Genitalien geheimnisvoll und möglicherweise sogar abstoßend für uns waren, galt unsere Jungfräulichkeit und der Zugang zu unserer Vagina als größtes Geschenk für unseren zukünftigen Ehemann:

»Ich erinnere mich, daß ich es ausgesprochen merkwürdig fand, meine ›schmutzigen Sachen‹ für jemanden aufheben zu sollen, der mich liebt, für den Menschen, mit dem ich den Rest meines Lebens verbringen würde. Für mich hätte es weit mehr Sinn gemacht, ich hätte das jemandem gegeben, den ich hasse.«

Mit zunehmendem Alter wurde uns bewußt, daß die Kategorien Hure/Madonna nur für die Mädchen verbindlich waren und die Sexualität der Jungen nicht solchen Einschränkungen unterlag. Wir sollten hoffen und beten um einen Mann, der wußte, was er in der Hochzeitsnacht zu tun hatte, aber von ihm wurde keineswegs erwartet, daß er seine diesbezüglichen Erfahrungen mit uns machte. Damit die erste sexuelle Erfahrung der Jungfrauen nicht allzu schlecht verlief, mußten ein paar Mädchen als Huren geopfert werden. Die Madonna-Mädchen dankten den »schlechten« Mädchen wohl kaum für dieses Opfer – im Gegenteil, sie verdammten sie. Sexuell aktiven Mädchen war ein schlechter Ruf sicher, während Jungen für exakt dasselbe Verhalten Bewunderung ernteten.* Als Forscher Ehepaare befragten, sagten 70 Prozent der Ehemänner, sie hätten mit ihren Frauen vorehelichen Sex gehabt, aber nur 30 Prozent der Ehefrauen gaben an, mit ihren Ehemännern vorehelichen Sex gehabt zu haben.[3] Die Wahrheit liegt wahrscheinlich irgendwo in der Mitte, aber offensichtlich standen die Männer unter größerem Druck, als sexuelle Abenteurer zu erscheinen, während die Frauen sich veranlaßt fühlten, Unberührtheit vorzutäuschen.

Die angeblich richtigen Wege zur Lust

Gewisse sexuelle Freuden waren auch den Frauen erlaubt. Wir lernten später, daß Sex nicht ausschließlich zum Zwecke der Fortpflanzung und nicht notgedrungen in der Ehe stattfinden muß. Aber eine Bedingung galt nach wie vor: Frauen durften sexuelle Befriedigung nur in heterosexuellen Beziehungen erleben. Der Therapeut Sanford Jason führt aus: »Frauen bekommen nicht vermittelt, daß sie eine eigene, ihnen selbst innewohnende Sexualität haben. Man lehrt sie nur, auf die Sexualität der Männer zu reagieren – ja oder nein zu sagen.«[4]

* Interessant ist, daß es kein heterosexuelles männliches Äquivalent zur sogenannten Hure gibt. (Das männliche homosexuelle Gegenstück ist der »Stricher«.) Männer, die sich für Geld mit Frauen einlassen, werden als »Gigolos« bezeichnet und in der Kategorie höher eingestuft als weibliche Prostituierte. Sie verdienen mehr Geld, genießen einen höheren Lebensstandard, haben weniger Angst davor, verhaftet zu werden, und weniger Angst vor körperlicher Mißhandlung durch die Freier(innen).

Gemäß der den meisten von uns eingeimpften Lektion gibt es nur einen richtigen Weg zur sexuellen Befriedigung – und der führt über einen Mann.

Masturbation galt nicht nur als »widerwärtig«, sondern war auch verpönt, weil sie unsere Energie und unser Interesse für den »richtigen Sex«, das heißt, Sex mit einem männlichen Partner, mindert. Mit einer Frau, die oft masturbiert, kann offensichtlich etwas nicht stimmen. Die zölibatäre Frau wird ebenfalls als Problemfall behandelt, entweder gilt sie als zuwenig anziehend für einen Mann oder als selbstsüchtig, frigide und neurotisch, jedenfalls nicht als »richtige« Frau. Doch am stärksten diskriminiert wird eine Frau, die Frauen liebt: Sie erhält das Etikett unreif, und es wird erst einmal vorausgesetzt, sie mache lediglich ein Stadium durch, aus dem sie noch herauswachsen wird. Falls sie doch nicht »herauswächst«, bekommt sie das Etikett narzißtisch, und ihr wird unterstellt, ihre einzige Motivation sei der Haß auf Männer und nicht ihre Liebe zu Frauen. Die bisexuelle Frau kommt nicht besser weg, sie gilt als Verräterin beider Seiten. Beliebt ist die Ansicht, diesen Frauen fehle nur ein rechter Kerl. Der sexuelle Kontakt mit dem richtigen Mann werde sie ebenso wie die lesbische und zölibatäre Frau schon »heilen«.

Eine farbige, jüdische oder einer anderen nicht christlichen Religion angehörende oder ältere Lesbe trifft die Verdammung von allen Seiten. Sie wird für ihre Mißachtung der Dominanz der heterosexuellen Norm (auch wenn sie die ersten sexuellen Erfahrungen als heterosexuelle Frau gemacht hat) doppelt unterdrückt, sowohl von innerhalb als auch von außerhalb ihrer sozialen Gruppe.

Als Reaktion auf diesen lächerlichen Negativismus ersannen einige Lesben einen neuen, den »richtigen« Weg zur sexuellen Lust, der aber die Frauen nicht weniger bevormundet und bewertet. Diese Separatistinnen glauben, die Unterdrückung der Frauen höre nicht auf, solange wir nicht alle in einer lesbischen Nation leben. Die mühsame Kleinarbeit und der Mut unzähliger Lesben, die sich offen zu ihrer Sexualität bekannten, eröffnete den Frauen neue Wahlmöglichkeiten für ihre Sexualität, und das ist gut so. Aber wir halten es für einen Fehler zu glauben, irgendeine Form von Genitalkontakt stelle eine Grundvoraussetzung für einen politischen Wandel dar. Die Entscheidung einer Frau für den Ausdruck ihrer Sexualität ist ausschließlich eine Angelegenheit ihres Herzens, ihres Körpers und ihres Kopfes: Sie läßt sich nicht an ein von außen aufgezwungenes politisches Dogma anpassen. Die durch eine mittels Zwang durchgesetzte Heterosexualität verursachten Probleme der Frauen sollten uns zumindest soviel gelehrt haben.

Man sagte uns nicht nur, Sex mit einem Mann sei der einzige und richtige Weg zur sexuellen Befriedigung, sondern auch, wie dies vonstatten zu gehen habe. Richtig ist es nur, wenn der Mann die Initiative ergreift. Es gilt die Regel Männer – dominant/Frauen – unterwürfig.

Bei unseren ersten sexuellen Kontakten hatten wir folglich Angst, zu fordernd zu erscheinen, wenn wir die Initiative ergreifen. Das wäre ein klarer Verstoß gegen die Regeln gewesen. Wurden wir selbst aktiv, konnte es passieren, daß der Partner, der Sex »auf die richtige Art« wollte, uns zurückwies, beschuldigte oder auf andere Weise bestrafte:

»Auf dem College ging ich mit diesem Typ. Als ich das erste Mal mit ihm schlief, war er impotent. Er drehte fast durch, deshalb tat ich, was ich konnte, um ihm zu helfen. Ich war sehr aufmerksam und versuchte mit allen mir bekannten Tricks, ihn zu erregen. Später sagte er zu mir, es sei meine Schuld gewesen, Männer hätten es lieber, wenn Frauen sich nur passiv hinlegen. Ich hätte nicht so ›aggressiv‹ sein dürfen, das hätte ihm jede Lust genommen. Ich war damals blöd genug, die Schuld auf mich zu nehmen.«

Die ethnische Zugehörigkeit kann auch in dieser Hinsicht noch zusätzlichen Druck erzeugen:

»Im College sagten mir die schwarzen Männer ins Gesicht, es sei allemal leichter, von einer weißen Frau Sex zu bekommen als von einer Schwarzen. Das ging Hand in Hand mit ihrer Behauptung, wir seien kastrierend, aggressiv, selbstsüchtig, ehrgeizig und würden unsere Männer nicht unterstützen, weil wir arbeiten, während sie arbeitslos sind, und wir nicht dauernd dazu bereit sind, mit ihnen zu schlafen. Was die Arbeit angeht, scheinen sie nie begriffen zu haben, daß unsere Jobs – Haushaltshilfe, Babysitten, Fabrikarbeiterinnen – uns nicht gerade ein phantastisches Gefühl vermittelten. Und wenn ich sagte, ich möchte einen schwarzen Mann erst einigermaßen kennenlernen, bevor ich mit ihm schlafe, lautete die Antwort stets: ›Da siehst du's wieder, denkst an dich selbst zuerst und kümmerst dich nicht um deine Männer.‹«

Eng verbunden mit der Vorstellung, nur heterosexueller Sex sei der richtige Sex, ist die Überzeugung, der einzig richtige Orgasmus einer Frau käme durch die Penetration des Penis in die Vagina zustande. Viele Frauen bevorzugen zwar die klitorale Stimulation, aber man lehrte uns, die Klitoris sei eine Art deformierter, verkümmerter Penis und die Penetration durch einen richtigen Penis sei allemal besser als eine Stimulierung unseres verkümmerten, mißgebildeten Penis. Anhänger von Freud betrachteten den klitoralen Orgasmus als »unreif« und den vaginalen Orgasmus als »reif«. Ann Koedt schreibt:

»Die wohl am meisten in Wut versetzende und zerstörerischste Folge dieser Farce ist, daß man Frauen, die über eine völlig gesunde Sexualität verfügten, einredete, bei ihnen stimme etwas nicht. So wurden diese Frauen nicht nur sexuell benachteiligt, sondern erhielten auch noch die Schuld daran, obwohl sie keinerlei Schuld traf. Die Suche nach Heilung für ein eigentlich nicht vorhandenes Problem kann in einer Frau endlosen Selbsthaß und immerwährende Unsicherheit auslösen.«[5]

Ferner lernten wir, richtiger Sex beginne mit dem Eindringen des

Penis in die Vagina, und jede andere Aktivität, auch wenn sie zu einem Orgasmus führe, sei lediglich Vorspiel oder Nachspiel – diese Begriffe verdeutlichen die Einheit von vollzogenem Geschlechtsverkehr und sexueller Beziehung. Viele Frauen finden das »Vorspiel« angenehm und genießen es. Hören wir allerdings in diesem Stadium auf, beschuldigt man uns im günstigsten Fall, wir wollten die Männer foppen.

Eine weitere Regel lautet, wir müßten uns sexuelle Befriedigung zuvor verdienen. Viele von uns fürchten auch, anschließend dafür bezahlen zu müssen. Dazu gehören durchaus real begründete Ängste aufgrund negativer Konsequenzen wie einer ungewollten Schwangerschaft, Geschlechtskrankheiten, ein schlechter Ruf und Verlust des Respekts des Geliebten bis hin zur als berechtigt angesehenen Verachtung. Nicht von ungefähr ist auch die weitverbreitete Angst vor Herpes an den Geschlechtsorganen, denn zwanzig Millionen Amerikaner sind inzwischen davon betroffen. Herpes bereitet körperliche Schmerzen und wirkt sich psychologisch verheerend aus. Erkrankte berichten von Nebenfolgen wie Depression, gesellschaftlicher Isolation, Kontrollverlust und verringerter Selbstachtung. Diese Folgen beruhen häufig auf der an Aberglauben grenzenden Überzeugung, Herpes sei so etwas wie »der Zorn Gottes«, »der Sünde Sold« und eine Warnung der Natur, »die Zeit sorgloser Promiskuität zu beenden«. Plötzlich gilt eine weitere schädliche Gleichung: Moralisch untadelige Menschen bekommen keinen Herpes – und auch keine anderen durch Geschlechtsverkehr übertragbaren Krankheiten. Laut Nora Gallagher verstärkt »die Überreaktion der anderen« die Selbstbestrafung, das Schuldgefühl und das Elend, unter dem die Betroffenen ohnehin leiden. Über eine Frau, die sie im Zusammenhang mit einem Artikel über durch Geschlechtsverkehr übertragbare Krankheiten interviewte, schreibt sie:

»Nachdem Linda gebadet hat, desinfizierte ihre Zimmergenossin die Badewanne, bevor sie selbst hineinstieg... Ärzte sagen Dinge zu ihr wie: ›Das haben Sie nun von der Herumbumserei. Wären Sie anständig geblieben...‹ oder: ›Sie können gleich in ein Kloster gehen; Sie faßt kein Mann mehr an.‹ Manchmal arten die Behandlungsmethoden in körperliche Bestrafung aus: Viele Ärzte verordneten, Alkohol auf offene Wunden aufzubringen; einer schlug Injektionen mit dem Gift der Mokassinschlange vor.«[6]

Da auf sexuellen Genuß nicht immer – nicht einmal überwiegend – negative Konsequenzen folgen, bestrafen sich manche Frauen selbst, und zwar vorzugsweise mit jeder Menge Schuldgefühle. Weit verbreitet ist auch die Meinung, das, was wir angenehm finden, lege unsere verborgenen Schwächen offen.

Da die Sexualität einer Frau traditionell als Reaktion auf die Sexualität des Mannes definiert wird, erwartet man von ihr, daß sie zum Sex bereit ist, wann immer ihr Partner das wünscht. Will sie weniger

Sex als er, gilt sie als frigide. Will sie mehr, ist sie nymphomanisch. In Wahrheit wechselt das Ausmaß unseres sexuellen Verlangens ständig, und das ist vollkommen natürlich. Trotzdem fühlen sich viele Frauen schuldig, wenn ihr sexuelles Interesse nicht mit dem ihres Partners übereinstimmt.

Manchen Frauen sagte man auch, zu bestimmten Zeiten dürfe kein Geschlechtsverkehr stattfinden, insbesondere während der Menstruation. Die meisten von uns lehrte man ferner, bestimmte Menschen, vor allem Menschen mit körperlichen oder entwicklungsbedingten Behinderungen, seien im Grunde ohne ein sexuelles Selbst geboren. Für eine behinderte Frau kann die in unserer Kultur herrschende totale Negation ihrer Sexualität verheerenden Einfluß auf ihre Selbstachtung haben.

Hochkonjunktur für sexuelle Lust

In letzter Zeit mußten sich diejenigen unter uns, die in der Kindheit und Jugend mit negativen Ansichten über Sex aufgewachsen sind, auf eine neue Entwicklung einstellen, denn heute ist Sex schick. Diese kulturelle Einstellung ist allerdings nicht weniger tyrannisch als die frühere. Heute ist Sex nicht mehr schmutzig, sondern ein wundersames Allheilmittel. Nach der neuen Ethik sollen wir uns nicht mehr länger bemühen, »gute Mädchen« zu sein. Ein »Spontanfick« mit einem Fremden im Fahrstuhl scheint durchaus denkbar. Lehrte man uns früher, nette Mädchen täten so etwas nicht, sagt man uns jetzt, daß nette Mädchen – eine Menge tun. An diesen neuen unrealistischen Idealen messen wir heute unsere eigene Sexualität. Die Sextherapeutin Lonnie Barbach sagt:

»... Erfährt eine Frau, daß mehrere Orgasmen möglich sind, fühlt sie sich irgendwann als Versagerin, wenn sie nur einen Orgasmus hat. Hört sie, daß manche Menschen sich eine Stunde lang lieben, glaubt sie, wenn sie eine kürzere Zeit bevorzugt, ihr fehle es an sexueller Energie. Manche Frauen sind sehr schnell erregt; andere reagieren langsam. Manche Frauen brauchen intensive und direkte klitorale Stimulation, um zum Orgasmus zu kommen, andere reagieren bereits auf sanften Druck und indirekte klitorale Stimulierung. Die mangelnde Akzeptanz der individuellen Unterschiede der Frauen (ebenso wie die der Männer) ist Ursache einer individuellen Sex-Olympiade; bei keiner anderen Aktivität erwartet jede Frau, entweder die Goldmedaille zu gewinnen oder sich als völlige Versagerin wiederzufinden.«[7]

Wir fanden dieses Alles-oder-nichts-Denken häufig in Büchern für Frauen mit Orgasmusproblemen (oft von Frauen geschrieben). Zwar gehen sie flüchtig auf die sexuelle Lust ein, die kurz vor dem Orgasmus endet, doch die Tendenz dieser Bücher ist eindeutig zielgerichtet: Eine Frau soll sich der Leichtigkeit, mit der Männer zum Orgasmus kommen, anpassen. Heute lautet die Botschaft, jede progressive Frau könne mehrere Orgasmen haben, wenn sie nur bereit ist, etwas dafür zu tun. Gabrielle Brown schreibt:

»Die Anthropologin Margaret Mead beobachtete, daß der weibliche Orgasmus in den meisten primitiven Kulturen, in denen die Männer trainiert sind, die Frauen zum Orgasmus zu bringen und das als Bestandteil ihrer sozialen Verantwortung betrachten, kein Problem darstellt. In unserer Kultur dagegen wurde bis vor kurzem der männliche Orgasmus als praktisch zwangsläufig betrachtet, der weibliche Orgasmus als selten, geheimnisumwittert und schwer zu erreichen; in jedem Fall erfordere er harte Arbeit und Konzentration. Heute rät man einer Frau, selbst die Verantwortung für ihre Orgasmen zu übernehmen, und ihre Konzentration auf diese Aufgabe ist oft ebenso verbissen wie die auf jede andere ›traditionelle‹ Pflicht der Frau im Haus.«[8]

Heute ist die Einstellung »Mach es, oder du versäumst etwas« an der Tagesordnung. Wer in der Jugend nicht jede Menge Sex hatte, hat alle Chancen verpaßt und das körperliche Wohlbefinden ruiniert. Noch einmal Gabrielle Brown:

»Neben dem psychischen Wert für die Gesundheit vermittelt man uns den Eindruck, Sex sei ›gut‹ für uns wie gesunde Ernährung, Gymnastik, Meditation und andere, die Lebensqualität und die Lebenserwartung steigernde Dinge. Aber auch das ist eine Täuschung. Biologisch gesehen, verlieren wir die Fähigkeit zum Geschlechtsverkehr nicht, wenn wir keinen Sex haben. Und mit Ausnahme der Menschen, die sich in schlechter körperlicher Verfassung befinden, kann man ein Leben lang Geschlechtsverkehr ausüben. Trotzdem wurde der irreführende Eindruck erweckt, man müsse sexuell aktiv sein, um gesund zu bleiben.«[9]

Tatsächlich berichten viele Frauen mittleren Alters und ältere, daß sie trotz einiger körperlicher Veränderungen, aber ohne die Angst vor Schwangerschaft und die zeitraubende Inanspruchnahme durch die Kinderbetreuung, mehr Freude am Sex haben als je zuvor. Sieht eine Frau allerdings keinen Grund, ihre Abneigung gegen oralen Sex abzulegen oder braucht sie keinen Orgasmus, um sexuelle Befriedigung zu empfinden, dann ist das ebenso akzeptabel. Wir müssen uns sagen können: »Ich habe bestimmte sexuelle Vorlieben und Abneigungen, und das ist in Ordnung – das ändert nichts an meinem Wert.«

Ist das alles?

Anläßlich unserer Interviews sprachen wir auch mit vielen Frauen, die gar nicht begreifen, warum das Thema Sex die ganze Aufregung wert sein soll.

Manche Frauen verzichten gänzlich auf Geschlechtsverkehr. Geht man von der unangenehmen oder zumindest unbefriedigenden ersten sexuellen Erfahrung der meisten Frauen aus, ist das kein Wunder. Ohne Sex zu leben kann für eine Frau ein effizientes Mittel sein, die Kontrolle über ihr Leben zu behalten. Besonders für sexuell mißbrauchte Frauen beschwört Sex Gefühle der Hilflosigkeit, Demütigung oder Verzweiflung herauf. Heute glauben viele, auf Sex zu verzichten bedeute immer ein ernsthaftes psychologisches Problem. Aber hinter mangelndem sexuellen Interesse steckt nicht immer ein schwerwiegendes Problem. Natürlich verzichten längst nicht alle Frauen auf Sex, manche konzentrieren sich sogar so nachhaltig darauf, als wäre Sex das Wichtigste auf der Welt. Sie projizieren alle ihre Probleme auf die Sexualität und erschaffen sich damit die Illusion, sie wüßten, was nicht stimmt und könnten ihre Schwächen kontrollieren. So wie andere Frauen glauben, »hätte ich nur einen schöneren Körper, liefe alles in meinem Leben phantastisch«, denken diese Frauen, »hätte ich nur einen Liebhaber« oder »wäre ich eine bessere Geliebte, hätte ich keine Probleme«. Die ausschließliche Fixierung der Probleme auf die Sexualität schließt eine Überprüfung anderer Aspekte des Selbst aus, die dem Glück der Frau eventuell im Wege stehen. Diese Verdrängung kann auch in einer Beziehung passieren:

»Als mein Mann und ich uns trennten, hatten wir uns vorher nur einer Sexualtherapie, keiner anderen Therapie, unterzogen. Daß ich keinen Orgasmus bekam, war schuld an allem, was in unserer Beziehung nicht stimmte. Wir sprachen nie darüber, wie sehr sich unsere Wertvorstellungen im Laufe der Jahre geändert haben, daß ich monogam war und er nicht, daß ich mir eventuell Kinder wünschte und er ein toller Hecht mit Geld war. Nein, es war ganz klar – für mich ebenso wie für ihn –, unsere Beziehung wäre besser, könnte ich Sex nur mehr genießen.«

Sex wird nicht nur dazu benutzt, uns die Illusion der Kontrolle über unser Leben zu verschaffen, sondern dient manchmal auch als Mittel zur Kontrolle anderer. Insbesondere eine Frau, die sich ansonsten praktisch machtlos fühlt, sieht im Sex oft ihre einzige Form von Macht:

»Mein Mann ist ein Tyrann. Er bezeichnet sich selbst als wohltätigen Diktator. Ich bin seinetwegen und wegen der Kinder ans Haus gefesselt, ich habe keinerlei geistige Anregung und Abwechslung. Ich habe das Gefühl, als ginge das Leben einfach an mir vorbei. Läßt er mit seiner Kontrolliererei ein wenig nach, erlaube ich ihm manchmal Sex, aber das ist selten – und das paßt ihm nicht. Aber es ist die einzige Möglichkeit, damit er einmal zuhört und registriert, wie unglücklich ich bin.«

Sex dient ironischerweise auch als Möglichkeit, andere Menschen aus Angst vor Nähe auf Distanz zu halten:

»Ich dachte, Sex würde mir eben schnell langweilig. Inzwischen weiß ich, mein scheinbares Bedürfnis nach ständiger Abwechslung und Aufregung war nur Mittel zum Zweck. Der dauernde Wechsel hielt die Menschen auf Abstand. Meistens ging ich davon aus, sie würden mich sowieso bald verlassen, und da war es mir lieber, ich nahm das selbst in die Hand. Aber am wichtigsten war mir, daß sie nicht ständig bei mir rumhingen und Dinge über mich erfuhren, die ich mir selbst noch nicht einmal eingestehe.«

Da man vielen von uns vermittelte, unsere Selbstachtung resultiere aus männlicher Anerkennung, überrascht es nicht, daß manche Frauen Sex mit Männern als entscheidend zur Erlangung von Anerkennung und Bestätigung betrachten. Dies zeigt sich zum Beispiel in den Zitaten einiger von Shere Hite interviewter heterosexueller Frauen:

»Sex ist wichtig für mich. Es bestätigt mir jedesmal meinen Wert, wenn ein Mann sich die Zeit nimmt, zärtlich zu mir zu sein.«

»Ich bin nur glücklich, wenn ich einen Mann habe, der mich liebt und mit mir schlafen möchte. Wenn ich einen Mann antörnen kann, habe ich das Gefühl, etwas wert zu sein.«

»Ich hörte von meinem Mann in einundzwanzig Jahren nie ein Wort des Lobes, außer beim Geschlechtsverkehr. Ich nehme ihm das zwar übel, liebe ihn aber immer noch und genieße den Sex mit ihm – einzig und allein aus diesem Grund.«[10]

Frauen gebrauchen Sex auch zur Demonstration, »gute« Frauen zu sein. Eine gute Frau gibt ständig, nimmt aber niemals. Hite entdeckte dieses Verhalten als häufig anzutreffendes Grundmuster weiblicher sexueller Reaktionen:

»... zum heterosexuellen Sex gehört im allgemeinen Vorspiel, Penetration und Geschlechtsverkehr, er endet mit der Ejakulation des Mannes – nur zu oft kommt die Frau nicht zum Orgasmus *[sic]*. Aber Frauen wissen, *wie* sie durch Masturbation einen Orgasmus bekommen *[sic]*, wann immer sie wollen. Wenn sie wissen, wie sie, wann immer sie wollen, einen Orgasmus bekommen *[sic]*, warum machen sie während des Geschlechtsverkehrs mit Männern nicht Gebrauch davon? *Warum befriedigen Frauen die Bedürfnisse der Männer beim Sex gewohnheitsmäßig und ignorieren ihre eigenen?*«[11]

Vielleicht lautet die Antwort auf Hites Frage, daß es sich für eine Frau, die ihrem Rollenbild auf sexuellem Gebiet gerecht zu werden versucht, gehört, nicht fordernd zu sein. Wir sprachen auch mit Frauen, die oralen Sex nicht mochten, aber die eigentliche »orale Phobie« scheint das Gespräch mit dem Partner über Sex zu sein. Grund dafür ist zumindest teilweise die kulturelle Überlieferung, »guter Sex« geschehe ganz spontan und erfordere keine weitere Kommunikation zwischen den Liebenden:

»Ich täusche einen Orgasmus vor, damit er sich besser fühlt, aber auch, damit ich als richtige Frau dastehe, als voll funktionsfähiges sexuelles Wesen. Das Problem ist jetzt, daß ich mich jedesmal an diese langjährige Lüge erinnere, wenn ich mit ihm über meine Schwierigkeiten reden möchte. Der Sex mit ihm ist einfach nicht richtig befriedigend für mich. Ich möchte anders berührt werden, aber das kann ich ihm doch nicht mehr sagen. Er glaubt ja, er mache alles richtig.«

Manche Frauen haben Angst, mit ihrem Partner über ihre sexuellen Vorlieben und Abneigungen zu sprechen, weil sie fürchten, sich im Gegenzug dazu zu verpflichten, auch auf seine Vorlieben und Abneigungen eingehen zu müssen. Eventuell käme sogar zur Sprache, daß ihr Geliebter das Ganze ebenfalls nicht als besonders ekstatisch empfunden hat, und das herauszufinden wollen sie auf gar keinen Fall riskieren. Frauen glauben außerdem oft, »wenn er mich wirklich liebte, wüßte er, was ich mag. Wenn ich es ihm erst sagen muß, bedeutet es mir nicht mehr viel.«

Weil wir oft nicht wissen, was wir wollen oder wie wir darum bitten sollen, geben wir uns mit weniger zufrieden, als wir bekommen könnten. Und irgendwann glauben wir, tatsächlich nur dieses wenige zu *verdienen.*

Heutzutage dient Sex manchen Frauen zur »Vortäuschung von Nähe«. Insbesondere der Sex mit dem »Fremden im Morgengrauen«, durch den wir mit einem praktisch Unbekannten Nähe herzustellen versuchen, erfüllt selten unsere Erwartungen. Elisabeth Haich schreibt dazu:

»Sexualität imitiert Liebe. Sie erzwingt Zärtlichkeit und Umarmungen, sie drängt die Liebenden, einander festzuhalten, sie lindert das Leid des anderen durch die Enthüllungen der Sexualität, als würde tatsächlich wahre Liebe ausgetauscht. Was folgt auf eine solche Erfahrung? Enttäuschung, ein bitterer Nachgeschmack, gegenseitige Anschuldigungen wegen trostloser Einsamkeit, Gefühle der Ausnutzung und der Beschmutzung. *Keiner der beiden gab wahre Liebe, jeder erwartete nur, wahre Liebe zu bekommen, deshalb bekam sie keiner.*«[12]

Bei anderen beruht das Bedürfnis nach Sex eher auf der globalen Sehnsucht nach mehr Liebe in der Welt. Nora Gallagher erklärt:

»Heute ist ein Leben in Isolation die Regel. Aber das Bedürfnis, von einem anderen Menschen berührt, von seinem Körper gewärmt zu werden, ist vorhanden... Diese Sehnsucht nach anderen wird kaum durch eine Nacht mit einem Fremden befriedigt, aber für viele von uns war das alles, was wir bekamen. Wir können wohl auch nicht mehr zwischen dem, was ein Fremder uns geben kann und was sich zwei wahrhaft Liebende geben, unterscheiden. Diese Verwechslungen verursachen viel Leid, dessen Ursache wir uns nicht erklären können: Manche versuchen, diesen Schmerz wieder und wieder abzutöten, bis Sex zu einer Art Droge wird; andere resignieren, hilflos und beklommen.«[13]

Welche Motivation auch immer ursprünglich dahintersteckt, »vorgetäuschte Nähe« trägt nicht zur Steigerung der Selbstachtung bei:

»Ich schlief oft schon bei der ersten Verabredung mit einem Mann und verband viele Erwartungen mit Sex. Aber wir entwickelten nie die Fähigkeit zu richtiger Kommunikation. Das Gewicht meiner Erwartungen lastete zu sehr auf diesen Beziehungen, sie konnten nie andauern und endeten ausnahmslos tragisch... Erst als ich mit mir besser zurechtkam und weniger das Bedürfnis nach sofortiger Nähe hatte, konnte ich mich befriedigend mit jemandem einlassen.«

Sexuelle Evolution

Weder die Anti-Sex-Lektionen, die man den meisten von uns in der Kindheit vermittelte, noch die Pro-Sex-Propaganda, mit der wir heute überschüttet werden, verhalfen uns letztendlich zu einer Erweiterung unserer Selbsterkenntnis und unserer Selbstakzeptanz. Das, was wir als Kinder gelernt haben, müssen wir in Frage stellen. Wir müssen unsere eigenen Schlüsse ziehen, herausfinden, was Sex für uns bedeutet und wie wir uns sexuell verhalten wollen. Statt dessen beschäftigen wir uns mit der sogenannten sexuellen Revolution, die uns eine Reihe neuer, aber ebenso starrer und unterdrückender Regeln, wie es die alten waren, beschert hat.

Zwei wichtige Lektionen haben wir aus den Gesprächen mit den Frauen gelernt. Erstens, Sexualität kann *nicht* in der Beziehung zu einer anderen Person erfahren werden. Zweitens, die Sexualität einer Frau geht weit über ihre Genitalien hinaus. Definieren wir Sexualität als von den Genitalien einer Frau ausgehende Gefühle, entkörperlichen wir uns selbst. Menschliches Verhalten wird nicht ausschließlich von einem einzigen Bedürfnis motiviert, und auch unsere Sexualität setzt sich aus unzähligen Empfindungen zusammen. Jede Frau empfindet etwas anderes als »sexy« oder sinnlich.

Auf dem Weg zu Selbstakzeptanz und Selbstliebe sollte eine Frau auf ein positives Selbstverständnis als sexuelles Wesen hinarbeiten. Das bedeutet, rigide Ideologien und hartnäckige Lügen aufzugeben und zu entdecken, was ihr Lust und Befriedigung verschafft. Dazu gehört auch das Risiko, den Weg zur Selbst-Entdeckung weiterzugehen. Das ist keine leichte Aufgabe, aber ein umfassenderes Selbstgefühl ist die Anstrengung sicher wert.

Vorschläge zur Veränderung

I. Früh Erlerntes

Natürlich beeinflussen die uns in der Kindheit und Jugend vermittelten Einstellungen und die frühen Erfahrungen unsere Sexualität als erwachsene Frau. Vermittelte man Ihnen irgendeine Lektion oder hatten Sie ein prägendes Erlebnis im Zusammenhang mit den folgenden Aspekten, die oder das Ihrer Meinung nach heute bezüglich Ihrer Sexualität eine Rolle spielt?

- *Masturbation (in der Kindheit und als erwachsene Frau)*
- *sexueller Kontakt mit einer älteren Autoritäts- oder einer Vertrauensperson (siehe Teil II, Kapitel 6)*
- *erste sexuelle Erfahrung mit einem Jungen (falls gemacht)*
- *erste sexuelle Erfahrung mit einem Mädchen (falls gemacht)*
- *Nacktheit zu Hause*
- *körperliche Zuneigung zwischen den Eltern*
- *Aufklärung (durch wen? zufriedenstellend?)*
- *Pornographie*

Können Sie das, was man Sie gelehrt hat, in Frage stellen? Haben Sie es durch neue Überzeugungen ersetzt? Oder fühlen Sie sich statt dessen schuldig oder bestraft? Um übermächtige frühe Lektionen auszuschalten, brauchen wir professionelle Hilfe oder die Hilfe von Freunden.

Welche Botschaften vermittelte man Ihnen speziell über weibliche Sexualität? Welche Einstellung gegenüber Sexsymbolen bestand bei Ihnen zu Hause? Welche widersprüchlichen Botschaften wurden Ihnen übermittelt? Lehrte man Sie zum Beispiel, verführerisch zu sein, und sagte gleichzeitig, Sie sollten so tun, als wollten Sie keinen Sex? Verstärkten sich diese Widersprüchlichkeiten infolge von Rassismus oder anderen Formen der Unterdrückung? Beeinflussen diese widersprüchlichen Regeln heute noch aktiv Ihr Leben?

II. Beginnen Sie bei sich selbst

Eine Frau muß ihre Sexualität nicht in der Beziehung zu einer anderen Person erfahren. Ebenso, wie wir häufig unser Körperbild auf der Meinung anderer über uns aufbauen, entwickeln wir oft unsere Sexualität aufgrund der Reaktion anderer Menschen auf uns. Ein negatives, unrealistisches Körperbild kann eine Frau durch genaue Betrachtung ihres Körpers korrigieren, außerdem kann sie sich über die kulturellen Ideale und persönliche Kritik hinwegsetzen; so ist es auch bei der Sexualität. Eine Frau kann ihre Sexualität an sich selbst erforschen.

Sie muß jedoch zuvor entscheiden, ob sie das möchte. Falls ja, gut. Falls nein, auch gut.

Die Frauen, die dazu bereit sind, sollten sich überlegen, ob sie sich bewußt sind, was ihnen sexuelle Lust bereitet. Die individuellen Bedürfnisse müssen sich nicht nur auf Berührungen beschränken. Gibt es zusätzliche Elemente wie Atmosphäre, Musik, Stimmung etc., die eine sexuelle Begegnung (jeder Art) für Sie befriedigender machen? Wie oft »gönnen« Sie sich das, was für Sie vollen Genuß bedeutet? Könnten Sie dies häufiger tun? Möchten Sie das?

Wie würden Sie Ihre Sexualität beschreiben? Beschränken Sie sich dabei nicht auf die starren Etikettierungen homosexuell oder heterosexuell. Beschreiben Sie mit Ihren eigenen Worten Ihre individuelle Sexualität. Eine Frau, die diese Übung gemacht hat, meinte anschließend, »monogam« und »spielerisch« seien eine bessere Beschreibung ihres sexuellen Ausdrucks als ihre sexuelle Präferenz. Versuchen Sie, Ihre Sexualität ebenfalls präziser zu beschreiben.

Die Masturbation ist eine Möglichkeit festzustellen, welche Berührungen einer Frau Lust und Befriedigung verschaffen. Natürlich masturbieren viele Frauen, sie denken dabei aber nicht immer an Selbsterkenntnis, und oft tun sie es mit Schuldgefühlen. Masturbation unter einem anderen Blickwinkel betrachtet, kann eine völlig andere Bedeutung für eine Frau haben. Aus dem Hite-Report: »Masturbation ist eines der heiligen Rituale, die Frauen für sich genießen können. Ich sage ›heilig‹, weil es selbst-initiiert, selbst-kontrolliert und selbst-befriedigend ist – also aus einer Position der Stärke heraus entsteht. Es handelt sich nicht nur um eine physische oder emotionale (beides ist untrennbar) Nähe zum Körper, sondern um eine Überwindung all der Ängste, die Familien und Männer den Frauen bezüglich ihrer Körper und sexuellen Abhängigkeiten einflößten.«[14]

Masturbation zum eigenen Lustempfinden ist völlig berechtigt. Möchte eine Frau mehr Genuß beim Zusammensein mit einem Partner haben, kann sie mit Hilfe von Masturbation herausfinden, was ihr am besten gefällt. Sobald wir wissen, was wir wollen, können wir mit dem Partner besser kommunizieren.

Aus dem gleichen Grund lernen wir häufig mehr über unsere Anforderungen an eine sexuelle Beziehung, wenn wir eine »Pause« einlegen. In The New Celibacy *erläutert Gabrielle Brown:*

»Eine Weile zölibatär zu sein ist kein sich Verschließen, sondern ein Sich-Öffnen. Dabei können Frauen mit alten Verhaltensmustern, Abhängigkeiten und Einschränkungen brechen. Frauen stellen fest, daß ihnen die Enthaltsamkeit ein größeres Maß an Unabhängigkeit und Freiheit erlaubt und gleichzeitig die Möglichkeit bietet, neue Dimensionen in der Beziehung zu erforschen. Es kann eine Zeit der Befreiung von dem triebhaften Charakter sexueller Aktivität und eine Erweiterung des engen, ausschließlich darauf gerichteten Blickwinkels sein. Und eine Zeit, in der sich eine Frau über die Gefühle bezüglich

einer bestimmten Beziehung klar wird, ohne sich durch Sex beeinflussen zu lassen – um eine tiefere Liebesbeziehung in einem eher freien Bereich zuzulassen.«[15]

Falls Sie glauben, sich durch das Zölibat über etwas klar werden zu können, lohnt es sich, dies in Betracht zu ziehen.

III. Phantasien

Phantasien sind ebenfalls eine Möglichkeit zur Erforschung der eigenen Sexualität. Wie auch bei der Masturbation stießen wir bei den von uns befragten Frauen diesbezüglich häufig auf Schuldgefühle und negative Einstellungen.

Unter zwei Voraussetzungen, so stellten wir fest, wurden Phantasien für die Frauen zum Problem. Erstens, wenn Phantasien zu Idealen wurden, an denen die Wirklichkeit gemessen wurde. Zum Beispiel sind die Vorstellung von einem »Spontanfick«, wie ihn Erica Jong in ihrem Roman Angst vorm Fliegen *unsterblich gemacht hat, oder das Bild von der spontanen und überwältigenden Leidenschaft, die in Liebesromanen ihren Höhepunkt in perfektem Sex erreicht, schöne Phantasien. Übernimmt jedoch eine Frau diese Vorstellungen und macht sie zu ihrem Ideal, mißt sie also ihre eigenen sexuellen Erfahrungen an denen der Heldinnen oder erwartet sie, daß ihr Liebhaber sie vom Hocker reißt und genau weiß, was sie will, ohne darüber ein Wort zu verlieren, dann ist die Wahrscheinlichkeit groß, daß sie enttäuscht wird.*

Zweitens können Phantasien, die als gut oder schlecht, richtig oder falsch etc. beurteilt werden, problematisch werden. Zum Beispiel haben manche Frauen Phantasien über Vergewaltigung oder Mißhandlung und fühlen sich deshalb schrecklich, als habe nur eine verhaltensgestörte, insgeheim zum Opfer tendierende Frau derartige Phantasien. Aber sie erschafft diese Phantasie selbst und besitzt deshalb die Kontrolle *über die Situation, im Gegensatz zu einer Frau, die tatsächlich vergewaltigt oder mißhandelt wird. Außerdem bedeuten unsere Phantasien keinesfalls, daß wir das auch im wirklichen Leben tatsächlich erleben möchten.*

Schuldgefühle wegen einer sexuellen Phantasie veranlassen manchmal eine Frau dazu, sich dieser Phantasie immer wieder hinzugeben in der Hoffnung, mit der Zeit die Schuldgefühle zu überwinden. Aber sowohl das Schuldgefühl als auch der Zwang zur Wiederholung der Phantasie verstärken sich jedesmal. Denken Sie stets daran, Phantasien sind wie Gefühle einfach da und müssen nicht beurteilt werden. Versuchen Sie mit Hilfe der Gedankenstopp-Methode Ihre Schuldgefühle zu beenden, vielleicht wird die Phantasie damit weniger druckvoll und problematisch.

IV. Eines von vielen Gefühlen

Da sexuelle Gefühle mit anderen Gefühlen in Verbindung stehen, kann Sexualität entweder dazu dienen, diese Gefühle (durch Unterdrückung unserer Sexualität) zu kontrollieren oder ihnen Ausdruck zu verleihen. Die Sexualtherapeutin Carmen Kerr wurde sich dieser gegenseitigen Verbindung durch eigene persönliche Erfahrung bewußt:

»Ich erinnere mich, als ich damit begann, mich die meine sexuelle Erregung begleitenden Gefühle erleben zu lassen. Ich empfand viele Emotionen, die ich nicht erwartet hätte und die ich nicht wirklich wollte… Ich beschloß, mich dies alles trotzdem erleben zu lassen, denn wenn ich mit der Empfindung dieser Gefühle aufhörte, bedeutete das das Ende jeglichen Fühlens. Ich weinte ein bißchen, anschließend zitterte ich ein bißchen. Es war eine reinigende, entspannende Erfahrung, und ich gewöhnte mich daran, daß meine Gefühle, egal welche, normal sind. Ich begann sogar zu masturbieren, um mit den Gefühlen in Berührung zu kommen, die ich bisher nicht völlig hatte ergründen können. Mein Zorn, meine Ängste, mein Unglücklichsein, alles rückte plötzlich in den Mittelpunkt.«[16]

Sind Sie sich jeglicher Verbindung zwischen Ihren sexuellen Gefühlen und anderen Gefühlen bewußt?

V. Macht und Kompetenz

In welchen Situationen fühlen Sie sich als Person mit Macht? Zählt Sex dazu? Ist Sex die einzige Möglichkeit für Sie, um sich mächtig zu fühlen oder die Situation, in der Sie sich am mächtigsten *fühlen, oder ist es nur eine von vielen Situationen, in denen Sie sich mächtig fühlen? Fühlen Sie sich mächtiger oder weniger mächtig in sexuellen Beziehungen im Vergleich zu nicht-sexuellen Beziehungen? Falls Sie mit Sex andere Menschen manipulieren, um Ihre Bedürfnisse durchzusetzen, versuchen Sie es vielleicht einmal mit einer anderen Methode. Seien Sie zum Beispiel lieber etwas fordernder als manipulierend.*

VI. Sexuelle Ansprüche durchsetzen

Wenn Sie sich im Einklang mit sich selbst und sicher fühlen und über genügend Selbstvertrauen verfügen, so daß eine sexuelle Zurückweisung Sie nicht am Boden zerstört, versuchen Sie Ihren Partner (falls Sie einen haben) um eine bestimmte Veränderung in Ihrem Sexleben zu bitten. Bitten Sie um etwas, was Sie möchten – eine bestimmte Berührung, Sex zu einer anderen Tageszeit, »Vorspiel« ohne Geschlechtsverkehr, wenn Sie heterosexuell sind. Beginnen Sie nicht mit der Ihnen am wichtigsten scheinenden Veränderung. Darauf gehen

Sie erst nach mehreren erfolgreichen Erfahrungen mit Ihren anderen Wünschen ein. Sagen Sie Ihrem Partner ruhig, daß Sie nervös sind oder sogar Angst haben, so geradeheraus Ihre Bedürfnisse zu äußern. Was kann im schlimmsten Fall passieren? Falls Sie wollen, können Sie auch Ihren Partner fragen, ob er etwas verändern möchte. Geben Sie auch ihm die Chance, Ansprüche zu formulieren. Vergessen Sie aber nicht, daß es vollkommen berechtigt ist, um etwas zu bitten, Sie müssen nach einer erfüllten Bitte nicht gleich wieder eine Gegenleistung erbringen.

VII. Homophobie und andere Vorurteile

Falls Sie nicht heterosexuell sind: Können Sie mit anderen Frauen über die Belastungen sprechen, die das Leben in einer homophobischen Gesellschaft mit sich bringt? Auch zölibatäre Frauen profitieren, wenn sie andere Frauen kennen, die sich ebenfalls für diese Lebensform entschieden haben und mit denen sie darüber sprechen können, wie es sich damit in einer sexbesessenen Welt lebt. In größeren Städten gibt es verschiedene Selbsthilfegruppen, häufig in Schwulen- und Lesbenzentren, Therapiegruppen etc. Die Gruppen sind nicht für alle Frauen gleich gut geeignet; manche möchten sich nicht offen zu ihrer Sexualität bekennen. Diese Frauen sollten sich mit einer vertrauenswürdigen Freundin aussprechen, um ihre Isolation etwas aufzubrechen.

12. Lieber habe ich recht, als glücklich zu sein: Sich selbst erfüllende Prophezeiungen

Im Literaturunterricht lehrt man uns, der »Charakter bestimme die Handlung«. Ich würde das umschreiben und sagen, das Selbstverständnis bestimmt das Schicksal. Oder etwas zurückhaltender und präziser gesagt, das Selbstverständnis zeigt eine starke Tendenz, *das Schicksal zu bestimmen.*

Nathaniel Branden
The Psychology of Romantic Love

Unbestreitbar sehnen sich alle Menschen nach Beständigkeit und Harmonie. Stimmt unser Denken und Fühlen nicht mit unseren äußeren Erfahrungen überein, neigen wir dazu, die in der Außenwelt gemachten Erfahrungen zu manipulieren, bis sie sich unseren Erwartungen angleichen. Frauen mit geringer Selbstachtung entwickeln bei dieser Art von Manipulation großes Geschick. Geht eine Frau zum Beispiel von der sich selbst eingeredeten Annahme aus, »Ich bin nicht liebenswert« oder »Alles muß ich selber machen, niemand hilft mir«, macht sie sich sogleich daran, diese Annahme zu prüfen und durch erlebte Erfahrung unter Beweis zu stellen. Natürlich möchte sich jede Frau beweisen, daß sie recht hat und nicht, daß sie sich irrt, folglich sammelt sie ihre Überzeugung stützende Beweise, die ihr versichern, daß sie tatsächlich nicht liebenswert oder wirklich ganz auf sich gestellt ist. Damit schafft sie eine sich selbst erfüllende Prophezeiung. Sie bekommt, was ihr am wichtigsten ist – Übereinstimmung –, leider nur auf Kosten von Selbstachtung und Lebensglück.

Sich selbst erfüllende Prophezeiungen lassen sich mit Drehbüchern vergleichen, deren Inhalt auf hartnäckigen Überzeugungen bezüglich des eigenen Selbst beruhen und von früheren Erfahrungen gestützt werden. Die Wiederholung bestimmter Erfahrungen (Ablehnung, Versagen, Verlassenwerden, Streit), die die Botschaft für das Selbst verstärken (»Niemand will dich«, »Du vermasselst alles«; »Du wirst schließlich immer verlassen«; »Du kommst mit niemandem aus«), verfestigt in vielen Frauen die Überzeugung, das, was in der Vergangenheit passiert ist, müsse sich zwangsläufig in der Zukunft wiederholen. Und um diese Überzeugung logisch zu untermauern, verhalten sie sich so, daß jede andere Möglichkeit ausgeschlossen ist.

Sich selbst erfüllende Prophezeiungen können auch konstruktiv sein. Glaubt eine Frau zum Beispiel, »Ich bin liebenswert« oder »Ich bin kompetent«, bringt sie ihr Leben und ihr Verhalten soweit wie möglich mit dieser Überzeugung in Einklang. Allerdings überwiegen unter den Frauen mit geringer Selbstachtung leider sich selbst erfüllende Prophezeiungen destruktiver Art.

In der Kindheit entstandene negative Überzeugungen von der eigenen Person und dem eigenen Leben prädestinieren für destruktive sich selbst erfüllende Prophezeiungen, die ein Leben lang anhalten können. Aber auch Frauen, die in der Kindheit keine überwiegend negativen Einstellungen zu sich selbst gewonnen haben, ertappen sich manchmal beim Schreiben eines selbstzerstörerischen Drehbuchs:

»Bis ich Ende Zwanzig war, verlief mein Leben relativ glatt. Aber plötzlich passierte eine Reihe schrecklicher Dinge: Meine Wohnung wurde dreimal in neun Monaten ausgeraubt, ich wurde überfallen, mein Freund und ich trennten uns, meine Mutter starb, ich wurde bei einer Beförderung in der Firma übergangen, und ungefähr einen Monat nach der Trennung von meinem Freund stellte ich fest, daß ich schwanger war. Ich hatte eine Abtreibung und haßte mich deswegen, und mitten in diesem ganzen Schlamassel bekam ich Schuppenflechte. Plötzlich dachte ich, ja, das ist der Lauf des Lebens. Du gehörst zu den Leuten, die dazu ausersehen sind, ein beschissenes Leben zu führen. Ungefähr zwei Jahre lang verharrte ich in diesem Trott. Nachdem ich einmal beschlossen hatte, zu den Leuten zu gehören, deren Leben einfach beschissen ist, gab ich jeden Versuch auf, mein Leben weniger beschissen zu machen. Es dauerte lange, bis ich mich von der Überzeugung freimachen konnte, ein paar schlechte Jahre müßten gleich ein schlechtes Leben bedeuten.«

Eine auf eine negative sich selbst erfüllende Prophezeiung fixierte Frau geht davon aus, die Zukunft würde ihre negative Überzeugung in jedem Fall bestätigen, und entwickelt in der Folge eine vorgefaßte, extrem starre Wahrnehmungsweise. Oft kommt es ihr überhaupt nicht in den Sinn, daß es für ein- und dieselbe Erfahrung oder Situation auch andere Erklärungen geben kann:

»Vor einigen Monaten lernte ich auf einer Party einen Mann kennen, der mir wirklich gefiel. Er fragte mich nach meiner Telefonnummer und sagte, er würde mich anrufen. Es verging Woche um Woche, und er rief nicht an. Das überraschte mich nicht. Ich halte mich nicht für besonders attraktiv und wußte, dieser Typ würde nie anrufen. Aber schließlich meldete er sich doch. Ich gebärdete mich echt cool und sagte schnippisch: ›Was hat dich denn so mächtig beschäftigt in den letzten paar Monaten?‹ Mir wurde ganz anders, als er sagte, sein Vater sei gestorben, er habe mich nicht früher angerufen, weil er vor Trauer wie gelähmt war. Es war mir überhaupt nicht in den Sinn gekommen, daß hinter seinem Schweigen etwas anderes stecken könnte als meine mangelnde Attraktivität.«

Manchmal macht die Unfähigkeit, die vielen Alternativen zur Einschätzung und Auslegung einer Situation oder Erfahrung erkennen zu können, eine Frau nicht nur gegenüber der äußeren, sondern auch gegenüber der inneren Realität blind:

»Ich war dermaßen überzeugt davon, daß mich niemand wirklich mag, daß ich, wenn ich jemanden neu oder besser kennenlernte, oft gleich so ein eigenartiges Gefühl hatte und wußte, alles geht wieder in die Binsen. Eines Tages fragte mich meine Schwester, was ich denn für die Menschen empfände, bei denen mir das wieder passiert sei. Ehrlich, darüber hatte ich nie nachgedacht – *ich* mochte *sie* nicht. Darauf beruhte mein unbehagliches Gefühl in ihrer Gegenwart. Und bis dahin war ich immer davon überzeugt gewesen, die andere Person mag mich nicht!«

Der Wunsch nach Übereinstimmung ist nicht der einzige Grund, warum eine Frau an ihren destruktiven sich selbst erfüllenden Prophezeiungen festhält. Häufig ist Angst vor Glück der entscheidende Faktor. Davon sind besonders die Frauen betroffen, die ihrer Meinung nach kein Glück verdienen. Klischees wie »Glück dauert nicht ewig« und »Leiden bringt dich in den Himmel« verfestigen diese Angst. Branden bemerkt in bezug auf Menschen, die Angst vor Glück haben:

»Oft beherrscht sie das Gefühl, wenn sie glücklich wären, würde entweder das Glück sie verlassen oder etwas Furchtbares würde geschehen, eine unbeschreibliche Bestrafung oder Tragödie, sozusagen als ausgleichende Gerechtigkeit.«[1]

Auch dieses Denk- und Verhaltensmuster wurde in der Kindheit erlernt. Erlebte eine Frau keine anhaltenden, wiederholten Perioden relativen Glücks, weiß sie oft gar nicht, wie sie sich positiven Gefühlen öffnen soll.

Der bestechendste Effekt ihrer Prophezeiungen ist für manche Frauen aber die ihnen dadurch vermittelte Illusion der Kontrolle. Überzeugt, sie könnten zukünftige Ereignisse auf der Grundlage früherer Erfahrungen voraussagen, glauben sie, sich auf das Kommende vorbereiten zu können. Das Vertraute wird dem Unbekannten, ob positiv oder negativ, in jedem Fall vorgezogen. Das Unbekannte erscheint in jedem Fall als zu großes Risiko. Diese Frau ist dafür ein klassisches Beispiel:

»Meine letzte Beziehung schien besser zu laufen als sonst, aber ich wußte, sie geht zu Ende. Ich wollte nicht, daß der Bruch eventuell über Weihnachten stattfindet, deshalb beendete ich sie vorher. Ich kann mich gut von einer zerbrochenen Beziehung erholen. Darin habe ich schließlich jahrelange Übung. Aber was wäre, wenn wir uns mit der Zeit immer näherkämen und vielleicht sogar zusammenlebten? Ich weiß, dann eine Trennung ertragen zu müssen würde mich weit mehr schmerzen.«

Manche Frauen brauchen die Illusion von Kontrolle so stark, weil sie tief in ihrem Innern wissen, daß sie von tatsächlicher Kontrolle weit entfernt sind, und dieses Gefühl macht ihnen angst. Dieser Widerspruch verwirrt oft die Menschen, mit denen eine Frau, die unter dem Einfluß eines derart destruktiven Denk- und Verhaltensmusters agiert, zusammenarbeitet, zusammenlebt oder befreundet ist. Sie scheint zuweilen nicht nur kontrollierend, sondern unberechenbar und direkt gemein:

»Wenn ich glaubte, jemand wolle mich verlassen, und das taten ja alle, sobald sie mich besser kennengelernt hatten, legte ich los und sagte schreckliche Dinge. Anschließend registrierte ich verblüfft, daß sie verletzt reagierten. Mit zunehmender Reife wurde mir bewußt, daß ich mir rational sagte: ›Sie können mich sowieso nicht leiden, deshalb hat nichts, was ich zu ihnen sage, irgendeine Bedeutung für sie.‹ Und dabei haben meine Worte sie in Wahrheit verletzt. Es war ihnen eben doch nicht gleichgültig.«

Branden erläutert den Unterschied zwischen der »Pseudokontrolle« der sich selbst erfüllenden Prophezeiung und tatsächlich vorhandener Kontrolle:

»Die ›Kontrolle zu haben‹ bedeutet, die tatsächliche Realität unseres Lebens zu begreifen, so daß wir im vernünftigen Rahmen die Konsequenzen unserer Handlungen vorhersehen können. Tragisch wird das Ganze, wenn wir aufgrund eines fehlgeleiteten Begriffes von Kontrolle versuchen, die Realität unseren Überzeugungen ›anzupassen‹, anstatt vielmehr unsere Überzeugungen der Realität anzupassen. Tragisch ist weiterhin, wenn wir blind an unseren Überzeugungen festhalten und Ereignisse manipulieren, ohne uns dessen bewußt zu sein, und kein Gespür mehr dafür haben, daß Alternativen bestehen. Tragisch ist ferner, lieber ›recht haben‹ anstatt glücklich sein zu wollen, lieber an der Illusion festzuhalten, die ›Kontrolle‹ zu haben, anstatt sich bewußt zu machen, daß die Wirklichkeit gar nicht dem entspricht, was wir wahrgenommen haben.«[2]

Die Angst vor Verantwortung trägt ebenfalls zur Entstehung sich selbst erfüllender Prophezeiungen bei. Stellt eine Frau zum Beispiel plötzlich fest, daß die Realität nicht mit ihren Überzeugungen übereinstimmt (etwa daß sie ihre Arbeit kompetent ausführt oder gute Beziehungen haben kann), kann ein gewaltiges Maß an Verantwortung auf sie zukommen.

Angenommen, die sich selbst erfüllende Prophezeiung einer Frau sagt ihr, sie habe nie Erfolg in ihrem Beruf. Ihr Leben besteht aus einer Reihe von vornherein als vorübergehend angesehener Jobs, die sie recht rasch wieder hinwirft. Sobald sie eine neue Stelle annimmt, geht sie davon aus, einige Kolleginnen und Kollegen stellten sich auf ihre Inkompetenz ein und deckten sie eine Zeitlang. Sie entschuldigt sich rasch für ihre Fehler; sie entwaffnet durch Selbstbeschuldigung, bevor andere sie kritisieren können. Am wichtigsten ist, daß sie weiß, wann sie gehen muß (bevor sie nämlich entlassen wird), und daß sie gewohnt ist, ohne besondere Referenzen immer wieder einen neuen Arbeitsplatz zu ergattern.

Und nun einmal angenommen, sie belegt Fortbildungskurse, erlangt zusätzliche Kenntnisse und baut ihre Fähigkeiten aus. Auf der Basis einiger Anfangserfolge beginnt sie, ihr Szenario neu zu schreiben. Sie wird zu einer geschätzten Mitarbeiterin und ist nicht mehr länger nur für einige Zeit geduldet. Ihr Verhalten gegenüber den Kolleginnen und Kollegen muß sich ändern. Vermutlich bekommt sie mehr Verantwortung übertragen oder sie wird sogar für eine Beförderung vorgeschlagen. Das kann für eine Frau, die sich lange als inkompetent betrachtet hat und die das bißchen scheinbare »Kontrolle« durch die Vorhersagbarkeit ihres Lebens nicht verlieren will, ausgesprochen beängstigend sein.

Die auf der Grundlage destruktiver Prophezeiungen erlangten Eigenschaften können, in einen positiven Zusammenhang gebracht, zur Weiterentwicklung der Fähigkeiten und zu einer Steigerung der Selbstachtung führen. Die zum Beispiel durch das Überstehen zahlreicher zerbrochener Affären entstandene Belastbarkeit hilft sicher bei einer anstrengenden, stressigen, herausfordernden Arbeit und bei der Bewältigung der in einer dauerhaften Beziehung auftretenden Spannungen. Die aus dem Aufgeben zahlloser Jobs entstandene Fähigkeit, Kritik annehmen zu können, kann effizient zur Festigung der eigenen Position im Berufsleben eingesetzt werden. Aber daß eine Frau schwere Zeiten durchstehen kann, bedeutet nicht, daß sie das muß; sie kann ihre Kraft und ihr Können anderweitig einsetzen:

»Meine Eltern waren Alkoholiker, ich mußte also lernen, selbst für mich zu sorgen. Ich machte das so gut, daß ich einen Alkoholiker heiratete. Es ging mir jahrelang erbärmlich schlecht, aber ich überlebte. Schließlich hatte ich genug. Bei einigen Beratungsgesprächen erfuhr ich viel über mich, was mir gut gefiel – Dinge, die mir in jener Zeit zugute kamen, wie Verantwortung tragen können, für andere dasein können und den Humor behalten, auch wenn die Zeiten nicht zum Lachen sind. Jetzt setze ich meine Kraft und Entschlossenheit dafür ein, wieder in die Schule zu gehen – für mich. Und ein paar Stunden in der Woche arbeite ich mit Teenagern, deren Eltern Alkoholiker sind.«

Diese Frau änderte sich nicht und verzichtete auch nicht auf ihre aufgrund früherer schlechter Erfahrungen erlangten Fähigkeiten, die ihr das Überleben ermöglichten. Sie betrachtet sie aber in einem ihren eigenen Wert erhöhenden Licht und vertauschte ihre frühere Prophezeiung gegen eine andere, die auf einer besseren Kenntnis ihres Selbst basiert.

Der Austausch einer Prophezeiung ist nicht leicht, aber möglich. Unser Selbstverständnis tendiert nur zu einer Bestimmung des Schicksals; es handelt sich nicht um eine unumstößliche Regel.

Frauen mit dem Denkmuster sich selbst erfüllender Prophezeiungen sind Meisterinnen im Manipulieren ihrer Wahrnehmung von äußeren Ereignissen, die sie unbedingt mit ihren inneren Überzeugungen und ihrem Leben in Einklang bringen wollen. Um eine sich selbst erfüllende Prophezeiung auszutauschen, muß deshalb die Selbstwahrnehmung überprüft und sehr wahrscheinlich verändert werden. Einfach die äußeren Ereignisse in die entgegengesetzte Richtung zu manipulieren, reicht nicht aus, um eine alte Prophezeiung umzudrehen:

»Meine Eltern waren richtige Kinder, ich habe mich sehr um sie gekümmert. Jetzt gerate ich immer an Männer, um die ich mich glaube kümmern zu müssen, aber wie bei meinen Eltern habe ich das Gefühl, ich bekomme nie etwas dafür zurück. Es sieht so aus, als bräuchte ich nichts von ihnen, und sie werden zornig und verlassen mich... Mit sehr viel Hilfe und Unterstützung gelangte ich schließlich zu der Überzeugung, ich müsse gar nicht ständig die Gebende sein und daß es richtig ist, wenn ich etwas dafür zurückverlange; es bedeutet nicht den sicheren Tod.«

Vielleicht das Schwierigste beim Verzicht auf eine sich selbst erfüllende Prophezeiung ist das Aufgeben der Illusion, die Welt sei beständig, vorhersehbar und individuell kontrollierbar. Aber beherrscht das verzweifelte Bedürfnis nach Kontrolle das Leben einer Frau, hat sie in Wahrheit keine Kontrolle; das Bedürfnis kontrolliert sie. Echte Kontrolle zu haben bedeutet, Gefühle der Angst, Unsicherheit, Unzulänglichkeit oder Selbstzweifel von Zeit zu Zeit zulassen zu können, ohne alle und alles auf eine einseitige Sicht der Welt hin zu manipulieren.

Vorschläge zur Veränderung

I. Angst vor Glück

Leiden Sie unter der Angst vor Glück, lernen Sie in kontrollierbaren Situationen, Glück angstfrei zu erleben. Entscheiden Sie sich für Aktivitäten, die Ihnen Freude bereiten, denen Sie aber selten nachgehen. Versuchen Sie nicht, zu viel Glück auf einmal in Angriff zu nehmen. Ist zum Beispiel eine Ihrer Lieblingsbeschäftigungen, in der Sonne zu sitzen oder im Schnee spazierenzugehen, und Sie sind an derlei Freizeitaktivitäten nicht mehr gewöhnt, beginnen Sie mit fünfzehn bis dreißig Minuten. Sobald Sie sich etwas daran gewöhnt haben, verlängern Sie langsam die Zeit.

Hilfreich ist auch das Aufstellen einer Rangfolge angenehmer Erlebnisse, die unerreichbar zu sein scheinen. Beginnen Sie mit dem scheinbar Leichtesten, etwa einfach dasitzen und für eine halbe Stunde nichts zu tun. Davon ausgehend machen Sie stufenweise weiter, gönnen Sie sich zum Beispiel ein schönes Essen in einem guten Re-

staurant. Ihr oberstes Ziel könnte ein Wochenende bei einer Freundin oder einem Freund sein und dabei um Zeit für sich allein und gemeinsam verbrachte Zeit zu bitten. Zehn potentielle Quellen der Freude, geordnet nach der Wahrscheinlichkeit der Erreichbarkeit, sollten Sie eigentlich für einige Zeit beschäftigen.

II. Drehbücher des Lebens

Schreiben Sie Ihre sich selbst erfüllenden Prophezeiungen so detailliert wie möglich nieder. Beginnen Sie die Geschichte wie ein Märchen mit »Es war einmal« und nehmen Sie Ihre globalen Überzeugungen wie »Die Welt ist ein... Ort«, »Männer... immer...«, »Frauen... immer...« mit auf. Schreiben Sie in Klammern, welche Gefühle Sie im jeweiligen Zusammenhang haben. Bis alles fertig ist, können fünf Seiten vollgeschrieben sein – manche Prophezeiungen sind komplizierter als andere. Mag sein, es ist schmerzlich für Sie, diese Dinge aufzuschreiben, aber es trägt dazu bei, einen Blick für das destruktive Drehbuch zu bekommen und die Dinge im richtigen Verhältnis zu sehen.

Legen Sie die Niederschrift der Prophezeiungen zwei Wochen lang beiseite, holen Sie sie dann wieder vor und lesen Sie sie erneut. Prüfen Sie jeden der Sätze und die Aussagen über Ihre Gefühle. Müssen die Dinge wirklich *so sein? Was können Sie lernen oder verändern, damit die Geschichte positiver ausgeht? Können Sie sich an Zeiten erinnern, zu denen die Geschichte vollständig zutraf? Würde sich Ihr Leben ändern und in welcher Form, wenn Sie das Manuskript ändern? Was macht Ihnen bei dieser Vorstellung am meisten angst? Welche positiven Gefühle oder Ergebnisse könnte eine Veränderung mit sich bringen? Überwiegen die Risiken das potentiell Positive?*

Nachdem Sie über diese Fragen nachgedacht und die Antworten vielleicht in ein Tagebuch geschrieben oder mit einer Freundin darüber gesprochen haben, können Sie die Prophezeiung neu schreiben. Schreiben Sie sie nicht in einem Zug neu. Denken Sie über jeden Satz mindestens einen Tag lang nach, und entscheiden Sie sorgfältig, wie Sie ihn ändern möchten. Lassen Sie dabei die in Klammern geschriebene Aussage über Ihre Gefühle nicht außer acht.

Das neue Manuskript muß nicht durchgehend positiv sein; Horrorgeschichten verwandeln sich nur selten in Märchen. Aber vorhandene Stärken können hervorgehoben und in einem vorteilhafteren Licht neu bewertet werden. Nehmen wir in einem destruktiven Manuskript Änderungen vor, erweitern sich unsere Erfahrungen und eine größere Selbsterkenntnis ist meist das Resultat. Energie wird nicht mehr länger an die destruktive sich selbst erfüllende Prophezeiung verschwendet. Es kann lange dauern, bis sich alle diese Resultate einstellen, aber es lohnt die Mühe.

13. Ablenken von meinem gefürchteten Selbst: Ich hasse lieber dich als mich

Es war mir immer ein Rätsel, wie Menschen in der Erniedrigung ihrer Mitmenschen Anerkennung finden können.

Gandhi

Überzeugt davon, selbst voller Schwächen und Fehler zu stecken, empfinden Menschen mit geringer Selbstachtung die Welt im besten Fall als nahezu überwältigend, im schlimmsten Falle als ausgesprochen bedrohlich. Häufig erwächst aus der Angst und dem Selbsthaß dieser Menschen Feindseligkeit gegen andere: Der Haß auf andere dient ihnen als Verteidigung gegen eine Welt, in der sie ständig an die eigene Unzulänglichkeit erinnert werden. Aus Selbsthaß wird leicht Haß auf andere – besonders auf bestimmte Gruppen von Menschen (Juden, Frauen, Hispanos etc.), manchmal bezieht sich dieser Haß auch auf die ganze Welt.

Manche Menschen, die Feindseligkeit gegen andere empfinden, behalten das hübsch für sich und agieren ihren Haß nicht aus. Vielleicht schämen sie sich sogar dafür, menschenfeindlich, rassistisch oder antisemitisch zu sein. Aber Haß ist eine mächtige Emotion, deshalb zeigt sich eine geringe Selbstachtung, die sich in Angst vor der Welt und in Feindseligkeit gegen andere äußert, schließlich oft durch verletzende Urteile über andere oder in der Unterdrückung anderer.

Nicht selten hassen Menschen an anderen das, was sie an sich selbst nicht akzeptieren können oder wollen. Der Haß ist ein Versuch, den das eigene gefürchtete Bild reflektierenden Spiegel zu zerschlagen. Damit scheint jede Anstrengung zur Akzeptanz oder Veränderung dieses Bildes überflüssig. Wir sehen das bei Menschen, die sich ihrer eigenen Gefühle schämen oder mit diesen nicht fertigwerden und deshalb über andere herfallen, die Gefühle zeigen. Haß soll uns von unserem Selbst ablenken. Es ist bequem für uns, unsere negativen Gefühle zu kanalisieren und gezielt gegen jemand anderen richten zu können. Der Aufwand an Zeit und Energie, den wir zur Fehlersuche bei anderen benötigen, läßt wenig Spielraum zur Selbstreflexion oder Selbstakzeptanz.

Nicht bei allen Menschen ist eine geringe Selbstachtung der eigentliche Auslöser des Hasses. In den Vereinigten Staaten aufzuwachsen, ohne Vorurteile anzunehmen, ist zum Beispiel fast unmöglich. Menschen hassen andere oft aus dem einfachen Grund, weil man ihnen beigebracht hat, alles und jeden, was anders ist als sie, zu hassen; sie kennen es nicht anders. Manche Menschen hassen, weil Feindseligkeit gegen andere Menschen wegen ihrer Klassenzugehörigkeit, ihres Geschlechts und ihrer Rasse in ihrer sozialen Schicht Billigung findet. Beispielsweise unterdrücken viele weiße Männer Frauen und Menschen anderer Hautfarbe nicht deshalb, weil sie sich insgeheim selbst ablehnen (obwohl sie dazu vielleicht auch allen Grund hätten), sondern weil sie glauben, aufgrund eines von Gott gegebenen oder eines Naturgesetzes dazu berechtigt zu sein. Im Verlauf der Geschichte hat dieser Typus des Unterdrückers dafür häufig auf die rationale Erklärung zurückgegriffen, er sei der »Beschützer« dieser unterlegenen Menschen, die nicht für sich selbst sorgen können.

Wer versucht, sein Selbstwertgefühl durch Herabsetzung und Unterdrückung anderer zu steigern oder zu festigen, geht dabei ohne Rücksicht auf Verluste vor. Beliebt ist etwa die Übertragung jeglicher Schuld auf Sündenböcke. Wie das vor sich geht, sehen wir in vielen Familien. Dads Selbstachtung wird im Büro verletzt, wo sein Chef seit einiger Zeit auf ihm herumhackt, und er versucht, seine Selbstachtung wieder aufzubauen, indem er seine Frau bestraft und behauptet, alle seine Probleme seien allein *ihre* Schuld. Mom wiederum fühlt sich erniedrigt, weil sie bestraft und zum Sündenbock gemacht wurde, deshalb gibt sie den Kindern einen ordentlichen Klaps und schreit, alles sei *ihre* Schuld. Daß sie zu Sündenböcken gemacht werden, ärgert die Kinder und macht ihnen zugleich ihre Machtlosigkeit bewußt, deshalb treten sie den Hund oder gehen aufeinander los oder sie verprügeln gemeinsam den »Waschlappen« aus der Nachbarschaft. Und so dreht sich die Spirale weiter und weiter. Auf diese Weise werden junge Menschen darauf trainiert, sich einer Gesellschaft anzupassen, in der viele glauben, der einzige Weg zur Selbstachtung oder zur Wiederherstellung einer verletzten Selbstachtung bestünde darin, sich anderen überlegen zu fühlen und mächtiger zu sein als sie.

Die meisten von uns lehrte man, Menschen wegen etwas zu hassen, was sie von uns unterscheidet, aber keinesfalls ihrer Kontrolle unterliegt: Hautfarbe, Geschlecht, Alter, körperliche Behinderungen, ethnische Zugehörigkeit, sexuelle Präferenz, soziale Schicht oder Religion. Die wirtschaftlichen Verhältnisse entfachen oft die bald lodernden Flammen und liefern die Rechtfertigung, über andere herzufallen. Der Antisemitismus in Europa bestand seit Jahrhunderten und bot sich deshalb an, als es um Deutschlands Wirtschaft schlechtstand; zuerst nahm man den Juden sämtlichen Besitz, dann wurden Millionen interniert und ermordet. Wir führten in nicht einmal vierzig Jahren drei Kriege gegen asiatische Länder – zwei unter fragwürdigen Rechtfertigungen. Nie respektierten die Weißen die Kulturen der eingeborenen Amerikaner, und nachdem nun gewinnversprechende Bodenschätze in den Reservaten entdeckt wurden, bedrängt man die Indianer erneut und setzt sie unter Druck. Die Homophobie ist nichts

Neues, aber seit AIDS dient sie als Rechtfertigung für die anhaltende Verurteilung Homosexueller; sie erhielten wieder die Rolle der Sündenböcke und werden als Randgruppe weiterhin unterdrückt. Die meisten Einwanderer, die in die Vereinigten Staaten kamen, begannen mit schlechtestbezahlter, niedrigster Arbeit und wurden zu Zielscheiben für fadenscheinige Anschuldigungen und Opfer brutaler Übergriffe. Als sie ihren endlich einsetzenden sozialen Aufstieg von anderen bedroht sahen, machten sie wiederum diese zu Zielscheiben:

»Während der Bostoner Krawalle gegen die Schulbuspolitik, mit der ein rassisches Gleichgewicht der in den Bussen beförderten Kinder erreicht werden sollte, holte ich eines Tages die Kinder an der Haltestelle ab. Da waren mindestens fünfzig weiße Männer, die die kleinen schwarzen Kinder verspotteten und mit Sachen nach ihnen warfen. Meine erste Reaktion war, ›Was zum Teufel machen diese Männer hier um zwei Uhr nachmittags, und weshalb suchen sie sich ausgerechnet diese achtjährigen schwarzen Kinder aus?‹. Da ich die Gegend kenne, konnte ich jede Wette eingehen, daß diese Männer arbeitslos waren. Sie hätten nie gewagt, auf die Männer, denen sie ihre Entlassung zu verdanken haben, Tomaten zu werfen und ihnen Verleumdungen zuzuschreien, deshalb kamen sie hierher und nahmen sich die kleinen Schwarzen vor.«

Menschen, die andere hassen, zu Sündenböcken machen und sie schikanieren, fürchten sich vor jeder Ähnlichkeit zwischen sich und ihren Opfern. Cherrie Moraga erläutert:

»... der Unterdrücker fürchtet nicht den Unterschied, er fürchtet nichts mehr als die Ähnlichkeit. Er fürchtet, er könne bei sich selbst dieselben Schmerzen, dieselben Sehnsüchte entdecken wie bei den Menschen, auf die er gespuckt hat. Er fürchtet aufgrund seiner anfänglichen Schuld die drohende Verstrickung. Er fürchtet, er müsse sein Leben ändern, sobald er sich einmal selbst im Körper der Menschen sah, die er anders nannte. Er fürchtet den Haß, den Zorn, die Rache derer, die er verletzt hat.«[1]

Damit jegliche Ähnlichkeit mit den Opfern ausgemerzt wird, müssen Menschen, die hassen, die Unterschiede *übertrieben* herausstellen. Auf diese Weise werden nicht nur beunruhigende Ähnlichkeiten untergepflügt, auf dieser Basis läßt sich auch leichter eine Rangordnung der Unterschiede herstellen, die wiederum als »Beweis« für die bestehende Unterlegenheit oder Überlegenheit und als Rechtfertigung für die ungleiche Behandlung dient. In unserer Kultur wurden zum Beispiel die Unterschiede zwischen den Geschlechtern derart übertrieben dargestellt, daß die Frauen traditionell als einer anderen Spezies angehörend als die Männer betrachtet wurden. Die Überzeugung, Frauen gehörten einer naturgemäß untergeordneten Gruppe an, diente wiederum zur Rechtfertigung, daß die Frauen nicht als vollwertige Menschen behandelt wurden. Genauso und mit demselben

Resultat wurde die Verschiedenheit der Rassen und ethnischen Gruppen übertrieben herausgestellt.

Frauen können ebenso menschenfeindlich, rassistisch, antisemitisch, klassenfeindlich, altersdiskriminierend, homophobisch und grausam zu behinderten Menschen sein wie Männer. Frauen können auch ebenso frauenfeindlich sein wie Männer, denn wie jede unterdrückte Gruppe wiegelt man auch uns gegen unsere eigenen Genossinnen auf.

Flo Kennedy schreibt dazu:

»Mangelndes Selbstwertgefühl führt rasch zu Geschwisterrivalität und Feindseligkeit gegen Gleichrangige. *Fühlt man sich selbst wertlos, kann man selbstverständlich nicht zu jemandem der gleichen Schicht, Rasse oder Religion aufblicken.* Mit darauf basiert das pathologische Verhalten der Frauen, die behaupten: ›Ich komme mit Frauen nicht zurecht. Ich komme mit Männern zurecht; sie sind überlegen, und da ich mit ihnen zurechtkomme, bin auch ich überlegen. Ich bin somit über meine eigene Klasse hinausgewachsen.‹« (Hervorhebung hinzugefügt.)[2]

Dieses Phänomen beobachten wir zum Beispiel bei Frauen, die krampfhaft Akzeptanz von der mächtigsten Gruppe anstreben und deshalb versuchen, »Männer ehrenhalber« zu werden:

»Mir hat es *gefallen*, die einzige Frau dort zu sein. Ich hatte das Gefühl, zu den ›Jungs‹ zu gehören. Erst nachdem die ›Jungs‹ mich bei einer Beförderung nach der anderen übergingen und mir damit meine eigene Antifrauenhaltung in den Hals stopften, ging mir ein Licht auf.«

Eine Frau, die sich für einen »Mann ehrenhalber« hält, betrachtet sich nicht nur als »anders« als die anderen Frauen; sie betrachtet sich als besser als die anderen Frauen. Da sie aber die biologische Tatsache, eine Frau zu sein, nicht negieren kann (und dies ausgerechnet der Aspekt ist, durch den sie von anderen Menschen hauptsächlich definiert und wahrgenommen wird), relativiert sich der Stolz auf ihr Anderssein letztendlich immer durch das unvermeidliche, für sie beschämende Eingeständnis, auch nur eine Frau zu sein.

Manche Frauen, die andere hassen, seien es nun Frauen oder Angehörige einer bestimmten ethnischen oder religiösen Gruppe, versuchen sich mit der Behauptung aus der Verantwortung zu stehlen, Frauen seien nur eine relativ machtlose Gruppe und somit würde niemand durch ihren Haß verletzt. Sicher, Frauen haben nicht den Zugang zur Macht wie die Männer, deshalb befehligen haßerfüllte Frauen im Unterschied zu so manchen haßerfüllten Männern keine Armeen und lenken keine Regierungen. Dennoch verletzen wir Frauen andere Menschen häufig, und wir sind sehr wohl dafür verantwortlich.

Es ist leicht, sich selbst durch die Herabsetzung anderer scheinbar aufzuwerten. Mancher Frau verschaffen Haß, die Verlagerung von

Schuld auf Sündenböcke und die Schikanierung anderer Menschen tatsächlich kurzfristig eine Steigerung des Selbstwertgefühls und eine gewisse Befriedigung. Aber auf lange Sicht sorgt dieses Verhalten nicht für Selbstakzeptanz. Außerdem stellt es keine Herausforderung der für die Machtlosigkeit und Unterdrückung vieler Menschen verantwortlichen gesellschaftlichen Systeme dar.

Es wäre naiv anzunehmen, die Menschheit würde sich vollkommen wandeln und wir alle könnten uns gerade wegen unserer Verschiedenheiten lieben. Aber Neutralität ist möglich. Wir müssen lernen, leben und leben zu lassen. Schließlich sind die meisten zwischen Menschen bestehenden Unterschiede nicht wirklich relevant und trennend. Eine Person ist nicht mehr oder weniger wert wegen ihrer Hautfarbe, ihrer ethnischen Zugehörigkeit, ihrer Religion, ihrer sozialen Schicht, ihres Körpers, ihrer sexuellen Präferenz oder ihres Alters. Zwischen Liebe und Haß besteht viel Zwischenraum, in dem für uns alle Platz zum Leben ist. Wir können unsere Verschiedenheiten – ebenso wie unsere Ähnlichkeiten – zur Kenntnis nehmen, brauchen aber nicht unsere kostbare Zeit und Energie mit Bewertungen zu verschwenden. Wir sollten nie vergessen, Haß und Unterdrückung anderer sind nur ein Symptom für eine geringe Selbstachtung, aber wahrhaftig keine Lösung.

Skizzen zur Veränderung

I. Angst vor dem Unterschied

Häufig resultieren die Schuldzuweisung an andere und der Haß auf andere aus dem Bedürfnis, Dinge, die wir an uns selbst nicht akzeptieren, zu negieren und den durch sie verursachten Selbsthaß auf andere zu projizieren. Würden wir uns daran erinnern, wie man sich fühlt, wenn man beschuldigt oder gehaßt wird, tendierten wir vermutlich weniger dazu, anderen ständig die Schuld zuzuschieben oder sie mit Haß zu verfolgen. Aus einem Vortrag von Audre Lorde:

»Ich fordere jede von uns [hier] auf, in die Tiefen des inneren Wissens hinabzusteigen und mit dem dort existierenden Schrecken und der Abscheu vor jedwedem Unterschied in Berührung zu kommen. Zu sehen, wessen Gesicht er trägt.«[3]

Können Sie sich erinnern, einmal das Etikett »anders« bekommen zu haben und danach beurteilt worden zu sein? Unterstand dieses Anderssein Ihrer Kontrolle? Falls nicht, welches Gefühl hatten Sie, als Sie danach beurteilt wurden? Wie wollten Sie darauf reagieren? Handelte es sich um einen Unterschied, den man hätte einfach zur Kenntnis nehmen können, ohne ihn zu bewerten? Sobald Sie das nächste

Mal ein Urteil über das Anderssein eines Menschen fällen, sollten Sie sich an Ihre eigene Erfahrung erinnern. Wollen Sie wirklich Ihre Zeit und Energie damit verschwenden, andere Menschen abzuwerten?

II. Systematischer Haß

Glauben Sie, Faktoren wie Kapitalismus, Patriarchat, Rassismus, Altersdiskriminierung, Homophobie, Antisemitismus, Klassendiskriminierung und Vorurteile gegen behinderte Menschen bestärken Sie in Ihrem Haß auf andere Menschen und der Etablierung von Sündenböcken? Dabei stehen die Chancen gut, daß es eine gemeinsame Basis gibt zwischen Ihnen und denen gibt, die Sie hassen, denn häufig unterdrückt das gesellschaftliche System Sie und Ihr Opfer gleichermaßen und profitiert von der Unverträglichkeit der Menschen. Erkennen Sie dieses Muster? Zur Änderung dieses Systems sollten Sie die Möglichkeit in Erwägung ziehen, Ihre Zeit und Energie zu einem Zusammenschluß der Kräfte zu verwenden. Schließen Sie sich mit denen, die zu hassen man Sie gelehrt hat, zusammen.

III. Hierarchien

Die herrschende traditionelle Hierarchie der westlichen Kultur stellt Gott über den Mann, den Mann über die Frau, Erwachsene über Kinder, Menschen über Säugetiere, Säugetiere über Insekten etc. Erinnern Sie sich, wie man Ihnen diese hierarchische Weltsicht beibrachte? Beziehen Sie sich heute noch darauf – teilweise oder vollständig? Oder haben Sie Ihre eigene spezielle Hierarchie entwickelt? So sprachen wir zum Beispiel mit Frauen, die glaubten, Frauen stünden über (seien besser) als die Männer, und wir lernten sogar eine Frau kennen, die Katzen über alle anderen Lebewesen stellte, auch über die Menschen. Wie sieht Ihre Hierarchie aus? Hierarchisches Denken ist einem Menschen nicht von Natur aus gegeben und damit nicht unvermeidlich. Wie können Sie Ihre Hierarchie niederreißen, damit verschiedene Teilaspekte auf gleicher Ebene nebeneinander existieren und keiner dem anderen über- oder unterlegen ist? Denken Sie darüber nach, welchen Einfluß Ihre Hierarchie sowohl auf Ihre Weltanschauung als auch auf Ihr Verhalten hat und ganz besonders auf Ihr Selbstwertgefühl. Müssen Sie andere herabsetzen oder für untergeordnet erklären, um sich selbst aufzuwerten?

Epilog: Selbstachtung und soziale Verantwortung

Es gibt keine Rechte ohne Verantwortung, und das Recht der Frauen auf größere Selbstentwicklung und höhere Selbstachtung ist keine Ausnahme von der Regel. In den letzten Jahren erschienen unzählige Bücher, in denen die Frauen aufgefordert wurden, ihre Selbstverwirklichung durch rücksichtslose Verfolgung ihres individuellen Rechts auf Glück, Freiheit, Selbstentwicklung und Durchsetzung eigener Rechte zu entwickeln. Aber kaum eines dieser Bücher und kaum eine der wie die sprichwörtlichen Pilze aus dem Boden schießenden neuen Therapien zur Selbstverwirklichung schenkten dem Thema Verantwortung für andere besondere Aufmerksamkeit. Im Gegenteil, eine Reihe von Populärpsychologen und Bestsellerautoren erklärten, Individuen hätten keine Verantwortung für andere. Anstatt die Herstellung einer moralischen Balance zwischen den Rechten des einzelnen und sozialer Verantwortung zu fördern, predigten viele dieser Gurus der Selbstverwirklichung zielstrebig das »Nimm dir, was du willst«, auch wenn das bedeutet, sich über die Rechte und Bedürfnisse anderer hinwegzusetzen, und das »Zuerst komme ich«, auch wenn das bedeutet, andere auszubeuten und zu verletzen. Ein populärer Autor ging sogar so weit und erklärte, auf dem Weg zur Selbstverwirklichung sollten wir zu »Achselzuckern« werden, das heißt, unsere Augen vor Ungerechtigkeit, sozialen Problemen und dem Leid anderer verschließen.[1]

Wir halten die heute populäre Einstellung des »Zuerst komme ich, dann lange gar nichts und dann vielleicht...« nicht nur für moralisch verwerflich, sondern für geradezu gefährlich. Dieses egozentrische, ausbeuterische Verhalten, das so viele Befürworter und Befürworterinnen dieser maßlosen Selbstverwirklichung fördern, liegt der Unterdrückung der Frauen zugrunde, genaugenommen jeder Form der Unterdrückung. Der total egoistische und brutale Weg zur Selbstachtung wurde jahrtausendelang von Männern auf Kosten der Frauen praktiziert, von Weißen auf Kosten der Schwarzen, von den Reichen auf Kosten der Armen, von den Menschen auf Kosten der Tiere ad infinitum; das Ergebnis ist eine Welt mit großen sozialen Mißständen und Ungerechtigkeiten im Überfluß. In dieser Welt sind Greuel alltäglich, die ökologische Zerstörung schreitet ungemindert fort, das Böse wird als banal betrachtet, und Atom- und biologische Waffen bedrohen alle Lebewesen der Erde mit Vernichtung. Den Frauen bringen die Übernahme der Einstellung »zuerst komme ich« und rücksichtslos durchgesetzter Egoismus nur weitere Probleme; lösen werden sie nicht eines.

Frauen haben ein Recht auf Selbstverwirklichung und Selbstachtung, und in einer Welt, die den Frauen traditionell die Rechte verweigert, müssen wir wachsam auf den Schutz unserer Rechte achten. Gleichzeitig müssen wir uns jedoch bewußt sein, daß mit unserem Recht zur Selbstverwirklichung und Selbstachtung große Verantwortung verbunden ist, die ebenfalls stete Wachsamkeit erfordert. Selbstliebe und Selbstakzeptanz sind äußerst wichtig, aber das allein reicht nicht. Wenn wir eine hohe Selbstachtung entwickeln, tragen wir die Verantwortung, alles in unseren Kräften Stehende zu tun, im Kleinen wie im Großen, damit alle Menschen auf dieser Welt das Recht auf Selbstachtung bekommen und in Anspruch nehmen können.

Besonders wichtig ist es, sich nicht an Praktiken zu beteiligen, die anderen die Würde und die Selbstachtung rauben. Am Arbeitsplatz zum Beispiel können wir uns weigern, Mitarbeiterinnen und Mitarbeiter herabzusetzen, auch wenn wir um eine Beförderung gegen sie konkurrieren und Kolleginnen und Kollegen uns unter Druck setzen, dabei mitzumachen. Auf einer Party, auf der sexistische und rassistische Witze erzählt werden, können wir uns weigern, mitzulachen. Wir können uns weigern, uns Organisationen anzuschließen, die bestimmte Gruppen ausgrenzen. Wie können uns weigern, uns an der Manie für Mode und Schönheit zu beteiligen, die bei vielen Frauen Widerwillen vor dem eigenen Körper und Gefühle der Unterlegenheit weckt. Wir können uns weigern, wenn Autoritätspersonen uns die Anweisung geben, Angehörige bestimmter Gruppen zu diskriminieren.

Wir müssen in vieler Hinsicht Verantwortung tragen. Wir dürfen nicht dazu beitragen, daß andere Menschen, die aufgrund ihrer geringen Selbstachtung und/oder aus Mangel an Macht leicht zu übervorteilen, leicht zu manipulieren, zu schikanieren, zu beschuldigen sind, ausgenutzt oder auf andere Weise unfair behandelt werden. Der Manager, dessen Sekretärin eine so geringe Selbstachtung hat, daß sie nicht für ihre Rechte eintreten kann, ist vielleicht nicht die Ursache für ihre geringe Selbstachtung, aber er darf sie nicht ausnutzen. Er darf sie nicht schlecht behandeln oder schlecht bezahlen mit der Rechtfertigung, sie habe sich ja »nie beschwert«. Die weiße Frau, die eine farbige Frau als Haushaltshilfe beschäftigt, ist wohl nicht verantwortlich für die begrenzten Berufschancen ihrer Haushaltshilfe, aber sie darf sie nicht wie eine wertlose Untergebene behandeln. Eine Frau, die keine körperlichen Behinderungen hat, ist sicher nicht verantwortlich für die Unterdrückung Körperbehinderter, aber sie darf die relative Machtlosigkeit behinderter Menschen nicht ausnutzen und sie nicht herablassend behandeln. Eine emotional in Sicherheit und Geborgenheit lebende Frau ist wohl nicht verantwortlich für die unglücklichen Lebensumstände, die einer anderen Frau jegliche Geborgenheit nehmen, aber sie darf aus der Verletzlichkeit und Unsicherheit dieser Frau kein Kapital schlagen und sie nicht manipulieren oder ausnutzen.

Besonders wichtig ist unsere Verantwortung für die nächsten Generationen. Niemand wird mit geringer Selbstachtung geboren. Und niemand von uns wurde mit der Überzeugung geboren, gewisse Menschen seien besser als andere. Auch wenn wir selbst keine Kinder haben, wir alle formen Kinder durch unser Beispiel, durch die Art, wie wir sie behandeln, durch die Institutionen, in denen wir mitwirken. Jede von uns hat die Verantwortung, innezuhalten und die Botschaften zu überdenken, die wir den jungen Menschen über sich und ihre Welt vermitteln. Wir Erwachsenen tendieren dazu zu sagen: »Was für mich gut genug war, ist auch für die Kinder gut genug.« Aber wir haben die Verantwortung, alles in unserer Macht Stehende zu tun, damit die Welt, in der die Kinder aufwachsen, besser ist als die, in der wir aufgewachsen sind. Wir haben die Pflicht, die Erde den Kindern lebenswert und bewohnbar zu hinterlassen, sie nicht mit unserem Müll zu verschmutzen, ihr nicht die natürlichen Ressourcen zu entziehen oder sie an den Rand eines atomaren Holocausts zu bringen. Wir haben die Verpflichtung, eine Welt zu hinterlassen, die freundlich und lebenswert ist, keinen grausamen, Angst einflößenden Ort, keine Welt, in der »gewinnen um jeden Preis« oder »werde die Nummer eins« die vorherrschenden Grundsätze sind und die Reaktion der Menschen auf Ungerechtigkeit und Leid darin besteht, die Achseln zu zucken und auf die andere Seite zu blicken.

Anmerkungen

Teil I

Kapitel 1

1 Ernest Becker gibt eine gute Beschreibung der Auswirkungen der Selbstachtung in *The Birth and Death of Meaning*, 2. Aufl., (New York: The Free Press, 1971), Kap. 8, 9, 10.

2 Die Doppelmoral, laut der Selbstliebe eine moralische Tugend der Männer, bei Frauen aber ein Fehler sei, wird weiter vertieft in Lionel Trilling, *Beyond Culture: Essays on Literature and Learning* (New York: The Viking Press, 1965), S. 38f.

3 Der Gedanke, *amour de soi* sei elementar für den »Mann« und bei einem »Mann« notwendig und gut, ist ein wesentlicher Punkt in allen Arbeiten Rousseaus, besonders in *Über den Ursprung der Ungleichheit unter den Menschen*, während seine Überzeugung, die Frau sei ein untergeordnetes Wesen, deren Daseinszweck es ist, dem Manne zu dienen, am deutlichsten in *Emile* zutage tritt. Zur weiteren Diskussion über Rousseaus Gedanken über die *amour de soi* siehe zum Beispiel Ernest Hunter Wright, *The Meaning of Rousseau* (London: Oxford University Press, 1929) und J.H. Broome, *Rousseau: A Study of His Thought* (London: Edward Arnold, 1963).

4 Becker, a.a.O., S. 69.

5 Alfred Adler, zitiert in Heinz und Rowena Ansbacher, *The Individual Psychology of Alfred Adler* (New York: Basic Books, 1946), S. 358 (dt.: Alfred Adler, Individualpsychologie. München: Reinhardt, 1982).

6 Rollo May, *Man's Search for Himself* (New York: W.W. Norton & Co., 1953), S. 87 (dt.: Die Erfahrung »Ich bin«. Sich selbst entdecken in den Grenzen der Welt. Paderborn: Junfermann, 1986).

7 Bei unserem Versuch, Selbstverständnis und die verschiedenen Formen der Selbstachtung zu definieren, halfen uns besonders zwei Bücher: Morris Rosenberg, *Conceiving the Self* (New York: Basic Books, 1979) und Stanley Coopersmith, *The Antecedents of Self-esteem* (San Francisco: W.H. Freeman & Co., 1967).

8 Dank an William Appleton für seine Definition von Selbstachtung.

9 Rosenberg, a.a.O., S. 63.

10 Diese Definition von Narzißmus stammt von Maya Pines, »New Focus on Narcissim Offers Insight Into Grandiosity and Emptiness«, The New York *Times*, 16. März 1982, S. C–1.

11 John Russell, »How The Arts Mirror the Retreat of Manhood«, The New York *Times*, Sonntag, 1. Februar 1981, S. 1 der Kunst- und Freizeitbeilage.

Kapitel 2

1 Lillian B. Rubin, *Women of A Certain Age: The Midlife Search for Self* (New York: Harper & Row, 1980), S. 52.

2 Die meisten Quellen zu diesem Thema bestätigen, daß Kinder ihre Geschlechtsidentität im Alter zwischen achtzehn Monaten und drei Jahren

erlangen. Für weitere Informationen siehe Irene H. Frieze et al., Hrsg., *Women and Sex Roles: A Social Psychological Perspective* (New York: W. W. Norton & Co., 1978) S. 125ff.

3 Fay Fransella und Kay Frost, *On Being A Woman: A Review of How Women See Themselves* (London: Tavistock Publications, 1977), S. 42.

4 K. Broverman, D. M. Broverman, F. E. Clarkson, P. S. Rosenkrantz und S. R. Vogel, »Sex-Role Stereotypes and Clinical Judgments of Mental Health«, *Journal of Counseling and Clinical Psychology*, 1970, Nr. 34, S. 1 ff.

5 Siehe Eleanor E. Macoby, »Sex Differences in Intellectual Functioning«, in Eleanor E. Macoby, Hrsg., *The Development of Sex Differences* (Palo Alto, Kalif.: Stanford University Press, 1966), S. 32; und Caryl Rivers, Rosalind Barnett und Grace Baruch, *Beyond Sugar and Spice: How Women Grow, Learn, and Thrive* (New York: G. P. Putnam's Sons, 1979), S. 140–45.

6 Dorothy Corkille Briggs, *Celebrate Yourself* (Garden City, N. Y.: Doubleday & Co., 1977), S. 16.

7 Mit dieser Übung wurde Linda Sanford anläßlich eines Workshops über Musik und bildhafte Vorstellungen unter Leitung von Stephen Schatz, Ph. D., bei Interface in Newton, Massachusetts, im Februar 1983 vertraut gemacht. Wir sind ihm für diesen Einblick zu Dank verpflichtet.

8 Briggs, a. a. O., S. 36.

Teil II

Kapitel 2

1 Siehe Karen Horney, *Our Inner Conflicts* (New York: W. W. Norton & Co., 1945) (dt.: Unsere inneren Konflikte. Frankfurt/M.: Fischer Taschenbuch, 1984) und *Neurosis and Human Growth* (New York: W. W. Norton & Co., 1950) (dt.: Neurose und menschliches Wachstum. Frankfurt/M.: Fischer Taschenbuch, 1980).

2 Stanley Coopersmith, *The Antecedents of Self-esteem* (San Francisco: W. H. Freeman & Co., 1967), S. 132.

3 Lois Hoffman und Martin Hoffman, »The Value of Children to Parents«, in *Psychological Perspectives on Population*, Hrsg. J. T. Fawcett (New York: Basic Books, 1973).

4 Ellen Gallinsky, *Between Generations: The Stages of Parenthood* (New York: Times Books, 1981).

5 Nancy Williamson, Population Reference Bureau Study, veröffentlicht in *Ms.*, Mai 1978, S. 20.

6 Maxine Hong Kingston, *The Woman Warrior: Memoirs of a Girlhood Among Ghosts* (New York: Alfred A. Knopf, 1976). Die Zitate sind der Ausgabe von Vintage Books entnommen (New York: 1977), S. 54.

7 Elizabeth Fishel, *Sisters: Love and Rivalry Inside the Familiy and Beyond* (New York: William Morrow & Co., 1979), S. 75f. (dt.: Schwestern. Liebe und Rivalität in der Familie. Frankfurt/M./Wien: Ullstein 1980).

8 Ebd.

9 Lucille Forer, zitiert in Philip Zimbardo, *Shyness* (New York: Jove Publications, 1978), S. 60 (dt.: Nicht so schüchtern. So helfen Sie sich aus Ihrer Verlegenheit. München: mvg, 1991).

10 Don E. Hamachek, *Encounters with the Self* (New York: Holt, Rinehart & Winston, 1971), S. 173.

Kapitel 3

1 Coopersmith erklärt in *The Antecedents of Self-esteem* auf Seite 38, die vier Bestandteile des Erfolgs seien Macht, hohe Werte, Bedeutung und Kompetenz. Unsere Formulierung der wesentlichen Grundlagen der Selbstachtung in der Kindheit basierte ursprünglich auf Coopersmiths Definition, änderte sich aber im Laufe unserer Forschungen und Gespräche.
2 Hamachek, a. a. O., S. 182.
3 Tillie Olsen, *Silences* (New York: Delta Books, 1978), S. 28.
4 Coopersmith, a. a. O., S. 221.
5 Theodore Isaac Rubin, *Compassion and Self-hate* (New York: Ballantine Books, 1976), S. 20 (dt.: Sich selbst annehmen. Der Weg vom Selbsthaß zum positiven Ich. München: mvg, 1991).
6 Coopersmith, a. a. O., S. 252.
7 Studie zitiert in Eleanor Macoby und Carol Nagy Jacklin, *The Psychology of Sex Differences* (Palo Alto, Kalif.: Stanford University Press, 1974), S. 157.
8 Nancy Chodorow, *The Reproduction of Mothering: Psychoanalysis and the Sociology of Gender* (Berkeley und Los Angeles: University of California Press, 1978) (dt.: Das Erbe der Mütter. Psychoanalyse und Soziologie der Mütterlichkeit. München: Frauenoffensive, 1985); Carol Gilligan, *In A Different Voice: Psychological Theory on Women's Development* (Cambridge, MA: Harvard University Press, 1982) (dt.: Die andere Stimme. Lebenskonflikte und die Moral der Frauen. München/Zürich: Piper 1984).
9 Jean Baker Miller, *Toward a New Psychology of Women* (Boston: Beacon Press, 1976), S. 32 (dt.: Die Stärke weiblicher Schwäche. Zu einem neuen Verständnis der Frau. Frankfurt/M.: Goverts/S. Fischer 1977).
10 Jerome Kagan, »The Child in the Family«, *Daedalus*, Bd. 106 (Frühjahr 1977), S. 34.

Kapitel 4

1 Morris Rosenberg, *Conceiving the Self* (N. Y.: Basic Books, 1979), S. 29.
2 Ebd., S. 74.

Kapitel 5

1 Don E. Hamachek, *Encounters with the Self* (New York: Holt, Rinehart & Winston, 1971), S. 153.
2 Judith Arcana, *Our Mother's Daughters* (Berkeley, Kalif.: Shameless Hussy Press, 1979), S. 9.
3 Hamachek, a. a. O., S. 154.
4 Caryl Rivers, Rosalind Barnett und Grace Baruch, *Beyond Sugar and Spice: How Women Grow, Learn and Thrive.* (New York: G. P. Putnam's Sons, 1979), S. 21.
5 Dorothy Dinnerstein, *The Mermaid and the Minotaur* (New York: Colophon Books, 1976), S. 84.
6 Carol Tavris und Carole Offir, *The Longest War* (New York: Harcourt Brace Jovanovich, 1977), S. 165.

7 Nancy Chodorow, *The Reproduction of Mothering: Psychoanalysis and the Society of Gender* (Berkeley und Los Angeles: University of California Press, 1978), S. 82 (dt.: Das Erbe der Mütter. Psychoanalyse und Soziologie der Mütterlichkeit. München: Frauenoffensive, 1985).
8 Ebd., S. 128.
9 Mary Lou Shields, *Sea Run: Surviving My Mother's Madness* (New York: Seaview Books, 1981).
10 Nancy Friday, *My Mother, My Self: The Daughter's Search for Identity* (New York: Delacorte Press, 1977), S. 21 f. (dt.: Wie meine Mutter. Frankfurt/M.: S. Fischer 1979).
11 Dinnerstein, a. a. O., S. 85–86.
12 Philip Zimbardo, *Shyness* (New York: Jove Publications, 1978), S. 80 (dt.: Nicht so schüchtern. So helfen Sie sich aus Ihrer Verlegenheit. München: mvg, 1991).
13 Margaret Hennig und Anne Jardim, *The Managerial Woman* (Garden City, N. Y.: Doubleday & Co., 1977), S. 85.
14 Rivers, Barnett und Baruch, a. a. O., S. 44.
15 Dinnerstein, a. a. O., S. 85.
16 Hennig und Jardim, a. a. O., S. 94.
17 Rivers, Barnett und Baruch, a. a. O., S. 53.
18 Alfredo Mirande und Evangelina Enriquez, *La Chicana: The Mexican-American Woman* (Chicago: University of Chicago Press, 1979).
19 Paula Nelson, *The Joy of Money* (Briarcliff Manor, N. Y.: Stein & Day, 1975), S. 17.
20 Ellen Gallinsky, *Between Generations: The Stages of Parenthood* (New York: Times Books, 1981), S. 236.
21 Adrienne Rich, *Of Women Born: Motherhood As Experience and Institution* (New York: W. W. Norton & Co., 1976), S. 202.

Kapitel 6

1 Evelyn Reed, *Woman's Evolution* (N. Y.): Pathfinder Press, 1975), S. 243.

Kapitel 7

1 Nathaniel Branden, *The Psychology of Romantic Love* (New York: Bantam Books, 1981), S. 111.
2 Rich, a. a. O., S. XIV.
3 Muriel James und Dorothy Jorgenwald, *Born to Win* (Boston: Addison-Wesley Publication Co., 1971), S. 115.
4 Sheldon Kopp, *If You Meet the Buddha on the Road, Kill Him!* (Palo Alto, Kalif.: Science & Behavior Books, 1972), S. 80 (dt.: Triffst du Buddha unterwegs. Frankfurt/M.: Fischer Taschenbuchverlag, 1987).
5 Jesse Bernard, zitiert in Nancy Friday, *My Mother, My Self* (New York: Delacorte Press, 1977), S. 379 (dt.: Wie meine Mutter. Frankfurt/M.: S. Fischer 1979).
6 Mitsuye Yamada, »Asian Pacific American Women and Feminism«, in *This Bridge Called My Back*, hrsg. Cherrie Moraga und Gloria Anzaldua (Watertown, Mass.: Persephone Press, 1981), S. 73 f.

Kapitel 8

1 Mary Brown Parlee und die Herausgeber von *Psychology Today*, »The Friendship Bond: PTs Report on Friendship in America«, *Psychology Today*, Oktober 1979.
2 Carroll Smith-Rosenberg, »The Female World of Love and Ritual«, in Nancy F. Cott und Elizabeth H. Pleck, Hrsg., *A Heritage of Her Own* (New York: Touchstone Books, 1979), S. 311 ff. Zitat von S. 311 ff.
3 Siehe in Ergänzung zu Smith-Rosenbergs Artikel Lillian Faderman, *Surpassing the Love of Men* (New York: William Morrow & Co., 1981) (dt.: Köstlicher als die Liebe der Männer. Zürich: eco-Verlag 1990); Nancy F. Cott, *The Bonds of Womanhood* (New Haven, Conn.: Yale University Press, 1977); und Carl N. Degler, *At Odds: Women and the Family in America, from the Revolution to the Present* (New York: Oxford University Press, 1980).
4 Smith-Rosenberg, a. a. O.
5 Siehe Faderman, a. a. O., und Smith-Rosenberg, a. a. O.
6 Siehe Degler, a. a. O., und Mary P. Ryan, *Womanhood in America*, 2. Ausg. (New York: New Viewpoints, 1979), bes. Kap. 5.
7 Faderman, a. a. O., S. 314.
8 Louise Bernikow, *Among Women* (New York: Harmony Books, 1980), S. 144.
9 Paule Marshall, »From Poets in the Kitchen«, New York *Times Book Review*, 9. Januar 1983, S. 34.
10 Toni Morrison, *Sula* (New York: Bantam Books, 1975), S. 51 f. (dt.: Sula. Reinbek: Rowohlt, 1980).
11 Simone de Beauvoir, *Memoirs of a Dutiful Daughter* (New York: Harper & Row, 1974), S. 112 (dt.: Memoiren einer Tochter aus gutem Haus. Reinbek: Rowohlt, 1968).
12 Joel Block, *Friendship: How to Give it, How to Get it* (New York: Macmillan Publishing Co., 1980), S. 33.
13 Ebd., S. 82.
14 Bernice Lott, *Becoming A Woman: The Socialization of Gender* (Springfield, Ill.: Charles C. Thomas, 1981), S. 268.
15 Virginia Woolf, *A Writer's Diary*. Zitiert von Tillie Olsen in *Silences*, S. 235.
16 Karen Lindsey, zitiert in »Friendships of the Platonic Kind«, vom Los Angeles Times–Washington Post News Service, erschienen in (Lebanon, N. H.) *Valley News*, 18. März 1982.
17 Jesse Bernard, »The Paradox of the Happy Marriage«, in Vivian Gornich und Barbara K. Moran, Hrsg., *Woman in Sexist Society* (New York: New American Library, 1971), S. 154.
18 Block, a. a. O., S. 36.
19 Philip Slater, *The Pursuit of Loneliness: American Culture at the Breaking Point* (Boston: Beacon Press, 1976), S. 42.
20 Daniel Goldstine, Katherine Larner, Shirley Zuckerman und Hilary Goldstine, *The Dance-Away Lover* (New York: William Morrow & Co., 1977), S. 7.
21 David Finklehor und Kersti Yllo, *License to Rape* (unveröff. Manuskr., 1983), Kap. 1.
22 Karen Barrett, »Date Rape: A Campus Epidemic?« *Ms.*, September 1982, S. 48, 49, 130.

23 Finklehor und Yllo, a. a. O.
24 Siehe Lenore Walker, *The Battered Woman* (New York: Harper & Row, 1979).
25 Barrett, a. a. O.
26 Barbara Cain, »The Plight of the Gray Divorce«, New York *Times Magazine*, 19. Dezember 1982, S. 89 ff.
27 Sheldon Kopp, *If You Meet the Buddha on the Road, Kill Him!* (Palo Alto, Kalif.: Science & Behavior Books, 1972), S. 188 (dt.: Triffst Du Buddha unterwegs. Frankfurt/M.: Fischer Taschenbuchverlag, 1987).
28 Bernikow, a. a. O., S. 196.
29 Block, a. a. O., S. 203.
30 Persönliches Gespräch mit Trina Beck.

Kapitel 9

1 Siehe insbesondere Sheila Kintzer, *Women as Mothers* (New York: Vintage Books, 1978), Kap. 4.
2 Siehe Elizabeth Fisher, *Woman's Creation, Sexual Evolution and the Shaping of Society* (Garden City, N. Y.: Anchor Press, 1979), S. 211 ff.
3 Siehe Kintzer, a. a. O., Fisher, a. a. O. und Elise Boulding, *The Underside of History: A View of Women Through Time* (Boulder, Colo.: Westview Press, 1979).
4 Ebd.
5 In Julia O'Faolain und Lauro Martines, Hrsg., *Not in God's Image* (New York: Harper & Row, 1973), S. 240.
6 Zitiert in Kintzer, a. a. O., S. 54 f.
7 Zitiert in Landon Y. Jones, *Great Expectations: America and the Baby Boom Generation* (New York: Ballantine Books, 1980), S. 24.
8 Adrienne Rich, *Of Woman Born* (New York: W. W. Norton & Co., 1976), S. 253. (dt.: Von Frauen geboren. München 1979)
9 Elaine Heffner, *Mothering: The Emotional Experience of Motherhood after Freud and Feminism* (Garden City, N. Y.: Anchor Press, 1978), S. 9 f.
10 Suzanne Arms, *The Immaculate Deception* (Boston: Houghton Mifflin Co., 1975), zitiert in Kintzer, a. a. O., S. 74.
11 Michelle Harrison, *Woman in Residence* (New York: Random House, 1982), S. 87.
12 Ebd., S. 125.
13 Zahlreiche Quellen aus Berichten der Primatologie über die Beteiligung der Männchen an der Aufzucht der Jungen bei einigen Primaten. Eine gute Zusammenfassung siehe Naomi Weisstein, »Tired of Arguing About Biological Inferiority?« in *Ms.*, November 1982.
14 Siehe Fisher, a. a. O., S. 172.
15 Judith Arcana, *Our Mothers' Daughters* (Berkeley, Kalif.: Shameless Hussy Press, 1979), S. 177.
16 Madonna Kolbenschlag, *Kiss Sleeping Beauty Good-Bye* (New York: Bantam Books, 1981), S. 68.
17 Lillian Rubin, *Worlds of Pain: Life in the Working-Class Family* (New York: Basic Books, 1976), S. 168 ff.
18 Lisa Cronin Wohl, Book Review, *Ms.*, April 1982.

Teil III

Kapitel 1

1 Sheila M. Rothman, *Woman's Proper Place: A History of Changing Ideals and Practices* (New York: Basic Books, 1978), S. 48–49.
2 Ebd., S. 18.
3 Carl N. Degler, *At Odds: Women and the Family in America* (New York: Oxford University Press, 1980), S. 151.
4 Rothman, a. a. O., S. 18–21.
5 Stuart und Elizabeth Ewen, *Channels of Desire: Mass Images and the Shaping of American Consciousness* (New York: MacGraw-Hill Book Co., 1982), S. 54.
6 Ebd., S. 214.
7 Ebd., S. 212.
8 Siehe James J. Farrell, *Inventing the American Way of Death* (Philadelphia: Temple University Press, 1980).
9 Susan Moller Okin, *Women in Western Political Thought* (Princeton, N. J.: Princeton University Press, 1979).

Kapitel 2

1 Wong, wie zitiert von Mike Granberry in »Nun: Why One Woman Left the Convent«, Los Angeles Times–Washington Post News Service, in (Lebanon, N. H..) *Valley News*, 15. Oktober 1982, S. 20.
2 Carol P. Christ, »Why Women Need the Goddess: Phenomenological, Psychological and Political Reflections«, in Charlene Spretnak, Hrsg., *The Politics of Women's Spirituality* (Garden City, N. Y.: Doubleday & Co., 1981), S. 72f.
3 Viele neuere Bücher über die Spiritualität von Frauen untersuchen die Entwicklung der patriarchalischen Religionen ausgehend von ihren Wurzeln in den Vielgötter-Religionen und im Pantheismus. Besonders anschaulich Peggy Reeves Sanday, *Female Power and Male Dominance* (New York: Cambridge University Press, 1981).
4 Elaine Pagels, *The Gnostic Gospels* (New York: Vintage Books, 1981).
5 Ebd., S. 58ff.
6 Ebd., S. 48ff.
7 Paulus, Erster Brief an die Korinther, 11.3–9.
8 Adrienne Rich, *Of Woman Born* (New York: W. W. Norton & Co., 1976), S. 81 (dt.: Von Frauen geboren. München 1979).
9 Tertullian, zitiert in O'Faolain und Martines, *Not in God's Image*, S. 132.
10 Siehe Matilda Joslyn Gage, *Woman, Church and State* (Watertown, Mass.: Persephone Press, 1980), Kap. 5.
11 Jean Baker Miller, *Toward a New Psychology of Women* (Boston: Beacon Press, 1977), S. 56ff. (dt.: Die Stärke weiblicher Schwäche. Zu einem neuen Verständnis der Frau. Frankfurt/M.: Goverts/S. Fischer, 1977).
12 Max Weber, *The Protestant Ethic and the Spirit of Capitalism*, übers. Talcott Parsons (New York: Charles Scribner's Sons), S. 113 (dt.: Die protestantische Ethik und der Geist des Kapitalismus. Bodenheim: Hain, 1991).
13 Zitiert in Carolyn G. Heilbrun, *Reinventing Womanhood* (New York: W. W. Norton & Co., 1979), S. 65.

14 Mary Gordon, »The Unexpected Things I Learned From the Woman Who Talked Back to the Pope«, *Ms.*, Juli/August 1982, S. 65 ff.
15 Siehe Max Weber, *The Protestant Ethic and the Spirit of Capitalism* (dt.: Die protestantische Ethik und der Geist des Kapitalismus), a. a. O., S. 3. Webers Buch trug entscheidend zu unserem Verständnis der amerikanischen Einstellung gegenüber der Arbeit und der Rolle der protestantischen Religion bei.
16 Siehe Mary Daly, *Gyn/Ecology: The Metaethics of Radical Feminism* (Boston: Beacon Press, 1978).
17 Sheila E. Thompson, *Misogyny in the Sweetest Story Ever Told* (Madison, Wis.: Freedom For Religion Foundation, 1979), S. 1.
18 Ebd., S. 1, S. 8.
19 In Pagels, a. a. O., S. 152.
20 Alice Walker, The Color Purple (New York: Harcourt Brace Jovanovich, 1982), S. 166 f. (dt.: Die Farbe Lila. Reinbek: Rowohlt, 1984).

Kapitel 3

1 Siehe Phyllis Stock, *Better Than Rubics: A History of Women's Education* (New York: Capricorn Books, 1978).
2 Stock, a. a. O., Kap. 1.
3 Ebd., S. 36.
4 Ebd., S. 106.
5 Ebd., S. 73.
6 Ebd., S. 73.
7 Women on Words and Images, »Look, Jane, See Sexism«, in Judith Stacey, Susan Bereaud und Joan Daniels, Hrsg., *And Jill Came Tumbling After: Sexism in American Education* (New York: Dell Publishing Co., 1974), S. 160.
8 Marsha Federbush, »The Sex Problems of School Math Books«, in Stacey, a. a. O., S. 178 ff.
9 Maxine Hong Kingston, *The Woman Warrior* (New York: Alfred A. Knopf, 1976), S. 165.
10 Tillie Olsen, *Silences* (New York: Delta Books, 1978), S. 29.
11 Elise Boulding, *The Underside of History: A View of Women Through Time* (Boulder, CO.: Westview Press, 1979); Elizabeth Fisher, *Woman's Creation: Sexual Evolution and the Shaping of Society* (Garden City, N. Y.: Anchor Press, 1979) und Frances Dahlberg, Hrsg., *Woman the Gatherer* (New Haven: Yale University Press, 1981).
12 Siehe Joan Kelly Gadol, »Did Women Have a Renaissance?« in *Becoming Visible: Women in European History* (Boston: Houghton Mifflin, 1982). Siehe auch Joan Hoff Wilson, »Hidden Riches: Legal Records and Women, 1750–1825«, in Mary Kelley, Hrsg., *Woman's Being, Woman's Place: Female Identity and Vocation in American History* (Boston: G. K. Hall & Col., 1979), S. 8 f.
13 Lila McCourtney, »I Wish I Could Learn to Talk Indian«, in: Jane B. Kate, Hrsg., *I Am the Fire of Time: Voices of Native American Women* (New York: E. P. Dutton, 1977), S. 109.
14 Frances Kelsey zum Beispiel stellte in ihrer unveröffentlichten Studie über die geschlechtliche Zusammensetzung der Kultusverwaltungen in Neu-

england von 1978 fest, daß fast alle hochrangigen Positionen von Männern besetzt sind.

15 Adrienne Rich, »Toward a Woman-Centered University«, in *On Lies, Secrets and Silence: Selected Prose, 1966–1978* (New York: W. W. Norton & Col., 1979), S. 139.

16 Siehe Mary Wollstonecraft, *A Vindication of the Rights of Woman* (1772), und John Stuart Mill, *The Subjection of Women* (1869).

Kapitel 4

1 Eine Abhandlung zur Einstellung der Verfasser der US-Verfassung über Frauen siehe Linda K. Kerber, *Women of the Republic: Intellect and Ideology in Revolutionary America* (Chapel Hill: University of North Carolina Press, 1980).

2 David Finklehor und Kersti Yllo, *License to Rape* (unveröffentlichtes Manuskript, 1983).

3 Burt Schorr in *Wall Street Journal*, 26. Januar 1983, S. 33.

4 Vicki Gregory in *Ms.*, Juli/August 1982, S. 221.

5 Zitiert von Barbara Ehrenreich und Karin Stallard, »The Nouveau Poor«, *Ms.*, Juli/August 1982, S. 217.

6 Ehrenreich und Stallard, a. a. O., S. 220.

7 Siehe New York *Times*, 31. Januar 1983, S. A–1 ff., A–8 ff.

8 Siehe Joseph Alsop und David Joravsky, »Was the Hiroshima Bomb Necessary? An Exchange«, *The New York Review of Books*, 23. Oktober 1980, und MacGeorge Bundy, »The Missed Chance to Stop the H-Bomb«, *The New York Review of Books*, 13. Mai 1982.

Kapitel 5

1 Zitiert von Joyce Wadler, Los Angeles Times–Washington Post News Service, in (Lebanon, N. H.) *Valley News*, 13. September 1982.

2 Bericht in »Cooping With«, eine Fernsehsendung von Source Report, WGIR Fernsehsender, Manchester, N. H., 19. Januar 1981.

3 Elizabeth Fry Moulds, »Women's Crime. Women's Justice«, in Ellen Boneparth, Hrsg., *Women, Power and Policy* (New York: Pergamon Press, 1982), S. 207.

4 Julianne M. Malveaux, »Moving Forward, Standing Still: Women in White Collar Jobs«, in Phyllis A. Wallace, Hrsg., *Women in the Workplace* (Boston: Auburn House, 1982), S. 101 ff.

5 Rose Laub Coser, »Women and Work«, *Dissent*, Winter 1980.

6 Malveaux, a. a. O.

7 Carin Rubenstein, »Money and Self-Esteem«, *Psychology Today*, Mai 1981, S. 30.

8 Ebd., S. 39.

9 »Civil Rights Panel Notes Alarming Job Discrimination Rate«, Los Angeles Times–Washington Post News Service in (Lebanon, N. H.) *Valley News*, 24. November 1982.

10 Cynthia Fuchs Epstein, zitiert in Ann Oakley, *Woman's Work: The Housewife Past and Present* (New York: Vintage Books, 1974), S. 88.

11 Nona Glazer, Linda Majka, Joan Acker und Christine Boxe, »The Homemaker, the Family, and Employment«, in Joan Huber, Hrsg., *Women in the U. S. Labor Force* (New York: Praeger Publishers, 1979), S. 156f.
12 Siehe zum Beispiel Myra Strober »The MBA: Same Passport to Sucess for Women and Men?« in Wallace, Hrsg., a. a. O., insbesondere S. 38f.
13 CBS Evening News mit Dan Rather, 3. Februar 1983.

Kapitel 6

1 Charles Dickens, *Dombey und Sohn*, 1848.
2 Marc Granetz in der Kolumne »Washington Diarist«, *The New Republic*, 9. Dezember 1981, S. 43.
3 Informationen über die Möblierung und die Verwendung von Spiegeln in amerikanischen Haushalten während der Kolonialzeit stammen aus dem Eintrag »Colonial Life« der World Book Encyclopedia 1968.
4 Anthony Brandt, »Self-confrontations«, *Psychology Today*, Oktober 1980, S. 82.
5 Elaine Kanzaki Wong, »Asian Women«, in Linda T. Sanford und Ann Fetter, *In Defense of Ourselves* (Garden City, N. Y.: Dolphin Books, 1979), S. 158f.
6 Carol Krucoff, in einem Bericht über die Erkenntnisse der Screen Actors Guild im Fernsehteil des Boston *Globe*, 17. Februar 1980, S. 18f.
7 »Children's TV Found Dominated by White Men«, New York *Times*, 15. Juli 1982, S. C 14.
8 Krucoff, a. a. O.
9 »Children's TV Found Dominated by White Men«, a. a. O.
10 Isabel Wilkerson in einem Bericht über Erkenntnisse der NAACP-Studie in »Blacks Left Out of Movie Boom«, Boston *Globe*, 29. August 1982, S. 93.
11 Rita Moreno, zitiert von Jack Hicks in »The Cutthroats Almost Got Her«, *TV Guide*, 15. Januar 1983, S. 26ff.
12 Kim Hayes, zitiert von Krucoff, a. a. O.
13 Siehe Joyce Flynn, »Women of the Eastern Dawn«, ein Interview mit Anita Neilson und Linda Jeffers, *Sojourner*, Januar 1983, S. 9.
14 Mary P. Ryan, *Womanhood in America*, 2. Auf., (New York: New Viewpoints, 1979), S. 155.
15 Kathryn Weibel, *Mirror, Mirror: Images of Women Reflected in Popular Culture* (Garden City, N. Y.: Anchor Press, 1977), S. 142.
16 Stuart und Elizabeth Ewen, *Channels of Desire* (New York: McGraw-Hill Book Co., 1982), S. 4.

Kapitel 7

1 Statistik der Health Care Financing Corporation, zitiert in »New War on Health Costs«, *Newsweek*, 9. Mai 1983, S. 24, 29.
2 Siehe Claudia Dreifus, Hrsg., *Seizing Our Bodies: The Politics of Women's Health* (New York: Vintage Books, 1977), S. XVIII.
3 Miriam Greenspan, *A New Approach to Women and Therapy* (New York: McGraw-Hill Book Co., 1983), S. 5f.
4 Siehe Sheila Kintzer, *Women as Mothers* (N. Y.: Vintage Books, 1978), S. 99.

5 Barbara Ehrenreich und Deirdre English, *For Her Own Good: 150 Years of The Experts' Advice to Women* (Garden City, N.Y.: Anchor Press, 1979), S. 33f.
6 Ebd., S. 97.
7 Zitiert von Kay Weiss, »What Medical Students Learn About Women«, in Dreifus, Hrsg., a.a.O., S. 218.
8 Ebd.
9 David R. Reuben, *Everything You Always Wanted to Know About Sex but Were Afraid to Ask* (New York: David McKay Co., 1969), S. 292f. (dt.: Alles, was Sie schon immer über Sex wissen wollten, aber bisher nicht zu fragen wagten, München–Zürich, 1970).
10 Diana Scully, »How Residents Learn to Talk You into Unnecessary Surgery«, *Ms.*, Mai 1980, S. 89f.
11 Siehe Claudia Dreifus, »Sterilizing the Poor«, in Dreifus, Hrsg., a.a.O., S. 105ff., ferner Artikel wie »Sterilization is Forever – Are Indian Women Victims of Loose Medical Policies?« Arizona *Daily Star*, 19. Dezember 1976, S. K–1.
12 Berichtet in »Frontlines«, *Mother Jones*, August 1979, S. 10.
13 Gena Corea, *The Hidden Malpractice: How American Medicine Mistreats Women* (New York: Jove Publications, 1979), S. 15.
14 Robert S. Mendelsohn, *Male practice: How Doctors Manipulate Women* (Chicago: Contemporary Books, 1982), S. 111 (dt.: Männermacht Medizin. Wie die Ärzte die Frauen beherrschen. Holthausen: Mahajiva, 1989).
15 Corea, a.a.O., S. 16.
16 Ebd., S. 61.
17 Corea, a.a.O., S. 17.
18 Mendelsohn, a.a.O., S. 157.
19 Lawrence K. Altman, »Hospital Patients Can Suffer Twice As Much When Staff Adds Insult to Injuries«, New York *Times*, 24. Februar 1983, S. C 1.
20 Frances Farmer, *Will There Really Be a Morning?* (New York: G.P. Putnam's Sons, 1972), S. 144.
21 Greenspan, a.a.O., bezeichnet dies als *den* Grund, warum Frauen häufiger eine Psychotherapie machen als Männer. Siehe Kap. 1, S. 3ff.
22 Ebd., S. 19.
23 Berichtet in der Kolumne »News in Sojourner«, *Sojourner*, Januar 1983.
24 Barbara Gordon, *I'm Dancing As Fast As I Can* (New York: Bantam Books, 1979) (dt.: Ich tanze so schnell ich kann. München: Kindler, 1980).
25 Greenspan, a.a.O., S. 231.

Kapitel 8

1 Jamake Highwater, *The Primal Mind: Vision and Reality in Indian America* (New York: New American Library, 1981), S. 124.
2 Barbara Cameron, »Gee, You Don't Seem Like an Indian from the Reservation«, in Jane B. Katz, Hrsg., *I Am The Fire Of Time: Voices of Native American Women* (New York: E.P. Dutton, 1977), S. 46.
3 Cheryl Benard und Edit Schlaffer, »The Man in the Street: Why He Harasses«, *Ms.*, Mai 1981, S. 18f.
4 Ebd.
5 Gail Brewer zitiert von Carol Krucoff in »Women Travelers: Those Who Go

Alone Encounter Many Problems That Men Don't«, Los Angeles Times – Washington Post News Service, in (Lebanon, N. H.) *Valley News*, 14. Januar 1983, S. 13.
6 Radicalesbians, »The Woman Identified Woman«, in *Notes from the Third Year: Women's Liberation*, 1971, S. 81.
7 »Fight Back«, Text und Musik von Holly Near, copyright 1978 Hereford Music. Alle Rechte vorbehalten – Nachdruck mit Genehmigung. Wir danken Holly Near für ihre Genehmigung, diesen Text verwenden zu dürfen.

Teil IV

Kapitel 1

1 Wir danken Janice de Lange, Ph. D., die im Juli 1977 bei einem Workshop zum Thema Selbstachtung an der University of Washington School of Social Work die sechs bei Frauen weitverbreiteten negativen Denkmuster und die Gedankenstopp-Methode vorgestellt hat. Linda Sanford hat diese Denkmuster in ihrer klinischen Arbeit weiter untersucht und abgewandelt.

Kapitel 2

1 David Burns, *Feeling Good: The New Mood Therapy* (New York: William Morrow & Co., 1980), S. 103 (dt.: Fühl Dich gut. Angstfrei mit Depressionen umgehen. Trier: Edition Trèves, 1991).

Kapitel 3

1 Rollo May, *Man's Search for Himself*. (New York: W. W. Norton & Co., 1953), S. 100 (dt.: Die Erfahrung »Ich bin«. Sich selbst entdecken in den Grenzen der Welt. Paderborn: Junfermann, 1986).

Kapitel 4

1 Stephen Birmingham, »Princess Grace: It Never Really Was All Fairy Tale«, in *TV Guide*, 5. Februar 1983, S. 8.
2 G. W. Allport, *Patterns and Growth in Personalities* (New York: Holt, Rinehart & Winston, 1961), S. 130 f.
3 Gloria Steinem, »Forum/The Mail on Trashing«, *Ms.*, Oktober 1976, S. 65.
4 Glenn Collins, »Jill Clayburgh – Acting on the Edge«, New York *Times*, 7. März 1982, S. 1 Feuilleton und Freizeitteil.

Kapitel 5

1 Dorothy Corkille Briggs erörtert Alles-oder-nichts-Denken in *Celebrate Yourself* (Garden City, N. Y.: Doubleday, 1977), S. 60.
2 Marcia Millman, *Such A Pretty Face: Being Fat in America* (New York: W. W. Norton & Co., 1980), S. 192.

Kapitel 6

1 Goldstine et al., *The Dance-Away Lover* (New York: William Morrow & Co., 1977), S. 7.

Kapitel 8

1 Sally Field, zitiert von Sheila Weller in »Sally Field is Learning to Please Herself«, *McCall's*, Januar 1982, S. 78.
2 Branden, *The Psychology of Romantic Love* (New York: Bantam Books, 1981), S. 60.
3 Susan Allen Toth, *Blooming: A Small-town Girlhood* (Boston: Little, Brown & Co., 1981), S. 39.
4 Marcia Millman, *Such a Pretty Face* (New York: W. W. Norton & Co., 1980), S. 127.
5 Sheilah Graham, zitiert in Stanton Peele mit Archie Brodsky, *Love and Addiction* (New York: New American Library, 1975), S. 77.
6 Sally Field, zitiert von Weller, a. a. O., S. 107.
7 Penelope Russianoff, *Why Do I Think I Am Nothing Without a Man?* (New York: Bantam Books, 1982) (dt.: Bin ich ohne Mann nichts wert? München: Heyne, 1984).
8 Lenore Walker, *The Battered Woman* (New York: Harper & Row, 1979), S. 182.
9 Colette Dowling, *The Cinderella Complex: Women's Fear of Independence* (New York: Summit Books, 1981), S. 22 (dt.: Der Cinderella-Komplex. Die heimliche Angst der Frauen vor der Unabhängigkeit. Frankfurt/M.: Fischer Taschenbuchverlag, 1985).
10 Ebd., S. 23 f.
11 Ebd., S. 102.
12 Siehe Carol Tavris und Carole Offir, *The Longest War: Sex Differences in Perspective* (New York: Harcourt Brace Jovanovich, 1977), S. 46.
13 Lillian Rubin, *Women of Certain Age* (New York: Harper & Row, 1980), S. 21.
14 Mary P. Ryan, *Womanhood in America*, 2. Aufl. (New York: New Viewpoints, 1979), insbes. Kap. 1.
15 Ebd., S. 26.
16 Philip Slater, *The Pursuit of Loneliness* (Boston: Beacon Press, 1976), S. 71.
17 Statistik des Alan Guttmacher Institute, 1982.
18 Pauline Bart, »Depression in Middle-Aged Women«, in *Female Psychology: The Emerging Self* (Chicago: Science Research Associates, 1976), S. 349 ff.
19 Diese Bemerkung wird Glenda Jackson zugeschrieben von Madonna Kolbenschlag in *Kiss Sleeping Beauty Good-bye* (Garden City, N. Y.: Doubleday & Co., 1979), S. 74.
20 Marilyn Machlowitz, *Workaholics* (Boston: Addison-Wesley Publishing Co., 1980), S. 28.
21 Ebd., S. 140.
22 Lillian Rubin, a. a. O., S. 170.
23 Thomas Carlyle, zitiert von George Seldes, *The Great Quotations* (New York: Pocket Books, 1970), S. 985.

24 Calvin Coolidge, zitiert von George Seldes, a. a. O., S. 986.
25 Gail Sheehy, *Passages: Predictable Crises of Adult Life* (New York: E. P. Dutton, 1974), S. 91 (dt.: In der Mitte des Lebens. Die Bewältigung vorhersehbarer Krisen. Frankfurt/M.: Fischer Taschenbuchverlag, 1986).
26 Dorothy Corkille Briggs, *Celebrate Yourself* (Garden City, N. Y.: Doubleday, 1977), S. 143.
27 Field, zitiert von Weller, a. a. O., S. 107.

Kapitel 9

1 R. D. Rosen, *Psychobabble: Fast Talk and Quick Cure in the Era of Feeling* (New York: Atheneum, 1977).
2 Aaron T. Beck, *Depression: Clinical, Experimental and Theoretical Aspects* (New York: Paul B. Hoeber, 1967).
3 David Burns, *Feeling Good* (New York: William Morrow & Co., 1980), S. 82 (dt.: Fühl dich gut. Angstfrei mit Depressionen umgehen. Trier: Edition Trèves, 1991).
4 Henry Paul in »The Phil Donahue Show«, 1982.
5 Anne Lamott, *Hard Laughter* (New York: Signet Books, 1980), S. 154 f.
6 Helen De Rosis und Victoria Pellegrino, *The Book of Hope: How Women Can Overcome Depression* (New York: Macmillian Publishing Co., 1976), S. 282.
7 Philip Slater, *The Pursuit of Loneliness* (Boston: Beacon Press, 1976), S. 4.
8 Gabrielle Burton, *I'm Running Away from Home, but I'm Not Allowed to Cross the Street: A Primer of Women's Liberation* (New York: Avon Books, 1975), S. 23.
9 De Rosis und Pellegrino, a. a. O., S. 325.

Kapitel 10

1 Wir sind der Psychologin Marcia Germaine Hutchinson für die Klarstellung dieser Dynamik zu Dank verpflichtet, ebenso für die Verdeutlichung anderer, in diesem Kapitel angesprochener Formen der Dynamik.
2 Adrienne Rich, *Of Woman Born* (New York: W. W. Norton & Co., 1976), S. 292. (dt.: Von Frauen geboren, München, 1979).
3 Pam Mitchell und Robin Newmark, »The Political History of Fat Liberation: An Interview«, Hrsg. Jennifer Parnell, *The Second Wave*, Bd. 6, Nr. 1 (1981), S. 33.
4 Deborah Larned Romano, »Eating Our Hearts Out«, *Mother Jones*, Juni 1980, S. 20 ff.
5 Nellie Wong, »When I Was Growing Up«, aus *This Bridge Called My Back: Writings by Radical Women of Color*, hrsg. Cherrie Moraga und Gloria Anzaldua (Watertown, Mass.: Persephone Press, 1981), S. 8.
6 Kim Chernin, *The Obsession: Reflections on the Tyranny of Slenderness* (New York: Harper & Row, 1981), S. 136.
7 Marcia Millman, *Such A Pretty Face* (N. Y.: W. W. Norton & Co., 1980), S. XI.
8 Romano, a. a. O., S. 23.
9 Jane Fonda, *Jane Fonda's Workout Book* (New York: Simon & Schuster, 1981), S. 49.

10 Hilde Bruch, *The Golden Cage: The Enigma of Anorexia Nervosa* (New York: Random House, 1978), S. 135 (dt.: Der goldene Käfig. Das Rätsel der Magersucht. Frankfurt/M.: Fischer Taschenbuchverlag, 1982).
11 Margaret Atwood, *Lady Oracle* (New York: Simon & Schuster, 1976), S. 87f. (dt.: Lady Orakel. Hildesheim: Claassen, 1992).
12 Chernin, a. a. O., S. 90.
13 Marian Christy, »Vicki La Motta's Life With Jake«, Boston *Globe*, 4. Februar 1982, S. 39.
14 Susie Orbach, *Fat Is a Feminist Issue* (New York: Medallion Books, 1978), S. 60.
15 Marcia Germaine Hutchinson, »The Effect of a Treatment Based on the Use of Guided Visuo-kinesthetic Imagery on the Alteration of Negative Body-cathexis for Women« (Dissertation, Boston University, 1981), S. 108.
16 Gloria Steinem, »Feminist Notes: In Praise of Women's Bodies«, *Ms.*, April 1982, S. 32.

Kapitel 11

1 Michel Foucault, *The History of Sexuality*, Bd. 1. (New York: Vintage Books, 1980), S. 7 (dt.: Sexualität und Wahrheit, Bd. 1. Frankfurt/M.: Suhrkamp Taschenbuch, 1977).
2 Ebd., S. 159.
3 Zitiert von Lonnie Barbach im »Female Sexuality« Workshop, Interface, Newton, Massachusetts, November 1982.
4 Zitiert von Victoria Pellegrino, *The Other Side of Thirty* (New York: Rawsom Wade Publishers, 1981), S. 108.
5 Anne Koedt, *The Myth of the Vaginal Orgasm* (Boston: New England Free Press, 1970).
6 Nora Gallagher, »Fever All Through the Night«, *Mother Jones*, November 1982, S. 39.
7 Lonnie Barbach, *Women Discover Orgasm* (Garden City, N. Y.: Doubleday & Co., 1980), S. 40.
8 Gabrielle Brown, *The New Celibacy: Why More Men and Women Are Abstaining from Sex – and Enjoying it* (New York: McGraw-Hill Book Co., 1980), S. 106.
9 Ebd., S. 8.
10 Shere Hite, *The Hite Report: A Nationwide Study on Female Sexuality* (New York: Macmillan Publishing Co., 1976), S. 426 (dt.: Hite Report. Das sexuelle Erleben der Frau. München: Bertelsmann, 1977).
11 Ebd., S. 536.
12 Elizabeth Haich, zitiert in Brown, a. a. O., S. 212.
13 Gallagher, a. a. O., S. 43.
14 Hite, a. a. O., S. 69.
15 Brown, a. a. O., S. 14.
16 Carmen Kerr, *Sex for Women Who Want To Have Fun and Loving Relationships with Equals* (New York: Grove Press, 1977), S. 141f.

Kapitel 12

1 Nathaniel Branden, *The Psychology of Romantic Love* (New York: Bantam Books, 1981), S. 131.
2 Ebd., S. 130.

Kapitel 13

1 Cherrie Moraga, »La Guera«, in *This Bridge Called My Back*, hrsg. Cherrie Moraga und Gloria Anzaldua (Watertown, Mass.: Persephone Press, 1981), S. 22.
2 Florynce Kennedy, *Color Me Flo: My Hard Life and Good Times* (Englewood Cliffs, N. J.: Prentice-Hall, 1967), S., 87.
3 Audre Lorde, »The Master's Tools Will Never Dismantle the Master's House« in Moraga und Anzaldua, a. a. O., S. 101.

Index